工业大数据工程丛书

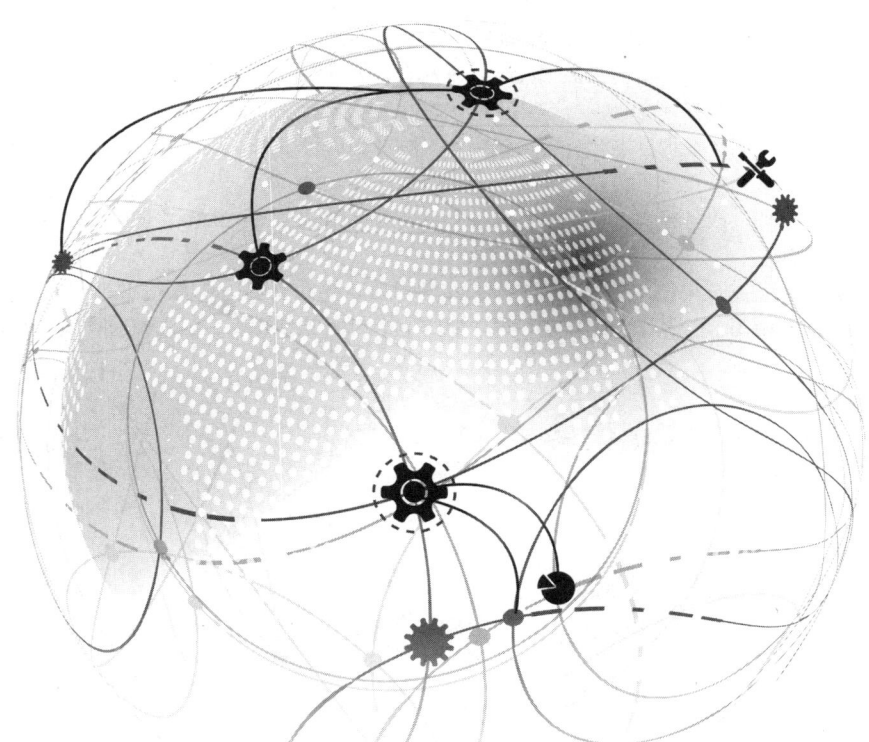

数据标准化
企业数据治理的基石

祝守宇 蔡春久 等著
工业大数据应用技术国家工程实验室
重庆工业大数据创新中心

电子工业出版社
Publishing House of Electronics Industry
北京·BEIJING

内 容 简 介

本书是一本全面关注企业数据标准化方面的工具书，主要分为 5 篇。第 1 篇介绍了数据标准化是数据治理的基础，包括数据标准化与数据治理的关系，以及数据标准化主要内容、本书阅读导引。第 2 篇介绍了数据标准化框架体系，包括架构类数据标准、对象类数据标准、基础类数据标准。第 3 篇介绍了数据标准化实施流程与方法，包括建立数据标准化保障机制、现状分析及评估、技术平台和工具、数据标准化关键域实施。第 4 篇介绍了数据标准化评价，包括数据标准化评价方法、数据标准成熟度评价、数据标准化成熟度评价流程。第 5 篇介绍了数据标准化案例，包括油气行业、多元化集团、装备制造行业、核电行业、汽车行业、金融行业、政务行业、互联网行业等行业的数据治理案例，为读者提供了专业、丰富、可信的数据治理实施范例。

本书是工业大数据应用技术国家工程实验室多年潜心研究的重要科研成果的总结和凝聚，既具有理论高度，也具备面向中国各行业企业的可实操性。参与本书编写的作者均为国内相关领域的专家，所有案例均来自这些企业的实践。

未经许可，不得以任何方式复制或抄袭本书之部分或全部内容。
版权所有，侵权必究。

图书在版编目（CIP）数据

数据标准化：企业数据治理的基石 / 祝守宇等著. —北京：电子工业出版社，2023.1
（工业大数据工程丛书）
ISBN 978-7-121-44398-5

Ⅰ. ①数… Ⅱ. ①祝… Ⅲ. ①企业管理－数据管理－研究 Ⅳ. ①F272.7

中国版本图书馆 CIP 数据核字（2022）第 192190 号

责任编辑：王　静
印　　刷：三河市华成印务有限公司
装　　订：三河市华成印务有限公司
出版发行：电子工业出版社
　　　　　北京市海淀区万寿路 173 信箱　邮编：100036
开　　本：787×980　1/16　印张：34.5　字数：721.5 千字
版　　次：2023 年 1 月第 1 版
印　　次：2025 年 2 月第 8 次印刷
定　　价：158.00 元

凡所购买电子工业出版社图书有缺损问题，请向购买书店调换。若书店售缺，请与本社发行部联系，联系及邮购电话：（010）88254888，88258888。
质量投诉请发邮件至 zlts@phei.com.cn，盗版侵权举报请发邮件至 dbqq@phei.com.cn。
本书咨询联系方式：faq@phei.com.cn。

本书编委会

主　编：祝守宇　蔡春久

副主编：邢镔　王建峰　宋清波　赵建华

编委（排名按姓氏拼音）：

敖海	宾军志	陈立节	陈佩佩	陈绍凯	陈溯	陈文彬	程华军	费廷伟	高健祎
侯巧燕	胡国超	胡林海	黄文俊	康柳	李宏亮	李然辉	李天白	李小森	李志鹏
刘骊	刘天斯	刘天雪	刘巍	马语菡	牟岩	尚宪和	沈文海	史丛丛	史森	史永彬
孙斌	王斌	王铁成	王溪	王彦博	吴少文	辛华	熊海晋	杨青	杨舜能	易连成
易梦玲	于景泽	张靖笙	张巧玲	张媛	赵丽萍	郑雅琦			

案例编者及所属单位：

案例1（第15章）　黄文俊　史永彬　王铁成　王斌　昆仑数智科技有限责任公司

案例2（第16章）　孙斌　敖海　华润集团智能与数字化部

案例3（第17章）　费廷伟　马语菡　北京京航计算通讯研究所

案例4（第18章）　尚宪和　李志鹏　中核核电运行管理有限公司

案例5（第19章）　胡林海　陈文彬　重庆长安汽车股份有限公司

案例6（第20章）　陈溯　陈绍凯　高健祎　中国海洋石油集团有限公司

案例7（第22章）　张媛　王溪　史丛丛　山东新一代标准化研究院有限公司

案例8（第22章）　康柳（已退休）　深圳市龙华区政务服务数据管理局

案例9（第23章）　刘天斯　赵丽萍　腾讯科技（深圳）有限公司

编辑组：龙萍　成炜琳

美工组：吴海燕

致谢

（排名不分先后）

数治云（北京）科技有限责任公司　　北京数博智云信息技术有限公司
昆仑数智科技有限责任公司　　　　　华润集团智能与数字化部
中国海洋石油集团有限公司　　　　　京东科技集团
重庆长安汽车股份有限公司　　　　　中国外运股份有限公司
石化盈科信息技术有限责任公司　　　重庆工业大数据创新中心
中核核电运行管理有限公司　　　　　龙盈智达（北京）科技有限公司
山东新一代标准化研究院有限公司　　腾讯科技（深圳）有限公司
北京京航计算通讯研究所　　　　　　中国电科集团
首农食品集团　　　　　　　　　　　太极计算机股份有限公司
凯捷咨询（中国）有限公司　　　　　数治应用技术（佛山）研究院
数据易（北京）信息技术有限公司　　深圳市灵斗科技有限公司
北京航天数据股份有限公司　　　　　深圳市龙华区政务服务数据管理局
数据工匠（北京）科技有限公司　　　毕马威企业咨询（中国）有限公司

推荐语

　　人类的工程活动越来越复杂，其中涉及的技术、集成的资源和参与的人员都要在统一的标准体系下，工程才能有序、高效地实施。本书从一个组织的数字化工程视角出发，完整地介绍了数据标准体系建设的框架、路线和方法，对于组织管理者和数据科学技术人员都具有很好的理论学习参考价值和工程实践指导意义。

周建平　中国载人航天工程总设计师、中国工程院院士

　　随着"国家大数据战略"和数字化转型政策的不断落地，我国数字经济正蓬勃发展。本书介绍了我国在数据标准领域已有的理论、国家/行业标准，是开展数据标准化工作的良好指南，对于企业对数据进行合理、有效的管理，以及价值挖掘与应用，均具有非常好的指引作用。

梅宏　中国科学院院士

　　当前，我国正在加速进入数字经济发展新周期，信息系统已经成为数字经济时代不可或缺的基础设施，大量关乎国计民生的关键信息系统已成为支撑我国社会平稳运行、经济持续增长的重要底盘。信息系统体量的不断增加、技术架构的不断革新，对数据健康管理、数据资产价值深度挖掘、系统稳定及可持续发展提出了严苛的要求。本书以企业数据治理为视角，向读者介绍了科学构建数据标准管理体系的全流程和详细步骤，并已在石油、电力、金融等典型行业开展实践应用，充分验证了数据标准化可助力企业提升数据使用效率和挖掘数字资产价值。本书是一本值得精读的工具书。

廖湘科　中国工程院院士

科技创新是科学家精神、科学思维、技术知识和工程实践的有效结合，而科技创新金字塔是科技创新能力的综合体现，是对问题不同层次的思考与实践，是科技创新能力的评判标准。如今，企业数字化转型对于数据可靠流转、数据安全共享的需求愈发凸显，这一变革过程离不开科技创新能力的提升。本书通过对数据治理体系的深入分析，梳理从数据治理到数据标准化的研究流程，最终形成运用数据的标准量化评价方法，并结合大型国有企业的工程实践经验、技能技巧，总结出了具有可复制应用的经验和方法，是一本难得的工具类专著，值得读者细细品读。

付梦印　南京理工大学校长、中国工程院院士

如果说数字经济是一架马车，算力平台就是它的车身，大数据和智能算法就是它的车轮。要做强、做优、做大我国数字经济，就必须不断提高全社会的数据治理能力，加快培育数据要素市场。希望本书的出版，能够有效助力各行业数据治理能力的提升，为国家大数据人才培养做出积极贡献。

石勇　国务院参事、发展中国家科学院院士、中国科学院虚拟经济与数据科学研究中心主任

席卷全球的数字化浪潮，与过去数十年的信息化发展一脉相承，其本质都是通用目的技术（GPT）这一信息通信技术向经济社会的各个领域渗透，而这最终又通过推动变革影响了历史进程。然而，当前的数字化浪潮又有一个重要的新特征——数据驱动，即数据作为一种生产要素与其他要素相结合，推动创新模式和决策范式的重大变革。然而，要真正释放出数据的价值和潜能，数据治理是必修的功课，也是其中基础、关键但又困难的工作。而想要有效推动数据治理，进而充分实现数据驱动的创新和变革，数据标准化是必要的技术路径。本书通过对数据各个方面标准的解读，以及实践案例的剖析，清晰展现了数据标准化在数字化转型中的基础性作用和实施路径，既具有理论价值，也具有实践意义，值得一读。

余晓晖　中国信息通信研究院院长

本书从企业数字化转型的产业变革趋势出发，深度分析数据治理策略推进工作中数据标准化建设的突出地位，内容囊括数据标准化的框架体系、实施流程与方法、体系量化评价，以及大型央企数据标准化实践案例等方面。本书结构清晰、文字精练，是一本具有实践指导价值的好书。

姜昌亮　国家石油天然气管网集团有限公司副总经理、党组成员

在科学和工程方面，大数据起到了补充、提升现有研究范式的重大作用。在国家治理、电子政务等方面，大数据更是催生了强劲的创新活力。为保障数据采集、传输、存储、处理和运用各环节多种技术手段协同互动，重构已有应用体系，催生新的产业应用，需要规范数据标识、管理、评价等流程。本书给出科学制定数据全生命周期流动的标准流程，为全面提升数据治理能力、最大限度发挥数据价值奠定了基础。本书具有实操性和可读性，能够帮助指导企业数据标准化实践。

曾大军　中国科学院自动化研究所研究员、电气和电子工程师协会会士（IEEE Fellow）、
美国科学促进会会士（AAAS Fellow）

工业互联网是当今支撑企业数字化升级发展的基本信息技术。大数据、人工智能、区块链是工业互联网的关键技术组成部分，这些技术的发展给工业互联网带来了新的创新架构和挑战。如果要深度挖掘工业大数据的产业应用价值，则需要加快数据标准体系和数据处理技术创新能力的建设。本书总结了数据标准化的原理、逻辑关系、技术构架、实施流程与方法、评估方法，同时汇聚了很好的实践案例。本书能够给广大企业的数字经济建设提供参考与指导，加速数字化转型，促进生产运营数据全面贯通、要素全面协同和场景全面智能，推动产业链、价值链加快向中高端延伸建设等。

李劼　上海交通大学讲席教授、上海交通大学区块链研究中心主任、日本工程院外籍院士

本书深入、全面地阐述了数据标准化驱动数字化转型的理论、方法和路径，在我国加快推进数字中国战略的背景下意义重大。全书不仅提出了数据标准化的原理和理论模型，更为读者提供了细分行业数据标准化的示范案例，为数字经济时代构建数据治理体系提供了前瞻性指南。

孟天广　清华大学社科学院副院长、数据治理研究中心执行主任

序

数字经济是继农业经济、工业经济之后的主要经济形态，是以数据资源为关键要素，以现代信息网络为主要载体，以信息通信技术融合应用、全要素数字化转型为重要推动力，促进公平与效率更加统一的新经济形态。数字经济发展速度之快、辐射范围之广、影响程度之深前所未有，其正推动生产方式、生活方式和治理方式的深刻变革，成为重组全球要素资源、重塑全球经济结构、改变全球竞争格局的关键力量。大国竞争归根结底已经变为数字技术和数字经济的竞争。我国高度重视数字经济，发展数字经济是我国重要的国家战略。

数据作为和土地、资本、劳动力、技术一样的基本生产要素，是数字经济的基础。发展数字经济，要重视数据的作用，充分发挥数据的价值，也要做好数据治理。数据标准化是数据治理的基础，是对数据资产进行准确定义的过程。数据标准化是建立一套符合自身实际情况，涵盖定义、操作、应用多层次数据的标准体系的过程或系列活动。数据标准体系作为核心技术规范，更是决定数据治理水平的关键环节。只有将数据标准化，才能真正实现数据的高效流动与开发利用。数据标准化是一项长期、体系化的工作，是一套需要持续优化完善的管理机制，涉及组织架构、制度规范、技术工具、标准体系、作业流程、监督考核等企业管理的方方面面，是一项战略性、长期性、艰巨性、系统性、持续性的工作。

我们有幸集合了业界多位专家的共同智慧，并基于长期从事企业数据治理和数据标准化的实践经验，以帮助工业企业积累和利用企业的数据资产、促进工业大数据事业发展为目标，编写了《数据标准化：企业数据治理的基石》这本书。希望这本书能为推动构建以数据为关键要素的数字经济做出一些贡献。

祝守宇

工业大数据应用技术国家工程实验室主任

目录

第 1 篇　数据标准化是数据治理的基础

第 1 章　数据治理是数字化转型的关键 …. 3
1.1　数字经济对数据要素的要求 ………… 3
　　1.1.1　从数据到数据要素 ………… 3
　　1.1.2　数字经济对数字化转型的要求 ……… 5
1.2　数字化转型需要数据治理 ………… 6
　　1.2.1　数据架构是企业架构的核心内容之一 ……………………………… 7
　　1.2.2　数字化转型时代更需要数据治理 … 9
1.3　工业行业的数据治理策略 …………… 11
1.4　政务行业的数据治理策略 …………… 13
1.5　金融行业的数据治理策略 …………… 14
1.6　产业数据治理人才策略 ……………… 15
　　1.6.1　数据产业对人才能力的要求 ……… 15
　　1.6.2　数字技术专业人员能力要求 ……… 17

第 2 章　数据标准化是数据治理的基础 .. 18
2.1　数据治理体系 ………………………… 18
2.2　数据标准的定义与作用 ……………… 20
2.3　数据标准化与数据治理 ……………… 23
　　2.3.1　数据标准化与数据治理的关系 …… 24

2.3.2　数据标准化对数据治理的意义 …… 24
2.4　数据标准与其他数据管理域的关系 … 25
　　2.4.1　数据标准与数据模型的关系 ……… 25
　　2.4.2　数据标准与数据安全的关系 ……… 26
　　2.4.3　数据标准与数据质量的关系 ……… 26
2.5　数据标准体系与信息标准体系的关系 …………………………………… 26
2.6　数据标准化面临的挑战与困难 ……… 27

第 3 章　数据标准化主要内容 ………… 29
3.1　数据标准化的主要内容 ……………… 29
3.2　重要术语解析 ………………………… 32
3.3　相关数据标准 ………………………… 40

第 4 章　本书阅读导引 ………………… 44
4.1　数字标准化具有完整的框架体系 …… 44
4.2　数据标准化有科学的流程可遵循 …… 44
4.3　数据标准化需要进行系统性的评价 … 45
4.4　数据标准化在诸多行业中取得实效 … 46

本篇小结 ……………………………… 48

第 2 篇　数据标准化框架体系

第 5 章　架构类数据标准 53

- 5.1 数据目录 53
  - 5.1.1 数据目录概述 53
  - 5.1.2 数据资源目录 55
  - 5.1.3 数据资产目录 59
  - 5.1.4 数据资源目录梳理示例：政务领域信息资源目录梳理的示例 62
- 5.2 数据模型 67
  - 5.2.1 模型层级 67
  - 5.2.2 主题域模型 69
  - 5.2.3 概念模型 72
  - 5.2.4 逻辑模型 73
- 5.3 数据分布与流向 77
  - 5.3.1 数据分布 77
  - 5.3.2 数据流向 80
- 5.4 数据交换 81
  - 5.4.1 数据交换的意义 82
  - 5.4.2 数据交换的模式 82
  - 5.4.3 数据交换的场景 83
  - 5.4.4 数据交换的技术 84
  - 5.4.5 数据交换平台的能力要求 88
  - 5.4.6 数据交换的标准 89
- 5.5 数据服务 91
  - 5.5.1 数据服务概述 91
  - 5.5.2 数据服务的工作机制 93
  - 5.5.3 数据服务开发 93
- 5.6 元数据 94
  - 5.6.1 元数据概述 95
  - 5.6.2 元数据管理 99
  - 5.6.3 元数据管理的内容 102
  - 5.6.4 元数据管理成熟度 106
  - 5.6.5 元数据的价值 107

第 6 章　对象类数据标准 110

- 6.1 数据分类 110
  - 6.1.1 数据分类概述 110
  - 6.1.2 数据分类的意义 110
  - 6.1.3 数据分类分级实践 111
- 6.2 指标数据 119
  - 6.2.1 数据指标概述 119
  - 6.2.2 数据指标标准与数据标准的关系 130
  - 6.2.3 数据指标标准与报表的关系 131
  - 6.2.4 数据指标标准化的价值 132
- 6.3 主数据 134
  - 6.3.1 主数据标准概述 134
  - 6.3.2 主数据代码体系 135
  - 6.3.3 主数据标准体系 138
  - 6.3.4 主数据标准的制定及贯彻 155
- 6.4 数据元 156
  - 6.4.1 数据元概念 156
  - 6.4.2 数据元描述 157
  - 6.4.3 数据元标准 159
  - 6.4.4 数据元使用 160
- 6.5 数据标签 162
  - 6.5.1 数据标签建设背景 162
  - 6.5.2 数据标签建设原则 163
  - 6.5.3 数据标签分类 165

第 7 章　基础类数据标准 168

- 7.1 业务术语 168
  - 7.1.1 业务术语概述 168
  - 7.1.2 业务术语表的作用 169
  - 7.1.3 业务术语表的内容 169
  - 7.1.4 业务术语管理 170
- 7.2 业务规则 170
  - 7.2.1 业务规则概述 170
  - 7.2.2 业务规则分类 171
  - 7.2.3 业务规则识别 173
- 7.3 命名规范 174
  - 7.3.1 命名规范要求 175
  - 7.3.2 英文命名缩写原则 176
  - 7.3.3 模型元素组词结构 176
  - 7.3.4 常见的命名规范 178
- 7.4 代码标准 180
  - 7.4.1 常见的国际代码标准 180
  - 7.4.2 常见的国内代码标准 180
  - 7.4.3 常见的行业代码标准 181

本篇小结 182

第 3 篇　数据标准化实施流程与方法

第 8 章　建立数据标准化保障机制 185

- 8.1 数据标准化管控组织 186
  - 8.1.1 组织架构 187
  - 8.1.2 组织层级 187
  - 8.1.3 组织职责 188
  - 8.1.4 组织协助关系 190
- 8.2 数据标准化制度建设 191
  - 8.2.1 数据标准化制度建设内容 191
  - 8.2.2 数据标准化实施细则和操作手册 194
  - 8.2.3 数据标准化制度建设内容示例 195
- 8.3 认责机制与绩效评估 195
  - 8.3.1 认责原则 195
  - 8.3.2 认责流程 196
  - 8.3.3 绩效评估原则 197
  - 8.3.4 绩效评估步骤 198
- 8.4 人才培养 201
  - 8.4.1 培训体系 202
  - 8.4.2 岗位认证体系 204
  - 8.4.3 人才评估体系 205
- 8.5 数据文化 208
  - 8.5.1 数据标准宣传与贯彻 209
  - 8.5.2 案例宣传 209
  - 8.5.3 伦理文化 210

第 9 章　现状分析及评估 212

- 9.1 现状调研 213
  - 9.1.1 现状调研方法 215
  - 9.1.2 现状调研分析 218
- 9.2 数据资源盘点 220
  - 9.2.1 数据资源盘点的目的和原则 220
  - 9.2.2 数据资源盘点的内容 221
  - 9.2.3 数据资源盘点的方法 222
  - 9.2.4 数据资源盘点的步骤 224
  - 9.2.5 数据资源盘点的成果 225
  - 9.2.6 数据资源盘点的难点 226

9.3 现状评估与需求分析 227
9.3.1 现状评估 227
9.3.2 需求分析 230
9.3.3 需求总结 232
9.3.4 完成数据管理能力成熟度评估 234

第10章 技术平台和工具 237
10.1 数据模型管理工具 238
10.1.1 企业级数据模型管控 240
10.1.2 数据标准管控 241
10.2 数据标准工具 243
10.3 数据资产目录工具 244
10.4 数据指标管理工具 245
10.5 元数据管理工具 249
10.6 主数据管理工具 258
10.6.1 主数据管理工具的核心功能 259
10.6.2 主数据管理工具的核心组件 262
10.7 标签管理工具 263
10.8 数据共享和服务 265

第11章 数据标准化关键域实施 268
11.1 数据标准管理实施 268
11.1.1 数据标准全生命周期管理 268
11.1.2 数据标准结构化管理 270
11.1.3 数据标准知识图谱应用 270
11.2 数据分类实施 271
11.2.1 数据分类原则 271
11.2.2 数据分类方法 272
11.2.3 数据分类维度 275
11.2.4 数据分类实施流程 279

11.2.5 数据分类参考样例 280
11.3 数据分级实施 281
11.3.1 数据分级原则 281
11.3.2 数据分级方法 282
11.4 主数据管理实施 284
11.4.1 实施方法及内容 284
11.4.2 实施要点 287
11.5 数据指标管理实施 290
11.5.1 数据指标体系设计原则 290
11.5.2 数据指标体系构建方法 291
11.5.3 数据指标主题分类方法 296
11.5.4 数据指标体系保障机制 298
11.6 元数据管理实施 301
11.6.1 元数据实施流程 302
11.6.2 元数据实施关键步骤 304
11.6.3 元数据实施难点分析 308
11.6.4 元数据实施风险规避 309
11.7 数据元及数据实体设计标准实施 310
11.7.1 提取数据元 310
11.7.2 制定标准 313
11.7.3 建设工具 313
11.7.4 贯标实施 314
11.8 通过数据模型落地数据标准 314
11.8.1 落标关键点剖析 314
11.8.2 自动化落标方案 316
11.8.3 数据标准新增和变更流程 318
11.8.4 存量数据落标 318

本篇小结 320

第 4 篇　数据标准化评价

第 12 章　数据标准化评价方法 ... 322
12.1　评价原则 ... 322
- 12.1.1　客观公正原则 ... 322
- 12.1.2　务求实效原则 ... 322
- 12.1.3　确保安全原则 ... 323

12.2　评价参考模型 ... 323
- 12.2.1　DMM（数据管理成熟度模型）... 323
- 12.2.2　DCMM（数据管理能力成熟度评估模型）... 327
- 12.2.3　DSMM（数据安全能力成熟度模型）... 330

第 13 章　数据标准成熟度评价 ... 337
13.1　评价对象及内容 ... 338
- 13.1.1　标准化保障机制评价 ... 338
- 13.1.2　标准建设评价 ... 340
- 13.1.3　技术规范评价 ... 340
- 13.1.4　数据安全评价 ... 341
- 13.1.5　标准化支撑工具评价 ... 341
- 13.1.6　应用成效评价 ... 342

13.2　执行成熟度等级评估 ... 343

第 14 章　数据标准化成熟度评价流程 ... 344
14.1　评价准备 ... 344
- 14.1.1　组建评价或评估工作组 ... 344
- 14.1.2　明确评价范围 ... 344
- 14.1.3　制订评价工作计划 ... 345
- 14.1.4　预估评价工作执行的潜在风险 ... 345

14.2　评价实施 ... 345
- 14.2.1　召开评价启动会 ... 345
- 14.2.2　确定评价实施方法 ... 346
- 14.2.3　开展评价调研 ... 346

14.3　评价总结 ... 347

本篇小结 ... 349

第 5 篇　数据标准化案例

第 15 章　油气行业：中国石油基于连环数据湖的勘探开发数据治理体系建设实践 ... 351
15.1　案例背景 ... 351
- 15.1.1　建设背景 ... 351
- 15.1.2　存在的问题 ... 352

15.2　建设方案 ... 353
- 15.2.1　建设方案演进历程 ... 353
- 15.2.2　连环湖技术方案 ... 355
- 15.2.3　勘探开发数据治理框架 ... 356
- 15.2.4　数据治理的核心要素 ... 360
- 15.2.5　数据治理的关键环节 ... 360
- 15.2.6　数据治理的支撑工具 ... 366
- 15.2.7　数据智能治理探索 ... 368

15.3　创新点及效果 ... 369
- 15.3.1　统一数据标准，奠定数据基础 ... 370

15.3.2　两级数据治理，提升数据质量 371
15.3.3　沉淀数据资产，初显共享生态 372
15.3.4　改变调用模式，提高协同效率 373
15.3.5　强化权限管理，保障数据安全 373
15.3.6　建设应用环境，踏上智能征途 374

第16章　多元化集团：华润集团数据标准化实践案例 375

16.1　案例背景 375
16.2　建设方案 376
 16.2.1　数据标准化工作整体目标 376
 16.2.2　数据标准化历程 377
 16.2.3　解决方案及思路 377
 16.2.4　组织架构 379
 16.2.5　数据标准化内容 382
 16.2.6　实施过程及步骤 385
 16.2.7　支撑工具 386
16.3　建设效果 388
16.4　创新点及亮点 389

第17章　装备制造行业：航天科工三院数据标准化实践案例 390

17.1　案例背景 390
17.2　建设方案 391
 17.2.1　总体建设思路 391
 17.2.2　建设方法 393
 17.2.3　最佳实践的启示 393
 17.2.4　建设路径 394
 17.2.5　建设周期 395
 17.2.6　建设方法 395
17.3　建设效果 396
17.4　创新点及亮点 404

第18章　核电行业：秦山核电设备管理数据标准化实践案例 405

18.1　案例背景 405
 18.1.1　企业介绍 405
 18.1.2　建设目标 405
 18.1.3　发展历程 406
18.2　建设方案 406
 18.2.1　建设路线及思路 406
 18.2.2　组织架构 409
 18.2.3　数据标准体系建设 411
 18.2.4　实施过程及步骤 412
 18.2.5　支撑工具 414
 18.2.6　秦山核电设备数据标准化成果 416
18.3　建设效果 421
18.4　创新点及亮点 422

第19章　汽车行业：长安汽车数据标准解析与落标项目实践案例 423

19.1　项目背景 423
 19.1.1　公司介绍 423
 19.1.2　长安汽车数字化发展历程 424
 19.1.3　背景介绍 424
19.2　建设方案 425
 19.2.1　建立数据治理总体框架 425
 19.2.2　明确运营工作思路 425
 19.2.3　建立数据管理体系 425
 19.2.4　建立数据标准管理框架 426
 19.2.5　技术支撑与标准落地管控 429
19.3　建设效果 430
19.4　创新点及亮点 431

第20章 油气行业：中国海油数据标准化实践案例 435

20.1 案例背景 435
20.1.1 聚焦解决的问题 436
20.1.2 建设目标 436
20.1.3 数据标准化历程 436

20.2 建设方案 437
20.2.1 建设路线及思路 437
20.2.2 组织架构 438
20.2.3 数据标准体系设计 439
20.2.4 管理工具开发 440
20.2.5 实施过程及步骤 441
20.2.6 各阶段产出物成果 453

20.3 建设效果 456
20.4 创新点及亮点 459

第21章 金融行业：金融行业数据标准化实践案例 460

21.1 实践案例一：某大型国有银行企业级数据治理案例 461
21.1.1 案例背景 461
21.1.2 建设方案 461
21.1.3 建设效果 464

21.2 实践案例二：某城市商业银行数据治理案例 464
21.2.1 案例背景 464
21.2.2 建设方案 465
21.2.3 建设效果 466

21.3 实践案例三：某证券公司数据治理项目 469
21.3.1 案例背景 469
21.3.2 建设方案 470
21.3.3 建设效果 471

21.4 金融行业数据标准化建设的思路总结 472

第22章 政务行业：政务数据标准化实践案例 476

22.1 "数字山东"政务数据标准化实践案例 478
22.1.1 案例背景 478
22.1.2 建设方案 478
22.1.3 建设效果 491
22.1.4 创新点及亮点 492

22.2 深圳龙华区数据账户平台案例 493
22.2.1 案例背景 493
22.2.2 建设方案 493
22.2.3 建设效果 498
22.2.4 创新点及亮点 501

第23章 互联网行业：腾讯互娱数据治理实践案例 502

23.1 案例背景 502
23.2 建设方案 503
23.3 建设效果 507
23.4 创新点及亮点 510
23.4.1 数据价值评估思路"三度"模型 510
23.4.2 生命周期管理模型 513
23.4.3 基于数据血缘建设的影响评估和快速定位数据质量保障方案 514

附录A 数据标准化80个重要名词术语 516
附录B 名词术语英文缩写表 524
附录C 国家标准名称 527

第 1 篇　数据标准化是数据治理的基础

数据标准化建设是企业数据治理的基础。数据标准的建立，就是在企业内制定需要共同遵守的数据含义和业务规则。数据标准是各个部门在企业层面对某个数据的共同理解。对于这些理解，一旦确定下来，就应作为标准在企业内被共同遵守。

比如，对一家企业来讲，合同是最重要的数据之一。因此，有必要对企业的合同代号制定统一的标准，包括代号的编码原则、位数及代码的含义解读规则等。一旦合同代号的标准制定好，那么企业中的所有部门都必须共同遵守，任何部门或个人都无权根据自身的需求自行定义合同代号。如果随着业务的发展需要对合同代号进行变更，那么相关需求也应该在企业层面统一处理，统一制定变更方案，否则，一旦不同业务环节各自定义合同代号，就无法实现数据在上下游业务之间的快速流转，往往需要人工进行转换和翻译，这会极大地增加不必要的人工成本，延长业务执行周期，降低业务效率。

企业的数据标准化应该满足以下 3 个方面的基本要求。

- 业务视角的要求：要有统一的业务交流语言、语境和理解。明确每个属性所遵循的业务定义和用途、业务规则、同义词，并对其名称进行统一定义，避免重复。
- 技术视角的要求：制定 IT 系统实施中必要的约束、规则和约定，包括数据类型、长度、范围。如果存在多个允许值，则应对每个允许值进行明确的限定。

- 管理视角的要求：制定各部门在执行数据标准时的责任。在很多实践中，数据标准的执行并不是由一个部门来完成的，所以必须在制定标准时就约定好业务规则、数据维护和数据监控的责任主体。例如，"客户合同"中某些条款的规则制定者可能是财务部门，而负责与客户达成约定并在系统中录入数据的可能是销售部门，对整个客户合同数据质量进行跟踪、监控的可能是数据部门等。

对企业来讲，数据标准化建设不仅是涉及所有部门的重要工作，也是一个复杂的、需不断修订的系统工程。

第 1 章

数据治理是数字化转型的关键

当前，以大数据、人工智能、区块链、数字孪生等为代表的数字技术不断涌现，以数据为核心的数字化转型已形成产业变革的大趋势，并快速向经济社会的各领域融合及渗透。未来，我国会加快建设数字经济、数字社会、数字政府，以数字化转型整体驱动生产方式、生活方式和治理方式的变革。

数字经济是继农业经济、工业经济之后的主要经济形态，是以数据资源为关键要素，以现代信息网络为主要载体，以信息通信技术融合应用、全要素数字化转型为重要推动力，促进公平与效率更加统一的新经济形态。

1.1 数字经济对数据要素的要求

数据是数字化转型的基础，只有做好数据治理，充分挖掘数据的价值，才能更快、更好地推进数字化转型。目前，国家及各行各业都发布了相关政策，形成数据治理策略，积极推动基于数据治理的数据标准化工作，以保障数字化转型工作的顺利进行。

1.1.1 从数据到数据要素

如今，数据已经被纳入生产要素范围，与土地、劳动力、资本、技术等传统生产要素并列，企业要充分发挥数据这一新型生产要素使其他生产要素效率倍增的作用，使数据成为推动经济高质量发展的新动能。

数字经济需要数据要素，而从数据到数据要素并非一蹴而就，这里涉及两方面的工作。

- 让数据成为生产要素。
- 发挥数据要素的生产力作用。

这两方面的工作可以形成一条数据化生产的价值链：通过梳理数据要素感知、传输、存储、计算、分析、应用的过程，打造一条贯穿产品整个价值形成过程中各环节的数据链，以数据要素激活或实现其他生产要素对生产力发展效率的倍增作用，这是新一轮科技革命与产业变革的必然要求。

数据作为新型生产要素，具有劳动工具和劳动对象的双重角色，同时也具有促进生产力发展和催生新生产关系的双重作用，如图 1-1-1 所示是数据要素理论及要素市场构成关系图。

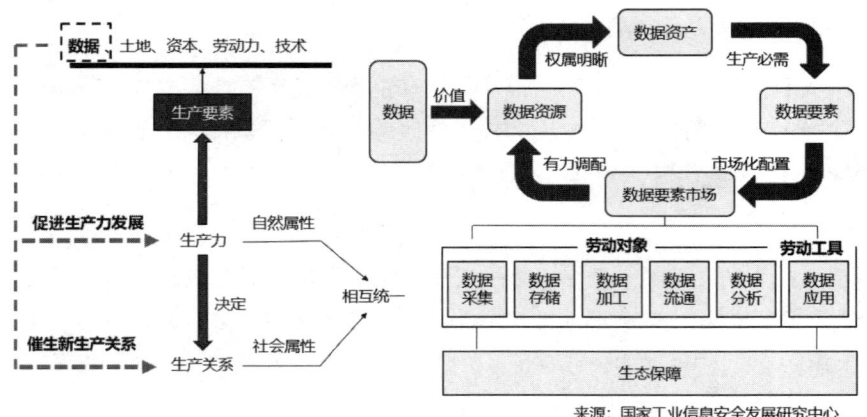

图 1-1-1　数据要素理论及数据要素市场构成关系图

数据作为劳动对象，通过采集、存储、加工、流通、分析等环节，具有了价值和使用价值。

而数据作为劳动工具，通过融合应用能够提升生产效能，促进生产力发展。

数据的自然属性体现在数据有促进生产力的作用，数据采集、数据存储、数据加工、数据流通、数据分析、数据应用、生态保障这 7 大模块，覆盖数据要素从产生到发挥要素作用的全过程。其中，数据应用模块主要是指数据作为劳动工具，发挥带动作用的阶段；而其余 6 个模块主要是指数据作为劳动对象，被挖掘出价值和使用价值的阶段。

本质上，数字经济就是要构建一种通过数据使生产力发展倍增、催生新生产关系的新经济形态。新一轮科技革命和产业变革正在孕育和兴起，数字技术强势崛起已经成为生产力发展的新动能，并孕育了众多新的生产范式。

传统经济是基于物质产品形成的生产交换关系，数字经济是基于数字化产品和物质产品形成的生产交换关系。

从上述分析中可以更加明晰地看出数字经济对数据要素有两方面的要求。

（1）让数据成为生产要素。

数据记载信息，信息蕴含知识。这些信息与知识，伴随着识别、计量与处理数据的信息技术而出现，并可以从生产经营的各个环节中被提取、积淀和分享，发挥其影响生产力发展的作用。开展数据治理工作是发挥数据自然属性及促进数字经济生产力发展的重要手段，也为数据成为生产要素铺垫了道路。

（2）让数据成为新生产关系的载体。

只有让数据要素实现市场化配置，才能让其他要素有效发挥使生产力发展效率倍增的效应，以及让数据发挥构建新生产关系的社会性作用。数据作为一种生产要素，同样需要拥有由市场评价贡献、按贡献决定报酬的机制，这体现了社会生产关系中一种新的财富定义和分配方式，明确了数据要素在推动生产关系改变方面的地位和作用。

1.1.2 数字经济对数字化转型的要求

很多企业的负责人认为，数字化是通过购买数字装备然后安装就可以完成的。这不是科学的观点。世界上众多企业成功数字化转型的经验表明，实现整个企业数字化转型的关键是改变生产范式（关系）和企业文化，包括员工的思维和心态。如果企业只是简单地引进数字技术和装备，而未能实现以数据要素驱动产生新的生产范式并进行企业组织文化的相应改变，则形成数字化生产力无从谈起。

德国国家科学与工程院发布的《工业 4.0 成熟度指数》认为，通过先进的技术可以获得大量的、广泛的数据，但对于数据的利用能力，则完全取决于企业的生产方式、组织结构和文化。即使大规模应用各种自动化数字技术取代机械性的人工劳动，企业仍需要进行生产范式（关系）的转变（数据要素驱动智能化生产）。

在数字经济的大背景下，企业开展数字化转型具体包括以下内容。

- 企业要夯实自身的数字化转型基础，建设企业的数字技术平台、数据治理体系和数字管理体系。
- 企业要推进产业数字化创新，包括产品创新数字化、生产运营智能化、用户服务敏捷化、产业体系生态化。
- 企业要通过数字技术赋能，促进对本行业关键核心技术的攻关，加快发展数字产业。

- 企业要实行数字化转型一把手负责制，在规划企业信息化、工作流，优化体制机制、管理模式和组织方式上进行统筹及实施。
- 企业要加大培育数字化人才队伍的力度，并完善配套政策。

总之，企业必须要遵循客观规律，正视摆在企业面前的数字化转型重大命题。

1.2　数字化转型需要数据治理

在数字化转型过程中，企业通常会遇到以下痛点。

（1）安全防控难，泄密风险高。

近年来，云计算、大数据、工业互联网、人工智能等新技术蓬勃发展，企业的业务应用模式不断创新，传统的网络安全架构难以应对新技术带来的安全风险，企业的网络安全面临新的挑战。

（2）数据烟囱多，信息壁垒高。

由于历史原因，企业缺少顶层设计，数据烟囱、信息孤岛和碎片化应用等现象在企业中普遍存在。企业内部的业务系统、App 系统各行其是，其中的数据分散、数据源多样，各系统之间的兼容性与集成性问题日益严重。

（3）非标准化定制，专属化严苛。

由于企业的组织系统庞大、业务结构复杂等因素，统一的标准化产品与服务并不能满足其数字化转型所需。企业需要在平台底座上定制所需的场景化功能，而平台也需要能够高效应对各种突发问题，提供专属化的产品与服务保障。

（4）协同阻力大，统一管控难。

由于企业管理层级复杂，容易出现人与人、人与组织、组织与组织之间的信息协同不畅、管控难等问题。

当代管理大师彼得·德鲁克指出："动荡时代最大的危险不是动荡本身，而是仍然用过去的逻辑做事。"毫无疑问，不能真正认知数据价值的企业，不能掌握数据治理方法的企业，不能构建基于数据的业务体系的企业，必将进入淘汰之列。

企业的组织结构、生产现场、业务过程千差万别，数字化场景也是"千企千面"。可数据作为一个独立的生产要素存在，也只能被放在其他生产要素之后。就是在数字经济中，也必须先有合适的数据资源及数据资源利用能力，才能让数字装备和其他要素结合发挥出预期的效用。

因此，企业必须构建数据治理体系，以实现以下目标：

- 明确数据治理归口管理部门，加强数据标准化、元数据和主数据管理工作，定期评估企业的数据治理能力成熟度。
- 加强对生产现场、服务过程等数据的动态采集，建立覆盖企业全业务链条的数据采集、传输和汇聚体系。
- 加快大数据平台建设，创新数据融合分析、共享及交换机制。
- 强化业务场景数据建模，深入挖掘数据价值，提升企业的数据洞察能力。

可以看出，数据治理体系建设对企业的数字化转型有着极其重要的意义。企业没有数据治理的能力，就不具备形成数据生产力的条件，数据要素就成为一句空话。可以说，数据治理体系是企业数字化转型工作的核心。

1.2.1 数据架构是企业架构的核心内容之一

要理解数字化转型，首先要从顶层视图开始，这就涉及企业架构的概念。

本书中所称的"企业"，指的是具有一个共同目标的组织的集合，可能是政府部门，也可能是一个完整的公司、公司的一个部门，或由共同拥有权连接在一起而在地理位置上疏远的组织链。

在特定语境下，本书中所称的"企业"可能是一个"扩展的企业"，包括合作伙伴、供应商和客户。

架构是针对某种特定目标系统的具有体系性、普遍性的问题而提供的通用的解决方案。

在 ISO/IEC 42010:20072 中对架构有如下定义：

The fundamental organization of a system, embodied in its components, their relationships to each other and the environment, and the principles governing its design and evolution.

架构是一个系统的基本组织形式，体现为组件、组件间关系和组件所处环境，以及系统自身的设计和演进原则（见图 1-2-1）。

图 1-2-1　架构的概念

根据上述定义，企业架构指的就是（在信息化或数字化语境下）对"企业"这种系统的体系性抽象，包括构成企业的各种组件及其关系、企业所处环境（信息化或数字化）及企业系统的设计和演进原则。

从上面的定义可以看出，企业架构具有以下特点。

- 整体性：企业架构主要从顶层视图的角度分析、设计和演进企业这个复杂的系统，其中的重点是企业信息化或数字化的全局问题。
- 全面性：企业架构需要针对企业在信息化或数字化的过程中可能涉及的所有方面进行规划、设计和演进治理，不能有遗漏。
- 统一性：企业架构中的各个组件、各种视角、各种关系应该保持统一的逻辑尺度和分类体系，以及建立统一的基础环境，遵循相同的设计和演进原则。
- 灵活性：企业架构不能是僵化的，应该是在一定时期内保持相对稳定的基础上，根据业务和技术的发展，灵活应对外部环境的变化，逐渐演进。
- （战略）一致性：企业架构虽然是技术领域的概念，仍然需要与企业整体的战略保持一致，以企业战略为根本出发点和衡量准绳。

企业架构由两大部分组成：业务架构和信息技术架构。信息技术架构又被分成应用架构、数据架构和技术架构，如图 1-2-2 所示。

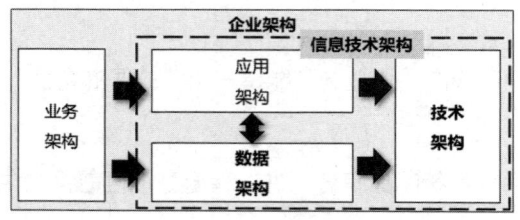

图 1-2-2　企业架构的组成

（1）业务架构：把企业的业务战略转化为日常运作的渠道。业务战略决定业务架构。业务架构包括业务的运营模式、流程体系、组织结构、地域分布等内容。

（2）信息技术（IT）架构：指导企业 IT 投资和设计决策的 IT 框架，是建立企业信息系统的综合蓝图，包括数据架构、应用架构和技术架构 3 部分。

在自顶向下的企业架构设计过程中，首先要根据企业的业务战略确定企业的业务架构，然后根据业务架构确定应用架构和数据架构，同时考虑应用架构与数据架构之间的协同关系，最后根据应用架构和数据架构的要求设计技术架构。

企业信息化建设或数字化转型体系建设过程则与上述过程相反，其往往是自底向上的，即先建设技术架构所代表的企业信息技术基础设施，然后建设应用系统和数据治理/应用体系，进而实现对业务目标的支撑。

从企业架构的组成可以看出，数据架构是企业架构中至关重要的组成部分，其对应的数据治理/应用体系建设是企业信息化建设或数字化转型建设过程的核心内容之一。

1.2.2 数字化转型时代更需要数据治理

当前正处于企业从信息化到数字化转型的大变革时代，企业架构正处于深刻的转型过程中。

在信息化时代，企业架构的设计和实现其实是以应用架构为中心的，数据架构、技术架构从属于应用架构。企业可以根据业务战略的要求，分析业务需求，梳理业务流程，形成业务架构，然后根据业务架构设计应用架构，根据应用架构设计数据架构，最后根据数据架构设计技术架构。

在这个过程中，由于企业整体的信息技术架构由以套装软件（以 ERP 为代表）为主的应用架构决定，而套装软件的数据结构是随着套装软件的采购而进入企业内部 IT 环境中的，在这种情况下，对于数据架构的设计和建设的实质意义不大，所以，在信息化时代，数据架构没有得到企业的重视，如图 1-2-3 所示是信息化时代的企业数据架构。

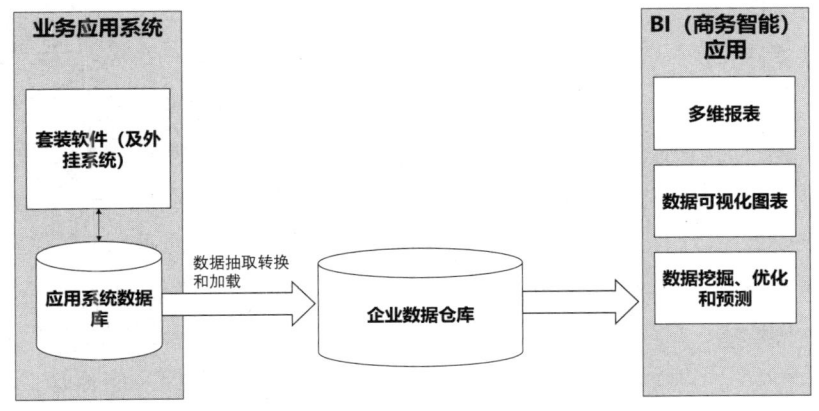

图 1-2-3　信息化时代的企业数据架构（原始框架）

不过，正是在信息化时代以应用系统为中心的系统建设实践中，企业逐渐发现了数据架构和数据治理的重要性，认识到即使以外购的套装软件为主进行系统建设，仍然需要从企业架构整体角度设计数据架构，建设相应的数据管理、控制和应用体系，于是逐步形成了如图 1-2-4

所示的信息化时代的企业数据架构。

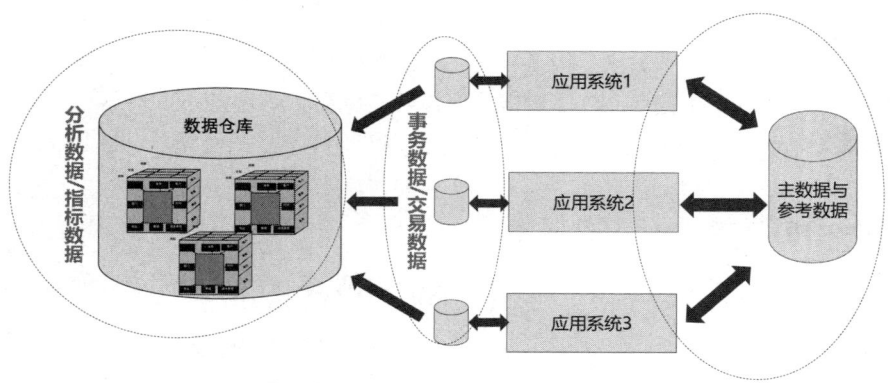

图 1-2-4　信息化时代的企业数据架构（成熟期）

在信息化时代进入成熟期后，企业逐渐意识到需要识别并定义企业整体的基础共享数据，确保业务系统能够有标准化的数据作为支撑，避免在业务协同、集成、共享方面出现问题；同时也认识到对已产生的数据，需要有体系化的梳理、维护手段，便于构建数据仓库和基于数据仓库的 BI 应用系统。

因此，信息化时代的数据架构和相应的数据治理在先进的企业里已经越来越受到重视。

进入数字化时代以后，企业的整体架构出现了下列变化。

- 应用架构逐步转向云原生架构：应用系统框架以微服务、平台化为主，应用系统部署容器化，"货架产品"形式的套装软件越来越少，面向特定业务场景快速定制开发、开发运维一体化的场景化轻应用系统越来越多（因此应用系统也更加碎片化）。
- 数据资产化、规模化、智能化：企业逐渐认识到数据是生产要素，是核心资产，一切应用系统最终应以获得数据资产、产生业务价值为根本目标。数据架构和数据治理受到前所未有的重视。
- 技术架构云化：企业的网络、存储、计算、安全等基础设施在架构上逐渐转向云计算架构，公有云、私有云、混合云并存，资源全面虚拟化，软件定义一切。
- 两种模式并存：由于云原生架构的套装软件没有"货架产品"（从原理上也不应该存在），且信息化时代保留下来的套装软件规模庞大，需求复杂，在短期之内很难完全被基于云原生架构的新型应用系统所替代，因此，在相当长的时间内，同时存在基于两种架构模式的应用系统，这提高了企业的数据应用和数据治理的复杂性。

在这种情况下，企业更需要从整体角度设计数据架构，建设相应的数据治理/应用体系。如图 1-2-5 所示是数字化时代的企业数据架构。

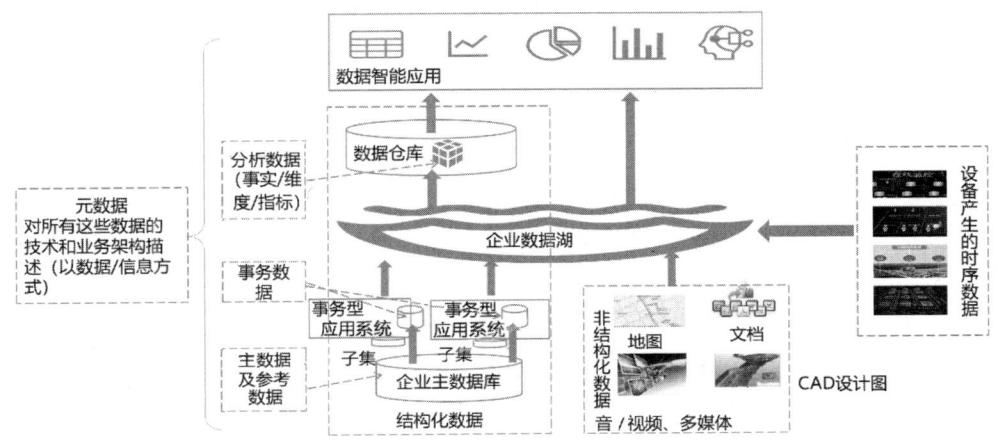

图 1-2-5　数字化时代的企业数据架构

在数字化时代，云原生应用在更灵活、更敏捷的同时，也更加碎片化，其技术复杂度更高、管理难度更大。同时，企业内部的数据更加多样和复杂，既有结构化数据，又有文档、图纸、多媒体等非结构化数据；既有历史数据，又有实时数据。在这种情况下，如何从企业的整体视角对企业的数据架构进行设计和建设，同时对数据的产生、汇聚、存储、利用、归档或清除进行全生命周期管理，确保数据质量和安全，让数据真正成为企业有价值的资产，成为生产要素，就是一个关键的问题。因此，相比信息化时代，数字化时代更需要数据治理。

1.3　工业行业的数据治理策略

随着新一代信息技术与制造业的深度融合与发展，工业互联网促使"人、机、物"等工业经济生产要素和上下游的业务流程更大范围地连接，网络空间范围不断突破边界，连接对象种类不断丰富多样，从而带动工业数据呈爆发式增长。海量的工业数据不断汇聚和增长，蕴藏着巨大的价值，已成为相关主管部门及各企业的无形资产，它们迫切需要构建工业数据治理体系。

1. 制度建设为数据治理奠定基础

工业行业中存在着各领域信息化程度参差不齐的问题，发展基于工业大数据的数据治理面临着重重挑战。但我国一直在制定相关的政策和法规，为工业大数据的发展保驾护航。

在国家层面，我国强调数据治理的目的是为了提升数据质量，保障数据的可用可管、完整准确和安全可信。

《中华人民共和国数据安全法》对数据实行分级分类保护。通过立法的方式确定国家作为数据分类分级工作的主体，有利于为各类数据在一个更高层面上制定统一标准，以及进行分类分级，避免各部门和行业主管机构使用不同的分类分级标准的情况，也有助于国家开展统一的数据安全监管活动。

目前，全国大多数省市都出台了对工业大数据发展及企业数据治理的工作要求和政策支持。

2. 建立基本标准体系和准则

为加快工业数据治理进程，中国电子技术标准化研究院组织制定了《数据管理能力成熟度评估模型》（GB/T36073—2018）和《工业大数据标准化白皮书》，工业和信息化部、国家标准化管理委员会共同组织制定了《工业互联网综合标准化体系建设指南》，以及多项适用于工业和信息化主管部门、工业企业、平台企业等开展工业数据分类分级工作的工业大数据国家标准和工作指南，并初步建立了工业大数据标准体系和准则。

此外，在地方层面，广东省、浙江省、上海市制定了相应的标准适用于工业大数据平台技术产品的标准，实现了工业大数据平台技术的产业化发展。工业互联网是5G通信网络的关键应用场景之一，深圳市出台了相关标准，不断加快5G通信网络的基础设施建设。

3. 制定规划保障工业经济转型发展

不同领域中的众多企业（包括大型央企）都提出了数字经济战略规划，旨在提升产业效益的数字化转型。

- 国家能源集团坚定数字化转型方向，着力打造智慧国家能源，开展大数据应用治理。其规划了以"数据资产价值最大化"为目标的数据治理工作，贯通"产、运、销"系统运营平台，"人、财、物"资源管理平台，集团云数据中心等重点应用平台，构建集团级数据资源池，深化大数据智能分析，实现多业务数据统一标准，推动基于全样本数据的科学决策，有效提升集团战略决策数字化水平。
- 中国航天科工集团的"数字航天战略"，聚焦实施集团的数字化转型、智能化升级、高质量发展，建立集团数据治理与服务体系、数字航天标准体系，以及数字化系统工程体系、数字化精益运营管控体系、数字化运营服务支撑体系，从而形成了知识驱动的新一代数字航天工业体系。

- 中核集团全面梳理数据标准，提升数据质量，以信息流带动技术流、资金流、人才流、物资流，为数字化转型提供了良好的数据基础，进而不断提升集团资源的配置效率。中核集团通过数字赋能，实现了集团的变革重构。
- 中国兵器装备集团通过面向未来制定数字化规划，完善数据治理体系，统一数据资产标准，打造数据产业链，实现了数据资产增值。在此基础上，中国兵器装备集团通过构建战略管控体系，支撑其战略管理、资产配置、运营监控等核心职能；通过建立竞争态势预测评估体系，以模拟推演战略规划、产业布局、投资决策等业务活动。
- 中国电子科技集团通过开展数字化转型专项行动，全面启动"数字电科"战略。其以提升企业的智慧管控、高效协同、信息共享等核心能力为目标，通过打造企业内部基础数据平台、加强基础数据治理体系建设、构建企业智慧管控应用体系，推动了集团管理流程再造和组织结构优化。
- 中国华能集团的数字化转型规划涉及集团内部流程再造、业务创新转型、组织变革、产业生态重塑等方面，其通过确定数字化转型方向，制定数字化转型路径和重点项目，形成了"华能数字化转型总体规划"。中国华能集团通过构建企业数据治理体系，统一数据结构、数据编码，形成共性元数据，实现了将所有风电、光伏数据接入智慧能源数据平台。

1.4 政务行业的数据治理策略

进入大数据时代，政务行业的数据治理迫切需要加快由封闭管理向开放治理转变，由单向管理向协同治理转变，由被动响应向主动服务转变，由定性管理向定量管理转变，由粗放管理向精准化管理转变，由运动式管理向常规性管理转变，以适应信息化和大数据时代经济社会发展的新要求。具体包括以下几个方面。

1. 加强制度建设

2022 年，我国发布了《中共中央 国务院关于构建数据基础制度更好发挥数据要素作用的意见》，又称"数据二十条"。"数据二十条"提出构建数据产权、流通交易、收益分配、安全治理等制度，初步形成我国数据基础制度的"四梁八柱"。"数据二十条"的出台，有利于充分激活数据要素价值，赋能实体经济，推动高质量发展。"数据二十条"明确提出中国特色的数据要素市场基础性制度的重大举措，内容涵盖了四项制度建设工作重点。

在"数据二十条"及国家相关政策文件的指导下，各省市也发布了数字政府、数据管理相关政策文件，建设了相关基础设施及数据管理平台，着力提升政务数据相关政策的规格和效能。2020 年，贵州、山西、深圳、沈阳等地纷纷在大数据、政务数据等方面出台了相关条例办法，指导本地政务数据的共享开放和安全管理。

2．搭建标准体系

针对政务数据治理要求，相应的数据治理规范标准陆续出台。

- 我国相关部门制定了《政务信息资源目录体系 第 1 部分：总体框架》等 6 项系列标准，《政务信息资源交换体系 第 1 部分：总体框架》等 4 项系列标准，《信息技术 大数据 政务数据开放共享 第 1 部分：总则》等 3 项系列国家标准，《信息技术 大数据 工业产品核心元数据》等多项数据治理相关国家标准。
- 公安部、教育部、科技部等国家部委结合各自业务领域的特点，制定并发布了数据资源相关行业标准。如公安行业的《公安信息化标准管理信息分类与代码》《公安业务基础数据元素集》《公安信息化标准管理基本数据结构》，教育行业的《基础教育教学资源元数据》《教育管理信息 教育管理基础信息》等。

针对自身特点，各省市也持续制定了政务数据共享、分类分级、安全管理等地方标准。

3．夯实基础设施

目前，各省市持续布局数据治理基础设施建设，加强政务云建设，并且在加快数据资源集约管理的基础上，建设数据共享交换平台、数据开放平台、数据交易平台及一体化大数据管理平台，开展数据治理、共享开放和交易流通。

1.5　金融行业的数据治理策略

金融行业是数据密集型行业，同时也是数字化转型的先驱者。数据治理机制与体系建设是保证数据被有效管理并发挥价值的基石。为实现将金融业在业务发展过程中积累的客户、交易等海量数据向有价值的"数据资产"转化，推动科技创新和数字化变革，中国人民银行、中国银行保险监督管理委员会（以下简称"中国银保监会"）等机构将数据治理提升到了前所未有的高度，其将数据治理体系框架、数据治理实施要求与方法指导、数据治理建设成效，以及数据质量与安全事件等相关内容全部都纳入监管范畴。2022 年 2 月，人民银行会同市场监督总局、银保监会、证监会联合印发《金融标准化"十四五"发展规划》，提出标准化引领金融业数字生态建设，夯实金融标准化发展基础，推动金融标准化工作数字化转型，加强金融标准化人才队伍建设。

在中国人民银行、中国银保监会等机构的强监管驱动下,金融业数据治理体系已初步建立,大部分银行已达到或超过国家标准 GB/T 36073—2018《数据管理能力成熟度评估模型》(DCMM)3 级水平,为整个银行业的数字化转型奠定了良好的基础。

在数据要素市场化的大背景下,金融企业的数据治理能力,尤其是数据安全合规治理能力,是金融企业有效运用数据要素并进行数字化转型的必要能力。

从 2008 年或更早起,大、中型商业银行就已经启动数据治理工作,经历了长达十多年的数据治理历程。各家银行数据治理的总体效果参差不齐,多数数据质量监管体系或企业数据治理体系的建设遇到过各种各样的瓶颈。

提高数据质量与数据安全是金融行业数据治理的两大基础目标和首要切入点。高质量的数据是其得以应用并发挥价值的基础。金融企业以数据质量问题为出发点,在分析问题、解决问题的同时,构建长效提升数据质量的配套治理体系,重点覆盖组织架构构建、制度规范制定、流程机制设计、知识管理及平台工具建设,同步开展相关的数据标准、数据模型与元数据、主数据等领域的实施与推进是比较可操作的选择。

数据价值创造是金融行业数据治理的终极目标与衡量标准。对金融企业而言,数据和人、财、物一样都是一种资产,数据治理的最终目标就是通过数据提升企业的管理效率、创造新的业务模式并带来收益,让数据可以直接进行交易并带来收益。未来,数据资产将会被纳入企业的资产负债表,体现在资产负债表中的数据资产净利润将成为衡量企业数据治理成效的首要标准。

1.6　产业数据治理人才策略

企业要想进行数据治理,就需要具备数据收集、存储、处理、分析和解释等方面的专业人才,特别是来自计算机、人工智能、工程学等领域的专家型才人。这些人才被统称为大数据人才。

1.6.1　数据产业对人才能力的要求

1. 需要具备数据科学知识

大数据人才需要满足以下要求:

- 计算机、数学、统计学等相关专业;

- 熟悉大数据技术、熟悉常用的数据挖掘算法及应用场景；
- 对数据有较好的洞察力；
- 具有大数据应用实践经验，最好可以基于互联网用户数据进行用户画像、用户经营分析、用户行为分析、精准营销等；
- 综合素质好。

2．需要全面掌握大数据技能

大数据人才需要具备的能力比较全面。理论上，计算机、数学、管理等专业的人才都可以进入大数据领域。

例如，大数据工程师以技术性工作为主，必须具备 Java、大数据开发、大数据架构、软件开发工程等技术背景；会用 SQL、SPSS、SAS 等数据分析工具，了解统计模型的相关知识；在一定程度上掌握 Python 等一类通用型编程语言。还要具有熟练操作大数据的技能，比如数据挖掘、分析预测等，参与业务沟通、需求梳理，组织建模、解决问题；后期可以为企业内部提供战略意见，以及可靠、有效的解决方案。

3．需要丰富的跨学科知识

随着大数据向各行业的渗透，大数据从业者往往身兼数职，并且需要同时掌握数据技术和业务知识。例如，数据分析师，不仅要具备数据分析、数据挖掘和机器学习等能力，还要具备市场营销、商业模式、数据产品等方面的知识。而数据科学家既能做业务数据分析，又懂机器学习和工程开发。

4．需要具备自觉的团队协作意识

大数据分析往往涉及数据和业务两大部分，单独一个部门无法完成全部工作。而数据团队和业务团队又难免存在沟通壁垒，所以团队协作尤为重要。大数据人才要善于合作，团队意识强。数据团队中的成员并肩工作，形成紧密合作的关系才更有利于企业的发展和壮大。

5．需要强大的业务沟通能力

大数据人才要有较强的沟通及协调能力、学习及推动能力，善于执行和监督，有较强的组织和责任意识；还需要有强大的逻辑思维能力、归纳演绎能力，能快速学习全新领域的商业模式和生态；以及能把分析结果可视化、产出可落地的方案，管理自己的团队。

1.6.2 数字技术专业人员能力要求

在新技术革命背景下，以数字化、网络化、智能化技术为基础的新业态、新模式正逐渐形成，其对劳动力市场和职业领域正产生着深刻的影响，尤其是对大数据人才能力的科学化、系统化和持续性培养和提升，提出了更高的目标。

由工业和信息化部人才交流中心组织，中国信息通信研究院、航天云网科技发展有限责任公司等牵头实施完成的《工业互联网产业人才岗位能力要求》，对工业大数据岗位人才能力进行了规范性描述。其中对工业大数据管理师岗位明确要求：要具备熟悉数据质量、主数据、元数据、指标数据相关管理工具，具备工业大数据治理项目经验，并具备一定的工业数据治理项目规划、实施、评估能力。

由工业和信息化部人事教育司组织，中国电子技术标准化研究院牵头组织编写的《大数据从业人员能力要求》(SJ/T 11788—2021)行业标准于2021年正式发布实施。其中规定了大数据产业从业人员的职业种类和等级、能力要素、能力要求和评价方法，适用于大数据产业从业人员的岗位能力培养和评价。该标准将大数据人员划分为大数据处理、大数据分析、大数据系统、大数据管理、大数据安全、大数据服务6类，设立了数据采集工程师、数据管理工程师、数据建模工程师、数据系统工程师、数据安全工程师等10个具体岗位，每个岗位分为初级、中级、高级3个等级。其中按知识、技能和经验3个维度提出了大数据从业人员岗位能力要素。该要求为大数据从业人员的能力培养、职业发展等活动提出了具体要求，以及提供了评价依据。

第 2 章 数据标准化是数据治理的基础

企业数据可分为主数据、交易数据和指标数据 3 大类，企业数据治理的对象主要就是这 3 类数据。

- 主数据是描述企业核心业务对象的实体数据，具有一致且统一的标识符和扩展属性，在企业内会被重复使用，且存在于多个应用系统中，如会计科目名称、客户代号等。
- 交易数据是记录企业日常经营过程中各种事件、交易的数据，如销售额、会计凭证代号、单据状态等。
- 指标数据是用于统计、分析的数据，一般是通过对交易数据进行计算、整合而得到的，如营业收入等。

数字经济时代的到来，让越来越多的企业认识到数据的重要性和价值。在过去的几年中，数据治理被提高到前所未有的高度，数据治理的目标也在发生着一系列转变：除满足监管和风险管理的要求外，如何通过数据治理来创造业务价值更是备受关注。

2.1 数据治理体系

1. 数据治理的定义

按照国际数据资产管理协会（DAMA）的定义：数据治理是对数据资产管理行使权力和控制的活动集合（规划、监控和执行），包括对主数据、元数据、数据标准、数据质量、数据安全等不同数据管理职能的指导。数据治理贯穿于企业数据管理的整个过程中，其重点关注的是企业有关数据的战略、组织、制度等高层次主题，并通过制定和推行战略、组织、制度，将其他几个数据管理职能贯穿、协同在一起，让企业的数据工作能够成为一个有机的整体，而不是各自为政。在数据拥有者、数据使用者、数据及支撑系统之间建立起和谐、互补的关系，即形成数据治理体系。

另外，数据治理的定义也可以被分为狭义和广义两种。

（1）狭义的数据治理：指数据资源及其应用过程中相关的管控活动、绩效和风险管理的集合，用于保证数据资产的高质量、安全及持续改进。

（2）广义的数据治理：数据治理是保证数据的可信、可靠、可用，满足业务对数据质量和数据安全的期待的系列举措，是围绕将数据作为企业资产而展开的一系列的具体化工作，是对整个企业的业务、数据、信息化建设、组织架构等信息的认知、理解、梳理、重定义的过程。其中主要包含组织为实现数据资产价值最大化所开展的一系列持续工作过程，诸如明确数据相关方的责权、协调数据相关方达成数据利益一致、促进数据相关方采取联合数据行动。即通过有效的数据资源控制手段，进行数据的管理和控制，以提升数据质量进而提升数据变现的能力。"广义的数据治理"的含义大于"狭义的数据治理"的含义，包括数据管理、数据运营和数据流程及其价值变现。广义的数据治理具体内容包含数据战略、数据管理、数据运营、数据流通等活动的集合。本书取"广义的数据治理"的概念，后面所用到的"数据治理"的概念都是指"广义的数据治理"。

2. 数据治理体系

数据治理体系是从全局视角协调、统领企业各个层面的数据管理工作，确保各部门人员能够得到及时、准确的数据支持和服务。通常，数据治理体系至少应当涵盖如下功能域：数据标准管理、主数据管理、元数据管理、数据质量管理、数据运营、数据流通及数据生命周期管理等。数据治理体系架构图如图 2-1-1 所示。

（1）主数据是指企业中需要跨系统、跨部门进行共享的核心业务主体数据。主数据管理还是将数据作为重要资产管理的思想和办法，即一整套的用于生成和维护企业主数据的规范、技术和方案，以保证主数据的完整性、一致性和准确性。

（2）元数据分为业务元数据、技术元数据和操作元数据。

- 业务元数据是定义与业务相关数据的信息，用于辅助用户定位、理解及访问业务信息。
- 技术元数据提供了在信息技术基础架构中对数据的说明，并描述了数据之间的关联，以及数据在信息技术环境之中的流转情况。

- 操作元数据主要指与元数据管理相关的组织、岗位、职责、流程，以及系统在日常运行中产生的操作数据。

业务元数据指导技术元数据，技术元数据以业务元数据为参考进行设计，操作元数据为两者的管理提供支撑。

（3）数据质量管理保障了数据的高质量，从而为企业的业务分析和发展规划提供决策数据支持。

（4）数据生命周期管理是为数据从产生、加工、使用乃至消亡整个过程提供的一套科学管理办法。其将极少或者不再使用的数据从系统中剥离出来，并通过合适的存储设备进行保留，以提高系统的运行效率，更好地服务用户，以及大幅度减少因为长期保存数据带来的储存成本。

（5）数据标准管理与上述几个方面的数据管理职能相比，既有内在的联系，又有其重要且独特的属性。数据标准管理具有一套符合自身实际需求，涵盖定义、操作、应用多层次数据的体系。

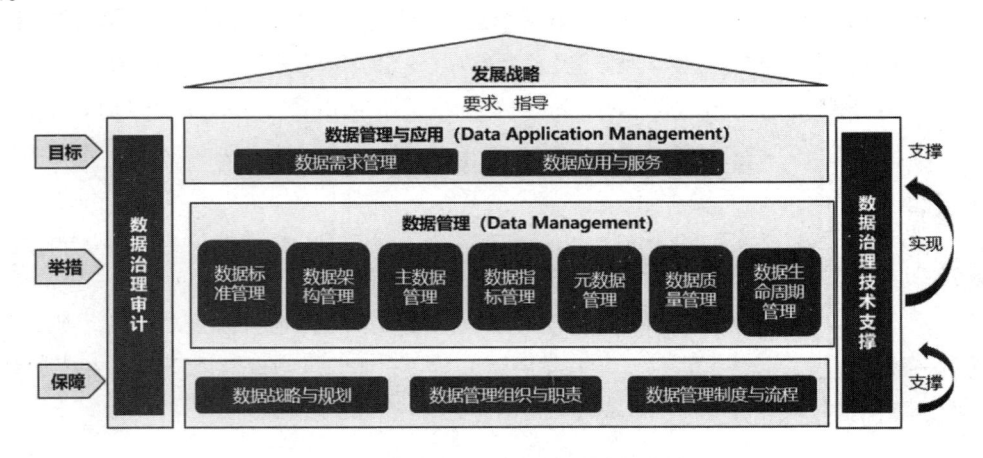

图 2-1-1　数据治理体系架构图

2.2　数据标准的定义与作用

所谓"标准"（Standards），就是对重复性事物和概念所做的统一规定。它以科学、技术和实践经验的综合成果为基础，经有关方面协商一致后，由主管机构批准，以特定形式发布，作为各部门共同遵守的准则和依据。

而"标准化"是为了在企业内获得最佳秩序，对现实问题或潜在问题用标准来制定共同使用和重复使用的条款的系列活动（引自 GB/T 20000.1—2014《标准化工作指南 第 1 部分：标准化和相关活动的通用术语》）。

标准化是一项活动，是制定、发布和实施标准的系统过程。标准制定是标准化活动中的核心要素。标准化的目的是使标准在一定范围内得以推广，使不够标准的状态转变成标准状态。标准化对象不是孤立的一个事物，而是共同使用或可重复使用的事物。

标准化是一个动态的概念，是随着科技的进步和社会的发展而不断变化发展的。只有当标准在实践中得到应用以后，才能体现出标准化的经济效益和社会效益，因此，标准的应用和实施是标准化活动中最重要的一个环节，没有标准的应用和实施，标准化工作就没有意义。

对数据而言，数据标准（Data Standards）是对业务流程中产生的数据的统一定义，即对数据的命名、定义、结构和取值规范方面的规则和基准。数据标准是业务对数据项在企业营运环境中的统一业务定义及技术要求，是保障数据在内外部使用和交换时的一致性和准确性的规范性约束，以达成各方对数据的业务理解和技术实现一致。

数据标准中的"标准"必须从管理和业务两个方面出发，它是从管理和业务视角制定的标准。

- 按照业务视角，数据常被分为财务数据、人力数据、采购数据、生产数据、销售数据、法律数据、审计数据等。
- 按照管理视角，数据常被分为参考数据、主数据、交易数据、指标数据、业务术语。

数据标准是从元数据管理视角制定的标准，可细分为业务标准、技术标准、管理标准，聚焦在业务属性、技术属性和管理属性 3 个维度上。

数据标准定义框架如图 2-2-1 所示。

（1）业务标准描述了数据与业务相关联的特性。业务标准是对数据业务含义的统一解释及要求。它包括数据的业务含义解释、数据在相关业务环境中的产生过程的描述、数据之间的制约关系、数据产生过程中所要遵循的业务规则，如业务定义、计算公式、统计口径、统计维度、统计周期、业务规则、值域、代码值、代码描述等。

（2）技术标准是业务在应用环境中对数据的统一技术要求。技术标准描述了数据与信息技术相关联的特性，如数据类型、数据格式等。

（3）管理标准描述了数据标准与数据标准管理相关联的特性，如标准版本、标准有效日期、标准责任部门、标准来源等。

图 2-2-1 数据标准定义框架

标准分类及属性说明	业务属性（描述了数据与业务相关联的特性）	技术属性（描述了数据与信息技术相关联的特性）	管理属性（描述了数据标准与数据标准管理相关联的特性）
指标数据标准（指标数据的规范）	业务定义、计算公式、统计口径、统计维度、统计周期	数据格式、数据源	数据安全、数据质量、标准版本、标准有效日期、标准责任部门、标准来源
交易数据标准（数据元、即数据项的规范）	业务定义、业务规则、值域	数据格式、数据类型	
主数据标准（主数据实体的规范）	主数据实体结构、属性清单、业务规则	数据格式	
参考数据标准（公共代码标准值域）	业务定义、代码值、代码描述		
业务术语（业务概念的规范定义）	业务定义、同义词、命名规范、		

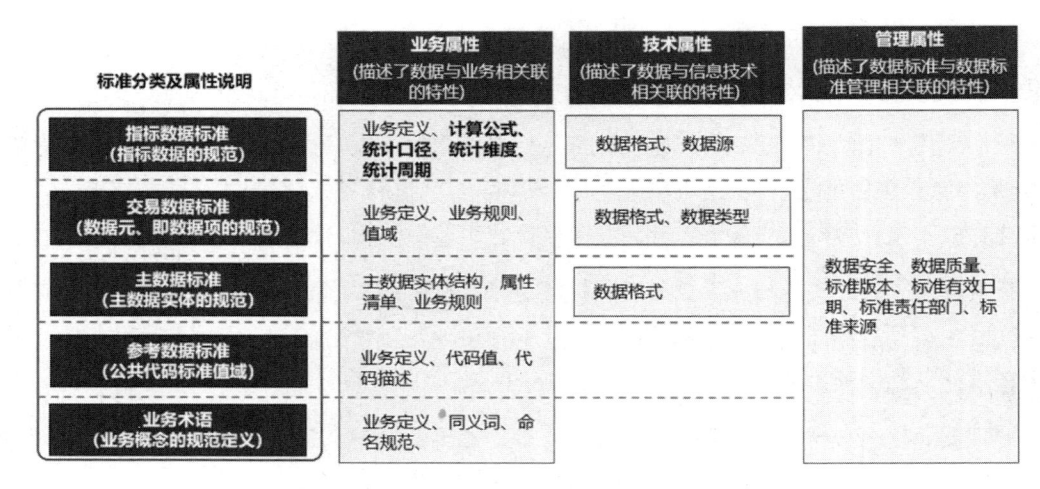

图 2-2-1　数据标准定义框架

数据标准可以采用不同的形式，具体取决于其所描述的内容。关于填充字段的要求、控制字段之间关系的规则、可接受和不可接受值的详细文档及格式等，通常由数据管理专业人员起草。

为了实现对数据标准的定义及维护而采用的面向数据仓库的逻辑数据模型，以及所建立的数据标准开发工具、开发环境和数据标准维护流程等，并不属于数据标准的组成部分。

结合业务场景来看，数据标准化的核心作用在于实现数据的"五统一"，如图 2-2-2 所示。

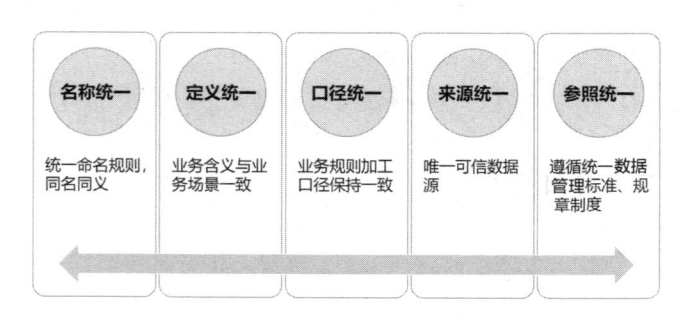

名称统一	定义统一	口径统一	来源统一	参照统一
统一命名规则，同名同义	业务含义与业务场景一致	业务规则加工口径保持一致	唯一可信数据源	遵循统一数据管理标准、规章制度

图 2-2-2　数据标准化实现的"五统一"

（1）名称统一。同一数据实体如果在不同的业务环境中名称不一致，则一方面不利于业务的连续性和完整性，另一方面也不利于后续的统计分析。比如，在仓库中存放有两件同样的物资，如果名称不一样，则信息系统识别的就是两件不同的物资，这样会影响物资采购计划，可能会造成库存积压等。

（2）定义统一。不同的业务领域有不同的业务场景，数据所包含的业务含义必须与业务场景保持一致，才能保证数据及衍生数据的正确性和准确性。

（3）口径统一。如果对数据的加工口径不一致，则统计出来的数据结果就不一致，也就无法有效支撑数据层的分析决策。

（4）来源统一。确定唯一且可信的数据源，可以保证基础数据的一致性。同时，源头数据的质量越高，未来构建的数据大厦就越牢固。

（5）参照统一。在企业业务运营的过程中，会出现大量不同类型、不同主题、不同结构的数据，为了最大限度地遵循和保障数据标准，应制定统一的数据管理标准和规章制度。

数据标准化是企业或组织对数据的定义、组织、监督和保护进行标准化的过程，将数据标准向下延伸至信息系统实现层，进行技术层面的标准化，打通了上层业务提出的数据规则与系统中具体数据的联系，这就是建立一套符合企业自身实际需求，涵盖定义、操作、应用多层次数据的标准化体系的过程或系列活动。数据标准化是一项长期、体系化的工作，需要各个方面同步推进，不仅仅是数据层面。

换句话说，数据标准化是一套需要持续优化、完善的管理机制，主要包括组织架构、制度规范、技术工具、标准体系、作业流程、监督考核等方面。其中任何一个环节的工作如果做得不扎实、不严谨，就会使数据治理过程出现缺陷，降低企业的数据治理水平。

2.3 数据标准化与数据治理

数据标准体系是决定企业的数据治理水平的关键环节。只有将数据标准化才能真正实现数据的高效流动与开发利用；相反，没有实现数据标准化，数据治理也将无从谈起。

数据标准适用于业务数据描述、信息管理及应用系统开发，可以作为企业在经营管理中所涉及数据的规范化定义和统一解释，也可以作为信息管理的基础，同时它也是企业在应用系统开发时进行数据定义的依据。数据标准化是研究、制定、推广和应用统一的数据分类分级、记录格式及编码等技术标准的过程。

企业在数据治理的过程中，应该按照数据标准体系的管理规定和办法对数据进行统一的管理，消除信息孤岛。因此，数据标准化与数据治理的其他核心领域具有密切的关联和一定的交叉，如元数据标准、数据交换和传输标准、数据质量标准等。

2.3.1 数据标准化与数据治理的关系

随着大数据时代的到来，越来越多的企业开始关注数据的价值和应用，而企业的信息化建设经过多年的发展，其信息系统中均积累了一定量级的业务数据、基础数据及其他各类数据。这些数据记录着企业的生产运营和安全情况，对企业创新及可持续发展至关重要。但如果缺乏统一的标准，则将这些数据再次利用时将会困难重重。很多信息系统的使用部门宁可重做一套系统，也不愿意利用原有的系统及数据。可见数据再利用困难的一个重要原因就是数据标准化问题。

在企业的数据治理中，数据标准化的作用如图 2-3-1 所示。

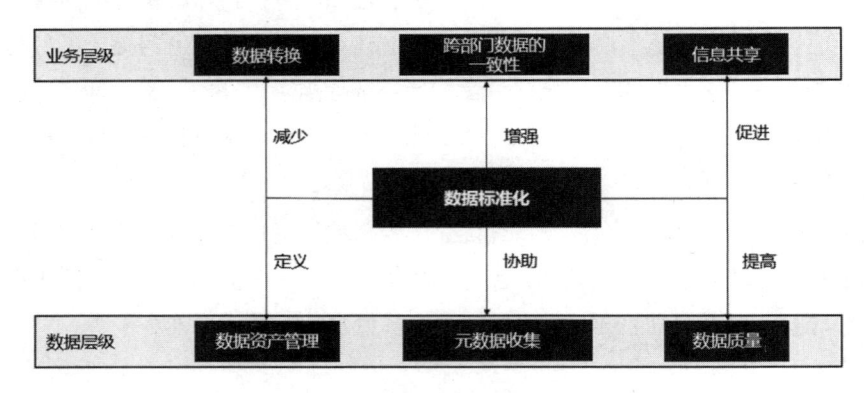

图 2-3-1 数据标准化的作用

加强数据治理是提升企业生产能力的需要、数字化转型的基础，也是企业发展数字经济的重要动力。当前，在企业的数据治理中还存在多元数据的汇集技术滞后、跨领域数据技术不足、数据安全面临风险等问题。因此，企业要深化对数据治理概念的理解，针对数据治理等前沿问题，要加强对数据标准化的研究，增进部门之间、业界之间的沟通与交流，形成数据治理的合力。

同时，数据标准化是数据资产管理的基础，是对数据资产进行准确定义的过程。对一家拥有大量数据资产的企业，或者是要实现数据资产交易的企业而言，构建数据标准是一件必须要做的事情。

2.3.2 数据标准化对数据治理的意义

在信息时代，数据对企业来说是一项资产，同时数据质量直接影响数据资产的价值，而数据标准化在一定程度上影响数据质量。

企业做好数据标准化工作可以提升业务的规范性，具体表现在以下 3 个方面。
- 通过统一的标准可以明确业务定义，使得企业不同部门之间的沟通更加顺畅，避免产生歧义，提升数据对业务的支持力度。
- 通过定义相同的数据结构，从技术角度提升信息系统的应用效能，根据标准可以实现信息的共享及交互，提升数据的抽取、转换、装载的效率。
- 通过统一的数据标准，可以为企业更准确、及时、高质量地提供数据，为后续的 BI 分析及大数据分析提供基础。

随着经济社会的发展，无论是政府的政策导向还是企业的业务需求，数据治理都为数据发挥应用价值奠定了良好的基础。而数据标准化对于提高数据的科学性、统一性和规范性，实现数据的高度共享与应用，以及提升企业的数据治理能力具有重要的意义。

换句话说，数据标准化的核心价值就是提高业务效率，促进数据共享，提升数据质量，具体表现在以下 6 个方面。

（1）增强业务部门和技术部门对数据定义和使用的一致性。

（2）减少数据转换，促进系统集成。

（3）促进信息资源共享。

（4）促进企业级单一数据视图的形成，支持企业管理信息能力的发展。

（5）支撑元数据管理。

（6）提高数据质量管理。

2.4 数据标准与其他数据管理域的关系

2.4.1 数据标准与数据模型的关系

数据标准是数据模型的基础，数据模型的构建必须遵循数据标准。

数据标准包含了架构类数据标准、对象类数据标准、基础类数据标准、作业类技术规范。而数据模型中使用到的术语、主数据模型、指标数据模型及业务数据模型均应遵循数据标准的要求。

因此，只有制定了全面的数据标准，才能更好地构建数据模型。而在进行数据模型评审的时候，其中一个重要的约束就是是否与数据标准匹配。数据模型是数据标准落地的载体。

2.4.2 数据标准与数据安全的关系

数据安全就是要保障数据能够合规地使用，不能发生数据滥用及违反法律法规的情况，这就需要对数据进行分类分级。

如何进行分类，如何进行分级？对分类分级的控制如何体现到数据中？这就需要数据标准的支持。也就是说，在定制数据标准的阶段，就要考虑数据安全的要求，将数据安全体现在数据标准中，才能保障数据安全有效落地。

2.4.3 数据标准与数据质量的关系

良好的数据质量是实现数据资产价值的基础，而数据质量是通过数据质量规则、数据质量测量制定、数据质量改进等活动实现的。其中，数据质量规则包括数据完整性规则、数据一致性规则、数据精确性规则等。而数据标准正是这些规则的主要来源，也是数据质量规则的重要依据。

2.5 数据标准体系与信息标准体系的关系

以前，企业的信息标准体系中关于数据层的标准，承担了规范企业的业务活动及信息系统建设、运维、管理活动中的数据的作用。但由于其在时效性、可落地性、可检查性等方面受到的制约，已不能完全满足企业在当前数字化转型过程中对数据开发、应用、管理等方面灵活多变的需求，因此，企业需要引入数据管理体系中的数据标准体系对数据进行统一与规范。这两个标准体系的定位与特点不同，应考虑分工合作：

- 信息标准体系作用于宏观，为企业整体的数据生产、应用、管理提供规范化的指导与流程。在数据范围方面，建议将业务中核心的、相对稳定的数据纳入信息标准体系中管理。
- 而数据标准体系作用于微观，主要负责规范业务系统之间、数据应用之间在技术层面的数据结构与内容。在数据范围方面，建议将信息系统之间广泛集成共享的数据及核心数据应用中所使用到的数据，纳入数据标准体系中管理。

同时，信息标准体系与数据标准体系都需要相应的数据管理平台来支撑，以固化标准的建设成果，承载标准的管理流程，落实标准的执行与检查，使数据标准的管理和应用形成有机的整体。

2.6 数据标准化面临的挑战与困难

数据标准是一经制定及发布后相对稳定的静态文件，而数据标准化是一项带有系统性、复杂性、困难性、长期性特征的动态管理工作，是对数据标准在某种程度上的落地。在实际的数据管理工作中，通常数据标准比较容易制定，而数据标准落地就困难多了。

国内企业的数据标准化工作已经开展很多年了，各个行业和组织都在建设自己的数据标准，但取得显著效果的案例并不多。数据标准难落地是企业在数据资产管理中面临的现状，不容回避。企业在数据标准应用中遇到的困难主要表现在以下 3 个方面。

（1）数据标准跟业务"两层皮"。

一是许多数据标准并没有真正落实到管理中，也没有体现在实践中；

二是平时数据标准被束之高阁，只有在每年总结汇报或者外部审核时才"抛头露面"。

（2）数据标准在实际中是"夹生饭"。

一是数据标准与企业的实际管理脱节，制定的数据标准可操作性较低；

二是数据标准内容关于管理层、操作层的界限不清，难以指导企业的信息化建设。

（3）数据标准跟 IT 项目相比要"靠边站"。

一是数据标准说起来很重要，做起来变次要，忙起来就不要了；

二是数据标准化管理在"工期紧、任务重"的压力下，需要为项目实施让路，阻碍了企业的数据标准化管理。

之所以会出现这些情况，是因为企业初步制定的数据标准本身有问题。有些数据标准一味地追求先进，向行业领先者看齐，数据标准大而全，却脱离实际情况，导致很难落地。

企业在数据标准化推进过程中主要存在以下几种问题。

（1）对建设数据标准的目的不明确，跟业务脱节。

某些组织建设数据标准，其目的不是为了统一组织内部的数据口径，指导信息系统的建设，提高数据质量，更可信地处理和交换数据，而是为了应付上级和监管机构的检查，因此他们需要的只是一堆标准文件和制度文件，根本就没有可执行的计划。

（2）对数据标准化的难度和工作量估计不足。

数据标准化是一个长期的过程，不是一蹴而就的，应全方位进行治理。很多企业一上来就要做数据标准，却不知道数据标准的范围很大，很难以一个项目的方式都做完。结果是企业越做数据标准化，遇到的阻力越大，困难就越多，最后自己都没有信心了，转而把前期梳理的一堆成果束之高阁。这是最常见的情况。

（3）缺乏落地的制度和流程保驾护航。

数据标准的落地，需要多个系统、业务部门的配合才能完成。如果只梳理出数据标准，但是没有规划具体的落地方案，缺乏技术部门、业务部门、系统开发商的支持，尤其是缺乏领导层的支持，那么无论如何也是不可能落地的。

（4）组织管理水平不足甚至缺失。

数据标准落地所具有的长期性、复杂性、系统性的特点，决定了推动数据标准落地的组织机构的管理能力必须保持在很高的水平线上，且架构必须持续稳定，这样才能有序地不断推进。

（5）缺乏运营保障，过分依赖外部咨询公司。

一些组织没有建设数据标准的能力，因此会请外部咨询公司帮忙规划和执行。一旦咨询公司撤离，组织依然缺乏将这些标准落地的能力和条件。

以上这些问题导致了企业的数据标准化工作很难开展，更难取得较好的成效。而数据标准化是一项战略性、长期性、艰巨性、系统性，以及持续进行的组织内部的数据治理工作，因此，数据标准化必然是一个漫长而持续的过程，其中没有立竿见影的途径，唯有企业持之以恒、不懈努力，才能达到预期目标。

第 3 章

数据标准化主要内容

企业数据标准化工作的实施包括以下内容：

- 根据业界经验、相关标准及企业实际情况，确定实施范围，并根据优先级和难易程度制订实施计划。
- 从企业业务域、业务活动、对象实体、实体关系等方面层层递进，逐步展开。
- 梳理和明确所有数据实体、数据指标的关联关系，并对数据之间的关系进行标准化定义。数据关系也是数据标准化的内容。

通过以上梳理、分析和定义，确定出数据标准化工作的范围。

3.1 数据标准化的主要内容

为了便于读者更全面地了解数据标准化工作的相关内容，下面参照 DAMA（国际数据管理协会）数据管理框架（也就是大家常说的 DAMA 车轮图），列举了数据标准化主要涉及的 10 项内容，如图 3-1-1 所示。

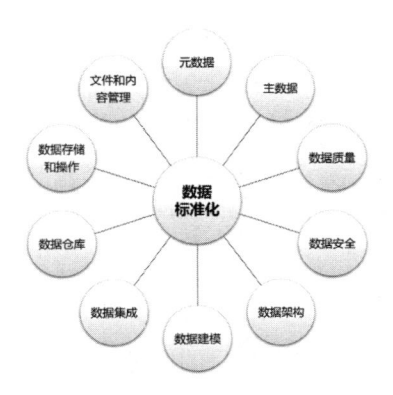

图 3-1-1 DAMA 车轮图

1．元数据

元数据不仅包括技术和业务流程、数据规则和约束，还包括逻辑数据结构和物理数据结构等。它描述了数据本身（如数据库、数据元素、数据模型）、数据表示的概念（如业务流程、应用系统、软件代码、技术基础设施）、数据与概念之间的联系（关系）等内容。一般来说，元数据通常分为 3 种类型，即业务元数据、技术元数据和操作元数据。

2．主数据

主数据是组织中需要跨系统、跨部门进行共享的核心业务实体数据，如人员主数据、供应商主数据、物料主数据、会计科目主数据等。主数据标准化主要聚焦在主数据标准体系、保障体系及管理工具 3 个方面。

3．数据质量

数据质量管理是企业数据治理中一个重要的组成部分。企业数据治理的所有工作都是围绕提升数据质量这个目标而开展的。描述企业的数据质量主要包括以下 6 个核心维度。

- 完备性：存储数据量与潜在数据量的百分比；
- 唯一性：在满足对象识别的基础上不应多次记录实体实例（事物）；
- 及时性：数据从要求的时间点起代表现实的程度；
- 有效性：如果数据符合其定义的语法（格式、类型、范围），则数据有效；
- 准确性：数据能正确描述其所描述的"真实世界"对象或事件的程度；
- 一致性：比较事物多种表述与定义的差异。

4．数据安全

数据安全已成为数字经济时代最紧迫和最基础的问题，加强数据安全治理已成为维护国家安全和国家竞争力的战略需要。数据安全保护工作主要包括以下 6 个方面。

- 数据基本保护：包括数据访问控制、数据分类分级保护、数据安全传输等。
- 数据安全防护：包括加强主动防御和综合防范。
- 数据全生命周期安全：包括建立健全从数据采集、传输、存储、处理、共享与交换到销毁的全生命周期安全管理与技术要求。
- 数据共享与开放：包括遵循数据分级分类实施差异化管控、敏感数据不公开等原则。
- 数据安全组织协调：包括构建跨部门、跨单位的数据安全组织协同机制。
- 数据合规评测：包括建立定期内部安全检查机制，确保安全要求和防护手段有效落实。

5．数据架构

数据架构是数据管理的基础，可以帮助企业的管理层做出决策。数据架构主要包括以下 3 部分内容。

- 数据架构成果：包括不同层级的模型、定义、数据流，这些通常被称为数据架构的构件。
- 数据架构活动：用于形成、部署和实现数据架构的目标。
- 数据架构行为：包括影响企业数据架构的不同角色之间的协作、思维方式和技能。

6．数据建模

数据建模是发现、分析和确定数据需求的过程，其通过数据模型这种精确形式表示和传递这些数据需求。常见的数据建模模式分别是关系模式、多维模式、面向对象模式、事实模式、时间序列模式和 NoSQL 模式。按照描述详细程度的不同，每种模式又可以分为三种模型：概念模型、逻辑模型及物理模型。每种模型都包含一系列组件，如实体、关系、事实、键和属性。

7．数据集成

数据集成的核心是数据抽取、转换和加载（ETL）这个基本过程。数据集成的作用包括以下内容。

- 实现数据在不同存储设备、应用程序和组织这三者内部和三者之间进行移动和整合的相关过程。
- 统一数据采集标准、命名标准、编码标准、接口标准、格式标准、集成标准等信息，实现对数据的统一共享和集成应用。

8．数据仓库

数据仓库可以将不同来源的数据整合到公共的数据模型中，减少数据冗余、提高信息的一致性。数据仓库有两个重要组成部分：集成的决策支持数据库；与之相关的用于收集、清理、转换和存储来自各种操作和外部源数据的软件程序。

9．数据存储和操作

数据存储和操作包括对存储数据的设计、实施和支持，将数据资源的价值最大化。其通过管理系统数据库技术和数据库操作可确保数据的可用性和数据资产的完整性。

10．文件和内容管理

文件和内容管理是针对存储在关系型数据库之外的数据和信息的采集、存储、访问和使用过程的管理。其重点在于保持文件和其他非结构化或半结构化数据的完整性，并使这些数据能够被访问。要确保文件和内容管理的安全性和高质量，需要有良好的组织机制和科学的元数据管理。

3.2 重要术语解析

1．数据、数据资源、数据资产和数据要素

（1）数据：对客观事物（如事实、事件、事物、过程或思想）的数字化记录或描述，是无序的、未经加工处理的原始素材。

- 根据《中华人民共和国数据安全法》中的定义，"数据，是指任何以电子或者其他方式对信息的记录。"该定义在法律层面明确了数据的记录方式，并将"数据"和"信息"进行区分。按照这一界定，纸质的档案信息及其他以书面形式对信息所做的记录，也属于数据。
- ISO/IEC 11179—1:2015 标准将"数据"定义为"以适合于交流、解释或处理的形式化方式对信息进行可重新解释的表示"，该定义强调了"数据"的电子性质，认为"数据"是对它代表的对象（信息）的解释；且该解释方式必须是权威、标准、通用的，只有这样才可以达到通信、解释和处理的目的。
- 国际数据管理协会认为，"数据是以文本、数字、图形、图像、声音和视频等格式对事实进行的表现"，并对"数据"存在的不同形态进行了列举，指出"数据"是对事实的表现。
- 统计学将"数据"定义为"用于表示和解释而收集、分析和总结的客观事实和数字符号"，并将"数据"分为定性数据和定量数据。
- 根据我国权威科学技术名词审定机构全国科学技术名词审定委员会的审定，在计算机科学技术中，"数据"是客观事物的符号表示，指所有可输入到计算机中并可被计算机程序处理的符号的总称；在管理科学技术中，"数据"是描述事件或事物的属性、过程及其关系的符号序列，比如自然语言符号、科学符号、数字及图形图像等。

对"数据"的定义虽未实现完全的统一，但结合上述定义，可以看出"数据"的定义包含了两个核心内涵：

- 一是描述客观事实。数据是对感知到的客观事实进行描述或记录的结果，是对现实世界中的时间、地点、事件、其他对象或概念的描述。
- 二是必须被符号化表达。数据必须被符号化表达，才能被有效识别，如数字、文字、字母、声音、图片、视频等。

综上所述，我们认为数据是对感知到的客观事实进行描述或记录的符号或符号集合，如数字、文字、字母、声音、图片和视频等，是未经处理的原始素材。

（2）数据资源：广义上是指对一家企业而言所有可能产生价值的数据，是企业生产及管理过程中涉及的一切文件、资料、图表等数据的总称。它是对数据进行加工处理后的结果，使数据之间建立联系，并具有了某些意义，贯穿于企业管理的全过程。

（3）数据资产：是指由组织（政府机构、企事业单位等）合法拥有或控制的数据资源，以电子或其他方式被记录下来，例如文本、图像、语音、视频、网页、数据库、传感信号等结构化或非结构化数据，可进行计量或交易，能直接或间接带来经济效益和社会效益。在组织中，并非所有的数据都可以构成数据资产。数据资产是能够为组织产生价值的数据资源。数据资产的形成需要对数据资源进行主动管理并形成有效的控制。

数据资产的"三全"管理包含：全生命周期（时间）管理、全流程（空间）管理、全景式（场景）管理。

- 全生命周期（时间）管理是基于元数据的数据资产全过程管理，从注册、应用、运营到最终归档及消亡的全过程记录与监控。通过权衡效率和需求之间的关系，对数据资产进行合理分级存储和保留、销毁数据。
- 全流程（空间）管理是基于数据资产的溯源管理（数据血缘与影响分析），包括数据来源、存储位置、处理方式、流转过程、安全稽查规则，能追本溯源地发现所有数据资产的"前世今生"。
- 全景式（场景）管理是基于数据资产全场景视图的管理，从应用场景的维度看，其中既有全局规划的管理者，也有关注细节定义的使用者，还有负责加工、运维的开发者。其可以提供多层次的图形化展示，满足应用场景的图形查询和辅助分析。

（4）数据要素：指在生产和服务过程中作为生产性资源投入，创造经济价值的数据、数字化信息和知识的集合。数据要素包括原始数据、衍生数据、数据模型、数据产品和服务等。

数据要素和数据资产是数据资源在不同的价值释放阶段的业务性定义。数据要素包括数据资产，数据资产是能够使用会计准则，且能够被会计确认计量的数据要素。

2. 数据管理、数据资源管理、数据资产管理和数据要素化

（1）数据管理：指利用计算机硬件和软件技术对数据进行有效的收集、存储、处理和应用的过程。数据管理的目的在于充分、有效地发挥数据的作用。

（2）数据资源管理：致力于发展处理企业数据全生命周期的适当的建构、策略、实践和程序。数据资源管理的目的就是通过某些手段，以有效地控制数据资源，并提升数据资源的利用率。

（3）数据资产管理：是指对数据资产进行规划、控制和提供的一组活动职能，包括开发、执行和监督有关数据的计划、政策、方案、项目、流程、方法和程序，从而实现对数据资产价值的控制、保护、交付和提高。

数据资产管理必须充分融合政策、管理、业务、技术和服务，确保数据资产的保值、增值。其核心思路是把数据对象作为一种全新的资产形态，并且以资产管理的标准和要求来加强相关体制和手段。

（4）数据要素化：指数据资源通过与生产经营嵌入、融合，再叠加人的智慧、创意与劳动，转换为数据要素的过程。例如，将企业的发电量数据加工成企业用电状态标签，用于企业用电风险分析，从而产生价值。

3. 数据目录、数据资源目录、数据资产目录、数据服务目录、数据共享与开放目录

（1）数据目录：可以分为数据资源目录、数据共享与开放目录、数据资产目录和数据服务目录。数据目录是企业数字化转型、构建数字孪生的基础；是实现数据共享、数据服务的基础；也是数据资产化、数据资产运营的基础。

（2）数据资源目录：是依据规范的元数据来描述数据资源，并站在全局视角对所拥有的全部数据资源进行编目，以便对数据资源进行管理、识别、定位、发现、共享的一种分类组织方法。通过数据资源目录可实现对数据的浏览、查询、获取等目的。

（3）数据资产目录：指对数据中有价值、可用于分析和应用的数据进行提炼而形成的目录体系。

数据资产目录应该站在管理的角度构建，根据不同数据资产管理范围的划分，由不同的角色进行管理。

编制数据资产目录有以下作用：

- 可以给出业务场景和数据资源的关联关系，降低用户理解系统数据的门槛。

- 是整个数据资产体系中的首要工作，是构建企业数据架构体系的基础工作。
- 可以实现对企业内部数据资产目录的统一检索、快速定位和统计分析，逐步形成知识图谱和数据资产地图。

（4）数据服务目录：是依据规范的元数据来描述数据服务，且按照特定的业务场景进行排序和编码的一组信息，用于描述各个数据服务的特征，以便对数据服务的使用和管理。

数据服务目录是基于企业内已梳理的数据资产目录，以业务场景、应用场景为切入点，以业务需求、应用需求为导向进行编制的。数据服务目录主要分为两类：

- 一类是数据应用服务目录，提供包括指标报表、分析报告等可以直接使用的数据应用；
- 另一类是数据接口服务目录，提供鉴权、加密、计量、标签化等服务。

（5）数据共享与开放目录：可以明确数据资源进行共享与开放的范围与条件的一组信息，方便实现数据跨部门、跨单位、跨组织产生价值。

4．数据源、元数据与数据元

（1）数据源：指数据的来源，也是数据产生和生成的源头。数据源包括内部数据源和外部数据源两大部分。

内部数据源根据来源的不同又可以分成两类：

- 一类是业务操作中采集的原始数据，也被称为基础数据（指企业运营活动中产生的原始数据，或者经过简单的清洗处理，但不通过计算得到的数据）；
- 另一类是基于业务规则对原始数据加工后生成的结果数据，也被称为衍生数据。

外部数据源指因企业业务发展的需要，从外部的政府部门、企事业单位、商业机构等获得的数据，如气象数据、经济数据等。

（2）元数据：即描述数据的数据，主要指描述数据属性的信息，具有指示数据存储位置、资源查找、文件记录等功能。元数据包括业务元数据、技术元数据和操作元数据。

元数据贯穿数据资产管理的全流程，是支撑数据资源化和数据资产化的核心。其具体功能如下。

- 首先，从业务视角和管理视角出发，通过定义业务元数据和管理元数据，可以增强业务人员和管理人员对于数据的理解与认识。
- 其次，技术元数据通过自动从数据仓库、大数据平台、ETL 中解析数据存储和流转过程，可以追踪和记录数据血缘关系，及时发现数据模型变更带来的影响，以及有效识别变更带来的潜在风险。
- 最后，元数据可以作为自动化维护数据资产目录、数据服务目录的有效工具。

（3）数据元：也被称为数据元素，是用一组属性描述定义、标识、表示和允许值的数据单元（在 GB/T 18391.1—2002 中的定义：在一定语境下，通常用于构建一个语义正确、独立且无歧义的特定概念语义的信息单元）。数据元可以被理解为数据的基本单元。将若干个具有相关性的数据元按一定的次序组成一个整体结构即为数据模型。

数据元一般由对象类、特性、表示 3 部分组成。
- 对象类：是现实世界中的想法、抽象概念或事物的集合，有清楚的边界和含义，并且因其特性和行为遵循同样的规则而能够被加以标识。
- 特性：对象类的所有个体所共有的某种性质。
- 表示：值域、数据类型的组合，必要时也包括度量单位或字符集。

5. 主数据、参考数据、交易数据、指标数据

（1）主数据：指满足企业跨部门业务协同需要的核心业务实体数据。其长期存在且应用于多个系统中，用于描述整体业务数据的对象，例如客户主数据、商品主数据、供应商主数据。相比交易数据，主数据的属性相对稳定，对准确性的要求更高，可唯一识别。

主数据管理是一系列规则、应用和技术，用以协调和管理与企业的核心业务实体相关的系统中记录的数据。通过对主数据值进行控制，使企业可以跨系统提供来自权威数据源的协调一致的高质量主数据，从而支撑跨部门、跨系统的数据的融合与应用。

（2）参考数据：指用于将其他数据进行分类或目录整编的数据。参考数据管理是对定义的数据域值进行控制，包括对标准化术语、代码值和其他唯一标识符，每个取值的业务定义，数据域值列表内部和跨不同列表之间的业务关系的控制。

（3）交易数据：也被称为操作类数据，指在日常业务开展过程中实时产生或交互的业务行为和结果型数据。操作类数据对实时性的要求较高，其主要作用是支撑业务的办理流程。

相比主数据，交易数据具有短期或瞬间的特点，如采购订单数据、销售订单数据。

（4）指标数据：指组织在战略发展、业务运营和管理中衡量某一个目标或事物的数据，一般是由指标名称、时间、指标数值等组成。指标数据管理指组织对内部经营分析所需要的指标数据进行统一规范化定义、采集和应用，用于提升统计分析的数据质量。

很多企业为了简化概念，一般将参考数据和主数据通称为主数据。

参考数据又叫配置型主数据，是描述业务或核心主数据属性分类的参考信息，会在整个组织内共享使用。配置型主数据一般是依据国际标准、国家标准、行业标准或企业标准和相关规范等制定的，在系统中一次性配置使用的基础数据，例如，国家、民族、性别等的规范性表述。配置型主数据相对稳定，不易变化。

区别于参考数据的主数据又被称为核心主数据，指用来描述企业核心业务实体的主数据。核心主数据是企业信息系统的神经中枢，是业务运行和决策分析的基础。核心主数据是相对"固定"的，变化缓慢。

6. 数据指标和数据标签

（1）数据指标：是一种衡量目标的方法，一般用于表示预期中打算达到的指数、规格、标准，例如销售收入、活期存款金额、委托贷款余额等。数据指标管理是指通过对企业若干个核心和关键业务环节相互联系的统计数据指标的全面化、结构化和层次化的系统构建，满足企业关于"找指标、理指标、管指标、用指标"方面的需求。

（2）数据标签：是一种用来描述业务实体特征的数据形式。数据标签是通过标签对业务实体进行刻画，从多个角度反映业务实体的特征。比如对用户进行画像时，包括性别、年龄、地区、兴趣爱好、产品偏好等角度。我们在日常工作中经常会碰到的业务实体包括用户、商品、商户等，相应的标签分别被称为用户标签、商品标签和商户标签。

7. 数据架构、主题域、数据模型、数据分布、数据流向、实体、数据类型、数据项、数据字典

（1）数据架构：是一套规则、政策、标准和模型，用于管理和定义收集的数据类型，以及如何在组织及其数据库系统中使用、存储、管理和集成数据。数据架构提供了创建和管理数据流，以及处理整个组织的 IT 系统和应用程序的方法。

数据架构是实现数据规划的载体，是揭示业务本质、描述组织中数据关系的全景视图，是统一数据语言、理顺数据关系、消除信息孤岛、建立数据互联的基础。

（2）主题域：用于提供数据模型的高阶视图，是类的逻辑分组。根据业务要求可以将类组织成一些独立完整的领域（主题域），每个主题域对应某一领域所涉及的类对象，并在较高层次上对该领域内的数据进行完整、一致的描述。主题域可以扩展，可以根据客观对象、业务关注点定义新的数据对象范围。

定义主题域包括以下原则：

- 同一主题下由相关性强的概念或内容聚合而成；
- 同一层级的主题域具有互斥性，其业务含义不可重叠，上一级和下一级主题域是父子关系；
- 业务域之间需要建立关联关系。

（3）数据模型：即使用结构化的语言，将收集到的组织在业务经营、管理和决策中使用的数据需求进行综合分析，并按照数据模型设计规范将需求重新组织在一起。从数据模型覆盖的内容颗粒度来看，数据模型一般分为主题域模型、概念模型、逻辑模型。

- 主题域模型是最高层级、以主题概念及其之间的关系为基本构成单元的模型。
- 概念模型是以数据实体（类）及其之间的关系为基本构成单元的模型。
- 逻辑模型是在概念模型的基础上进行细化，以数据属性（元素）为基本构成单元的模型。

（4）数据分布：是针对企业级数据模型中数据的定义，用于明确数据在系统、组织和流程等方面的分布关系，定义数据类型，明确权威数据源，为数据相关工作提供参考和规范。通过对数据分布关系的梳理，可以定义数据相关工作的优先级，方便指定数据的责任管理人，并进一步优化数据的集成关系。

（5）数据流向：是建立组织内各应用系统、各部门之间的数据集成机制，通过对组织内部数据集成相关制度、标准、技术等方面的管理，促进组织内部数据的互联互通。数据流向体现了系统各环节输入和输出的信息项，以及数据通过系统交互及存储的路径；从数据传递和加工的角度看，数据流向体现了控制流和数据流的方向。

（6）实体：是指现实世界中客观存在的并且可以相互区分的对象或事物。就数据库而言，实体往往指某类事物的集合。实体可以是具体的人或事物，也可以是抽象的概念、联系。数据实体对象往往包含指标数据、交易数据、主数据及参考数据等。

（7）数据类型：一组性质相同的值的集合，以及定义在此集合上的一些操作的总称。数据类型包括原始类型、多元组、记录单元、代数数据类型、抽象数据类型、参考数据类型及函数类型。数据类型的出现是为了根据所需内存的不同，把数据分成大小不同的数据，在编程时，需要用大数据时才需要申请大内存，从而可以充分利用内存。

（8）数据项：是数据不可被分割的最小单位。数据项的名称有编号、别名、简述、数据项的长度、类型、数据项的取值范围。

（9）数据字典：数据字典是描述数据的信息集合，是对系统中使用的所有数据元素的定义的集合。数据字典用于对数据的数据项、数据结构、数据流、数据存储、处理逻辑等进行定义和描述，其目的是对数据流程图中的各个元素做出详细的说明。

8. 数据应用、数据分析、数据开放与共享、数据服务

（1）数据应用：指对数据的使用，使数据发挥价值。数据应用涉及 3 个领域：数据分析、数据开放与共享和数据服务。

（2）数据分析：指为组织的各项经营管理活动提供数据决策支持而进行的组织内/外部数据分析或挖掘建模，以及对应成果的交付运营、评价推广等活动。数据分析能力会影响到组织制定决策、创造价值、向用户提供价值的方式。

（3）数据开放与共享：指按照统一的管理策略将组织内部的数据有选择地对外开放，同时按照相关的管理策略引入外部数据供组织内部应用。数据开放与共享是实现数据跨组织、跨行业流转的重要前提，也是实现数据价值最大化的基础。

（4）数据服务：指通过对企业内/外部数据的统一加工和分析，以及结合不同需求方的需要，以数据分析结果的形式对外提供跨领域、跨行业的数据服务。提供的数据服务可能有多种形式，包括数据分析结果、数据服务调用接口、数据产品或数据服务平台等，具体的形式取决于企业数据战略和发展方向。

9. 数据生命周期、数据需求、数据设计和开发、数据运维、数据退役

（1）数据生存周期：指数据的获取、存储、整合、分析、应用、呈现、归档和销毁等各种生存形态演变的过程。

（2）数据需求：指组织对业务运营、经营分析和战略决策过程中产生和使用的数据的分类、含义、分布和流转的描述。数据需求管理用于识别所需的数据，确定数据需求的优先级并以文档的方式对数据需求进行记录和管理。

（3）数据设计和开发：指通过设计、实施数据解决方案，提供数据应用，以持续满足组织的数据需求的过程。数据解决方案包括数据库结构、数据采集、数据整合、数据交换、数据访问及数据产品等方案。

（4）数据运维：指数据平台及相关数据服务在建设完成并上线投入运营后，对数据采集、数据处理、数据存储等过程的日常运行及维护的过程。数据运维为数据应用提供了持续、可用的数据内容。

（5）数据退役：指对历史数据的管理，根据法律法规、业务、技术等各方面的需求，设计历史数据的保留和清除策略，执行历史数据的归档、迁移和清除工作，确保组织对历史数据的管理符合外部监管机构和内部业务用户的需求，而非仅满足信息技术部门的需求。

10. 业务术语、业务规则、命名规范、技术规范

（1）业务术语：是对组织中业务概念的描述，是组织内部理解数据、应用数据的基础，也是业务部门和数据部门沟通的桥梁。定义良好的业务术语标准和业务术语字典可以实现对业务术语、元数据的追踪，方便数据治理人员查询和使用。

业务术语管理指在组织内制定统一的管理制度和流程，并对业务术语的创建、维护和发布进行统一的管理，进而推动业务术语的共享及其在组织内部的应用。通过对业务术语的管理能保证组织内部对具体技术名词理解的一致性。

（2）业务规则：描述了业务应该如何在组织内部运行，以便与外部组织保持一致。通常业务规则规定了主数据格式和允许的取值范围。

（3）命名规范：用于完整、准确地表述业务的含义。业务名称要符合行业内的通用命名习惯。

（4）技术规范：即对标准化的对象提出技术要求。当这些技术规范在法律上被确认后，就成了技术法规。

技术规范是标准文件的一种形式，是规定产品、过程或服务应满足技术要求的文件。它可以是一项标准（即技术标准）、一项标准的一部分或一项标准的独立部分。其强制性弱于技术标准。

相关常用的数据标准化名词术语见本书附录 A。

相关常用的数据标准化术语的英文缩写见本书附录 B。

3.3 相关数据标准

1. 国家相关的标准

数据标准化涉及的面比较广，专业性也比较强。业务的数据化和数据的业务化，是各行业、各领域数据服务和应用的重点和趋势。为此，我国相关部门出台了大数据标准体系框架，从基础、数据、技术、平台/工具、数据管理、安全和隐私、行业应用等领域，制定了标准的体系框

架及各标准之间的关联关系，如图 3-3-1 所示。

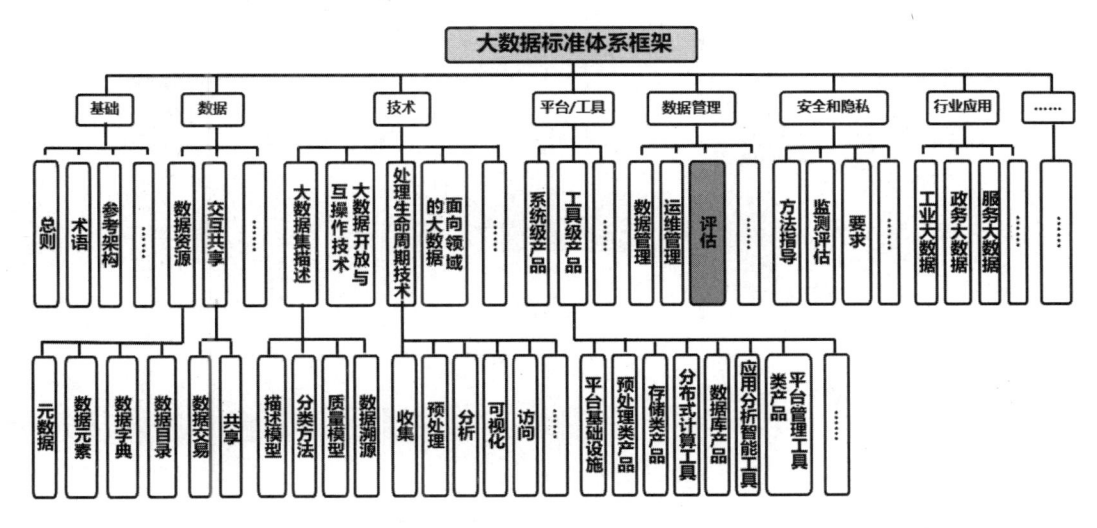

图 3-3-1　大数据标准体系框架

对于数据管理领域下的"评估"分支，已于 2018 年 3 月由中国国家标准化管理委员会颁布了《数据管理能力成熟度评估模型》（GB/T 36073—2018），这是我国在数据管理领域首个正式发布的国家标准，其英文缩写为 DCMM（Data management Capability Maturity Model）。其中定义了数据战略、数据治理、数据应用、数据架构、数据安全、数据质量、数据标准和数据生存周期 8 个核心能力域及 28 个能力项共 445 条标准。其将企业数据管理能力成熟度划分为 5 个等级，自低向高依次为初始级（1 级）、受管理级（2 级）、稳健级（3 级）、量化管理级（4 级）和优化级（5 级）。不同等级代表企业数据管理和应用的成熟度水平不同，如图 3-3-2 所示。

DCMM 旨在帮助企业利用先进的数据管理理念和方法，建立和评价自身的数据管理能力，持续完善企业的数据管理组织、程序和制度，充分发挥数据在促进企业向信息化、数字化、智能化发展方面的价值。DCMM 充分吸收了由国际数据管理协会发布的《数据管理知识体系指南-DMBOK》的优点，并对其中不符合中国企业实际发展的内容进行了摒弃。

为了促进组织有效、高效、合理地利用数据，规范数据的获取、存储、整合、分析、应用、呈现、归档和销毁工作，全国信息技术标准化技术委员会信息技术服务分会组织制定了《数据治理规范》（GB/T 34960.5—2018）国家标准，此标准于 2019 年 1 月 1 日正式实施。

图 3-3-2 DCMM 中的能力域与能力项

《数据治理规范》是我国信息技术服务标准体系中的"服务管控"领域标准，属于《信息技术服务 治理》的第 5 部分。该标准根据 GB/T 34960.1—2017《信息技术服务 治理 第 1 部分：通用要求》中的治理理念，在数据治理领域进行了细化，提出了数据治理的总则、框架，明确了数据治理的顶层设计、数据治理环境、数据治理域及数据治理的过程，可对组织的数据治理现状进行评估，指导组织建立数据治理体系并监督其运行和完善，以实现数据运营合规、风险可控和价值实现的目标。

在此基础上，国家层面又陆续发布并实施了一些标准规范，为各个行业的数据治理实践提供标准支持。

2．关于采用数据标准的相关建议

（1）通过采用数据标准，组织只需做一次决定，并将其编成一组实施细则（标准），而不再需要为每个项目重新做出相同的决定。实施标准应促进使用标准的过程产生一致的结果。

（2）建立或采用标准通常是一个政治化的过程，这个过程很可能导致最初制定标准时的目标丢失。数据治理的标准应该具有强制性。

（3）数据标准必须经过有效的沟通、监控，并被定期审查和更新。最重要的是，必须有强制的手段可以根据数据标准对数据进行测量。对于企业的数据管理活动，可以由企业的数据治理委员会或数据标准指导委员会按照规定的时间表批准，对流程的一部分进行审核，以确保符合标准。

（4）数据管理流程是遵循文档化的方法、技术和步骤来产生特定的结果和支持的特定活动。与数据标准一样，企业通过数据管理流程文档可以以明确的形式捕获组织知识。通常由数据管理专业人员来起草数据管理流程文档。

为了便于更好地学习和掌握数据标准化相关内容，本书附录 C 中列举了相关国家标准文件名称和内容简介，感兴趣的读者可以查阅原文件。

第 4 章

本书阅读导引

本书为"工业大数据工程丛书"的第二部,为了便于具有不同需求的读者阅读,本章对本书的主要内容(除了第 1 篇内容)进行概述,并编成阅读指引,便于读者根据提示查阅或细读自己感兴趣的章节。

4.1 数字标准化具有完整的框架体系

虽然数据标准化是数据治理的重要组成部分,但和数据治理一样,数据标准化也有完整的框架体系。数据标准化体系包括应用类数据标准、架构类数据标准、对象类数据标准、基础类数据标准、作业类技术规范、数据标准化保障机制和数据标准化管理工具,且数据标准化工作贯穿于整个数据生命周期。

第 2 篇各章内容一览如表 4-1-1 所示。

表 4-1-1 第 2 篇各章内容一览表

章 节	主 要 内 容
第 5 章 架构类数据标准	数据目录、数据模型、数据分布与流向、数据交换、数据服务、元数据等
第 6 章 对象类数据标准	数据分类、指标数据、数据元、主数据、数据标签等
第 7 章 基础类数据标准	业务术语、业务规则、命名规范、代码标准等

4.2 数据标准化有科学的流程可遵循

数据标准管理不但要解决标准的制定和发布问题,更要解决标准的落地问题(这是更重要的,也是更困难的)。企业做好了标准体系规划,完成了各项标准的制定,只是实现了数据标准管理的第一步，持续地贯彻、落实标准，真正地将各项标准应用于数据管理实践并充分发挥作用才是成功的关键。为了确保能够有效地落实标准，除了组织推动、强化管理，还应遵循科学的工作流程，采用合理的技术手段和技术工具，真正实现"以科学落实标准，以技术落实标准"。

为此，本书第 3 篇从实战出发，全面阐述数据标准化实施流程与方法，其中把企业的数据标准化实施总结为 4 个阶段，包括：

- 数据盘点与评估，即通过现状调研和数据资源盘点，了解数据标准化的现状。
- 确定数据标准化的基线和目标，即为数据标准化实施提供保障机制，营造环境。
- 数据标准化实施，即通过建设技术平台和工具，为数据标准化的实施落地提供技术支撑，确保各项关键目标的落地。
- 数据价值实现，即利用数据标准化驱动企业数据治理，最终实现企业数据价值的终极目的。

第 3 篇各章内容一览表如表 4-2-1 所示。

表 4-2-1　第 3 篇各章内容一览表

章　节	主　要　内　容
第 8 章　建立数据标准化保障机制	数据标准化管控组织、数据标准化制度建设、认责机制与绩效评估、人才培养和数据文化等
第 9 章　现状分析及评估	现状调研、数据资源盘点、现状评估与需求分析等
第 10 章　技术平台和工具	数据模型管理工具、数据标准工具、数据资产目录工具、数据指标管理工具、元数据管理工具、主数据管理工具、标签管理工具、数据共享和服务等
第 11 章　数据标准化关键域实施	数据标准管理实施、数据分类实施、数据分级实施、主数据管理实施、数据指标管理实施、元数据管理实施、数据元及数据实体设计标准实施，以及通过数据模型落地数据标准等

4.3　数据标准化需要进行系统性的评价

为确保企业数据标准化建设实现落地可用，并保证标准在不同部门中的可获取性及一致性，进而保障数据质量的安全性和可靠性等，在企业开展数据标准化工作后，要对数据标准化工作进行客观的审视和评价。评价工作要基于数据治理体系，应用数据管理能力成熟度评估模型，遵循一定的评价原则，覆盖整个数据标准化工作的对象与内容，形成一套完整的评价体系。

基于此，本书第 4 篇介绍了数据标准化的评价原则，主要包括客观公正、务实求效和确保安全这三大原则；阐述和比较了主流数据管理能力成熟度评估模型的特点和异同；提出了从组织制度、标准建设、应用成效和管理工具这四个维度开展评价的方法，及利用数据管理能力成熟度评估模型（如 DMM、DCMM、DSMM 等）的方法，并给出了相应的量化等级评价的思路。同时，第 4 篇也对开展数据标准化评价的准备工作、具体实施及评价报告等重要环节做了阐述和建议。

第 4 篇各章内容如表 4-3-1 所示。

表 4-3-1　第 4 篇各章内容一览表

章　节	主　要　内　容
第 12 章 数据标准化评价方法	评价原则、评价参考模型
第 13 章 数据标准成熟度评价	评价对象及内容、执行成熟度等级评估
第 14 章 数据标准化成熟度评价流程	评价准备、评价实施和评价总结

4.4　数据标准化在诸多行业中取得实效

数据标准化是数据治理体系中重要的组成部分，也是诸多央企和工业领域中的头部企业在开展数字化转型时首先会面临的问题。从调研情况看，虽然已开展数据标准化的企业的基础、需求和目标不一，采用的模式和取得的效果也各不相同，但总体来讲，它们都摸索出了很多有益的经验和可行的方法。它们的案例也很好地印证了本书提出的框架体系和工作流程的科学性与实用性。

第 5 篇汇集了 9 个不同行业的央企或头部企业开展数据标准化的案例，在这里借以为正在或即将开展数据标准化的企业提供参考和借鉴，如表 4-4-1 所示。

表 4-4-1　第 5 篇案例内容一览表

章　节	行　业	单　位	包含业务领域	案　例　名　称
第 15 章	油气行业	中国石油天然气股份有限公司	中国油气行业占主导地位的油气生产和销售商，也是世界最大的石油公司之一	中国石油基于连环数据湖的勘探开发数据治理体系建设实践
第 16 章	多元化集团	华润集团	业务涵盖大消费、综合能源、城市建设运营、大健康、产业金融、科技及新兴产业 6 大领域	华润集团数据标准化实践案例
第 17 章	装备制造行业	中国航天科工集团第三研究院	业务主要包括航天设备（飞行器）的研究、设计、试制和生产等	航天科工三院数据标准化实践案例

续表

章　节	行　业	单　位	包含业务领域	案例名称
第18章	核电行业	秦山核电运行管理公司	业务主要包括核能发电管理、核电站设备设施安装、调试、维修服务、环境应急技术服务等	秦山核电设备管理数据标准化实践案例
第19章	汽车行业	长安汽车公司	业务主要包括汽车设计、整车制造、动力总成、商贸服务四大板块	长安汽车数据标准解析与落标项目实践案例
第20章	油气行业	中国海洋石油集团有限公司	业务主要包括油气勘探开发、专业技术服务、炼化与销售、天然气及发电、金融服务等	中国海油数据标准化实践案例
第21章	金融行业	大型国有银行 城市商业银行 证券机构	业务主要包括金融服务、证券服务	金融行业数据标准化实践案例： 某大型国有银行企业级数据治理案例 某城市商业银行数据治理案例 某证券公司数据治理项目
第22章	政务行业	"数字山东" 深圳龙华区政府	省级政府的政务案例 区级政府的政务案例	政务数据标准化实践案例： "数字山东"政务数据标准化实践案例 深圳龙华区数据账户平台案例
第23章	互联网行业	腾讯互动娱乐	业务主要包括网络游戏、电竞等互动娱乐的策划、研发、发行、运营及营销	腾讯互娱数据治理实践案例

本篇小结

以数据为核心的企业数字化转型已成为社会变革的大趋势。积极开展数据治理,释放数据要素潜力,更好地赋能产业和推动数字经济发展,是当前企业尤其是央企和大型集团型企业的重要任务。

数据治理与数据标准化是密不可分的。对数据而言,数据标准就是对数据的命名、定义、结构和取值方面的规则和基准。数据标准化是企业或组织对数据的定义、组织、监督和保护进行标准化的过程。在开展数据治理时,数据标准化的制定工作是基础,是数据在统一标准下进行规范管理的保证。

数据标准化主要涉及包括元数据、主数据、数据质量、数据安全、数据架构、数据建模、数据集成、数据仓库、数据存储和操作、文件和内容管理 10 个方面的工作,涉及的面比较广,专业性也比较强。

为此,国内外已在数据治理的顶层设计、数据治理环境、数据治理域及数据治理的过程等方面出台了一系列标准,可对组织的数据治理现状进行评估,指导组织建立数据治理体系,并以此为基础,针对组织自身的实际特点和需求,开展数据标准体系建设,以实现数据运营合规、风险可控和价值实现的目标。

第 2 篇　数据标准化框架体系

随着信息技术的迅速发展，以及企业对不同层次的信息的整合，如何以一种有序的方式高效地管理海量的信息已经成为企业面临的一大挑战。作为描述和表示信息的工具和符号，数据及实现数据标准化已经成为获取、共享、管理信息和知识的关键。

大多数组织会使用在数据仓库、数据湖、云存储等多个数据源中存储的数据。然而，不同来源的数据可能因为相应的数据标准不一致，进而会增加数据共享、交换、服务的难度。例如，在不同系统、不同部门之间，存在指标名称相同，但业务含义、统计口径不同的现象。

因此，数据标准化工作是至关重要的，具体表现在以下两个方面。

- 一方面，通过建立清晰、定义一致的元素和属性，能够将数据格式转换为具有逻辑性和一致性定义的统一格式，从而可以提供统一、全面的数据目录；
- 另一方面，数据标准化能够提高数据的准确性，在用户查找数据时有助于其找到最新、最相关的信息，从而可以简化数据分析、降低制作数据报告的难度。

对企业而言，数据标准化是企业信息化、数字化的基础工作，它不仅提高了数据的共享性，还为企业提供了统一的数据视图、数据规范及符合行业标准的代码标准。

目前，企业数据标准化工作应遵循以下原则。

- 统一标准的数据定义：减少数据定义的二义性；
- 统一数据模型管理：确保建立起整体的、企业级的数据模型，能跨系统、跨应用、跨业务域，完整表述企业通用的、一致的数据视图；
- 统一数据编码规则：对数据的统一标准化管理还包括统一的编码规则。

同时，企业可以通过对组织现行的数据标准化建设进行了解和评估，结合行业标准化的策略和经验，制定符合实际情况的企业级数据标准化管理策略。具体策略介绍如下。

（1）设立具有权威性的企业数据标准化管理组织，由专门的人员或组织负责标准化管理工作，确定人员职责。

（2）确立可遵循的、可重复使用的、统一的标准化工作流程。

（3）要制定企业级数据标准。首先要参考国家标准委员会制定的国家标准；其次参考国际标准化组织制定的关于本行业的标准；当找不到相应标准可以引用时，再编制本单位的企业级标准。

最佳实践表明，全面的数据标准化体系应包括应用类数据标准、架构类数据标准、对象类数据标准、基础类数据标准、作业类技术规范、数据标准化保障机制和数据标准化管理工具。数据标准是数据标准化体系的核心，包括了数据管理中核心的标准内容；数据标准化保障机制和数据标准化管理工具是数据标准落地的保障；只有将数据标准和保障机制相结合，才能真正实现组织的数据标准化。同时，数据标准贯穿于整个数据生命周期中。

数据标准化体系框架如下图所示。

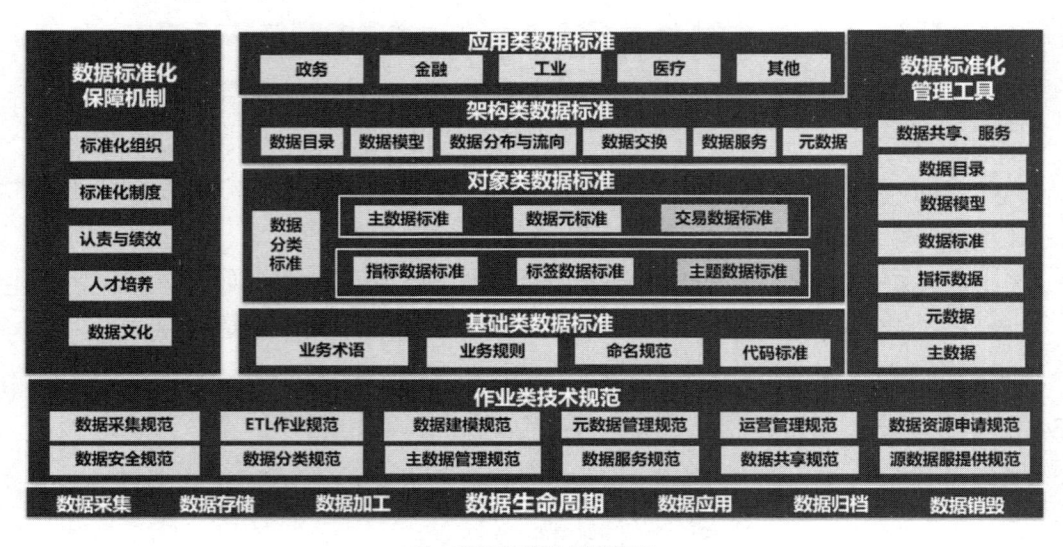

图　数据标准化体系框架

（1）作业类技术规范：包括数据采集规范、数据安全规范、数据分类规范、主数据管理规范、数据建模规范、元数据管理规范、数据服务规范、数据共享规范、数据资源申请规范等。作业类技术规范根据作业层面的技术操作和管理要求，对数据标准化的贯彻和执行予以约束。

（2）基础类数据标准：包括业务术语、业务规则、命名规范和代码标准。数据标准化是经营管理和生产运营活动的基础，需要职能管理部门和业务部门负责制定本领域的业务术语、业务规则、命名规范和公共代码标准（或数据字典标准）。创建数据需要业务领域的知识，以确保从创建数据开始，组织内部对数据有着一致性的理解。

（3）对象类数据标准：包括数据分类标准、主数据标准、数据元标准、交易数据标准、指标数据标准、标签数据标准和主题数据标准。数据标准化要明确需要哪些数据对象及如何被标准化。而对象类数据标准阐述了数据对象的分类，以及每类数据对象的分类、定义、命名、描述及管理流程或规范。

主数据标准、数据元标准决定了各类交易活动的记录（交易数据或事务数据）被创建的格式及数据质量是否满足企业的要求。

主题数据（主题库）被存储在数据湖、数据仓库中，其来源于不同交易系统（信息化系统），属于同一主题的交易数据集合。

指标数据和标签数据是对交易数据或主题数据统计分析的公式、分析维度和颗粒度、属性维度和颗粒度。

（4）架构类数据标准：包括数据目录、数据模型、数据分布与流向、数据交换、数据服务和元数据标准。

数据标准化需要基于企业级的数据架构，从逻辑层面定义数据的获取和使用。架构类数据标准有以下作用。

- 描述基于数据对象标准的各类数据对象的概念模型、逻辑模型，以及基于业务规则定义的对象之间属性数据元的引用和继承关系；
- 定义数据共享、数据安全、数据质量的逻辑模型，以支撑数据交换、数据共享与开发；
- 描述各类数据对象的数据分布、数据资源目录、数据资产目录；
- 支撑上述模型开发实现的元数据标准。

（5）应用类数据标准：指的是在开发及部署信息化/数字化应用时，需要实现的职能管理、业务管理的流程或功能要求。数据标准化服务于信息化/数字化应用，如大型企业内部常有多个财务核算系统，但均需遵循总部统一制定的财务核算手册。尽管不同行业、不同企业的信息化/数字化应用存在差异，但均需要基于统一的企业级数据架构、对象类数据标准和基础类数据标准。由此可见，数据标准化是企业信息化/数字化的基础。

（6）数据标准化保障机制：包括数据标准化组织和标准化制度、认责与绩效、人才培养、数据文化。数据标准化保障机制从组织、制度及工作机制、认责与绩效等方面，为数据标准化工作提供保障。

（7）数据标准化管理工具：包括数据共享、服务，数据标准，数据目录，数据模型，指标数据，元数据，主数据等管理工具。数据标准化工作需要技术工具的支撑，作业类技术规范需要落实到数据治理及数据资产管理相关软件上，从管理流程和技术落地两个方面建立数据标准化的长效机制。

数据生命周期管理的各个环节都离不开数据标准的支持（见下图）。

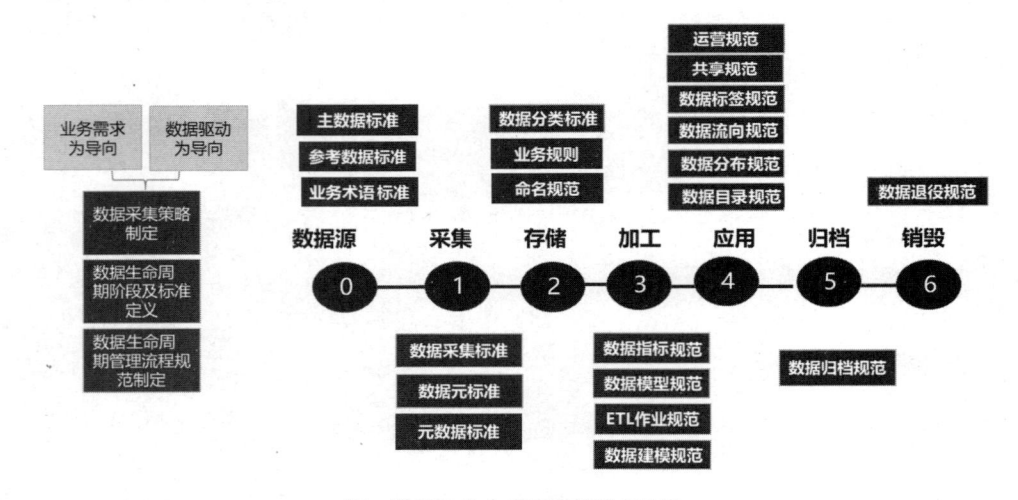

图　数据全生命周期中的数据标准

- 数据源产生数据的时候需要遵循业务术语标准、参考数据标准和主数据标准；
- 数据采集的时候需要遵循数据元标准、元数据标准、数据采集标准等；
- 数据存储的时候需要遵循数据分类标准、业务规则、命名规范等；
- 数据加工的时候需要遵循数据建模规范、数据模型规范、ETL 作业规范等；
- 数据应用的时候需要遵循数据目录规范、数据分布与数据流向规范、数据标签规范等；
- 数据归档的时候需要遵循数据归档规范；
- 数据销毁的时候需要遵循数据退役规范。

第 5 章 架构类数据标准

架构类数据标准旨在从数据资产应用的视角定义相关标准，主要包括数据目录、数据模型、数据分布与流向、数据交换、数据服务及元数据。

5.1 数据目录

数据资产是指由企业拥有或者控制的，未来能够为企业带来经济利益的，以物理或电子的方式记录的数据资源（如文件资料、电子数据等）。数据资产目录是对数据中有价值、可用于分析和应用的数据进行提炼而形成的目录体系。通过编制数据资产目录，可以给出业务场景和数据资源的关联关系，降低人们理解数据的门槛。

5.1.1 数据目录概述

数据目录是以核心元数据为主要描述方式，按照资源分类索引和目录条目格式的要求，将数据库中不同类型、不同层次的数据按照一定的分类体系进行编目，用以描述数据的特征，实现数据检索、定位与获取功能。

数据目录的前身是数据字典和元数据存储库。

- 数据字典通常用来收集、存储和管理数据元素、数据格式、数据类型、数据长度，以及与其他数据的关系等信息。
- 元数据存储库则拓展了数据字典的概念，不仅包含数据格式及数据类型信息，还包括业务元数据、技术元数据、管理元数据等多种元数据的描述。

通常来说，在企业内建设及实施元数据存储库耗时较长，从建设之初就必须进行大量的规划、协调和集中管理才能保证成功。数据目录就是在此基础上衍而来的，其具备数据查找灵活、多视角，数据客观真实、检索便捷，数据取\用方便等多种特点。通过建设数据目录，对元数据进行管理和应用，可以支持企业未来的取\用数据、与数据标准对标、数据质量追溯等多种需求。

数据目录可以被分为数据资源目录、数据资产目录、数据服务目录、数据共享与开放目录。数据目录架构见图 5-1-1。其中，数据资源目录、数据资产目录的介绍详见后面的介绍。

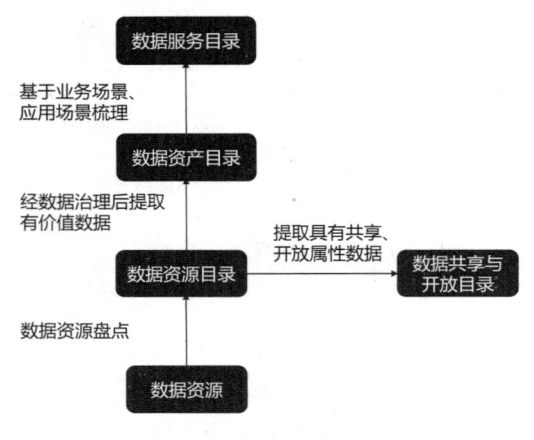

图 5-1-1 数据目录架构

（1）数据服务目录是依据规范的元数据描述，按照特定的业务场景对数据服务进行排序和编码的一组信息，用以描述各个数据服务的特征，以便于数据服务的实施和管理。数据服务目录的建设是基于组织内已梳理的数据资产目录，以业务场景、应用场景为切入点，以业务需求、应用需求为导向进行编制的。可以根据组织内部的数据资源情况、组织内外部的数据服务需求等选择建设数据服务目录。

数据服务目录主要分为两类：

- 数据应用服务目录，包括指标报表、分析报告等可以直接使用的数据应用；
- 数据接口服务目录，具有鉴权、加密、计量、标签化等功能，提供给组织外部使用。组织在对外提供数据服务时，需要严格遵守《中华人民共和国数据安全法》《中华人民共和国个人信息保护法》等相关法律法规，明确数据的安全属性和权属问题。

（2）数据共享与开放目录用于明确数据资源共享、开放的范围与条件，使数据可以跨部门、跨单位、跨组织产生价值。

5.1.2 数据资源目录

1. 数据资源目录的概念

数据资源目录是依据规范的元数据描述，站在企业全局视角对企业所拥有的全部数据资源进行编目的一组信息，其可以方便企业对数据资源进行管理、识别、定位、发现、共享，从而达到对数据的浏览、查询、获取等目的。

建立数据资源目录，能够让企业准确浏览企业内所记录或拥有的线上、线下原始数据资源（如电子文档索引、数据库表、电子文件、电子表格、纸质文档等）。

数据资源目录是实现组织内部数据资产管理、业务协同、数据共享、数据服务，以及组织外部数据开放、数据服务的基础和依据。

2. 数据资源目录的建设路径

数据资源目录的建设路径是：首先定义数据资源目录的元数据、分类编码等，以及制定元数据和分类编码的标准规范；然后对组织内部的数据资源进行全面的调查和盘点，依据事先约定好的元数据和分类编码标准梳理，形成数据资源目录。

（1）数据资源目录的元数据。

数据资源目录的元数据描述可以从业务、技术、管理这 3 个角度进行规范，包括核心元数据和扩展元数据。其中，核心元数据一般包括：

- 数据资源分类：可以依据组织的业务需求和应用需求自行划分数据资源的分类。
- 数据资源名称：描述数据资源内容的标题。
- 数据资源代码：数据资源唯一且不变的标识代码。
- 数据资源提供方：提供数据资源的部门。
- 数据资源提供方代码：提供数据资源的部门代码。
- 数据资源摘要：对数据资源内容或关键字段的概要描述。
- 数据资源格式：对数据资源存在方式的描述，如电子文件、电子表格、数据库、图形图像、流媒体、自描述格式、其他等。
- 数据项信息：对结构化数据资源的细化描述，包括数据项名称、数据类型、数据项共享类型、数据项开放类型等。
- 共享属性：对数据资源共享属性的描述，包括共享类型、共享条件、共享方式等。
- 开放属性：对数据资源是否面向组织外部开放及开放条件的描述。

- 更新周期：数据资源更新的频度，可以分为实时、每日、每周、每月、每季度、每年等。
- 发布日期：数据资源提供方发布数据资源的日期。
- 关联资源代码：数据资源在目录中重复出现时的关联性标注。

（2）数据资源目录的分类编码

数据资源目录的分类是根据数据资源内容的属性或特征，将数据资源目录按照一定的原则和方法进行区分和归类，并建立起一定的分类体系和排列顺序。企业侧通常按照业务分类、部门分类、应用需求分类等方式进行分类编码；政务侧通常按照基础分类、主题分类、部门分类等方式进行分类编码。

以政务侧为例，政务数据资源目录可分为以下几类。

- 基础分类：对基础数据资源的分类，如法人单位、空间地理、宏观经济、电子证照、公共信用等。
- 主题分类：围绕经济社会发展的同一主题领域的分类，如教育、知识产权、市场监管、水利、生态环境、自然资源、国防动员等。
- 部门分类：对政务部门的分类，如省（自治区、直辖市）、计划单列市及其下属各级政务部门的数据资源。

（3）数据资源的盘点。

数据资源的盘点主要是对组织内部材料的收集，以及对业务与数据的分析与梳理。

①盘点方式。

数据资源盘点方式主要有 3 种，分别是"自顶向下""自底向上"，以及"自顶向下"与"自底向上"相结合（见图 5-1-2）。

- "自顶向下"方式即对组织业务层面进行数据资源的梳理。
- "自底向上"方式即对已建应用系统、网站、数据库，以及暂无应用系统支撑的离线电子文件或纸质文档进行数据资源的梳理。

数据资源的盘点方式可以根据组织内的信息化水平、信息系统建设情况来选择。对于无系统支撑的组织，建议选择"自顶向下"方式进行数据资源的盘点；对于有系统支撑的组织，建议选择"自顶向下"与"自底向上"相结合的方式进行数据资源的盘点。

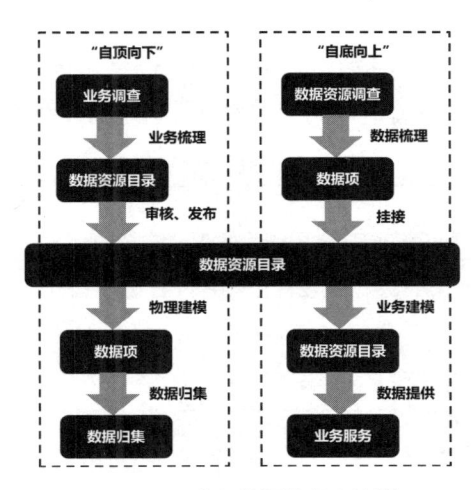

图 5-1-2　数据资源的盘点流程

②盘点步骤。

- 在"自顶向下"方式中，需要对组织内部进行业务调查，从业务职能出发，遵循"数据资源来源于业务活动"这一原则，对业务进行细分。要先厘清业务职责，即从组织机构到业务岗位，从业务分类到业务事项，逐一梳理，形成多层级的数据资源细目分类。
- 在"自底向上"方式中，需要从已建应用系统入手，研究及分析已建的应用系统和数据库，参考相关技术文档（如数据库设计说明书、用户手册等）；也可利用技术手段，直接查看数据库中的数据资源。通过对数据资源的充分盘点，将数据资源以数据项形式进行记录。

数据资源盘点工作可以使用调查表辅助进行。调查表主要包括数据资源目录分类表、数据资源表等。下面给出了数据资源目录分类表、数据资源表的示例（见表 5-1-1 和表 5-1-2），组织可以根据调查内容、业务和数据资源的特点，在此基础上进行扩展、修改。

数据资源目录分类表需要涵盖组织业务的基本情况、与业务相关的数据资源情况、业务与数据资源的联系。数据资源目录分类表示例见表 5-1-1。其中，数据资源标识符为识别数据资源的唯一标识码，与数据资源表进行关联。

表 5-1-1　数据资源目录分类表示例

序号	细目分类名称	细目分类代码	细目分类层级	上级细目代码	数据资源标识符	数据资源名称	数据资源摘要	所属系统名称
1								
2								
3								
4								

数据资源表是对数据资源的具体描述和细化，需要涵盖数据资源的组成、管理、使用方法等。数据资源表示例见表 5-1-2。其中，数据资源标识符用于与数据资源目录分类表进行关联。

表 5-1-2　数据资源表示例

数据资源标识符	数据资源名称	数据资源更新周期	信息项标识符	信息项名称	信息项定义说明	信息项数据类型	共享类型	共享方式	开放类型	安全等级	备注

（4）数据资源目录的梳理。

- 定义模板：组织可以根据预先规范、定义的数据资源目录的元数据、数据项元数据等，形成数据资源目录模板。数据资源目录模板示例见表 5-1-3。

表 5-1-3　数据资源目录模板示例

数据资源代码*	数据资源提供方信息*			数据资源摘要*	数据资源分类*	数据资源格式*		数据资源共享属性*		数据资源开放属性*		应用场景*	来源系统*	数据更新周期*	数据资源发布日期*	数据资源目录版本号*	备注
^	数据资源名称*	数据资源提供方*	数据资源提供方代码*	数据资源提供方联系人*	数据资源提供方联系电话*			数据资源格式分类*	数据资源格式类型*	数据资源共享类型*	数据资源共享条件*	是否开放*	开放条件*						

所包含数据项										
序号	数据项名称*	数据格式*	共享类型*	共享条件*	是否开放*	开放条件*	数据类型*	敏感级别*	备注	

注：数据资源目录模板指标项（表头）分为必填项和选填项。带星标（*）项为必填项，不带星标（*）项为选填项。

- 填写并发布目录：组织依据已梳理的业务和数据资料，填写数据资源目录的元数据信息及各数据项信息（包括数据资源的基础属性、共享属性、开放属性、安全属性，各数据项的共享属性、开放属性、安全属性等）。在目录填写完毕后进行目录上报，经审核通过后发布数据资源目录。
- 目录资源挂接：组织将已发布的数据资源目录与数据资源进行挂接，以便查找、定位所需的各类数据资源。
- 动态管理：对数据资源目录进行维护、更新、管理和使用。

需要注意的是，在梳理数据资源目录时，将盘点好的数据资源汇总成数据资源目录的同时，也要从数据资源内容层面进行梳理，将数据资源依据业务进行分类汇总和融合。

5.1.3 数据资产目录

1. 数据资产目录的概念

数据资产一般是指由组织采集、使用、产生、管理的文字、数字、符号、图片和音视频等，它是具有经济、社会价值，权属明晰、可量化、可控制、可共享的数据资源。数据资产是经过数据治理后形成的有价值的数据资源，是数据资源的重要组成部分。

数据资产目录是依据规范的元数据描述，按照一定的分类方法对数据资产进行排序和编码的一组信息，用以描述各个数据资产的特征，以便于对数据资产进行检索、定位、获取和使用。

2. 数据资产目录的建设路径

数据资产目录建设是在数据资源目录建设的基础上，通过识别对企业有业务价值、决策价值、应用价值等经济或社会价值的数据资源目录（形成数据资产目录初始清单），之后对识别出的数据资产目录初始清单中的原始数据资源进行数据标准化处理、数据安全分类分级、数据质量提升、数据认责等数据治理工作，最后按照一定的信息逻辑、业务逻辑建模，对识别出的数据资产目录初始清单进行更新或重组而形成的。数据资产目录贴近业务、标准统一，具有经济或社会价值。

数据资产目录的建设分为 6 个环节，包括准备阶段、目录识别阶段、数据治理阶段、目录审核和发布阶段、资源挂接阶段、目录运营和管理阶段。

（1）准备阶段。

对数据资产目录的建设背景、环境、价值点进行分析，明确要支撑的业务场景、决策场景、应用场景等，确定组织的数据资产目录的建设目标，形成数据资产目录建设总体纲要。

（2）目录识别阶段。

依据准备阶段形成的数据资产目录建设总体纲要，初步识别数据资源目录中有价值的内容，形成数据资产目录初始清单。

（3）数据治理阶段。

对识别出的数据资产目录初始清单中的原始数据资源进行数据治理（包括数据标准化处理、

数据安全分类分级、数据质量提升、数据认责等操作），按照一定的信息逻辑、业务逻辑建模，对识别出的数据资产目录初始清单进行更新或重组，编制形成贴近业务、统一标准、具有经济或社会价值的待审核发布的数据资产目录。

（4）目录审核和发布阶段。

由相关业务和技术专家对形成的数据资产目录进行审核，审核通过后进行发布。

（5）资源挂接阶段。

将已发布的数据资产目录与数据项进行挂接。

（6）目录运营和管理阶段。

对已发布的数据资产目录进行动态更新管理、运营。

3. 数据资产目录的功能及应用

（1）数据资产目录的功能。

尽管元数据不能完全解决数据管理面临的所有问题，但是元数据可以作为构建数据资产目录的基础，相当于数据资产目录的后台。

作为升级版的元数据，数据资产目录还将收集有关数据库的数据，以及有关流程、人员和与数据相关的平台的数据，以下列举了数据资产目录所应具备的一些基本功能。

- 数据集评论和评级。最有价值的元数据是个人和团队的知识和经验。通过收集用户评分、评论等，可以丰富元数据，并将组织的隐性知识转换为共享的、持久的显性知识。
- 敏感数据标识。其中包括表级和字段级标识。
- 业务术语表关联。数据资产目录通过数据验证规则和/或英文定义记录业务实体，并将其映射到表和字段中。
- 标签管理。即将关键字或类别分配给目录中的对象，可以由目录管理员手动分配，由目录用户提交，或者通过各种自动化技术打标签。
- 数据分类。在数据资产目录中通过扫描、分析数据，识别数据的格式、值和嵌入名称，可以为数据分类，这些分类是可搜索的。对于某些产品，数据分类和敏感数据检测是密切相关的。
- 获得数据来源。通过在核心产品、集成工具或数据资产目录的数据源之间的数据处理流程中跟踪数据谱系可以获得数据来源。
- 全文检索。数据资产目录允许用户按对象名称、实体名称、标签、评级或数据分类等进行全面搜索，以定位特定的数据集或实体。
- 提供答案。数据使用者会对数据的可信度、时效性、血缘关系、敏感度等方面产生疑问。有时候，他们想要找到其他知道或者曾经使用过这些数据的人来获得帮助。他们需要知道访问权限、隐私和安全约束、成本等。虽然有些元数据管理系统可以从 ETL 或者 ERWin 等工具中导入数据，但是在谱系链中总是存在需要填补的空白项。数据资产目录应该有助于数据使用者通过自动发现数据集之间缺失的血缘关系来填补这些空白项。
- 支持查询目录中表示的数据集，并以列表、文本或者可视化图表等格式查看结果。
- 能够直接在外部商务智能或大数据分析挖掘工具中打开目录数据集，以便于了解背后的逻辑和数据结构。
- 实现机器学习。数据资产目录支持前面提到的数据分类、自动化打标签，以及数据资产推荐或数据地图的测绘。

（2）数据资产目录的应用。

在过去几年中，随着企业需要管理和访问的数据量日益增长，数据目录这一概念开始流行。在这一切的背后，是云计算、大数据、人工智能和机器学习等技术正在逐渐改变人们查看、管理和使用数据的方式——不仅要管理数据，还要访问和充分利用数据。

①数据共享目录和数据开放目录的概念。

数据共享是组织内部因履行职责、开展相关业务需要而使用内部掌控的数据的行为。数据共享的主要目的是通过打破组织内部壁垒、消除数据孤岛，提高组织的数据供给能力、运营效率，降低组织的运营成本。数据共享目录即组织内部使用的数据目录。

数据开放是指组织按照统一的管理策略，向组织外部有选择地提供组织所掌控的数据的行为。数据开放是实现数据跨组织、跨行业流转的重要前提，也是数据价值最大化的基础。对政府而言，数据开放主要是指公共数据资源开放；对企业而言，数据开放主要是指披露企业运营情况、推动政企数据融合等。数据开放目录即组织提供给外部使用的数据目录。

②数据共享目录和数据开放目录的建设路径。

数据共享目录和数据开放目录的建设路径是：在数据资源目录的基础上，提取出带有共享属性和开放属性的目录，形成数据共享目录和数据开放目录。数据共享目录和数据开放目录的主要区别在于数据属性和应用主体不同，目前数据共享目录和数据开放目录在政务领域中的应用比较广泛。

③数据资产目录应用。

通过数据资产目录可以更好地使用数据。数据资产目录具有以下优势：节省成本、提高运营效率、增强竞争优势、改善客户体验、减少欺诈行为、降低风险等。实际上，数据资产目录的使用方式多种多样。从根本上说，它的宗旨就是提供更广泛的数据可见性和支持更深入的数据访问。数据资产目录的应用包括以下几个方面。

- 自助分析：许多用户难以找到正确的数据，同时，除查找数据外，他们还难以判断数据是否有用。例如，用户可能会发现一个名为 customer_info.csv 的文件，而他恰好需要一个关于客户的文件。但这并不意味着这个文件就是用户需要的，它可能只是 50 个类似文件中的一个。同时，该文件可能包含许多字段，用户可能并不了解这些字段代表什么。对此，用户需要通过一种更简单的方法来查看数据的业务上下文，例如它是否来自正确的数据存储的托管资源，以及它与其他技术工件之间的关系。
- 数据发现：包括通过各种方式来理解数据的形态和特征，例如简单的值分布和统计信息，或者重要且复杂的个人身份信息（PII）或个人健康信息（PHI）。
- 审计、合规和变更管理：随着关于数据的政府监管法规数量不断增多，企业经常需要证明数据的来源，例如特定数据工件的来源，或在实现最终目标之前进行了哪些数据转换；或者在查看表格、报告或文件时，用户通常也希望了解数据的具体来源，以及数据在整个企业中的移动过程。同时，对变更管理来说，一项重要的任务就是查看数据管道中某部分的变更将如何影响系统的其他部分。
- 使用业务术语表增强数据治理：如今，大多数企业都建立了一个所有人都认可的术语表，就业务概念达成了一致。通常，业务术语表被记录在 Excel 工作簿中，其实，数据资产目录比 Excel 工作簿更适合存储和管理重要的业务信息。

此外，数据资产目录还支持在业务术语之间建立连接，从而创建分类；记录业务术语与实物资产（例如表和列）之间的关系；帮助用户理解哪些业务概念与哪些技术工件相关；帮助用户按业务概念线对数据资产进行分类，随后直接使用业务概念（而不是技术名称）来进行数据搜索和发现。

数据资产目录让用户可以看到与数据相关的所有内容，增强用户对其所查看内容的信任度，为数据治理奠定了重要的基础。

5.1.4 数据资源目录梳理示例：政务领域信息资源目录梳理的示例

本节给出了政务领域信息资源目录梳理的示例，其他行业可以参照政务领域的实践经验，依据组织实际业务需求和应用需要，建设组织内部的数据资源目录。（本节中所说的信息资源目录与 5.1.2 节中介绍的数据资源目录含义相同。）

1. 政务信息资源目录概念

政务信息资源目录是通过对政务信息资源依据规范的元数据描述，按照一定的分类方法进行排序和编码而形成的，用以描述各个政务信息资源的特征，以便于对政务信息资源的检索、定位与获取。

政务信息资源目录是实现政务信息资源共享、业务协同和数据开放的基础，是各政务部门之间信息共享及向社会开放政务数据的依据。

2. 政务信息资源目录建设依据

在国家层面，GB/T 21063—2007《政务信息资源目录体系》标准，对政务信息资源目录的总体架构、技术要求、资源分类、核心元数据等内容提出了明确要求。《政务信息资源目录编制指南（试行）》（发改高技〔2017〕1272 号），提出了政务信息资源目录的分类、元数据和编制流程。

在国家标准和相关文件的指导下，全国各地均积极、有序地开展政务信息资源目录的编制，但是仍然存在目录范围不明确、目录梳理流程不清晰、目录描述不规范等问题。针对各地在政务信息资源目录梳理中存在的问题，各地也发布了地方标准，对政务信息资源目录的元数据、目录编制等给出了指导和建议。在政务信息资源目录的编制流程上，各地的思路也比较相近，均在《政务信息资源目录编制指南（试行）》文件要求的基础上进行了细化。

3. 政务信息资源目录通用的梳理方法

（1）从业务层面梳理。

从业务层面梳理信息资源主要包括以下内容：

- 梳理各部门的业务范围和岗位职责，并逐级分解各部门的业务事项等；
- 梳理每项业务对应的信息资源，并提取信息资源包含的信息项等；
- 对已梳理的信息资源进行汇总、分析和规范，生成部门的信息资源目录；
- 汇集各部门的信息资源目录，形成本单位的信息资源目录。

（2）从信息系统层面梳理。

从信息系统层面梳理信息资源主要包括以下内容：

- 针对各业务系统，按系统功能菜单，梳理系统的业务主线和业务事项等；

- 分析各业务事项对应功能模块的输入/输出信息，提取可产生的信息资源，分析其来源和去向、包含的信息项等；
- 对已梳理的信息资源进行汇总、分析和规范，生成部门的信息资源目录；
- 汇集各部门的信息资源目录，形成本单位的信息资源目录。

（3）业务层面和信息系统层面梳理相结合。

对无系统承载的部门，宜采用从业务层面梳理的方法；对有系统承载的部门，宜采用以从信息系统层面梳理为主，以从业务层面梳理为辅的方法。

4. 政务信息资源目录通用梳理流程

政务信息资源目录通用梳理流程包括：梳理准备工作、规范目录元数据和目录模板、明确梳理范围、开展数据分级梳理、目录编制与报送、目录汇总与管理、目录更新。

（1）梳理准备工作。

- 组织准备：各责任部门应明确政务信息资源目录编制工作的领导机构和工作机制，负责政务信息资源目录的组织规划、编目审查、目录报送等工作。各责任部门还应明确政务信息资源目录的组织实施机构，负责具体目录的规划制定、信息资源调查、信息资源目录编制和维护更新等工作。
- 目录规划：各责任部门按照国家相关文件的要求，结合本部门确定的政务职权、工作依据、行使主体、运行流程、对应责任等，在梳理本部门权责清单的基础上，梳理本部门的政务信息资源，重点从政务信息资源的"类""项""目""细目"分类的角度，规划本部门政务信息资源目录。
- 资源调查：依据政务信息资源目录规划，各责任部门组织开展信息资源调查工作，梳理部门、所属机构或共同参与单位的信息资源，并结合已建信息系统中的信息资源，细化完善目录规划，全面掌握政务信息资源的情况。

（2）规范目录元数据和目录模板。

政务信息资源目录的分类见 5.1.2 节，政务信息资源目录模板见表 5-1-4。其中：

- 目录名称需要做到精准、规范，数据要素要完整，不得有空白项，该项业务所产生的所有结构化数据均需要被纳入目录中；
- 信息资源的共享开放属性需要具体、明确，对于有条件共享开放的，原则上需要明确范围和场景；

- 对服务要求则需要进一步明确数据更新周期、服务能力等。

表 5-1-4 政务信息资源目录模板

信息资源代码*	信息资源名称*	信息资源提供方信息*					信息资源摘要*	所属领域*	信息资源格式*		信息资源共享属性*		信息资源开放属性*			是否属于或包含多个电子证照*	应用场景*	来源系统	业务更新周期*	信息资源发布日期	信息资源目录版本号*	备注
		信息资源提供方*	提供方内设机构	信息资源提供方代码	信息资源提供方联系人*	信息资源提供方联系电话*			信息资源格式分类*	信息资源格式类型*	信息资源共享类型*	信息资源共享条件*	是否开放	开放条件*	是否通过隐私计算平台提供公共数据服务*							
30707××××××××	企业登记基本信息	××省市场监管局	×××	×××	徐××	0531-8000000	企业办理注册登记时的基本信息,主要是营业执照上的信息	市场监管	数据库	Oracle	无条件共享	无	是	无	是	无	是	企业登记	企业登记管理系统	实时	每天	20190003	1	无
所包含信息项																							
序号	信息项名称*	数据格式*		共享类型*	共享条件*			是否开放*	开放条件*				数据类型*			敏感级别*				备注			
1	统一社会信用代码	字符型C		无条件共享	无			是	无				字符型C			1级							
2	企业名称	字符型C		无条件共享	无			是	无				字符型C			1级							
…	……	……		……	……			……	……				……			……				……			

注：政务信息资源目录模板指标项（表头）分为必填项和选填项。带星标（*）项为必填项，不带星标（*）项为选填项。

各级政务部门在梳理政务信息资源目录的过程中，存在各种不规范的情形，具体示例见表 5-1-5。

表 5-1-5　政务信息资源目录不规范示例

项目	不规范示例	建议示例	说　　明
信息资源名称	起草有关地方性法规、规章草案	不作为信息资源目录内容	不应使用信息系统名、工作名、事项名、职责、文件名等内容作为信息资源名称
	提出关于全省经济社会发展和改革的重大问题的政策建议		
	××号文《关于统计××离休干部相关信息》的通知		
	××省_××_企业登记_基本信息	企业登记基本信息	信息资源名称不包含省、地市和部门名称
信息资源摘要	食品生产许可	从事食品生产、食品经营的监管对象依法取得许可的相关信息	信息资源摘要应描述完整
信息资源格式类型	关系型数据	数据库	应根据信息资源实际存在方式进行填写,选择电子文件、电子表格、数据库、图形图像、流媒体、自描述格式、其他等格式之一
信息资源共享条件	不予共享的信息资源未填写共享条件	不予共享的信息资源应填写相关的法律法规	信息资源共享条件应填写完整
信息资源提供方	省水利厅	××省水利厅	应使用部门全称
信息资源提供方代码	非18位代码	52440111MJK998××××	应填写完整资源提供部门的18位统一社会信用代码
共享类型	共享	有条件共享	应选择无条件共享、有条件共享、不予共享之一
开放条件	各政务部门间共享的条件	面向社会公众开放的条件	应区分开放条件和共享条件
数据更新周期	定时更新	每月	应选择每年、每半年、每季度、每月、每周、每日、实时、其他等方式之一

（3）明确梳理范围。

政务信息资源目录的梳理范围一般包括信息系统支持的结构化数据、部门（单位）主要职责内的数据、被存储在国家部委平台但能够导出或实现上级返还的数据、已经实现共享或开放的结构化数据。

（4）开展数据分级梳理。

在明确政务信息资源目录模板、梳理范围后，各责任部门应开展数据的分级梳理工作。数据分级梳理的原则通常是"以数权为主，兼顾事权"，比如数据在省级（包括数据在省级，但事权在市县级的情况）一律纳入省级梳理范围，各市级业务部门不需要重复梳理。

（5）目录编制与报送。

- 政务信息资源目录编制：各责任部门依据政务信息资源目录规划、政务信息资源整体情况、目录模板、目录梳理范围、分级梳理情况等，以及根据政务信息资源目录的元数据要求，编制生成基础类、主题类和部门类的政务信息资源目录。
- 政务信息资源目录报送：各责任部门对基础类、主题类和部门类的政务信息资源目录进行复核、审查后，及时报送本级政务信息资源共享主管部门。各责任部门应同时完成政务信息资源目录在目录管理系统中的在线填报，做好相关数据的对接，保障国家数据共享交换平台按照信息资源目录可以顺利调取相关的信息资源。

（6）目录汇总与管理。

- 政务信息资源目录的审核与汇总：在审核各责任部门提交的政务信息资源目录后，需要将其整合形成基础类、主题类和部门类的国家政务信息资源目录。各级政务信息资源共享主管部门负责本级政务信息资源目录的审核和汇总工作。在审核和汇总的过程中，如果发现政务信息资源目录不符合要求，则退回责任部门整改；如果发现有重复采集的数据内容，则由本级政务信息资源共享主管部门负责协商明确该数据内容的第一采集部门，并将相关信息更新至本级政务信息资源目录中。
- 政务信息资源目录的管理与维护：国家数据共享交换平台管理单位负责建设完善国家数据共享交换平台的目录管理系统，为各责任部门接入国家共享交换平台提供技术支持，承担国家政务信息资源目录的注册登记、发布查询、维护更新等日常管理工作。

（7）目录更新。

各责任部门需要对本部门发布的政务信息资源目录进行及时更新及维护。

5.2 数据模型

5.2.1 模型层级

根据数据模型建模理论和通用的数据模型框架，数据模型在层级上可被划分为主题域模型、概念模型、逻辑模型和物理模型 4 层，具体说明如表 5-2-1 所示。

表 5-2-1 企业数据模型层级定义

模型层级	定　　义	包含内容
主题域模型	包含了组织的业务过程中所涉及的业务主题域及其关系，用于组织范围内高层次的数据规划和设计	数据主题； 主题间的关系
概念模型	针对主题域模型中的每个主题，对主题范围内的关键业务概念对象及其关系的抽象	主要数据实体； 主要数据实体间的关系
逻辑模型	是对概念模型的进一步分解和细化，通常遵从数据模型设计"第三范式"分解业务概念对象并补充其属性，形成逻辑数据实体与属性	根据模型设计范式细化的数据实体； 数据实体的属性； 数据实体间的详细关系
物理模型	逻辑数据模型在信息系统中具体落地的实例，包含模型在考虑到数据冗余与数据库性能之间的平衡的调整，也包含模型在数据库产品、索引等具体实现的相关因素	根据数据库、产品、性能、索引等因素设计的数据实体，对应数据库的表； 数据实体的属性，对应数据库的字段； 数据属性的类型、长度； 数据实体间的详细关系

在模型构建方法方面，数据模型的设计有两种方式：

- 一种是自上而下方式，即从业务需求分析开始逐步完成概念模型、逻辑模型的设计，然后进行数据的溯源、认责，与现有应用系统的模型衔接。
- 另一种是自下而上方式，即从现有应用级模型开始，逐渐整合，形成物理模型，再从中剥离出与具体数据库实现有关的元素，将其整合成逻辑模型并进一步抽象成概念模型。

自上而下方式的好处是得到的模型很容易保障全域协调一致，不存在重复定义、相互冲突的现象，但当组织的业务非常复杂时，要对全部业务进行需求分析，则工作量巨大。

自下而上方式则复用了现有应用级模型的设计，省去了对组织的全部业务进行需求分析的巨大工作量。但由于应用级模型是在不同历史时期、由不同团队建设而成的，这些模型之间可能普遍存在重复定义、相互冲突等问题，需要对这些不一致问题进行大量的人工核对与整合。

企业中的数据模型设计通常采用自上而下与自下而上相结合的方式：

在进行主题域模型、概念模型等相对高阶的模型设计时，以自上而下的基于业务的分析为主，为实现逻辑层面的模型一致性提供指导。

而在逻辑层面，以自下而上的应用级模型的整合为主，基于使用自上而下方式建立的主题域模型及概念模型的框架，并结合应用级模型中的业务信息，构建逻辑模型。

同时，在企业间相对通用的数据领域也可以参考业界通用模型进行设计补充与提升。具体模型构建方法如表 5-2-2 所示。

表 5-2-2　模型构建方法

模型层次	业务流程分析方法	物理库表分析方法	参考通用模型方法
主题域模型	分析主要业务活动； 划分业务领域； 辨识业务领域对应的数据主题		可根据数据管理的需求，参考业界通用模型中各业务共用的数据领域的划分，作为公共数据主题的划分依据
概念模型	通过业务调研及业务流程分析： 辨识主要业务流程中的业务对象并作为数据实体； 理清业务对象之间的关系	通过整理物理库表及设计文档，提取高业务价值的库表作为数据实体； 通过库表之间的主外键，推导数据实体之间的关系	根据实际数据情况参考通用模型设计，使用其中实体与关系的设计
逻辑模型	模型中的属性信息补全并规范化处理； 模型范式化，使模型符合第三范式； 模型抽象，将具有共性的实体根据业务需求进行合并		

5.2.2　主题域模型

1. 主题域模型概述

数据模型的最上层是主题域模型。主题域模型是一系列主题域的列表，表达了组织中最关键的业务领域。数据模型通过主题域来组织其余的模型层级。

主题域模型的构建分为以下两步。

（1）根据业务辨识数据主题。

通过对业务流程的整理和组织职责的分析，确定顶层的业务划分，形成对应的数据主题。

（2）提炼通用的数据形成公共数据主题。

对各业务领域中存在交叉定义的数据，可以参考业界通用模型的设计思路，将跨业务领域的、由多部门共同管理的数据从依据业务领域划分的数据主题剥离出来，整理并形成公共数据主题。

2. 主题域划分方法和原则

主题是在较高层次上将企业信息系统中的数据进行综合、归类和分析利用的一个抽象概念，每一个主题基本对应一个宏观的分析领域。

从逻辑意义上来说，主题对应企业中某一宏观分析领域所涉及的分析对象。一个主题对应一个分析对象。分析对象是企业在决策、分析时重点关注的内容。对于分析对象的关注其实是非常主观的，在不同的企业中或者在企业的不同发展时期，所关注的分析对象都不一样，从而影响某些主题，使其可能存在或者不存在。

数据仓库是面向主题的应用，其主要功能是将数据综合、归类并进行分析和利用。数据仓库模型设计除需要横向的分层外，通常还需要根据业务情况纵向划分主题域。主题域是对业务对象高度概括的概念层次归类，目的是便于管理和应用数据。

（1）主题域划分方法

常见的主题域划分方法有按照系统划分、按部门划分，以及按照业务过程划分或者按主题域划分，如图 5-2-1 所示。

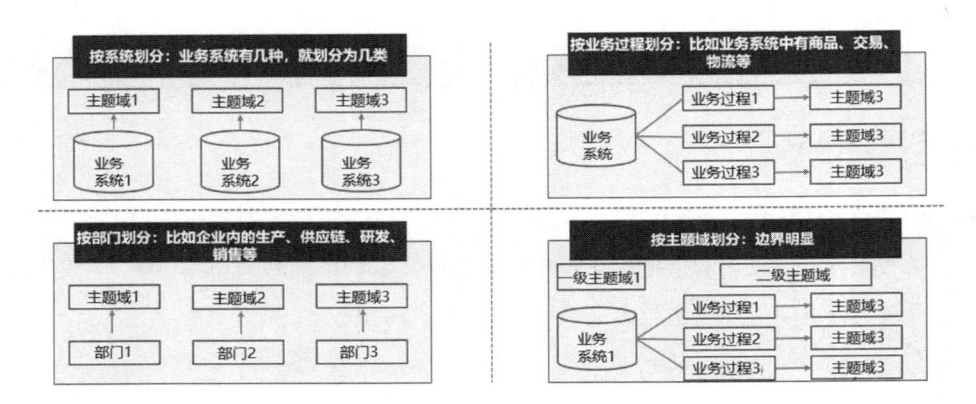

图 5-2-1 常见的划分主题域的方法

企业可以结合实际的业务场景来划分主题域，只要能有序地把数据管控起来，同时又能高效地辅助数据分析，实现业务价值就可以了，不必一味地追求"行业标准"。

（2）主题域划分原则。

主题域是无法一次划分完整的，一般是一次先建立几个明确的主题域，在大多数数据仓库的设计过程中，都有一个主题域的选择过程。业务是一直发展的，因此，在设计数据仓库之初，不要想着一次把所有主题域全部划分完整。可以遵循下面介绍的划分主题域的两个核心要点，后续再采用迭代的方式补充，如图 5-2-2 所示。

主题域划分是基于业务，对业务对象进行的多层级分组与归类的抽象。其层级至少为 2 级（一级主题域和二级主题域），原则上深度不超过 6 级。主题域划分的主要原则包括内容完整性、名称规范性、划分维度的统一性和不可交叉性。

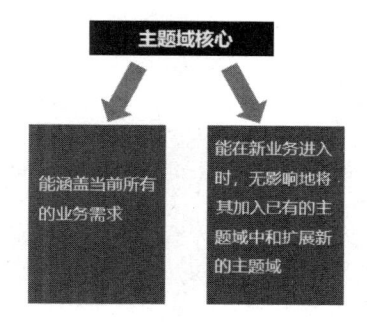

图 5-2-2 主题域划分原则

① 内容完整性。

每级主题域需要覆盖其父主题域的全部内容，一级主题域全部由核心业务推导得出。

② 名称规范性。

主题域的名称采用内控流程或者组织的官方语言，不能口语化。

③ 划分维度的统一性。

非同一级主题域的划分维度是统一的，即父主题域下的子主题域都必须按照同一个维度来划分。

④ 不可交叉性。

两个或多个主题域的内容在原则上不能出现交叉，主题域之间的边界应清晰、明确。

3. 主题域分类框架

根据主题域划分原则及数据资源目录分类设计原则，可将主题域按照业务特征划分为主题域分类框架。

图 5-2-3 所示为主题域分类框架示例，其中包括了经营管理域、综合管理域、专业管理域和公共管理域（公共数据的基础数据）。

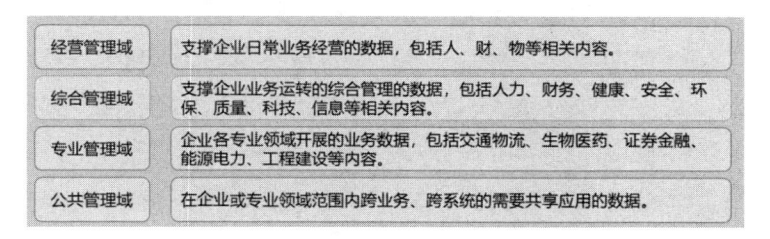

经营管理域	支撑企业日常业务经营的数据，包括人、财、物等相关内容。
综合管理域	支撑企业业务运转的综合管理的数据，包括人力、财务、健康、安全、环保、质量、科技、信息等相关内容。
专业管理域	企业各专业领域开展的业务数据，包括交通物流、生物医药、证券金融、能源电力、工程建设等内容。
公共管理域	在企业或专业领域范围内跨业务、跨系统的需要共享应用的数据。

图 5-2-3 主题域分类框架示例

5.2.3 概念模型

1. 概念模型概述

数据模型的第二个层级是一系列针对每个主题域的概念模型。概念模型是定义业务中的概念实体及这些实体间的关系的模型。

概念模型可以促进人们对业务的理解。为创建一个概念模型，要从主题域模型的某个主题域开始，识别和定义概念实体、创建实体间的关系。

（1）识别和定义概念实体。

参与业务活动中的概念实体可根据人和组织、物品、地点、时间、事件等维度对业务活动中的对象进行分类分析。通过业务流程分析、物理库表梳理等方式并结合行业参考数据模型，可以辨识数据主题中的概念实体。

例如，在物资采购业务的采购执行环节中，参与业务的人和组织为内部的"采购组织"及对应的"供应商"，参与业务的物品为"采购组织"所采购的"物资"，业务地点为订单的"交货地址"及存储物资的"仓库"，业务事件为"采购订单""交货单"等业务所发生的记录。

（2）创建概念实体间的关系。

概念实体间的关系，通过关联关系表示。为了对关联关系进行更准确的描述，需要通过分析关联关系的参与性与可选性以确定关系的基数，即关系双方的数量关系。

假设一个关系的双方是实体 A 与实体 B：

参与性关注实体 A 是否可以与多个实体 B 的实例关联，以及实体 B 是否可以与多个实体 A 的实例关联，以确定双方是 1 对 1、1 对 n、n 对 1 的关系，还是 m 对 n 的关系。

可选性关注实体 A 是否可以在没有实体 B 的情况下存在，或者实体 B 是否可以在没有实体 A 的情况下存在，以确定关系双方是否可以为 0。

例如，对于"采购订单"与"采购组织"之间的关系：

在参与性方面，一笔采购业务只能由一个"采购组织"发起，因此，一个"采购订单"对应一个"采购组织"；而一个"采购组织"可以同时发起多笔采购业务，因此，一个"采购组织"可以对应多个"采购订单"。

在可选性方面，"采购订单"中必须有对应的"采购组织"，否则订单将没有意义；而"采购组织"在没有采购订单的情况下也是可以存在的。

综合"采购组织"与"采购订单"之间关系的参与性与可选性,"采购组织"与"采购订单"之间的关联关系是 1 对 0 或 1 对 n 的关系。

2. 概念模型设计原则

在概念模型的设计过程中需要遵从以下要点。

(1)从企业角度出发,采用自上而下的设计方式,不局限于某个特定业务领域或系统应用。

(2)在建立概念模型的过程中,必须得到业务领域的专家和业务负责人的指导,并由业务用户提供建立模型的应用需求。

(3)在概念模型完成初步设计后,需要通过多轮会议,由业务领域的专家、相关主题域的专家验证本主题域概念是否符合要求。在会议过程中发现的概念重叠、冲突或其他问题都需要被记录下来,概念模型的设计通常需要经历多轮迭代。

总之,在数据治理项目中,基于数据资源目录的主题域划分,以及数据实体与库表映射关系,企业应从业界通用模型、业务流程、信息系统的数据模型中提取、识别关键实体,并对关键实体进行分类,识别关键实体间的关系,然后形成各主题域下的概念模型。

5.2.4 逻辑模型

逻辑模型通常是从概念模型拓展而来的。概念实体通过对象继承、属性补全、实体拆分这三个步骤被转换为逻辑实体。对象继承是在纵向上对所有概念实体遵循从一般到具体的通用化过程,定义出所有的逻辑实体。

1. 逻辑模型概述

在数据治理项目中,企业从数据标准、业务流程、信息系统的数据模型中提取、识别关键概念实体下的关键通用属性,并对概念实体进一步细化、拆分,形成通用逻辑模型。逻辑模型的设计具体分为以下五步。

(1)识别业务实体及其关键属性。

即在划分主题域的基础上,以数据资源目录识别出的业务实体与源信息系统库表之间的映射关系为输入,结合梳理相关信息系统后反馈的信息项目录,整理出业务实体属性与源信息系统库表信息项的映射关系。根据业务实体属性与源信息系统库表信息项的映射关系,结合关键属性判定原则,可以识别出业务实体所包含的关键属性,形成业务实体关键属性清单。

（2）业务实体及关键属性规范化处理。

即根据统一的业务术语与模型命名规范，对业务实体关键属性清单中的实体命名、属性命名、命名缩写、业务术语进行规范化处理，并整理为模板导入清单。

（3）使用建模工具初步生成逻辑模型。

即通过脚本工具将业务实体关键属性清单导入建模工具中，初步生成逻辑模型。

（4）识别并梳理实体关联关系。

即以数据实体流转关系、逻辑实体关键属性清单、系统接口规范与定义文档、接口清单、各类设计文档为输入，识别出各逻辑实体关键属性的主外键关系，进而梳理出逻辑实体的关联关系，从而形成本业务领域的初步逻辑模型。

（5）迭代完善逻辑模型。

即通过收集反馈的各类设计文档（如系统功能设计文档、概要设计文档、详细设计文档）、物理模型等材料，识别出新的实体、关键属性，进一步补充完善实体关键属性清单，以及迭代完善逻辑模型。

在逻辑模型设计过程中，同时需要遵从以下三个要点：

- 基于概念模型进行扩展，包括扩充逻辑实体，提取实体关键数据属性、业务规则，将值域填充到逻辑模型中。
- 逻辑模型的初始版本需要通过工作会议的形式，由业务领域的专家进一步验证逻辑模型的完整性和准确性。
- 逻辑模型的设计需要经过多轮迭代，迭代次数取决于数据实体的数量、业务的复杂程度或者发现问题的数量。

2. 逻辑模型的属性要素

通过实体关键属性可以描述更多的业务细节，而逻辑模型只包含关键属性，并不包含全部实体和全部属性。关键属性指那些如果缺失将导致企业无法正常运转的属性。逻辑模型中的关键属性来源于源信息系统的表结构、字段，但并非所有源信息系统的表结构、字段都属于关键字段，所以必须要进行识别。识别内容包括：主键、外键，安全等级为"普通商业机密"等级以上的数据项，数据元标准，问题多发的数据项，系统之间流转的数据项（接口数据项），指标数据所关联的数据项，数据质量度量规则对应的数据项，具有业务含义的名称、编号/编码、数值、数量、金额类数据项等。

3. 逻辑模型规范化处理

在构建逻辑模型时，首先需要对实体中的属性及其信息进行补全。属性补全是基于各类企业数据标准编码规则进行的，包括对实体的名称、属性、属性名称、属性通用数据类型、值域、量纲、键、约束条件、注释等进行补全。

同时，实体及属性的命名应遵循统一的业务术语及数据模型的命名规范，并对实体属性进行规范化处理。规范化处理包括属性参数化处理、数据类型通用化处理等。

（1）命名规范化。

实体名称应为可以体现业务含义的对象名称（例如"采购订单"），不能以"表""数据"等词作后缀（错误示例为"采购订单表"和"采购订单数据"）。且实体的英文名称应体现业务含义，例如"Procurement Order"按数据模型命名规范应为"Proc_Order"。

属性名称应该为基本词+类别词，应使用易于理解、能准确描述该属性/列意义的业务术语。类别词可分为代码类、枚举类、标志类、描述类、名称类、地址类、金额类、比例类、数值类、日期类、时间类、链接类等几类，每一类类别词均应按数据模型命名规范进行规范化处理。例如"采购订单"实体的"货币"属性按数据模型命名规范进行规范化处理，应为基础词+类别词"货币代码"。

（2）属性参数化。

逻辑模型设计应具有稳定性、可扩展性，不会因细微的需求变动而需要变动模型结构，对于不满足此项要求的属性应该进行参数化处理。

（3）数据类型通用化。

通过逻辑模型属性的数据类型与数据库字段类型之间的映射关系，调整逻辑模型中属性的数据类型，可以保证数据类型的通用性。原则上，逻辑模型应独立于具体的物理数据库实现技术，不体现属性的数据类型；但为了便于逻辑模型的落地，在逻辑模型中可以明确属性的数据类型，并可以建立属性的数据类型与具体的数据库字段（如 Oracle、SQL Server 等数据库字段）类型之间的映射关系；对于数据长度，可取源信息系统候选字段中的最大值。

（4）数据模型范式化。

数据模型范式化是指根据数据模型设计范式对数据模型进行规范化调整。数据模型范式是指数据模型结构所符合的设计标准的级别，其表示一个数据模型内部各实体及属性之间的联系的合理化程度。数据模型范式分为第一范式（1NF）、第二范式（2NF）、第三范式（3NF）、巴斯范式（BCNF）、第四范式（4NF）、第五范式（5NF）。对应的，对数据模型的要求也逐级严格，符合高一级的数据模型范式的数据模型设计，也必定符合低一级的数据模型范式。

对于企业数据模型，通常需要满足第三范式，即保障实体中的每一个属性具备原子性（第一范式），同时属性之间不存在部分依赖（第二范式）及传递依赖（第三范式）。

①第一范式是确保实体的每个属性都是单值的，即一个实体中的每个属性最多只有一个值依赖于该实体的主键值。为保障数据模型符合第一范式，有以下两种处理方法。

- 第一种处理方法：移动重复属性。

当实体中存在两个或两个以上一样的属性时，称其为重复属性。重复属性违背第一范式的原因是：当给定一个主键时，可以根据一个属性得到一个以上的值。重复属性通常采用有序编码作为属性名称的一部分。

例如，财务数据主题中的"科目金额"实体，用于记录某组织在某财年的某会计科目下的金额情况，而"月度金额"实体则通过"金额1月""金额2月""金额3月"等列表形式的属性体现，是不符合第一范式的。为使其符合第一范式，需要将"科目金额"实体进行拆分，将表示月度金额的属性剥离形成"科目月度金额"实体，原"科目金额"实体保留组织、科目和年度的金额信息，"科目月度金额"实体则包含"本月金额""月份"等专门记录某月的科目金额的属性。"科目金额"实体的主键作为"科目月度金额"实体的外键进行关联，同时与"月份"共同构成"科目月度金额"实体的联合主键。

- 第二种处理方法：划分多值属性。

多值属性是指在一个属性内存储了至少两个不同的值，即有两个业务概念被隐藏在一个属性中。多值属性应在实体拆分过程中被拆分为对应的两个或多个属性。例如"姓名"属性，在对于姓氏和名字需要分别使用、管理的系统中，即可被拆分为"姓"和"名"两个属性。

②第二范式是为确保数据模型中的单个实体只表述单一的业务概念，不存在只依赖于本实体部分主键的属性，即不存在部分依赖。为消除部分依赖，通常需要对实体进行拆分，将依赖部分主键的属性打包，形成新的实体后与原实体关联。

例如，由MDM（主数据管理平台）整理的物资主题的"物料"实体中包含了"计量单位"及"转换因子"属性，"转换因子"属性只依赖于"计量单位"的类型，而与所属的物料无关，因此将"计量单位"及"转换因子"属性从"物料"实体中拆分出来，形成"计量单位"实体，原"物料"实体保留"计量单位"的主键作为关联。

③第三范式是为确保实体中的属性的唯一性，实体中的每个属性必须直接依赖于主键而不依赖于实体中的其他属性，即不存在属性的传递依赖。为了消除传递依赖，需要从数据模型中将依赖于非主键的属性移除，或创建一个带有其他主键的新实体。

例如，物资主题的"物料"实体在包含"物料分类编码"属性的同时，也包含"物料分类描述"属性。在已存在"物料分类"实体的情况下，"物料分类描述"属性只依赖于"物料分类编码"属性。因此，"物料"实体中的"物料分类描述"属性是传递依赖的属性，应该将其从"物料"实体中移除，只在"物料分类"实体中保留。

（5）模型抽象化。

模型抽象化是指通过重定义，将一些实体、属性、关系在模型范围内的结合更加通用，使数据模型更具灵活性，适用于更多的业务场景。模型规范化是作用于逻辑模型设计的强制性技术，而模型抽象化则是一项可选技术。

抽象的对象通常是具有相同特征的实体，即对具有相同的关系及属性的实体进行抽象，提取共同的属性形成超类，原实体作为超类的子类并保留每个子类中的特有属性。

例如，对于"成品油""原油""润滑油""化工产品""炼油小产品""石油气"等这些在勘探生产、炼化、销售等业务中以石油或石油某一部分作为原料加工生产出的产品的实体，即可从中抽象出"石油产品"实体，并且涵盖上述各类产品的生产企业、产品包装、质量执行标准号等通用属性，同时与产品分类、产品计量单位等均相关的实体建立关联。而对于"成品油""原油""润滑油""化工产品""炼油小产品""石油气"等这些"石油产品"实体的子类，分别保留各类产品的润滑油黏度、化工产品形态等特有属性。当在业务中增加新的石油产品类型时，不需要改变"石油产品"实体与其关联实体的关系，只需要增加"石油产品"超类中的一个示例，若该产品存在特殊的描述属性，则只需要在"石油产品"超类下定义新的子类即可。

模型抽象化在增加了业务灵活性的同时，也带来了损失业务知识、降低可交流性等弊端，因此，建议只在复用度很高、业务场景多样的实体中进行模型抽象化。

5.3 数据分布与流向

5.3.1 数据分布

数据分布用于识别核心数据，明确核心数据在业务部门、应用系统中的分布关系，识别数据唯一生成源头，以及数据归属与认责部门，为履行数据管理相关工作提供依据。根据在数资源梳理过程中业务实体与物理库表之间的映射关系，可以梳理出数据与系统、部门之间的分布关系，具体介绍如下。

（1）数据-系统分布关系矩阵

根据业务系统盘点结果，可以梳理出业务域实体在信息化管理系统中的分布情况，并在此基础上分析及识别核心数据，明确核心数据在应用系统中的分布关系。

以下示例为通过分析组织的数据模型，在人力资源主题域下的实体与系统、物理库表之间构建分布关系矩阵。示例如表 5-3-1 所示。

表 5-3-1　人力资源主题域数据-系统分布关系矩阵示例

二级业务域	三级业务域	实体名称	映射源系统名称	物理库表名称
人力资源管理	人员管理	轮岗锻炼信息	HR 管理系统	挂职/轮岗锻炼信息
人力资源管理	人员管理	后备干部信息	HR 管理系统	后备干部信息
人力资源管理	人员管理	任免聘任信息	HR 管理系统	经营管理人员任免/聘任信息
人力资源管理	人员管理	成果获奖信息	HR 管理系统	成果（获奖）信息
人力资源管理	人员管理	工作业绩信息	HR 管理系统	工作业绩信息/项目经历
人力资源管理	人员管理	论文论著信息	HR 管理系统	论文论著信息
人力资源管理	人员管理	授权专利信息	HR 管理系统	授权专利信息

（2）数据-部门分布关系矩阵。

结合业务系统的盘点结果和业务输入，可以在人力资源主题域下的实体与系统、业务责任部门、操作责任部门之间构建分布关系矩阵。示例如表 5-3-2 所示。

表 5-3-2　人力资源主题域数据-部门分布关系矩阵示例

二级主题域	三级主题域	实体	关联系统名称	业务责任部门	操作责任部门
档案管理	人事档案管理	档案室基本信息	HR 管理系统	档案处	人力管理部门
档案管理	人事档案管理	档案剔除销毁材料	HR 管理系统	档案处	人力管理部门
档案管理	人事档案管理	档案问题信息	HR 管理系统	档案处	人力管理部门
档案管理	人事档案管理	档案转递信息	HR 管理系统	档案处	人力管理部门
档案管理	人事档案管理	非在册人员管档信息	HR 管理系统	档案处	人力管理部门
档案管理	人事档案管理	人事档案馆信息	HR 管理系统	档案处	人力管理部门

（3）数据-系统操作关系矩阵。

根据业务系统盘点结果可知，人力资源主题域下的实体主要分布在人力资源（HR）管理系统中，通过对业务流程、实际业务操作、系统间接口清单的分析，人力资源主题域中的数据与人力资源管理系统、集中报销平台、财务共享平台和党建平台存在交互关系，在人力资源主题域下的实体与各系统之间构建数据-系统（CRUD：Create，创建；Read，读取；Update，更新；Delete，删除）操作关系矩阵。示例如表 5-3-3 所示。

表 5-3-3　人力资源主题域数据-系统（CRUD）操作关系矩阵示例

二级业务域名称	三级业务域名称	LDM 实体名称	HR 管理系统	财务系统
档案管理	人事档案管理	人事档案馆信息	CRUD	—
档案管理	人事档案管理	人事档案信息	CRUD	—
考勤与绩效管理	考勤管理	计划工作时间	CRUD	—
考勤与绩效管理	考勤管理	加班	CRUD	—
人力资源管理	专业技术人员管理	专家信息	CRUD	RUD
人力资源管理	专业技术人员管理	专业技术任职资格及证书信息	CRUD	RUD

（4）数据分布关系统计分析。

通过对业务系统盘点结果中的人力资源业务域的实体分布涉及的物理数据库表进行分析，以及构建实体与系统之间的分布关系矩阵可以发现，人力资源主题域相对其他系统来说较为独立，其实体全部分布在人力资源管理系统中。如表 5-3-4 所示为人力资源主题域实体数量分布关系。

表 5-3-4　人力资源主题域实体数量分布关系

系统	二级域	分布实体名称	实体数量
人力资源管理系统	保险管理	企业年金个人缴费台账信息、企业年金基础信息、企业年金企业缴费台账信息、企业年金员工变动信息、企业年金账户信息、企业缴费计入台账信息、社保公积金地方实缴信息、社会保险信息、住房公积金台账信息、住房公积金信息	10
	档案管理	档案材料接收信息、档案查借阅信息、档案管理人员信息、档案库基本信息、档案目录信息、档案审核信息、档案室基本信息、档案剔除销毁材料信息、档案问题信息、档案转递信息 、非在册人员管档信息、人事档案馆信息、人事档案信息	13
	考勤与绩效管理	组织机构考核信息、奖惩信息、考核评议信息、组织机构绩效考核规则信息、出勤信息、计划工作时间信息、加班信息、缺勤及休假信息、替班信息	9
	培训管理	培训班信息、培训合同信息、培训项目信息、外训留学信息、内部培训师信息、培训信息、用户认证信息	7
	人才交流管理	对口支持信息、境外项目经历信息、应届毕业生招聘需求与计划信息、招聘单位主数据信息	4

系统	二级域	分布实体名称	实体数量
	人力资源管理	管理职位信息、一般职位信息、挂职轮岗锻炼信息、后备干部信息、拟任拟免职务信息、任免聘任信息、成果获奖信息、从事专业和专长信息、工作业绩信息、论文论著信息、授权专利信息、职称考试报名信息、专家信息、专业及外语水平考试信息、专业技术任职资格及证书信息、专业技术职务聘任信息、资格证书信息	17
	薪酬管理	工资核算范围匹配信息、计算公式信息、工资总额计划信息、工资总额监控信息、单独工资发放信息、个人所得税报表信息、工资发放表信息、工资奖金过账信息、工资演变信息、工资状态信息、基本工资信息、境外岗位津贴等级信息、劳务用工及劳务费台账、银行账户信息、员工个人月度工资汇总信息、支付扣减信息	16

5.3.2 数据流向

数据流向体现了系统各环节输入和输出的信息项，以及数据通过系统交互及存储的路径；从数据传递和加工的角度看，数据流向还体现了控制流和数据流的方向。

数据流向的梳理方法有以下 5 步。

（1）先按数据域整合该域内经过对所有系统盘点得来的交互接口清单。

（2）根据交互接口清单，梳理流入/流出系统名称、库表名称和字段名称，以及交互接口信息，形成数据交互信息清单。

（3）从数据交互信息清单中识别核心数据（核心数据包括企业总部、部门 KPI 数据，源头数据，跨业务、跨系统流转数据，规范定义的数据，质量问题敏感数据等），再确认核心数据的数据分布及操作关系、可信数据源。

（4）建立逻辑模型的实体、属性与流出入/流出系统库表、字段之间的映射关系，结合数据操作关系、可信数据源，整合形成逻辑模型的实体、属性在物理系统库表、字段之间的流向图，梳理及分析出数据流向。

（5）对存在数据流转关系的系统进行数据流向分析，利用数据治理平台中相应的功能生成数据流向图，展示数据在各系统之间的流向关系。

下面为基于物资域盘点及收集的系统之间的接口数据制作的流入/流出系统库表、字段之间的映射关系示例（即数据流转示例），如图 5-3-1 所示。若关于某一系统接口对应的字段在流入/流出系统中存在，则代表这两个系统之间存在通过该接口的流转关系。

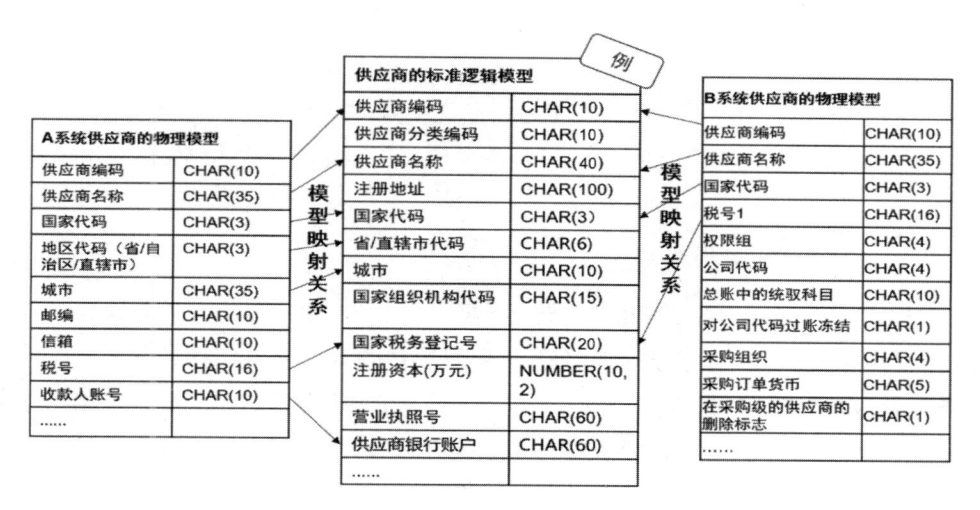

图 5-3-1 物资域数据流转示例

5.4 数据交换

数据交换是企业数据架构管理的重要组成部分，在组织内部起着承上启下的作用，其不仅仅是企业数据治理与数据应用的桥梁，也是数据发挥价值、支撑业务系统、支持管理决策的重要应用环节。

企业经过多年的信息化建设，通常会按照各个业务部门的需求，分别采用不同的技术、不同的供应商，分期、分阶段建设大批应用系统，如 ERP、MES、CRM、OA 等应用系统。大型企业中一般都会有上百个应用系统，而集团型企业一般拥有众多的分支机构，除集团统建的应用系统外，每个分支机构也都建设了大量的应用系统来满足自身的业务需求。

随着企业各个业务的快速发展，业务管理协作的瓶颈已经从部门内部迁移到部门之间，甚至企业之间，以及从执行层面迁移到管理层面、战略层面，并且出现了大量跨系统、跨部门、跨组织的业务协同自动化需求。特别是在数据管理方面，企业需要建设一套企业级的、跨平台的、能够贯穿研发、生产、采购、销售、售后等多个业务过程的统一数据视图，以提高数据质量，实现业务数据与业务流程的同步和逻辑约束，以及数据的可视化和自动化流动，全面支持企业的收益管理、营销创新及决策制定，实现以数据驱动流程、以流程驱动业务的智能化企业。

如何整合多个业务系统中的数据，以便既快又好地服务于新的业务模式，已经成为各个企业亟待解决的关键问题。

5.4.1 数据交换的意义

数据交换用于连接各个业务系统，将各业务单元中自有的数据共享，供其他业务单元使用，从而将各业务系统的能力进行整合，为企业新的管理模式和业务模式提供灵活、可靠的数据支撑。

数据交换总体上可以分为两大类：

（1）一类是企业内部的数据交换，主要用于解决企业内部各个业务系统之间的数据共享问题。例如，组织机构的人员主数据就需要在人事系统、OA 办公系统、财务系统之间进行数据交换，通常是将人事系统中的组织人员信息作为主数据的源头，定期或者实时地交换到其他系统中。除主数据外，还有重要的业务共享数据，如订单信息、生产材料、生产计划等，需要在采购系统、生产系统、销售系统之间进行流转，以实现企业全要素、全价值链、全产业链的互联互通及业务协同。

企业内部的数据交换有时也被叫作数据集成。由于是在企业内部进行数据交换，相对来说交换安全性可控，因此在技术上主要考虑的是数据交换效率。

（2）另一类是企业之间的数据交换，例如：

- 产业链的上下游企业之间的数据交换，如上游企业会将产品目录整体传递给下游企业供其从中选择产品；
- 政府各个部门之间的数据交换，如市场信息管理部门会将工商注册信息在规定的时段交换给税务、公安等部门，气象局会将天气预报信息定期发布出来，农业、林业、环保等部门会下载使用这些数据，以及政府各个部门之间公文的上传及下达等；
- 对于集团型企业，需要分支机构定期将监管数据上报集团等。

这些都可以被认为是企业之间的数据交换。因为跨企业进行数据交换往往会通过公网进行，因此在技术上更加注重数据交换的安全性。

5.4.2 数据交换的模式

数据交换通常是在多个业务系统或部门之间进行的。经过多年的发展，数据交换模式经历了如图 5-4-1 所示的变迁。

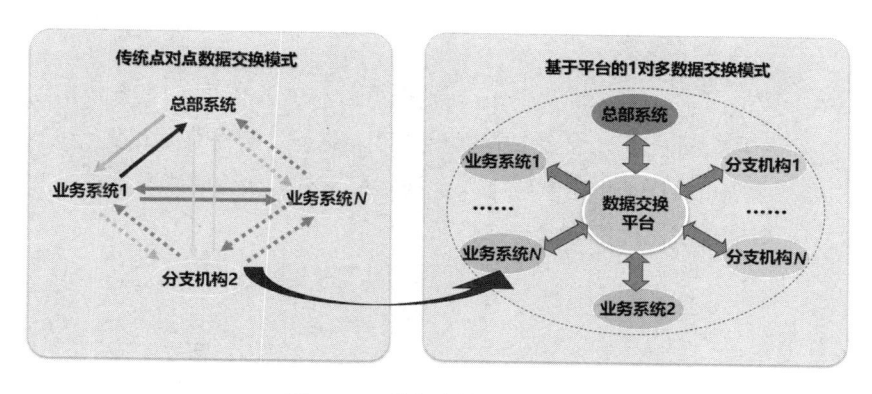

图 5-4-1 数据交换模式的变迁

在业务系统数量较少的时候，一般采用传统的点对点数据交换模式，即业务系统之间两两进行数据交换，相互协商数据交换的格式、协议、周期等。例如，双方的业务系统开发基于 Restful 的接口用于交换数据，只要双方业务系统能够满足业务需求即可。这种方式缺乏统筹管理，协调成本过高，建设周期长，而且原有投资难以复用。当业务系统越来越多，一个业务系统需要与很多业务系统对接的时候，就会有大量的重复工作。这种两两对接的数据交换模式由于没有监管系统，数据交换处于黑箱状态，数据交换的成功与否只有双方的业务系统知道，不利于企业的综合管理。

现代化的企业一般采用集中的数据交换平台，所有业务系统之间的数据交换都通过数据交换平台进行。不管是采用文件方式、数据库方式、接口方式，还是采用消息队列方式等，都可以通过数据交换平台进行转换和对接。对业务系统来说，只需开发一次数据交换功能，就可以与众多的业务系统进行对接，并且由于有数据交换平台，可以对数据交换进行监管，实现了接口转换、协议转换、路由分发、数据加密等各种中间操作，从而提高了数据交换的效率和安全性。

目前，一般大型企业会建设大数据平台，将各个分支机构及业务系统需要进行交换的数据转存到大数据平台中，然后分发给需要这些数据的业务系统。我国政府机构一般建设有公共信息交换平台，用于在各个委办局之间交换及共享数据。

5.4.3 数据交换的场景

数据交换是为了解决真实的业务问题，根据交换数据的批量、格式、频度，数据交换场景可以被分成以下几种。

1. 场景一：批量数据总线

批量数据总线适用于大批量、非实时、低频度的数据交换，例如，在系统初始化时要首次同步大量数据，一般可以采用 ETL 工具或文件传输工具进行，如在 OA 系统上线时，要将整个企业的人员信息从人事系统或主数据系统中同步到 OA 系统的数据库中，这是一次性的工作，但数据量很大，可以通过数据库的方式交换数据。

2. 场景二：企业服务总线

企业服务总线适用于少量、实时、高频度的数据交换，例如，新员工入职时，在人事系统中添加人员信息后，需要立即同步到 OA、财务系统中。一般采用实时调用服务接口的方式进行数据交换，可以使用企业服务总线和微服务架构的 API 网关进行服务接口的注册和管理。又例如，在登录业务系统时，需要通过企业单点登录认证系统进行用户鉴权，只需一次接口调用，即可以直接通过鉴权系统的接口进行数据交换。

3. 场景三：即时消息总线

即时消息总线适用于少量、异步、一对多、高频度的数据交换，其比较适合发送通知一类的数据，例如集团总部在数据交换平台发布消息主题或队列，成员单位的业务系统对消息主题或队列进行订阅，一般通过消息队列实现。消息队列可以按照主题提供发布/订阅机制，并且保证消息的完整性和安全性。

4. 场景四：文件数据传输

文件数据传输适用于文件形式的数据交换，其可以支持大量、小文件的传输和少量、大文件的传输，如集团总部下发的各种规章制度文件/视频、图像文件等。对于大文件，文件数据传输需要实现对文件进行智能分割传输，以及支持断点续传、加密/压缩传输、文件并发传输及传输流量控制等。在国内，由于网络安全设置，很多内网和外网之间只能通过网闸单向连接，在很多数据交换场景中需要先将数据转换成文件，上传到指定目录，然后转换网闸，再将文件交换到内网，之后解析成其原有的格式（如数据库、数据表的格式）加以利用。

5.4.4 数据交换的技术

上述四种数据交换场景分别具有不同的特点，一般采用不同的技术实现。下面是当前比较主流的数据交换技术。在一个整合的数据交换解决方案中，我们把具体采用的数据交换技术称作交换通道，不管采用哪种交换通道，对数据交换的管理都是必不可少的。

1. ETL

ETL（Extract Transform Load，数据抽取、转换和加载）是基于 SQL 数据库批量复制数据的技术，其底层是数据库的 SQL 技术。ETL 工具在数据仓库项目、数据分析项目中被大量使用。ETL 工具也是一个批量的流式数据加工工具，对数据在转移过程中进行加载、清洗、转换、合并、拆分、补项等操作，以得到更加精确的数据，便于后续进行建模分析。

传统的 ETL 工具主要针对数据库进行数据交换，目前其功能有很多扩展：数据抽取不再局限于传统关系型数据库，通常会包含大数据平台、格式化文件（如 CSV、Excel、XML、Json 等）、数据库日志文件等；也可以通过 Kafka、Spark 等接入实时数据。

目前，通常对 ETL 工具的定位是"进行批量数据交换的工具"。

ETL 工具支持全量和增量数据交换。增量数据交换可以通过时间戳、数据库日志的方式实现。增量数据交换支持数据定时同步和准实时同步：定时同步即设置好触发时间，比如每天一次，在晚上 12 点开始执行数据同步作业；准实时同步通常采用存储过程触发或者日志触发的方式执行数据同步作业。

ETL 工具的特点是只依赖于数据库底层，必须对两端的数据库表有精确的认知，如果业务系统未开放数据库访问权限，或者对原系统数据库没有完整的数据库表定义信息，则 ETL 工具将不能解析数据，从而不能转换、交换数据。

2. 消息队列

消息队列主要用来处理异步交换的数据，其将数据打包成一个个的"消息"，然后放入消息队列中，等待需要方来取。就跟我们在日常生活中取快递包裹一样，快递员将包裹放入包裹存储柜中，收件人有时间了就去取。

消息队列是在消息的传输过程中保存消息的容器。消息队列管理器在将消息从它的消息源中发送到它的目标时充当中间人的作用。消息队列的主要作用是提供路由并保证消息的传递；如果发送消息时接收者不可用，那么消息队列会保留消息，直到可以成功地传递它。消息可以被持久化，这样的机制能够保证消息一定被送达，而且只送一次。

目前，大多数消息中间件均支持多种传输协议（包括 AMQP、STOMP、MQTT 等多种消息传递协议），支持点对点、发布/订阅、路由转发等消息传递模式，支持同步、异步消息发送模式，并支持消息的加密传输。

由于消息队列具有以上特点，所以其不适合传输较大的数据，一般超过 1MB 的数据不建议采用消息队列进行数据交换。

消息队列中间件是实现消息数据交换的组件，主要解决异步处理、应用解耦、流量削峰和消息通信等问题，实现高性能、高可用、可伸缩和最终一致性架构。目前，使用较多的消息队列中间件有 ActiveMQ、RabbitMQ、ZeroMQ、Kafka、MetaMQ、RocketMQ 等。

3. 企业服务总线

企业服务总线（Enterprise Service Bus，ESB）是基于消息队列而产生的，是消息队列技术的扩展。ESB 支持异构环境中的服务、消息，以及基于事件的交互，并且具有适当的服务级别和可管理性。通过 ESB 的数据交换实际上还是通过调用服务接口来实现的。

ESB 的功能主要体现在通信、服务交互、应用集成、服务质量，以及管理和监控等方面。

- 通信方面：ESB 能够支持消息路由/寻址、多种通信技术及通信协议（如 JMS、HTTP），支持发布/订阅的通信模式，能够处理请求/响应，以及支持同步及异步的消息传递方式，并且以可靠的方式传递消息。
- 服务交互方面：ESB 上所发布的服务是以当前标准的 Web 服务描述语言（WSDL）来定义的，并且 ESB 上通常配备有服务目录和发现机制。
- 应用集成方面：ESB 的重要功能就是集成不同的系统，并且支持多种接入 ESB 的方式（例如将 ESB、Web Service、CORBA 及使用 Socket 等方式访问的遗留系统接入 ESB 系统），将接入的系统映射成 Web 服务。
- 服务质量方面：在集成不同系统的同时，ESB 考虑了服务质量方面的问题，如事务性和消息传递的可靠性。对于关键的 Web 服务，ESB 以加密的方式进行消息传递，并且必须验证访问者的权限。
- 管理和监控方面：ESB 作为 SOA 基础架构中的一个复杂子系统，配有相应的管理和监控功能，用于 ESB 自身的系统管理、日志记录、测量和监控等。

可以看出，有了 ESB，系统之间的数据交换变得非常清晰明了，系统之间的接口大大减少了，通过 ESB 可以实现对系统之间的数据交换的管理与监控，如图 5-4-2 所示。

当然，如果目前企业的整个软件体系架构已经转向微服务架构，则微服务架构中的 API 网关实际和传统 SOA 架构中的 ESB 作用一致，也可以用于微服务架构应用中的数据交换。

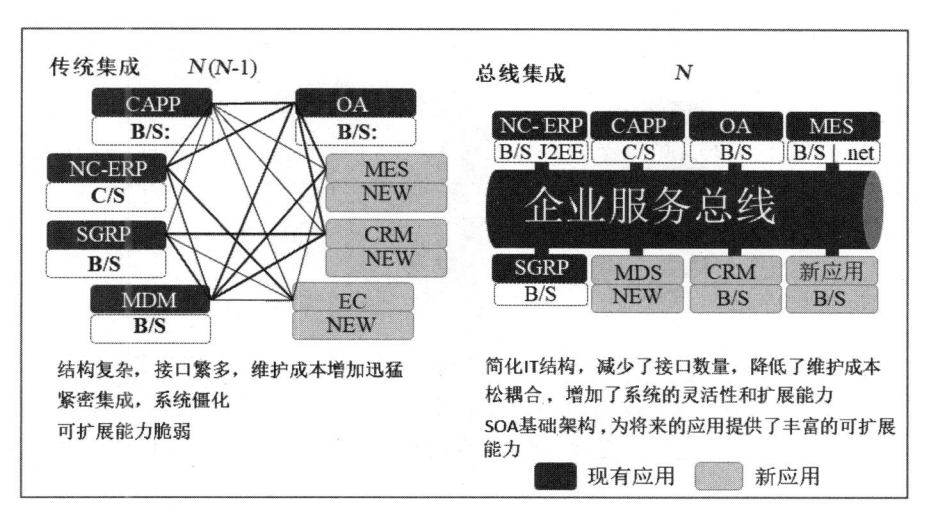

图 5-4-2　ESB 技术

4. 文件传输

文件传输（File Transfer）是将一个文件从一个计算机系统中传到另一个计算机系统中，它是最古老的数据交换方式，一般采用 FTP 协议。目前，FTP 工具、SFTP 工具等均支持文件传输，其文件传输协议一般是点到点协议。

在数据交换中，一般是通过扩展管理功能实现自动化、智能化的文件传输。

一般文件传输技术支持以下功能：

- 支持传输策略配置，可以设置传输目录、接收目录、按照分钟/小时/天/星期等频度进行文件传输调度；支持配置传输的文件类型与文件大小上限，也可使用通配符对文件名称进行过滤。
- 提供丰富的文件归档操作，文件传输成功后可对原文件进行操作，包括删除、移动、加标记等操作，支持并发传输、分段传输、TB 级大文件传输。
- 支持文件分片传输、智能压缩、加密传输、并行数据流管道传输、自适应的宽带控制，将传输速率最大化，并且支持断点续传、文件重发等容错功能。

5. 实时数据交换

物联网数据的采集与交换是针对物理设备、自动化系统进行的实时数据采集、加工和交换。在该场景下（一般称为 OT 层面），数据采样频率极高（可以达到毫秒级），数据量极大，必须实时处理数据。常规 IT 层面的数据交换技术在这个场景中无法应用，需要综合各种数据交换技术来实现。

物理设备数据采集端常见的采集传输协议有 MQTT 和 OPCUA，其中 MQTT 的使用比较广泛，MQTT 与 MQ 消息队列技术是一脉相承的，采用的也是基于消息主题的发布/订阅的异步传输机制。

6. 流媒体数据交换

对于视频、音频等流媒体数据，其中非实时的数据交换可以采用大文件传输的方式进行，而实时的流媒体数据交换不仅对硬件设备的性能要求极高，对网络抖动也比较敏感，因此，常规的数据交换技术不适用。通常，在视频领域会采用专用的视频数据交换机等硬件设备来实现流媒体数据交换。

5.4.5 数据交换平台的能力要求

完善的数据交换平台应该具备以下能力。

1. 异构适配能力

数据交换平台应支持对多种主流数据库、格式化文件、大数据平台、脚本、接口、消息的适配，并支持常见的数据标准协议类型，可快速实现对各种数据源、信息源及应用系统的无缝衔接，通过灵活、标准化、可插拔的数据处理模块以应对不同标准带来的差异。

2. 多种数据交换模式

数据交换平台应提供多种通信方式，包括同步请求/响应、异步请求/响应；支持多种数据交换模式，包括数据点对点交换、广播交换；支持各种数据抽取模式，包括全量同步、增量同步（触发器/时间戳/标志位等）等；支持各种调度策略，包括定时交换、实时交换、触发交换等。

3. 传输控制能力

数据交换平台应支持大数据量传输，通过对数据的压缩，可大大提高大数据量的传输速度，缩短传输时间；支持传输加密，保证传输数据的安全性；提供断点续传、分片传输、错误重发、带宽控制等机制，保证数据传输的可靠性；支持数据交换任务的优先级管理。

4. 传输监控能力

数据交换平台应具有对数据交换节点、数据交换任务的图形化监控能力，可以对数据采集、数据转换、数据传输、数据接收等过程进行监控，并对异常情况进行告警提示；以及能够对数据交换的运行信息进行统计分析。

5. 集中管理能力

数据交换平台应能够以可视化的方式对数据交换过程进行配置、管理、监控；提供图形化的数据交换配置界面，对数据源、交换节点、交换通道、交换拓扑进行配置，以图形化拓扑的方式配置各交换节点的信息，定义节点之间的上下级关系、交换路径等。

数据交换平台还应提供灵活的授权管理，可针对用户职能灵活授权，提供分级权限管理能力，并提供日志和操作审计能力。

5.4.6 数据交换的标准

电子数据交换（Electronic Data Interchange，EDI）标准是指按照统一规定的一套通用标准格式，将标准的经济信息通过通信网络传输，在贸易伙伴的电子计算机系统之间进行数据交换和自动处理。也就是说，EDI 是将贸易、运输、保险、银行和海关等行业的信息，用一种国际公认的标准格式，通过计算机通信网络，在各有关部门与企业之间进行数据交换与处理，并完成以贸易为中心的全部业务过程。

需要注意的是，本节中所说的数据交换标准是在数据治理领域，企业建立数据交换中心后，在各个业务系统接入本企业的数据交换中心时所要遵循的技术规范，主要包括数据的传输协议、数据的同步方式、数据的命名规则、数据包的格式等。其本质上和 EDI 标准内容类似，但适用范围不同，企业的数据交换标准可以参考 EDI 标准制定。

根据选择的数据交换技术，可以定义不同的技术规范，下面是某集团数据交换技术规范的部分内容，如图 5-4-3 所示。

下面介绍一些国内常见的数据交换标准。

我国在 2015 年全面推行"三证合一"登记制度改革，工商登记信息需要及时交换到税务部门，因此，各地按照统一的技术方案和标准，搭建省级信息共享交换平台，改造升级工商部门、税务部门各自相关的业务信息系统，以实现企业登记、变更、注销等信息在工商部门与税务部门之间的传递。

```
5 数据交换技术规范
    5.1    ESB 服务集成
        5.1.1   编码规范
        5.1.2   服务接入规范
        5.1.3   服务调用规范
        5.1.4   服务版本兼容性要求
        5.1.5   SLA 稳定性
        5.1.6   服务响应
    5.2    ETL 数据抽取
        5.2.1   数据格式定义
        5.2.2   作业规范
        5.2.3   SQL 编写规范
    5.3    文件传输
        5.3.1   文件名称规范
        5.3.2   文件传输规范
```

图 5-4-3　某集团数据交换技术规范的部分内容

工商数据交换标准主要包括数据交换的基本原则、数据交换方式与流程，以及数据交换的标准，其中详细说明了交换数据的文件命名规则、交换数据的报文结构、数据包的详细组成和描述。数据包的描述部分包含数据包编号、数据包类型、单位代码、单位名称、记录数等内容，规格要求如图 5-4-4 所示。

顺序号	标记	长度（字节）	含义	备注
1	SJBBH	20	数据包编号	
2	DJBLX	4	数据包类型	
3	DWDM	11	单位代码	发送单位的代码。税务机关代码为 11 位，工商登记机关代码为 6 位
4	DWMC	60	单位名称	发送单位的名称
5	JLS	3	记录数	每个数据包最多不超过 100 条

图 5-4-4　工商数据交换标准中数据包的描述部分规格要求

中国电子口岸数据中心于 2016 年发布了"海关外网业务数据交换接口规范"，所有需要报关和清关的外贸企业都需要按照此规范与中国电子口岸进行数据交换。该接口规范的主要内容如图 5-4-5 所示。

```
                    海关外网业务数据交换接口规范
           1  范围
           2  规范性引用文件
           3  术语和定义
           4  业务概述
              4.1  功能描述
              4.2  场景描述
           5  数据传输接口定义
              5.1  概述
              5.2  传输协议
              5.3  终端报文
                 5.3.1  报文结构
                 5.3.2  XML 根元素属性
                 5.3.3  报文描述
                 5.3.4  报文头描述
                 5.3.5  附加信息描述
              5.4  响应报文
                 5.4.1  报文结构
                 5.4.2  XML 根元素属性
                 5.4.3  报文描述
                 5.4.4  报文头描述
                 5.4.5  回执内容描述
              5.5  签名
              5.6  响应代码及其信息
           6  安全接口定义
              6.1  数据安全
              6.2  加签要求
           附录 A （规范性附录）数据传输报文接口 XML schema 描述
           附录 B （规范性附录）终端报文的 XML schema 描述
           参考文献
```

图 5-4-5 海关外网业务数据交换接口规范

5.5 数据服务

5.5.1 数据服务概述

广义的数据服务包括数据采集、数据传输、数据存储、数据处理（包括计算、分析、可视化等）、数据交换、数据销毁等。狭义的数据服务是指将数据封装起来，向数据的使用者提供数据技术的机制。

数据服务需要基于企业级的数据架构及各类数据标准，还需要建立基于数据认责制度的相关流程，以确保对数据的拥有者、使用者、运营者、管理者建立长效的工作机制。

数据服务主要通过以下 8 种方式实现。

（1）数据集。

数据集是数据的集合，通常以表格形式展现。数据集的服务方式就是通过数据库批量导出部分数据明细，并提供给数据需求方。

（2）API 接口。

API 接口是预先定义的函数，可提供基于软件或硬件得以访问一组例程的能力。API 接口具备体量轻、使用方式灵活、可管控性良好等优点，目前众多企业均选择 API 接口作为最主要的数据服务方式。

（3）数据报表。

数据报表是根据规定的业务逻辑，通过简单的统计处理，以数据集合或图形的方式将结果展现出来。

（4）数据报告。

数据报告是对数据进行深度加工，并基于数据分析，加上文字或图表解释，将数据反映出的规律和问题展示出来。数据报告提供的是一种知识。

（5）数据标签。

数据标签是对一组数据的基本特性或共同特性的提炼。在数据挖掘或数据分析过程中，可以通过数据标签直接获取符合相应特征的数据集。

（6）数据订阅。

数据订阅是通过统一、开放的数据订阅通道，让用户高效地获取订阅对象的实时增量数据。数据订阅被应用在包含业务异步解耦、异构数据源的数据实时同步，以及包含复杂 ETL 的数据实时同步等多种应用场景中。

（7）数据组件。

数据组件是具备特定数据处理逻辑的工具，其可以根据需要直接处理数据或作为数据应用调用对象。

（8）数据应用。

数据应用是数据服务的高级形式。数据应用在将数据通过工具、程序进行处理后，以自身界面展示出来，其可以实现复杂的数据处理和多样化的界面呈现。

5.5.2 数据服务的工作机制

数据服务不仅仅是一种技术上要实现的机制，还需要建立相关参与方的工作机制。数据服务的参与方包括以下 4 种角色。

（1）数据拥有者：通常是指数据的合法拥有方或数据源。在内部数据共享中，则特指信息系统的业务管理部门及单位，负责在日常业务活动中组织人员在信息系统中录入数据，或从外部渠道合法获取外部数据并提供给其他人使用。依照"谁提供谁负责"的原则，数据拥有者要确保其所提供的数据的数据质量满足数据消费者的要求。

（2）数据消费者（或数据使用者）：对于内部数据共享而言，指发起数据共享需求申请并使用数据用于开展合法、合规业务的内部部门及单位；而对于外部数据开放而言，指发起数据开放需求申请并使用数据用于开展合法、合规业务的外部单位（包括政府单位、外部企业、外部组织或个人）。依照"谁使用谁负责"的原则，数据消费者提出对其所需要数据的质量要求、获取方式要求。

（3）数据运营者：负责在数据拥有者给出的数据资源基础上，根据数据消费者可能的使用需求，提供各类服务内容，例如将原始数据加工为数据消费者所需要的格式、提供数据服务工具/平台、对数据来源及获取方式予以说明等。

（4）数据管理者：负责建立企业级的数据服务机制，包括数据服务所依托的数据标准、数据拥有者和数据消费者之间的关于数据质量和服务水平之间的约定及供给机制等。

5.5.3 数据服务开发

数据服务的开发包括以下 8 个步骤。

（1）收集整理数据消费者的需求。

即与数据需求部门讨论其所需要数据的详细内容，包括业务目标、数据来源和获取方式、数据的格式和质量要求、数据提供的频度等。

（2）梳理可信数据资源。

即对现有数据源进行分析和梳理，包括但不限于数据集编/代码、名称、类型（结构化、非结构化、半结构化）、主题分类、更新频度、数据提供方单位、数据提供方地址、库表结构及数据字典等。

（3）确定数据逻辑模型。

数据逻辑模型包括数据项英文名称、数据项中文名称、数据项类型、数据项大小、可否为空、是否为主键等。

（4）确定数据集的采集方式。

即明确每个数据集通过何种方式进行采集，例如，从生产系统采集、从数据中心采集、通过人工采集上传数据等。

（5）数据采集。

即基于以上业务或技术规则，从数据源获取数据，必要时应对抽取的数据进行修正或者补录。

（6）数据加工。

即对已采集的数据进行清洗、转换、比对和质量检查等加工操作，从而使得加工后的数据具备可用性，确保数据能够满足数据消费者的需求。数据加工的主要工作内容包括以下几项。

- 数据清洗：过滤那些不符合要求的数据，保证数据的正确性、完整性和一致性。
- 数据转换：包括进行属性数据项的代码值转换、空值转换，或是基于规则的计算等。
- 数据比对：主要对数据进行业务逻辑校验，检查数据的关键数据项是否符合业务规则。或按照统一的标准，对不同数据集中业务含义相同的数据进行一致性检查。
- 质量检查：对数据的质量进行检查，保证数据的正确性、完整性、一致性。

（7）数据加载。

即将经加工处理后满足数据质量及安全要求的数据存储至指定的数据库或相关存储环境中。

（8）数据服务发布。

即按照与数据消费者约定的技术机制，对数据消费者发布数据服务。根据不同的数据服务形式，发布的内容可以包括数据集、元数据、数据文件、数据应用链接、数据开放接口等。

5.6 元数据

元数据是描述数据的数据，其主要是描述数据属性的信息，具有指示数据存储位置、资源查找、文件记录等功能。元数据贯穿数据资产管理的全流程，是支撑数据资源化和数据资产化的核心；也是有关企业所使用的物理数据、技术和业务流程、数据规则和约束，以及数据的物理与逻辑结构的信息。它是一种描述性标签，描述了数据（如数据库、数据元素、数据模型）、概念（如业务流程、应用系统、软件代码、技术架构），以及它们之间的联系（关系）。

元数据可以实现以下功能：

- 识别资源；
- 评价资源；
- 追踪资源在使用过程中的变化；
- 简单、高效地管理大量网络化数据；
- 实现对信息资源的有效发现、查找、一体化组织，以及对使用资源的有效管理。

5.6.1　元数据概述

1. 元数据的定义和起源

按照传统定义，元数据是关于数据的数据（Data About Data）。虽然元数据（Metadata）一词最早出现在 1969 年，但是其概念可以追溯到世界上第一座图书馆。为了检索方便，图书馆为每本图书制作了一张卡片，上面记录着书名、作者、内容简介，以及出版社、出版时间、开本、页数、存放在哪排书架等信息，这就是图书的元数据。

Metadata 是根据亚里士多德的著作《形而上学》（*Metaphysics*）特别创造的一个词，指超脱于数据的事物。其词根 meta 用于表示更高抽象层次的事物，因此，元数据是具有更高抽象层次的数据，是用来描述数据的数据。

元数据描述了数据本身属性（如数据库、数据表、字段、数据模型、索引等）、数据表示的概念（如业务流程、业务术语、应用系统等）、数据之间的关系（数据从哪里来，又提供给谁使用）、数据的历史版本、数据需要遵循的质量标准、数据拥有者，以及数据的管理方式等，是数据与数据用户之间的桥梁。例如数据库的创建时间、创建人，数据库表的用途描述、修改时间、修改原因、维护人员，字段的中文名称、英文名称、数据类型和数据长度，指标数据的定义和计算口径，报表的用途描述、责任部门和责任人，数据模型中包含的主外键关系，该模型是逻辑模型还是物理模型，某个数据的责任部门、责任人、使用目的、创建或变更时间……这些在具体数据值之外的、描述数据各类属性的内容，统统都是元数据的内容。

元数据可以说是一种电子式目录，为了便于编制目录，需要描述并记录数据的内容或特征，进而达成协助数据检索的目的。

元数据在信息领域中最早被用于数据仓库，它打通了数据源、数据仓库、数据应用，记录了数据从产生到消费的全过程。在数据仓库中，元数据主要记录了数据模型的定义、各层级之间的映射关系，监控数据的状态，以及 ETL 作业的运行状态，并帮助数据管理人员和开发人员快速找到所需要的数据。

2．元数据的分类

在数据管理范畴内，通常根据元数据描述的数据的不同属性类别，将元数据分为业务元数据、技术元数据和管理元数据（有时也叫操作元数据）。当然在其他领域中还有很多分类方法，包括描述元数据、存储元数据、结构元数据、权限元数据等。

（1）业务元数据：面向业务人员，主要描述数据的业务属性和特征，包括对主题域、概念、实体及属性的业务名称、业务定义、业务术语、业务指标、计算公式、业务规则、值域范围等方面进行描述，用于辅助定位、理解及访问数据的业务属性。

例如，客户名称属于企业经营领域中的客户数据域，表示本企业向其提供服务的业务实体，名称采用在工商管理局注册的正式全名。

对业务名称、业务术语、业务指标的精确解释都是业务元数据的范畴。

（2）技术元数据：面向技术人员，描述数据库、数据表、字段等数据对象的技术属性和特征，主要包括数据的存储位置、存储格式、数据类型、精度、数据之间的关联关系，以及数据在各个信息系统的上下游之间的流转关系。

针对上例中提到的客户名称，在数据库表中存储的字段数据类型（字符串）、长度（100 位）、与销售系统中的客户名称进行关联引用等信息都属于技术元数据的范畴。

（3）管理元数据：面向数据管理人员，从数据运维管理的视角，描述数据在处理、质量、安全这三个方面的属性和特征，主要包括与数据相关的组织、岗位、职责、流程、版本，以及与该数据相关的日常运行操作规则和记录等。

针对上例中提到的客户名称，数据责任人是销售部的数据管理员，其负责客户名称的输入和准确性，客户名称应该在每天晚上 12 点从销售系统同步到数据仓库。客户名称属于公司机密，只有经过授权的人员才能查询，这些都属于管理元数据的范畴。

主动元数据（Active Metadata）通过利用机器学习和知识图谱等底层人工智能技术，实现对数据采集、内容解析、使用分析等元数据的"主动"管理。作为元数据概念的延伸和扩展，主动元数据是对数据的使用者、相关数据管理活动，以及数据基础设施等方方面面情况的数据，支持持续分析数据的一致性和异常情况。

3．元数据的作用

元数据的作用包括以下几个方面。

（1）数据描述：具有对信息对象的内容属性等的描述能力，是元数据最基本的功能。

（2）数据检索：具有让用户发现资源的能力。利用元数据可以更好地组织信息对象，为它们之间建立关系，为用户提供多层次、多途径的检索体系，从而有利于用户便捷、快速地发现其真正需要的信息资源。

（3）数据选择：让用户可以在不浏览数据对象本身的情况下，能够对数据对象有基本的了解和认识，从而对检索出的数据进行取舍。

（4）数据定位：提供数据资源位置方面的信息，如 DOI、URL、URN 等信息，由此可以让用户准确获知数据对象的位置，便于信息的获取。

（5）数据管理：保存数据资源的加工、存档、使用、管理等方面的信息，以及结构、权限、所有权、使用权、防伪措施、电子水印、电子签名等方面的信息。

（6）数据评估：保存数据被使用和被评价的相关信息，通过对这些信息的统计分析，可以方便数据的创建者与管理者更好地组织数据，并在一定程度上帮助用户确定该数据资源在同类数据资源中的重要性。

4．元数据的标准

CWM（Common Warehouse Metamodel，公共仓库元模型）是 OMG（对象管理组织）在数据仓库系统中定义的一套完整的元模型体系结构，用于在不同的数据仓库工具、数据仓库平台和元数据仓库之间进行元数据交换。随着 CWM 规范的逐渐成熟，CWM 的应用不再局限于数据仓库领域。目前，CWM 支持以模型驱动的方法进行元数据交换，即根据 CWM 规范构造共享元数据的统一模型。这些统一的模型与具体产品无关，而是以 XML 文档的格式进行数据存储和交换。目前，市面上流行的元数据管理工具大多支持 CWM 规范。

CWM 主要基于以下三个工业标准：

- UML（Unified Modeling Language）：统一建模语言，是 OMG 的一个建模标准。
- MOF（Meta Object Facility）：元对象设施，是 OMG 关于元模型和元数据库的标准；用来定义元数据并将其表示为 CORBA 对象的技术；提供在异构环境下对元数据库的访问接口。
- XMI（XML Metadata Interchange）：XML 元数据交换，是 OMG 关于元数据交换的标准；提供基于文件数据流的元数据交换接口和机制。

CWM 主要的设计原则有以下几个：
- 对 UML 中概念的重用：UML 是整个 CWM 的设计基础，CWM 可以对 UML 中的概念进行重用，所有的 CWM 对象类型都直接或间接地继承于 UML，因此也继承了其属性和方法。
- 模块化：CWM 被分成许多包，以便将它们分别实现并减少复杂度。CWM 的组成结构见图 5-6-1。
- 通用化：CWM 独立于任何具体的数据仓库工具，但同时，它具有了基于特定工具实现的有代表性且通用的数据仓库的特点。也就是说，只有那些多种工具共享的信息才会被 CWM 包含进来。

CWM 采用如图 5-6-1 所示的分层的方式组织包，主要包括五层：对象模型层、基础层（Foundation）、资源层（Resource）、分析层（Analysis）和管理层（Management）。

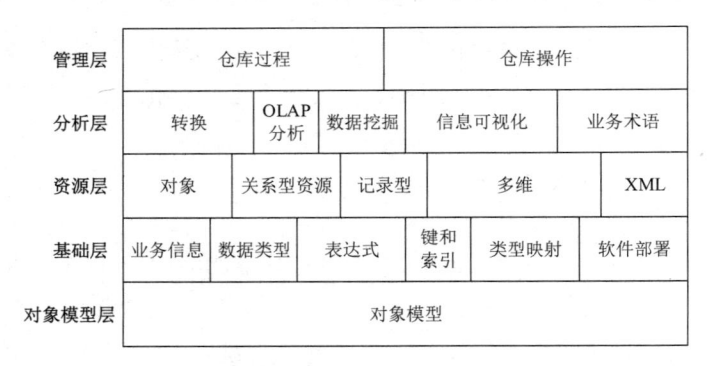

管理层	仓库过程			仓库操作	
分析层	转换	OLAP 分析	数据挖掘	信息可视化	业务术语
资源层	对象	关系型资源	记录型	多维	XML
基础层	业务信息	数据类型	表达式	键和索引	类型映射	软件部署
对象模型层	对象模型				

图 5-6-1　CWM 的组成结构

CWM 由一系列子元模型构成，包括：

（1）对象模型包：提供了创建和描绘 CWM 其他包中的 CWM 类的基础对象模型结构，是一个 UML 子集，它仅仅包含创建和描述 CWM 类所需要的特征。

（2）基础模型包：定义了为 CWM 其他包所共享的一些基本概念和结构，包括业务信息、数据类型、表达式、键和索引、映射类型和软件部署模型。它包含的子包有：
- 业务信息包：由面向业务的通用信息的类及相应的关联组成，比如负责人信息类等；

- 数据类型包：定义了其他包用以创建自己所需的数据类型的元模型组件；
- 表达式包：描述 CWM 其他包定义表达式树所需的元模型组件；
- 键和索引包：描述关键字和索引的元模型；
- 类型映射包：支持不同系统之间数据类型的映射的元模型；
- 软件部署包：描述一个软件在数据仓库中如何被使用的元模型。

（3）资源模型包：描述数据源方面的元模型，包括对象数据库、关系数据库、多维数据库和 XML 等模型。它包含的子包有：

- 对象型包：描述面向对象数据库的数据模型和元模型；
- 关系型包：描述通过关系型接口访问的数据库的数据模型和元模型，比如 RDBMS、ODBC、JDBC 等；
- 记录包：描述记录的基本概念和结构的元模型。这里记录的概念很广泛，它可以描述任何结构化的信息，比如数据库的一条记录、文档等；
- 多维包：描述多维数据库的元模型；
- XML 包：描述用 XML 表示的数据源和数据目标。

（4）数据分析包：描述用于数据分析的元模型，包括数据转换、联机处理分析（OLAP）、数据挖掘、信息可视化、业务术语等模型。它包含的子包有：

- 转换包：描述数据仓库中的抽取、转换规则的元模型，包含对各种类型数据源之间的转换规则的描述；
- OLAP 分析包：描述 OLAP 工具和应用的元模型，并定义了它到实际系统的映射；
- 数据挖掘包：描述数据挖掘工具和应用的元模型；
- 信息可视化包：描述问题领域中有关信息发布或者信息可视化的元模型；
- 业务术语包：描述业务数据的元模型，比如业务术语及其适用范围等。

（5）仓库管理包：描述数据仓库处理流程和操作功能的元模型。它包含的子包有：

- 仓库过程包：描述数据仓库中抽取、转换规则的执行过程的元模型，包含各个转换规则的触发条件；
- 仓库操作包：描述数据仓库日常运行情况的元模型。

5.6.2 元数据管理

元数据管理是指与元数据的定义、采集、存储、管理和应用相关的方法、工具和流程的集合，是数据资产管理的重要基础，是为获得高质量的、整合的元数据而进行的规划、实施与控制行为。元数据管理涵盖元数据的定义，元数据的存储，元数据的处理，元数据的管理原则、管理模式、管理流程和管理方法，元数据相关的组织、制度、规范和流程，元数据管理技术与工具，以及元数据管理的评价考核体系。

元数据管理是一个以元数据规范、制度为基础，以元数据管理平台为技术支撑，与应用系统的开发、设计和版本控制流程紧密结合的完整体系。

1. 元数据管理目标

元数据管理具有以下目标。

- 记录和管理与数据相关的业务术语的知识体系，以确保人们理解和使用数据内容的一致性。
- 收集和整合不同来源的元数据，以确保人们了解来自企业不同部门的数据之间的相似之处与差异之处。
- 确保元数据的质量，以及一致性、及时性和安全性。
- 提供标准访问途径，使元数据使用者（人员、系统和流程）可以访问元数据。
- 推广或强制使用技术元数据标准，以实现数据交换。

2. 元数据管理组织

元数据管理属于企业数据治理的核心工作，因此，企业数据治理委员会及数据治理办公室可以设置专人负责元数据管理，以及与元数据管理相关的管理规范、办法、流程的编制、修订、解释和推广落地；各个业务部门的数据管理人员负责提供业务元数据、管理元数据，数据管理部门负责元数据管理平台的建设，以及元数据的采集、梳理、存储、维护和更新工作。

3. 元数据管理规范

企业的元数据管理体系需要以各类元数据技术规范为基础，明确元数据管理的技术规则、技术要求、管理方法、实施原则、实施方法和制度，以指导企业的元数据日常管理及元数据系统的建设。元数据管理规范需要明确下列内容。

（1）元数据的定义、类别和管理范畴。

企业需要充分借鉴业界的有益实践，同时也要结合自身情况，明确元数据的定义、具体类别、每一个类别的主要管理对象及管理内容。

元数据定义不清、类别划分不合理、管理范畴不明确，将制约企业元数据管理体系的建设，在日常的元数据管理中容易出现管理不到位、相互"扯皮"的情况。

（2）元数据的管理模式和方法。

企业需要明确元数据的管理模式、元数据的采集方法、元数据管理系统在元数据管理体系中的定位等。

元数据的管理模式主要包括集中式和分布式。分布式的元数据管理模式不利于跨系统之间的元数据的互联互通，通常采用集中式的元数据管理模式，即将分布在各个源系统中的元数据（包括业务系统、各类数据库、数据仓库、大数据平台等）集中进行统一管理，这有利于全面掌握企业数据的整体情况。

元数据的采集通常采用自动采集和人工采集相结合的方式进行。

（3）元数据管理对象的属性信息和技术要求。

元数据管理对象的类别和管理内容、采集要求、遵循的技术规范、属性信息、必要性说明和约束要求等，一般遵循 CWM 国际标准规范。

4. 元数据管理流程

元数据管理流程涉及元数据的采集、发布、变更、质量保证和日常维护等环节。企业的数据资产已经成为重要的生产资料。元数据指明了企业有哪些数据、数据在什么地方、获取数据的方式等，是企业实现全局数据应用的重要参考指南。同时，元数据也关系到上下游系统之间的数据交换，因此，元数据的质量是至关重要的。企业中的元数据有任何变动，均需要通过严格的流程控制，由相应的责任人审批后方可进行。

元数据是企业的重要资产，对元数据的使用也要经过严格的权限控制。

5. 元数据管理工具

元数据管理工具用来对数据资产进行有效的组织，可以帮助数据专业人员收集、组织、访问和丰富元数据。

6. 元数据管理活动

元数据管理活动主要包括以下五种，如图 5-6-2 所示。

图 5-6-2 元数据管理活动

（1）定义元数据战略：包括启动元数据战略计划、组织关键利益相关者访谈、评估现有元数据资源和信息架构、开发未来的元数据架构，以及指导分阶段实施计划。

（2）理解元数据需求：要理解业务、技术、管理这三类元数据不同的需求，包括更新批次、同步情况、历史信息、访问权限、存储结构、集成要求等。

（3）定义元数据架构：元数据架构支持扫描不同的元数据源、自动采集并定期更新元数据存储库；也支持手工更新元数据、查询元数据和被不同用户组查询。

（4）创建和维护元数据：元数据的相关责任人对元数据的质量负责；在创建、维护、审计、应用元数据时应满足数据标准；要建立相应的机制，持续改进不准确和不及时的元数据。

（5）查询、报告、分析元数据：在商业智能、商业决策、业务语义等方面可以使用元数据，为业务、开发人员提供不同的界面，以供查询和获取元数据。

5.6.3　元数据管理的内容

元数据管理的概念和规范都是为解决数据仓库的问题而出现的，当时所管理的内容基本被保存在关系型数据库和与数据仓库相关的上下游系统中。随着互联网和大数据技术的发展，被管理的对象越来越丰富：在现代企业中，数据资产的种类五花八门，可能是关系型数据库或 NoSQL 中存储的表、实时流数据，人工智能系统中的功能，指标平台中的指标，数据可视化工具中的仪表板等。企业的元数据管理应当包含本企业中所有涉及的数据资产，并使管理人员可以高效地使用这些元数据。

1. 元数据的对象

元数据管理中需要管理的元数据对象包括：

（1）业务系统：主要包括各类业务系统，如 ERP、CRM、财务系统、人事系统、制造管理系统、经营管理系统等。这些业务系统需要记录元数据对象的名称、业务描述、管理部门、开发部门、版本号、运维部门、联系人、联系方式等。

（2）数据库管理系统：主要包括各类关系型数据库、对象数据库、MPP 数据库、分析型数据库和数据仓库等，如 Oracle、DB2、MySQL、MongoDB、Vertica 等。对于数据库对象一般需要记录其名称、品牌、版本、厂商、分区、表数量、数据量、访问权限、DBA、联系方式等。

（3）数据库中下级对象：包括数据表、字段、索引、主外键、存储过程等，一般需要记录其名称、别名、类型、长度、精度、约束条件等。

（4）文件：一般需要记录其文件名、路径、类型、业务内容、关键词、大小、所有人、安全属性等。

（5）服务接口：主要包括通过 ESB 提供的公共访问接口，以及通过微服务网关提供的微服务接口。通常企业会将服务接口也作为数据资产进行管理，一般需要记录其接口名称、地址、端口、功能描述、协议、参数、管理人、权限等。

（6）大数据平台：包括 Hbase、Hive、数据湖等。

（7）业务指标：一般需要记录其名称、定义、业务说明、分类、计算规则等。

2. 元数据的内容

元数据的内容包括业务元数据、技术元数据、管理元数据所需要的内容，主要有：

- 数据模型
- 数据标准
- 数据使用说明
- 数据质量规则和检核结果
- 物理数据模型（包括数据表名、键和索引等）
- 物理数据库表名和字段名
- 数据库对象的属性
- 数据集、表和字段的定义和描述
- 字段属性

- 数据 CRUD（增、删、改、查）规则
- 业务规则、转换规则、计算公式和推导公式
- 数据的更新计划
- 数据溯源和数据血缘
- 有效值约束
- 利益相关者联系信息（例如数据拥有者、数据管理专员）
- 数据的安全/隐私级别
- 已知的数据问题
- 访问权限
- ETL 作业详细信息
- 文件格式模式定义
- 源到目标的映射文档
- 数据血缘文档（包括上游和下游变更影响的信息）
- 程序和应用的名称和描述
- 周期作业（内容更新）的调度计划和依赖
- 恢复和备份规则
- 数据访问的权限、组、角色

3. 元数据的来源

元数据管理一般采用集中存储元数据的方案，包括企业所关心的所有数据资产的元数据；可以手动输入元数据，也可以通过专门的采集器从其他各种数据源中提取元数据。元数据存储库还提供了与其他系统交换元数据的功能。

元数据管理工具和存储库本身也是一种元数据的数据源，特别是在混合型元数据架构模型或大型企业架构中。元数据管理工具允许已采集的元数据与其他元数据存储库中存储的元数据进行交换，支持采集多种多样的、不同来源的元数据到中央仓库中，支持有差异的元数据在两个存储库中迁移时进行提炼和标准化。

企业对元数据的管理是贯穿数据全生命周期的：从数据产生的源头，经过加工处理，到最终数据的使用全过程，因此，元数据的来源也涉及数据全生命周期中的所有工具和系统，具体包括以下工具和系统。

- 应用程序的配置库：通常存放的是应用程序的配置信息，可以被存放在文件中，也可以

被存放在数据库中。
- 应用程序后台数据库：通常存放的是应用系统中的数据。数据库管理系统都支持对这些数据的元数据进行管理，关系型数据库中通常为一些系统管理表。在数据库的存储过程中可以对数据进行后台的加工和转换，数据在同一个数据库中的关联关系可以从外键和存储过程获取。
- 数据库建模工具：通过这些工具可以设计数据实体的逻辑模型，并能将其转换为数据库的建库语句，在数据库中生成实际的库和表。通过数据库建模工具可以获得逻辑模型的元数据。
- ETL 工具：用于将数据从源数据库中抽取出来，经过加工和转换，将其装载在目标数据库或数据仓库中。ETL 工具也支持在数据仓库的不同层次之间的数据转换。通过 ETL 工具可以获得数据从业务系统的源数据库到数据仓库的不同层之间的关联转换关系。
- 报表和 BI 工具：包括数据可视化工具，具有从多个数据库中抽取数据并建模的功能。通过这些工具可以获得数据从数据仓库的应用集市层到报表工具之间的关联转换关系。
- 大数据平台：包括 Hadoop、Hbase、Hive、数据湖等，可以像采集数据库中的数据一样对这些大数据平台中的元数据进行采集。但目前大数据平台的发展很快，新的产品和工具层出不穷，大数据平台和数据湖一般都有自己的统一元数据管理工具，例如 Atlas，可以直接通过 Atlas 获取整个数据湖中的元数据信息。
- 格式化文件：包括 Excel、SQL 脚本、CSV 等文件，很多业务元数据和管理元数据需要经过人工梳理，并被存放在格式化文件中。元数据工具可以读取并解析这些文件，从而获得元数据信息。
- 数据字典：数据字典通常包括数据项、数据结构、数据流、数据存储、处理过程这五个部分。其中数据项是数据的最小组成单位，若干个数据项可以组成一个数据结构。数据字典通过对数据项和数据结构的定义来描述数据流和数据存储的逻辑内容。数据字典实际上记录的就是元数据，数据字典一般被存储在数据库中。
- 服务注册工具：一般指 ESB 或者微服务网关。从数据安全性方面考虑，现代软件的数据集成很多不允许通过 ETL 工具直接读取应用软件的数据库，而是通过服务接口的方式传递数据。元数据工具需要能够解析接口参数来识别数据的关联关系。

4．非结构化数据的元数据

非结构化数据的类型和表现形式多种多样，其元数据没有统一的模型，在实际管理中通常是根据企业的需要提取其特征标签进行元数据管理。

- 对于 Office 办公文件，可以将记录其操作系统一级的属性作为元数据，包括文件名、路径、大小、创建时间、修改时间等；还可以获取其标准的信息属性，包括标题、标记、备注、作者、修改者、编辑时间、主题等内容。
- 对于图形图像文件，如数码照片，不管是用哪个品牌的照相机拍摄的，通常都包含 EXIF 信息（记录着拍摄这张照片时所使用的照相机、型号、厂商、光圈、快门及拍摄时间、GPS 位置等信息），这些都是技术元数据。如果要了解其拍摄主题和内容，则可以人工添加标签，或者通过人工智能算法自动识别其拍摄主题。
- 对于网页等半结构化数据，可以从 meta 标签获取其元数据，包括应用名称、关键字、页面描述、作者、版权、编辑器、根 URL 等信息。
- 对于自身不包含元数据的数据，一般只能通过人工标注的方式生成对应的元数据。

5.6.4 元数据管理成熟度

各个企业在元数据管理建设方面的起点都不一样，发展程度也不一样，例如 IBM 公司将元数据管理的成熟度分为以下几个级别。

1．初始阶段

元数据被分散在日常的业务和职能管理中，由个人或一部分人在局部生成并在局部使用，如果其他人想获取该元数据，则需要找到相应的人沟通进行获取。

2．从属业务系统

随着各个业务系统的建设，相应的元数据随着需求分析、设计、开发、实施和维护等过程在业务系统中被管理起来，元数据被分散保存在各个业务系统中。不同业务系统中的元数据不能互联互通。

3．元数据集中存储

元数据虽然是在各个业务系统中产生的，但会被集中存储。业务元数据和技术元数据支持人工建立关联，从而可以支持企业层面的获取和查找元数据。但因为在企业的各个业务系统中都可以维护元数据，所以企业缺乏统一的元数据标准，也缺乏有效的管理方法和流程。

4．元数据集中管理

元数据集中管理是基于元数据集中存储的，其增强了对元数据的集中管控，加强了元数据标准的统一和元数据的集成交互，也增强了数据在上下游应用之间的协作，业务元数据和技术元数据仍然由人工建立关联。

5．元模型驱动管理

元模型驱动管理是指通过构建元模型，以及基于业务元数据、技术元数据、管理元数据之间的关联关系，建立基于主题域等的层次结构，增强元数据的可读性，使之有利于用户充分理解元数据对应的业务含义。通过 CWM 规范可以进行元数据的交换。

6．元数据管理自动化

元数据管理自动化是指遵循统一的元模型和元数据规范，使得元数据管理高度自动化，逻辑层次和物理层次的元数据变更能够自动映射，元数据变更能够驱动业务工作流，使得上下游应用系统可以进行相应的修改。

5.6.5　元数据的价值

元数据管理是数据治理的核心和基础，数据治理的其他工作（包括数据质量管理、数据服务管理等）都离不开元数据管理。元数据的目的是识别、评价数据资产追踪数据资产在使用过程中的变化；实现简单、高效地管理各类数据；实现数据的有效发现、查找，有助于组织对使用数据的有效管理。在战场上，将军必须要掌握敌我双方的兵力部署和地图方能取得战争的胜利，而元数据就是企业的数据资产地图。企业要进行数字化转型，就需要了解企业中有哪些信息系统，有哪些数据库，有哪些种类的数据，数据的全量和增量是多少，数据分布在哪里，数据之间有什么关系，以及为了提高生产效率，还要可以随时拿到需要的数据，而这张数据资产地图是必不可少的。

数据的真正价值在于驱动决策，指导运营，为业务赋能。通过数据驱动的方法，我们能够判断趋势，从而开展有效行动，帮助自己发现问题，推动创新或者解决方案的产生。同样，对于元数据，也可以用于指导数据相关人员的日常工作，实现数据化运营，具体介绍如下。

（1）对于数据使用者，可以通过元数据让其快速找到所需要的数据（如指标及指标加工口径是否统一，质量评分等）。

（2）对于 ETL 工程师，可以通过元数据指导其进行模型设计、任务优化和任务下线等各种日常 ETL 工作。

（3）对于运维工程师，可以通过元数据指导其进行整个集群的存储、计算和系统优化等运维工作。

由此可见，元数据可以在计算、存储、成本、质量、安全、模型等治理领域上提供支持。下面举 3 个例子来说明元数据的价值。

1. 自动采集企业元数据，全面梳理企业数据资产

企业中的数据通常呈现碎片化分布，即分布在不同的业务系统中，企业很难从全局搞清楚各个系统之间的数据的关联关系，以及数据的重要程度。

元数据管理可以通过自动化的方式，帮助企业完成数据信息、服务信息与业务信息的采集，自动化抽取企业内部的所有元数据，为企业展现完整的数据资产地图，从而帮助企业管理所有的数据资产，方便在不同系统之间进行数据交换和共享。

近年来，国内各级政府部门积极开放公共数据，国内的数据交易市场也越来越火热。无论是数据的共享开放，还是数据资产的交易，元数据都是其先决条件和重要的技术支撑。在开展数据流通活动之前，数据供给方需要预先完成对数据资产/元数据的梳理，并且对外公示"我有哪些数据可以用于共享、交易"的数据资产目录。之后，数据需求方根据公示的数据资产目录进行查询，找到自己所需要的数据并发起数据共享交换或交易的请求，之后在双方达成一致、审批授权后，数据供给方向数据需求方提供数据。

2. 分析数据流向，迅速响应业务数据问题

在企业中，往往会遇到这样的问题：业务人员发现分析报表中的数据有错误，要求 IT 部门尽快修改。但由于数据加工链条很长，错误数据涉及多个部门，甚至多个下属子公司，其中涉及的技术手段各种各样，很难直接定位到错误数据的源头。

元数据管理可以帮助企业分析数据流向，可以具体到分析报表中的错误数据是从哪个表中获取的，以及通过可视化的方式展现数据的上下游关系，快速定位到错误数据的源头，帮助企业迅速解决问题。

3. 通过影响分析，消除系统上线隐患

通常企业的应用系统会定期升级，或者为修复某个缺陷而升级，此时经常会遇到这种情况：即应用系统升级后，系统本身的缺陷得到修复，但对其下游的系统造成了影响，例如报表系统中出现错误数据。

通过元数据管理，可以在系统升级上线前进行影响分析，模拟系统上线后的数据的关联关系，如果发现对下游的系统有影响，则可以推迟系统上线或通知下游的系统做出相应的修改。

架构类数据标准是企业"找数"的关键，通过制定架构类数据标准，在具体的数据管理过程中制定和遵循企业级数据模型、工具标准和系统命名规范、数据模型管理程序、元数据集成标准、数据使用流程标准等，就能更好地了解数据分布、数据流向、数据血缘、数据变更的影响等，从而为企业"用数"提供坚实的保障。

第 6 章

对象类数据标准

对象类数据标准是企业进行数据标准化建设遵循的标准，也是企业核心数据资产形成阶段需要遵循的规范和标准。对象类数据标准包括数据分类标准、指标数据标准、主数据标准、数据元标准、标签数据标准。

6.1 数据分类

6.1.1 数据分类概述

在数字化时代，数据分类成为企业数据资产管理的重要组成部分。通过数据分类管理，可有效使用和保护数据，使数据更易于定位和检索，满足数据的风险管理，以及合规性和安全性等要求，实现对组织的商业机密、关键数据和个人数据的差异化管理和安全保护。

6.1.2 数据分类的意义

如今，大多数传统企业已走上数字化转型的道路，在数字化、网络化、智能化的趋势引领下，企业数据开始爆发式增长。如何推动企业提升其数据管理能力，在促进数据使用、流动与共享的同时实现对其有效的管控和治理，成为企业亟待解决的问题。

数据作为重要的生产要素，贯穿于企业的生产和提供服务的全过程。数据的采集、整理、分析、挖掘和应用的质量与效率，是直接决定企业的数据资源汇聚、共享流通，产品研发，解决方案设计，应用服务等各个方面的效果、效率与效益的基础和关键，是关系到国家大数据战略的贯彻与实施的重要因素。

作为企业数字化转型的基础，数据已经成为企业的核心资产和驱动数字经济发展的战略资源，同时也成为黑客实施攻击以获取经济利益的重点目标，可见，数据安全问题日趋严峻。

当前，多数企业并未围绕实现自身发展战略的需要，制定匹配的数据开发、管理、利用等相关策略，从而导致数据的利用率低、驱动效应难以充分显现。具体表现在以下方面。

- 由于缺乏立足企业发展战略全局对数据开发利用策略的设计和考量，企业往往未建立数据在企业内部流动、共享、使用的协调机制和基本规则，大大影响了数据的有序流动、充分共享、合理利用。
- 在数据的开发利用未能与企业发展战略相匹配的情况下，企业在面对行业前景研判、业务规模扩展、技术升级换代、产品性能提升等重要事项时，难以运用数据分析结果做出预测和决策，从而会影响数据潜在价值的发挥和数据红利的释放。
- 另外，企业数据也存在管理执行不到位、开发利用不深入、流通共享不充分等问题，尚未完全发挥出对数字经济发展的放大、叠加和倍增作用。

对数据分类分级是提升企业数据管理水平的基础，是有效挖掘数据价值、实现企业生产方式变革的必由路径。

数据安全分类分级成为数据安全管理的基础性、关键性工作。

2021年发布的《中华人民共和国数据安全法》提出"国家建立数据分类分级保护制度"，正式确立了数据分类分级的保护要求；同年发布的《中华人民共和国个人信息保护法》，要求"只有在具有特定的目的和充分的必要性，并采取严格保护措施的情形下，个人信息处理者方可处理敏感个人信息。"

国家互联网信息办公室在《网络数据安全管理条例（征求意见稿）》中进一步明确，国家建立数据分类分级保护制度。按照数据对国家安全、公共利益或者个人、组织合法权益的影响和重要程度，将数据分为一般数据、重要数据、核心数据，不同级别的数据采取不同的保护措施。国家对个人信息和重要数据进行重点保护，对核心数据实行严格保护。各地区、各部门应当按照国家数据分类分级要求，对本地区、本部门以及相关行业、领域的数据进行分类分级管理。

6.1.3 数据分类分级实践

1. 国际层面

国际上发布了数据分类的相关标准，比如ISO/IEC 27001:2013《信息安全管理体系要求》，其中指出，信息分类的目标是确保信息按照其对组织的重要程度受到适当的保护，并对信息分类提出了明确的要求。

各国政府在数据分类领域均开展了相关实践，如联合国的政府职能分类体系（COFOG），如表 6-1-1 所示。

表 6-1-1　联合国的政府职能分类体系（COFOG）（一级类目）

代　码	类　目　名　称
01	公共服务
02	国防
03	公共秩序与安全
04	经济事务
05	环境保护
06	住房和社区设施
07	医疗保障
08	娱乐、文化和宗教
09	教育
10	社会保障

此外，美国提出了组织机构（FEA）的业务参考模型（BRM）和数据参考模型（DRM）；英国提出了电子政务的元数据标准（e-GMS）和电子政务互操作框架（e-GIF）。

2. 国家层面

我国也提出了数据分类分级要求和建议，比如：

（1）GB/T 22239—2019《信息安全技术 网络安全等级保护基本要求》提出网络运营单位应对信息分类与标识方法做出规定，并对信息的使用、传输和存储等进行规范化管理，对重要数据资产应进行分类分级管理。

（2）GB/T 21063.4—2007《政务信息资源目录体系 第 4 部分：政务信息资源分类》给出了政务数据的分类方法和主题分类类目。

（3）GB/T 38667—2020《信息技术 大数据 数据分类指南》给出了数据分类过程、数据分类视角、数据分类维度和数据分类方法，指导企业的大数据分类。

GB/T 38667—2020《信息技术 大数据 数据分类指南》中的大数据分类视角主要包括：

- 技术选型视角：包括但不限于数据产生频率、数据产生方式、数据结构化特征、数据存储方式、数据稀疏稠密程度、数据处理时效性、数据交换方式等维度；
- 业务应用视角：包括但不限于数据产生来源、数据业务归属、数据流通类型、数据质量情况等维度；

- 安全隐私保护视角：包括但不限于根据数据的敏感程度的安全隐私保护等。

在《信息技术 大数据 数据分类指南》中，大数据分类维度具体介绍如表 6-1-2 所示。

表 6-1-2 大数据分类维度

分类视角	分类维度	分类类目
技术选型视角	数据产生频率	每年更新数据、每月更新数据、每周更新数据、每日更新数据、每小时更新数据、每分钟更新数据、每秒更新数据、无更新数据等
	数据产生方式	人工采集数据、信息系统产生数据、感知设备产生数据、原始数据、二次加工数据等
	数据结构化特征	结构化数据、非结构化数据、半结构化数据
	数据存储方式	关系数据库存储数据、键值数据库存储数据、列式数据库存储数据、图数据库存储数据、文档数据库存储数据等
	数据稀疏稠密程度	稠密数据、稀疏数据
	数据处理时效性	实时处理数据、准实时处理数据、批量处理数据
	数据交换方式	ETL 方式、系统接口方式、FTP 方式、移动介质复制方式等
业务应用视角	数据产生来源	人为社交数据、电子商务平台交易数据、移动通信数据、物联网感知数据、系统运行日志数据等
	数据业务归属	生产类业务数据、管理类业务数据、经营分析类业务数据等
	数据流通类型	可直接交易数据、间接交易数据、不可交易数据等
	数据行业领域	按 GB/T 4754—2017《国民经济行业分类》进行分类
	数据质量情况	高质量数据、普通质量数据、低质量数据等
安全隐私保护视角	安全隐私保护	高敏感数据、低敏感数据、不敏感数据

如图 6-1-1 所示为铁路大数据分类示例。

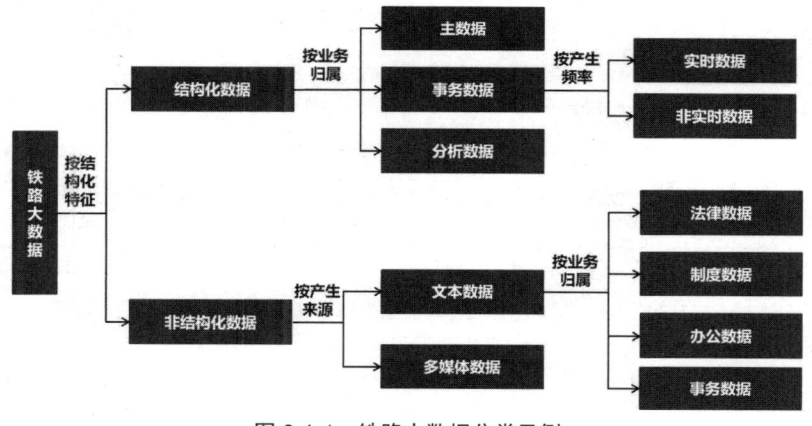

图 6-1-1 铁路大数据分类示例

3. 行业层面

在行业层面，我国出台了一系列针对各行业数据管理的政策文件，比如：

- 针对测绘地理数据管理，有《国土资源数据管理暂行办法》；
- 针对科学数据管理，有《科学数据管理办法》；
- 针对教育数据管理，有《教育部机关及直属事业单位教育数据管理办法》；
- 针对国防科工数据管理，有《月球与深空探测工程科学数据管理办法》。

但是，目前除《国民经济行业分类》从国家宏观管理角度对全社会经济活动进行了分类，仅工业、金融等领域明确提出了行业数据分类分级管理的具体要求。

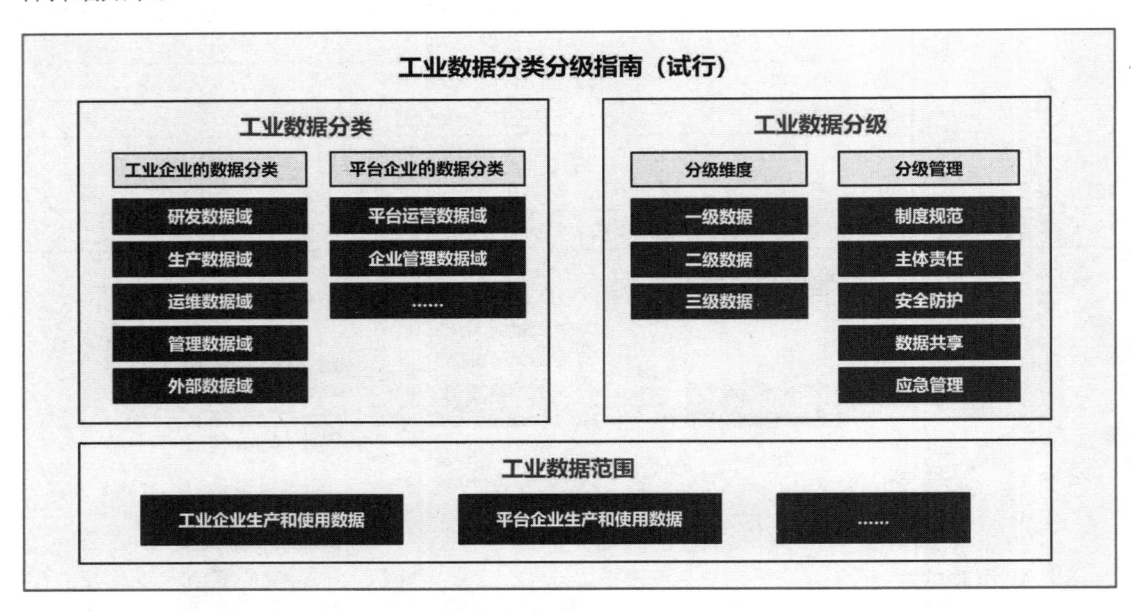

（1）工业数据分类分级。

《工业数据分类分级指南（试行）》从工业数据使用、流动与共享等角度，对工业数据分类维度、分级管理和安全防护工作提出了明确要求，指导企业提升工业数据管理能力，促进工业数据的使用、流动与共享，释放数据潜在价值，赋能制造业高质量发展，如图 6-1-2 所示。具体介绍如下。

图 6-1-2 工业数据分类分级指南

① 工业数据范围。

工业数据是在工业领域产品和服务全生命周期中产生和应用的数据，包括但不限于工业企业在研发设计、生产制造、经营管理、运维服务等环节中生成和使用的数据，以及工业互联网平台企业（简称平台企业）在设备接入、平台运行、工业 App 等过程中生成和使用的数据。

② 工业数据分类。

工业企业一般会结合生产制造模式（平台企业结合服务运营模式），通过分析、梳理业务流程和系统设备，以及考虑行业要求、业务规模、数据复杂程度等实际情况，对工业数据进行分类梳理和标识，形成工业数据分类清单。

- 工业企业的数据分类维度包括但不限于：研发数据域（研发设计数据、开发测试数据等）、生产数据域（控制信息、工况状态、工艺参数、系统日志等）、运维数据域（物流数据、产品售后服务数据等）、管理数据域（系统设备资产数据、客户与产品数据、产品供应链数据、业务统计数据等）、外部数据域（与其他主体共享的数据等）。
- 平台企业的数据分类维度包括但不限于：平台运营数据域（物联网采集数据、知识库/模型库数据、研发数据等）和企业管理数据域（客户数据、业务合作数据、人事/财务数据等）。

③ 工业数据分级。

根据工业数据在遭到篡改、破坏、泄露或非法利用后，可能对工业生产、经济效益等带来的潜在影响，这里将工业数据分为 3 个级别：

- 一级数据带来的潜在影响符合下列条件之一：

对工业控制系统及设备、工业互联网平台等的正常生产运行影响较小；

给企业造成的负面影响或直接经济损失较小；

受影响的用户和企业数量、生产生活区域范围较小，持续时间较短；

恢复工业数据或消除负面影响所需付出的代价较小。

- 二级数据带来的潜在影响符合下列条件之一：

易引发较大或重大生产安全事故或突发环境事件，给企业造成的负面影响或直接经济损失较大；

引发的级联效应明显，影响范围涉及多个行业、区域或行业内多个企业，或者影响持续时间长，或者可导致大量的供应商、客户资源被非法获取或大量的个人信息被泄露；

恢复工业数据或消除负面影响所需付出的代价较大。

- 三级数据带来的潜在影响符合下列条件之一：

易引发特别重大的生产安全事故或突发环境事件，或者造成的直接经济损失特别巨大；

对国民经济、行业发展、公众利益、社会秩序乃至国家安全造成严重影响。

（2）证券期货业数据分类分级。

2018年，中国证券监督管理委员会发布 JR/T 0158—2018《证券期货业数据分类分级指引》，给出了证券期货业数据分类分级方法的概述及具体描述，并对其中的关键问题给出处理建议，适用于证券期货业的机构、相关专项业务服务机构、相关信息技术服务机构开展数据分类分级工作时使用。

①证券期货业数据范围。

证券期货业在经营和管理活动中产生、采集、加工、使用和管理的网络数据和非网络数据，包括但不限于以下几种：

- 行业机构通过开展业务或经其他渠道获取的投资者个人信息；
- 机构投资者相关信息；
- 证券期货市场交易信息；
- 业务管理信息；
- 经营管理数据；
- 通过购买或数据共享等方式获得的外部数据；
- 数据完整性、保密性、可用性遭到破坏时可能严重危害国家安全、国计民生、公共利益的其他各类数据。

②证券期货业数据分类示例。

下面是证券期货业数据分类示例，如表 6-1-3 所示。

表 6-1-3　证券期货业数据分类示例

业务条线		数据	
一级子类	二级子类	一级子类	二级子类
交易	交易管理	成交信息	—
^	^	委托信息	—
^	^	交易业务参数信息	—
^	^	交易日志信息	订单日志
^	^	^	成交日志

续表

业务条线		数据	
一级子类	二级子类	一级子类	二级子类
监管	监察与评价管理	监察参考信息	—
^	^	监管统计及预警信息	监管统计分析结果
^	^	^	监管预警信息
^	^	评价、处罚与违规信息	—
^	上报信息	上报信息	—
信息披露	信息披露管理	产品发行信息（公开）	—
^	^	产品发行信息（未公开）	—

③证券期货业数据级别。

根据对数据的影响对象、影响范围、影响程度等定级要素的考量，可以将证券期货业数据划分为 4 个级别。

- 一级数据：数据的安全属性（完整性、保密性、可用性）遭到破坏后或数据损失后，影响范围较小（一般局限在本机构内），影响程度一般是"轻微"或"无"。

  一般特征：数据可被公开或可被公众获知、使用。

- 二级数据：数据的安全属性（完整性、保密性、可用性）遭到破坏后或数据损失后，影响范围较小（一般局限在本机构内），影响程度一般是"中等"或"轻微"。

  一般特征：数据用于一般业务，一般针对受限对象公开；一般在内部管理且不宜广泛公开。

- 三级数据：数据的安全属性（完整性、保密性、可用性）遭到破坏后或数据损失后，影响范围中等（一般局限在本机构内），影响程度一般是"严重"。

  一般特征：数据用于重要业务，一般针对特定人员公开，且仅限必须知悉的对象访问或使用。

- 四级数据：数据的安全属性（完整性、保密性、可用性）遭到破坏后或数据损失后，影响范围大（跨行业或跨机构），影响程度一般是"严重"。

  一般特征：数据主要用于行业内大型或特大型机构中的重要业务，一般针对特定人员公开，且仅限必须知悉的对象访问或使用。

（3）金融数据分级。

2020 年，中国人民银行发布了 JR/T 0197—2020《金融数据安全 数据安全分级指南》，给出了金融数据安全分级的目标、原则和范围，明确了数据安全定级的要素、规则和定级过程，并给出了金融机构典型的数据定级规则实践案例,适用于金融机构开展数据安全分级工作,以及第三方评估机构等开展数据安全检查与评估工作。

该标准的发布有助于金融机构明确金融数据保护对象,合理分配数据保护资源和成本,是金融机构建立完善的金融数据生命周期安全框架的基础,能够进一步促进金融数据在机构之间、行业之间的安全流动,有利于金融数据的价值的充分释放和深度利用。

①金融数据安全定级原则和范围。

金融数据安全定级遵循合法合规性、可执行性、时效性、自主性、差异性和客观性的原则。金融数据是金融机构开展金融业务、提供金融服务,以及日常经营管理中所需要或产生的各类数据,安全定级的金融数据包括但不限于:

- 提供金融产品或服务过程中直接或间接采集的数据;
- 金融机构的信息系统内生成和存储的数据;
- 金融机构内部办公网络与办公设备终端中产生、交换、归档的数据;
- 金融机构中的原纸质文件经过扫描或其他电子化手段形成的数据;
- 其他宜进行分级的金融数据。

②金融数据安全级别。

根据金融数据的安全性遭受破坏后的影响对象和所造成的影响程度,可以将金融数据划分为5个级别:

- 一级数据:数据的安全性遭到破坏后,可能对个人隐私或企业合法权益不造成影响,或者仅造成微弱影响但不影响国家安全、公众权益。

  一般特征:数据一般可被公开或可被公众获知、使用;个人金融信息主体主动公开的信息;

- 二级数据:个人金融信息中的C1类信息;数据的安全性遭到破坏后,对个人隐私或企业合法权益造成轻微影响,但不影响国家安全、公众权益。

  一般特征:数据用于金融机构的一般业务,一般针对受限对象公开,通常为内部管理且不宜广泛公开的数据。

- 三级数据:个人金融信息中的C2类信息;数据的安全性遭到破坏后,对公众权益造成轻微影响,或者对个人隐私或企业合法权益造成一般影响,但不影响国家安全。

  一般特征:数据用于金融机构的关键或重要业务,一般针对特定人员公开,且仅限必须知晓的对象访问或使用。

- 四级数据：个人金融信息中的 C3 类信息；数据的安全性遭到破坏后，对公众权益造成一般影响，或者对个人隐私或企业合法权益造成严重影响，但不影响国家安全。
  一般特征：数据用于大型或特大型金融机构、金融交易过程中重要核心节点类机构的重要业务，一般针对特定人员公开，且仅限必须知晓的对象访问或使用。
- 五级数据：数据的安全性遭到破坏后，对国家安全造成影响，或对公众权益造成严重影响。
  一般特征：重要数据，通常用于大型或特大型金融机构、金融交易过程中重要核心节点类机构的关键业务，一般针对特定人员公开，且仅限必须知晓的对象访问或使用。

6.2 指标数据

指标数据是组织在战略发展、业务运营和管理、支持各领域业务分析过程中衡量某一个目标或事物的数据。指标数据一般由指标名称、时间、指标数值等组成。

指标数据管理指组织对内部经营分析所需要的指标数据进行统一规范化定义、采集和应用，用于提升统计分析的数据质量。

数据指标也可以被称为指标数据标准，它是衡量目标的方法，即预期中打算达到的指数、规格、标准，一般用数据表示。例如：销售收入、活期存款金额、委托贷款余额等。数据指标一般分为基础指标和计算指标（又称组合指标）。基础指标一般不含维度信息，且具有特定业务和经济含义；计算指标通常由两个以上基础指标计算得出。

数据指标管理是指通过对企业若干个核心和关键业务环节相互联系的统计数据指标的全面化、结构化、层次化、系统化的构建，满足企业对找指标、理指标、管指标、用指标的需要。

6.2.1 数据指标概述

数据指标是说明总体数量特征的概念，它反映了企业的日常经营管理过程。在一定程度上，数据指标能揭示出企业的生产、经营、管理的状况和业务的发展水平。一般从业务属性、管理属性、技术属性等角度制定数据指标。数据指标的标准化是加强数据治理和管控中最基础的工作，通过数据指标标准化，可以得到数据的业务价值、技术价值与管理价值。

1. 指标定义及分类

指标一般用数据表示。一个完整的指标通常包含指标名称、定义、计算单位、计算方法、维度和指标数值等要素。

一般来说，指标分为基础指标、复合指标和派生指标 3 类，如图 6-2-1 所示。

```
┌─────────────────────────────┐   ┌─────────────────────────────┐   ┌─────────────────────┐
│ ■ 基础指标是表达业务实体原子量化  │   │ ■ 复合指标是建立在基础指标之    │   │ ■ 派生指标是由基    │
│   属性的概念集合，是可以直接对单  │   │   上，由若干个基础指标通过一    │   │   础指标或复合      │
│   一变量的明细数据进行简单计算得  │ → │   定运算规则计算形成，在业务    │ → │   指标与一个或      │
│   到的不可被进一步拆解的指标，如  │   │   角度无法被拆解的指标，如      │   │   多个维度值相      │
│   "收入"。                   │   │   "签约率""利润率"。          │   │   结合产生的指      │
│                             │   │                             │   │   标，如"月计       │
│         基础指标            │   │         复合指标            │   │   划调运量"         │
└─────────────────────────────┘   └─────────────────────────────┘   │   "月日均销售      │
                        +                                           │   量"等。            │
┌─────────────────────────────────────────────────────────────┐    └─────────────────────┘
│                          维度                               │
│ ■ 维度是报表分割显示统计数值的角度，主要用来描述在业务活动中会从哪些角度对标准 │
│   项进行使用和分析，具体体现为报表的一行或者表头中的一列。   │
└─────────────────────────────────────────────────────────────┘
```

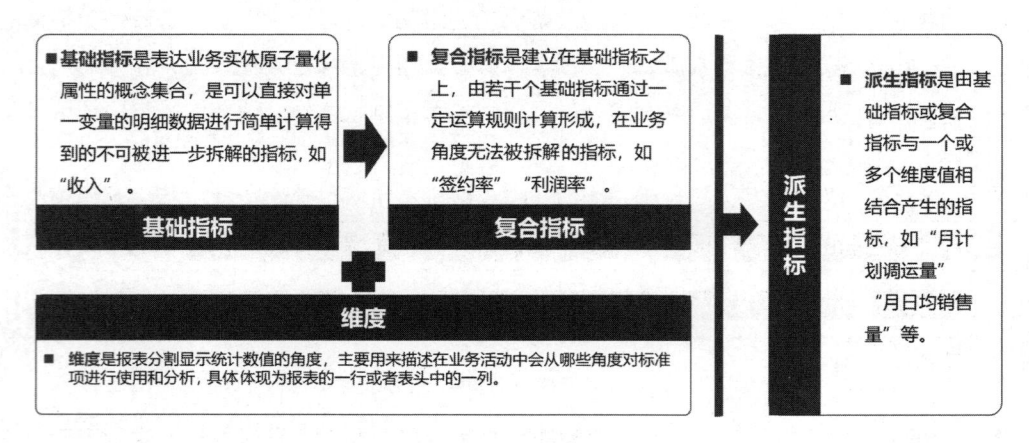

图 6-2-1　指标的分类

（1）基础指标是表达业务实体原子量化属性的概念集合，是可以直接对单一变量的明细数据进行简单计算得到的不可被进一步拆解的指标，如"收入"。

基础指标具有如下特征：

- 指标计算规则中仅包含一个变量。
- 其稳定性高，业务定义、计算公式和统计口径不易随业务管理视角的变化而频繁变化。

（2）复合指标是建立在基础指标之上，由若干个基础指标通过一定运算规则计算形成，在业务角度无法被拆解的指标，如"签约率""利润率"。

复合指标有如下 3 种类型：

- 由基础指标计算得到。
- 由基础指标和复合指标计算得到。
- 由复合指标再度计算得到。

（3）派生指标是由基础指标或复合指标与一个或多个维度值相结合产生的指标，如"月计划调运量""月日均销售量"等。

派生指标具有以下两种类型：

- 由基础指标与维度组合得到。
- 由复合指标与维度组合得到。

2. 维度的定义及示例

维度是报表分割显示统计数值的角度，主要用来描述在业务活动中会从哪些角度对标准项进行使用和分析，具体体现为报表的一行或者表头中的一列。一般来说，维度具有离散化取值的特性，即取值可以枚举。维度作为观察事物的视角，并不是孤立存在的，而是通过与指标结合使用，可以对指标的不同方面进行对比与分析。维度的示意图见图 6-2-2。

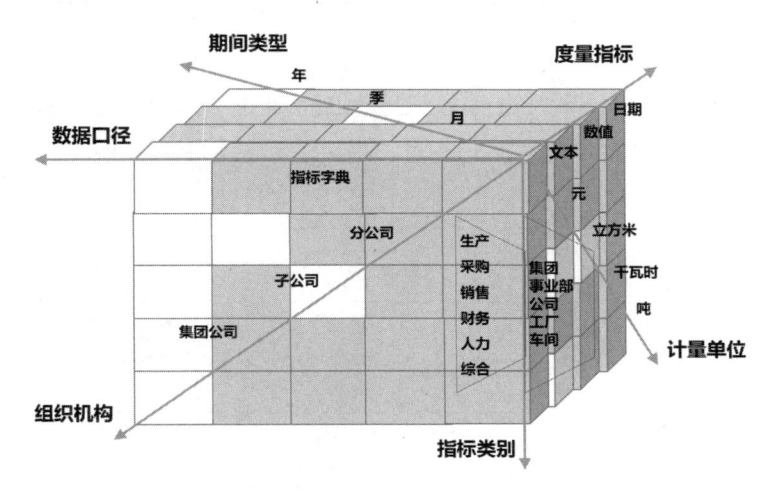

图 6-2-2 维度的示意图

常用维度包括时间、空间、组织机构、数据口径等，表 6-2-1 是某企业维度定义示例，主要属性信息包括维度编号、维度名称、维度定义及说明、维度取值、维度值名称、维度值含义等。

表 6-2-1 某企业维度定义示例

维度编号	维度名称	维度定义及说明	维度取值	维度值名称	维度值含义	备 注
01	时间	以时间作为描述、表达变量的度量尺度，是在分析经济变量时加上时间要素的角度而形成的	01	日	—	—
			02	月	—	—
			03	季	一年可以分为 4 个季度，每个季度历时 3 个月。第一季度为 1~3 月，第二季度为 4~6 月，第三季度为 7~9 月，第四季度为 10~12 月	—
			04	年	—	—
			05	……	—	—

续表

维度编号	维度名称	维度定义及说明	维度取值	维度值名称	维度值含义	备注
02	计算规则	指标计算过程中常用的计算方法	01	比上一日增量	—	—
			02	比上个月增量	—	—
			03	比同期增量	—	—
			04	本年累计	—	—
			05	……	—	—
03	组织	集团公司组织机构	01	办公厅	—	引用集团组织机构主数据标准
			02	财务部	—	
			03	人力资源部	—	
			04	审计监察部	—	
			05	……	—	
04	产业	集团公司产业分类	01	风电	—	—
			02	炼化	—	—
			03	环保	—	—
			04	金融	—	—
			05	……	—	—
05	项目	集团公司项目主数据	01	投资项目	—	引用集团项目主数据标准
			02	生产项目	—	
			03	技改项目	—	
			04	信息化项目	—	
			05	……	—	

3. 数据指标标准模型

数据指标标准模型规定了数据指标标准的业务属性、技术属性和管理属性标准，可被应用在企业报表编制、数据资产管理等相关领域。

根据数据管控需求和业务运营情况，同时考虑标准的编制参与人员、分期制定过程、标准应用场景等诸多因素，先由业务人员填写数据指标标准的业务属性，再由技术人员在其基础上填写技术属性，管理属性一般由数据管理人员来填写。指标数据标准模型如图 6-2-3 所示。

第 6 章 对象类数据标准

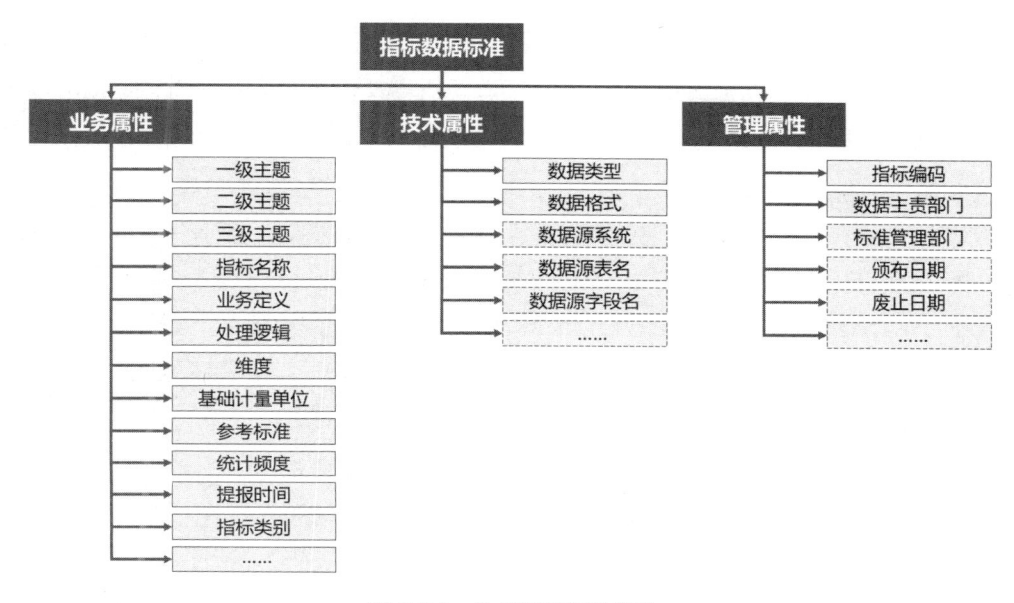

图 6-2-3 数据指标标准模型

（1）业务属性。

业务属性是指标数据在业务层面的定义，描述数据和企业业务相关联的特性，是对数据的业务含义的统一解释及要求。

业务属性包括一级主题、二级主题、三级主题、指标名称、业务定义、处理逻辑、维度、基础计量单位、参考标准、统计频度、提报时间、指标类别等。

①指标名称是指标项的统一中文命名。每个指标应具有唯一的规范化名称。具有相同业务含义的指标名称应保持一致。指标名称应易于数据使用人员理解和识别，要名副其实且简洁易懂。

②业务定义是指标项在业务上的解释、描述或者说明，是基于创建数据的业务流程对数据的业务口径和相关业务场景的详细描述，是对数据的业务含义的自然语言表述。业务定义应该精准、细致，易于数据使用人员理解，不应有循环引用或直接用指标名称进行定义。

业务定义可参考相关国家标准和行业标准、外部监管机构的定义、企业内部的业务制度、信息系统的业务需求定义，以及行业经验的总结性归纳。

业务定义主要从指标的原理或概念解释、指标用途、指标统计所覆盖的业务范围、企业的业务特色、与通用概念和监管要求的差异性等方面进行描述。

考虑到一些指标的业务定义过于复杂，需要较长篇幅来说明，在描述指标的业务定义时，如果该指标的相关定义在企业其他相关文件或者权威机构发布的文献中已有详细描述，则可以描述为参见该文献说明。

③处理逻辑是指标对应的计算处理方式。即指标的核算、平衡、拆分等业务规则（计算公式/函数等），描述指标的本质和内涵，实现满足"口径统一"的要求。所有指标都有处理逻辑，默认为明细数据的直接计算。如果指标通过手工填报获得，则处理逻辑填写"手工填报"；如果指标通过计算公式或函数获得，则处理逻辑即为相应的计算公式或者函数，例如：利润率=利润/成本×100%。派生类指标的处理逻辑继承了基本类指标的属性并扩充了维度信息，由系统自动处理完成，例如：利润率= 利润/成本×100%（维度：分公司+年度）。

④维度是对企业在业务经营过程中所涉及对象的属性的划分方式。维度作为观察事物的视角，并不是孤立存在的，而是通过与指标结合使用，从而可以让用户对指标的不同方面进行对比与分析。其通常为报表的一行或者表头中的一列，具有离散化取值的特性，即取值可以枚举。

- 维度设计的参照系通常为基础数据标准中的标准代码。
- 对于具体的指标，其业务应用场景可能只与部分维度结合，也可能只在某一维度中取其中的某几个维度值，因此，在数据指标标准设计过程中，将具体描述每个指标适用的维度。
- 维度定义模板一般包括维度编号、维度名称、维度定义及说明、维度取值、维值名称和维值含义等属性项。
- 对于基本类指标，维度属性包括维度名称（多个维度名称之间用顿号分隔），格式为："维度1、维度2"。例如：某基本类指标的维度属性为"时间、组织机构"。
- 对于派生类指标，维度属性包括维度名称和相应的维度值，格式如下："维度1（维度值）、维度2（维度值）"。例如：某派生类指标的维度属性为"时间（月）、板块（化工）"。

⑤基础计量单位是指标在经营管理或者报表统计中通常使用的最小度量单位，包括万元、百分比、万吨、立方米、千米等。例如将原油提炼成汽油，其炼化过程中使用的最小计量单位为吨，则其基础计量单位为吨。

⑥参考标准是指标数据标准的业务依据来源类型和详细依据，包括国际标准、国家标准、行业标准、集团标准和制度规定等。

⑦统计频度描述了业务要求的最细颗粒度统计周期，颗粒度层级由低到高包含日、周、旬、月、季度、年度等。其中，高层级颗粒度可通过低层级颗粒度汇总得到。

⑧提报时间描述了指标数据汇总上报的时间节点要求，需要与统计频度相对应。

⑨指标类别描述了该指标所属的指标分类，取值包括基础项指标、复合项指标和派生类指标。

（2）技术属性。

技术属性是指标数据在技术层面的定义，描述了数据与信息技术实现相关联的特性，是数据在信息系统中实现统一的技术方面定义。

技术属性包括数据类型、数据格式、数据源系统、数据源表名、数据源字段名等。

①数据类型是根据数据的业务定义、业务规则和常见表现形式，定义其所采用的数据类别。

②数据格式描述数据在精度、长度、形态上的定义，包括所允许的最大和/或最小字符长度，数据的表示格式等。

③数据源系统描述了指标数据的原始直接来源系统；如果涉及多个数据源系统，则数据源系统名称之间用英文分号分隔；如果来源于线下报表，暂无对应的线上业务系统，则数据源系统填写"线下报表"。

④数据源表名描述了指标数据在直接来源系统中对应的表名。在数据源表名前面要加上对应的数据源系统前缀，同一个数据源系统的不同表名之间用顿号分隔，不同数据源系统之间用英文分号分隔。如果数据源系统是线下报表，则数据源表名需要填写该指标数据的来源报表名称，多个报表之间用英文分号分隔。

⑤数据源字段名描述了指标数据在直接来源系统中对应的字段名称。在数据源字段名前面要加上对应的数据源系统名和数据源表名前缀，同一个数据源表的不同字段名之间用顿号分隔，不同数据源表名之间用英文分号分隔。

（3）管理属性。

管理属性是指标数据在管理层面的定义，描述了数据与数据管理相关联的特性，是数据管理在数据标准管理领域中的统一要求。

管理属性包括指标编码、数据主责部门、标准管理部门、颁布日期、废止日期等。

①指标编码是对指标数据标准的统一编号，按照企业规定的编码规则由系统自动生成指标编码。

②数据主责部门是指对指标数据标准的业务属性拥有最终业务解释权并对指标数据质量负

责的部门或单位，通常为该指标数据对应的业务主管部门。如果指标数据是由多个部门同时计算的，则以业务牵头主管部门作为数据主责部门；如果不能就数据职责权属达成一致，则由信息化管理部门协同相关部门确定指标数据的业务归属部门认责。

③标准管理部门是指对指标数据标准管理负责的部门或单位。原则上指标数据标准由信息化管理部门统一归口管理。

④颁布日期是指指标数据标准在企业中正式颁布启用的日期，格式为"YYYY-MM-DD"，例如"2022-01-01"。

⑤废止日期是指指标数据标准在企业中正式停止使用的日期，格式为"YYYY-MM-DD"，例如"2022-01-01"。

以下是某企业的"油井原油产量"指标数据标准示例，如图 6-2-4 所示。

	一级子主题	二级子主题	三级子主题	指标名称	业务定义	处理逻辑	维度	基础计量单位	参考标准	统计频度	提报时间	指标类别
业务属性	业务运营	生产	原油生产	油井原油产量	指油井开采生产的原油数量	\	时间、组织机构、品种、计算规则	吨	\	日	9:00:00	基础指标
	数据类型	数据格式	数据源系统	数据源表名	数据源字段名							
技术属性	数值类	数字字符	MES系统	生产统计表	HZ_scihcl							
	指标代码	数据主责部门	标准管理部门	颁布日期	废止日期							
管理属性	10103093	生产技术部	数字化部	2022-01-01	\							

图 6-2-4　某企业"油井原油产量"指标数据标准示例

4. 数据指标体系

数据指标体系是由一系列反映企业各方面既相对独立又互相关联的数据指标所组成的有机整体，其可以从各个侧面完整地反映现象总体或样本的数量特征。

简单理解，数据指标体系就是对业务指标数据体系化的汇总，用来明确指标的口径、维度、取数逻辑等信息，并能快速获取到指标的相关信息。

为了将企业指标数据系统性地组织起来，合理体现指标数据的分类，企业可以依据企业的业务架构蓝图和数据架构蓝图，参照企业数据指标标准规范，将指标按照三级主题进行划分，并对其一级主题业务运营下的二级主题进行扩展，形成企业整体数据指标体系。其中：

- 一级主题是对企业业务的高阶分类，依据企业的业务架构和数据架构，参照企业数据指标标准规范，由企业总部统一制定。比如可以设置战略发展、财务管理、人力资源管理等相关的一级主题。
- 二级主题是对企业战略发展、业务运营、管理支持中持续产生价值、重复利用的数据做高阶抽象，依据企业的业务架构和数据架构，参照企业数据指标标准规范，由企业总部统一制定，并扩展管理支持一级主题。比如可以设置财务管理、劳动薪酬、信息化管理、法务管理、综合管理等相关二级主题。
- 三级主题是指按业务细分的实际情况对二级主题进一步细化，依据企业的业务架构和数据架构，参照企业数据指标标准规范，由企业总部统一制定。比如在二级主题财务管理下，可以设置应收、应付、总账、资金、成本等相关三级主题。

如图 6-2-5 所示是某企业数据指标体系框架示例，一级主题分为：战略发展、财务管理、人力资源管理、资本运营、审计与风险、数字化。各一级主题下又划分了不同的二级主题，比如人力资源管理主题下包括人才发展、劳动薪酬等主题。各二级主题下又划分了不同的三级主题，比如人才发展主题下包括人才培养、人才引进等主题。三级主题下包含了具体的数据指标项，比如人才培养主题下包含的一个重要数据指标项为人才引进总数。

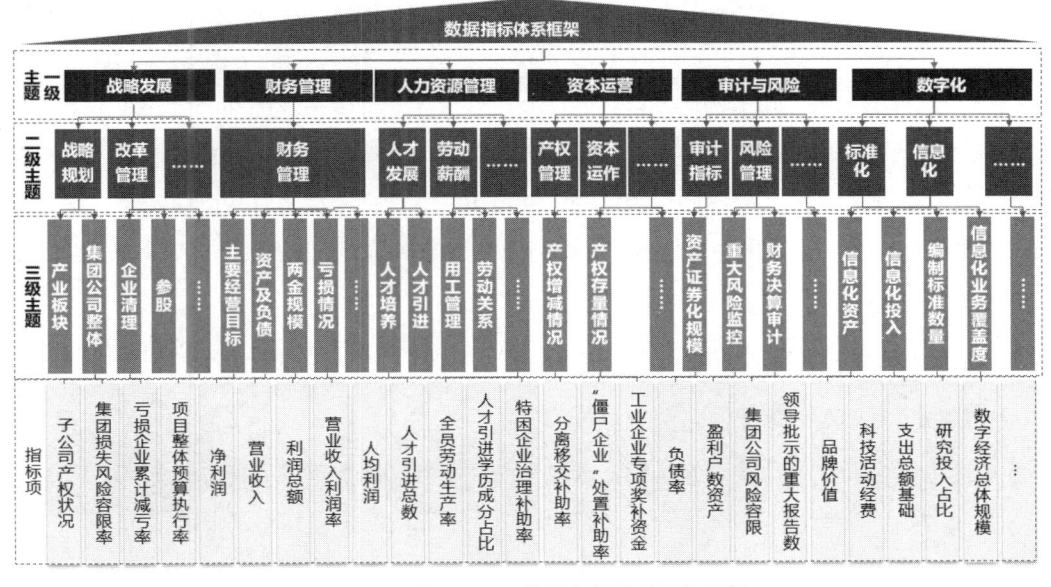

图 6-2-5 数据指标体系框架示例

数据指标体系是业务数据标准化的基础，其对数据指标进行了统一管理。体系化是为了方便对数据指标的统一修改、共享及维护。数据指标体系的价值主要体现在统一统计口径、指导业务运营及支持分析决策这三个方面，如图 6-2-6 所示。其中，统一统计口径对于数据指标体系而言具有战略意义。

图 6-2-6　数据指标体系的价值

（1）统一统计口径：数据指标体系化可以实现对数据指标的统一管理，以及统一统计口径，避免定义模糊和逻辑混乱，影响数据质量。同时，完备的数据指标体系也可以避免重复统计数据的问题，提高报表质量，减少业务人员的工作量，为领导层分析决策提供支撑。

（2）指导业务运营：为了让业务部门便捷地了解产品现状及业务效果，数据指标体系中会有很多拆解的细分指标，这些数据的变动反映了企业各业务线的业务活动的最新情况，为运营部门的业务决策提供数据支持。企业的领导层可以根据这些数据，决定下一步的运营策略和经营活动的开展。

（3）支持分析决策：数据指标极具参考价值，为了让管理者更准确地进行战略决策，企业需要搭建完备的数据指标体系。一个相对完备的数据指标体系可以让管理者从数据层面对企业的发展有比较客观的认知，而不是管中窥豹，并且可以让管理者在进行战略决策时，保持相对的理性。而在管理者对于新业务的洞察中，也可以不断融入新的数据指标，丰富数据指标体系，让管理者可以灵活且全面地把握业务发展趋势。

5. 数据指标常见误区和问题

（1）数据指标标准的常见误区。

数据治理是企业数字化转型的基础，需要企业成员都知晓数据指标标准，然而，很少有人能给出一个清晰、准确、人人认可的定义，而且对于它的内涵也存在着诸多误区。

①误区 1：不清楚数据指标标准的概念和内容。

- 认为数据指标标准可以直接作为数据开发规范执行落地；
- 认为数据指标标准是由数据部门或技术部门单独制定的。

②误区 2：不清楚数据指标标准的制定方法。

- 认为统计报表中的字段都应该作为数据指标标准；
- 认为数据指标标准越多越好，内容越多作用越大；
- 认为同行都是这么定标准的，自己这么定也没问题。

③误区 3：忽视或夸张数据指标标准的作用。

- 认为数据指标标准极其重要，只要制定好了数据指标标准，所有数据相关工作依据标准进行，数据治理的大部分目标就水到渠成了；
- 认为数据指标标准几乎没什么用，做了大量的梳理工作，建设了一整套的标准，最后还是被束之高阁，被人遗忘，几乎没有发挥任何作用。

（2）指标管理的常见问题。

- 同名不同义：指标名称相同，统计口径不一致，缺少命名规范限制；不同业务人员仅从自己部门出发，缺少全局视角（例如，财务端的收入要严格按照严谨的逻辑计算实收、实付的每一分钱，而销售端则更多的是考虑转化效果，但是在各自的 KPI 监控报表中，都把指标命名为"收入"）。
- 同义不同名：指标统一，逻辑一致，但不同产品的命名不一致，不同阶段或不同业务板块对指标的命名不同，导致在不同报表/业务场景中，同一指标不同名。
在企业业务运营活动中，经常存在指标数据的名称相同，但统计口径、计算方法有较大差异的情形；或者反过来，指标数据的计算方式相同，但名称各异。例如生产部门上报的每月产品数量是 MES 系统中每天产品产量的累计数量，而财务部门上报的每月产品数量是月底库存盘点后的产品数量，二者在数量上存在一定的差异。定义不统一的指标会让沟通效率降低，甚至出现"差之毫厘，谬以千里"的现象。
- 命名难理解：指标名称表意不清或过于专业化，仅指标创建人才懂。例如转化率指标有产品转化率、合同转化率，直接叫作"转化率"的话可读性较差。
- 逻辑不准确，指标口径不一致：例如集团销售部门领导让下属子公司销售部门提供对外销售的产品销量，集团财务部门领导让下属子公司财务部门提供经过财务人员核算确认过的产品销量，很显然，这两个产品销量数据的统计口径是不同的。

- 数据难追溯：指标大多是经过多重计算得到的，有些指标需要经过很长的加工过程才能得出，如果无法追溯指标的加工过程，就不知道指标所用的数据来源，更无法快速找出指标出错的原因和对应的责任部门，指标的一致性、完整性、准确性和可追溯性也就得不到保证。
- 数据来源、计算逻辑不清晰：当指标数据出现问题时，需要通过查找代码才能找到指标使用了哪些表中的数据。而有些计算逻辑比较复杂的指标很难用语言描述清楚，即使能够描述清楚也会需要大量的文字。指标创建人员清楚其中的计算逻辑，但使用者是"一头雾水"。
- 数据质量差：当指标管理中常见的问题综合出现时，往往会导致业务部门对指标的信任度大打折扣，当其发现数据波动后，第一反应是先和数据部门确认数据是不是有问题，而不是考虑业务上有何变动。
- 指标体系不完善：企业各业务部门根据自身的业务需求，都有一部分量化指标。但这些量化指标不够全面，缺乏方法论指导，对于提升企业整体数据分析及应用能力的作用有限。并且各业务部门在使用这些指标的过程中会只强调某些指标的趋势，而忽略综合分析、长期跟踪与定期比对指标的重要性。缺乏整体考量而设置的指标体系，以及错误的指标分析方法，会产生错误的分析结果，进而会影响企业在业务运营和产品改进等方面的决策。

6.2.2 数据指标标准与数据标准的关系

数据指标标准是数据标准体系的重要组成部分，从数据标准体系的内容层面来看，可以将其划分为业务术语、数据标准、数据字典等。

（1）业务术语。

业务术语是面向业务部门的，用于明确业务部门在经营管理活动中使用的业务定义、业务规则和统计口径。通过梳理业务术语，可以实现业务人员对业务概念的统一理解，从而在编写业务需求时避免概念混淆，减少数据冗余。

业务术语也是企业内部理解数据、集成数据的有力基础。例如"资产"这个业务术语，其定义是"由企业过去经营交易或各项事项形成的，由企业拥有或控制的，预期会给企业带来经济利益的资源"。

（2）数据标准。

数据标准是数据管理部门基于业务术语制定的标准化规范。相比业务术语，建立标准索引、设置业务主题归类、进行数据安全分类分级，以及设置必要的质量规范定义，可以使得数据项从基本的业务概念层面升级到标准化和规范化定义层面。

数据标准又分为两类，一类是基础数据标准，另一类是指标数据标准。通过使用这两类细分标准可以对数据进行更进一步的管理，为后续的各种数据管理工作提供便利。

- 基础数据标准是基于业务开展过程中直接产生的数据制定的标准化规范。在基础数据标准中，一般也包括各种枚举值编码标准。
- 指标数据标准是指按应用场景分类，为满足内部分析及管理需求，以及外部监管需求，对基础数据加工产生的指标数据制定的标准化规范。

和基础数据标准相比，指标数据标准更具有业务意义指向，其可以直接体现数据的业务价值，是业务经营、决策管理等企业经营管理工作中关注度较高的数据标准类别。

（3）数据字典。

数据字典是面向技术开发部门的，是数据标准开发及实施的参照与依据。数据字典规范了表、字段的命名规则。开发部门应该遵循数据字典，推进数据标准的落地应用。

6.2.3 数据指标标准与报表的关系

报表是用一定形式展现的多个指标数据的汇总，而不是数字的罗列汇总。报表是数据的展现载体，体现了数据的意义和内容的统一。简单地说，报表就是由指标和维度构成的。

在手工报表时代，业务人员通过手工计算汇总的方式制作企业业务所需的报表。要完成报表的制作，业务人员需要非常清楚各业务域相关的基础指标、复合指标、派生指标及维度的属性信息，否则做出的报表可能存在问题。

目前，大多数企业可以通过一些系统（如 BI 报表系统）自动输出报表，其内在计算原理也是基于梳理清楚组成报表的指标项和维度值，以及计算加工逻辑。

如图 6-2-7 所示，这是一个报表示例，报表中统计了一些地区的发电量，其中的数据来源指标项（发电量）及相关的维度信息、数据项等，通过数据中心完成复杂的逻辑加工计算，最终形成报表。

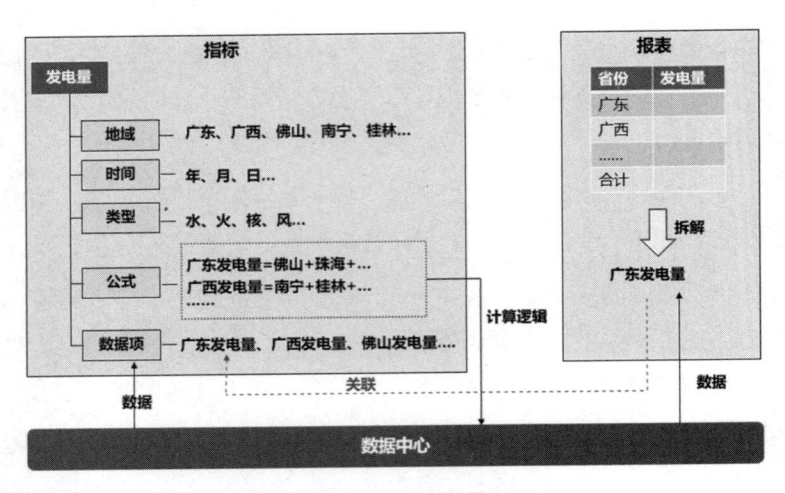

图 6-2-7　报表示例

6.2.4　数据指标标准化的价值

数据指标标准化是加强数据治理和管控中最基础的工作，是保证数据一致性，实现数据共享的关键措施。通过数据指标标准的制定、发布、实施和监督，可以实现数据的规范、统一，全面提高企业的数据质量和数据资产价值。

数据指标标准化的价值体现在业务价值、技术价值和管理价值这三个方面，具体介绍如下。

1．业务价值

（1）统一业务定义和口径，推动企业内的各部门达成共识。

在企业内，数据指标的生产、使用、管理往往不是同一个部门。只有严格按照数据指标标准进行管理，才有可能满足各方的需求。

实现对数据指标标准的全流程管控不仅可以明确业务定义，也可以使业务部门之间、业务与技术部门之间达成共识、统一口径。通过对业务定义、属性、规则进行收集、整理和规范，统一业务语言、明确业务规则、规范业务处理过程，可以使数据指标在企业内有一个全局的定义，减少各部门、各系统之间的沟通成本，实现对业务管理的规范化，提升企业的业务处理效率。

（2）消除数据孤岛，促进数据共享与业务创新。

当部门之间出现数据指标标准矛盾或者相互混淆的情况时，会导致部门之间的数据交换、数据共享比较困难。建立统一的数据指标标准有助于对数据指标进行规范的管理，消除各部门之间的数据壁垒，方便数据的共享；同时，也能够让业务人员轻松获取数据，并能够进行自助式的数据分析，为基于数据的业务创新提供可能。

2. 技术价值

（1）消除跨系统的不一致性，为系统建设规划奠定基础。

通过数据指标标准的建设，可消除数据指标跨系统的不一致性，从根源上解决数据指标定义和使用的不一致问题，保证数据指标定义和使用的一致性，促进企业级单一数据视图的形成，促进信息资源的共享。

（2）提升企业的数据需求开发质量。

在数据需求开发管理的过程中，数据指标标准化的过程明确了数据填写及处理要求，规范了数据源，同时为数据管控方面提供了保障。因此，数据指标标准化将直接提升企业的数据需求开发质量，为企业的经营决策提供准确、全面的数据。

3. 管理价值

（1）为数据质量和数据安全管理提供保障。

统一的数据指标标准是提升数据质量的前提和基础。通过对数据指标标准的统一定义，明确数据指标的归口部门和责任主体，可以为企业的数据质量和数据安全提供基础的保障。通过对数据实体、数据关系及数据处理过程，定义统一的数据指标标准、数据映射关系和数据质量规则，可以使数据的质量校验有据可依，有法可循，为企业数据质量的提升和优化提供支持。

对于尚未明确业务口径的数据指标，无法追踪其加工过程，无法找到数据指标的数据来源。如果数据指标出现质量问题，则无法进行根因分析，难以明确对应的职责部门，很容易出现各部门之间相互推诿的情况，从而难以解决发现的问题。

（2）提升企业的数据分析与挖掘能力，支持管理层决策。

建立统一、标准的数据指标体系可以为企业中各种主题的数据分析提供支持，提升企业的数据处理和分析效率，以及提供数据指标的事前提示、事中预警、事后提醒，在企业中实现用数据驱动管理，让企业管理层能够在第一时间获取决策信息。

（3）企业数据资产管理和数字化转型的必经之路。

将经过处理的高质量数据资产统一管理，设计体系化的数据资产目录，提供全生命周期的管理，并建立各类业务应用的数据资产视图，可以方便数据的展示和数据共享，更好地支撑企业的经营决策、精细化管理，为企业的数字化转型奠定基础。

6.3 主数据

6.3.1 主数据标准概述

主数据又被称为黄金数据，其价值高，也非常重要。对企业来说，主数据的重要性如何强调都不为过，主数据治理是企业数据治理中最为重要的一环。对政府来说，目前提及比较多的是"四大基础数据库"（分别是人口基础数据库、法人数据库、宏观经济数据库、自然资源与空间地理数据库，也有的专家称"四大基础数据库"是国家层面的"四大主数据库"），主数据应包含"四大基础数据库"。

主数据管理系统是对主数据从采集、处理、运行至数据服务的全流程进行管理，与主数据生产系统是紧密联系的。企业应保障主数据的实时、准确，同时必须配置数据的"一数一源"和数据主体责任等认责机制，并为所有应用场景或应用功能建设提供数据服务。

因此，主数据标准制定是全面提升主数据质量、实现主数据规范化及信息共享的前提。主数据管理的首要任务就是制定主数据标准和规范，统一主数据的定义，定义主数据模型。

主数据标准管理的内容包括主数据管理标准、主数据应用标准和主数据集成服务标准三大类；主数据质量、安全控制通常对"主数据标准执行、宣传贯彻，主数据唯一性、一致性、合规性检查，主数据可追溯性版本控制"这3个方面进行监督和考核。

主数据标准修订是一个循环往复的过程，即通过不断地对主数据标准进行深化应用和质量监督，发现标准中存在的问题且不断修订。如图6-3-1所示为主数据标准的制定过程。

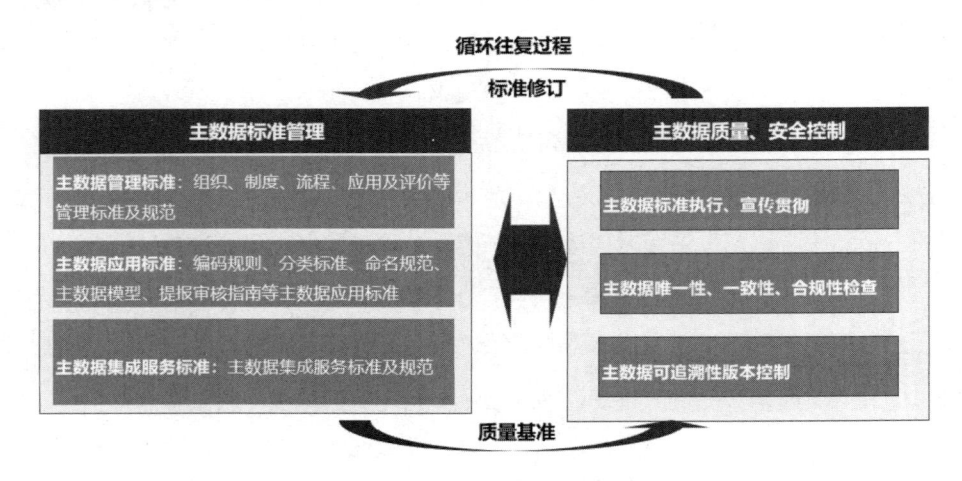

图 6-3-1 主数据标准制定过程

6.3.2 主数据代码体系

主数据代码库的建立是基于规范的主数据标准。企业想要标准化和规范化主数据代码库，则需要通过不断地完善主数据标准，依据主数据标准对数据进行清洗处理，然后通过高质量的数据清洗形成主数据代码库。企业经营范围内的数据要被认定为主数据，则需要按照主数据的特征被识别为主数据。

主数据是在整个企业范围内各个系统（操作/事务型应用系统及分析型系统）之间共享的、高价值的数据，可以在企业内跨越各个业务部门被重复使用。从主数据的概念看，主数据应具有以下特性。

- 特征一致性：主数据的特征经常被用作业务流程的判断条件和数据分析的具体维度，因此，保证主数据的关键特征在不同应用、不同系统中的高度一致，是将来实现企业各层级应用的整合，以及企业数据仓库成功实施的必要条件。
- 识别唯一性：在一个系统、一个平台甚至一家企业范围内，同一个主数据要具有唯一的识别标志（编码、名称、特征描述等），用以明确区分业务对象、业务范围和业务的具体细节。
- 长期有效性：主数据通常贯穿其所代表的业务对象的整个生命周期甚至更长。换而言之，只要该主数据所代表的业务对象仍然存在或仍具有意义，则该主数据就需要在系统中继续保持其有效性。
- 交易稳定性：主数据是用来描述业务操作对象的关键信息，在业务中，其属性和关键的特征会被交易过程中产生的数据继承、引用、复制。但无论交易过程如何复杂和持久，除非该主数据本身的特征发生了变化，否则主数据本身的属性通常不会随交易的过程而被修改。

在主数据架构设计中，通过研究影响主数据的多个因素之间的关系，确定主数据标准体系，可以指导未来企业各类主数据的建设。

主数据资产目录体系（又称主数据代码体系）示例，如图 6-3-2 所示。

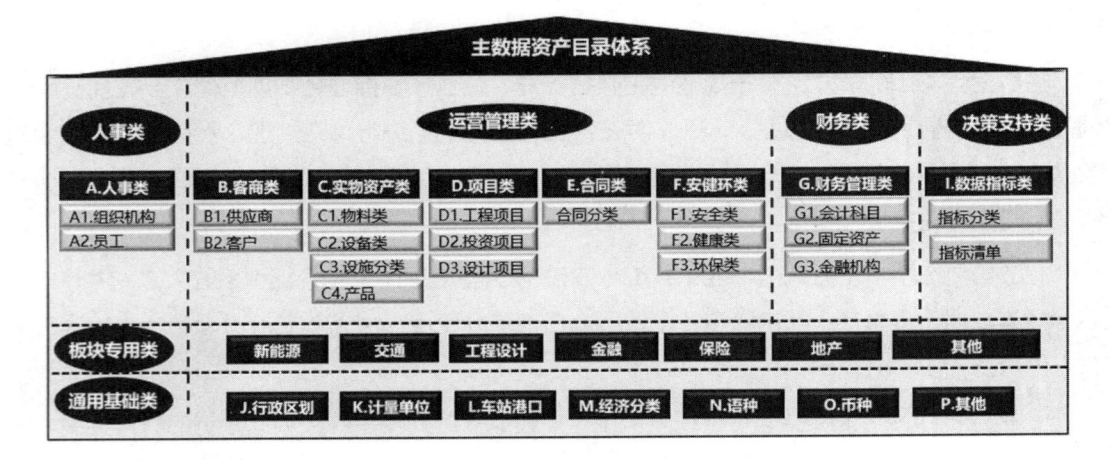

```
                            主数据资产目录体系

         人事类              运营管理类              财务类      决策支持类

    A.人事类      B.客商类    C.实物资产类   D.项目类    E.合同类   F.安健环类    G.财务管理类    I.数据指标类
    A1.组织机构   B1.供应商   C1.物料类     D1.工程项目  合同分类   F1.安全类    G1.会计科目     指标分类
    A2.员工       B2.客户     C2.设备类     D2.投资项目            F2.健康类    G2.固定资产     指标清单
                              C3.设施分类   D3.设计项目            F3.环保类    G3.金融机构
                              C4.产品

    板块专用类    新能源      交通          工程设计    金融       保险         地产            其他

    通用基础类    J.行政区划  K.计量单位    L.车站港口  M.经济分类 N.语种       O.币种          P.其他
```

图 6-3-2　主数据资产目录体系示例

在该体系中，一共划分了 6 类主题，包括人事类、运营管理类、财务类、决策支持类、通用基础类、板块专用类。

（1）人事类。

人事类主数据包括组织机构主数据和员工主数据。

- 组织机构主数据主要包括组织机构代码、组织机构名称、所属上级组织、成立日期等属性。
- 员工主数据包括员工编码、姓名、性别、所属单位、所属部门、岗位、职级、兼职等属性。

（2）运营管理类。

运营管理类主数据包括客商类（供应商和客户）主数据、实物资产类（物料、设备/设施和产品）主数据、项目类（工程项目、投资项目和设计项目）主数据、合同类主数据、安健环类（安全、健康、环保）主数据。

- 供应商主数据主要包括供应商代码、供应商名称、组织机构代码、社会统一信用代码、所属国家、地址、联系人、证件号等属性。
- 客户主数据主要包括客户代码、客户名称、组织机构代码、社会统一信用代码、所属国家、地址、联系人、证件号等属性。
- 物料主数据主要包括物料类别、物料代码、物料名称、规格型号、计量单位等属性。
- 设备主数据主要包括设备类别、设备代码、设备名称、设备型号、使用单位等属性。

- 产品主数据主要包括产品类别、产品代码、产品名称、产品型号等属性。
- 工程项目主数据主要包括项目类别、项目代码、项目名称、项目金额等属性。
- 投资项目主数据主要包括项目类别、项目代码、项目名称、项目金额等属性。
- 设计项目主数据主要包括项目类别、项目代码、项目名称、项目金额等属性。
- 合同类主数据主要包括合同类别等属性。
- 安全主数据主要包括代码、名称等属性。
- 健康主数据主要包括代码、名称等属性。
- 环保主数据主要包括代码、名称等属性。

（3）财务类。

财务类主数据包括会计科目主数据、固定资产主数据、金融机构主数据。

- 会计科目主数据主要包括科目代码、科目名称、科目释义、科目级次、借贷方向等属性。
- 固定资产主数据主要包括固定资产分类、固定资产编码、固定资产型号等属性。
- 金融机构主数据主要包括金融机构代码、金融机构名称等属性。

（4）决策支持类。

决策支持类主数据是指标主数据的分类及描述。其指标主数据主要包含指标代码、指标名称、指标单位、责任部门、使用部门、计算公式等属性。

（5）通用基础类。

通用基础类主数据主要包括行政区划、计量单位、车站港口、经济分类、语种、币种，以及其他需要应用国家标准的主数据，该类主数据要严格遵循国标的要求。

（6）板块专用类。

在该示例中，板块专用类主数据包括新能源板块、交通板块、工程设计板块、金融板块、保险板块、地产板块，以及其他板块专用的主数据，该类主数据由板块提出申请，经主数据管理办公室批准后建设。

上述管理领域和业务领域的主数据实施优先级应遵循"急用先建、业务主导、周期可控、成本可控、风险可控"的原则，从主数据重要程度、主数据管控难易程度、主数据需求迫切程度这三个指标进行多因素分析，并判断优先级，根据分析结果设置实施的先后顺序。

6.3.3 主数据标准体系

主数据标准体系分为主数据管理标准、主数据应用标准、主数据集成服务标准三大类。主数据标准体系分类具体如表 6-3-1 所示。

表 6-3-1 主数据标准体系分类

类　　型		标准与规范	主要内容
主数据管理标准		主数据管理组织	企业内各类主数据的管理组织架构、运营模式、角色与职责规划
		主数据管理制度	规定了主数据管理工作的内容、程序、章程及方法，是主数据管理人员的行为规范和准则，主要包含各种管理办法、规范、细则、手册等
		主数据管理流程	包括主数据业务管理流程和主数据质量管理流程，保证主数据标准规范得到有效执行，实现主数据的持续性长效治理
		主数据应用管理	包括三部分内容：明确管理要求、实施有效的管理、强化保障服务
		主数据评价管理	包括评估及考核主数据相关责任人职责的履行情况，以及数据管理标准和数据政策的执行情况
主数据应用标准	组织人事类	组织机构主数据标准	规定了组织机构主数据的技术属性、业务属性和管理属性
		人员主数据标准	规定了人员主数据的技术属性、业务属性和管理属性
	财务类	会计科目主数据	规定了会计科目主数据的技术属性、业务属性和管理属性
		固定资产主数据	参照国际标准
		金融机构主数据	参照中国人民银行下发的金融机构代码
	物资设备类	物料主数据标准	包括物料分类、物料描述、物料编码标准
		设备主数据标准	包括设备分类、设备描述、设备编码标准
	客商类	客户主数据标准	规定了客户主数据的技术、业务和管理属性
		供应商主数据标准	规定了供应商主数据的技术、业务和管理属性
	项目类	项目主数据标准	规定了项目主数据的技术、业务和管理属性
	合同类	合同主数据标准	规定了合同主数据的技术、业务和管理属性
	安健环类	安健环主数据标准	编制了安健环主数据代码
	数据指标类	数据指标主数据标准	规定了指标主数据的技术、业务和管理属性
	通用基础类	通用基础主数据标准	参照国家标准
	板块专用类	高速公路、轨道交通、工程设计、电力能源、房地产、财务金融等	根据需要由各板块专业部门编制

续表

类　　型	标准与规范	主要内容
主数据集成服务标准	主数据格式规范	包括主数据格式规范，包括参数格式、主数据类型规范、数据量约束及传输协议等
	集成技术选择标准	包括主数据集成选型标准、集成技术标准、流程集成选型标准、界面集成选型标准
	主数据集成技术规范	包括主数据集成规范、服务集成规范、流程集成规范、界面集成规范
	主数据集成开发规范	包括命名规范、需求规范、架构规范、设计规范、实现规范、测试规范、部署规范、管控规范
	目标服务系统接入规范	包括普通源系统接入规范、不对外提供目标源系统接入规范、FTP/SFTP协议源系统接入规范、单向系统接入规范、特殊源系统接入规范等

主数据标准体系建设要遵循"高层负责，机制先行"，"明确定位，合理规划"，"贴近业务，切合实际"，"循序渐进、成效说话"的基本原则，从而有效保证主数据标准体系建设符合企业业务发展的需要。

（1）高层负责，机制先行。

主数据管理工作应得到企业高层的重视，并由企业高层负责主数据管理和主数据标准管理工作，以及组织制定主数据相关管理办法。应在企业内部建立专门的主数据管理机构或工作组，负责主数据管理的日常工作，并赋予管理权限和资源，同时可制定主数据管理工作的考核要求。

（2）明确定位，合理规划。

主数据标准化是企业的基础性工作，在短期内较难在每个应用和业务中体现价值。企业应从长远出发，分阶段规划主数据标准管理工作，明确各阶段的主数据标准管理的优先级，以及主要工作内容，确保主数据标准管理工作的阶段性成果输出可作为下一阶段主数据标准管理工作的有效输入。

（3）贴近业务，切合实际。

企业应把握主数据标准与业务需求的关系：主数据标准来源于业务，服务于业务，是对业务的高度提升和总结。主数据标准应以落地实施为目的，并在国家、行业标准的基础上，结合企业现有 IT 系统的现状，以对现有生产系统的影响最小为原则编制和落地主数据标准，才能确保主数据标准切实可用，让主数据标准最终回归到业务中，发挥价值。

（4）循序渐进，成效说话。

企业根据业务需求，可以结合系统改造和新建系统的契机，选择适当的主数据标准落地范围和层次，对亟待解决的标准问题进行落地。同时，还需要及时总结建立和实施主数据标准对企业带来的价值和成效。

1. 主数据应用标准

主数据应用标准包含业务标准和主数据模型标准。

主数据应用标准建设是针对业务开展过程中所使用的具有共同业务特征的基础性数据（即跨部门/跨系统共享、重复使用的核心业务实体数据）。通过制定各类主数据标准可以保证主数据在企业内部有效共享。主数据应用标准建设的主要内容包括主数据的分类标准、编码规则、属性描述规范、提报指南等，如图 6-3-3 所示。

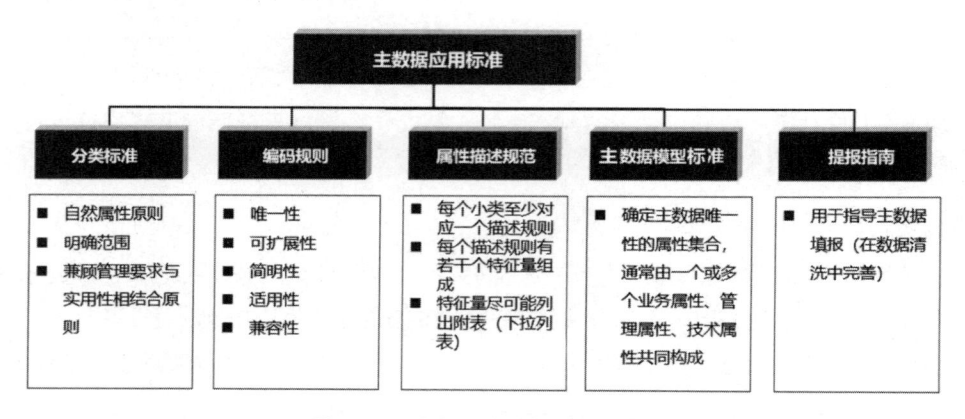

图 6-3-3　主数据应用标准建设内容

（1）主数据分类标准。

主数据的分类是将数据按照层级关系进行分类，让用户能够清晰地对数据进行描述，满足用户的快速查询和定位，以及统计分析和其他业务管理需求。

主数据的分类要明确数据的范围，以自然属性为第一分类原则，可适当考虑数据的用途和管理的方便性，以数据最稳定的本质属性或特征作为分类的基础和依据，兼顾管理要求与实用性的原则。

例如，对于工业企业物料主数据的分类，建议以物料的自然属性为主，将物料主数据分为大类、中类、小类。如图 6-3-4 和图 6-3-5 所示为物料主数据分类规则示例和物料主数据分类示例。

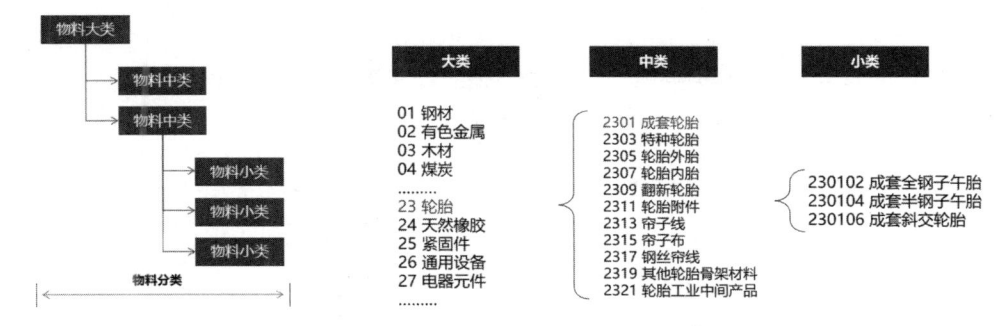

图 6-3-4　物料主数据分类规则示例　　图 6-3-5　物料主数据分类示例

下文以工业企业为例，介绍物料主数据的分类标准。

①物料主数据分类主要参考标准。

本例中的工业企业物料主数据分类主要参考以下标准。

- 《全国主要产品分类与代码》（GB/T 7635—2002）：其中共列入 51219 个产品类目，是工业企业对物料主数据分类梳理的主要参考标准。
- eCl@ss 标准：是国际上比较广泛采用的标准。欧洲比较广泛采用的是 ecl@ss 标准，比如法兰克福机场、汉莎航空、巴斯夫、施耐德、西门子等公司均采用此标准。eCl@ss 标准是依据"ISO 标准（ISO13584—42—2010）工业自动化系统和集成.零售库.第 42 部分：结构化零件族方法学"来构建的，是与面向对象程序设计思想类似的分类体系。大型企业不仅需要采用上述标准，而且需要形成物料分类标准、描述模板并落地到企业信息系统中。

②物料主数据分类目的和依据。

物料主数据分类是整个物料主数据代码体系的基石，从某种程度上说，物料主数据分类是否科学决定了物料主数据代码体系结构的优劣。

物料主数据分类是将相近的物料分组，以便于清晰地对物料进行描述。只有对物料主数据进行分类后，才可抽取出相近物料的共性，进而总结出该类物料的物理特性和描述规则，确保每类物料描述的规范和统一，同时满足快速查询、定位的需要，以及满足统计分析和其他业务管理的需要。

物料主数据分类的依据包括以下几个方面。

- 要明确范围，应包括企业生产、建设、设计、销售和科研所涉及的全部物资。
- 以自然属性为第一分类原则，适当考虑用途和管理的方便（如钢材和有色金属）。

- 以最稳定的本质属性或特征作为分类的基础和依据（如设备的结构形式）。
- 兼顾管理要求与实用性的原则：分类要适应物资集中采购的管理需求，以及适应信息化建设集成、整合、应用一体化的管理要求，做到实用、方便。

③物料主数据分类示例。

表 6-3-2 所示为某企业物料主数据分类中各大类划分及概要说明。

表 6-3-2　某企业物料主数据分类中各大类及概要说明

代码	名　称	主要包含的内容
01	有色金属及冶金炉料	主要包含重有色金属、轻有色金属、贵金属、稀有金属、黑色金属、稀有放射性金属；稀有金属加工材料、钢锭、生铁、合金铁、粉末冶金原料、铸铁件、铸钢、废黑色金属等
02	木材	主要包含原条、原木、小规格木材、锯材、木片、人造板、人造板装饰加工板、木材防腐制品、工业用木制品、竹材（不含竹制品）
03	支护材料	主要包含单体液压支柱、锚杆、网片、锚固剂、金属支架、支护梁等
04	化学原料及化学产品	主要包含无机化学品、有机化学原料、肥料、胶黏剂、农药、煤炭化工产品、动物胶、环境污染处理专用药剂材料、合成洗涤剂、香料、香精等
05	燃料	主要包含液体燃料、固体燃料、气体燃料。如煤炭、燃料气、汽油、煤油、柴油、燃料油等
06	原油加工及石油制品	主要包含润滑油、润滑脂、溶剂油、化工轻油、炼化中间物料、洗涤剂原料油、石蜡、凡士林、标准油、白色油、软麻油、石油沥青、石油焦、润滑油基础油、石油酸类等
07	建工材料	主要包含水泥、水泥熟料、水泥混凝土制品、水泥预制构件、纤维增强水泥制品、陶瓷、玻璃、砖、瓦、建筑砌块、砂、建筑用石料及石材加工品、石灰石及石灰、石膏及石膏制品、轻骨料、土、门窗、石棉及其制品、筑路材料、工业陶瓷制品、防水及保温材料、滤料等
08	轴承	主要包含滚动轴承、滑动轴承、直线运动滚动轴承、轴承零件、其他轴承
09	机械类（紧固件）	主要包含螺栓、螺钉、螺母、垫圈、挡圈、铆钉等
10	电工材料	主要包含裸铝线、裸铜线、铜电车线、钢芯铝绞线、铜包钢线、铜母线、铝包钢线、铝合金绞线、软铜绞线、铜电磁线、铝电磁线、电力电缆、控制电缆及信号电缆、通信电缆、石油专用电缆、特殊电缆、光缆、布电线、安装线缆、尼龙防水线、铁芯线、电工用碳素制品、云母制品、绝缘材料、送变电用金属制品、电工合金材料、电缆接头等
11	电气器具	低压电器元件：主要包含各种低压电器元件及附件（启动器、断路器、接触器、控制器、开关、端子等）、防爆电器及附件、干电池、蓄电池及配件等
		日用电器：主要包含家用制冷电器、空气调节器及配件、电风扇、厨房电器具、卫生清洁器具、熨烫器具；民用灯具、建筑、工矿、农业、交通、医疗用灯具；灯泡灯管、特殊照明电器、安装及配线器材、常用电器及配件等
12	专用仪器仪表	主要包含石油、石化、海洋、纺织、通信、船舶、医疗、水文、环保、电站、煤炭等行业专用仪器仪表及配件

续表

代码	名称	主要包含的内容
13	通用仪器仪表	主要包含温度仪表、压力仪表、流量仪表、物位仪表、在线分析仪、变送器、控制室组合仪表、工业自动化系统及配件（含煤炭行业各种安全生产监控、保护系统）、控制阀及其执行机构、仪表盘柜箱及控制台、仪表专用阀门、仪表管件、电工仪器仪表、计量标准器具、实验室仪器及装置、光学仪器、电子测量仪器、校验仪器及设备、其他仪器仪表及配件等

（2）主数据编码规则。

主数据编码规则定义了主数据的分类和编码规则，方便企业识别、统计汇总及建立主数据之间的映射关系，是主数据标准化建设的核心内容。通过对主数据编码的标准化，可以杜绝自然语言描述的不规则和产生的理解偏差，便于信息系统管理数据，以提高数据的质量和管理的效率。

以物料主数据为例，可以将物料主数据编码分为大类编码、中类编码、小类编码和物料流水码（顺序码），编码宜采用阿拉伯数字；编码应简单化，不宜用具有特殊含义的字符进行编码；各类物料编码规则和长度应保持统一，并且采用流水码——可以保证编码的唯一性，就是通常所说的"一物一码"。

以物料主数据为例，可以将物料主数据分类码分为大类码、中类码、小类码，物料主数据分类示例如图 6-3-6 所示。物料编码采用 8 位流水码，编码宜采用阿拉伯数字；编码应简单化，不宜用具有特殊含义的字符进行编码；各类物料编码规则和长度应保持统一，并且采用流水码——可以保证编码的唯一性，就是通常所说的"一物一码"。物料主数据模型示例如图 6-3-7 所示。

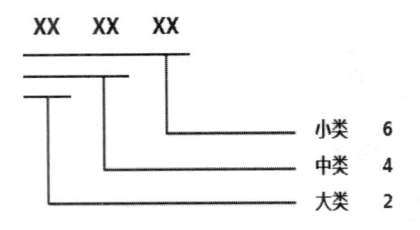

图 6-3-6 物料分类示例

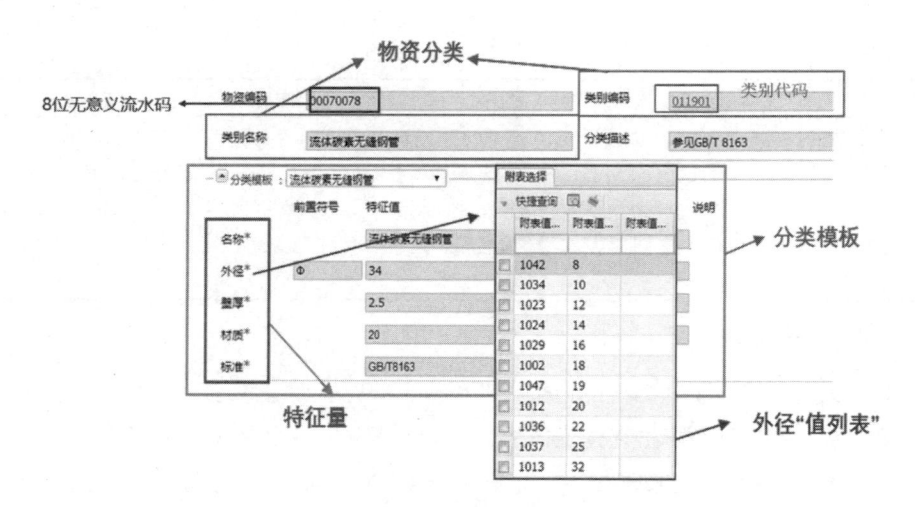

图 6-3-7 物料主数据模型示意

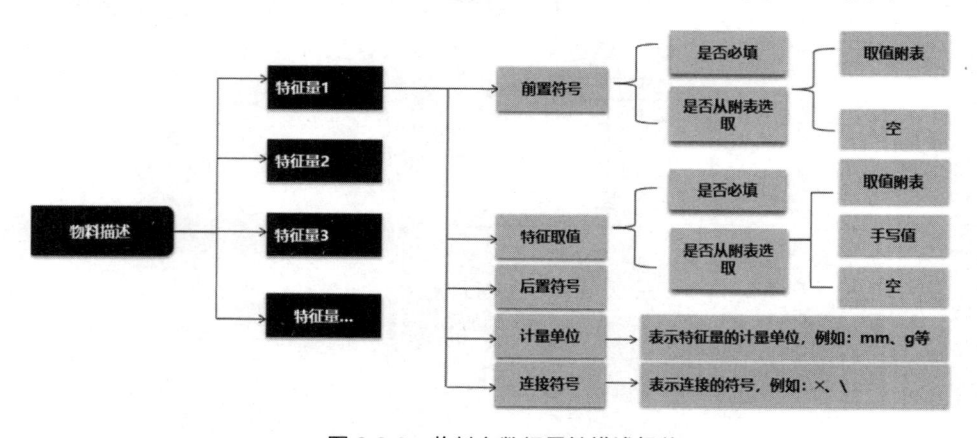

（3）主数据属性描述规范。

主数据属性描述规范是指对某一类主数据命名规则的定义，目的在于解决主数据属性描述的规范化问题，包括自然属性、取值范围和相互关系的确定。主数据属性描述规则主要由特征量及特征量相关关系（如连接符、前置符、后置符等）组成。主数据的属性可以分为基本属性、特征属性、业务属性。

以物料主数据为例，物料主数据属性描述规范支持对数据元（也就是前文提到的特征量组成，每个特征量都由前/后置符号、特征取值、计量单位、连接符号组成。在这里特征量被叫作"数据元"）的规则定义，包括取值范围、计量单位、前/后置符号、取值附表、同名词库、校验方式等多种组合方式，并设定了变更和维护属性内容，如图 6-3-8、图 6-3-9 和图 6-3-10 所示。

图 6-3-8 物料主数据属性描述规范

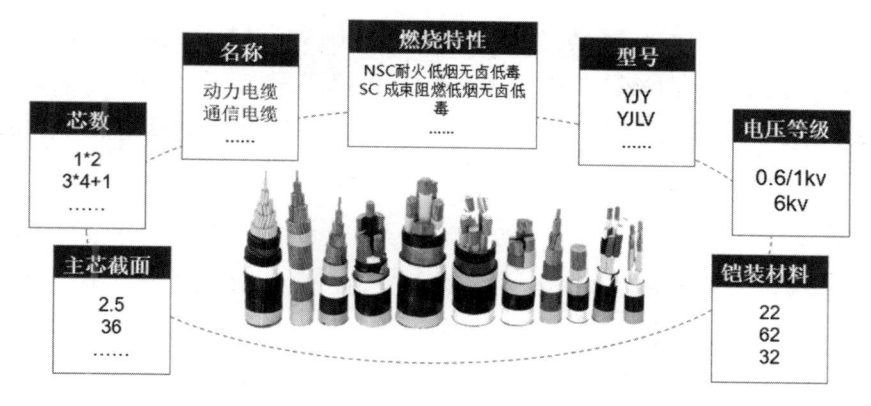

图 6-3-9 物料描述范例

类别代码	类别名称	特征量序号	特征量名称	前置符号	前置是否可空	是否可填	是否必选	是否数字	是否使用取值上下限	后置符号	后置是否可空	计量单位	连接符号
190902	1kV交联电力电缆	10	名称		是	是	是	否	否		是		\
190902	1kV交联电力电缆	20	阻燃特性		是	是	是	否	否		是		-
190902	1kV交联电力电缆	30	型号		是	是	是	否	否		是		-
190902	1kV交联电力电缆	40	铠装材料		是	是	是	否	否		是		空格;-
190902	1kV交联电力电缆	50	电压等级		是	是	是	否	否		是	kV	空格
190902	1kV交联电力电缆	60	主芯数		是	是	是	否	否		是		×
190902	1kV交联电力电缆	70	主芯截面		是	是	是	否	否		是	mm2	+
190902	1kV交联电力电缆	80	副芯数		是	是	是	否	否		是		×
190902	1kV交联电力电缆	90	副芯截面		是	是	是	否	否		是	mm2	

交联电力电缆\ WDZA- YJLV22- 0.6/1kV 3×4mm² + 1×6mm²
① ② ③ ④ ⑤ ⑥ ⑦ ⑧ ⑨

1	名称	交联电力电缆		6	主芯数	3
2	阻燃特性	WDZA		7	主芯截面	4mm²
3	型号	YJLV		8	副芯数	1
4	铠装材料	22		9	副芯截面	6mm²
5	电压等级	0.6/1kV				

图 6-3-10 物料描述范例

在物料主数据属性描述规范的整理过程需要遵循以下原则。

- 按照物料的自然属性，描述模板的特征量需要尽可能规范和完善。模板的特征量要尽可能设为必填，以及确定必填特征量，尽量避免特征量为空等，对必填特征量建立取值附表。

- 要统一标准、材质等特征量的描述方式。可以引用相应标准的标准号表示特征量，标准中的年份不参与描述。例如"聚四氟乙烯"的描述方式有：PTFE、F4、特氟隆等，需要进行规范，可以统一规范为 PTFE。

（4）主数据模型标准。

主数据提报指南用于明确主数据分类原则、编码规则及描述规则的填写方法。为了规范主数据应用、提高主数据质量、缩短主数据提报和审核周期，需要组织代码审核人员结合业务实际，对主数据的分类原则、描述规则，以及填写主数据条目提报模板时的注意事项进行详细说明，并对审核过程中发现的问题进行归纳和总结，编制主数据提报指南。

（5）主数据提报指南。

主数据模型标准是用于确定数据唯一性的属性集合，通常由一个或多个业务属性、管理属性、技术属性共同构成。这些属性都具备客观性、稳定性和唯一性。例如，一款商品的规格型号、某人的出生日期、企业的统一社会信用代码等，都可以被当作是某一类主数据的某一项描述属性。主数据模型标准建设随着业务标准的建设梳理过程而建立。相对于主数据业务标准建设过程，主数据模型标准建设比较简单。

下面以某企业的外部单位为例来介绍主数据模型，其外部单位主数据模型分为基本视图、银行视图和权限视图，具体介绍如下。

①外部单位基本视图。

外部单位基本视图的数据模型如表 6-3-3 所示。

表 6-3-3　外部单位基本视图的数据模型

序号	字段名称	类型	是否必填	编辑/选择	选项值列表	备注
1	单位代码	VARCHAR2(50)	Y	系统自动生成		
2	单位全称	VARCHAR2(500)	Y	手工输入		
3	单位简称	VARCHAR2(500)	N	手工输入		
4	英文全称	VARCHAR2(500)	N	手工输入		
5	英文简称	VARCHAR2(500)	N	手工输入		
6	单位性质	VARCHAR2(10)	Y	只选	1 企业 2 政府机关 3 事业单位 4 军队 5 外国企业 6 个人 7 其他	
7	是否三证合一	VARCHAR2(10)	Y	只选	0: 否 1: 是	

续表

序号	字段名称	类型	是否必填	编辑/选择	选项值列表	备注
8	统一社会信用代码	VARCHAR2(20)	Y/N	手工输入		
9	工商注册号	VARCHAR2(20)	Y/N	手工输入		
10	税务登记证号	VARCHAR2(20)	Y/N	手工输入		
11	组织机构代码	VARCHAR2(20)	Y/N	手工输入		
12	个人有效证件号	VARCHAR2(50)	Y/N	手工输入		如果是中国人,则填身份证号码,否则填护照号
13	国家	VARCHAR2(10)	Y	只选		从通用基础主数据中选取
14	省份/直辖市	VARCHAR2(10)	Y/N	只选		从通用基础主数据中选取,当"国家"为中国时,该字段必填必选
15	城市	VARCHAR2(10)	Y/N	只选		从通用基础主数据中选取,当"国家"为中国时,该字段必填必选
16	法人姓名	VARCHAR2(100)	N	手工输入		
17	注册地址	VARCHAR2(500)	N	手工输入		
18	邮政编码	VARCHAR2(100)	N	手工输入		
19	电话号码	VARCHAR2(100)	N	手工输入		
20	传真号	VARCHAR2(100)	N	手工输入		
21	电子邮箱	VARCHAR2(100)	N	手工输入		
22	备注	VARCHAR2(500)	N	手工输入		

②外部单位银行视图。

外部单位银行视图的数据模型如表 6-3-4 所示。

表 6-3-4 外部单位银行视图的数据模型

序号	字段名称	类型	是否必填	编辑/选择	选项值列表	备注
1	银行账号	VARCHAR2(50)	Y	手工输入		
2	开户名称	VARCHAR2(100)	Y	手工输入		
3	银行名称	VARCHAR2(100)	N	只选		
4	分行名称	VARCHAR2(100)	Y	只选		

续表

序 号	字段名称	类 型	是否必填	编辑/选择	选项值列表	备 注
5	分行行号	VARCHAR2(20)	Y	只选		
6	银行国家	VARCHAR2(10)	Y	只选		来源于通用基础类主数据
7	省份	VARCHAR2(10)	Y	只选		来源于通用基础类主数据
8	城市	VARCHAR2(10)	Y	只选		来源于通用基础类主数据

③外部单位权限视图。

外部单位权限视图的数据模型如表 6-3-5 所示。

表 6-3-5　外部单位权限视图的数据模型

序 号	字段名称	类 型	是否必填	编辑/选择	选项值列表	备 注
1	内部单位代码	VARCHAR2(20)	Y			来源于主数据内部单位
2	创建时间	VARCHAR2(20)	Y			

2. 主数据管理标准

主数据管理需要有配套的管理标准及标准体系保驾护航:

- 通过主数据管理组织进行统一领导。
- 确定主数据指导思想、目标和任务,协调解决与主数据管理相关的重大问题。
- 需要明确主数据标准化的归口管理部门,负责对数据标准化的统一规划、综合管理。
- 通过配套的主数据相关组织与制度、流程、模板、应用管理和评价,为主数据管理保驾护航。

主数据管理标准包括主数据管理组织与制度、主数据管理流程、主数据应用管理、主数据管理评价等,如图 6-3-11 所示。

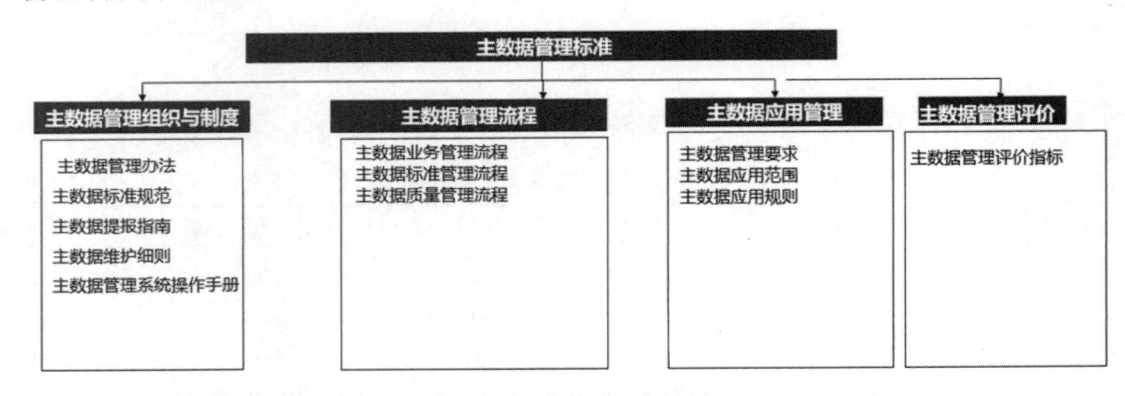

图 6-3-11　主数据管理标准

主数据管理标准为主数据管理工作的开展提供了有效的依据和指导，是主数据管理与运营的重要保障。

（1）主数据管理组织。

主数据管理组织主要包括企业内各类主数据的管理组织架构、运营模式、角色与职责规划。通过组织体系规划可以建立明确的主数据管理机构和组织体系，落实各级部门的职责和主数据管理组织与人员。

典型的主数据管理组织主要包含以下三层组织架构。

①决策层：设立主数据领导小组，一般由企事业单位信息化领导小组成员组成，对主数据标准化工作进行统一领导，确定指导思想、目标和任务，协调解决标准化相关的重大问题。

②管理层：在领导小组的统一领导下，按照"归口管理，分工负责"的原则，设立主数据联合工作组。该工作组为常设组织，主要由主数据管理办公室、业务组和技术组共同组成。

- 主数据管理办公室设在数据管理部门（或者信息部门）下面，是主数据标准化的归口管理部门，负责对主数据标准化工作的统一规划、综合管理，负责监督、检查、统一发布主数据标准，负责标准的培训、宣传及贯彻等工作。
- 业务组由职能部门中的相关业务专业人员组成，负责主数据标准的需求收集、标准制定、标准审核、应用情况监督及检查等工作。
- 技术组由信息部门中的技术人员组成，负责日常运维和技术支持，与业务组一起负责提出主数据标准制定或修订的技术方案，负责标准在各业务系统中的应用和贯彻。

③执行层：由企业总部和下属企业中的专职及兼职主数据管理员组成。负责主数据标准在本单位的贯彻落实、应用检查工作；负责本单位主数据需求的收集、审核、提报工作；负责本单位主数据标准的培训、宣传及贯彻和日常维护等工作。

（2）主数据管理制度。

主数据管理制度规定了主数据管理工作的内容、程序、章程及方法，是主数据管理人员的行为规范和准则，其中主要包含各种管理办法、规范、细则、手册等。

可参考的主数据管理制度主要包含：

- 《主数据管理办法》
- 《主数据标准规范》
- 《主数据提报指南》

- 《主数据维护细则》
- 《主数据管理系统操作手册》

（3）主数据管理流程。

主数据管理流程是提升主数据质量的重要保障。通过梳理主数据维护及管理流程，建立符合企业实际应用情况的管理流程，可以保证主数据标准得到有效执行，实现对主数据的持续性长效治理。

主数据管理流程主要包含以下 3 个方面的内容。

- 主数据业务管理流程：对主数据的申请、校验、审核、发布、变更、冻结、归档等进行全生命周期管理，满足企业对主数据在企业中深入应用的不同管理需求。
- 主数据标准管理流程：通过对主数据标准的分析、制定、审核、发布、应用与反馈等流程进行设计，保证主数据标准的科学、有效、适用。
- 主数据质量管理流程：对主数据的创建、变更、冻结、归档等业务过程进行质量管理，设计主数据质量评价体系，实现对主数据质量的量化考核，保障主数据的安全、可靠。

（4）主数据应用管理。

主数据应用管理是保障主数据落地和主数据质量非常重要的一环。主数据应用管理主要包含三部分内容：明确管理要求、实施有效的管理、强化服务保障。

①明确管理要求：制定主数据应用管理制度及规范，可以对主数据的应用范围、应用规则、管理要求和考核标准做出明确的规定，并以此为依据，对主数据应用进行有效管理。

- 应用范围：对每一类主数据都要规定适用范围，在具体应用时必须按照适用范围来执行，对应用中出现的不适用的情况要有应对机制。
- 应用规则：包括数据同步规则、代码映射、归并和转换规则、异常处理规则等，对代码映射、归并和转换规则要有相应的原数据定义和记录。
- 管理要求：包括管理岗位和职责、管理流程、管理指标和考核要求。
- 考核标准：规定主数据应用考核标准，包括覆盖度、准确度、及时性、有效性、安全性等。

②实施有效的管理：主数据应用点多、面广、线长，管理难度很大，要实施有效的管理，就必须要有健全的制度和可行的手段，在关键控制节点重点管理。具体包括以下内容。

- 加强宣传和引导，通过业务主管部门落实好管理职责，要分工明确，责任到人，强化岗位责任制和考核管理，不能有管理死角。
- 要对信息系统建设项目实施主数据专项评审，确保信息系统在主数据应用方面符合管理要求。
- 要进行主数据核验，即对业务环节涉及的主数据进行全面核查，确保主数据在业务环节被有效使用，如有违规，则进行必要的处罚。

③强化服务保障：可以依靠便捷、可靠的主数据服务为主数据应用提供保障，包括主数据查询、主数据同步、主数据申请和主数据调用。有条件的单位可以将主数据服务深入业务流程中，从业务端发起请求，驱动主数据管理和服务，形成主数据管理和应用的有机协同。

（5）主数据管理评价。

主数据管理评价用来评估及考核主数据管理相关责任人职责的履行情况，以及主数据管理标准和主数据政策的执行情况。通过建立定性或定量的主数据管理评价指标，可以提高企业对主数据管理相关责任、主数据管理标准与主数据政策执行的掌控能力。

主数据管理评价指标由数据所有人与数据认责人共同确定，其中会定义一系列的衡量指标和规则：一方面落实和检查主数据的应用情况，另一方面考察和评估主数据管理、主数据标准、主数据质量的执行情况。

为了进一步保障主数据管理工具的成功实施和有效运行，必须做到组织、职能、责任、人员的"四落实"。制定一套涉及主数据管理的各个环节、组织、人员的评价指标体系，可以明确各组织部门的职责与分工，如表6-3-6所示。

表 6-3-6　主数据管理评价指标

序号	考核方向	技术指标	衡量标准
1	及时性	及时率	满足时间要求的数据数/总数据数
2	真实性和准确性	数据真实率	1-数据中失真数据数/总数据数
		有效值比率	1-超出值域的异常值数据数/总数据数
		流转过程失真率	数据传输失真数据数/总数据数
		重复数据比率	重复数据数/总数据数
3	一致性	外键无对应主键的数据比率	外键无对应主键的数据数/总数据数
		主数据一致率	一致的主数据数/主数据总数
4	完整性	字段的空值率	空值数据数/总数据数
		信息完备率	能够获取的指标数/总需求指标数

3. 主数据集成服务标准

主数据集成服务按照下面的原则指导应用集成服务的实施。

- 统一性原则：数据交换与服务工具建设将采用统一的技术架构、统一的规范及标准，保证系统集成服务的实施和应用效果。
- 安全性原则：总体设计和系统实施要充分考虑系统的整体安全性，保证应用安全和数据安全；遵循可靠性的原则，尽可能减少因技术故障而造成业务无法正常运行的现象发生。
- 成熟性原则：选用成熟度高的开发技术和接口技术，选用成熟的、先进的套件产品，规避因技术缺陷带来的风险。
- 先进性原则：充分利用最新的信息技术成果，借鉴国内外信息集成项目的成功经验，采用国际领先的技术，充分考虑未来企业信息化建设的发展趋势，从整体上体现方案的先进性。
- 适应性原则：在设计数据交换与服务工具时，要充分考虑工具对企业业务变化的适应能力，尽可能将业务变化对工具的影响降到最低，通过对工具的简单调整可以实现对业务变化的快速支撑。

主数据集成服务标准包括主数据格式规范、集成技术选择标准、集成技术规范、开发规范、外围系统接入规范等，如图 6-3-12 所示。

主数据集成服务标准

主数据格式规范	集成技术选择标准	集成技术规范	开发规范	外围系统接入规范
● 参数格式 ● 数据类型规范 ● 数据量约束 ● 传输协议	● 主数据集成选型标准 ● 功能集成选型标准 ● 流程集成选型标准 ● 界面集成选型标准	● 主数据集成规范 ● 服务集成规范 ● 流程集成规范 ● 界面集成规范	● 命名规范 ● 需求规范 ● 架构规范 ● 设计规范 ● 实现规范 ● 测试规范 ● 部署规范 ● 管控规范	● 普通源系统接入规范 ● 不对外提供WS源系统接入规范 ● FTP/SFTP协议源系统接入规范 ● 单向系统接入规范 ● 特殊源系统接入规范

图 6-3-12 主数据集成服务标准

（1）主数据格式规范：包含参数格式、数据类型规范、数据量约束及传输协议等。

① 参数格式：原则上，主数据服务的每个操作都应该只有一个输入参数、一个输出参数和一个错误参数。输入参数和输出参数应为 XML 标准格式。考虑到系统中的很多服务并没有按

照这种规范来实现，针对一些公共服务，比如与 HR 相关的服务，则由多个系统调用并获取组织架构、员工信息的服务。为了使服务调用方的改动最小，这部分服务保持原有的方式不变。其余的服务，特别是在系统流程中的服务，则按照此原则进行改造。

另外，如果系统调用的一些服务受到了系统的技术限制，则这些服务保留现状。例如，把 XML 格式参数作为一个 String 格式参数进行传递，然后在程序或总线中进行解析。

②数据类型规范：系统之间的接口在交互时，为避免因数据格式产生不兼容，基本数据类型被统一为字符型和数字型两种。对于日期型数据，一般将其处理为字符型数据，统一日期格式为："YYYY-MM-DD HH24:MM:SS"（例如"2015-01-05 13:30:30"）。日期格式的处理由各个系统的程序分别实现。

在采用 SOAP 方式进行交互时，为了避免因为参数个数变化而引起的代码频繁变更，禁止直接使用基本数据类型的多个参数定义接口，必须将接口整合成"数据实体"对象结构格式来进行交互，对于 SOA 方式的 Web Service 接口的输入参数、输出参数，都要分装成单独的结构。

③数据量约束：在实现系统间的集成时，应当总是优先选择实时、增量的集成方式，尽量避免定时、批量的数据传输。如果确实存在批量数据传输，则按以下原则进行：

- 在批量数据传输的场景下，原则上都采用 Pass-Through 模式进行传输，不在数据交换与服务平台上进行数据格式的转换。
- 在数据同步的场景下，优先考虑使用 JSON 格式（REST 接口），如果使用 XML 格式，则需要注意每次传输的数据量不宜过大，比如在 5MB 以内；超过此范围则需要分批传输，同时对于大数据量的服务在总线上进行并发控制。
- 在数据查询的场景下，优先考虑使用 JSON 格式（REST 接口），如果使用 XML 格式，则需要控制每次返回的记录数；如果用于界面展示，则进行分页控制，即控制每页显示的数据记录数，如 50 条。
- 如果传输的数据量过大，如大于 50MB，则应当采用文件传输的方式，通过 FTP 协议传输；如果文件传输通过因特网，则需要对文件进行压缩处理，由后端程序进行解压。

④传输协议：基于主数据系统跟目标系统的交互场景，传输数据的频率大小采用以下的传输协议策略：

- Web Service（HTTP/HTTPS）原则上不应该发送或接收大小超过 1MB 的数据，如果数据大小超过 1MB，则应该使用诸如 FTP、JMS 的传输协议。

- 对于跨系统的事务处理集成，优先考虑使用消息/事件的处理方式，如 JMS 协议，确保系统之间松耦合。
- 对于数据量大，并且业务信息不需要及时反馈的情况，一般使用异步处理方式，通过 File、FTP 协议进行集成。

（2）集成技术选择标准：包含主数据集成选型标准、功能集成选型标准、流程集成选型标准、界面集成选型标准。

集成技术选择需要考虑到不同类主数据的实际情况，例如：

- 集成系统接口传输的数据量小于 1MB，则考虑使用 Web Service；数据量在 1~10MB，则考虑使用 ETL 工具；数据量在 10MB 以上，则优先考虑使用 OGG，其次考虑使用文件传输。
- 系统的集成优先考虑使用 Web Service/Restful 接口，其次考虑使用数据库层面集成，最后考虑使用其他集成方式。
- 集成系统优先考虑实时集成，其次考虑定时轮询。
- 当数据发布量较小时，可采用订阅方式，否则建议采用 ETL 工具。
- 针对集成系统接口数据量小且定时同步的情况，统一通过 ESS 进行调度。

（3）集成技术规范：包含主数据集成规范、服务集成规范、流程集成规范、界面集成规范。

考虑到主数据集成方式，各种集成技术的适用场景如下：

- JMS 消息：集成异步应用系统。
- Web Service/Restful：集成任何提供 Web Service 接口的异构系统。
- 文件/FTP/SFTP/E-mail：松耦合集成完全封闭的私有系统。
- JDBC：直接集成数据库中的数据。
- MQ / Tibco EM：集成第三方专用软件。
- Tuxedo：集成 Tuxedo 开发的软件。

（4）开发规范：包含命名规范、需求规范、架构规范、设计规范、实现规范、测试规范、部署规范、管控规范。

（5）外围系统接入规范：包含普通源系统接入规范、不对外提供目标（WS）源系统接入规范、FTP/SFTP 协议源系统接入规范、单向系统接入规范、特殊源系统接入规范等。

对于 FTP/SFTP 协议源系统接入规范，由于目标源系统的特殊性和局限性，致使系统只能使用 FTP/SFTP 协议与外围系统进行对接，因此其只能采用 FTP/SFTP 的方式进行集成，没有其他的集成方式可以选择。

6.3.4 主数据标准的制定及贯彻

主数据标准制定过程包括需求阶段、制定阶段、征求意见阶段、评审发布阶段及最终的贯彻执行阶段，其中各个阶段都是关键步骤，是必不可少的环节。

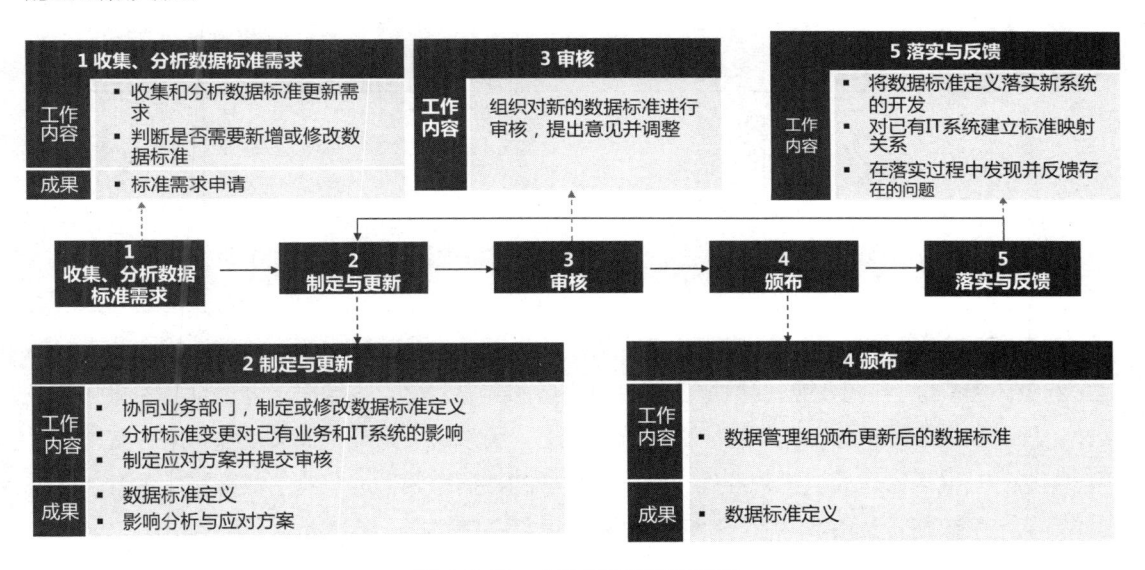

（1）主数据标准制定过程。

主数据标准制定是一个漫长又复杂的过程，也是一个制度与人员协同配合的严密过程（见图 6-3-13）。主数据标准制定流程指导主数据标准的制定、实施的过程，是实现高效主数据管理的基础和关键。

1 收集、分析数据标准需求		3 审核		5 落实与反馈	
工作内容	▪ 收集和分析数据标准更新需求 ▪ 判断是否需要新增或修改数据标准	工作内容	组织对新的数据标准进行审核，提出意见并调整	工作内容	▪ 将数据标准定义落实到新系统的开发 ▪ 对已有IT系统建立标准映射关系 ▪ 在落实过程中发现并反馈存在的问题
成果	▪ 标准需求申请				

```
1 收集、分析数据标准需求 → 2 制定与更新 → 3 审核 → 4 颁布 → 5 落实与反馈
```

2 制定与更新		4 颁布	
工作内容	▪ 协同业务部门，制定或修改数据标准定义 ▪ 分析标准变更对已有业务和IT系统的影响 ▪ 制定应对方案并提交审核	工作内容	▪ 数据管理组颁布更新后的数据标准
成果	▪ 数据标准定义 ▪ 影响分析与应对方案	成果	▪ 数据标准定义

图 6-3-13 主数据标准制定过程

（2）主数据标准贯彻策略。

在企业中贯彻主数据标准能够让企业对各类主数据进行统一管理，解决各应用系统中基础数据统一的问题，打破各个异构系统之间的信息壁垒，进一步强化企业的基础数据管理，为企业的业务运作提供实时、准确、有效的数据信息。通常有 3 种主数据标准贯彻策略，具体介绍如表 6-3-7 所示。

表 6-3-7　主数据贯标策略

策　略	标准贯彻效果	优　点	缺　点	适用条件	主要工作内容
策略一：完全一致贯彻标准。即所有系统采用同一套标准代码	各系统数据完全一致	（1）数据完全一致，为后续业务数据查询、统计分析奠定基础；（2）满足集中集成要求，辅助决策提供支撑	（1）贯彻标准投入大，对现有业务系统冲击和影响较大；（2）贯彻标准前后业务数据不连续	（1）年底财务年结完成后；（2）新系统改造上线；（3）业务人员成熟度高	（1）新旧编码转换；（2）人员培训；（3）未结业务清理，包括库存盘点、财务结转、合同改签等
策略二：映射策略贯彻标准。即原有系统代码不变，采用与集团标准代码对照的方式	各系统数据不一致，但映射对照关系清楚	（1）对现有系统业务冲击较小；（2）贯彻标准阻力小；（3）基本能满足常规的统计和分析要求	存在两套以上的代码，维护工作量较大，容易出错	系统有富余字段存放映射信息	（1）增加映射字段，维护映射信息；（2）统计分析报表中增加对照列
策略三：择机贯彻标准。即相对独立的业务系统暂时不动，择机贯彻标准	部分相对独立的业务系统维持现状，各系统数据存在不一致的情况	对现有系统无影响	部分业务系统信息代码不一致	业务孤立的异构系统，没有业务集成和数据交换需求；短期内系统要被改造或替代	无

主数据及主数据管理是企业数字化转型的坚实根基，是企业数据资产管理的核心。主数据是企业中具备高业务价值的重要数据资产。与海量的数据相比，主数据描述了企业的核心业务实体，承载了企业的核心业务流程，它可以跨业务、跨系统、跨部门地被重复利用，其重要性不言而喻。主数据管理通过构建准确、唯一、权威的数据来源形成企业主数据管理体系，进一步提高了企业数据质量和数据资产价值，全面增强了企业的核心竞争力。

6.4　数据元

6.4.1　数据元概念

数据元是通过定义、标识、表示及允许值等一系列属性描述的数据单位，在特定的语义环境中被认为是不可再分的最小数据单位。数据元一般由对象类、特性和表示组成。

- 对象类：指思想、概念或真实世界中的事物的集合，它们具有清晰的边界和含义，其特征和行为遵循同样的规则，人们希望研究、搜集和存储它们的相关数据，例如车、人、房屋、订单等。
- 特性：指对象类中所有成员共同具有的有别于其他对象类的显著的特征，是人们用来区分和描述对象的一种手段，例如颜色、性别、收入、年龄、地址等。
- 表示：指描述数据被表达的方式，其与数据元的值域关系密切，即数据元所有允许值的集合。例如"个人所得税"数据元，它的值域可以是一系列非负整数（带有货币单位），这是一种非枚举型值域；而"个人所得税比率"数据元对收入进行了分段，并给每一分段赋予一个比率，它的值域就是这些比率的集合，这是一种枚举型值域。

数据元的结构模型如图 6-4-1 所示。

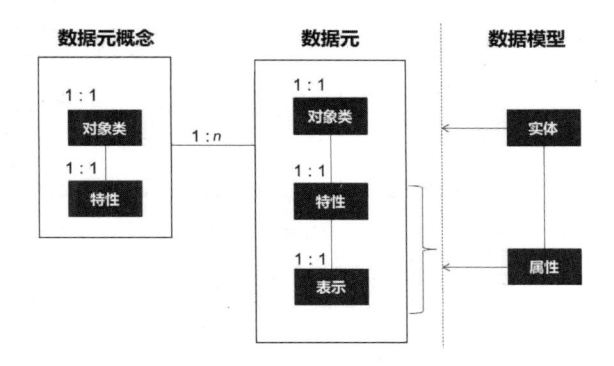

图 6-4-1　数据元的结构模型

当一个表示被关联到一个数据元概念时就能够产生一个数据元。如图 6-4-1 所示，数据元和数据元概念之间存在多对一的关系，也就是一个数据元必须要有一个数据元概念，而一个数据元概念可以对应多个数据元，换句话说，多个数据元可以共享一个数据元概念。

数据元需要并且只能有一个表示。当数据元的概念相同而表示不同时，就是两个不同的数据元。数据元的表示是描述数据元概念的特性的表达方式，也就是说在数据元中，特性都具有且只有一个表示。在数据元概念中，对象类和特性之间是一对一的关系，一个对象类需要且只需要一个特性（或者特性类），一个特性只描述一个对象类，当一个特性和一个对象类建立关联时就产生了一个数据元概念。与同一实体关系类的数据模型相比，数据模型中的实体相当于数据元中的对象类，而实体的属性相当于数据元中的特性和表示。

6.4.2　数据元描述

数据元的表示规范是通过描述数据元的一系列属性来实现的。这些属性实际上是数据元的元数据。数据元通常包括以下 6 个基本属性。

（1）标识类属性：描述数据元标识的属性。

- 中文名称：赋予数据元的单个或多个中文字词的指称；
- 英文名称：赋予数据元的单个或多个英文字词的指称；
- 中文全拼：数据元中文名称的汉语拼音；
- 内部标识符：在一个注册机构内由注册机构分配的、与语言无关的数据元唯一标识符；
- 版本：在一个注册机构内的一系列逐渐完善的数据元规范中，某个数据元规范发布的标识；
- 注册机构：经部门授权对数据元实施注册、维护和管理功能的组织；
- 同义名称：一个数据元在应用环境下的不同称谓；
- 语境：产生或使用数据元的应用环境或应用规程的说明。一个语境可以是一个业务领域、一个信息系统、一个数据库、一个文件或一个数据模型等，也可以是它们的组合。

（2）定义类属性：描述数据元定义方面的属性。

- 定义：表达一个数据元的本质特性并使其区别于其他数据元的陈述；
- 对象类词：数据元名称成分之一，表达了该数据元所属事物或概念的集合；
- 特性词：数据元名称成分之一，表达了该数据元所属对象类的某个显著的、有区别的特征；
- 应用约束：数据元在实际应用中的相关约束。

（3）关系类属性：描述各数据元之间的关联关系和（或）数据元与模式、数据元概念、对象、实体之间的关联属性。

- 分类方案：根据对象的共性（如来源、构成、结构、应用、功能等）将其排列或分组；
- 分类方案值：一个分类方案中的某一分类的代码；
- 关系：对当前数据元与其他相关数据元之间的关系的描述。

（4）表示类属性：描述数据元表示方面的属性。

- 表示词：数据元名称成分之一，表达了该数据元值域的表示形式；
- 数据类型：用于表示数据元的符号、字符或其他表示的类型；
- 数据格式：从业务的角度规定了数据元值的格式需求，包括所允许的最大和（或）最小字符长度、数据元值的表示格式等；
- 值域：根据相应属性中所规定的数据类型、数据格式而决定的数据元的允许值的集合；
- 计量单位：属于数值型的数据元值的计量单位。

（5）管理类属性：描述数据元管理与控制方面的属性。

- 状态：数据元在其注册的全生命周期内所处状态的标识；
- 提交机构：提出对数据元进行增加、变更（导致版本变更）或废止的组织或组织内的部门；
- 批准日期：数据元进入"标准"阶段的日期。

（6）附加类属性：在上面未能详细描述的其他属性。

- 备注：数据元的附加注释。

6.4.3 数据元标准

数据元标准是通过对数据元的中文名称、英文名称、定义、对象类词、特性词、表示词、数据类型、数据格式等进行规范化，为实现各部门之间的信息共享和交换发挥重要的作用，同时也方便其他部门使用本部门的数据。

数据元标准能够最大限度地消除因对数据的命名、描述、分类和编码不一致所造成的混乱现象，为数据采集、处理、统计和检索提供了方便，使复杂的信息处理工作系统化、规范化、简单化，保证了信息的准确性、有效性和一致性，推动了各部门之间的数据交换与共享。

数据元标准一般包括以下内容，如图 6-4-2 所示。

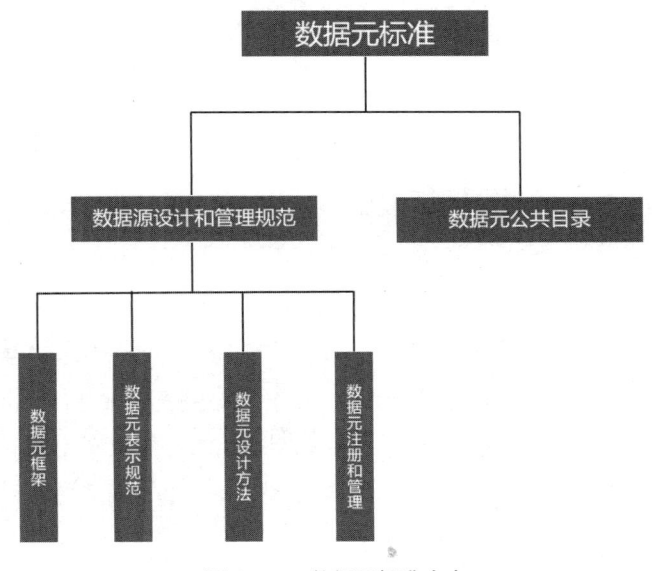

图 6-4-2　数据元标准内容

（1）数据元设计和管理规范。

数据元设计和管理规范主要阐述了数据元的设计和管理的方法论，具体包括数据元框架、数据元表示规范、数据元设计方法、数据元注册和管理。

- 数据元框架：对数据元进行整体的介绍和描述，对基本概念和术语进行定义和阐述，协调数据元其余各部分之间的关系，以及规定数据元其余各部分的功能和作用。
- 数据元表示规范：对数据元的所有属性进行一系列详细、可行的规定，以便形成一个完整、规范的数据元。
- 数据元设计方法：从数据元的提取及分析方法、分类规则、命名规则、标识符分配规则及定义的编写规则等方面，说明如何设计一个符合规范的数据元。
- 数据元注册和管理：对如何建立注册机构、如何提交数据元、如何对数据元进行维护和管理做出一系列的规定。

（2）数据元公共目录。

数据元公共目录中收录了依照数据元设计和管理规范制定的数据元。依据企业建设的具体需求，可以配套制定数据元、数据元值域代码和数据集标准。

- 数据元标准规范了基础数据单元；
- 数据元值域代码标准规范了一个或多个数据项的允许值；
- 数据集标准规范了各种属性和特征的数据集合。

这 3 类标准配套使用。

6.4.4 数据元使用

在使用数据元时，可以有以下两种方式。

（1）直接使用：可以直接使用数据元来开展数据库或信息交换格式的设计。例如，"联系电话""居民身份证号码"等数据元可以直接使用。

（2）派生使用：不同部门根据自身的业务特点，可以对数据元中的对象类词或特性词进行限定，生成新的数据元。例如，对于数据元"姓名"，可以将其扩展为"献血人姓名""复核人姓名"等。需要注意的是，派生后的数据元与原数据元相比，在定义、数据类型、数据格式、值域等属性上不能出现矛盾的现象。

以下给出政务、金融领域的数据元描述示例。

1. 政务领域

GB/T 19488.2—2008《电子政务数据元 第 2 部分：公共数据元目录》中给出了政务领域的数据元属性描述，描述属性包括中文名称、内部标识符、英文名称、中文全拼、定义、对象类词、特性词、表示词、数据类型、数据格式、值域、同义词、关系、计量单位和备注等。政务领域的数据元属性描述示例如表 6-4-1 所示。

表 6-4-1　政务领域的数据元属性描述示例

描述属性	示　　例
中文名称	姓名
内部标识符	01001
英文名称	name
中文全拼	xing-ming
定义	在户籍管理部门正式登记注册，以及人事档案中正式记载的姓氏名称
对象类词	人
特性词	姓名
表示词	名称
数据类型	字符型
数据格式	—
值域	—
同义词	—
关系	—
计量单位	—
备注	汉字表示的姓名中间不应存在空格

2. 金融领域

JR/T 0027—2006《征信数据元 数据元设计与管理》中给出了金融领域的数据元属性描述，属性描述包括中文名称、英文名称、内部标识符、定义、关键字、关系类型、数据类型、数据格式、值域、计量单位、备注等。金融领域的数据元属性描述示例如表 6-4-2 所示。

表 6-4-2　金融领域的数据元属性描述示例

属性描述	示　　例
中文名称	信用卡授信额度
英文名称	Credit Limit of Credit Card
内部标识符	11002
定义	金融机构为客户所持信用卡核定的信用额度
关键字	授信

续表

属性描述	示例
关系类型	—
数据类型	数字型
数据格式	0,10
值域	—
计量单位	元
备注	个人征信业务中所授的信用卡包含贷记卡和准贷记卡

6.5 数据标签

数据标签是打通数据和应用数据的重要方法，建立数据标签标准，可以为全面实现组织内的数据流通奠定重要的基础，也是让数据要素发挥作用的基本条件。

6.5.1 数据标签建设背景

标签是一种用来描述业务实体特征的数据形式。通过用标签对业务实体进行刻画，可以从多个角度反映业务实体的特征。比如对用户进行刻画时，包括性别、年龄、地区、兴趣爱好、产品偏好等角度。

在日常工作中经常会碰到的业务实体包括用户、商品、商户等，相应的标签分别被称为用户标签、商品标签和商户标签。为什么要用标签来刻画业务实体呢？

通常和每种业务实体相关的数据非常多且结构复杂。以用户来说，相关的数据包括用户基本属性、网站访问行为、购买行为、设备数据、评论数据等。其中用户基本属性、购买行为等属于结构化数据；网站访问行为、评论数据则属于半结构化数据。这些数据被分布在许多的表或文件中，以及被存放在许多的分析型系统中，也就是我们常说的数据仓库、大数据平台等。这类系统强调的是如何管理海量的数据，如何梳理清楚数据之间的关系，如何提高用户的分析和挖掘效率。使用这些数据的过程是比较复杂的，主要用于数据分析和挖掘，需要较高的技术门槛。

当把数据应用到实际业务场景时，需要在应用系统中调用数据。与分析型系统不同的是，应用系统更强调系统的运行效率、系统的稳定性、用户配置的简易程度等方面。因此，不能把分析型系统中的大规模、结构复杂的数据直接搬到应用系统中，而是需要采用更简单的数据结构——数据标签就是其中一种。

数据标签具有以下几个特点：

（1）数据标签结构极其简单，所有的数据标签都围绕业务实体一字排开，数据标签之间相互独立，非常容易管理。

（2）数据标签在分析型系统中产生，再被导入应用系统中使用。无论数据标签的计算逻辑和计算过程多么复杂，都不影响数据标签在应用系统中具有极高的访问效率。

（3）通过对不同的数据标签进行简单的操作，便可进行数据筛选和分析。例如，通过性别、年龄和地区等数据标签筛选出具有不同特征的客户群，再通过其他数据标签分析该客户群，便可得到该客户群的画像。整个操作过程非常简单，不需要用户具有过多的 IT 技能，特别适合业务用户操作，极大地提高了数据的使用效率。

（4）数据标签作为一种清洗后的数据，可以直接作为机器学习模型训练时的输入数据，减少建模的数据准备时间。

正是因为这些特点，数据标签得到了大规模的使用，不少企业中有上百个或上千个数据标签，大型互联网公司的数据标签数量更是达到了上百万个。

6.5.2 数据标签建设原则

数据标签的建设包括以下原则。

- 原则一，放弃大而全的框架，以业务场景倒推数据标签需求；
- 原则二，数据标签生成自助化，以提高效率和沟通成本；
- 原则三，要有有效的数据标签管理机制。

接下来将分别解释为什么会提炼出这三个原则，以及它们分别用于解决什么问题？

1. 关于原则一

由于每家企业的产品人员、运营人员、商务人员对数据标签的诉求有较大的差异，同时不同的运营团队之间的诉求也存在较大的差异，大而全的数据标签框架实际是站在用户视角搭建的，但是数据标签的真正应用者是业务方，所以应该从业务视角来搭建。最佳的数据标签建设方式应该是放弃顶层的用户视角，针对各业务线或部门的诉求和实际的应用场景，分别将数据标签聚类起来提供给相应的部门。

2. 关于原则二

（1）数据标签生成的自助化能够让沟通成本降至最低。

前面讲到各业务线对数据标签的定义、理解都不同，需要数据标签系统建设团队花费大量的时间用于沟通。如果能够让业务方自己定义规则，则这必然可以使沟通成本降到最低。

（2）数据标签生成的自助化、可重复修改的规则，能够减少无效数据标签的堆积。

企业的业务一直在发展，如果规则一成不变，则很难跟上业务的变化节奏。曾有一家电商企业发现其半年前定义的"工业用气客户群"的转化率一直在降低，因此，他们根据实际情况重新修改和定义了"工业用气客户群"规则，并命名为"工业用气客户群（新）"，此时之前的规则是无效的，且会一直占据计算资源……诸如此类，如果数据标签规则可以重复修改，那么这一类无效数据标签就会大量消失。

（3）释放团队人力，发挥业务团队的想象力。

数据标签建设团队应该将较多的精力花在企业的整个数据中台或新业务模型方面，而不是花在处理各业务线的数据标签诉求和维护数据标签方面，自动化的数据标签生成能够极大地节省人力和释放团队的想象力。

3. 关于原则三

（1）规则及元信息维护。

数据标签相关的规则和元信息要尽可能地暴露给使用者，让使用者在使用的时候，能清楚知道数据标签的规则是什么、创建者是谁、维护者是谁、数据标签的更新频率等，而不是没有规则，或者只是将规则保存在数据标签建设团队内部的一个 Word 文档中。

（2）调度机制及信息同步。

数据标签之间会有一些关联，当数据标签之间的关联链条断裂时，需要有一个调度机制或者信息同步机制让员工的工作不被影响。

（3）高效、统一的输出接口。

数据标签系统建设将企业所有的业务信息和用户数据信息汇总在一起，并设有统一的输出接口，改变了之前需要针对不同的业务系统开发不同接口的情况。

当回顾数据标签建设的三个原则时，其在本质上解决了价值、手段、可持续性三个方面的问题：

- 以业务场景倒推数据标签需求，实现了以"让业务方用起来"为最终目标，让数据标签系统的价值得以实现。

- 数据标签生成自助化解决的是企业用什么手段去实现价值。
- 有效的数据标签管理机制，意味着一套数据标签体系能否可持续性地在一家企业里运作下去。

总之，对企业来说，最重要的是一套数据标签系统能不能在业务上用起来，能不能覆盖更广泛的需求，而不是一个大而全的框架。

6.5.3 数据标签分类

在按业务需求梳理了业务数据后，可以继续按照业务产出对象的属性来对得到的数据标签进行分类，这样可以达到以下目的：

（1）方便管理数据标签，便于维护和扩展；

（2）可以清晰展示数据标签之间的关联关系；

（3）为数据标签建模提供子集，可以方便独立计算某个数据标签下的属性偏好或者权重。

在梳理数据标签分类时，应尽可能按照 MECE 原则（即 Mutually Exclusive Collectively Exhaustive，中文意思是"相互独立，完全穷尽"。也就是对于一个重大的议题，能够做到不重叠、不遗漏地分类，而且能够借此有效把握问题的核心，并解决问题），每一个子集的组合都要能覆盖父集的所有数据。此外，将数据标签的深度控制在四级比较合适，方便管理。如表 6-5-1 所示是某个行业的数据标签的分类示例。

表 6-5-1 数据标签的分类示例

一级标签	二级标签	三级标签	四级标签（标签实例）	规则定义	标签类型
人口属性	基本信息	性别	性别-男	系统标注	事实标签
			性别-女	系统标注	事实标签
			性别-未知	系统标注	—
		年龄	年龄-XX 岁	系统标注	事实标签
		生日	生日-XX	实名认证获取	事实标签
		星座	星座-XX	根据生日/星座得到	事实标签
行为属性	上网习惯	终端类型	终端类型-Anroid	系统标注	事实标签
			终端类型-iOS	系统标注	事实标签
		活跃情况	活跃情况-核心用户	满足其中条件之一： 1.在过去 30 天内，发生 a 行为至少 3 次 2.在过去 30 天内，发生 b 行为至少 3 次 3.在过去 30 天内，发生 c 行为至少 3 次	模型标签

续表

一级标签	二级标签	三级标签	四级标签（标签实例）	规则定义	标签类型
			活跃情况-活跃用户	满足其中条件之一： 1.在过去30天内，发生a行为1~2次 2.在过去30天内，发生b行为1~2次 3.在过去30天内，发生c行为1~2次	模型标签
			活跃情况-新用户	从未进行与业务相关的操作： 1.行为a 2.行为b 3.行为c	模型标签
			活跃情况-老用户	账号开通以来发生以下行为之一： 1.发生a行为至少1次 2.发生b行为至少1次 3.发生c行为至少1次	模型标签
			活跃情况-流失用户	属于老用户，但不符合以下条件之一： 1.在过去30天时间内，发生a行为1次 2.在过去30天时间内，发生b行为1次	模型标签
			活跃情况-微信48小时活跃粉丝	符合微信活跃粉丝条件：在48小时内进行以下操作： 1.新关注粉丝 2.点击自定义菜单 3.发送消息 4.扫描二维码 5.支付成功 6.用户维权	事实标签
用户分类	人群属性	年龄阶段	年龄阶段-"80后"	出生时间:1980—1989	事实标签
			年龄阶段-"90后"	出生时间:1990—1999	事实标签
		地区分布	地区分布-××	选择城市	事实标签
商业属性		电商业务	购买频度-高频用户	在过去12月内，累计订单数超过23笔	模型标签
			购买频度-中频用户	在过去12月内，累计订单数为5~23笔	模型标签
			购买频度-低频用户	在过去12月内，累计订单数小于5笔且大于0笔	模型标签
			购买频度-新用户	至今累计订单数为0笔	模型标签
		支付	支付频度-高频用户	在过去30日内，累计支付笔数大于150笔	模型标签
			支付频度-中频用户	在过去30日内，累计支付笔数为20~150笔	模型标签
			支付频度-低频用户	在过去30日内，累计支付笔数小于20笔且大于0笔	模型标签

续表

一级标签	二级标签	三级标签	四级标签（标签实例）	规则定义	标签类型
			支付频度-新用户	至今支付笔数为 0 笔	模型标签
			消费订单比例-消费狂	消费订单比例高于 60%或在过去 30 日内消费订单超过 30 笔	模型标签
			消费订单比例-消费达人	消费订单比例达到在 20%~60%或在过去 30 日内消费订单为 10~30 笔	模型标签
			消费订单比例-普通者	消费订单比例低于 20%或在过去 30 日内消费订单低于 10 笔	模型标签
		充值	充值-充值新用户	至今未充过值	模型标签
			充值-土豪	在过去 12 个月内，累计充值超过 1500 元	模型标签
			充值-充值大户	在过去 12 个月内，累计充值在 200~1500 元	模型标签
			充值群众	在过去 12 个月内，累计充值低于 200 元	模型标签
		优惠券	优惠券-敏感度高用户	在过去 6 个月，优惠券使用率超过 50%	模型标签
			优惠券-敏感度中用户	在过去 6 个月，优惠券使用率在 10%~50%	模型标签
			优惠券-敏感度低用户	在过去 6 个月，优惠券使用率低于 10%	模型标签
		积分值	积分-等级高用户	积分值超过×××分	模型标签
			积分-等级中用户	积分值在×××~×××分	模型标签
			积分-等级低用户	积分值低于×××分	模型标签

数据标签分类的目的是方便用户查找数据标签。数据标签分类的方式有很多，大致可以分为：按生成方式分类、按业务主题分类、按技术特性分类、按使用情况分类。并且考虑到同一个数据标签有可能同时隶属于不同的分类，则可以从两个层面对数据标签进行管理：一是物理层面的管理，二是逻辑层面的管理。

建立一个完整的数据标签体系需要注意以下 4 点：

- 首先需要了解数据标签的获得形式；
- 其次要清楚业务形态，以商业目的出发，汇集数据标签；
- 第三是对数据标签池进行分类和定义；
- 第四是需要对数据标签进行维护及更新。

数据分类是企业中数据分级和实体分类的基础；指标数据标准为企业中的科学决策、经营管理、生产运营提供了端到端的价值链条；主数据是企业中核心、基础的数据实体，为业务交易提供上下文信息；数据标签和数据元是管理和应用数据的基础。对象类数据标准是架构和应用的支撑，只有管理好对象类数据标准，才能更好地促进数据生产要素的价值呈现。

第 7 章 基础类数据标准

基础类数据标准是建立数据标准规范的基石。基础类数据标准包括业务术语、业务规则、命名规范和代码标准。

7.1 业务术语

7.1.1 业务术语概述

因为人们说话用词的习惯不同，故需要以业务术语作为沟通和理解的桥梁。业务术语通常是通过业务术语表来管理的。由于数据代表的是其自身之外的事务，因此对数据要有明确的定义。

业务术语是组织中业务概念的描述，是组织内部理解数据、应用数据的基础，是业务部门和数据部门沟通的桥梁，是统一数据业务含义的关键，业务术语管理是数据标准管理的基础性工作。定义良好的业务术语标准和业务术语字典可以实现对业务术语、元数据的追踪，方便数据治理人员查询使用。在管理方面，企业应逐步形成统一管理的意识，重点关注业务术语的建设和应用，包括建立管理制度、管理流程并发布业务术语标准，并积极推广业务术语的宣贯和应用，促进业务术语的规范化、便捷化应用。在技术方面，通过数据管理平台，企业可以对业务术语进行统一归集、发布、查询和应用，确保在企业全局形成对核心业务概念的统一定义和使用。

通过编制企业级的业务术语标准管理办法明确业务术语的命名规范、相关人员的职责以及应用原则等，建立集团信息标准系统对全行数据标准进行统一管理，定期组织相关培训以确保相关人员对组织内业务术语的理解一致。

此外，许多组织会使用个性化的内部词汇，业务术语表是在组织内部共享词汇的一种方式。因此，业务术语表的定义必须清晰、措辞要严谨，并解释任何可能的例外、同义词或者变体。业务术语表的批准人要包括来自核心用户组的代表。

7.1.2 业务术语表的作用

业务术语表：通过信息系统、数据集成工具，或者元数据管理中的业务术语管理功能发布企业通用的业务术语定义，经技术人员人认可将其与数据进行关联、管理和使用，疏通业务和技术的认知障碍。

制定业务术语表的目标如下：

- 让组织成员对组织的核心业务概念和术语有共同的理解。
- 降低由于对业务概念的理解不一致而导致数据误用的风险。
- 改进技术资产（包括技术命名规范）与业务组织之间的一致性。
- 最大限度地提高组织的搜索能力，并能够获得记录在案的组织知识。

业务术语表不仅仅是业务术语和定义的列表，其中还包括了每个业务术语同其他有价值的元数据的关联，包括同义词、度量、血缘、业务规则、负责管理业务术语的人员等。

业务术语表是数据治理的核心工具。IT 部门要认可业务术语的定义，并将定义与数据进行关联。制定业务术语表的工具有很多，例如大型 ERP 系统、数据集成工具，或者元数据管理工具的一部分，以及一些独立工具。

制定业务术语表的目的是记录和存储组织的业务概念、术语、定义，以及这些术语之间的关系。业务术语表的搜索便捷性越高，越容易推广使用。但是，术语表最重要的特征是它包含足够完整和高质量的信息。

7.1.3 业务术语表的内容

业务术语表的构建需要满足 3 种核心用户的功能需求：

（1）业务用户（Business Users）：数据分析师、研究分析师、管理人员和使用业务术语表来理解术语和数据的其他人员。年轻的业务人员通过学习、查看整理好的业务术语表，能够更清晰、快速地融入工作中。

（2）数据管理专员（Data Stewards）：数据管理专员使用业务术语表来管理和定义业务术语的生命周期，并通过将数据资产与业务术语表相关联来增强企业知识，例如，将业务术语与业务指标、报告、数据质量分析或技术组件相关联。数据管理员收集业务术语和相关问题，可以帮助解决整个企业中员工的认识差异。

（3）技术用户（Technical Users:）：技术用户使用业务术语表来设计架构、系统和开发决策，并进行分析。

业务术语表中需要包括与业务相关的属性，例如：

- 业务术语名称、定义、缩写或简称，以及任何同义词；
- 负责管理与业务术语相关的数据的业务部门和/或应用程序（如业务术语的源头出自哪个IT系统）；
- 维护业务术语的人员姓名和更新日期；
- 业务术语的分类或分类之间的关联关系（业务功能关联）；
- 需要解决的冲突定义、问题的性质、行动时间表。

7.1.4 业务术语管理

业务术语管理指在组织内制定统一的管理制度和流程，并对业务术语的创建、维护和发布进行统一的管理，进而推动业务术语的共享和在组织内部的应用。通过对业务术语的管理能保证组织内部对具体技术名词理解的一致性。业务术语的普及是通过构建业务术语表来实现的。建议组织不要打印术语表，因为业务术语表的内容不是静态的；建议通过系统查询业务术语表中的最新内容。数据管理专员通常负责业务术语表的开发、使用、操作和报告。

业务术语管理涉及业务术语从批准到发布，再到更新或者删除的全生命周期中的各个节点。数据治理团队还可以管理与业务术语相关联的其他术语，以及对业务术语的分类和分组。

7.2 业务规则

7.2.1 业务规则概述

业务规则是指导企业开展业务的一组指令、指南和法规，是描述业务应该如何在企业内部运行，以便成功地与外部世界保持一致。业务规则通常在软件中实现，通常规定了主数据格式和允许的取值范围。它们可以用来确定在各种情况下应该采取什么行为，也可以用来防止某些行为的发生。

在 IT 系统中，业务规则是对数据库按特定要求施加某种形式的限制。对数据质量管理而言，业务规则描述了组织内有用的数据和可用的数据的存在形式；这些规则需要符合数据质量维度的要求，并用于描述数据质量的要求。

（1）对于主数据管理，业务规则通常规定了主数据格式和允许的取值范围。主数据管理的业务规则包括匹配规则、合并规则、存活规则和信任规则。

（2）对于数据归档、数据仓库和使用数据存储库的其他情况，业务规则中还包括数据保留规则。这类业务规则通常在软件中实现，或者使用文档模板输入。

7.2.2 业务规则分类

1. 业务规则的分类

业务规则一般分为以下 3 类。

（1）全局规则。这种规则通常与用例相关而不是与特定用例相关。例如，要操作用例 TEST 必须获得相应的授权，用例的操作与授权级别相关。对于这类规则，建议将它们写到用例的规范里，因为它们与具体的业务功能性要求没有直接的关系。有时候，这类规则也被写到软件架构文档中。

（2）交互规则。这种规则产生于业务场景中（例如，当提交一份申请单时，哪些数据是必须填写的，申请条件是否合适等），当然也包括业务流程流转规则等（例如，金额大于 10000 元的报销单需要总经理审批）。这类规则建议写到用例规约中。

实际上还有两个比较特殊的交互规则：一个是入口条件，也被称为前置条件，即满足什么条件才能启动用例；另一个是出口条件，也被称为后置条件，即用例结束后会产生哪些后果。

（3）内禀规则。所谓内禀规则，是指业务实体本身具备的规则，并且不会因为与外部的交互而变化。例如，企业中物料的安全库存数量不能低于 5 个且不能大于 8 个，手机号码必须是 11 位、身份证号码必须是 18 位、邮编必须是 6 位等。这类规则是业务实体的内在规则，因此应该将其写到物理模型文档中。

下面以居民身份证号码为例介绍业务规则。

身份证号码编码规则为：6 位数字的地址码+8 位数字的出生日期码+3 位数字的顺序码+1 位数字的校验码。其中：

- 地址码表示编码对象常住户口所在县（市、旗、区）的行政区划代码，按照《中华人民共和国行政区划代码》的规定执行，如 110105 代表北京市朝阳区；
- 出生日期码表示编码对象出生的年、月、日，按照《数据元和交换格式 信息交换 日期和时间表示法》的规定执行，年、月、日代码之间不用分隔符，如 2018 年 8 月 8 日表示为 20180808；
- 顺序码表示在同一地址码所标识的区域范围内，对同年、同月、同日出生的人编定的顺序号，顺序码的奇数分配给男性，偶数分配给女性；
- 校验码采用 ISO 7064:1983，MOD11-2 校验码系统的设置规则。

全局规则很难通过用户调研得来，主要是由有经验的系统分析师或架构师，从业务特点、应用环境、行业规定、法律规章等方面进行总结，再征求客户的认可。

交互规则从用例场景而来，每一个场景，场景中的每一个交互过程可能都隐含着规则。这就需要与客户多讨论。交互规则主要来源于业务提出者和业务管理者。

内禀规则是针对业务实体的，因此要对每个业务实体的属性进行罗列，并找出它们的规则。内禀规则主要来源于业务执行者，需求人员应该更多地与他们交流。

2. 业务规则示例

下面介绍一些简单、常见的业务规则示例。

（1）定义一致性：确认对数据定义的理解相同，并在整个组织中得到实现和正确使用。

（2）价值存在和记录完整性：定义业务价值缺失的情况是否可接受的规则。

（3）格式符合性：按指定模式分配给数据元素的值，例如设置电话号码格式的标准。

（4）值域匹配性：指定数据元素的赋值必须被包含在某数据值域的枚举值中，例如字符型的月份字段的合理取值就应该为"01"~"12"。

（5）范围一致性：数据元素赋值必须在定义的数值、词典或时间范围内，例如数值范围大于 0 且小于 100。

（6）映射一致性：指分配给数据元素的值必须可以映射到其他等效对应值域中选择的值。以性别代码为例，在不同的系统中，性别的代码值可以用"F 和 M"或者"0 和 1"来分别表示女性和男性，并且验证"F"或"0"都可以映射到"女性"。

（7）一致性规则：指根据属性的实际值，在两个（或多个）属性之间进行关系的条件判定。

例如对邮政编码进行地址验证。

（8）准确性验证：将数据值与其记录系统或其他验证来源（例如从供应商处购买的营销数据）中的相应值进行比较，以验证该数据值是否匹配。

（9）唯一性验证：指定哪些实体必须具有唯一表达，以及每个表达的真实世界对象有且仅有一个记录的规则。例如身份证号码，我国的每一位公民从出生时起就有一个 18 位的唯一号码。

（10）及时性验证：表明与数据可访问性和可用性预期相关特征的规则。

7.2.3　业务规则识别

大多数业务规则都与如何收集或创建数据相关，但数据质量度量则是围绕数据是否适合使用来进行的。数据的创建和数据的使用是相关的，例如，要了解一家企业在某个季度或一段时间内的销售业绩，则需要依靠有关销售流程中的可靠数据（销售的数量和单位、销售给老客户和新客户的数量对比等）。

知道数据的所有使用方法是不可能的，但我们可以理解创建或收集数据的过程和规则。在描述数据是否适合使用的度量时，应该根据其已知用途和基于数据质量指标（完整性、一致性、有效性、代表性等）进行开发，这些有意义的指标提供了测量的基础。分析师可以通过质量指标描述的规则（例如，字段×是强制的，必须填充）和结果（例如，该字段 3%的记录没被填充；数据完整性仅为 97%），来判断凭借当前的数据样本是否能够能得出一份准确的业务分析报告。

在字段或列的级别，规则比较简单。完整性规则反映了字段是强制的还是可选的（如果字段是可选的，则还反映了填充字段的条件）。有效性规则依赖于规定有效值的域，以及在某些情况下字段之间的关系。例如，中国邮政编码本身必须是有效的编码体系；同时还应在数据集级别定义规则（例如，每个邮政客户都必须有一个有效的邮寄地址）。代表性规则要求数据必须具备与之相符的代表性，例如某区域的气温观测数据，应当取该区域气温的平均值——而非采用该区域内某一特殊位置（例如乡村旷野中的火堆，大片农田边的树荫）的气温作为该区域的气温观测值。

因为大多数人不习惯用规则来思考数据质量，故而定义数据质量规则具有很大的挑战性。有必要向相关者询问相关业务流程的输入和输出需求，以便能间接地了解数据质量规则。这样也有助于了解其中的痛点、当数据丢失或不正确时会发生什么、如何识别问题、如何识别坏数据等。请记住，在开展数据质量评估工作时，并不需要一次把所有业务规则都了解。对业务规则的发现和完善是一个持续的过程。获得业务规则的最好方法之一是分享数据质量评估的结果，这些结果通常会让各个业务相关方、利益相关方对数据都有一个新的视角，从中他们可以更清楚地阐明规则，得到他们想知道的数据信息。

随着时间的推移，业务规则会发生变化，因此应定期对业务规则进行审查和更新。如果是自动测量规则，则测量规则的技术也应更新。如果没有开展相应的规则更新，则可能导致无法识别问题或产生误报（或两者都有）。

7.3 命名规范

命名规范能够完整准确表述业务含义，且名称符合行业内的通用命名习惯。为了统一各数据主题对同一业务概念的定义与解释，在企业数据模型的各层级设计过程中需要建立并维护统一的业务术语表，将各数据主题中涉及的专业名词的中、英文全称与简称，以及业务中的解释进行统一定义。同时，还要对业务术语的名称进行分词分析，将其拆解为基本词及类别词这两种类型的单词，并对基本词与类别词进行规范化，保证模型中的元素在名称方面的全局一致性。

在很多企业中，都存在对物料名称命名不规范，同一个物料有不同的名称的现象（详细见表 7-3-1），从而导致库存积压、资金占用等问题出现。如何解决这个问题，详细介绍请见本书 6.3.3 节内容。

表 7-3-1　某企业物料名称命名规范问题一览表

序　号	命 名 问 题	示　　例
1	缺少规格型号	举例：笔记本电脑
2	人为录入错误	举例：笔记本电脑\IBM　R400（应为 X200）
3	厂家、型号规范问题：中英文、大小写、间隔符等	举例： 笔记本电脑\Lenovo ThinkPad X200-7469-6TC 笔记本电脑\THINK L410 笔记本电脑\IBM X200 笔记本电脑\IBM ThinkPad T41>2373>BC8 笔记本电脑\ThinkCentreT430U 笔记本电脑\联想 ThinkPad X240 笔记本电脑\联想 THINK PAD X240
4	是否指同一型号	举例： 笔记本电脑\联想 THINK PAD X240 笔记本电脑\联想 THINK PAD X240 I5

续表

序号	命名问题	示例
5	名称含义不清	举例： 笔记本电脑 I\IBM ThinkPad R52>1858>2WC 笔记本电脑 X
6	类别名称统一	举例： 平板电脑\ipad mini\32GB
7	分类不规范	举例： 保密打印机 彩色打印机 彩色激光打印机 打印机\惠普 打印机\喷墨 EPSON 打印机\中税 黑白打印机\HP 支票打印机\惠朗 HL-2009C 条码打印机
8	名称中删除用途	举例：笔记本电脑\thinkpad—r401
9	分类有误	举例： 便携式计算机\LENOVO X240 磁带机\HP5300
10	多个物品放一起	举例：贝壳船，黑色皮球（小），白色皮球（小），米色椰壳球（小）

7.3.1 命名规范要求

在通用逻辑模型中，同类型的数据对象（实体、属性）的命名要具有唯一性（引用其他实体属性的除外），要做到同名同义，没有歧义，具体包括以下要求。

- 名称能够完整、准确表述业务含义。
- 名称符合行业内的通用命名习惯。
- 名称原则上不使用介词（如从、以、为、在等）、助词（如的、得、着、了等）、语气词（如吗、呢、吧、啊等）之类的虚词。
- 英文名称中尽量避免使用各数据库中的保留字（如 where、select、update 等）。
- 名称中禁止使用标点符号（如#、%、(、! 等）。
- 原则上名称末尾禁止使用数字（以避免、减少出现新的歧义）。

7.3.2 英文命名缩写原则

业务术语的英文命名缩写应遵循以下原则。

（1）避免使用特殊符号。

（2）保留足够的信息使其能表明完整、全面的意义。

（3）先采用本组织所在行业的行业模型中的英文缩写词，或者其他行业通用或公认的英文缩写词。如果没有行业约定的缩写词，则建议参考下列规则建立缩写词：

- 只保留单词的第一个元音，其余元音都省略。
- 如果有通用的缩写习惯，则按照习惯来缩写（如将 average 改为 avg）。
- 将过去时变为现在时，复数变为单数；将词语缩短为它们的词根（如将 attached 改为 attach）；动词采用现在时态。
- 如果某些词是以"cross"或"trans"开头的，则将其缩写为"x"（如将 cross-reference 改为 xref；将 transfer 改为 xfer）；
- 同一词根、不同词性（动词、名词等）的单词缩写在不引起歧义的情况下应尽量一致。

7.3.3 模型元素组词结构

模型元素包括逻辑模型、概念模型、视图和基本表，以及更细层面的属性、数据项；属性名称通常由一组简明的词组来描述一个属性的意义和用途，其由基本词和类别词组成，一般结构为{基本词…基本词}+类别词。通常情况下，类别词只有1个，基本词可以有1个或多个。实体名称由1个或多个基本词组成。

（1）基本词。

基本词是具有行业特性、业务惯用且经标准化处理之后的词汇。通过将基本词作为数据对象的命名元素，可以实现数据对象（如实体、属性）的中文名称、英文名称、英文缩写的一致性，从而标准化数据对象的中文命名，避免非标准化、随意化的命名方式。基本词是对一般性分类信息的进一步分类，如"社会保险号码"中的"保险"属于基本词；"采购订单编号"中的"订单"属于基本词；"设备编码"中的"设备"属于基本词。

基本词用于识别组织内部希望维护的、已定义的数据对象或数据元素，如人物、地点、事物或事件。在进行数据查询时，基本词可以作为主搜索标识符；通过基本词还可以为组织提供一个关键词基础列表，用于开发基于组织内部特定应用场景的、从通用到专用转换的分类方案。

通过对业务术语的名称进行分词分析，可以将拆解出的基本词进行规范化处理，将处理后得到的集合进一步生成数据模型命名规范词典，作为后续数据模型迭代、更新时的输入和参考，以保证数据模型中的元素在名称方面的全局一致性。

（2）类别词。

类别词用作一般性分类词，不具有行业特征，条目较少，可作为属性后缀。通过类别词，可以使用户明确属性的表示形式。常用的类别词有金额、平均值、代码、日期、度量、名称、编号、数量、比率、文本、时间、组／群等。类别词用于识别属性的一般用途或功能，用于指定属性的信息类型，如"采购订单编号"中的"编号"指定了这个属性的信息类型属于编号类。

通过对类别词的规范化、标准化使用，可以使属性名称对其取值的反映更加清晰、明确，更便于管理。常用的类别词如表 7-3-2 所示。

表 7-3-2 常用的类别词

属性类型	描述	类别词英文名	类别词中文示例
编码类	通过少量、简单的基本符号，选用一定的组合规则，表示大量复杂多样的信息。 示例：客户编码、机构编码、产品编码	no	编码、编号、码、号
Id 类	系统自动生成的唯一序号，用于唯一识别一个事物；没有业务含义	id	序号、id、流水号
枚举类	一套预先定义的,用来描述一个有限集合的事物或事物的属性,并且代码数据能够在一段时期内相对稳定。 示例：国家和地区代码	cd	代码
		type	类型、种类
		sort	类别
		class	大类、分类
		mode	型号
		level	层级
		way	方式
标志类	表示"是/否"意义的标志。 示例：组合产品标志、雇员标志	flag	标志
描述类	需要以文本的形式对与企业业务活动密切相关的对象和业务进行说明的数据项。 示例：产品说明	desc	描述、摘要
		rmk	备注
		log	日志
名称类	示例：供应商名称	name	名称、名
地址类	示例：客户详细地址	addr	地址、住址
金额类	以货币金额的形式体现的数据项，适用于各类财务信息。金额类数据标准，需扩展定义度量单位（元、万元等）。 示例：贷款余额、资产总额。	amt	金额、余额

续表

属性类型	描述	类别词英文名	类别词中文示例
比例类	以比值的形式体现的数据项，适用于各类比率信息。 示例：税率。	rate	比例、比率
数值类	除金额类及比例类外的以整数或小数的形式体现的数据项，适用于各类以数量反映的信息。数值类数据标准，需扩展定义度量单位。 示例：计划数量	num	数量、数、值
日期类	需要以日期的形式体现的数据项，以描述企业业务发生的日期。 示例：供应商注册日期	date	日期
时间类	需要以时间的形式体现的数据项，以描述企业业务发生的时间。 示例：开标时间	time	时间
日期时间类	需要以日期和当日时间的组合形式体现的数据项，以描述企业业务发生的日期和时间。 示例：下单时间	dttm	时间戳
链接类	表示该字段存放的是 URL 链接。 示例：附件链接	url	链接

7.3.4 常见的命名规范

1．实体命名规范

原则上，实体名称应使用易于理解、能准确描述该实体意义的业务术语，同时命名应遵循下述规则。

（1）基础实体。

实体命名应遵循"基本词_基本词"的命名规则。

（2）历史实体。

中文名一般用"<当前实体中文名>历史"的命名规则。

（3）代码实体。

中文名以"××代码表"命名，如"客户类型代码表 M_CUST_TYPE_CD"。

（4）分类实体。

一般分类：中文名用"类型"，英文名用"TYPE"。

大类：在"一般分类"之上的分类，中文名用"类别"；英文名用"SORT"。

最大类：在"大类"之上的分类，中文名用"分类"，英文名用"CLASS"。

（5）关系实体。

在进行关系实体命名时应体现关联的双方，用"与"字连接，以"关系"结尾，如中文名为："采购订单与供应商关系"，英文名为：PO_SUPPLR_RELA。

如果关系双方是同一个对象，如客户不同角色之间的关系，则中文名为："客户角色关系历史"；英文名为："CUST_ROLE_RELA_HIS"。

2. 属性命名规范

原则上，属性名称应使用易于理解、能准确描述该属性意义的业务术语，同时命名应遵循下述规则：

属性命名应遵循"{基本词…基本词}+类别词"的命名规则，其中：基本词、类别词必须使用命名规范词典中登记的词进行组合。

属性命名可能由一个到多个基本词+一个类别词组成，如果有多个基本词，则应按照汉语命名习惯，将具有描述、修饰性的基本词放在靠前的位置，如"采购订单编号"，由"采购"和"订单"两个基本词+"编号"一个类别词组成。

3. 公用的属性命名规范

逻辑模型属性包括中文名称和英文名称，中、英文名称的含义应严格一致。

属性英文名称应首字母大写、其余字母小写，如果属性英文名称由多个单词组成，则单词之间用下画线分开。

属性命名应尽量参照现有的通用数据标准的中、英文名称；不要使用不易理解的方言或有地域性/部门局限的业务术语，应使用统一的、正式的、全局范围内通用的业务术语。

属性英文名称应尽量用平实的单词，避免用拼音缩写，除非是行业约定俗成的缩写。

属性英文名称应尽量是单词的缩写，除约定的缩写外，建议尽量使用英文辅音缩写。

属性英文名称应不超过 30 个字符（主要考虑到一些数据库，如 Oracle，其中定义的表名不能超过 30 个字符）。

长度在 5 个字符以下（含 5 个字符）的英文单词通常不缩写。

7.4 代码标准

代码标准主要是指国内或国际公认的标准化组织发布的代码标准或规范。从标准化专业角度来看，在代码标准引用、采用、引进工作过程中，国际代码标准是一个相对广义的概念，是指国际标准化组织（ISO）和国际电工委员会（IEC）所制定的标准，以及已列入《国际标准题内关键词索引》中的 27 个国际组织制定的标准和公认具有国际先进水平的其他国际组织制定的某些标准。代码标准一般按使用范围被划分为国际代码标准、区域代码标准、国家代码标准、专业代码标准。

7.4.1 常见的国际代码标准

国际代码标准是指国际标准化组织（ISO）、国际电工委员会（IEC）和国际电信联盟（ITU）制定的代码标准，以及国际标准化组织确认并公布的其他国际组织制定的代码标准。国际代码标准是在世界范围内统一使用的标准。如表 7-4-1 所示为常见国际代码标准示例。

表 7-4-1 常见国际代码标准示例

序 号	代码名称	采（参）标号
1	世界主要城市代码	UN/LOCODE 2014-1
2	国内机场代码	IATA《国际航空运输协会机场代码》
3	国际机场代码	IATA《国际航空运输协会机场代码》
4	航空公司代码	IATA 762 决议
5	信息技术.元数据登记系统互用性和绑定（MDR-IB）第 1 部分：一致性的框架、常用词汇及一般规定	ISO/IEC 20944-1-2013
6	信息技术.自动识别和数据获取（AIDC）技术.协调词汇.AIDC 的常用术语	AS ISO/IEC 19762.1-2006

7.4.2 常见的国内代码标准

常见的国内代码标准包括行政区划、计量单位、行业信息、公民信息等。例如 GB11643—1999《公民身份号码》、GB/T3304—1991《中国各民族名称的罗马字母拼写法和代码》、GB/T4658-1984《文化程度代码》、GB/T4754—2002《国民经济行业分类》、GB/T4761—1984《家庭关系代码》分别对公民身份号码、民族、文化程度、国民经济行业分类、家庭关系的代码及规则做出了规定。如表 7-4-2 所示为常见国内代码标准示例。

表 7-4-2　常见国内代码标准示例

序号	代码名称	采（参）标号
1	中华人民共和国行政区划代码	国家统计局 2015 年 1 月版
2	中华人民共和国省份代码	GB/T2260—999
3	世界各国和地区名称代码	GB/T2659—2000
4	各种计量方式代码	GB/T 17295—2008 GB 3100—1993 GB 3102—1993
5	国民经济行业分类	GB/T 4754—2011
6	语种名称代码	GB/T 4880—2005
7	表示货币和资金的代码	GB/T 12406—2008
8	中华人民共和国铁路车站代码	GB/T 10302—201

7.4.3　常见的行业代码标准

行业代码标准是对没有国家标准而又需要在全国某个行业范围内统一技术要求所制定的代码标准。行业代码标准不得与有关的国家代码标准相抵触。相关的行业代码标准之间应保持协调、统一，不得重复。行业代码标准在相应的国家标准实施后，即行废止。行业代码标准由行业代码标准归口部门统一管理。如表 7-4-3 所示为常见行业代码标准示例。

表 7-4-3　常见行业代码标准示例

序　号	代码名称	采（参）标号
1	铁路通信信号词汇 第1部分：铁路信号词汇	TB/T 454.1—2021
2	井工煤矿地质类型划分	MT/T 1197—2020
3	露天煤矿运输安全技术规范	MT/T 1186—2020
4	交通运输数据资源交换与共享 第3部分：数据格式与接口	JT/T 1415.3—2022
5	城市轨道交通运营应急能力建设基本要求	JT/T 1409—2022
6	民用运输机场信息集成系统技术规范	MH/T 5103—2020
7	民用航空旅客服务信息系统信息安全保护规范	MH/T 0074—2020
8	无人机云系统数据规范	MH/T 2011—2019

本篇小结

基础类数据标准是组织中一切标准的基础保障，业务术语是企业中对相同定义的一致性认识的基础；业务规则和命名规范是所有数据标准编制时遵守的基本要求；代码标准是主数据、指标数据、标签数据、元数据、数据元等标准中的编码基础，也为概念模型或物理模型提供域及域值。总之，基础类数据标准作为数据底座的基础保障需要组织非常重视。万丈高楼平地起，只有将基础类数据标准规划好、定义好、遵循好，才能实现"数据地基"的稳固和长久。

第 3 篇　数据标准化实施流程与方法

当一家企业进行数据标准或数据模型管理时,除了需要构建数据标准化规则或者相应表格,还需要考虑标准化流程中采用的管理方法。而在管理方法实施的过程中,必然会涉及新旧系统、不同部门、不同业务的冲突。如果解决不好这些冲突,则会直接导致数据标准或者模型管理的失败。因此,对大多数企业来说,构建数据标准管理体系、确保数据标准管理成功落地并非易事,需要经过一个精心组织的过程。

在这个过程中,既要做好组织、人员和制度流程方面的准备,又要做好统筹规划和整体实施方案设计,确定好总体目标、阶段目标和实施路线图。同时,企业要采取科学合理的实施方法,并配备相应技术平台及工具,持续、有效地推进各个阶段的工作任务,直至目标达成。

数据标准管理不但要解决好标准的制定和发布层面的问题,还要解决标准如何落地的问题。企业做好标准体系规划、完成各项标准的制定只是实现了数据标准管理的第一步,持续地贯彻标准,真正将数据标准应用于数据管理实践,并充分发挥作用才是成功的关键。为了确保有效落实标准(以下简称落标),除了组织推动、强化管理,还应采用合理的技术手段和技术工具,实现科学落标、技术落标。

企业数据标准化实施一般分为 4 个阶段,如下图所示。

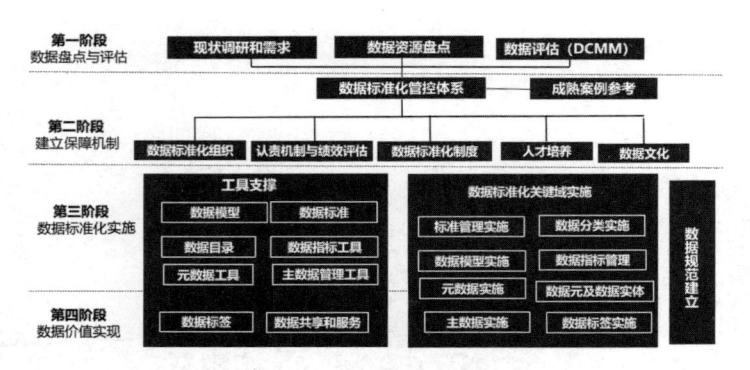

图　企业数据标准化实施阶段

1. **第一阶段，数据盘点与评估。**

数据盘点与评估工作包括以下内容：

- 通过现状调研和需求收集，充分了解数据标准化的现状和诉求；
- 通过数据资源盘点，厘清存量数据标准化的状况和问题；
- 结合数据评估和对标成功实践确定数据标准化的基线和目标，为数据标准化的实施提供依据。

2. **第二阶段，建立保障机制。**

建立保障机制工作包括以下内容：

- 建立数据标准化组织体系和认责流程，为数据标准化提供组织保障；
- 建立数据标准化制度规范，为数据标准化提供制度支撑；
- 加强人才培养和配置，为数据标准化提供人力资源和能力保障；
- 推进数据文化建设，为数据标准化营造良好的环境和氛围。

3. **第三阶段，数据标准化实施。**

数据标准化实施包括以下内容：

- 建设技术平台和工具，为数据标准化实施落地提供技术支撑；
- 针对数据标准化各个关键域逐一开展专项实施，确保各项关键目标落地。

4. **第四阶段，数据价值实现。**

数据标准化是企业数据治理的关键基础保障，也是数据治理的重要抓手，利用数据标准化驱动企业数据治理，持续推动数据治理的成果落地，实现数据价值，才是企业开展数据标准化工作的终极目的。

第 8 章

建立数据标准化保障机制

包括数据标准化落地在内的数据资产管理是一项长期性的、体系化的工作，为保证各项数据资产管理活动有效开展，统筹推动数据资产管理工作顺利进行，关于组织、制度、认责机制、人才培养、数据文化等方面的保障机制和措施变得极为重要，是数据标准化落地的条件和基础。

企业的数据标准化保障机制包括管控组织、制度建设、认责机制与绩效评估、人才培养、数据文化，总体架构如图 8-1-1 所示。

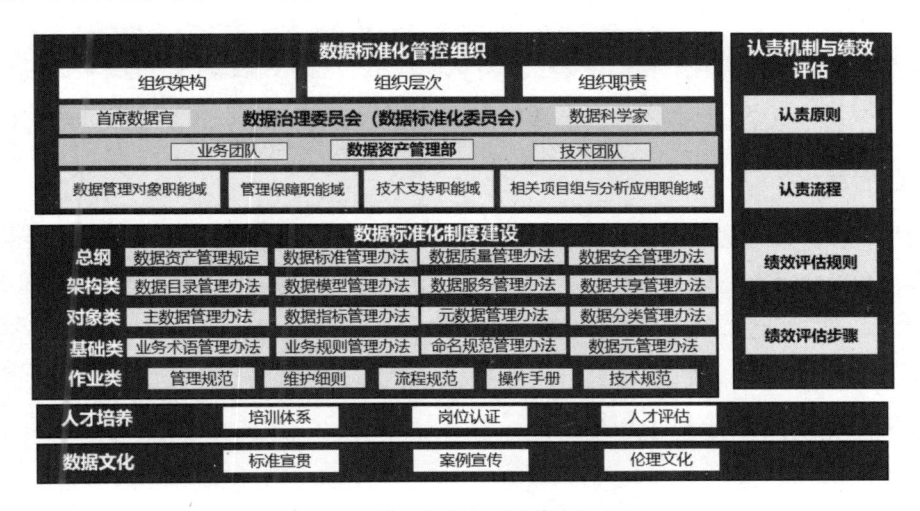

图 8-1-1 数据标准化保障机制架构图

1. 管控组织

数据标准化需要根据企业管理要求、管控定位、管理模式及业务特征等因素，在企业内部组织资源、搭建流程、开展业务、实施落地，通过构建数据标准化专业团队或人员，以及专业职责分工、跨域协同联动，形成顺畅的沟通、协商、合作机制。组织设计应满足职能覆盖、高效协同、引领创新的要求，并与企业整体业务、组织、管理模式升级发展相匹配，分工明确、各司其职，强化数据标准化各项工作的落地执行及跟踪监督。

2．制度建设

企业对数据资产管理体系工作进行标准化管理，需要制定有关数据标准规定，为包含数据标准管理在内的各项工作提供规则、指南、权威定义或标准规范（包括数据资产全生命周期管理各项职能活动，以及对组织内各项数据资产制定标准规范的相关管理办法、管理规范、流程规范、维护细则、操作手册、技术规范等制度性文件）。

3．认责机制与绩效评估

数据标准化需要依据原则制定有效的认责流程，有明确的认责分工，确定数据绩效评估规则、绩效评估的步骤和流程等。数据标准化的实施重点是：在组织内，标准规范的制定、贯彻和管理都需要有明确的责任人，责任人对这些工作有相应的权责安排，指导管理者有效掌控数据资产全生命周期管理各项具体执行工作，激发推行数据标准化的有关责任人的主观能动性。

4．人才培养

企业要进行数据标准化，就需要建立包括培训体系、人才评估体系在内的能力培育与建设体系，明确数据人才的知识和能力结构要求及专业人才培养计划。

5．数据文化

在企业内要持续推进数据文化建设，加强数据文化理念和案例宣传，提升企业各级管理人员的数据思维，构建数据话语环境，将数据融入组织各级部门和各业务单元的运营模式、思维方式中，在企业中营造良好的数据文化氛围。

8.1 数据标准化管控组织

数据标准化管控组织是数据资产管理不可缺失的落地保障体系之一，所以，从本质上来说，数据标准化管控组织与数据治理组织是融为一体的。数据标准化的保障机制必须在数据治理的组织框架之内实施，因此，本节从数据治理组织的角度，重点介绍与数据标准化工作相关的岗位职责。

8.1.1 组织架构

组织架构是指企业从事和涉及数据治理各项职能活动的人员的组织方式。通常，组织架构应该自上而下形成专业化且各司其职的团队，并在企业内部形成顺畅的沟通、协商、合作机制。

由于数据治理工作是跨部门、跨专业的，因此这个组织一般也是跨部门、跨专业的，但其执行力必须统一且高效，才能为数据治理各项工作的落地实施夯实基础。由于包括数据标准化在内的数据资产管理工作具有重要性和复杂性，因此建立全方位、跨部门、跨层级的数据资产管理组织架构，是实施组织级统一化、专业化数据资产管理的基础，是数据资产管理责任落实的保障。

图 8-1-2 是参考《数据资产管理实践白皮书（5.0 版）》给出的数据标准化组织架构的业界示例经验，包括覆盖数据标准化的决策、管理和协调、工作执行的组织保障机制安排，其中与数据标准化工作高度相关的岗位职责将在 8.1.3 节中介绍。

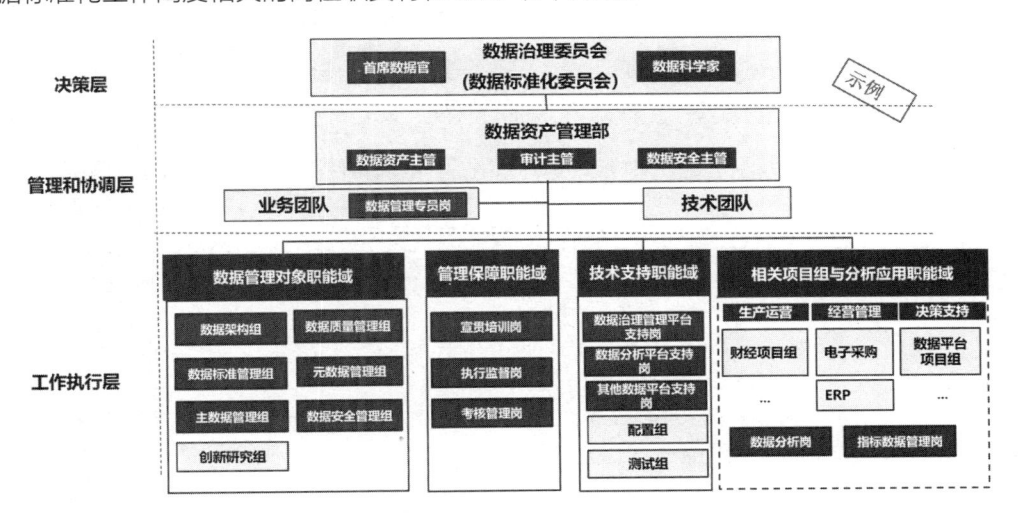

图 8-1-2　数据标准化组织架构图示例

8.1.2 组织层级

数据治理组织一般包括决策层、管理和协调层、工作执行层 3 个层级。

（1）决策层：作为数据治理的决策方，由组织中的数据治理委员会或首席数据官担任，负责制定数据资产管理决策、战略和考核机制。

（2）管理和协调层：负责统筹管理和协调资源，细化数据资产管理的绩效评估指标。数据资产管理部作为数据资产管理的主要实体管理责任部门，负责构建和维护组织级架构（包括业务架构、数据架构、IT 架构），制定数据资产管理制度体系和长效机制，开展数据资产管理工作的检查、监督、评价与总结，并向组织决策层汇报。而为了在组织内部有效协调数据标准化相关工作任务的落地，需要有业务责任人团队和技术责任人团队的设置，把数据治理活动融入具体的业务和技术开发活动中。

（3）工作执行层：由业务部门和 IT 部门共同承担，负责在信息系统项目和日常业务活动中落实数据标准化工作任务，由管理和协调层统筹安排有关岗位协同参与各项活动。

8.1.3 组织职责

数据治理组织设计应满足职能覆盖、高效协同、引领创新的要求，并与企业整体业务、组织、管理模式升级发展相匹配。数据治理组织中的每个职务岗位要在整体目标、任务下有明确的分工，并在分工的基础上形成一个协调配合、优化组合的岗位体系。

每一个数据治理岗位都应有明确的职责，并通过岗位职责说明书把职责固定下来，其主要内容应包括岗位名称、岗位编号、工作内容、任职条件、岗位职责等。

表 8-1-1 中仅列出数据治理组织中与数据标准化工作直接相关的岗位职责描述示例。

表 8-1-1　企业数据标准化岗位职责示例

组织岗位	岗位职责示例
首席数据官	1. 负责建立并推动实现数据战略目标； 2. 使以数据为中心的需求与可用的 IT 和业务资源保持一致； 3. 建立数据治理标准、政策和程序； 4. 为业务人员提供建议以实现数据能动性，如业务分析、大数据、数据质量和数据技术； 5. 向企业内外部利益相关方宣传良好的数据管理的重要性； 6. 监督数据在业务分析和商务智能中的使用情况
数据管理专员	根据业界经验，数据管理专员一般由相关业务领域的行政管理责任人担当，以确保数据标准化等数据治理工作可以打通运营管理，同时兼顾提升组织的数字化管理力、业务创新力和数据管理能力，所以数据管理专员结合其在组织内的行政权限，对于以下数据标准化工作任务负有直接的领导责任，是第一责任人。 1. 定义业务数据需求； 2. 定义业务数据的名称、业务含义； 3. 定义主数据管理和数据衍生计算的业务规则； 4. 定义和维护参考数据值； 5. 定义数据质量需求和度量指标； 6. 定义某些数据安全和访问规则；

续表

组织岗位	岗位职责示例
	7. 定义某些数据保留规则和规程； 8. 监视数据质量； 9. 识别和解决数据问题
数据架构岗	1. 负责主导功能模块设计、数据结构设计、对外接口设计等系统设计工作； 2. 负责系统架构的整体设计，以及技术架构选型； 3. 参与重大项目数据架构、数据模型的设计与审核，为项目建设提供数据架构设计的支持和管控，确保项目建设满足架构原则、规范和标准； 4. 负责数据架构治理，监督与检查架构标准和规范的执行情况； 5. 开展数据架构重点、关键性专题研究工作；跟踪 IT 数据架构、大数据技术发展趋势，促进新技术与业务的融合，通过科技创新，推进业务创新
数据标准管理岗	1. 负责参与制定和修订数据标准、元数据管理体系； 2. 负责审核业务部门提交的数据标准初稿，经与各部门商议后形成数据标准定稿； 3. 负责定期维护和组织修订数据标准； 4. 参与项目设计过程，并审核是否符合数据标准，确保项目建设方案符合数据标准要求； 5. 配合质量管理过程，审核是否符合数据管控标准，确保数据标准有效执行
数据质量管理岗	1. 负责定期梳理、修订数据质量相关的外部监管、合规方面的要求； 2. 负责定期收集各业务部门的数据质量管理需求，以及日常业务数据的梳理与监控，为业务日常运营及专项分析提供数据支持； 3. 负责对各环节的数据质量风险进行评估，根据数据质量管理要求，组织完成各项数据质量问题的检查、跟踪、监测、分析、报告； 4. 负责制定和修订数据质量管理体系标准和数据质量规则库，以及推动改进工作
元数据管理岗	1. 负责元数据管理制度和实施细则的制定； 2. 负责元数据源头的识别和认证； 3. 负责元数据的采集和更新； 4. 负责元数据的访问和使用管理； 5. 负责元数据资料库的管理； 6. 负责元数据的版本管理
主数据管理岗	1. 负责主数据标准的制定； 2. 负责主数据的需求管理与业务对接； 3. 负责主数据的运营管理； 4. 负责主数据的归口管理与维护
数据分析岗	1. 负责数据需求调研、数据统计分析等，对内部数据进行采集、数据关联关系分析，为数据类产品提供技术与服务支撑； 2. 负责根据业务、管理、运营需要，完善和优化数据分析体系，及时准确地监控运营状况； 3. 负责数据运营能力的建设与维护，对各业务单元在数据平台的数据应用提供基础数据与能力支持

续表

组织岗位	岗位职责示例
数据指标管理岗	制定数据指标框架和数据指标标准需求,并与业务对接
数据安全管理岗	1. 负责数据安全需求梳理、数据安全策略制定、数据安全管理能力优化等; 2. 负责对数据安全相关外部法律和监管要求进行梳理,根据风险感知、识别等能力完善相关机制、优化相关流程; 3. 负责数据安全的软件与硬件管理工作,对提高数据类产品的安全管理提出合理的规划建议,为数据类产品提供安全相关的技术支持等
管理保障类岗位	1. 宣贯培训岗位:负责业务部门的宣贯对接与培训管理; 2. 执行监督岗位:负责巡检审核制度的制定与执行; 3. 考评管理岗位:负责考核评价制度的制定与统计
技术支持类岗位	1. 数据治理管理平台支持岗位:负责数据治理管理平台的日常使用需求的管理与对接; 2. 数据分析平台支持岗位:负责数据分析与数据指标报送等平台的日常需求的管理与对接; 3. 其他数据类平台支持岗位:负责业务部门的日常需求的管理与对接,以及数据采集平台的日常需求的管理与对接; 4. 技术外包支撑岗位:负责与技术外包团队(开发、测试、运维等)的沟通和工作成果的管理

8.1.4 组织协助关系

数据标准化工作也是在数据资产管理组织架构内开展的,参考 8.1.1 节中组织架构的业界经验示例,具体实现是:业务部门在各数据治理活动中提出数据标准化和质量治理需求,组织信息化支持队伍与数据治理项目组配合执行,并对结果进行审核。

数据治理项目组制定管理方案并开展有关数据治理活动,在此过程中需要信息化支持队伍的协同配合,业务部门、数据治理项目组及各信息化支持队伍形成以下的协作矩阵关系,如表 8-1-2 所示。

表 8-1-2 企业数据标准化组织协作矩阵示例

数据标准保障机制功能	相关工作任务	业务责任人团队	数据资产管理部(含工作执行层各职能岗)	技术责任人团队及相关信息系统项目组
数据标准化制度	数据标准需求	提出	收集、分析	提出
	数据标准制定	组织、验收	执行、发布、平台固化	配合
	数据标准落地执行	组织	支持、推广	执行
	数据标准维护	审批	审核、平台固化	执行
认责流程	可信数据源认证、变更	组织、审批	方案、发布	执行
	数据流向、分布梳理	—	执行、发布	配合
	数据流向、分布维护	—	支持、发布	执行

续表

数据标准保障机制功能	相关工作任务	业务责任人团队	数据资产管理部（含工作执行层各职能岗）	技术责任人团队及相关信息系统项目组
认责流程	数据绩效评估体系建设	组织、验收	方案	配合
认责流程	数据绩效评估规则及评估计划	组织	支持、执行、发布	执行
认责流程	数据绩效评估监控	提出、监控	发布	执行
认责流程	数据问题定位及整改	组织	支持	方案、执行
人才培养	培训体系	提出	支持、执行	配合
人才培养	岗位认证	提出	支持、执行	配合
人才培养	人才评估	提出	支持、执行	配合
数据文化	标准宣传与贯彻	执行	提出	配合
数据文化	案例宣传	执行	提出	配合
数据文化	伦理文化	参与	参与	参与

在具体的信息化工作中，基于以上协作矩阵关系，在数据治理组织架构中要统筹、协调和调动组织内各成员参与数据标准化的相关工作。

8.2 数据标准化制度建设

8.2.1 数据标准化制度建设内容

数据标准化工作是组织数据治理的一部分，因此，企业可将数据标准化制度融入企业数据治理制度体系，以及参考业界经验，根据数据治理组织架构的层次和授权决策次序形成统一的数据治理制度框架。数据治理制度框架分为政策、制度、管理办法、管理细则或操作手册 4 个梯次。

在行业内，参考 DMBOK（《DAMA 数据管理知识体系指南（原书第 2 版）》）、DCMM（数据管理能力成熟度评估模型）、中国电子技术标准化研究院下属的全国信息技术标准化技术委员会大数据标准工作组编制的《大数据标准化白皮书（2020 版）》及中国信息通信研究院云计算与大数据研究所下属的 CCSA TC601 大数据技术标准推进委员会编写的《数据资产管理实践白皮书（5.0 版）》，结合多家大型集团公司的数据标准管理实践，总结出了数据标准化制度包含的架构类数据标准、对象类数据标准、基础类数据标准、作业类数据规范。具体内容如表 8-2-1 所示。

表 8-2-1　企业数据标准制度文档清单示例

数据标准制度分类	数据标准或者规范名称	编写目的和编制方式参考
数据标准管理总纲	数据资产管理规定	为规范企业数据资产管理工作，构建数据资产管理体系，形成"用数据说话、用数据管理、用数据决策、用数据创新"的数据运营管理机制，提高数据资产建设、管理、应用与价值创造水平，如企业数据资产组织与职责、数据资产管理方法、监督检查等内容。 由企业总部负责统一编写，是数据资产管理纲领性文件
	数据标准管理办法	数据标准管理的对象包括元数据标准、主数据标准、数据质量标准、数据模型标准、数据接口标准、数据安全标准等，对数据标准的制定、数据标准管理的内容、数据标准的执行、企业数据标准管理变更等进行说明。 由企业总部负责统一编写
	数据质量管理办法	针对数据质量管理总体思路，如数据质量管理目的、数据质量管理范围、数据质量规则管理、数据质量问题处理、数据质量考核评估和数据质量管理培训等进行说明。 由企业总部负责统一编写
	数据安全管理办法	针对数据安全管理总体思路，包括数据安全问题、数据安全策略、数据安全管理执行、数据安全审计、数据安全应急预案和数据安全教育培训等进行说明。 由企业总部负责统一编写，部门和分支单位按实际工作环境制定实施办法
架构类数据标准	数据目录管理办法	数据资产目录应当满足企业各部门、各专业人员查询数据、看懂数据、掌握数据的基本需求。其包括数据资产目录的编制、数据资产目录的变更、数据资产目录的维护。 由企业数据治理部门（例如数据资产管理部）和各业务部门共同编写
	数据模型管理办法	数据模型管理相关工作的规范性文档，用于指导相关方进行数据模型的创建、维护和使用，保障数据模型被正确地使用和维护，为企业管理数据模型提供一套标准的管理方法。 由企业数据治理部门和各业务部门共同编写
	数据开放管理办法	数据开放涉及企业数据资产的离网，各级信息部门负责对数据开放过程进行严格控制，避免造成公司损失。包括数据开放目录的编制、审核发布、维护、开放数据的提供、安全保障和规范制定。 由企业数据治理部门和各业务部门共同编写
	数据共享管理办法	主要包括数据共享目录的编制、审核发布、维护、共享数据的获取和相关规范的制定。 由企业数据治理部门和各业务部门共同编写
	主数据管理办法	介绍主数据管理涉及的范围、架构、流程、制度、岗位职责，包括主数据的识别、创建、采集、变更和使用。 根据主数据管控模式的不同分别由企业总部和分子公司负责编写

续表

数据标准制度分类	数据标准或者规范名称	编写目的和编制方式参考
对象类数据标准	数据指标管理办法	为确保企业指标数据管理工作的有效开展，为信息化建设和业务运营提供完整、一致、规范的指标定义和指标数据内容。主要内容包括指标数据管理的组织与职责、指标标准管理、指标数据的维护和使用。 　　由企业数据治理部门和各业务部门共同编写
对象类数据标准	元数据管理办法	针对元数据管理总体思路，如元数据管理内容、元数据管理模式、元数据管理目的及范围等进行说明，包括元数据的识别、元数据的创建、元数据的采集、元数据的变更、元数据的维护和元数据的稽核。 　　由企业数据治理部门和各专业业务部门共同编写
对象类数据标准	数据分类管理办法	规范定义了企业数据分级、分类的原则和方法，以促进企业数据的开放和共享，实现企业数据价值最大化。包含数据分类的定义、使用范围、职责分工、原则、方法、流程等内容。 　　由企业数据治理部门编写
基础类数据标准	业务术语管理办法	主要定义企业业务管理中的主要业务事项或信息对象、业务概念的规范定义，例如元数据的定义
基础类数据标准	业务规则管理办法	描述业务应该如何在内部运行，以便成功地与外部世界保持一致，如数据质量的业务规则、指标加工的业务规则等
基础类数据标准	命名规范管理办法	系统命名规范、数据模型的命名规范、主数据的命名规范、开发中命名规范等
基础类数据标准	数据元管理办法	主要包括术语和定义、数据元描述方法及规则、数据元使用、财政业务数据元目录等内容
作业类数据规范	管理规范	数据标准化管理制度，类似于企业管理的规章制度，它告诉人们关于数据标准化能做什么、不能做什么，以及怎样做。管理规范会阐明数据标准化的主要目标、相关工作人员、职责、决策权利和度量标准。 　　管理规范与管理流程相辅相成。一般会在每个管理流程中设置管控点，明确每个管控点的管控目标、管控要素、标准规范和操作规程。如外部数据管理规范、过程数据管理规范、运营管理规范等。
作业类数据规范	维护细则	数据标准过程的维护管理标准。维护细则定义了数据标准化过程的维护流程、相应角色及职责，保障数据标准化工作有序进行。例如，客户主数据维护细则详细描述了客户主数据的使用要求，规定了客户主数据的维护流程、岗位及职责，以及详细的客户主数据的数据模型等内容
作业类数据规范	流程规范	是对数据从产生、处理、使用到销毁的整个生命周期的各阶段、各流程环节的控制和约束，用来确保数据质量和数据安全合规使用，例如，数据需求管理流程、数据创建流程、数据变更流程、数据销毁流程。按照"垃圾进，垃圾出"的数据管理原则对相关业务流程进行优化和监管，以提升数据质量，赋能业务应用
作业类数据规范	操作手册	是详细描述数据标准化软件的功能、性能和用户界面，使用户了解到如何使用该软件的说明书。通常由引言、编写目的、背景意义、产品概述、产品功能描述等组成。如主数据系统、元数据系统、指标管理系统软件操作说明

续表

数据标准 制度分类	数据标准或者 规范名称	编写目的和编制方式参考
	技术规范	是标准文件的一种形式,规定数据标准化过程应满足的技术要求。它可以是一项标准(即技术标准)、一项标准的一部分或一项标准的独立部分,其强制性弱于标准。它和标准的区别在于,这种文件没有经过制定标准的程序。它和标准又是有联系的:首先,标准中的一些技术要求可以引用技术规范,这样的技术规范或技术规范中的某些内容就成为标准的一部分;其次,如果技术规范本身经过了标准制定程序,由一个企业权威机构批准,则这个技术规范就可以成为标准。 主要包含数据采集规范、数据建模规范、元数据管理规范、数据服务规范、ETL作业规范等技术相关的规范

8.2.2 数据标准化实施细则和操作手册

1. 数据标准化实施细则

数据标准化实施细则是已有制度的从属性文件,用于补充、解释特定活动或任务中描述的具体内容,进一步确定后续步骤里的具体方法或技术,或管理制度相关要求与不同业务部门、分支机构实际情况的结合和细化,以便促进特定领域或范围内具体工作的可操作性。

数据标准化实施细则可以分成以下两类。

- 一类是针对数据标准化的相关管理制度在各业务领域落地的细化要求,需要结合各业务领域的数据现状、组织架构、工作方式等,不同业务领域存在一定的差异。这些细则是在企业统一要求的基础上由业务部门本地化定制的,是落地到日常工作中所应当制定的。
- 另一类是企业级数据标准化管理制度在各分支机构的细化要求,同样是企业统一的管理要求与各分支机构的实际情况结合后指导具体落地工作的文件。

2. 数据标准化操作手册

操作手册是针对数据治理执行活动中的某个具体工作事项制定的,用于指导具体操作的文件,是执行特定活动时需要遵守的相应操作技术规范。

操作手册的内容和形式均不固定,一般包括需要不同角色遵循同样的标准化要求的场景,或多个制度下执行活动时共同调用的相关标准。

操作手册的内容应当符合管理制度和实施细则的管理要求,可根据数据治理实际执行过程中的标准化需求而不断新增、删减及持续优化完善。

8.2.3 数据标准化制度建设内容示例

下面给出《××××集团元数据管理办法》的文档目录及内容概貌示例，供读者在实际工作中参考。

编写说明：集团数据资产管理部统一编写《××××集团元数据管理办法》，集团各部室及各单位需制定《元数据管理细则》。

总则：针对元数据管理总体思路，如元数据管理内容、元数据管理模式、元数据管理目的及范围等进行说明。

组织与职责：定义元数据管理的组织体系，并明确组织成员构成及相关职责。

元数据采集：定义元数据采集概念、采集的方式、采集的部门、责任部门的认定原则。

元数据检核：定义元数据检核概念、检核的要素、检核的责任部门、检核的原则。

元数据发布：定义元数据发布概念、发布的责任部门、发布的方式。

元数据变更：定义元数据变更概念、变更的责任部门、变更的方式、变更的内容。

元数据应用：定义元数据应用概念、应用的责任部门、应用遵循事项。

附则

附件一：《××××集团元数据采集、检核、发布流程》

附件二：《元数据分类框架》

8.3 认责机制与绩效评估

认责流程的建立依托于数据管理专员制度（Data Stewardship），由"数据管理专员"衍生而来，是一种代管、托管制度，是为数据资产管理而分配、委托的业务职责和正式认责，是数据管理工作在业务方面的职责认定。其主要探讨业务部门应承担的数据管理角色、职责，以及相应的能力要求和制度设计。

8.3.1 认责原则

数据标准和规范的认责（下文简称数据认责）是一项长期、逐步细化、迭代完善的工作。笔者总结业界实施经验，总结出数据认责工作需要按照"业务负责、全员参与；层层管控、认责到岗；问题导向、循序渐进"的原则开展工作。

- 原则一：业务负责、全员参与。建议企业的总部职能部门和业务部门定义、产生、使用本专业数据，拥有本专业数据的管理权，对本专业数据（质量）负责。信息化部门支持企业从技术视角进行数据管理活动的具体执行。数据管理和质量提升需要全员参与、全员尽责。
- 原则二：层层管控、认责到岗。企业应基于企业职能管控模式，由总部部门、分（子）公司、三级成员单位，自上而下实现数据管理责任的多层级管控、逐级细分，并在各级组织设立与人事岗位设置相协调、岗位内容相一致的数据管理专员岗位（兼职），将机构责任分解到专员岗位。
- 原则三：问题导向、循序渐进。数据管理工作开展应循序渐进，针对影响核心业务数据的相关问题，优先开展认责工作，将责任落实到岗，推动问题解决。

8.3.2 认责流程

构建清晰的数据认责流程，是数据标准规范各项管理工作得以落实的基础。只有将各项数据标准规范管理工作细项分配到具体的组织机构、岗位，才能确保各项数据管理工作责任得到落实。笔者参考业界实践经验，总结了以下数据认责参考流程。

第一步，根据数据主题域归属，数据治理委员会组织所属企业单位、内部支持单位开展资源盘点工作，梳理本企业数据资源。资源盘点完成后，内部支持单位发起数据资源登记注册流程，进行电子注册。

第二步，明确认责的数据范围，比如，重点指标关联数据、问题多发数据、跨部门跨系统协同数据等。

第三步，从集团总部、所属企业两个层面，梳理本专业、本企业、内部支持队伍相关数据管理岗位与认责数据范围间的认责分工关系，认责粒度从二级主题域、到实体、到属性，由粗到细，逐步细化。

第四步，梳理数据管理要求，在认责矩阵的基础上，总部部门、分（子）公司从专业层面梳理相关数据实体、属性的数据管理要求，包括质量要求（业务规则）、数据标准要求（业务定义）、数据共享类型等，形成数据管理要求清册。

第五步，梳理业务流程关键环节认责关系，在总部部门、分（子）公司层面梳理出认责数据项所对应的关键业务流程、节点名称、系统名称及其他关联数据项，并组织操作认责方（所属企业二级部门）梳理数据管理要求，明确到具体的二级部门、业务操作岗位，以及确定数据操作权限。

第六步，在梳理业务环节认责关系的基础上，总部部门、分（子）公司、所属企业组织编制相应的认责管理岗责任说明书，明确相关岗位应承担的数据责任，明确各岗位认责数据范围，对数据录入、审核责任给出相应的操作指南。

8.3.3 绩效评估原则

数据标准化工作的绩效评估用来评估、评价数据标准相关责任人的职责履行情况，可以作为数据标准及规范的执行情况的参考。通过设计和选取定量/定性的绩效评估指标来确保数据管控标准及政策的切实执行，加强企业对数据标准化任务相关责任、标准与政策执行的掌控能力。同时，通过奖励数据工作绩效显著的部门或者个人，在组织内部营造一种激励数据文化的氛围。

数据标准化工作的绩效评估需要被纳入企业年度数字化考核，企业数据管理部门负责制定全企业数据标准化考核指标，分（子）公司数据管理部门负责制定本单位数据标准化考核指标，并牵头组织各相关部门和单位开展数据标准化考核与评价。

可以从绩效对象、绩效指标、绩效评价的支撑、绩效执行 4 个方面设计数据标准化绩效评估机制，如图 8-3-1 所示。

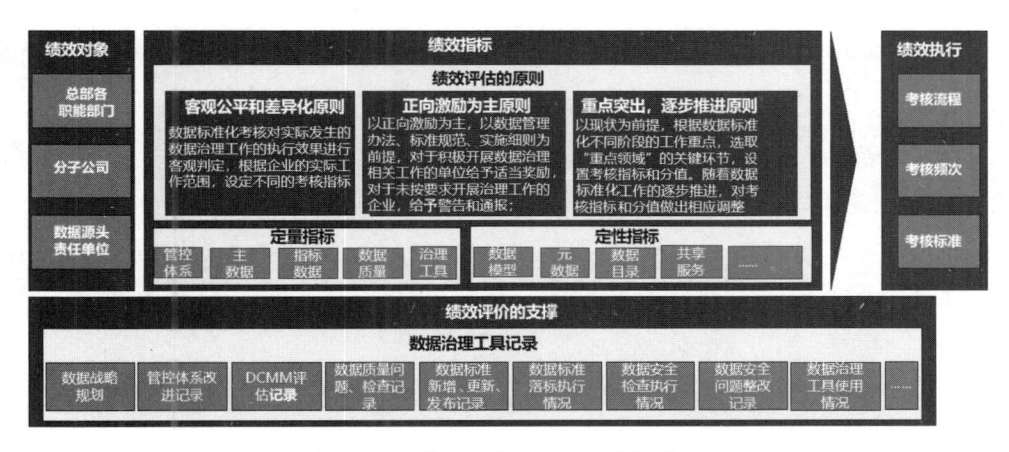

图 8-3-1 数据标准化绩效评估机制

绩效评估的原则包含以下 3 个。

（1）客观公平和差异化原则：数据标准化考核对实际发生的数据治理工作的执行效果进行客观判定，根据企业的实际工作范围，设定不同的考核指标。

（2）正向激励为主原则：以正向激励为主，以数据管理办法、标准规范、实施细则为前提，对于积极开展数据治理相关工作的单位给予适当奖励；对于未按要求开展数据治理工作的单位，给予警告和通报。

（3）重点突出，逐步推进原则：以现状为前提，根据数据标准化不同阶段的工作重点，选取"重点领域"的关键环节，设置考核指标和分值。随着数据标准化工作的逐步推进，对考核指标和分值做出相应调整。

绩效对象既要考虑到企业总部职能部门，又要考虑下属企业，还要考虑数据源头的责任企业。绩效指标设计过程要考虑到定性指标和定量指标。绩效执行过程要考虑考核的标准、考核频次和考核流程的可执行性等因素。同时，数据标准化绩效评估需要有相应的工具做记录。

8.3.4 绩效评估步骤

绩效评估具体的实施步骤和措施可归纳为以下 5 个步骤。

1. 制定评估方案

评估方案是评估活动的纲领性文件，不仅要制定好，还要进行广泛的宣贯（宣传与贯彻执行，以下简称"宣贯"）；不仅要让各级管理者清楚，还要让全体基层员工清楚；不仅要让领导同意，还要让绝大多数员工接受。

年度绩效评估方案一般要在上年年末完成，主要包括评估的基本原则、评估形式、评估内容、考核分工、考核程序、考核周期、考核数据来源、数据审核部门。

另外，还需要明确评估活动、评估指标调整的原则，以及对各级统计人员、数据人员、考核组成员的纪律要求。

除了以上内容，还要同时向各单位、各部门下达评估评价表，评估评价表中包括具体的绩效评估指标、评估标准；明确"分级评估"的原则，企业级绩效评估只对各个单位，分（子）公司评估只对部门，部门评估要落实到人。

2. 确定绩效评估指标

绩效评估指标设定的原则是"量化为主、定性为辅"，能量化的就纳入，不能量化的需要有明确标识且不被误解的就定性描述，否则就不要纳入。

绩效评估指标主要包括以下两个方面。

- 主要控制指标；
- 基本工作任务。

具体绩效评估指标的设定还需要基于"适当先进"和"全面实用"的原则，对各部门、各单位及各层次人员有良好的区分效果。绩效评估指标的设定非常重要：指标设定低了，企业达不到掌控的效果；指标设定过高，执行人员看不到完成的希望，反而没有了工作的动力。

数据标准化绩效考核指标一般包含在数据治理绩效考核指标中，其各项绩效评估指标由数据管理部门制定并提交，再经绩效考核专业组核查，然后上报决策层审定。同时，注意绩效评估指标的准确性问题，要对负责审核的职能部门进行考核。对负责审核的职能部门的考核标准为，审核其提交的绩效评估指标超出或低于考核值的情况。

表 8-3-1 是企业数据治理（含标准化）绩效评估指标示例。

表 8-3-1　企业数据治理（含标准化）绩效评估指标示例

绩效评估维度	指标名称	加/扣	得分范围
数据管控体系及综合管理	数据管理工作建议	加分项	[0~5]
	组织及岗位设置	扣分项	[-10~0]
	数据管理会议出席	扣分项	[-30~0]
	数据管理工作执行情况	扣分项	[-30~0]
数据质量管理	提出数据质量检核规则	加分项	[0~5]
	自主发现数据质量问题并整改	加分项	[0~5]
	数据质量检查工作的开展	扣分项	[-10~0]
	数据补录平台中数据质量问题数量	扣分项	[-60~0]
	数据质量问题响应率	扣分项	[-40~0]
	数据质量问题整改计划完成率	扣分项	[-40~0]
	数据质量问题重复发生的次数	扣分项	[-60~0]
	数据质量问题事故	扣分项	[-60~0]
主数据管理	定义组织内部各主数据的数据标准，并在组织内部发布	加分项	[0~5]
	各应用系统中的主数据、组织级的参考数据与主数据保持一致	扣分项	[-5~0]
	明确各类主数据的管理部门，并制定各类数据的管理规则	扣分项	[-10~0]
	制定各部门的主数据管理的考核体系	扣分项	[-10~0]
数据指标标准管理	提出并发布数据标准	加分项	[0~5]
	纠正其他部门的数据标准	加分项	[0~5]
重点事项加分	数据质量提升工作由部门一把手牵头处理并及时解决实际问题的。 在数据质量提升方面有创新举措且有明显效果的，如积极采取各种有效方式鼓励客户提供准确信息等。 积极支持、协助总部数据管理各项工作展开的，如承办相关会议、抽调人员参与总部工作等。 参与国家、行业等相关标准的制定工作。 能将组织自身数据管理能力建设的经验作为行业最佳案例进行推广	加分项	[0~5]

3. 明确绩效评估标准

确定绩效评估指标后，可确定绩效评估指标的权重和标准。对绩效评估项目，可以采取"有加有扣"的原则，特别是在初始阶段，绩效评估建议以正向评估为主；也可以采取"只扣不加"的原则，即必须完成下达的指标和任务，如果完不成就要接受处罚。对于各项规章制度，不能只有原则，还要有具体的奖励和处罚标准。

4. 开展绩效评估

数据标准化的绩效评估由数据管理部门负责，企业绩效评估委员会成员、评估组的人员参加，评估的内容就是对各个评估对象提报的考核结果进行审议，并对考核问题进行研究决策。

数据治理的绩效评估对象主要包括岗位责任落实情况、数据标准化工作执行情况等，具体包括以下内容。

（1）开展数据标准化职责划分与落实情况、岗位培训情况的考核与评价。

（2）开展数据标准管理、元数据管理、主数据管理、数据质量管理、数据指标管理、数据模型管理、数据开放管理、数据应用管理等工作执行情况的考核与评价。

绩效评估完成之后，要做以下两件事情。

- 一是下发评估结果通报文件，通报的内容有绩效评估、过程评估、能力评估的结果，明确改进的意见，对下次重点事项提出要求；
- 二是下发奖惩公告，奖励先进、鞭策后进，分别发给各个被评估单位。

绩效评估的最终目的是引导和激励员工承担数据标准化工作责任，并积极贡献，使员工的行为符合企业核心理念要求，在企业中形成"竞争、激励、淘汰"的良性工作氛围，在实现数据标准化目标的同时，提高员工的满意程度和成就感，从而确保企业战略目标的有效实现，最终达到企业和个人发展的"双赢"。

5. 评估结果问责与激励

对于企业数据标准化绩效考核结果，应依据具体问题项对相关责任单位予以问责，并要求相关责任单位制订详细的整改计划。各责任单位负责人作为第一责任人应对落实整改计划负责。整改计划应由各级数据管理部门负责监督。

从企业的角度，可以利用数据绩效评估的成果，做好以下两个方面的工作。

- 建立数据标准化奖励机制，对数据标准化工作中表现突出、业绩优秀的集体和个人予以表彰。
- 建立数据标准化创新激励机制，鼓励各部门和单位推进管理方式的创新，推广典型经验。

8.4 人才培养

与数据应用、数据分析项目不同，数据标准化工作是个"苦活、累活"。数据资源目录、数据模型、主数据标准、数据标准化的流程和策略都需要根据业务的变化而不断优化，数据本身也需要反复打磨（汇聚、清洗、处理、加工、分析、挖掘）才能产生高价值的信息和知识。这一切都需要具有工匠精神的数字化人才的智慧和付出。

数据标准化专业人才是组织数据治理各项工作的能力基础，数据标准化人才团队的建设培养是开展数字化应用和相关的数据管理工作的前提。

对企业而言，要汇聚人才要素资源，培养高精尖数据人才，打造"数据工匠"。所谓的"数据工匠"就是在数据管理的全生命周期中，严格执行企业制定的数据标准，对数据质量精益求精的各类人员。

- 数据工匠要能够专注数据管理的痒点、痛点和难点，发现产生数据问题的原因，从源头杜绝数据质量问题的发生。
- 数据工匠要能够通过对业务、数据和信息技术的融合应用，不断为企业创造价值。
- 数据工匠不一定来自数字化部门，有很多是业务岗上具备以上特质的数据治理人才，企业需要有一双发掘数据工匠的眼睛。

企业通过挖掘内部数据工匠，形成一支数量充足、素质优良、结构合理、富有活力的数据标准化人才队伍，最大化发挥数据人才的价值，以支撑企业的数字化转型。同时，引进外部专业的数据标准化人才。企业可以建立具有竞争力的薪资体系，以及持续的激励和约束机制，不断吸引并留住人才，让"新人"能够快速认同企业的价值观，融入企业文化。

除从外部引进专业人才外，持续开展内部人员培训，是人才团队建设、提升数据管理水平的有效和必然手段。数据治理的概念对多数管理人员和业务人员是一个全新的领域，数据治理规划内容的消化吸收、转化落地需要一个较为长期的过程，需要持续构建数据文化、培养数据人才。建议每一个企业组织要持续引入多种数据类技术和实践培训，提升全组织对数据治理工作的参与度，助力构建数据文化。

例如，某大型央企举办了大数据管理及应用人才培养工程，在集团各部门、各条业务线开展为期 3 年的全系统数据人才培养计划，轮次安排各分（子）公司、各部门人员开展数据领域的系列培训。通过培训，各分（子）公司、各部门的数据管理和数据应用工作卓有成效，数据思维认识水平、数据应用和管理能力都有很大提高。

数据人才培养的核心是抓住 3 个环节的建设，分别是培训体系建设、岗位认证体系建设和人才评估体系建设。

8.4.1 培训体系

数据治理是组织数字化转型战略的核心关键任务，是"一把手"工程。无论是企业高层领导还是中层管理干部，无论是 IT 和数据部门的专业技术人员还是各部门业务执行人员，都要从思想上具有数据理念思维，技术上具备数据处理技能，行动上参与数字业务变革。

- 领导者需要明确数据治理管理的方向，并明确数据管理对公司的价值。
- 数据管理专员、数据消费者、生产者和管理者都需要持续接受新的政策、流程、技术、程序、工具等方面系统性的培训和训练。

企业组织的培训体系可以起到推动战略有效执行、变革成功落地的作用，甚至潜移默化地改变企业文化，使企业在业务层面能够迎合数字经济的高质量发展要求。而在提升员工数据绩效的层面，体系化的培训可以激发和释放蕴藏在员工身上巨大的潜能，有规模地解决组织在变革过程中的人员能力问题，任何组织变革活动都需要组织持续不断地加强对员工的教育。

上接战略、下接绩效，数字化转型战略和日常数据工作都需要企业组织持续地进行数据能力培训，这是贯彻数据标准和规范要求、从源头提高数据质量所必需的工作。有效的培训可以改变员工的观念、思维和习惯，从而使员工的数据工作符合数据标准化要求的行为规范。

做一个形象的比喻，企业通过培训给员工"洗脑"（改变旧意识树立新理念）、"洗手"（改变习惯和方法）、"洗脚"（提供操作指引和工具），逐步引导各层级员工彻底放弃旧经验和老方法，消除死脑筋，真刀真枪地投入到企业数字化转型的各项工作之中。

企业数据标准、制度、规范和流程不应只是保存在员工电脑硬盘中的文档，而应成为企业文化的一部分。要通过建立多层次、多形式、全方位的数据治理宣传和培训体系，将企业数据文化内化于心，加强企业全员对数据治理的认识，强化他们的数据思维，以及数据安全意识。

（1）建立多层级、不同角色对象的培训机制。

从集团总部到分（子）公司的各级数据所有者、数据管理员，都应分场景、分内容地进行数据治理的宣贯和培训，以帮助企业相关人员建立对数据标准化思维的正确认知，了解数据标准化的目标、价值和意义，了解数据标准化的方法，熟悉数据标准化的平台与工具，掌握数据标准化过程，开拓数据标准化项目实施与落地的工作思路。

（2）培训内容多方位、定制化。

数据标准化的培训内容是非常丰富的，包括数据治理的理论基础、不同数据成熟度框架体系、各种参考模型、不同咨询公司实施方法论、数据质量意识培训、数据标准的贯彻、数据标准化制度和流程的宣贯等。

此外，数据标准化涉及的范围很广，主要包括数据资源目录、数据指标管理、主数据管理、元数据管理、管理规范、技术规范等专题领域。不是每个人都需要掌握所有的数据治理知识和技术，应针对不同角色的人员定制不同的培训内容。数据治理培训既要培养全员的数据思维，也要兼顾专业人员的"术业有专攻"。

（3）培训形式多样化。

数据标准化培训不限于形式，可以是集中化的"培训+考核"的正式培养模式，也可以把录制好的培训视频课件放在线上作为员工的必修学习课程，还可以是一场进行数据标准化理念和思路碰撞的沙龙。通过一系列的数据标准化培训，可以帮助企业人员建立数据驱动的思维模式，从根本上推动业务流程的衔接、业务规则与数据标准的统一，促进数据驱动业务、数据驱动管理，提升数据价值。

有一个非常重要的落地问题是，企业数字化转型到底需要什么样的培训体系，以及如何建立？表 8-4-1 所示为某国有大型企业的数字化转型和数据治理知识体系课程示例，其中"参与对象的组织层级"采用了 8.1.2 节的组织层级定义。

表 8-4-1　数字化转型和数据治理知识体系课程示例

类　　别	课程名称	参与对象的组织层级
理念方法	数字化转型之道与高层思路	决策层
	数字化转型规划与案例	决策层、管理和协调层
	数据战略与数据治理体系设计	决策层、管理和协调层
	数字化转型能力水平评价	决策层、管理和协调层
知识体系	企业数字化转型所需要的数据治理知识体系	管理和协调层、工作执行层
	DCMM（数据成熟度评估模型）应用及数据架构规划	管理和协调层、工作执行层
	数据资产管理知识体系	管理和协调层、工作执行层
案例分享	多元化集团企业数据湖实践案例分享	管理和协调层、工作执行层
	数据平台在多元化集团企业应用案例分享（移动平台、数据平台、人工智能平台）	管理和协调层、工作执行层

续表

类别	课程名称	参与对象的组织层级
技术专题	数据标准化制度编制方法和实施指南	工作执行层
	如何有效提升数据质量	工作执行层
	如何有效开展数据认责工作	工作执行层
	数据标准化管理实操指南	工作执行层
	主数据管理实操指南	工作执行层
	元数据管理实操指南	工作执行层
	指标数据管理实操指南	工作执行层
	如何有效开展数据绩效评估工作	工作执行层
	数据分析与挖掘	工作执行层
	数据中台关键技术	工作执行层
	物联网与工业互联网平台	工作执行层
	企业级数据架构设计及案例分享	工作执行层
	基于大数据架构的数据安全体系	工作执行层

以上的培训课程所覆盖的知识和能力是任何一个组织开展数字化转型所必备的，对于任何一个企业组织，依靠现有的人才是难以满足的。而数字化转型是组织自身的变革过程，数据治理归根到底是组织自身的工作任务，所以完成数字化转型所需要的各项数据治理工作，必须还是依靠本组织的员工履职尽责，持续的培训是必不可少的。

建议企业组织可以考虑引入业界成熟的数据专家资源，在本企业以"数据训练营"的形式持续开展数据知识培训体系的建设和实施活动，通过培训活动发动员工识别出数据工作中的痛点、难点和痒点，随后可以针对这些具体的管理和技术难题，引入业界经验丰富的专家资源，与企业自身员工成立联合的咨询项目组来找出有针对性的解决方案，这也是多家大型央企作为数据治理先行者的最佳实践经验。

8.4.2 岗位认证体系

为贯彻落实国家相关政策，部署实施数字技术专业人才的培育，由国家工业和信息化部组织完成的《工业互联网产业人才岗位能力要求》已全面实施，其中对各行各业（不仅仅是工业）的数据岗位人才能力进行了规范性描述。

依据《工业和信息化人才岗位能力评价通则》及《工业互联网产业人才岗位能力要求》制定人才评价规范，在工业和信息化部人才交流中心的指导下，航天云网科技发展有限责任公司、重庆工业大数据创新中心有限公司等评测机构开展了技术技能人才评价工作，鼓励企业与高校、专业研究院或交叉研究中心加强合作，围绕工业互联网"网络、平台、安全"三要素培养高素质的应用型、复合型、创新型工业互联网技术技能人才，更好地推动数据人才的培训与评价工作。企业可以根据各项数据认责岗位要求组织有关人员参加工业大数据管理师、工业大数据工程师、工业大数据架构师等方面的培训学习和岗位认证。

基于数据行业的技术参考架构、业务形态和应用规律，数字技术人员岗位可大致可分为数据处理、数据管理、数据分析、数据系统、数据安全、数据服务 6 类。表 8-4-2 所示为数字技术人员岗位分类的示例。

表 8-4-2　数字技术人员岗位分类

序　号	岗位方向	岗位名称
1	数据处理	数据采集工程师
		数据标注工程师
		数据开发工程师
2	数据管理	数据管理工程师
		数据管理评估师
3	数据分析	数据建模开发工程师
		数据分析工程师
4	数据系统	数据系统工程师
5	数据安全	数据安全工程师
6	数据服务	数据咨询师

在职业种类划分的基础上，根据数据行业发展的需求及从业人员职业发展的客观规律，可以将从业人员职业等级划分为初级、中级和高级，作为从业人员能力评价的依据。表 8-4-3 所示为数字技术岗位等级要求的示例。

表 8-4-3　数字技术岗位等级要求

职业等级	等级要求
初级	能运用职业种类所需的知识和技能，在他人的指导下完成所承担的工作
中级	能运用职业种类所需的知识和技能，独立完成所承担的工作，具有一定的工作实践经验
高级	能运用职业种类所需的知识和技能，独立完成复杂的工作，精通关键的专业技能，并在专业方面有所创新；能够在专业领域内提供有效的专业技能指导，具有资深的工作经验

8.4.3　人才评估体系

企业的数字化转型是一个充分利用数据资源解决现有行业问题和社会问题的过程，这个过程不仅依赖于企业的资金投入、资源整合，更依赖于人才的技能、创造性及管理能力。数据人才就是支撑企业数字化转型的重要基础和武器。如何培养数据人才、配置数据团队、制定相应的人才战略，并吸引更多优秀的数据人才，激励数据人才发挥最大价值，是企业数字化转型成功的关键，有利于企业在新一轮的市场竞争中占据高地。

完整科学的人才评价体系是人才队伍建设、人才能力提升的重要保障。工业和信息化部于2021年颁布的《工业和信息化人才岗位能力评价通则》，对包括数字技术在内的专业人才岗位能力整体给出了评价框架，对评估对象按照知识、技能、经验和综合能力4个维度进行考核与评估。在此框架下，企业可以根据自身数字化转型需求和数字技术专业人才团队建设规划人才评估体系。

1. 数字技术人才岗位能力评估要素

数字技术人才岗位能力维度包括知识、技能、经验和综合能力。

- 知识的能力要素包括基础知识和专业知识；
- 技能的能力要素包括专业技能；
- 经验的能力要素包括工作经验；
- 综合的能力是从事本岗位应具备的职业操守、创新与管理能力。

每个能力要素的具体要求的示例如表8-4-4所示。

表8-4-4　数字技术人才岗位能力要素列表

能力维度	能力要素	能力说明
知识	基础知识	指相应岗位人员应掌握的通用知识，主要包括基本理论、相关标准与规范知识，以及有关法律法规、安全和环境保护知识等
	专业知识	指相应岗位人员为完成相应职业种类工作任务所必备的知识，主要指与相应职业种类要求相适应的理论知识、技术要求和操作规程等
技能	专业技能	指相应岗位人员为完成相应职业种类工作任务所应具备的对专业知识应用的水平及特殊工具使用的掌握程度
经验	工作经验	相关岗位人员从事相应职业种类的工作年限、工作履历等
综合	综合素质	从事本岗位应具备的职业操守、创新意识与组织管理能力等

2. 岗位评价权重

数字技术从业人员能力要素包括基础知识、专业知识、专业技能、工作经验和综合素质。由于等级的不同，初级、中级和高级各个岗位的每一项评分比重各有不同，如表8-4-5~表8-4-7所示为数字技术专业人员各级岗位能力要素明细表。其中，综合素质评价需通过交流答辩方式进行考核，可作为主观参考，没有纳入量化评价权重表。

表 8-4-5　数字技术专业人员初级岗位能力要素明细表

能力要求	初级（%）									
	数据采集工程师	数据标注工程师	数据开发工程师	数据管理工程师	数据管理评估师	数据建模开发工程师	数据分析工程师	数据系统工程师	数据安全工程师	数据咨询师
基础知识	25	20	15	20	20	25	25	15	25	25
专业知识	25	20	15	20	25	20	20	15	20	20
专业技能	40	40	60	30	35	45	45	40	45	45
工作经验	10	20	10	30	20	10	10	30	10	10
合计	100	100	100	100	100	100	100	100	100	100

表 8-4-6　数字技术专业人员中级岗位能力要素明细表

能力要求	中级（%）									
	数据采集工程师	数据标注工程师	数据开发工程师	数据管理工程师	数据管理评估师	数据建模开发工程师	数据分析工程师	数据系统工程师	数据安全工程师	数据咨询师
基础知识	15	10	10	15	15	15	15	10	10	10
专业知识	15	10	10	15	10	10	10	10	15	15
专业技能	50	50	50	40	45	45	45	50	45	45
工作经验	20	30	30	30	30	30	30	30	30	30
合计	100	100	100	100	100	100	100	100	100	100

表 8-4-7　数字技术专业人员高级岗位能力要素明细表

能力要求	高级（%）								
	数据采集工程师	数据开发工程师	数据管理工程师	数据管理评估师	数据建模开发工程师	数据分析工程师	数据系统工程师	数据安全工程师	数据咨询师
基础知识	5	10	5	10	5	10	5	15	5
专业知识	10	10	10	10	15	15	10	10	10
专业技能	55	50	45	40	50	45	45	45	45
工作经验	30	30	40	40	30	30	40	30	40
合计	100	100	100	100	100	100	100	100	100

当然，上面这些示例所表达的能力要素清单，不应该看成是企业对数据人才培养的全部或者部分重心任务。在企业组织各项业务活动的数据工作中，数据的获取方案、指标的选取，乃至最终结论的洞察，都依赖于员工对业务本身从数据的逻辑建构新的理解，搭建完整有效的分析框架，了解、分析对象之间的关联关系，清楚每一个指标变化的前因后果及其会给业务带来的影响。当然，要清醒地认识到，通过这样的考评体系，不太可能遴选出领军型数据科学家。

领军型数据科学家需要企业有意识地培养和造就。因为领军型数据科学家应该拥有以下两个方面的基本条件。

- 第一，领军型数据科学家其实是一种人格品质，一句话可以将其简单概括为"成为一名有自己想法，并且努力实践自己想法的人"；
- 第二，领军型数据科学家拥有与自己想法相配套的数据意识、数据思维和数据能力。

专业人才是能够解决问题、使用技能的群体，每个人的想法都不同，能力也不同，只要能利用某些数据做一些与"所能、所愿和所为"相匹配的有价值的事情，能从中感受到完成具有挑战性任务和获得自我肯定的成就感，那么就可能由一位专业技术人才蜕变成为一名领军型人才。

企业领导人应该认识到如何有效评估本组织对数据人才的具体能力需求，因地制宜地开展人才的选、用、育、留和相关数据技术的学习培训，以及能力评价活动，引导员工结合本职工作成为具备专业数字技术的人才，让每位员工乐于学数据、用数据、"卖"数据，通过数据实现自身工作中的各种想法和创意，以更高的质量和效率完成自身工作。同时，企业要竭尽全力地培养自己的领军型数据科学家，带领专业团队做企业数字化转型的前瞻性、革命性、开拓性工作。

8.5 数据文化

数据文化是组织开展数据资产管理的核心价值观和最终驱动力，是数字化转型中企业文化建设的一部分。企业在数据标准化过程中，需要持续推进各级单位的数据文化建设，加强数据文化理念宣传，培育数据思维，构建数据话语环境，将数据融入各级单位的运营模式、思维方式中，以及结合多种类型的数据技能培训和比赛等有形的激励手段，加深员工的数据认识，提升员工的数据兴趣，从而降低推行各项数据治理工作的习惯性阻力。

宣传是企业树立内/外部形象的主要渠道，表达了企业进行治理数据的决心和毅力。强化数据文化宣传，及时准确地将数据治理的理论、标准、优秀案例，以及企业数据策略、规划、制度等宣贯到位，可以营造浓厚发展氛围，树立企业数据文化和认责文化，保障数据治理与认责政策的有效落实；同时也有助于企业员工转变思想、统一认识，提高工作主动性，构建开放、共享、创新的企业文化氛围，建设数字型平台组织文化，形成较强的企业凝聚力和创造力（见图8-5-1）。

数据文化氛围	数据话语环境	数据文化活动
利用电梯电视、企业办公系统、内部刊物、社交媒体、党建学习等各种途径，加强数据文化理念的宣传，培育数据思维，形成良好的数据文化。	开展数据基础知识普及工作，提升全员对数据资产重要性的认知，重构"用数据说话、用数据决策"的思维模式，在集团公司各级单位构建数据话语环境。	开展大数据知识竞赛、创新大赛、软文评比等各类数据文化活动，调动员工"认识数据、了解数据、使用数据"的积极性，促进业务、技术全员参与。

图 8-5-1　多种形式打造企业数据文化

8.5.1　数据标准宣传与贯彻

标准是人类文明进步的成果，也是世界的"通用语言"。各种各样的标准大大推进了人类社会和生产力的发展水平，起到了不可磨灭的历史作用。在数字化转型过程中，为加强数据标准的实施应用，发挥标准在企业发展中的引导和规范作用，需要持续以集中或者分散的方式组织多次培训和宣贯，加深各级员工对数据标准化工作的深入理解，这样员工的参与度更好。

建立一个符合数据标准化要求的组织文化需要员工理解现有数据标准和规范，根据数据标准和规范定义自身预期行为，需要企业将这些数据标准和规范编入相应政策和伦理规范中，提供相应的培训和监管以强制推行预期行为。

数据标准宣传与贯彻需要帮助员工解决两个关键性的问题。

第一，员工在多大程度上愿意不断审视自我行为，并适应数据标准和规范的强制性要求。

第二，员工在多大程度上认为其行为应该融入数据标准和规范引导下的工作协同和业务协作。

为了更好地培养数据文化，数据标准宣传与贯彻工作必须持续开展，必须让员工清醒地认识到，在一个开放型动态环境的有机组织中开展工作，自己将对工作拥有更大的决策权力和责任。同时，在员工之间、员工和客户及与合作伙伴之间存在广泛社会协作，必须在数据标准和规范的约束下确保系统和流程中的数据质量，才能建立协作的信任环境，从而可以保证协作的高稳定性，持续推进企业"数据治理规范"的应用实施，提升企业数据治理和数据应用能力。

8.5.2　案例宣传

数据治理通过改变组织行为来提升价值，对于任何一个组织，都需要一个久久为功的持续过程，而对于决策和治理项目的新方法，组织中各成员都可能存在抵制变化及学习或态度消极的情况。

为应对组织长期学习曲线的阻力和挑战，需要有证明数据治理参与者能增加业务价值和实现目标的指标来衡量数据治理项目的进展和成功。为了管理所需的行为变化，要着重衡量数据治理的推广进展、对数据治理要求的符合程度，以及数据治理为组织带来的价值。

榜样的作用是无穷的，所以组织在开展数据治理的过程中，需要持续收集组织内部数据治理（包含数据标准化）的实践经验案例，并进行有效的推广和宣传。好的经验要肯定贡献者给组织带来的价值，以激励组织内更多的人；不好的教训也要警钟长鸣，使组织内更多的人意识到不良数据给组织带来的巨大损失和代价。

在组织内的案例宣传可以着重考虑以下几个方面。

- 合规性的要求，以及违反内外部法规带来的各种危害；
- 分析导致数据问题的常见原因，呈现高质量数据的价值，比如，对业务目标的贡献、风险的降低和运营效率的提高，以及如何解决和消除低质量数据造成的后果；
- 从业务的角度梳理数据生态系统中的关系，揭示为什么提高数据质量需要全局视角；
- 持续改进的必要性，揭示为什么改进不是一次性就可以收工大吉的，为什么需要持续跟踪制度和流程的执行情况（即它们是否正常工作）、标准和规程的遵从情况（即员工是否在必要时遵守指导和改变行为）等。

在具体的宣传手段上，企业除了需要持续举办各类培训活动，还可以将内部网站、公众号、内部杂志等文化建设阵地作为常态化的宣传手段，并开展内部竞赛、设置有关奖项鼓励数据标准化工作突出的岗位和人员。

8.5.3 伦理文化

企业需要营造数据文化氛围，建立起企业对数据治理战略的共识，加强数据标准的宣传和培训，促进数据思想的传播。高质量的数据可以帮助企业发现新的知识，创造新的价值。但是，企业管理者同时也要冷静思考如何正确理解和处理大数据带来的伦理问题，更好地利用优势，避免劣势。企业数据伦理问题主要包括以下几个方面。

（1）个人隐私问题：个人身份信息、行为信息、位置信息，甚至信仰、思想、情感和社会关系等隐私信息，可被记录、存储，并呈现。在现代社会，人们总是会接触到各种智能设备，每时每刻都在生成数据并被记录下来，企业在利用个人（包括客户、员工、客户、用户、供应商、合作伙伴等）信息时，也有责任保护这些人士的个人信息安全。

（2）信息安全问题：很多数字科技产品本身存在安全漏洞，可能会导致信息泄露、伪造、失真等问题，影响信息安全。此外，大数据也可以被高科技犯罪活动所利用，这也是一个重要的信息安全环境下衍生的伦理问题。

（3）数据鸿沟问题：在数字经济和数字社会中，一部分人能够获得大数据优势，而另一部分人则难以获得大数据的便利与好处，这就造成数据鸿沟，产生群体差异，加剧社会信息的不公平分配。

简单来说，伦理是建立在对错观念上的行为准则。道德准则通常侧重于公平、尊重、责任、诚信、质量、可靠性、透明度和信任等方面。企业的数据伦理是指如何以符合伦理准则的方式获取、存储、管理、使用和销毁数据，基于伦理准则去处理数据对任何希望从数据中持续获得价值的组织都是必要的。违反数据处理伦理准则会导致组织声誉受损及客户流失。

企业组织建立数据伦理准则的动力很大程度上来自法律法规的要求。然而，在数字经济环境下，由于个人（客户、员工、客户、用户、供应商、合作伙伴等）数据在企业经营过程中会直接或间接受到影响，甚至不能直接识别出的个人数据也可能被用于进行自动化决策。数据管理专业人士应认识到，除有法律约束外，保护个人数据并确保其不被滥用还涉及伦理因素。

企业数据伦理不仅要保护数据，而且要管理数据的质量。决策者及受决策影响者都希望数据完整、准确。从业务和技术角度来看，数据管理专业人士要有管理数据伦理的责任，以降低数据可能被歪曲、滥用或误解的风险。这种责任贯穿于数据从创建到消亡的整个生命周期。

有效而持久的数据治理需要组织文化的转变和持续的变革管理。

- 文化包括组织思维和数据行为。
- 变革包括支持实现未来预期行为状态而有的新的思维、行为、策略和流程。

数据标准化不是通过一些工具和口号就能改进的，而是要通过帮助员工和利益相关方树立不断行动的思维观念，同时坚持数据标准管理要随着业务与客户的需求不断改进。

第 9 章

现状分析及评估

企业要开展数据标准化工作，首先需要进行现状分析和评估，摸清现实情况和需求，为下一步的工作提供依据。

- 通过业务访谈、问卷调研、资料收集等方式，可以了解企业发展战略、管控模式、业务价值链、业务流程、数字化建设情况，以及企业对数据治理的期望。
- 通过对标行业优秀实践，可以分析、评估企业在数据标准化组织、制度规范、主数据管理、数据指标、数据资产目录、元数据、数据质量管理、数据应用等方面的痛点与不足，以及分析数据管理需求，为开展企业数据标准化和数据治理蓝图规划、实施的路线图奠定基础。

现状分析及评估是对企业的业务现状和信息化现状进行需求分析和评估，最终形成《现状调研报告》和《数据需求分析报告》。现状调研及评估流程如图 9-0-1 所示。

（1）数据现状调研：即通过现场访谈和调研问卷，了解企业业务现状和信息化现状，根据业务和信息化系统的相关主题，梳理和掌握企业数据资源管理现状。最后通过数据管理成熟度评估模型对企业数据管理现状水平进行综合评估。其主要包括以下几个方面。

- 战略分析：企业需要从整体的战略布局、核心竞争力、战术方法、业务方向等维度分析，明确地知道自己的优劣势，并进行综合判断。
- 业务调研：收集企业总体介绍、工作报告、制度规范、业务战略、数字化战略相关资料，对业务部门相关领导和骨干进行调研，识别、理解企业的业务价值链、业务流程、管控模式等。通过深入业务调研，明确业务单元，梳理出业务价值链条，摸清各个业务系统的情况，评估出数据治理的业务场景。

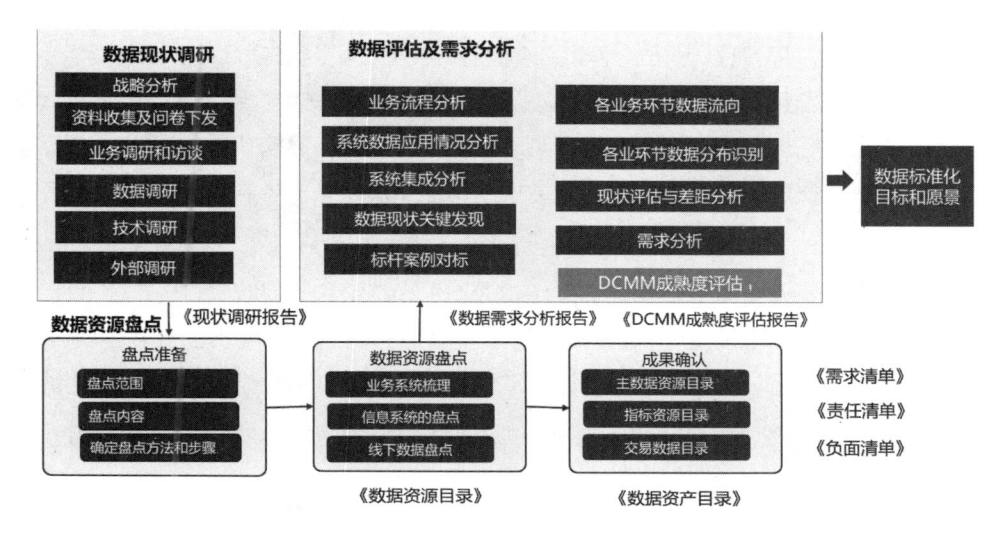

图 9-0-1　现状调研及评估流程

- 数据调研：通过数据调研寻找数据来源，确定数据资源分类，做好数据评估，确定当前数据容量，结合业务运行频度及数据产生效率，预测数据生成规模。
- 技术调研：通过技术现状调研，可以提前了解技术落地情况、人员技术情况，做好建设数据标准化平台工具的技术人员准备，提前规避风险。

（2）数据资源盘点：通过盘点范围、盘点内容、盘点方法和步骤，对企业数据资产进行盘点和梳理，制定数据盘点相关执行流程及模板，在此基础上以业务为导向，全面盘点线上和线下文档、表单等数据，明确数据的责任主体、重要性、使用频率、存储地点等属性。按照数据资源分类规则编制企业《数据资源目录》，最终形成《数据资产目录》《需求清单》《责任清单》《负面清单》。

（3）数据评估及需求分析：通过各业务环节数据流向、各业务环节数据分布识别、现状评估与差距分析，以及各种数据分析（如业务流程分析、系统数据应用情况分析、系统集成分析）、数据现状关键发现及标杆案例对标，分析数据治理存在的问题；通过高层访谈，明确数据治理的需求和目标，并总结归纳形成《数据需求分析报告》，为后续数据治理项目的沟通落地、推广做好前期准备。

9.1　现状调研

现状调研是指对企业战略进行解读和分析后，通过对业务、数据、技术调研及外部调研后形成现状调研报告的过程。现状调研包括调研企业各个业务部门对数据治理的业务需求状况(包括外部监管要求、经营管理分析、业务活动决策支持等),通过访谈、研读资料等方式,发掘、归纳、整理管理层及各业务部门对未来数据治理和应用的期望、要求。通过资料收集和对典型部门负责人、管理人员的访谈,可以形成对数据治理现状及未来发展方向的理解,识别数据治理工作的着力点。

现状调研是数据资源管理中最基础的工作,通过现场访谈和资料收集,可以了解企业业务现状和信息化现状,然后根据业务和信息化系统的相关主题,梳理和掌握企业数据资源管理现状。最后通过数据管理能力成熟度评估模型(DCMM)对企业数据管理现状水平进行综合评估。

在现状调研过程中,为减少业务人员及 IT 人员的工作负担,加强项目组与访谈对象的沟通,可使用调研提纲,有针对性地了解各业务部门及 IT 部门数据管理的现状,从而提高访谈效率,如表 9-1-1 所示。

表 9-1-1 调研提纲

第一部分:工作职责介绍	
1	部门职能概述;所设岗位成员职责
2	你认为本部门开展好工作有哪些重要因素?(比如,快速满足领导要求、获取技术部门的支持、不断学习提高业务分析能力等)
第二部分:数据方面	
1	在日常工作中,你主要关注、分析和汇报哪些数据?其中重点关注的数据是什么
2	这些数据的处理频度分别是多少
3	对于指标数据,如果你要进行进一步的分析,分析的角度有哪些
4	分析需要的历史数据希望可以追溯到多久
5	除了上面介绍的这些指标数据,你认为是否还需要其他方面的指标数据?如果有,具体是哪些方面?可示例说明
第三部分:报表方面	
1	你所在部门负责统计、管理和上报的报表包括什么?这些报表需要的指标数据从什么地方获取?其中哪些报表是比较重要的
2	目前,贵部门管理和应用报表所面向的对象主要是哪些部门?这些报表的制作频度分别是多少
3	在加工这些报表的过程中,遇到过什么困难?(比如,数据不准、不知道从何处获取数据等)
4	你希望通过此次指标梳理解决哪些问题(如名称不规范、数据不准确等)?对于此次指标梳理你还有什么期望和要求
第四部分:数据治理方面	
1	数据治理工作的现状如何?期待未来会如何

续表

2	支撑业务活动的系统/工具有哪些？系统内涉及的关键业务数据有哪些？请描述系统功能及功能间的数据流转情况
3	各系统之间的数据交换方式？数据交换是否有相应的数据管控措施？如有请说明
4	是否遇到过多个部门或同事，对同一指标的统计数据处理不一致的情况？如有请说明
5	是否有因数据质量问题导致的业务事故？如有请说明
6	是否对各个数据资源明确了数据归属和责任
7	是否有专人或专岗负责数据管理分析工作？并在正式的工作岗位职责中明确
8	是否有数据质量标准，在数据质量标准制定、数据质量评估和数据质量改进方面有什么流程和机制
9	贵部门对数据质量是否有要求，或者在数据治理方向的发展规划是怎样的
10	在日常工作中和业务推进的过程中是否受到数据质量问题的困扰并且进行解决？如有请说明
11	业务发展是否有瓶颈或痛点？如有请说明。在数据使用过程中，你最常遇到的数据问题有哪些
12	目前公司面临的主要数据问题是什么？你认为公司在数据管理的哪些方面需要加强
13	若建设数据治理相关的系统，你期望能够达到什么样的效果或是解决什么业务痛点

现状调研主要包括以下内容。

（1）业务访谈和调研：收集企业总体介绍、工作报告、制度规范、业务战略、数字化战略相关资料；对业务部门相关领导和骨干进行调研，通过对企业高层领导及骨干人员进行面对面访谈，解读数据资源管理的内涵，了解在当前业务过程中所遇到的数据问题和困难，识别、理解公司的业务价值链、业务流程、管控模式等；收集和盘点日常业务使用的数据指标，以及对数据管理工作的期望等。

（2）技术与数据情况调研：对信息系统的负责人进行访谈，了解IT系统的功能定位及数据情况，共同探讨数据管理工作的难点和发展方向；了解系统设计和数据情况、数据流程和数据标准，以及系统数据流转与汇聚情况，并对业务系统间接口调用关系、接口协议、数据大小、频次等内容进行调研梳理，形成企业数据架构视图。

（3）文档材料解读：通过对调研对象提供的相关文档材料进行详细分析，包括报表模板、数据类型统计示例、系统截图等进行解读，从数据资源管理的角度，梳理信息化系统数据架构，了解系统的功能定位、数据分布和数据交互情况；并在此基础上从政策、组织、流程与管控、技术能力等几个方面对数据进行分析。

9.1.1 现状调研方法

通过调研访谈、调研问卷、外部调研数据资源盘点和项目汇报等多种调研手段，对业务现状、信息系统现状和数据资源现状开展调研工作。

数据资源现状分析主要采用以"自上而下"业务梳理为主、以"自下而上"信息系统盘点为辅相结合的方法（见图 9-1-1），盘点出可视化的、可复用的、有价值的数据资源，供企业内共享应用。

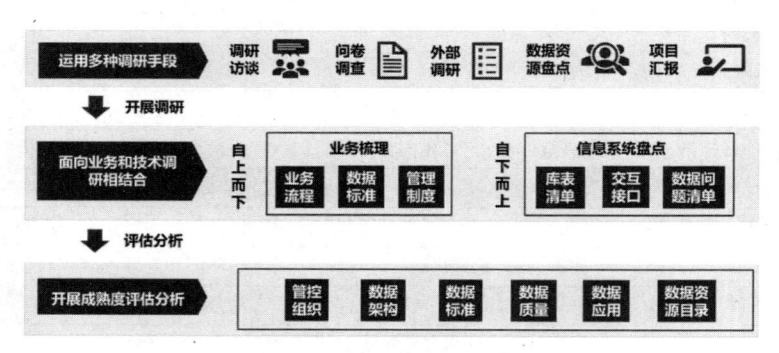

图 9-1-1　现状资源分析方法论

（1）业务调研是从业务向数据自上而下，对企业的业务方面和流程方面进行相关调研，关注业务能力、业务流程和业务管理制度，关注各业务部门和职能管理部门的数据需求，以及目前日常工作过程中多发的数据问题。

- 业务方面：通过与各业务关键角色进行深度访谈，对企业业务进行全方面的了解，关注业务场景、业务核心角色、业务主次和业务痛点等。
- 流程方面：要清晰地定义活动、流程、数据、角色，以及目前流程的痛点，同时通过数据展示内外部的联系，比如业务协作、信息流向。

（2）信息系统调研是从信息系统向数据自下而上，对当前在用的信息系统进行调研，关注系统定位、系统主要功能、系统数据架构/标准的设计和执行情况、关键数据，以及日常运维过程中多发的数据问题。

在信息系统调研的过程中，关注的是企业总体技术架构、整体 IT 组织能力、系统分层设计、当前采用的各系统现状和痛点、系统之间的交互方式、企业核心的技术栈、相关的开发部署方式等。对于企业历史系统的梳理，可根据系统软件、系统名称、启用时间、使用部门、主要功能、系统接口、系统优势、系统不足、系统自控性、未来规划这 10 个维度进行分析。

（3）数据资源调研是以自上而下业务梳理为主，对业务流程、业务主题域划分、业务对象进行梳理，基于业务流程开展数据分析和数据识别；以自下而上信息系统盘点为辅，对数据资源库表及字段、系统间交互接口、业务术语、业务规则、参考数据、数据标准、共享开放、安全分级进行梳理，关注日常工作过程中的数据问题及需求。

为全面梳理和掌握企业数据资源管理现状，可通过数据资源管理现状调研问卷对企业数据资源进行调研，如表 9-1-2 所示。

表 9-1-2 数据资源管理现状调研问卷

一、数据资源管理战略规划	
1	贵单位或部门的整体战略规划中是否包括单独的数据资源管理战略规划
2	贵单位或部门的数据资源管理战略规划能否有效支撑业务战略的发展
3	贵单位的数据资源管理工作是否根据战略规划有序开展
4	除整体规划外，是否对数据标准、数据质量、元数据管理、数据共享开放等内容开展过独立的规划工作
5	贵单位目前如何评价数据资源管理战略规划的落地情况？相关责任是否分解到具体的部门和岗位
二、数据资源管理组织结构	
1	贵单位数据资源管理工作的牵头负责部门是哪个？是否配备专职的数据资源管理人员？专职人员有多少？经验能力如何
2	请简单描述一下贵单位数据资源管理工作的内部职责分工
3	是否针对数据资源管理的各项内容制定了严格的考核要求
4	数据资源管理工作是知识向能力转化的一项工作，你是否愿意主动将日常与数据相关的工作沉淀到数据资源管理平台当中，具体有什么建议
三、数据资源管理标准规范	
1	贵单位是否已经或正在开展本单位体系化的数据资源管理标准规范的制定工作
2	请列举贵单位目前已发布的数据资源管理相关的标准规范
3	贵单位数据资源管理标准规范是由何部门牵头负责的？是否有专职数据标准岗的职责和人员编制
4	请描述在数据资源管理标准规范相关工作中存在的问题和难点，以及贵单位在数据资源管理标准规范相关工作中的亮点
四、元数据管理	
1	贵单位是否已对所有元数据进行了梳理和采集？如已采集，如何存储和管理
2	贵单位在日常工作中是否遇到不同系统数据"同名不同义、同义不同名"等问题？频率如何
3	你认为元数据在日常数据管理工作中应当发挥怎样的作用？有哪些应用方向和场景
4	你认为开展元数据管理工作的主要难点是什么？公司应当如何应对
五、主数据管理	
1	你认为现有的主数据管理方式是否满足实际使用要求
2	贵单位现有的主数据定义是否合理？是否应当进行重新评估，并进行必要的修改和增补
3	主数据使用过程中的及时性、一致性等是否满足要求？如否，请简述存在的主要问题
六、数据质量管理	
1	你认为贵单位目前的数据质量如何
2	贵单位目前针对数据质量的检查有哪些手段？可包括电子化的或者线下人工的等

续表

	3	贵单位发现数据质量问题后是否有严格可遵循的问题处理流程？如有，请简要描述流程
	4	你对贵单位的数据质量管理有哪些好的建议
七、数据架构和模型		
	1	贵单位目前系统中的实际数据架构和模型与企业架构匹配度是多少
	2	新建系统或新建数据模型是否有相应的检查流程和管控手段以保证符合企业架构的标准要求
	3	你认为造成实际与企业架构出现差异的主要原因有哪些？应当如何应对或解决
八、数据共享开放		
	1	贵单位及各部门对与可对内共享和对外开放的数据是否有明确的范围
	2	请简述贵单位内部数据共享，以及贵单位向全网其他单位提供数据共享的流程
	3	贵单位提供数据共享和数据开放的主要方式和渠道有哪些
九、数据（应用）需求管理		
	1	贵单位数据（应用）需求一般由哪些部门提出？提交之前是否会做相关业务设计及信息处理
	2	贵单位数据（应用）需求由何部门受理
	3	需求部门和受理部门之间通过何种方式或渠道进行需求信息的传递，线上还是线下
	4	需求受理部门能否及时交付相关需求？如不能，主要问题出在什么环节？如何应对或解决
十、信息化能力调研		
	1	你认为贵单位在做数据管理相关工作时的难点是什么
	2	你如何理解企业进行数据资源管理工作的重要性
	3	目前贵单位已采用及拟采用的数据相关产品和工具具体有哪些

9.1.2 现状调研分析

通过现状调研，可以探索数据管理发展趋势，全面了解企业的业务现状和信息化现状，对企业数据标准、数据质量、元数据、主数据、数据集成共享等方面的现状问题进行分析。如表9-1-3 所示为现状调研问题清单。

表 9-1-3 现状调研问题清单

调研主题		现状问题
数据标准	一、标准制定	
	1	由于各单位和系统单独创建相关数据，缺乏统一标准，导致数据离散分布在各分散系统中，使各信息系统间数据不能充分共享，信息孤岛问题突出
	2	由于缺乏统一的数据标准，数据创建形式多样，导致出现大量冗余数据，给数据查询和数据引用带来较大困难
	3	尚未建立数据指标标准，缺乏建立信息系统的基础，使相关业务分析完全依靠人工收集和分析，效率和及时性都不能有效保证

续表

调研主题	现状问题	
	二、标准执行	
	1	尚未建立数据应用的控制流程
	2	缺失标准执行的审查控制环节
	3	数据管理随机性、临时性及突发性问题较为突出
	三、标准控制手段	
	1	缺乏标准应用的主责部门
	2	没有工具系统支持，数据质量控制力度较差
数据质量	一、唯一性	
	1	没有统一的数据管理平台和数据源头，各类数据分散管理于各自系统，其编码规则、描述规则等都不尽相同。导致一物多码、多头申请、多头分发、多头管理现象十分普遍
	二、准确性	
	1	业务数据来源不一致，多头填报，手工/Excel数据大量存在，出口数据繁杂，数据经常出现缺失、异常、丢失，导致数据的可信度被打折
	2	缺乏数据质量的评判标准，数据拿来就用，缺乏深加工、深提炼
	三、合理性	
	1	编码规则不合理，缺乏相关数据标准规则及数据标准定义
	四、完整性	
	1	数据质量管理没有明确的责任人和考核机制，信息系统数据维护不完整、不及时
	2	缺少基础数据标准，系统前端输入为文本而非选项，导致输入信息为空或脏数据
	五、及时性	
	1	系统间信息手工同步而非系统同步，同步不及时，不同系统数据有差异
	2	由于缺少数据传递的渠道和方法，导致数据的时效性不高
元数据	一、现状问题	
	1	元数据认识不正确，部分人以为数据指标、场站名、员工角色是元数据
	2	元数据相对分散，无元数据间的关联关系无法进一步分析
	二、政策制定	
	1	元数据的维护缺乏强制性的规定
	三、政策执行	
	1	元数据管理缺乏公司级管理办法
	四、管控工具	
	1	尚无统一全系统横向管控的元数据管理平台
	2	多数采用Word和Excel进行元数据的维护

续表

调研主题	现状问题	
主数据	一、同步机制	
	1	各部门之间存在信息无法完全共享的现象，并且对关键信息项应该以哪个系统为准的问题尚无明确定义
	2	系统之间信息同步依靠手工，非系统自动同步，同步不及时或遗漏
	二、主数据策略与系统	
	1	通用基础类数据涉及较多，但都没有一个统一的标准及编写格式，中英文混用
	2	编码规则不统一，在已经调研的系统中存在多套编码规则
	3	由于系统间的项目编号不一致，导致当需要项目统一视图时，需要进行大量的匹配、鉴别
数据集成共享	一、数据整合	
	1	各业务线数据没有统一规范的标准，没有统一的存储管理方式，各部门各业务需要时都是从基层直接要数据，凌乱而不统一，给基层造成沉重负担
	2	各部门站在各自的立场生产、使用和管理数据，使得数据分散在不同的部门和信息系统中，缺乏统一的数据规划、可信的数据来源和数据标准，导致出现数据不规范、不一致、冗余、无法共享等问题
	二、历史存储	
	1	业务系统积累了大量的经营活动历史数据，可以用来进行历史趋势分析，辅助决策

现状分析是结合前期调研结果，基于数据治理方法论框架进行的，对问题和关键发现进行分类、归因；基于数据管理能力成熟度对企业的数据管理能力现状开展预评估工作，出具预评估结果，形成现状分析结论和数据治理体系规划的初步建议，编制现状分析报告。

9.2 数据资源盘点

数据资源盘点是对企业数据现状进行全面梳理，盘点出可视化的、可复用的、有价值的数据资源，形成数据资源目录，供企业内共享应用，为企业数字化转型赋能。

数据资源盘点不仅能发现数据资产、剖析数据现状，也能发现数据问题、查漏补缺，为企业数据资源管理指明后续的工作方向。

9.2.1 数据资源盘点的目的和原则

数据是支持企业发展战略的重要资源，是企业进行分析和决策的重要基础。有效地管理和使用数据可以减少或消除企业经济活动中的风险，为企业管理控制和科学决策提供合理依据，给企业带来相关的经济效益。

1．目的

（1）通过数据盘点摸清家底，了解数据架构、关键数据分布、应用、流向等。

（2）形成全局数据资源地图，盘活数据资源，实现企业数据资源可识别、可查找、可理解。

（3）识别数据资源孤岛的问题，归纳梳理核心领域数据资源，支撑大数据平台。

（4）推动数据治理体系的重点任务，为数据分析实现数据变现奠定基础。

2．原则

（1）前瞻性：数据资源盘点应该站在整个盘点旅程的角度进行规划和实践，充分考虑数据资源规范、搜索获取、分析应用、绩效评估、可视化展示等需求。

（2）全面性：数据资源盘点范围要全面覆盖企业的所有数据资源，但在落地实践过程中，企业也可以分阶段开展盘点工作。

（3）基础性：选择数据资源最稳定的本质属性或特征作为盘点内容，确保盘点内容不因环境因素而发生变化。

（4）系统性：将需要盘点的数据资源的属性或特征按一定排列顺序予以系统化，并形成一个合理的分类体系。

（5）确定性：对于盘点范围内的任何一项数据资源，在分类体系中应该有唯一确定的基本单元与之相应。

（6）可扩延性：目录框架应满足数据资源不断发展和变化的需求，允许在目录框架中增加新的盘点内容而不影响原有内容，为使用者进行延展细化创造条件。

（7）安全性：减少数据盘点工作对业务活动和系统运行的影响，避免出现数据丢失或泄露等失误，给企业带来损失。

（8）保密性：数据资源盘点过程中，盘点人员要严格遵守保密要求，避免触及敏感信息。

9.2.2 数据资源盘点的内容

数据资源盘点的内容包括数据资源库表、数据资源信息项、系统间交互接口表、开放共享和数据安全信息、数据标准信息、数据问题和需求、业务蓝图及内控手册7个部分，如图9-2-1所示。

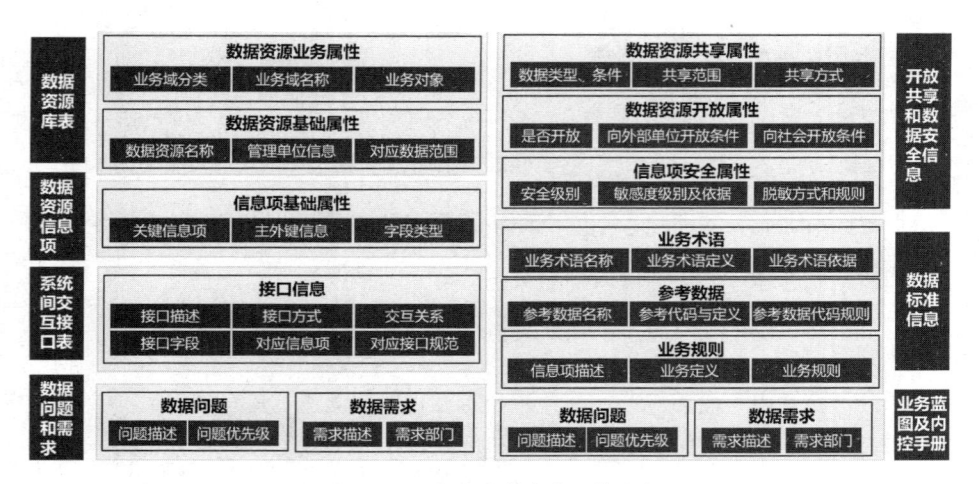

图 9-2-1　数据资源盘点工作内容

数据资源盘点仅针对各系统在业务环节源端产生的基础表，以及终端产生直接应用结果的数据表进行盘点，同时结合数据资源的概念，圈定数据资源盘点内容。

- 根据数据资源概念，仅对该系统所有（拥有）的数据表进行盘点，调用其他系统的数据不进行盘点，例如，分析系统中调用的业务数据不进行盘点。
- 中间过程表由于具有临时性、变动性大的特点，不具备数据资源的可控性特征，且大数据分析、应用价值不高，因此不进行盘点。
- 仅对业务系统和分析系统中的固定报表进行盘点，对于变化频率高、自定义的报表不进行盘点。
- 进行实际盘点工作时，可根据数据特征、数据应用场景、数据分析价值进行进一步识别。

9.2.3　数据资源盘点的方法

数据资源盘点是一项长期、持续迭代的工作，在迭代过程中，资源盘点内容会不断深化、盘点范围会不断扩展，直至覆盖企业全部存量及增量的统建、自建系统中所有数据资源。

数据资源盘点采用以自上而下业务梳理为主、以自下而上信息系统盘点为辅相结合的方法，全面了解数据资源现状。

- 自上而下业务梳理：基于内控手册、各系统的业务蓝图、需求文档等材料进行梳理，梳理业务流程及业务对象。
- 自下而上信息系统盘点：通过数据资源盘点工具，采集各信息系统中的表结构信息，包括表名、表注释、字段名、字段注释、字段类型、字段长度等相关信息，并梳理各信息系统的物理库表、数据实体、数据接口、数据标准、共享开放信息。

不同系统之间，由于功能目的、数据产生的来源等不同，在盘点数据资源系统的过程中，将所有系统分为以下 4 类，采用差异化方法来开展具体的盘点工作。

（1）业务流程系统（套装软件）：业务流程系统（套装软件）主要是指由中、大型软件供应商提供的，具有完整的业务功能和业务逻辑的系统，如 ERP 系统。

（2）自开发软件系统：自开发软件系统主要是指通过高级计算机语言开发的，由企业委托软件开发商，按指定逻辑开发的系统，如 MES 系统。

（3）指标及报表系统：指标及报表系统主要是指统计业务指标和进行报表展示的系统，如久其报表系统。

（4）数据仓库系统：数据仓库系统自身不产生数据，数据来源于其他业务系统，主要进行数据抽取、存储等，如数据仓库系统。

以主数据和指标数据为例，数据资源盘点如图 9-2-2 和图 9-2-3 所示。不同的数据类型，数据资源盘点内容不同，需要进一步结合实际业务和信息系统规划设计盘点模板。

应用系统名称	软件供应商	软件实施商	软件维护商	开发工具	数据库	中间件	模块名称	应用状态	主要功能	使用部门	外部接口系统	接口数据	数据接口流向
ERP人力资源系统	×××	×××	×××	Java	Oracle			使用中	人员基本信息薪酬	人力资源部	实物资产网上报销	人员信息,组织机构	人力→网上报销,实物资产
法律系统	×××	×××	×××	.net	Oracle			使用中	合同管理	法律部	网上报销	合同信息	法律→网上报销

涉及的基础编码数据									
基础数据名称	管理属性	是否存在分类或层级	是否应用标准	数据总项数（当前）	数据提报部门	数据管理（审核）部门	数据来源（其他系统，录入）	数据去向（接口系统）	
组织机构信息	机构编码、机构名称、上级单位编码、上级单位名称	存在	是	15967个	各级人力资源部	各级企业策划与管理部初审；总部企划部终审	基础信息部分来源于人力资源系统，在主数据系统校验后生成标准编码	人力资源系统	
人员信息		存在	否	3000个左右	人力资源部	人力资源部	录入	网上报销实物资产	

图 9-2-2　主数据资源盘点样例

	业态分类		业务分类		
列	C	D	E	F	G
模板内容	XX板块	业态	业务主题	业务子主题	业务细分类别
填写说明	描述指标标准项所对应的组织及业态，根据XX板块现有组织架构及业务实际开展情况进行划分		描述指标标准项所对应的业务模块名称，根据集团及各利润中心现有部室架构及职能进行划分。		描述在实际应用过程中产生、使用处理或存储数据的业务实体
填写示例	XXXX集团	集团（不区分业态）	人力资源	员工关系	员工
填写示例	XXXX集团	集团（不区分业态）	财务	资本管理	资产配置

	基础信息				
列	H	I	J	K	L
模板内容	指标标准编码	指标盘点名称	指标标准中文名称	指标标准英文名称	指标常用名称
填写说明	XXXX	填写报表中指标的显示名称	指标标准项的标准中文名称	指标标准项的标准英文名称	描述实际业务场景中与指标标准项中文名称相同含义的不同名称，此名称具有唯一性
填写示例	XXXX	XXXX	XXXX	XXXX	
填写示例	XXXX	XXXX	XXXX	XXXX	

图 9-2-3　指标数据资源盘点样例

9.2.4　数据资源盘点的步骤

数据资源盘点的步骤如下。

步骤一：明确数据资源盘点的目标。

（1）认清企业数据管理现状及能力，明确目前所处的数据资源管理的阶段；

（2）根据现状制定数据资源盘点的目标，明确投入的资源及需达到的效果，建议以企业内部项目的名义开展工作，保证人力资源充足。

步骤二：数据资源需求调研分析。通过对部门业务、数据和信息化情况的全面调查，掌握整体情况，厘清类型和属性，明确资源数量和状态，摸清部门数据资源的现状和特点，了解各业务流程并掌握各系统中数据的使用及交互情况。

步骤三：明确梳理内容及范围。

（1）业务范围：要梳理哪些业务，比如，梳理人力资源业务、营销业务等。

（2）系统范围：确定梳理的系统范围，比如，梳理财务系统、核算系统等。

（3）组织范围：确定需要哪些机构或者部门参与本次梳理内容的整理、审核及确认工作。

步骤四：确定盘点的模板。确定数据资源盘点的内容模板，明确数据统计模板的具体内容、格式和填写说明等内容。

步骤五：数据资源现状梳理。通过对应用系统及对应数据库、数据分类、数据引用及重复建设情况等内容完成业务数据梳理及数据资源盘点工作，形成数据资源列表，在此基础上进行深度的数据分析整理，按照数据资源分类规则编制企业的《数据资源目录》。

步骤六：梳理成果并组织评审。对《主数据资源目录》《指标资源目录》《交易数据目录》进行成果确认，最终形成《数据资产目录》《需求清单》《责任清单》《负面清单》，便于用户对数据资源进行检索、定位和获取，实现数据的可见、可管、可用。

9.2.5 数据资源盘点的成果

通过数据资源盘点工作，能够对企业数据进行挖掘和分析，识别数据格式和含义，对企业包含的数据资源进行快速盘点，全面掌握数据资源的现状、分布和流向，最终形成《数据资产目录》《需求清单》《责任清单》《负面清单》，打破数据壁垒，实现数据的口径统一和数据标准的建立，从而降低数据利用成本，提升数据综合利用水平，确保数据安全可靠、使用规范、共享高效，充分发挥企业的数据资源价值，如图9-2-4所示。

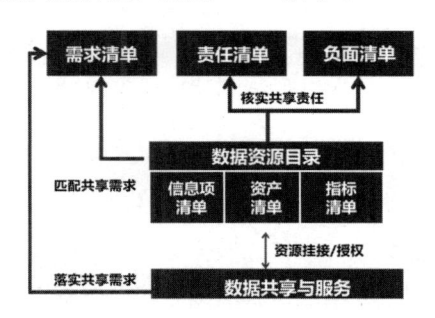

图 9-2-4　"三清单一目录一平台"关系

- 需求清单：用数部门需要其他部门予以共享的数据清单。
- 责任清单：供数部门明确本部门可以向其他部门共享的数据清单。
- 负面清单：安全部门基于法律、法规、规章明确规定不能共享的数据，列入共享负面清单。

在数据资源盘点结果运用方面，不仅可以运用于企业内部经营管理和决策分析，发挥数据价值；还可以根据分级、分类的结果，有针对性地采取适当、合理的管理措施和安全防护措施，在保证数据安全的基础上完成数据共享。同时，还可以根据数据质量的分析，有针对性地进行数据治理，提高整体数据质量，在企业内部形成安全可靠、高质量的数据环境，最终实现对数据资源的规范化管理。

数据资源盘点清单还可以用来做评估分析，主要包括以下几个方面。

- 数据集分析：分析数据资源的整体情况，如各部门数据资源数量、各业务分类数据资源数量。
- 数据一致性分析：分析同一数据资源属性不一致的情况，如名称不统一、描述不统一。
- 数据缺失分析：统计数据资源属性的缺失情况，分析缺失原因，如各系统的缺失情况，不同归口部门的数据资源缺失情况。
- 数据分布分析：分析数据资源在系统内的分布情况，如相同的数据资源是否重复存储在不同系统。

9.2.6 数据资源盘点的难点

企业中的数据资源盘点存在以下难点。

（1）数据资源盘点的范围如何确定，投入多少资源，谁来做盘点？

数据资源盘点范围最初一定是和具体应用场景相关的资源进行盘点，这样做一是可以体现盘点价值，二是可以聚焦工作重点。在资源投入方面，能用本企业人员就不用甲方人员，能用技术人员就不用业务人员。业务人员涉及的范围越广、人员越多，风险就越大。

（2）盘点的价值如何体现，如何获得大家对盘点工作的支持和认可？

企业前期要充分做好企业调研，从数据治理的角度搜集与数据资源盘点相关的实际问题，作为发挥资源盘点价值的素材。比如，相关人员需要使用数据时，不知道数据的分布，不知从哪里调用查看；或者修改数据时，无法准确获取数据的管理者和消费者，不能准确识别风险，导致问题产生。只有因地制宜地通过盘点解决企业实际问题，才能获得相关人员对盘点工作的支持。

（3）数据资源盘点是一项长期工作，如果项目结束了，盘点工作也跟着结束，那就说明数据资源盘点任务失败了。只有充分证明资源盘点为企业带来了价值，才能让企业有动力去持续推动资源盘点工作的开展。另外，需要建立专门的数据治理组织，设置专门的数据资源管理专员、制定相关的数据资源管理办法和审核点，才能持续推动数据资源盘点工作，保障盘点质量。

（4）数据资源盘点花费人力、物力较大，为了节约成本想自己做，会不会遇到什么问题？

笔者不反对花小钱办大事，但是一定要找到合适的人。建议由信息部门人员主导数据资源盘点工作的开展，在有一定成效，并且为业务带来一定价值后，让业务人员逐步参与进来。

另外，要做好盘点人员的培训工作，明确对参与人员的知识和能力要求，事前编写好培训教材和调研问卷，了解参与人员的信息化知识和数据治理基础，做好培训前和培训后的跟踪工作。做到因材施教，聚焦实操。

9.3 现状评估与需求分析

现状评估与需求分析是根据掌握的数据资源现状，对比优质企业最佳实践及成熟度评估分析模型，对企业的数据资产管理能力进行评估与分析，以及结合企业的发展阶段和发展模式的不同，对企业整体数据资源管理现状进行数据识别、差距评估分析。

通过现状调研和评估分析，可以在企业中宣贯数据资产管理的理念，为后续数据资产管理体系规划、组织体系设计、管控体系设计、数据标准体系设计、实施策划、企业级逻辑数据模型设计提供重要输入。

9.3.1 现状评估

1．调研总结

调研总结是指通过现场访谈、业务现状调研、信息系统现状调研、资料收集和外部调研，最终形成现状调研报告。之后依据现状调研报告，对企业的业务现状、系统现状和数据现状进行分析和评估。现状调研报告包括以下内容。

（1）调研情况概述。

根据现状调研报告，针对企业的数据资源管理现状，总结出普遍存在的问题，例如：

- 数据资源管理受到各业务部门的普遍重视；
- 数据唯一性、准确性和真实性的问题几乎涉及所有业务部门；
- 数据共享需求强烈，认为跨部门、跨系统的互联互通是数据发挥价值的前提；
- 业务部门对数据共享、数据服务、数据应用提出了更高的要求和期望。

（2）评估来源。

评估来源一般包括以下几个方面。

- 通过访谈会议中的文字记录、会议纪要、参考资料和实况音频整理；
- 依据各部门后续提交的调研提纲内容反馈资料、各类专项格式报表、通用及专用的统建及自建系统的实际应用情况资料；
- 国家标准 GB/T36073—2018《数据管理能力成熟度评估模型》(DCMM)。

2．依据调研报告进行现状分析

为了更详实地了解企业在数据资源管理方面存在的普遍问题，下面以某大型央企现场调研总结为例来具体介绍，如表 9-3-1 所示。

表 9-3-1 调研总结示例

序号	部门	主要问题	需求描述	调研需求总结
1	运营管理部	1．数据来源比较单一，主要为预算资金编制、预算资金分析和预算执行3个模块，取数困难，普遍存在二次手工填报情况； 2．各业务系统间尚未建立联系，报表数据目前是手工获取，在增加工作量的同时，还会存在数据质量问题风险； 3．缺少统一的数据标准，各项业务数据信息在跨业务线时数据标准及口径不一致，各项业务数据标准缺乏统一性，目前考核指标和预算指标没有形成统一的标准指标体系	1．各项工作存在手工填报的情况，可能存在填报误差，希望通过线上处理，提质增效； 2．希望通过信息化手段实现指标数据的统一管理，避免数据重复录入，提高工作效率；在指标数据统一管理方面，明确指标的分级、分类和使用范围； 3．各资料信息存在自己电脑，不能在财务报表系统中直接获取数据，希望绩效考核和全面预算有信息系统支撑，实现电子化功能； 4．希望建立数据共享平台，实现数据在多个系统内充分共享和高度复用	运营管理部缺乏全面预算和绩效考核相关信息系统支撑，未实现全面预算分析和滚动预测标准化，各业务数据无法互联互通，导致数据质量差，难以实现数据的深度利用； 为了防范系统建设带来的"信息孤岛"问题，需尽快实现数据"源头"集中管理，改变原有基础数据分散管理的现状，实现数据全生命周期管理及基础数据资源共享，为企业实施数字化和大数据战略奠定坚实基础
2	办公室	1．办公室使用数据但不掌握数据，需向各个部门取数，取数不及时； 2．经历两轮系统版本升级改造和数据迁移，数据档案编码数位不一致； 3．目前档案管理系统并非所有人都能使用，与集团 4A 系统同步有关； 4．各分（子）公司超大文件上传受限，不得超过 1GB； 5．声像视频容量较大，存在超大文件传输问题	1．档案管理系统目前不能全员查看，最理想的状态是让每个员工都有查询权限，可通过关键字段查询； 2．数据资源量大，只是管理阶段，并未实现价值最大化，希望通过数据治理，实现数据整合利用，制定数据资产管理办法和规定	经过初步调研，办公室只是使用数据，向上级领导汇报需向多业务系统取数，无法掌握实时数据，缺少数据全生命周期跨部门协同，希望通过数据治理项目可以满足跨部门、跨系统的数据共享需求，信息资源利用效率最大化，实现数据"好找、好用、实时和共享"

续表

序号	部门	主要问题	需求描述	调研需求总结
3	人力资源部	1. 人力资源管理系统中总部机构编码是从01到99，如果发生部门重组、新增、撤销和平面冻结等情况都会占用编码，从而导致编码不够用； 2. 集团和分（子）公司内存在一个员工多套编码的情况； 3. 离退休人员档案分散在各个系统，未实现人员信息统一管理； 4. 因临时工作需要出国的人员在外事系统填报，在人力资源系统却查询不到	1. 离退休人员档案分散在各个系统，未实现人员信息统一管理。计划将所有业务系统和人力资源系统对接，实现人员信息集成共享； 2. 薪资模块中考勤结果需要书面备案，人工算出薪酬，通过Excel导入薪资模块并进行工资发放，希望实现电子化的功能	人力资源部职责分工明确，各项业务活动大多有信息化系统支撑，使用的系统都由企业统筹规划并建立。薪资模块功能完善，系统可以实现工资自动发放和发放记录查询等功能，实现工资无纸化发放。薪资模块中考勤管理和绩效考核管理缺少信息系统支撑，不能实现电子化办公

3. 现状问题总结

通过现状调研和现状分析，可以总结企业在数据治理过程中面临的问题。

- 无法掌握实时数据，缺少在数据全生命周期内跨部门的协同，企业期待信息资源利用效率最大化，实现数据"好找、好用、实时和共享"。
- 数据来源的不统一和数据的重复录入导致数据质量差，难以实现数据的深度利用，从而难以实现业务模式创新和经营风险控制。
- 各业务无法互通、数据不共享，集团和分（子）公司编码未统一，数据质量差，数据采集不及时等，企业希望通过数据治理项目能够打通系统之间的壁垒，用统一标准的编码规范将整个数据流程打通，实现数据的上传下达。
- 缺乏相应的信息系统支撑，不能高效、及时地获取数据，缺乏统一的获取途径，需要建立相应的监管制度，保证获取数据的真实可用。
- 业务数据缺乏统一的管理制度、标准和管理团队，数据的准确性、及时性和可用性无法保障，影响日常工作的及时开展，企业希望实现数据源头和流向的统一，将业务数据放到数据共享平台，便于各部门查询。
- 没有统一的数据管理平台和数据源头，数据全生命周期管理不完整，各系统信息孤岛，分类标准不规范，导致数据不一致，无法整合，企业希望通过数据治理项目完成数据管理标准的落地，提升数据质量，从而实现数据的唯一性、准确性、一致性。

对于以上种种，必须分析其中的关键问题，运用权威的并具有深刻影响力的数据管理能力成熟度评估模型（DCMM）这一专业工具，予以分类，并详加剖析评估。

9.3.2 需求分析

需求分析是指对现状调研发现的问题进行归纳总结，并进行根因分析，识别数据管理各模块中的薄弱环节，给出整体解决思路与建议；针对领导层和各业务部门的直接需求，结合标杆企业相关实践经验和方法论，分析企业数据管理与应用现状，定位数据问题和痛点，提炼数据治理体系建设需求，提出相关建议。

下面以某大型央企调研总结为例进行分析。

1. 业务视角需求分析

（1）运营管理部门：目前未实现全面预算分析和滚动预测标准化，不同系统各项业务数据标准及口径不一致（尤其是预算资金的编制、分析和执行，缺乏统一的数据来源和信息系统支撑，资料信息都被存在各自的电脑），导致取数困难、各项工作存在手工填报的情况，可能存在填报误差，导致数据质量差等问题。

解决这些问题需要以下两种方式。

- 实现各类报表线上处理，解决手工填报的问题；
- 建立数据共享平台，实现数据的内部共享和复用。

（2）办公室：办公室是数据的消费者不是生产者，需要根据需求临时向各个部门取数，数据获取不及时、质量差等问题时有发生；档案管理系统在升级和数据迁移后，存在档案编码位数不一致的问题。

解决这些问题需要以下两种方式。

- 实现档案的全员分权限查看和档案数据的整合利用；
- 实现数据跨部门、跨系统的共享，提升信息资源利用效率，最大限度发挥数据资源价值。

（3）人力资源部：当前各业务系统之间口径不一致、标准不统一，无法对接，需要在不同的系统之间导出数据手工制作统计数据和报表。集团和分（子）公司分别制定了相应的员工编码，两者编码未统一，同时有多套员工编码在使用。

解决这些问题需要以下3种方式。

- 将所有业务系统和人力资源系统对接，实现人员信息集成共享；
- 完善薪资模块功能，系统能实现工资自动发放和发放记录查询等功能；
- 实现薪资模块中考勤管理和绩效考核管理的信息化。

2. 数据视角需求分析

（1）业务流程方面：企业缺乏数据标准管理执行的流程和平台，尚未形成自上而下的专业化且各司其职的团队，缺乏有效的内部沟通、协商和合作机制，各业务部门也无力推动系统之间数据不一致的问题。

解决这些问题需要以下两种方式。

- 数据标准应该在需求阶段定义和发布，以免出现数据标准不一致或无法落地的情况；
- 因为缺乏数据标准落地执行平台，需要建立企业级数据标准管理平台，制定数据标准，通过平台把标准落地工作嵌入业务与技术人员的日常工作流程中。

（2）系统集成方面：缺乏企业级数据资产管理工具，包括主数据、元数据、数据质量、数据标准等管理平台。企业的人、财、物等主数据散落在各个业务系统，企业自建系统未能有效与集团统建系统进行互联互通，导致流程和数据割裂。

解决这些问题需要以下两种方式。

- 建立统一的主数据标准，包含分类标准、描述标准、编码标准及应用标准，为各业务系统之间的数据共享打好基础；
- 需要采用统一标准、统一编码、统一描述，实现信息集成，打破信息孤岛现象，提高主数据统一应用水平。

（3）系统数据应用方面：由于业务系统之间口径不一致、标准不统一、数据无法对接，造成数据之间无法互联互通；数据手工填报是各业务部门的一大痛点，大部分时间、精力都花费在手工处理数据上；数据手工填报会导致数据存在质量问题，采集到的源数据作为基础数据进行深加工后，输出用于支持决策的数据更是无法保证。

解决这些问题需要以下 3 种方式。

- 需要建立管理制度和追责机制，保障信息填报的准确性、及时性和持续性；
- 建立行业相关数据资源库及平台；
- 实现系统对接和数据共享，保证数据的统一来源和统一出口，确保数据的准确性和唯一性。

（4）管理方面：企业相关标准化建设制度尚未建立健全，导致在数据管理方面权责不明确，数据生产方、数据管理方和数据使用方数据标准不统一，导致大量冗余数据，给数据查询和数据引用带来较大困难。

解决这些问题需要以下两种方式。

- 应建立标准体系建设和归口协调机制，完善协调机制和组织标准化，贯彻数据认责体系，对数据进行全生命周期的管理；
- 在管控组织上建立包括决策层、管理层和执行层 3 个层次的数据标准化管理组织，引入全局参与的理念，加强对业务部门的考核，牵引数据治理工作规范、有序地开展。

（5）数据资产评估分析方面主要包括以下内容。

- 数据集分析：分析数据资产的整体情况，如各部门数据资产数量、各业务分类数据资产数量；
- 数据一致性分析：分析同一数据资产属性不一致的情况（如名称不统一、描述不统一）；
- 数据缺失分析：统计数据资产属性的缺失情况，分析缺失原因（如各系统的缺失情况，不同归口部门数据资产缺失情况）；
- 数据分布分析：分析数据资产在系统内的分布情况（如相同的数据资产是否重复存储在不同系统）。

9.3.3 需求总结

1. 业务视角需求总结

通过业务调研访谈获取的业务视角需求可分为共性需求与个性需求。共性需求较为急迫，而个性需求都相对远期，需要依赖数据管控体系、数据共享交换机制、数据标准体系等基础性工作方能实现。

业务视角需求总结包括以下内容。

（1）建立高效的数据治理体系。

建立高效的数据治理体系，包括组织、架构、标准与制度、流程、质量等方面，可以让企业明确数据归口，统一数据源头，提高数据管理能力。

（2）提高数据交换共享机制。

提高数据交换共享机制即以数据治理为契机，建设企业级数据资源管理集成共享平台，打通各个系统的数据壁垒，实现各项业务横向与纵向的高效协同集成。

（3）构建完善的数据标准体系。

企业需结合实际业务构建完善的数据标准体系，重点为架构类标准和对象类标准，如主数据、数据指标等。例如，对各项指标进行分级、分类，定义数据指标标准，明确数据源头和责任归属。

2. 数据视角需求总结

为了实现以上业务视角需求，企业可以从数据视角出发，在现状调研基础上，进行需求分析总结（即数据质量、元数据、主数据、数据指标、数据资源目录及数据资产管理等方面），开展数据治理工作，提升数据管理能力，为企业业务发展与创新赋能。以下是从不同维度和视角进行需求总结的范例。

数据视角需求总结包括以下内容。

（1）数据质量需求。

- 技术方面：搭建数据质量管控体系和数据服务应用，建立包含决策、管理、执行层面的组织架构。
- 业务方面：明确数据责任人及其具体职责，促进信息系统应用集成；解决员工手工填报和数据审核问题。
- 管理方面：建立相应的监管制度，保证获取数据的真实可用，从而实现数据质量的唯一性、准确性和一致性。

（2）元数据需求。

建立企业级元数据管理平台，包括建立代码、公共模块、数据结构等元数据配套系统；管理维护数据库结构信息，梳理数据间关联关系，提供数据血缘分析和影响分析，把分散在各个系统的数据字典统一管理，为标准化工作奠定基础。

（3）主数据需求。

建立企业级主数据管理平台，包括统一主数据标准，统一主数据模型，完善主数据管理，持续提升数据质量，对数据进行全生命周期的管理，为大数据分析应用奠定坚实基础，实现数据资产保值、增值。

（4）数据指标需求。

设计企业数据指标框架体系，包括梳理企业数据指标现状，以业务为导向，参考监管要求、同行业对标情况，设计形成企业数据指标框架体系，明确一级到三级指标分类。制定试点场景的数据指标标准。

(5)数据资源目录需求。

为解决数据分散、"家底"不清、数据共享困难等问题，需要对企业所有数据资源进行盘点，梳理企业数据资源现状，编制数据资源目录，从自下而上的角度入手，提出数据资源调查方法。同时采用自上而下的分类思想，运用线面结合的方式，对数据资源进行分类，并基于国家相关标准对数据资源核心元数据进行扩展。

(6)数据资产管理需求。

构建公司级数据资产管理平台，以实现对数据质量、元数据、主数据、指标数据、数据资产目录的管理，并使各部分相互联动、有机协作，对数据资产进行有效管理和利用。

9.3.4 完成数据管理能力成熟度评估

基于数据管理能力成熟度评估模型（DCMM），全面评估企业的数据管理水平，完成评估报告，取得专业评估机构颁发的数据管理能力成熟度评估证书，以第三方的视角向企业决策者给出权威建议，能更好地推动数据治理工作。企业以 DCMM 作为数据管理工作的指引，充分发挥 DCMM 标准贯彻评估的抓手作用，"以评促建，以评促提升"，可以持续完善数据资产管理体系，探索数据要素市场化创新模式，构建高效协作的数字生态，进一步释放企业数据要素价值，发挥数据的"放大、叠加、倍增"作用，为企业高质量发展、实现数字化转型提供有力支撑。

1. 数据管理能力成熟度评估工作的意义

根据数据管理能力成熟度评估模型，可以通过科学方法，系统评价企业数据治理能力状况，并结合企业数据管控现状，对企业在数据资产管理各个领域进行整体评估。

评估结果一方面显示企业在数据管理能力成熟度方面所处的阶段，并且可以根据该阶段及下一阶段的特征有效地识别改进方向。另一方面，评估结果还可以显示企业现状与其他同业间的差距，帮助企业查明问题、指出方向，并且提供实施建议，通过专项提升的工作，提高公司核心业务的数据质量，夯实数据基础，为企业提供与企业发展战略相匹配的数据管理能力体系建设，最终实现数据资产管理和数据的标准化，最大限度发挥数据资产价值，提升数据中心的服务能力。

2. 数据管理能力成熟度评估工作流程

数据管理能力成熟度评估工作流程主要分为 3 个阶段进行：准备阶段、实施阶段、报告制定阶段，其中，需要企业深度参与和配合的主要是实施阶段的工作。具体评估流程如图 9-3-1 所示。

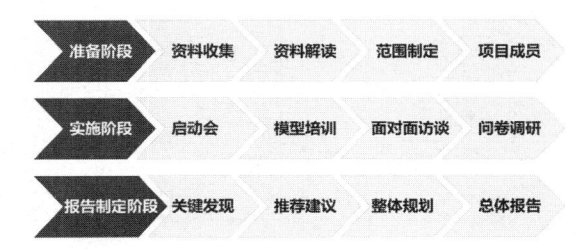

图 9-3-1　数据管理能力成熟度评估工作流程

数据管理能力成熟度的评估成果主要由评分结果、评估报告、数据管理发展路线图、评定证书等几个部分构成。

- 评分结果：根据对企业访谈、资料评审、一对一访谈、环境检查等工作，统一为企业的数据管理能力成熟度进行评级。
- 评估报告：企业数据管理现状的评估，帮助企业找到和同业最佳实践的差距，定位自身的问题，分析其中原因，并给出清晰的分析报告。
- 数据管理发展路线图：根据企业管理的需要及业界最佳实践，制定有针对性的企业数据管理发展路线图，并且根据现状的评估报告，制订有针对性的行动计划。
- 评定证书：根据企业数据管理能力成熟度的评级结果，正式颁发企业数据管理能力成熟度评级证书。

3．数据管理能力成熟度评估项目范例

（1）数据管理能力成熟度等级划分。

DCMM 将数据管理能力水平划分为初始、受管理、稳健、量化管理、优化 5 个级别，如图 9-3-2 所示。

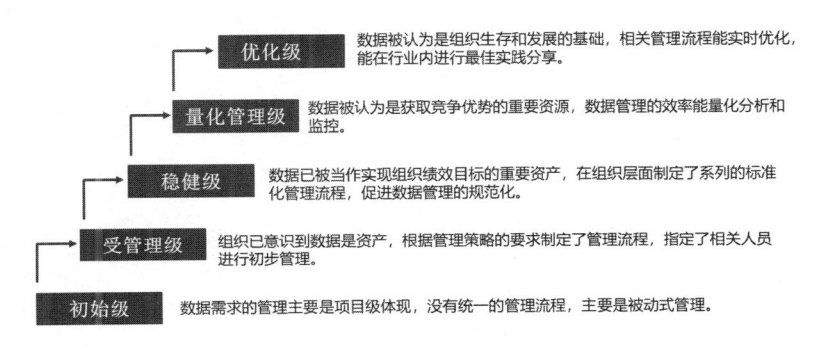

- 优化级：数据被认为是组织生存和发展的基础，相关管理流程能实时优化，能在行业内进行最佳实践分享。
- 量化管理级：数据被认为是获取竞争优势的重要资源，数据管理的效率能量化分析和监控。
- 稳健级：数据已被当作实现组织绩效目标的重要资产，在组织层面制定了系列的标准化管理流程，促进数据管理的规范化。
- 受管理级：组织已意识到数据是资产，根据管理策略的要求制定了管理流程，指定了相关人员进行初步管理。
- 初始级：数据需求的管理主要是项目级体现，没有统一的管理流程，主要是被动式管理。

图 9-3-2　数据管理能力成熟度评估模型

（2）数据管理能力成熟度总体评估。

以某大型央企数据管理能力评估为例，数据管理能力成熟度主要从保障机制、支撑平台、数据模型、数据标准、数据质量、元数据、主数据、数据安全、数据生命周期 9 个维度展开进行评估。示例如图 9-3-3 所示。

一级维度	权重（%）	大型央企得分	领先实践	同业参考
保障机制	15	2.64	3.88	3.00
支撑平台	5	2.40	3.60	2.30
数据模型	10	2.06	3.68	3.27
数据标准	15	2.30	3.70	3.45
数据质量	15	2.30	3.30	2.51
元数据	15	1.95	4.13	2.17
主数据	10	2.10	3.40	2.60
数据安全	5	2.49	3.20	2.78
数据生命周期	10	2.00	2.90	2.70
总体评估	100	2.24	3.59	2.78

图 9-3-3　数据管理能力成熟度评估得分示例

（3）总体评估结果。

根据企业调研数据和问卷内容，对企业进行数据管理能力成熟度等级的评估，支撑平台维度在同业中处于较高水平，数据标准、元数据及数据模型维度与同业存在较大差距，其他维度管理水平的差距较小。最终，经项目组专家评定：某大型央企的数据管理能力成熟度整体得分是 2.24 分，对应的数据管理能力成熟度等级为"受管理级"。

第 10 章

技术平台和工具

数据标准化实施和管理涉及复杂的管理流程、组织协同的技术作业，因此，需要依靠相应的技术平台和工具支撑数据标准化管理工作。对企业来说，数据标准化平台工具可作为数据治理平台工具的组成部分，与数据治理平台统筹规划，统一建设实施。

数据标准化管理工具的能力构成一般包含数据地图、主数据管理、数据指标、元数据管理、数据模型工具、数据交换与服务工具、数据资产管理、数据开发、数据质量管理、数据安全、数据成本管理等部分。通过对数据的采集、清洗、建模、加工直至应用的全生命周期的管控和保障，可以确保数据的高质量、低成本、安全性，以及开发过程的高效能。数据标准化管理工具是基于 PaaS 平台的一体化智能全域的数据治理平台（见图 10-0-1）的一部分工具集。这里不再具体介绍数据治理平台工具，读者可以参考《数据治理：工业企业数字化转型之道》一书。

数据标准化系列工具（见图 10-0-2）是数据资产运营的基础，让企业数据更加准确、一致、完整、安全，降低 IT 成本。做好数据资产运营工作，支持企业数据资产全生命周期的管理，以及数据资产评估、分发、开放、可视化管理，从而促进数据资产的价值实现。通过文件、接口、推送等多种数据服务形式为数据消费者提供灵活、可靠的数据供给能力，从而实现数据资产应用，使得企业数据的使用过程更为人性、快捷、智能，从而提升企业管理决策水平。

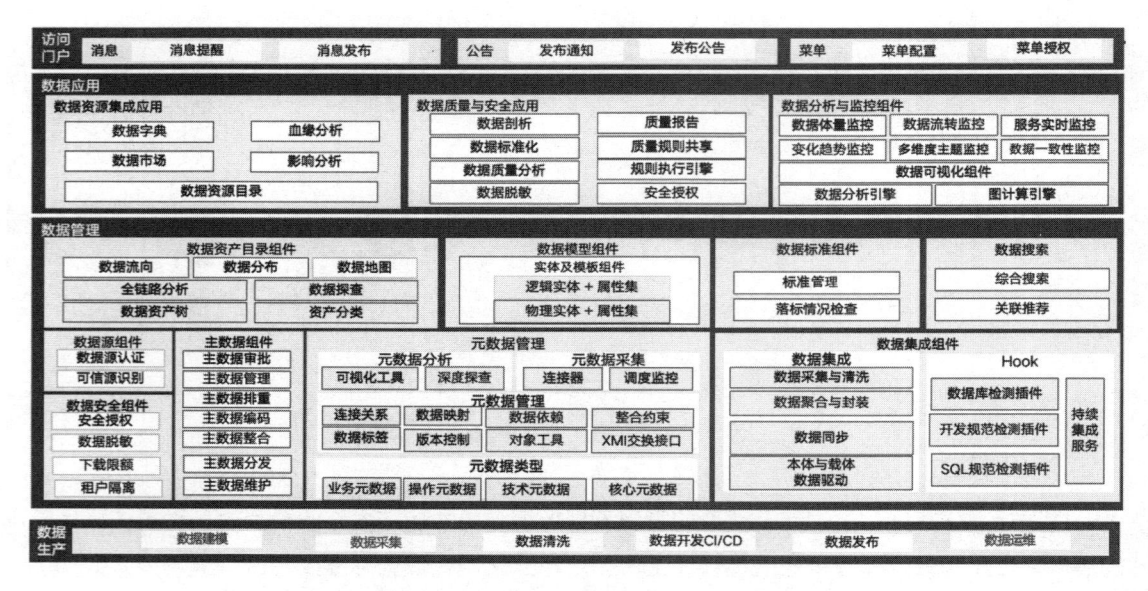

图 10-0-1　基于 PaaS 平台的一体化智能全域的数据治理平台

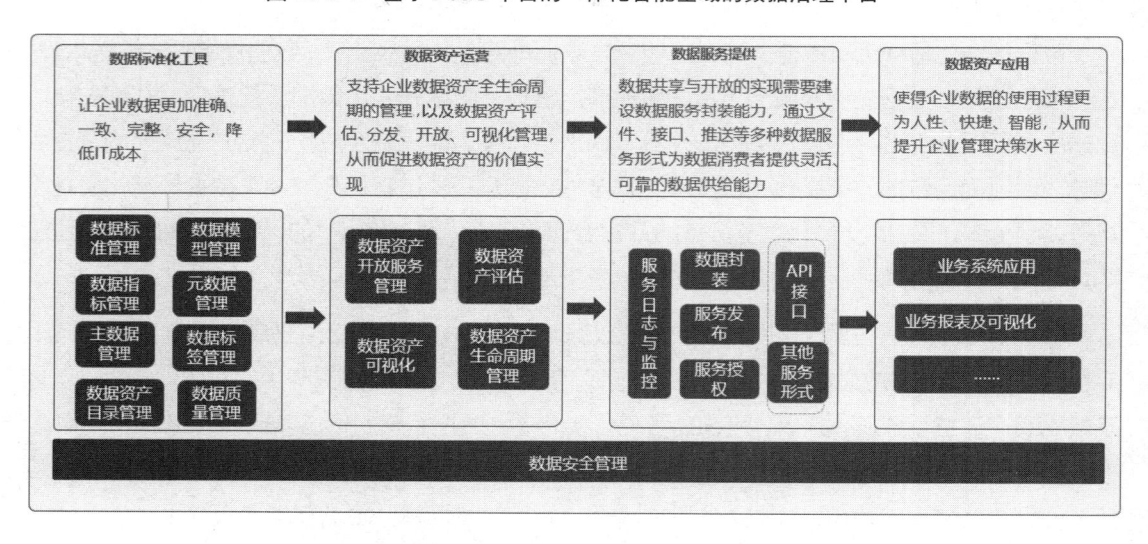

图 10-0-2　数据标准化系列工具在数据全生命周全景视图

10.1　数据模型管理工具

数据模型管理工具负责为企业数据模型的管理、比对、分析、展示提供技术支撑，解决企业数据管理中的多种问题，如数据模型管理分散、无统一的企业数据模型视图、数据模型无有效的管控过程、数据模型标准设计无法有效落地、数据模型设计与系统实现出现偏差等，如图 10-1-1 所示。

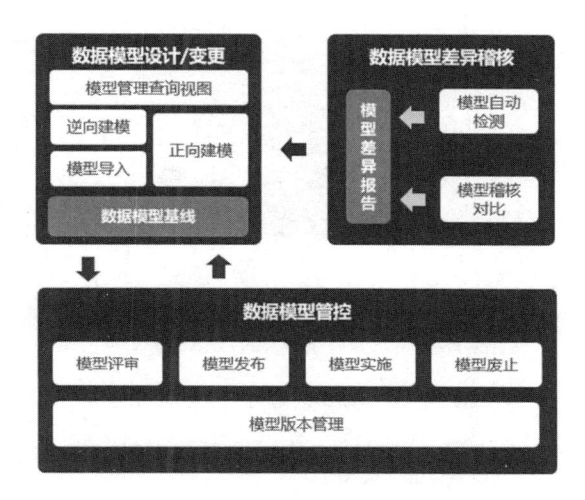

图 10-1-1　数据模型管理功能体系

数据模型管理工具需具备以下基础功能。

（1）数据模型设计/变更：支持新建系统的正向建模能力，还应支持原有系统的逆向工程，通过对数据模型进行标准化设计，能够将数据模型与整个企业架构保持一致，从源头上提高企业数据的一致性。

（2）数据模型差异稽核：提供数据模型与应用数据库之间自动进行数据模型审核、稽核对比的能力，解决数据模型设计与实现不一致而产生的"两张皮"现象，针对数据库表结构、关系等差别形成差异报告，辅助数据模型管理人员监控数据模型质量问题；提升数据模型设计和实施质量。

（3）数据模型管控：支持数据模型变更管控过程，提供数据模型从设计、提交、评审、发布、实施到消亡的在线、全过程、流程化变更管理。同时，实现各系统数据模型版本化管理，自动生成版本号、版本变更明细信息，可以辅助数据模型管理人员管理不同版本的数据模型。通过工具可以简单回溯任意时间点的数据模型设计状态，以及数据模型设计变更的需求来由，实现对各系统数据模型的有效管控和管治，强化用户对其数据模型的掌控能力。

企业级数据模型是企业范围内整合的、面向主题的数据模型，用来定义关键的数据生产者和消费者的需求，如图 10-1-2 所示。

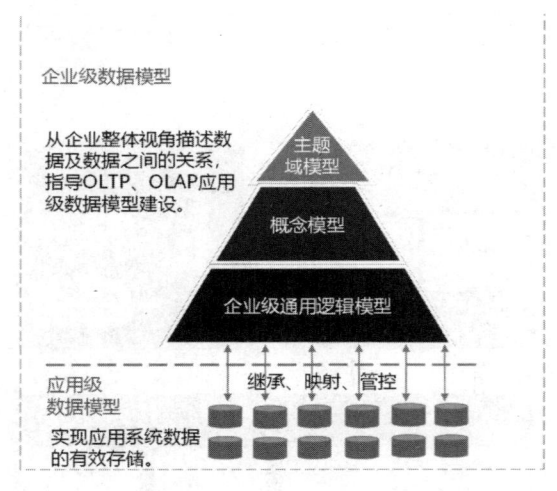

图 10-1-2　数据模型定义及层级关系

（1）主题域模型设计：参考行业模型、业界通用模型划分，立足企业现状及数据需求，根据业务领域划分主题域模型。

（2）概念模型设计：在各主题域下，通过从行业模型、企业相关业务流程、信息系统的数据模型中提取、识别关键业务实体，并对关键实体进行分类；识别关键实体之间的关联关系，形成各主题域下的概念模型。

（3）企业级通用逻辑模型设计：从数据标准、业务流程、信息系统数据模型中提取、识别关键实体下的关键通用属性，并对部分概念实体进一步细化、拆分，形成通用逻辑模型。

10.1.1　企业级数据模型管控

企业级数据模型管控包含数据架构管控、数据标准管控、事前模型管控和事后元数据管控4 个部分。这 4 个部分分工合作又相互影响，协同工作可以提高企业数据管控能力，如图 10-1-3 所示。

（1）数据架构管理基于企业级通用逻辑模型，从业务角度进行企业级数据模型的整体架构。在梳理企业级通用逻辑模型的过程中会涉及数据标准的定义和审批发布，而标准体系的建设会对企业级数据模型提供有力的支撑。

（2）数据标准管控主要包括数据标准体系的建设，数据标准对应的代码管理，以及业务术语和目录标签的梳理，将企业需要共同遵循的数据标准整理发布。数据标准会提供数据的业务和技术属性，所以可以映射到相应的逻辑模型和物理模型（详见 15.2.2 节）。

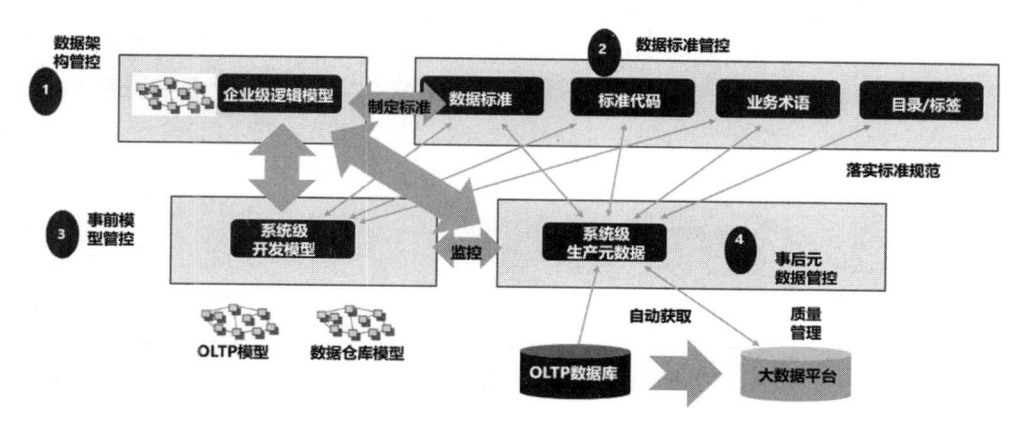

图 10-1-3　企业级数据模型管控

10.1.2　数据标准管控

数据标准管控包含数据标准发布和工具访问、模型设计中的应用数据标准及数据标准应用情况的自动检核等内容。

1. 数据标准的发布和工具访问

数据标准是数据模型定义的基础，在定义数据模型时需要一些前提条件。

（1）数据标准的主题已经准备好。

数据标准的主题其实是标准的应用范围和检索目录，对数据标准进行业务组织。在落标过程中，这是重要的选择依据。

（2）数据标准的技术规范已经准备好。

数据标准已经具有详细的技术规范，包括数据元属性及取值范围定义，支持物理数据模型设计，可以直接应用在物理层上，并已经建立逻辑数据类型到不同数据库的映射。这里的数据类型是逻辑数据类型，具备自动类型转换能力。

（3）标准已经权威发布。

数据标准经过讨论后，进行公开发布，因为其具有流程上的正式性和权威性，已经在组织内部充分贯彻。

2. 模型设计中的应用数据标准

数据模型是一个很好的数据字典，其向上承接业务语义，向下实现物理数据，不但包含了数据字典，更重要的是包含了业务主题、业务对象、数据关系，以及数据标准的映射。所以模型及工具的运用不但是企业数据管理是否成熟的重要标志，也是数据标准落地的重要依托。通过创新一个模型工具，可以在开发阶段自动管理数据字典和模型，实现下面 3 个数据标准落地的操作。

（1）建立标准和数据的映射。

- 标准落地的属性继承。

一般情况下，数据字段落地时要引用标准中的上述内容，还包含数据的标准代码。

- 物理字段的落地衍生。

对于一个标准落地的物理字段，如果语义是相同的，并且业务规则没有变化，只是为了满足系统环境，而加上了限定环境（比如"电话"在供应商的表里叫"供应商电话"），那么对于这种落地衍生的情况，并不需要创建一个新的标准。

（2）建立代码的标准引用。

对字段中数据类型的引用进行标准化，坚决杜绝手工写代码的情况。

（3）标准化命名。

3. 数据标准应用情况的自动检核

模型设计工具记录当前设计的模型库对标准的引用情况，以及根据每个模型对数据标准的引用记录统计模型遵从度，并给出详细的报告，具体包括以下内容。

- 全域模型的遵从分析。
- 哪些字段使用了数据标准。
- 统计使用数据标准的数据项。

4. 自定义标准的发布管理

数据标准通常是事后制定的，因此一定有新的数据没有标准对应的情况。在实际解决方案中，数据标准可以采用先创建后验证的模式。

通过建模工具，开发人员提交自定义的数据标准到数据管理平台，模型评审组在数据管理平台进行评估，通过验证后可以将其发布到企业级公共数据标准库，不断补充完善企业数据标准库。

10.2 数据标准工具

数据标准工具需要实现以下功能。

- 对各数据属性的标准进行规范管理，包括各数据属性的业务规范、管理规范，以及技术规范等相应内容的维护管理。
- 对各数据属性的值域进行维护管理，通过对值域的维护定义属性的值域内容，规范数据的属性值。
- 对标准规范的版本管理，便于记录标准规范的版本变更历史和变更信息，同时存储不同的标准规范版本。
- 对标准规范内容的维护流程管理，包括标准查询、变更申请、审批、发布等流程。

图 10-2-1 所示为数据标准管理平台架构图。

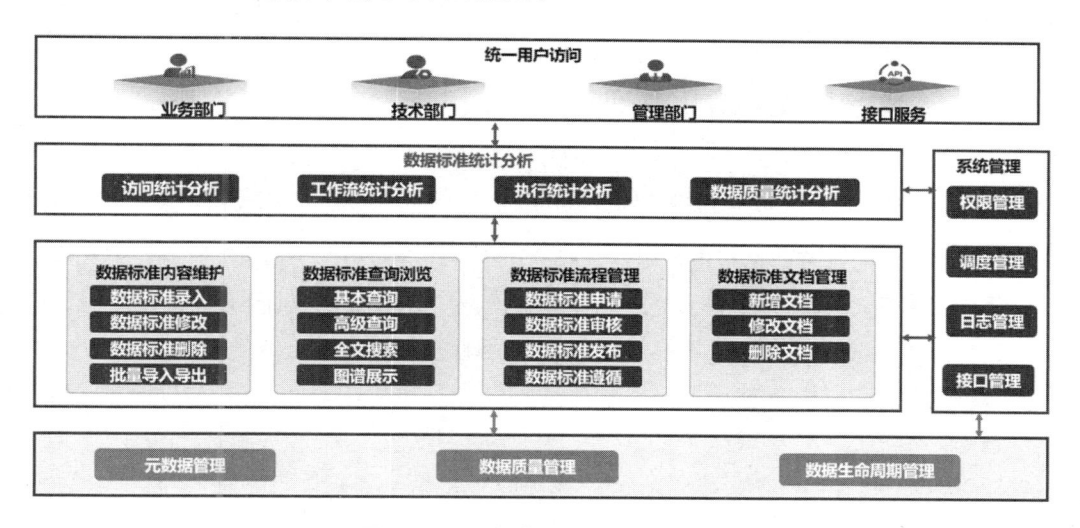

图 10-2-1　数据标准管理平台架构图

实际的数据标准化工具一般支持各信息系统通过调用评估服务，以规范的数据标准库为基准对各系统的数据模型等架构设计内容进行评估。通过系统工具可以自动支持标准报告和看板，定期推送数据标准专题报告，展示关键数据标准 KPI 及数据标准的执行排名，同时实施发布最新的标准信息。

通过标准管理系统可以智能追踪标准的历史，方便对新增业务自动化地进行标准修订，可以应对业务的快速变化；另外，通过工具将数据标准与元数据、数据质量、数据模型集成，确保标准执行，智能化落地数据表和字段级别的质量检查规范；同时，工具可以对数据标准进行监控和统计分析，支持对标准发布审批情况、落地映射情况、标准变更情况、已生成标准个数等重要指标进行监控和统计。

10.3 数据资产目录工具

数据资产目录工具以数据目录为结构导图，提供数据目录全生命周期管理服务，以及数据资产在组织内以系统维度、主题域维度、业务板块维度等不同视角下的全景分布视图。数据资产目录工具的功能主要包括目录分类管理、目录编制、目录管理等。

（1）目录分类管理功能主要是目录分类维护和目录分级授权，可根据数据管理的实际需求，进行目录分类和分级的变更与调整。

- 目录分类维护：注册新的目录分类，或对已注册的目录分类进行编辑、上线、下线操作。
- 目录分级授权：给用户分配或删除目录分类权限。

（2）目录编制功能主要是目录的在线编制和填报。按照实际的业务及数据资产情况，对目录的基本信息、数据项信息、其他信息等进行编制并上报。

（3）目录管理功能主要是目录各层级内容的审核、变更、发布、撤销、导出和迁移等操作。

- 目录审核：对提交的目录进行审核，包括对目录标准符合性、内容完整性和格式规范性等进行审核，并给出"审核通过"或"审核驳回"的决定。"审核通过"，目录进入待发布状态；"审核驳回"，目录进入驳回状态，可修改后重新提交。
- 目录变更：对已发布的目录进行变更，包括修改目录的基本信息、数据项信息、其他信息等。
- 目录发布：对待发布的目录给出"发布"或"驳回"的决定。"发布"，目录完成发布；"驳回"，目录进入驳回状态，可修改后重新提交。
- 目录撤销：对已发布的目录进行撤销，填写撤销理由并提交。
- 目录导出：将不同目录分类下的所有目录导出为表格。
- 目录迁移：将现有分类下的目录统一迁移至选择的新分类目录下。

（4）目录分类关联管理功能主要是对目录中数据资产关联度的识别判断和管理。

（5）目录查询功能支持对目录的查询，可以快速、准确地查询数据目录。

（6）目录视图功能主要是提供数据目录、数据目录中数据资产在组织内（包括系统维度、主题域维度、业务板块维度等不同视角下）的全景分布视图，以及数据资产的发现和定位。

10.4 数据指标管理工具

指标数据作为数据治理体系框架中的一种重要基础数据，做好数据指标在线管理并实现与上下游系统共享交互，能有效地促进和提升企业数据的有效性、准确性和真实性。

数据指标管理工具在数据治理体系框架的位置如图 10-4-1 所示。

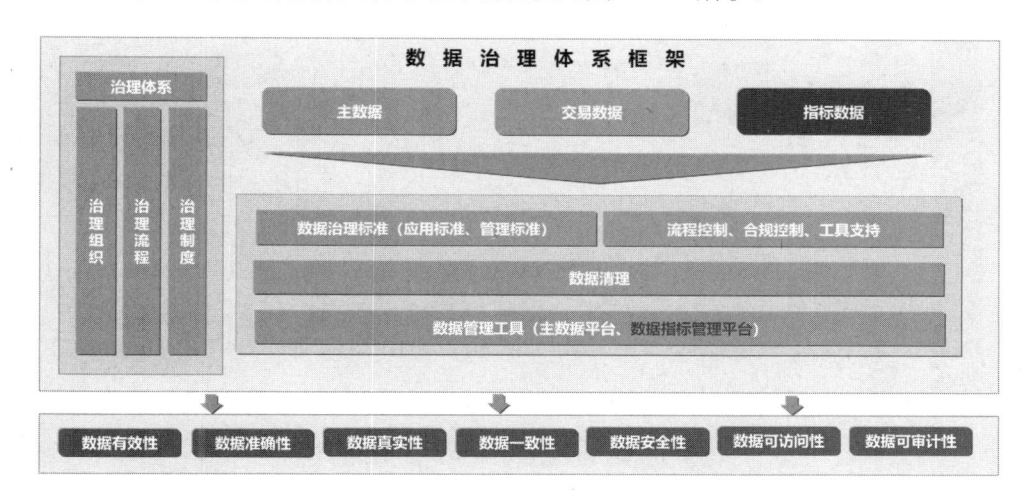

图 10-4-1　数据指标管理工具在数据治理体系框架的位置

根据本书第 2 篇相关内容，可以抽象得出数据指标管理工具应具备的基础功能点，主要如下。

- 能够清晰地描述指标名称、指标编码、计算逻辑、数据来源、发布日期等属性字段信息。
- 能够按照数据指标管理体系进行多维度分类管理。
- 能够对数据指标进行查询检索、添加、删除、修改、冻结等常规操作。
- 能够与数据仓库的数据模型动态关联，即关联到表和字段上，以便使用者能够深入了解指标的计算过程，开发者能够较为便捷地定位数据源。
- 能够关联上下游应用系统。

通过建设数据指标工具管控实现数据指标标准的集中、统一、规范管理，形成数据指标的维护、分发、应用、检查的持续更新且管理闭环，促进数据指标的共享使用和质量改进，为企业业务运营和领导决策提供完整、一致、规范的数据指标管理服务。

数据指标管理涵盖数据指标的采集、申请、发布、存储、应用、变更、执行等全生命周期管理过程。从企业对数据指标的实际管理和应用角度出发，将数据指标管理功能分为数据源、采集层、应用层、展示层及用户层 5 层架构，如图 10-4-2 所示。

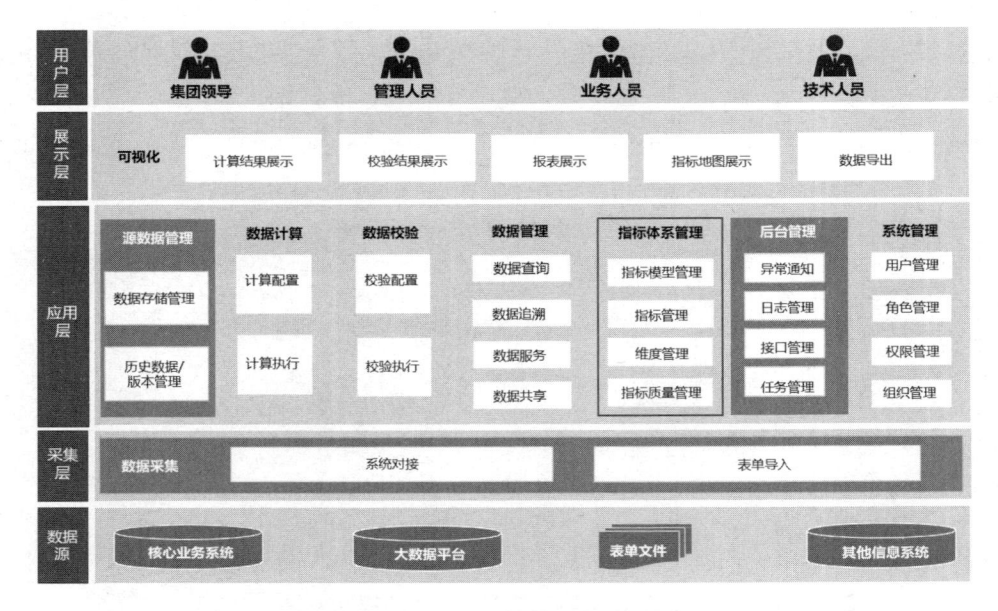

图 10-4-2　数据指标管理功能全景图

1. 数据源

数据源即指标数据的来源，一般来源于以下几个方面。

- 企业正在运行使用的核心业务系统，如 ERP 系统、财务管理系统、MES 系统等；
- 大数据平台，大部分企业建设大数据分析平台或是数据仓库，也是数据指标的重要来源；
- 报表文件，手工加工处理汇总的各种报表文档；
- 其他信息系统，如 OA 系统、访客系统等。

2. 采集层

采集层通过数据技术工具进行系统对接采集信息系统的指标数据，或是通过手工方式将各种表单文件导入指标管理工具中。

3. 应用层

（1）指标体系管理。

指标体系管理是数据指标管理工具的核心模块，与其他模块之间存在紧密联系，可以实现将指标下沉到具体的表和字段上，能够便捷地追溯指标数据源。指标体系管理主要实现指标定义管理、指标模型管理、指标管理、维度管理和指标质量管理等功能，如图 10-4-3 所示。

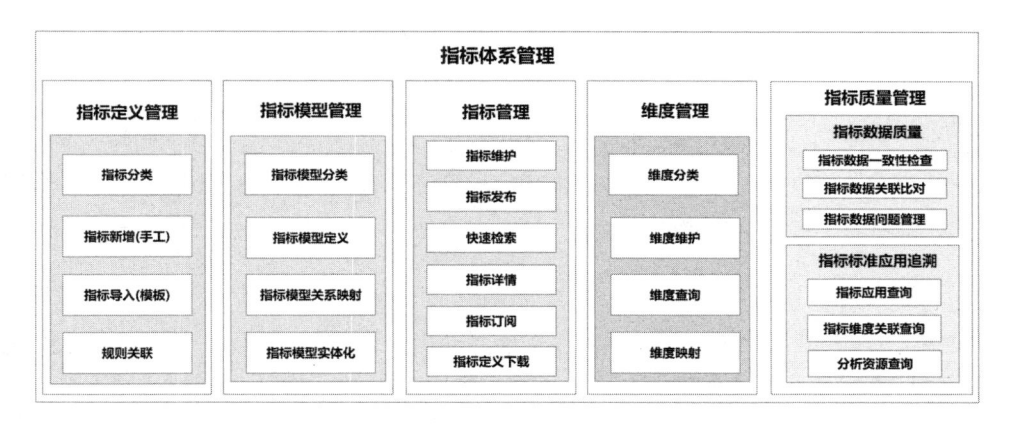

图 10-4-3 指标管理工具功能图

①指标定义管理。建立指标分类，可以使用手工和模板导入两种方式进行指标定义。指标新增包含以下属性。

- 业务属性：业务定义、计算公式、统计口径、统计维度、统计频度、计量单位等；
- 技术属性：数据类型、数据格式、关联规则、数据源系统、数据源表名、数据源字段名等；
- 管理属性：责任部门、管理岗位、颁布日期等。

②指标模型管理。定义数据指标模型，即指标所包含的明细字段；建立模型及模型间的关联关系；模型定义完成后将指标模型实体化为库表进行存储。可以使用手工和模板导入两种方式进行模型定义。

③指标管理。指标定义后，在未正式发布前，可对指标进行维护，即修改和删除。对外发布已定义指标后，可通过指标管理平台浏览已发布的指标信息，进行检索、订阅及下载等。

④维度管理。将所有指标引用的维度定义不同的分类，确定维度唯一、名称准确，管理编码等信息。同时，应建立维度与指标的映射关系，在指标查询和维度查询时，能够查询二者映射的对应关系。

⑤指标质量管理。指标管理平台内部对已申请发布的指标数据进行质量管理，包括指标数据的一致性、指标数据关联比对、指标数据问题管理跟踪等。另外，还应实现数据指标标准的应用追溯管理，包括指标应用查询（即指标在报表中的应用查询统计）、指标维度关联查询、分析资源查询等。

（2）数据管理。

数据管理通过数据追溯掌握指标数据的来龙去脉，满足数据血缘管理要求。而数据服务强调系统已有的指标数据可对外提供数据订阅和数据推送服务，实现数据共享。

（3）数据校验。

通过设置校验规则，比如逻辑校验、合理性校验等，对采集的数据和系统已有的数据指标标准进行校验执行，输出并存储校验结果。

（4）数据计算。

可对系统已有的指标数据进行组合计算配置管理，满足不同业务场景下的指标组合和复杂运算，同时可输出展示计算结果。

（5）源数据管理。

对采集的原始指标数据进行存储管理，实现数据版本管理、查询历史采集数据等。

（6）后台管理。

系统对异常数据接入操作会有通知提醒，数据接入、分发及各种系统操作也会有日志记录管理。接口管理主要实现上下游系统对接管理；任务管理主要指调度资源、调度任务等。

（7）系统管理。

系统管理包括用户管理、角色管理、系统权限管理、组织机构管理等常规系统管理功能。

图 10-4-4 是某企业指标数据应用示例，通过打通智能报表系统、数据平台与指标管理平台三者的数据传输通道，满足指标数据的共享统一，实现对上层报表应用的支撑。

4. 展示层

展示层主要是对数据指标的可视化展示，如多种指标组合计算结果展示、指标检验结果展示、不同指标和维度形成的报表展示等。指标地图主要是指标的全景显示，通过指标地图可以根据指标体系，实现多种视角、多层级的拓扑展现。

5. 用户层

用户层通过系统用户、角色、权限等实现面向不同人物视角的展示内容和效果，比如，集团领导更关注经营管理 KPI 指标相关的内容，不同业务板块的领导或是业务人员的关注点也有所差异。

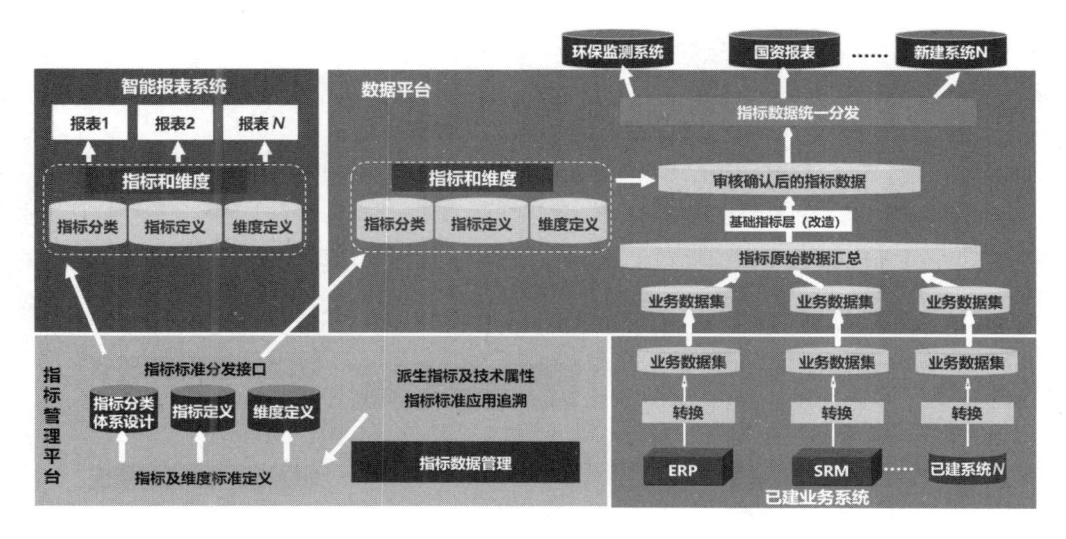

图 10-4-4　数据指标应用示例

10.5　元数据管理工具

1. 元数据管理工具的发展

元数据管理工具用来对数据资产进行有效的组织，可以帮助数据专业人员收集、组织、访问和丰富元数据，以支持数据治理。其作用是快速检索并了解数据的大体内容，就像图书检索系统能够快速根据图书卡片查找图书一样。

现代元数据管理工具起源于数据仓库的应用，在数据仓库中需要将各个源头业务系统的数据进行汇聚，然后形成贴源层、企业数据仓库明细层及汇聚层，最后生成面向业务专题的应用集市层，提供给报表和 BI 工具使用。在数据 ETL 汇聚的过程中，需要详细了解数据源及上一级的数据情况，而在报表生成过程中，也需要了解报表中数据的最初出处，以利于进行故障排查。通过元数据管理工具可以实现数据在数据仓库加工流动过程中的全景视图。

随着互联网和大数据的发展，被管对象越来越丰富，数据资产的种类五花八门，可能是关系数据库或 NoSQL 数据库存储的表、实时流数据、AI 系统中的功能、指标平台中的指标、数据可视化工具中的仪表板等，而元数据管理工具应当包含所有这些类型的数据，并使管理人员可以高效地使用这些元数据。

随着信息化技术的演进，人工智能和机器学习技术也应用到元数据管理工具中，可以自动对数据进行分类，自动发现元数据之间的关联关系，当然也包括自动从非结构化文档数据中抽取结构化的元数据信息。

2. 元数据管理工具的关键能力

业务元数据通常没有正式的文档记录，无法自动采集，一般是通过业务调研和梳理请业务人员补充；技术元数据通常可以通过工具自动采集，必要时可以手动输入。通过元数据管理工具将业务元数据和技术元数据进行关联，提供统一的元数据管理，为所有相关人员提供服务。

Gartner 公司发布的报告中指出，元数据管理已经从侧重于报表、数据目录和静态影响分析转向智能优化、数据发现和用例分析。

现代元数据管理工具所需的一些关键功能如下。

- 提供数据目录，能够自动识别相似属性、解决歧义，并检测与其他数据资产的关系的数据清单。
- 通过自动发现、用户标记和评级丰富元数据的内容。
- 数据血缘分析和影响分析，用于跟踪数据历史变化和对下游数据及系统的影响。
- 主动元数据管理，通过人工智能/机器学习等技术实现元数据管理的自动化，以支持更广泛的数据管理活动，比如，通过机器学习来自动识别数据之间的关联关系。
- 界面直观易用，提供优秀的用户体验，以满足广泛的用户需求，如数据架构师、数据工程师、数据管理员和数据分析师均能通过图形化界面满足自己的需求。
- 具有协作工作流程，帮助元数据创建者了解元数据将如何使用，使得数据提供者、消费者、数据架构师、数据开发者、数据管理员和数据分析师能够相互协作。
- 能够定义业务术语和数据字典来支持业务语义。
- 能够定义业务规则并自动检查业务规则。
- 与第三方工具进行元数据交换。
- 通过规则和策略管理支持安全和隐私。

3. 元数据管理工具的组成

元数据管理工具通常包含元数据采集、元数据构建、元数据存储、元数据注册和验证、元数据管理、元数据应用、应用门户、元数据分析、平台支撑、安全保障等功能，如图 10-5-1 所示。

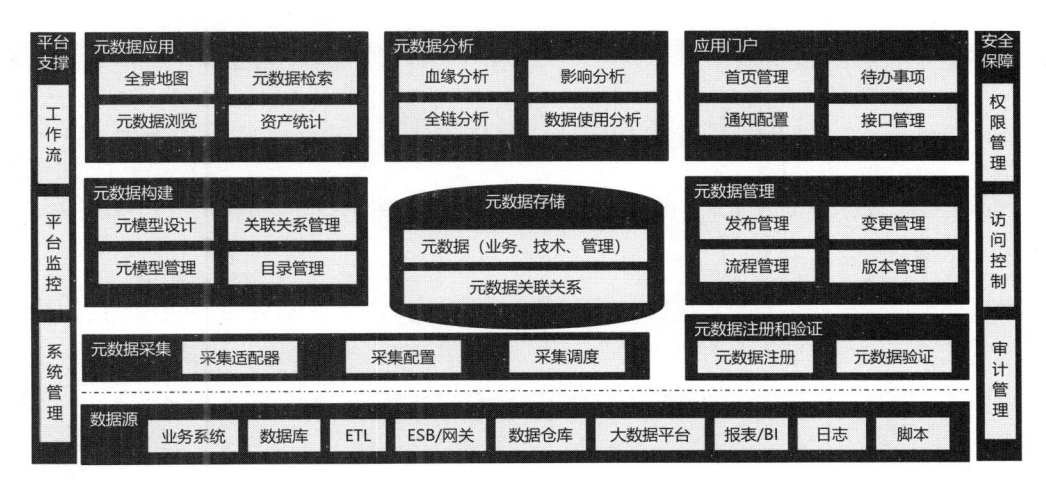

图 10-5-1 元数据管理功能架构图

（1）元数据采集。

元数据采集应能够适应异构环境，支持从传统关系型数据库和大数据平台中采集，从数据产生的业务系统到数据加工处理系统，再到数据应用报表系统的全量元数据，根据所需要管理的数据对象种类，分别采用不同的方式进行采集。

元数据采集模块通常支持插拔式的采集适配器管理，针对不同的管理对象，采用不同的适配器，适配器的方式可以在不改变整体元数据管理框架的情况下，快速接入新的数据采集类型。通常，采集适配器包括关系数据库适配器、ETL 适配器、大数据平台适配器、存储过程适配器、日志文件适配器、建模工具适配器、报表工具适配器、日志适配器、脚本适配器，这些适配器可以解析上述被管对象中包含的 SQL 语句，识别其中的数据实体（系统、库、表、字段的描述），以及数据实体加工处理过程中的逻辑。

针对目前大数据平台及数据湖的发展，元数据采集适配器需要对接大数据平台的统一元数据管理工具（例如 Atlas），来获取整体大数据环境的元数据，而不需要直接采集大数据平台的个别组件，如 Hbase、Hive 等。

随着对数据安全的重视，越来越多的业务应用系统并不希望 ETL 工具直接采集其数据库，而是通过接口的方式将数据报送给下游系统。在这种情况下，需要元数据采集模块能够支持对传统 ESB 或者微服务网关，从注册的接口中解析其数据传递的关联关系。

采集配置对采集任务进行参数化配置，包括数据源的地址、类型、访问信息、选取的采集适配器，以及采集周期、数据过滤规则等。

采集调度根据采集配置的信息，按照相应时间周期执行采集任务，同时也支持人工采集操作。

（2）元数据构建。

元数据构建主要包括元模型的设计和管理，对采集的原始元数据进行关联关系的解析，以及管理元数据目录。

元数据管理工具通常会对元模型进行设计和管理，元模型可以理解为存储元数据的数据结构。不同元数据类型存储的内容也不同，比如，数据库表需要包含表名、列数、行数、分区、主键等技术元数据，也要包含数据域、业务域、所属业务系统、管理人等业务元数据，以及是否共享、安全级别、采集时间等管理元数据，如图 10-5-2 所示。

业务元数据				技术元数据						管理元数据				
数据域	一级数据主题	二级数据主题	字段描述	字段英文名	字段中文名	数据类型	长度	精度	非空	主键	创建者	管理员	责任部门	是否共享	是否开放	版本信息
经营管理	供应商管理	供应商	供应商公司的正式名称，来源于工商局注册信息	Company_name	公司名称	String	100		是	否	张三	李四	市场营销部	是	否	1.2
经营管理	供应商管理	供应商	公司编码	Company_id	公司编码	String	64		是	是	张三	李四	市场营销部	是	否	1.2
经营管理	供应商管理	供应商	统一社会信用代码	Unified_Social_Credit_code	统一社会信息代码	String	20		是	否	张三	李四	市场营销部	是	否	1.2
经营管理	供应商管理	供应商	公司法人	Corporate_person	公司法人	String	64		是	否	张三	李四	市场营销部	否	否	1.2
经营管理	供应商管理	供应商	公司账号	Bank_Account	公司账号	String	20		是	否	张三	李四	市场营销部	否	否	1.2
经营管理	供应商管理	供应商	注册地址	Address	注册地址	String	256		是	否	张三	李四	市场营销部	否	否	1.2

图 10-5-2　数据库表示意图

元数据管理工具一般会针对每种常见数据类型的元数据内置元模型，并允许用户自由扩展这些元模型的属性，以添加更多的业务元数据和管理元数据。元模型要求支持 CWM 规范，方便与其他管理工具进行数据交换。

自动采集的元数据通常只有技术元数据，从数据库、ETL、存储过程、大数据平台中采集的元数据信息缺省是孤立的，需要元数据构建模块进行分析，找出其中的关联关系。

针对采集的技术元数据，需要通过业务调研梳理补充业务元数据和管理元数据，形成统一的元数据。为方便元数据的使用，这些元数据可以按照业务、技术、管理等层次结构进行分类、分组管理，形成元数据的分类目录。

（3）元数据存储。

元数据的存储包括统一的元数据（含业务元数据、技术元数据和管理元数据）存储和关联关系的存储，通常采用关系数据库存储。目前，新一代的元数据管理工具会采用图数据库以构建知识图谱来表示元数据之间的关联关系，达到快速检索和分析的目的。

（4）元数据的注册和验证。

元数据自动采集一般针对已经建成的业务系统。对于新建系统，很多企业要求在上线之前，向数据管理部门提交即将上线系统的元数据说明，包括系统自身使用数据库的物理模型和与上下游系统的数据交互说明。经审核后，由基础设施管理部门在生产环境为其创建数据库并开通相应的数据库权限，业务部门方能创建自己的数据库模型。

元数据注册就是按照元数据管理工具制定的标准格式提交元数据描述及关联关系，与元数据工具自动采集到的元数据信息地位相同。在元数据管理部门审核批准后，即存储在中央的元数据库中。

元数据验证是将元数据管理工具中存储的元数据信息，与实际生产环境的元数据信息进行对比，并给出是否一致的结论。对于新业务系统注册提交的元数据信息，在审核通过并在信息系统中创建数据库后，可以验证所提交的元数据是否与实际数据库中的一致。对于已经投产的信息系统，可以验证实际的数据环境是否发生变化，与元数据管理工具中自动采集的元数据或者注册提交的元数据是否一致。这里需要注意的是，元数据管理工具中正式注册的元数据一般只包含对业务系统有明确业务意义的元数据，业务系统中所使用的临时表、管理表不在元数据管理工具的管理范围之内，在元数据验证时，需要识别并忽略这些差异。

（5）元数据管理。

元数据管理包括元数据的发布管理、变更管理、流程管理和版本管理。

元数据的日常维护管理包括对元数据进行增加、删除、修改、查询等操作，对元数据之间关联关系的维护操作。除自动采集的元数据及关联关系，人工也可以单独或批量增加元数据及关联关系的补充信息。例如，业务元数据、系统不能自动采集的关联关系等。日常维护管理后的元数据需要经过相应的审批管控流程。

元数据发布流程控制发布过程中的审核环节。自动采集或者人工注册的元数据，在经过系统自动识别和人工补充信息后，需要经过元数据管理人员的审核后方能发布，成为本企业正式发布的元数据，提供给有权限的人员使用。元数据变更流程控制元数据变更过程的审核环节，任何对元数据的变更操作都需要提出申请，并由相关管理人员和变更干系人审核后方能进行。

版本管理具有元数据在发布或变更时跟踪版本的功能，元数据在正式发布时提供版本号和说明信息，数据管理人员不能对正式发布的元数据进行变更操作。当需要变更时，系统自动复制一份元数据信息作为编辑状态，管理人员可以对这份编辑状态的元数据进行各种变更操作，并赋予新的版本信息，然后申请发布。通过发布审核后成为新的正式元数据版本，原有版本退役为历史版本。元数据管理工具可以定义系统需要跟踪的版本数量。

针对元数据管理工具中的发布、变更、审核等流程，流程管理功能根据企业实际的应用场景和管理需求，可以设定不同的审批控制流程，从而加强对元数据的管理，保证元数据管理工具的准确性、时效性和稳定性。对于涉及上下游应用的元数据审核，应将上下游应用的管理人员纳入审批流程中，确保及时评估和应对上游元数据变更带来的影响。

（6）元数据应用。

元数据应用包括元数据浏览、元数据检索、全景地图和资产统计等功能。

可以按照业务、技术、数据域等进行元数据展示，比如，按照元数据所属的业务部门、下属单位组织元数据；也可以按照企业数据域，如财务域、人事域、项目域等组织元数据；或者按照技术类型，如数据库、大数据平台、文件等组织元数据。使用者可以通过直观的图形化界面对以上树形结构组织的元数据进行浏览。

元数据管理工具也支持按照关键字、元数据各字段的组合，以及模糊查询等进行全局搜索，帮助用户快速搜索到目标元数据。

全景地图是元数据管理工具的重要功能。全景地图从宏观角度展示系统及系统之间的数据流向关系，主要描述企业有哪些种类的数据，有哪些信息系统、数据库、表和字段，以及这些数据之间的上下游关联关系是什么、数据分布在哪里等问题。元数据管理工具能够以图形化的方式直观展现各个数据实体的信息及其分布情况，展示数据实体间的组合、依赖关系，以及数据实体加工处理上下游的逻辑关系，一般以信息系统、数据库为首层元素，展示它们之间的数据依赖关系，并能向下钻取到字段级别。

元数据管理工具具备数据资产的统计功能，能够按照业务部门、数据域和技术类型等统计企业中的数据信息，包括数据资产、数据量、数据增量等信息，并能以图形化的方式展示各种统计图表，包括饼图、柱图、线条图等。除预先设计好的统计图表外，还可以根据用户临时检索的数据生成各种统计图表，并支持移动端和大屏展示。

（7）元数据分析。

元数据分析主要包括元数据的血缘分析、影响分析、全链分析和数据使用分析等功能。

- 血缘分析。

血缘分析是指通过元数据中表血缘和字段血缘的关系，以历史事实的方式记录数据的来源和处理过程，当数据在使用中出现问题时，可以追踪溯源，快速向上游系统定位到问题数据的来源和加工过程，加快问题数据的解决速度。

- 影响分析。

影响分析是分析数据的下游流向，当上游系统升级改造涉及数据结构发生变更或者质量问题时，可以快速定位出元数据的变更会影响到哪些下游系统，及时通知相关应用者，从而减少因系统升级给整个企业的其他下游系统带来的风险。

- 全链分析。

全链分析实际上综合了血缘分析和影响分析的功能，提供整个数据链路上下游统一的路径分析，可以对企业所有数据的来龙去脉、处理过程进行统一分析。一般支持假设分析，用于元数据变更和数据故障的假设分析。

- 数据使用分析。

数据使用分析主要对数据的使用情况进行统计分析。从访问频度和数据量进行数据使用分析，能够识别不同数据的价值（使用频度高、影响下游多的数据是关键数据，具有较高的数据价值，不常用和孤立的数据价值相对较低），可以对数据的存储分布提供指导建议，通过工具以图表的方式展现数据的使用热度。

（8）应用门户。

应用门户作为元数据管理工具的用户使用界面，包括首页管理、待办事项和通知配置等内容，也包括工具本身的接口和元数据的导入/导出相关功能。

元数据管理工具为数据提供者、数据管理员、数据消费者提供服务，不同的人员和角色都可以根据自己的喜好定义各自的首页展现形式，将最常用的功能放置在首页，形成千人千面的系统界面。

元数据管理工具的接口包括元数据访问接口、元数据管理接口、数据源管理接口、采集器管理接口、适配器配置接口、系统管理接口等。

（9）平台支撑、安全保障。

平台支撑、安全保障是元数据管理工具本身的底层功能，为支持上层应用提供所必需的功能。平台支撑主要包括工作流、平台监控和系统管理功能；安全保障主要包括权限管理、访问控制和审计管理等内容。

3. 元数据管理工具的架构

元数据战略是关于企业元数据管理目标的说明，元数据管理工具必须满足企业的元数据战略。元数据战略决定了企业元数据管理工具的架构，元数据管理架构可以分为 3 类：集中式元数据架构、分布式元数据架构和混合式元数据架构。

（1）集中式元数据管理架构。

集中式元数据管理架构包括一个统一的元数据存储库，即将企业所有数据的元数据信息，从它们各自的来源系统中抽取出来（包括业务系统、建模工具、ETL 工具、数据库系统、数据仓库、大数据平台、报表/BI 工具、配置工具及其他元数据系统），集中存储在统一的元数据存储库中，可以保证元数据的高可用性，加强了元数据的统一管理，通过结构化、标准化的元数据信息，提升元数据的数据质量，如图 10-5-3 所示。

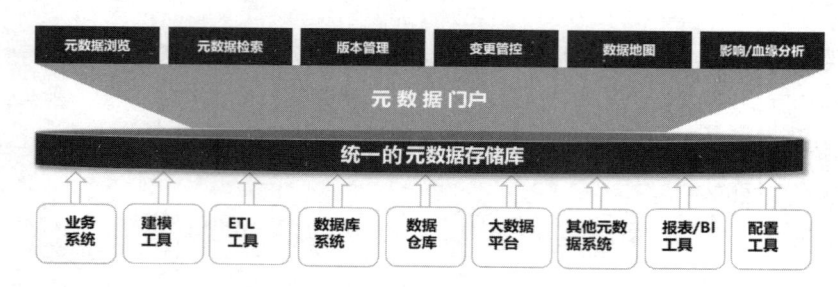

图 10-5-3 集中式元数据管理架构

集中式元数据管理架构有如下优点。

- 高可用性，元数据统一存储，独立于源系统。
- 快速的元数据检索，所有元数据存储在同一个数据库中。
- 解决了数据库结构问题，使其不受第三方或商业系统特有属性的影响。
- 抽取元数据时可进行转换、自定义或使用其他源系统中的元数据来补充，提高了元数据质量，并能反映元数据之间的关联关系。

但是，集中式元数据管理架构也有一些缺点。

- 必须使用复杂的流程，以确保元数据源头中的更改能够快速同步到统一的元数据存储库中。
- 维护集中式存储库的成本可能很高。
- 元数据的抽取可能需要自定义模块或中间件。
- 验证和维护自定义代码会增加对内部 IT 人员和软件供应商的要求。

（2）分布式元数据管理架构。

分布式元数据管理架构没有企业唯一的元数据存储库，所有元数据仍然存储在源系统中，但分布式架构维护单一访问点，从元数据来源系统实时获取元数据，响应用户请求。虽然此架构保证了元数据始终是最新且有效的，但是源系统的元数据没有经过标准化或附加元数据的整合，且查询能力直接受限于相关元数据来源系统的可用性，如图 10-5-4 所示。

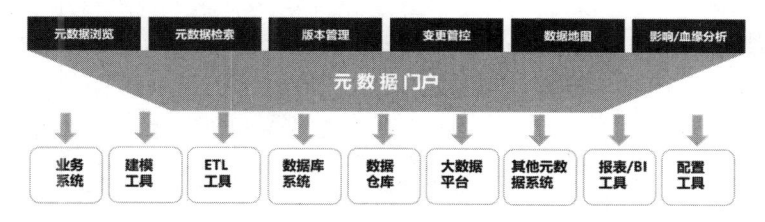

图 10-5-4　分布式元数据管理架构

分布式元数据管理架构有如下优点。

- 元数据总是尽可能地保持最新且有效。
- 查询是分布式的，提高响应和处理的效率。
- 来自专有系统的元数据请求仅限于查询处理，最大限度地减少了实施和维护所需的工作量。
- 减少了批处理，没有元数据复制或同步过程。

分布式元数据管理架构的缺点如下。

- 无法支持用户自定义或手动插入的元数据项，因为没有存储库可以放置这些添加项，这样业务元数据和管理元数据都无法保存。
- 需要通过统一的、标准化的展示方式呈现来自不同系统的元数据。
- 查询功能受源系统可用性的影响。
- 元数据的质量完全取决于源系统。

（3）混合式元数据管理架构。

混合式元数据管理架构是一种折中的架构方案，元数据依然从元数据来源系统进入存储库。但是存储库的设计只考虑用户增加的元数据、高度标准化的元数据及手工获取的元数据。

这 3 类数据管理架构各有千秋，采用哪种形式主要依据企业的元数据管理战略。如果为了得到企业的全景数据地图，明晰数据的上下游关系，更好地发挥数据价值，就需要对元数据进行标准化、集中化、统一化管理。目前大多企业采用集中式元数据管理架构。

10.6 主数据管理工具

主数据管理工具用来定义、管理和共享企业的主数据信息，可以通过数据整合工具（如 ETL）或专门的主数据管理工具来实施主数据管理，具备企业级主数据存储、整合、清洗、监管及分发这五大功能，并保证这些主数据在各个信息系统间的准确性、一致性、完整性。

在企业信息化建设过程中，主数据建设已经越来越多地受到管理者重视。主数据的集中管理为在企业层面上整合及共享系统中的数据提供了关键的基础支持，因此，构建主数据标准化体系、建立主数据交互和共享标准、实现主数据全生命周期管理，已经成为提高企业信息化建设效益、改善业务数据质量、在高端决策上为企业提供强有力支持的重要途径。

主数据全生命周期管理的理念和应用全面改变了原有主数据管理流程不规范、平台不统一、依靠人工校验的问题，实现了从分散到集成、从局部到全面、从手工非专业到专业自动化流程管理的转变，大幅度提高了数据处理的效率，提高了主数据应用的唯一性、准确性和规范性。

主数据管理工具是主数据全生命周期管理的平台，也是主数据标准、运维体系落地的重要保障。对于主数据管理工具来说，需要提供以下功能（见图 10-6-1）。

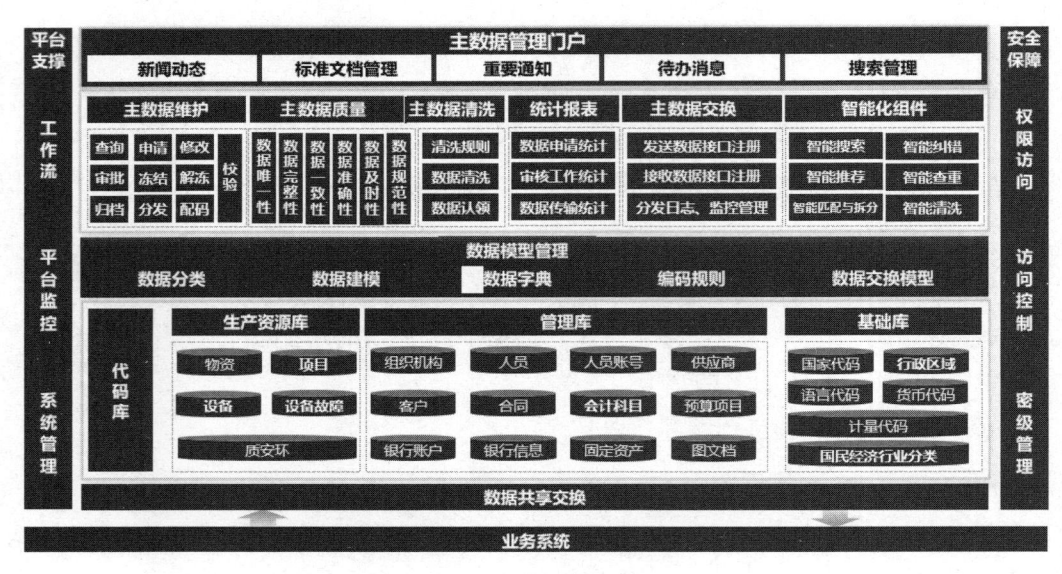

图 10-6-1 主数据管理工具功能

- 主数据管理门户、主数据模型管理、主数据维护、主数据质量、主数据清洗、统计报表、主数据交换、智能化组件（包含智能搜索、智能推荐、智能匹配与拆分、智能纠错、智能查重、智能清洗）以及安全保障等。

- 能够提供主数据的建立、审批、查询、修改等功能，以及提供主数据系统与其他系统的"接口通道"，将主数据同步传递到数据消费系统。

主数据工具是企业主数据项目建设成功的重要保障，建议企业选择应用成熟、经验丰富的厂商提供的主数据管理平台。

10.6.1 主数据管理工具的核心功能

主数据提取整合管理、主数据查询管理、主数据模型管理、主数据质量管理、主数据全生命周期管理、主数据分发与共享、智能搜索、智能推荐、智能匹配与拆分、智能纠错、智能查重、智能清洗等是主数据管理工具的核心功能，下面介绍具体功能。

1. 主数据提取整合管理

主数据管理工具能够实现主数据整合、清洗、校验、合并等功能，根据企业主数据标准、业务规则和主数据质量标准对收集到的主数据进行加工和处理，用于提取分散在各个支撑系统中的主数据，并将其集中到主数据存储库，合并和维护唯一、完整、准确的主数据信息。

2. 主数据查询管理

主数据管理工具能够实现标准查询功能和模糊查询功能。用户可以实时查询主数据的所有信息，包括申请、审批、明细属性、变更历史、分发历史、数据分发接口日志等，并按照不同的需求进行查询、下载和打印。同时，系统还提供便捷查询和高级查询，支持保存查询条件作为共用检索，实现个性化查询定义。

3. 主数据模型管理

主数据模型管理是从模块化、功能化角度管理主数据模型和主数据的数据结构，实现对主数据属性数据元、数据约束条件、校验规则、编码规则等方面的定义与管理。主数据模型管理的主要功能包括对主数据模型的创建申请、审批和变更申请、审批过程管理、属性数据元的定义与管理、主数据编码生成方式的定义与管理，以及各种主数据属性数据元校验规则和约束条件等。

4. 主数据质量管理

主数据质量管理是对主数据的创建、变更、冻结、归档等业务过程进行管理，通过建立数据质量检核规则体系，对数据的完整性、唯一性、有效性、一致性、准确性和及时性进行监督检查，实现数据质量的量化考核，保障主数据的安全、可靠。

5. 主数据全生命周期管理

在"主数据模型"的实体创建后，业务管理流程生成相应的实例化业务功能，主数据管理工具应提供数据申请、初始校验、编码审核、数据校验、数据生成、数据分发等六大功能，并提供数据清洗、变更、维护、停用、归档、注销、统计分析等功能，支持对企业主数据的操作维护，包括主数据申请与校验、审批、变更、冻结/解冻、发布、归档等全生命周期管理。

6. 主数据分发与共享

主数据管理工具能够实现主数据对外查询和分发服务，前者用于在其他系统发出针对主数据的实时响应类查询请求时，返回所需数据；后者则用于提供批量数据的分发服务，一般采用企业服务总线（ESB 工具）实现方式。

主数据分发与共享是通过数据中间件，根据预定义的分发服务、参数、服务描述、分发频率向目标业务系统进行主数据分发，同时自动创建数据分发同步日志；通过抽取规则的配置实现从业务系统采集主数据。

应用系统与主数据管理系统间的交互包括以下两个方面。

- 数据接收，即其他业务系统作为数据源，主数据管理系统接收业务系统发送的数据；
- 数据分发，即主数据管理系统作为数据源，业务系统接收主数据管理系统发送的数据。

主数据分发与共享是实现主数据同步和主数据一致性应用集成的关键过程。数据分发需要支持分发目标系统、分发频率、分发数据范围、数据同步规则等自定义功能；能够实现分发日志的自动跟踪和记录；能够支持多种分发模式和分发数据协议，并支持异常处理，例如，设定分发失败后的数据重发处理机制，实现全面的数据监控管理，保证主数据在多异构系统之间的完整性和一致性。

7. 智能搜索

智能搜索是通过人工智能技术的新一代搜索引擎，让用户通过输入关键字或关键词能够实现快速检索、相关度排序的功能。智能搜索在主数据管理工具中的应用以"简单化、便捷化、个性化"为理念为用户提供检索服务，其中：

- 以模糊搜索功能为核心，用户无须输入精确的关键字，即可实现信息的快速检索；
- 以领域字典为保障，用户可针对每类主数据的特点建立数据字典，提供高质量的搜索服务；
- 以扩展联想功能为创新，支持同义词、同音词和拼音搜索，提供精细化的搜索服务。

8. 智能推荐

智能推荐通过埋点技术，获取不同用户查询及浏览的行为数据，对用户的搜索偏好进行记录；分析用户查询习惯，实现搜索结果的智能排序和智能推荐。

智能推荐在主数据管理工具中的具体应用原理如下。

- 通过对用户行为数据和内容数据进行采集分析，运用数据清洗、数据归并和数据标注的手段进一步整理数据；
- 结合采集、整理的数据进行分析计算形成用户画像体系；
- 采用以知识图谱、隐语义、矩阵分解、聚类算法、机器学习等新一代人工智能算法为平台定制化开发提供技术支撑；
- 最后在主数据管理平台定制化开发数据服务接口，为各业务系统提供数据服务。

智能推荐通过技术实现对用户端按照用户偏好、推荐、热点、业务专属、发现等提供智能推送。

9. 智能匹配与拆分

智能匹配与拆分是系统通过用户输入的关键词信息，智能匹配主数据所属的类别和模板，选择最高相似度的匹配数据，从而在较大程度上缩短查找和匹配的时间。

智能拆分是系统通过自然语言处理技术，识别物料描述中每一个字段的含义，并按照特征量进行智能化拆分。

10. 智能纠错

智能纠错是通过系统自动识别非标准信息，并进行错误信念预警。系统可自动完成对错误信息的纠正，输出标准化数据，提升纠错效率。

错误信息预警是在进行信息审核时，如果出现非标属性的情况，系统将自动对该条数据进行红色预警标注，以便审核人更加直观地发现非标数据。

错误属性定位是针对出现错误的信息，系统可进一步定位到具体的错误属性位置，对于出错的属性位置，将出现感叹号提示，并显示错误类型。

11. 智能查重

智能查重通过系统自动检查重复率较高的数据，按照查重算法和相似度算法进行检查。

查重算法基于物资等场景复杂主数据构建同义词典,实现高效、准确的同义词识别,并通过混合算法全面提升重复识别的准确度与成功率。

相似度算法是通过编辑举例、夹角余弦等判断数据的相似度。

12. 智能清洗

智能清洗是对批量导入的数据通过 AI 模型进行分析,通过存量主数据与增量主数据的相似度比对,对未识别出的非标数据,先由人工进行补充和修改,再通过 AI 算法进一步提高识别率,形成数据标准,并提供纠错反馈,提醒用户正确值及报错原因,便于用户记录及反馈。

10.6.2 主数据管理工具的核心组件

主数据管理工具除上述的核心功能支撑以外,还应配备必不可少的功能组件,使主数据管理更全面、更准确、更唯一。主数据管理工具的核心组件主要包括主数据分析功能、主数据清洗功能、主数据归档功能、主数据报表功能。

1. 主数据分析功能

主数据分析功能可以实现对主数据的变更情况监控,为主数据系统管理员提供对主数据进行分析、优化、统计、比较等的功能。

2. 主数据清洗功能

主数据清洗功能支持数据清洗策略配置,通过相似度查询辅助数据清洗操作过程,支持清洗数据与正式库的数据建立关联关系,支持清洗历史的数据查询和跟踪。

3. 主数据归档功能

数据归档指以物理方式将主数据系统中具有较低业务价值的主数据迁移到更适合、更经济、更高效的历史库中。因此,在主数据管理系统中,对于不再使用或无法满足业务需求的主数据可以实现归档及核销处理,根据业务制定的归档规则对主数据进行归档。归档后的主数据不能被更改,但能被查询调用。同时,主数据管理系统也可以支持定期对日志信息进行归档,以及多种归档信息的查询。

4. 主数据报表功能

除了简单的查询功能,用户还可以按照申请单列表项进行过滤、排序、查询和统计,根据用户需求，生成各种统计报表，供用户查询分析。同时，主数据管理工具提供开放功能供用户自定义报表，用于个性化的查询分析。

根据统计方式可以将报表分为主数据信息统计报表、主数据提报审核统计报表和主数据分发情况统计报表。

（1）主数据信息统计报表。

主数据信息统计报表主要统计系统中维护的主数据情况，其统计内容包括主数据的类型、每种类型的数量及每种类型对应的明细信息。

（2）主数据提报审核统计报表。

主数据提报审核统计报表主要统计系统中主数据的提报审核情况，其统计内容包括根据时间段查询数据的提报数量、审核完成数量、待审核数量、回退数量，以及每种类型对应的明细。

（3）主数据分发情况统计报表。

主数据信息统计报表主要统计系统中的主数据分发其他应用系统的情况，其统计内容包括分发的主数据类型、每种类型分发的数量、分发成功的数量、分发失败的数量。

10.7 标签管理工具

标签管理工具作为数据平台建设的一部分，是数字化运营和用户洞察的重要工具。用户标签平台与用户标签体系是用户运营和精细化运营的关键，只有当企业有了一定的用户基础、数据基础后，才适合搭建标签平台。所以，用户标签平台首先需要解决数据源繁多且口径不一致的问题，同时提升数据采集与加工能力。

标签管理工具所具有的功能如下。

- 通过覆盖业务全部产品和服务的数据源，构建全景用户画像；
- 支持按照规则、算法等多种方式进行标签加工，可视化的加工操作，方便业务人员不依赖于技术进行标签研发，以及可以基于业务场景和目标不断迭代，优化标签体系。
- 用户标签平台易管理维护，且面向业务系统友好，通过接口或者其他协议支持更丰富的用户分群及营销活动。

用户标签平台是一个融合的系统，其核心功能是人群圈选和画像分析。例如，在做营销活动时会圈选特定的人群以特定的营销目标来展开，通过标签的组合可以筛选适合的人群来展开活动，以获取更高的投入产出比。

标签一般分为 3 类：离线标签、实时标签、混合标签。混合标签是离线特征和混合特征一起使用，是一种实时的折中方案。人群画像分析可以查看人群分布、人群指标的趋势等信息，是运营人员洞察人群、复盘活动的重要工具。

基础标签指的是一些基础属性，比如年龄、城市、星座，以及一些通过统计数据得到的属性（活跃时常、活跃天数等），这些基础属性和统计类属性构成了特征的基础。规则型特征指的是通过一些规则产生的属性。一般是对一些统计型标签进行估计、量化，形成业务人员可以看懂的特征。这类特征在业务上比较重要，因为使用平台的一般都是业务人员，这些已知规则的标签，业务人员才能看得懂。一些运营活动也会产生一批标签，例如，618 大促标签、7 天无理由退货标签等。采用机器学习模型挖掘特征，比如，判断用户性别、出行场景、购买偏好、流失意向等，一般开发成本比较高，研发时间长。

标签系统承载的数据资产即标签数据体系。标签数据体系一般是多层结构，基础信息和每条产品线的第 1 级标签由数据中台管理。对于用户信息而言，主要包括如下标签。

- 渠道信息：用户来源的不同平台或者产品端，例如 APP 端、PC 端。
- 潜在用户：是否为潜在用户，如果是潜在用户，那么他现在处于什么状态。
- 地理位置：通过埋点采集到的信息，用户所在省份、城市。
- 设备信息：通过埋点采集到的信息，包括浏览器的版本、设备版本、系统版本等。

在实际应用中，标签与特征密不可分。

特征就是对某个维度的描述，比如，人有各种固定的属性（年龄、身高、体重）、行为的维度（收藏、加购、访问时长、偏好），这些也可以归结为特征。

从广义上来讲，标签和特征是一种数据，只是名称不同。特征分为统计型特征、规则型特征、机器学习挖掘型特征等类型。标签一般由特征组合而来。特征/标签的口径说明需要尽量提供明确的血缘关系、特征的联系人等基础元数据信息。

离线特征平台为标签平台提供数据服务，主要负责离线特征的管理与离线特征的生成。通过服务化的形式，为标签平台提供数据支持。

实时特征主要依赖实时数据仓库来实现，实时数据仓库负责进行 ETL 和口径的梳理。同时，需要有质量管理模块来保证标签的质量，主要观测指标包括特征占比与分布、特征平均数、中间数、极值，以及特征随机值占比等。

标签平台主要应用如下。

- 站内动态投放（页面按钮、弹窗、红包等个性化投放）。
- 站外投放广告（根据设备号在其他平台投放广告，进行 ROI/效果分析）。
- 推送（站内信/手机号推送信息）。
- 个性化搜索/推荐/相关商品推荐。
- A/B 测试，以优化 APP 使用体验，实现用户增长的目的。
- 画像，主要类型可以分为用户画像、商品画像、风控画像等。

10.8 数据共享和服务

企业在积累了海量数据后，会形成丰富的数据资产，如何通过跨组织、跨部门、跨企业之间的数据交换，将企业大量的数据资产通过安全规范的形式进行管理和共享，实现数据内外部价值，已经成为关系企业长远发展的关键。

1. 主要问题

数据内部共享的关键步骤是建立统一、规范的数据标准与数据共享制度，以安全高效的方式将数据在不同组织级别共享和流通。目前，各个企业中的数据存在以下问题。

- 从数据来源来说，各行业、各地采用的法律法规和标准并不统一。
- 从数据质量和价值来说，企业的数据规模大，数据来源和结构复杂，数据价值高但目前利用率低。

随着数据体量的增长，大数据处理、大数据应用分析的门槛将会逐渐提高。多部门协作成为常态化，数据跨部门共享共用已不再是亮点和创新，建立常态化共享机制成为政府和企事业单位大数据建设的入门工作。无论是社会自治还是合作共建，数据共享开放都是大前提。社会普遍开始重视数据安全和隐私数据，数据安全和隐私保护不仅是公民个人的责任，企业也有义务保障数据的安全和隐私，政策、技术、意识缺一不可。

企业通过发布共享流程规范，可以有效提高数据共享的效率，加快数据价值赋能业务的速度。很多企业内所有数据为企业共有而非某业务专有，企业授权数据中台对所有数据进行管理。元数据作为数据的一部分，也属于开放共享的一部分。为了促进业务间的数据共享，更好地发挥数据价值，很多企业开放了元数据，在企业内进行分级开放。

就狭义的服务化而言，通过输出标准化、细颗粒度的 API 接口，实现 IT 应用的快速交付，并实现快速上线运营。通过建设功能完善、使用便捷、体验友好的数据服务 API 的 SaaS 平台，开放 API，对接生态，联合不同场景，放大数据的应用价值；同时，实现高效统一的数据服务 API 全生命周期管理，包括数据源接入、API 构建生成等完整流程（见图 10-8-1）。对于同一堆数据，为了降低用户对数据的理解成本，可以按照分类、主题、应用等多个维度对数据资产目录进行分类管理、识别、定位和共享。同时，数据服务化需要考虑数据安全问题，不同的数据归属不同的部门管理，对于数据的获取需要审批和授权。

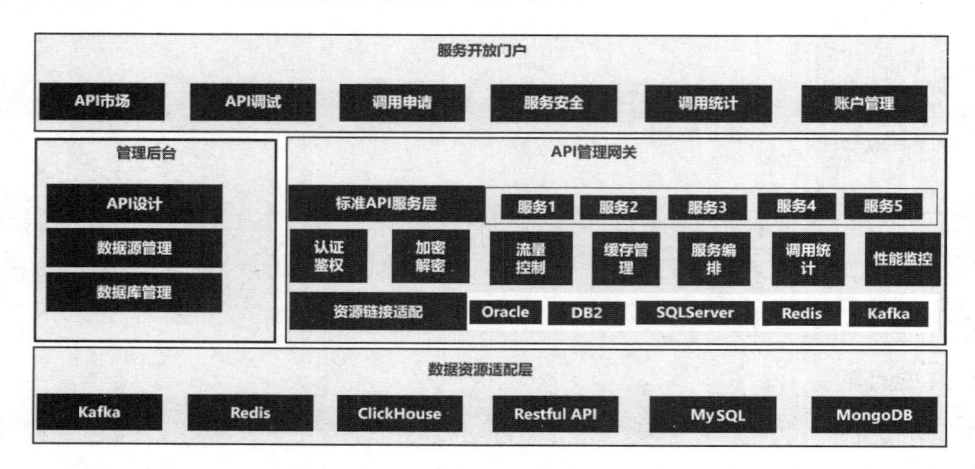

图 10-8-1　数据开放门户

2. 顶层设计

服务开放化完成统一运营企业数据的顶层设计，主要如下。

- 统一的数据共享通道：建立公司统一的纵向数据共享通道，提供跨系统、跨单位、跨区域的数据集成、交换、分发、共享机制。
- 统一的数据交换标准：定义统一的交换标准和规范，并在实施过程中，积累更多符合自身发展的、可复制的最佳实践。
- 统一调度管理：提供灵活的、多角度的模型作业调度机制，减轻运维管理工作量，实现运维自动化。
- 统一的数据运行监控和安全保障体系：提供数据服务发布、访问授权和运行监控的统一管理。从技术和管理两方面提供事前预防、事中控制和事后追溯能力。

完成统一运营企业数据的顶层设计，最终帮助企业实现数据资产的全景视角，并实现全数据链路的跟踪，可以从多视角（如数据来源、资源分布、资源使用等维度）来查看。

3. 数据服务的主要能力

数据服务的主要能力如下。

基于元数据驱动实现数据库资源自动采集、预览，把数据资产形成数据资产目录，让用户知道企业可分享的数据资产。

形成 Data API 具体的数据服务，可以是实时数据服务、批量数据服务。

形成 Service API，通过数据服务申请、审批来保障数据的安全；通过数据服务运维、监控来保障数据的质量，同时将数据服务的能力开放给业务部门进行数据共享。

另外，通过对数据的类目管理，实现数据资产按照业务、主题、分层应用等多个层次对数据进行分类管理、识别、定位和共享，为之后的数据建模和分析做好准备。

最核心的功能是支持将数据一键/便携化发布为 API 服务，降低服务的开发成本和用户对数据的使用成本；支持结构化数据、非结构化数据、文件数据的共享发布；支持单表、结果集等形式的实时接口服务发布；支持批量数据发布；通过数据广播、发布订阅等多种模式为用户提供数据的最新动态和消息。

同时，用户借助血缘分析、影响分析等来实现自助式数据全生命周期和全链路的问题跟踪：消费方在应用过程中，发现数据问题。消费方通过平台对实体进行血缘分析，发现与其相关的上游数据；通过血缘分析定位可能的问题路径，分析并解决相关数据问题。

4. 数据服务涉及的人员角色

- 数据管理员：主要负责数据信息的管理，元数据信息的正确展示及数据服务的调用情况。
- 数据开发人员：负责实时数据或者离线数据的开发和发布，同时研发人员负责将数据服务发布出来。
- 运维人员：负责数据生产过程中的日常运维和监控配置，同时对服务状态的异常和告警进行及时的处理和排查。
- 消费方、数据管理人员：数据消费者通过浏览对数据服务进行申请，待数据管理员审批通过后可以对数据服务进行调用。
- 相关用户：主要分为数据服务提供者、数据服务消费者。数据服务提供者负责完成数据接入、服务管理、消费方管理、运行监控能力；数据服务消费者通过服务申请来完成对服务的消费使用，并在权限范围内浏览与查看数据。

第 11 章 数据标准化关键域实施

数据标准化实施工作涉及诸多领域，企业应根据自身的特点和具体情况，在做好统筹规划的基础上，按照一定的步骤和计划有序开展实施工作。

企业数据标准化包括标准管理、数据分类、数据分级、主数据管理、数据指标管理、元数据管理、数据元及数据实体设计标准七大关键领域。

11.1 数据标准管理实施

数据标准体系的实施，应依据规划内容的基础性、关键性和紧迫性，将相关内容分批次、分阶段予以实施，体系的实施路线可分为强化数据标准服务基础、提升数据标准统筹管控能力和形成数据标准服务能力 3 个阶段。

11.1.1 数据标准全生命周期管理

建立数据标准管理系统，实现对标准立项、标准起草、标准征求意见、标准审查、标准发布、标准复审等各环节的全生命周期管理，可以全面提升数据标准管理水平。标准全生命周期管理包括以下几个部分。

（1）标准立项。

标准立项一般包括梳理相关材料，明确标准化需求，面向标准相关部门开展调研（分别从标准范围、使用对象、关键技术要求等方面进行全面的考察和了解），获取标准研究的相关数据并进行分析，形成标准编制支撑材料，提出标准立项申请，按照审批流程完成立项审批。

标准立项一般需要提交立项申报表，内容包括项目编号、项目名称、开始时间、项目周期、所属组织、负责人等，将信息上传至数据标准管理系统，实现项目立项管理的功能。

（2）标准起草。

标准立项通过审批后，由主要起草单位组建标准起草组（标准起草组对标准编写质量和技术内容负责），在充分调研的基础上，按照分工进行标准的编写工作。

标准编写要使用标准格式模板，遵从国家、行业和企业的标准管理规范。标准起草阶段完成的成果包括标准文件征求意见稿、标准文件编写说明和相关附件。

（3）标准征求意见。

征求意见稿、编写说明和附件经起草单位技术负责人审核后，发给相关单位广泛征求意见。征求意见要明确1~2个月的有效期限，被征求意见单位应在要求的期限内反馈意见。起草单位收集各单位组织的意见后，对意见反馈情况进行汇总、分析和研究，采纳或吸收其中的合理化意见或建议，并对标准进行修改完善，形成标准送审稿。征求意见过程产生的标准审查稿、编制说明、征求意见汇总表等文件要进行备案。其中，征求意见汇总信息包括但不限于单位、姓名、时间、对应条款、意见内容等。

（4）标准审查。

送审稿、编写说明和附件经归口单位审核后，报送标准化管理机构审查。标准化管理机构邀请相关专家组成审查小组对送审稿逐一进行审查，参与审查的专家既要有专业性，又要有广泛的代表性。审查可采用会议审查或者函审的方式进行。

对技术较多、经济意义重大、涉及面广、分歧意见较多的标准送审稿进行会议审查，其余的可以函审。标准起草组对专家意见进行汇总整理，并依据审查意见对标准进行修改完善，形成标准报批稿。审查过程产生的标准文本、会议纪要、编制说明、表决情况、审查意见汇总等材料或文件应进行备案。

（5）标准发布。

标准审查通过后，提交标准报批稿、编制说明、审查意见处理情况、征求意见处理表、报批函等材料，经相关单位或本单位相关负责部门审批通过后，经公示、编号后进行线上发布。按照标准适用范围向相关单位进行备案，或本单位相关负责部门进行备案。

（6）标准复审。

标准发布实施后，当相关法律、行政法规、规章或者国家有关政策发生重大变化，相关国家标准、行业标准、地方标准发生重大变化，相关关键技术和适用条件发生重大变化时，应对标准进行复审，提出继续有效、修订或者废止的复审意见。需要修订的按照指定的发布流程完成修订工作。

11.1.2 数据标准结构化管理

由于数据标准文本主要以 PDF 格式为主，标准使用过程中存在的问题，特别是数据元、值域代码、数据集等数据标准的可阅读性较差，可通过标准文本的结构化处理来解决，从而实现对数据标准的结构化存储和使用。具体步骤如下。

对标准文本进行 OCR 全文识别，形成该数据标准的全文数据库，这样便可支持计算机读取。

全文识别后，按照数据标准结构进一步加工，提取关键指标。比如，对于数据元类标准，提取数据元名称、数据元类型、格式、值域等关键字段；对于分类与代码类标准，提取代码表名称、代码名称、代码值等关键字段。其他相关数据标准，应具体标准具体分析，总的原则是将关键数据指标提取，并进行结构化管理。

同时，还应提取具体数据标准的题录相关信息，包括标准名称、标准 ICS 分类号、标准 CCS 分类号、标准起草单位、标准起草人员、标准实施日期、标准批准日期等。这些信息结合数据指标集成在一起，建立相互关联关系，形成数据类标准的结构化数据库。

11.1.3 数据标准知识图谱应用

各单位或部门掌握了大量数据，涉及主题广泛，在开展数据标准化工作的过程中，需要及时了解国家标准、行业标准、地方标准中对数据的要求，并保证数据管理符合标准中的相关要求。传统的方式是阅读纸质文本，逐个校对数据字段与各类标准中数据要求的一致性，这样不仅效率低下，而且容易出错。同时，也难以掌握不同数据之间的约束关系，比如，哪些数据元规定要联合使用、哪些数据元可以组合使用等。因此，需要借助数据标准知识图谱的应用来解决或改善这些问题，以数据元知识图谱构建为例，主要有以下几种应用场景。

（1）单数据元知识图谱应用。

单数据元知识图谱是对每个数据元建模并形成知识图谱，因此可以直观、快速地获取任一数据元的定义、数据类型、数据格式、值域等信息，既有效支持对数据元相关属性信息的查询，也可直接以图示形式展示数据元信息。各单位或部门可以根据单数据元知识图谱开展数据标准化工作。比如，政务领域在进行人口库建设时，可根据单数据元知识图谱提供的数据元扩展属性信息，直接选取"联系电话""身份证件号码"等基础数据元进行人口库建设。

（2）多数据元关联知识图谱应用。

数据元知识图谱不仅对单个数据元进行图谱化，还会对数据元间的关系建立知识图谱，一般包括派生关系、组成关系、替代关系、连用关系。

- 派生关系描述数据元之间的继承关系，即一个较为专用的数据元是由一个较为普通的数据元加上某些限定词派生而来的。例如，"derive-from B"表示当前数据元由数据元 B 派生而来。
- 组成关系描述了整体和部分的关系，一个数据元是由另外若干个数据元组成的。例如，"compose-of B、C、D"表示当前数据元是由数据元 B、C、D 共同组成的。
- 替代关系描述了数据元之间的替代关系。例如，"replace-of B"表示当前数据元替代了数据元 B。
- 连用关系描述了一个数据元与另外若干个数据元一起使用的情况。例如，"link-with B、C、D"表示当前数据元需要和数据元 B、C、D 一起使用。

各单位或部门在建设数据库时，可以快速掌握数据元之间的各种关系，确保数据库建设的数据逻辑科学合理。比如，在使用数据元"身份证件号码"时，根据知识图谱的推荐知识，"身份证件类型"必须与"身份证件号码"连用。

11.2 数据分类实施

数据分类是企业实现数据资产化管理的基础，企业合理的数据分类将为数据的管理与应用提供更好的保障。根据管理与应用需求的不同，数据分类可以从多个不同的视角和维度进行。目前在国际、国内及行业等多个层面，已经有很多数据分类标准可供参考。对一个企业来说，一般重点从数据结构特征与存储方式（技术维度）、业务数据归属关系及应用场景（业务维度）、数据质量情况（管理维度）等方面进行分类，满足企业高效存储、便捷共享应用及质量提升等管理与应用需求。

11.2.1 数据分类原则

数据分类应遵守以下原则。

（1）科学性：参照国际标准、国家标准或行业标准，做到有据可依。

（2）稳定性：分类一经确定，不会随意调整。

（3）唯一性：一个数据项仅能找到一个对应分类。

（4）一致性：同一大类下中类或同一种类下小类的划分维度要尽可能一致。

（5）主次性：同一类别下的子类，将使用频率或价值较高的类别放在较前的位置。

11.2.2 数据分类方法

高价值的数据显然需要更严格的保护机制。如果没有实时的数据分类和管控，组织可能会低估或高估数据集的价值，导致做出不准确的风险评估。错误管理将带来安全隐患，甚至发生关键数据被泄露的事件。而对所有数据都施以最高级别的保护，毫无疑问会造成巨大浪费，企业难以承受高额成本。数据分类能指导数据管理团队恰当有效地保护重要数据资产。

数据分类更多是从业务角度出发，在企业厘清数据资产后，明确知道哪些数据属于哪个业务范畴，也就是类别。这个业务范畴囊括的范围可大可小，完全依托于企业前期基于业务的梳理结果。

1. 线分类法

线分类法也被称为层级分类法，旨在将数据按照选定的若干属性或特征，逐次分为若干个层级，每个层级又分为若干个类目，并排列成一个按层次逐级展开的分类体系。同一分支的同层级类目之间构成并列关系，不同层级类目之间构成隶属关系。同层级类目互不重复，互不交叉。

（1）线分类法的特点。

- 层次清楚，能较好地反映类别间的逻辑关系。
- 实用方便，符合传统应用习惯，便于机器处理。
- 结构弹性较差，分类结构一经确定，不易改动。
- 效率较低，当分类层次较多时，影响数据处理速度。

线分类法示例如图 11-2-1 所示。

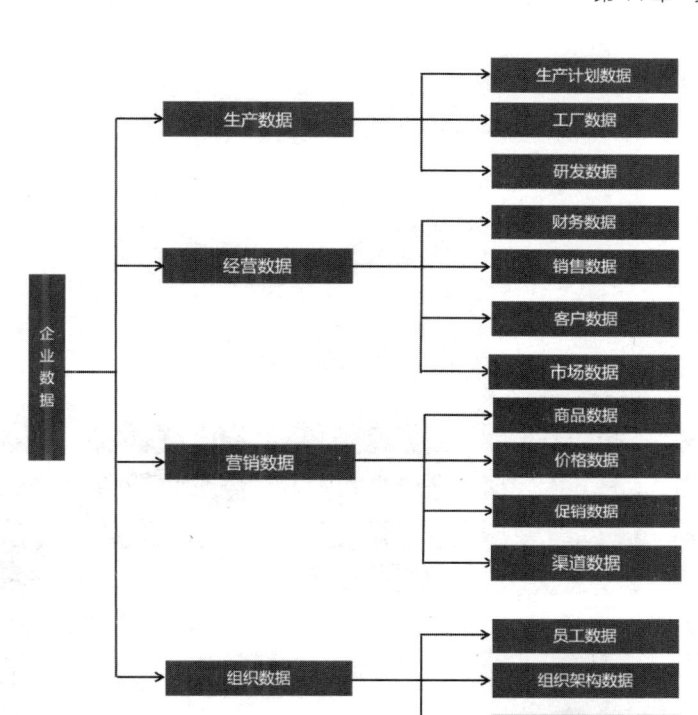

图 11-2-1　线分类法示例

（2）线分类法的步骤。

步骤 1：确定一个分类属性。

步骤 2：确定该分类属性的分类值，这些分类值构成了该分类层次的分类类目。

步骤 3：针对每一个分类类目，如果该分类类目不需要进一步划分子类，则进行步骤 4；否则，确定该分类类目进行子类划分的分类属性，转到步骤 2。

步骤 4：所有分类类目均不需要进一步划分，则分类属性之间关系确定。

上述过程完成后，将形成一棵分类属性关系树。其中，树的叶节点为最终的分类项，通常称为基本类目，其余节点称为中间类目。

2．面分类法

面分类法也被称为平行分类法，旨在将数据依据其本身固有的各种属性或特征，分成相互之间没有隶属关系，即彼此独立的面，每个面中都包含了一组类目。面分类法是并行化的分类方式，同一层级可以有多个分类维度，适用于对一个类别同时选取多个分类维度进行分类的场景。

(1)面分类法的特点。

- 适应性强，可以根据需要组成任何类目。
- 结构弹性较大，各面之间相互独立，易于修改。
- 可组配类目很多，但实际应用的类目不多。

面分类法示例如图 11-2-2 所示。

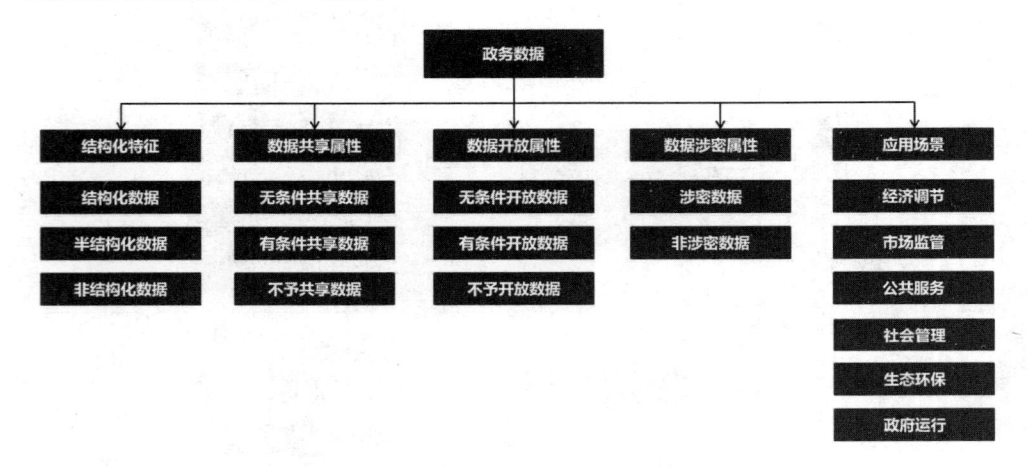

图 11-2-2　面分类法示例

(2)面分类法确定分类属性之间关系的步骤。

步骤 1：确定分类对象的若干个特征（面），即分类属性，每一个分类属性构成一个分类面。

步骤 2：确定分类面的排列顺序，分类属性应当按照分类面的重要性或使用频率的高低由左向右进行排列。

步骤 3：划分每一个分类属性的分类类目，为每一个分类属性确定一个分类规则，并按此规则划分各个分类属性的分类类目。

3. 混合分类法

混合分类法是将线分类法和面分类法组合使用，从而克服这两种基本方法的不足，得到更合理的分类。混合分类法的特点是以其中一种分类方法为主，另一种分类方法为辅。在数据分类场景中，以一个分类维度划分大类、另一个分类维度划分小类时，可以采用混合分类法。

混合分类法可以根据实际需要，对两种分类方法进行灵活的配置，吸取两种分类方法的优点。其适用于一些综合性较强、属性或者特征不是十分明确的数据分类。

11.2.3 数据分类维度

数据分类的目的是为了针对不同特性的数据采取不同的管理策略，以期实现最大的投入产出比。不同的企业或组织基于不同的目的，可以从多个维度对数据进行分类。数据分类维度分为技术选型维度、业务应用维度和数据职能域维度等几种。

1．技术选型维度

技术选型维度包括但不限于以下几种。

（1）数据产生频率。

数据产生频率用于明确数据生产规律、确定数据更新的周期与存储策略、确定数据存储平台配型等存储资源分配方案。一般用数据产生周期与单位周期中数据的产生量来表达，可以以记录条数表示或者以数据占用空间表示。

（2）数据生产方式。

数据生产方式用于分析数据的来源和质量，确定数据处理流程中数据所处的位置及数据处理与存储技术。一般用数据被获取或被采集的方式，以及数据被加工的程度来表达。

（3）数据结构特征。

数据结构特征用于确定数据建模模型、数据的访问方式及数据存储与处理方案，一般分为结构化数据、半结构化数据和非结构化数据。

- 结构化数据：通常用来描述通过传统的 ER 模型，可以利用二维表存储技术（基于行列存储结构的关系型数据库）进行存储和检索的数据。一般包含主数据、交易数据、指标数据和参考数据。
- 半结构化数据：局部具备结构化特性、局部具备非结构化特性的数据，最典型的就是 XML、JSON 格式的数据。其实它有语义模型定义，也就是我们说的 Schema，即每个区域和段落分别代表什么业务含义，采用类结构化存储，可以采用类 SQL 访问的方式进行处理。局部具备非结构化特征的数据可以采用非结构化数据处理的方法和手段。例如，日志文件、XML 文档、JSON 文档、E-mail 等。
- 非结构化数据：非结构化数据本质上只是相对于结构化数据和半结构化数据而言的，是内容不便基于 SQL 检索和分析处理的、需要通过专用技术引擎去处理的数据。例如，所有格式的文档、图片、视频、音频资料等，需要有对应的解析器解析才能呈现数据内容。相较结构化数据，非结构化数据在数据对象、数据格式、时间维度、存储形式、增长速度、信息含量、数据价值等方面存在明显差异，如表 11-2-1 所示。

表 11-2-1 结构化数据和非结构化数据的差异

	结构化数据	非结构化数据
数据对象	结构化数据以关系型或单一数据属性，如银行卡号、日期、财务金额、电话号码、地址、产品名称等作为数据对象	非结构化数据以内容或本体，如文件、图像图形、音/视频、邮件、报表、网页、各种纸本等作为数据对象
数据格式	强调基于表格的关系型数据值格式类型，如字符型、整型、日期型、数值型等	由于非结构化数据较多体现在无模式、自描述的文件及内容中，其数据格式更为多样，如.png、.jpg、.mp4、.doc、.pdf 等各种类型
时间维度	结构化数据以单一数据属性为主，需要构建关联，呈现分析结果，应用时效性较短	非结构化数据以文件和内容为主，信息量较大，应用时效性会更长
存储占比	在企业日常运营产生的数据中，结构化数据占存储数据总量的 20%	在企业日常运营产生的数据中，非结构化数据占存储数据总量的 80%
存储形式	结构化数据通常仅存储在软件应用系统和数据仓库中	非结构化数据的存储端多样，可以存储在个人电脑、服务器、应用系统、文件柜或档案室等终端及以数据湖为代表的大数据平台中
增长速度	通常结构化数据占业务数据增长量的 10%	通常非结构化数据占业务数据增长量的 90%
信息含量	结构化数据需要结合上下文语义呈现信息，信息量较小，体现在定量数据和关键的业务信息	非结构化数据所包含的信息量较大，可以扩展至情感性、描述性、文档性等更为广泛的信息
数据价值	结构化数据的价值主要体现在假设、明确或已知的数据分析价值	非结构化数据价值拥有更广泛的、探索性的、未知的数据洞察价值

（来源：CCID，2021 年）

非结构化数据一般包含空间数据、电子文档等。

- 空间数据：空间数据描述地球表面空间要素的位置和属性。包括描述空间要素几何特性的基础地理数据，以及提供空间对象位置等相关信息的资源位置数据，例如栅格数据、车辆位置信息。
- 电子文档：在经营和生产活动中形成的，基于计算机软件或基于纸质文件产生的信息。其数据利用技术相对于结构化数据起步晚，是未来数据应用的一大发展方向，例如，合同扫描文档、音/视频、图片。

（4）数据性质。

数据按照数据性质进行划分，可以分为主数据、参考数据、交易数据（或事务数据）、指标数据、时序数据（又叫作观测数据）。其中，主数据和参考数据，以及交易数据，又统称为基础数据。

- **主数据**：指满足跨部门业务协同需要的、反映核心业务实体状态属性的基础信息。主数据是用来描述企业核心业务实体的数据，是企业核心业务对象、交易业务的执行主体，是在整个价值链上被重复或共享应用于多个业务流程、跨越多个业务部门和系统的高价值的基础数据，也是各业务应用和各系统之间进行数据交易的基础。从业务角度看，主数据是相对固定、变化缓慢的，但它是企业信息系统的神经中枢，是业务运行和决策分析的基础。例如，客户、商品、供应商。
- **参考数据**：在企业中通常称为配置性主数据或公共标准代码。是企业内和业务场景无关、跨领域公用的代码类数据，如国家、地区、货币等产业通用的数据及各产业特色基础配置数据，具有相对稳定、静态的数据，基本不会变化，往往通过系统配置文件给予规范，并固化在信息管理系统中。例如，企业类型编码、项目状态编码。
- **交易数据**：是记录企业日常经营过程中发生各种事件、交易的数据，包括经营类交易数据和管理类交易数据等。经营类交易数据指业务经营中产生的交易数据，如港口的吞吐量等。管理类交易数据指企业管理职能领域产生的交易数据，如会计凭证的凭证编号、单据状态等。
- **指标数据**：是组织在经营分析过程中衡量某一个目标或事物的数据，一般通过交易数据计算、整合而成，是领导层和管理层进行管理、决策的依据。通常由指标名称、时间和数值等组成，如供应商绩效指标、财务分析报表等。
- **时序数据**：指时间序列数据，它是按时间顺序记录的数据列，在同一个数据列中的各个数据必须是同口径的，要求具有可比性。在工业企业中，实时数据是时序数据的一种，如设备运行监测类数据、安全类监测类数据、环境监测类数据。

（5）数据的存储方式。

数据的存储方式用于确定数据存储技术选型，如采用关系型数据库（如 Oracle、SQL Server、MySQL 等）、NoSQL 数据库（如 Hive、HBase、Kudu 等）及对象存储（如 HDFS、S3、MinIO 等）。

按照数据的存储类型可以分为关系型数据库、键值数据库、列式数据库、图数据库、文档数据库等。

- **关系型数据库**：采用关系数据模型的数据库系统，关系数据模型实际是表示各类实体及其之间联系的由行和列构成的二维表结构。一个关系型数据库由多个二维表组成。表中的每一行为一个元组，每一列为一个属性，对关系型数据库进行操作通常采用 SQL 结构化查询语言。
- **键值数据库**：是一种非关系型数据库，它使用简单的键值方法来存储数据。键值数据库将数据存储为键值对集合，其中键作为唯一标识符。键和值都可以是从简单对象到复杂的复合对象的任何内容。键值数据库是高度可分区的，并且允许以其他类型的数据库无法实现的规模进行水平扩展。

- 列式数据库：是一种非关系型数据库，以列相关存储架构进行数据存储的数据库，主要适合批量数据处理和即时查询。相对应的是行式数据库，数据以行相关的存储体系架构进行空间分配，主要适合小批量的数据处理，常用于联机事务型数据处理。
- 图数据库：是一种非关系型数据库，它应用图形理论存储实体之间的关系信息。最常见的例子就是社会网络中人与人之间的关系。
- 文档数据库：是 NoSQL 中非常重要的一个分支，它主要用来存储、索引并管理面向文档的数据或者类似的半结构化数据。

（6）数据处理时效性要求。

明确数据处理实际，确定数据处理策略，选择包括计算平台和资源匹配等的数据处理方案。

（7）数据交换方式。

确定数据共享方式及策略，支撑构建信息交换体系。

（8）数据稀疏稠密程度。

明确数据稀疏稠密规律，确定数据存储策略和分析方法，选择数据存储方案和分析方案。

2．业务应用维度

业务应用维度包括但不限于如下几种。

（1）数据产生来源。

厘清数据产生来源，明确数据权属和访问权限，便于数据追踪溯源。一般用数据产生主体、数据权属即数据所有权归属等表达。

（2）数据归属。

数据归属可以用分类主体的业务类型、生成数据的业务所属的职能、生产数据的具体业务等来划分。

业务归属划分方式建议采用以业务为主的 1+N+1 数据主题域划分方法，其中，前面的 1 表示 1 个主数据主题域，N 表示 N 个业务主题域，后面的 1 表示 1 个外部数据主题域，数据主题域为一级主题。

主数据单独分类管理有助于改变企业数据利用的现状，从而更好地为企业信息集成打好基础。根据专业划分业务主题域，某一专业在各企业专业领域中承担了某一确定领域的业务，具有明晰的业务边界，划分的业务主题域应覆盖企业全部业务，并且不交叉、不重复。

主题域应按照业务类别、业务专业或职能，以及业务阶段等细分为各级细分类，并应本着不交叉、不重复、不遗漏的原则进行，每个细分类应独立而避免相互依存，且同一层次保持逻辑结构一致。各级分类命名应能准确表达其含义和功能，一般采用动宾结构的短语（动词＋名词或名词＋动词），为动词化的名词，动词为业务的概括说明，名词为过程或对象。同时，分类命名应高度概括，简明而不含糊，不要加入描述性说明或嵌套概念，并保持全主题域具有唯一性。

（3）数据应用场景。

用于明确数据应用场景，确定数据业务主题，判断数据应用价值，选择数据分析方案。

（4）数据分发场景。

用于明确数据分发场景，确定数据应用行业，明确可用数据的种类和范围。

（5）数据质量情况。

用于清理数据质量情况，明确数据应用需求，确定数据质量管理方案。可以划分为数据的规范性、数据的准确性、数据的完整性、数据的一致性、数据的及时性、数据的可用性等。

3. 数据职能域维度

在数据职能域维度，一般企业围绕研发域、生产域、运维域、管理域、外部域等进行划分。工业互联网平台企业围绕平台运营域和企业管理域等进行划分。

11.2.4 数据分类实施流程

在国家标准 GB/T 38667—2020《信息技术 大数据 数据分类指南》中将大数据分类过程划分为分类规划、分类准备、分类实施、结果评估、维护改进 5 个阶段。

- 分类规划：应明确分类业务场景，制订工作计划，包括规划分类的数据范围、分类维度、分类方法、预期分类结果、实施计划、进度安排、评估方法、维护方案等。
- 分类准备：依据工作计划要求，调研数据生产、数据存储、数据质量、业务类型、数据权属、数据时效、数据敏感程度、数据应用情况等数据现状，确定分类对象，选择数据分类维度和数据分类方法。

- 分类实施：制定数据分类实施流程，明确实施步骤，开发工具脚本，启动实施工作，详细记录实施环节，形成数据分类结果。
- 结果评估：核查实施过程，访谈相关人员，并对分类结果进行测试。
- 维护改进：对数据分类结果进行变更控制和定期评估。

具体的数据分类过程如图 11-2-3 所示。

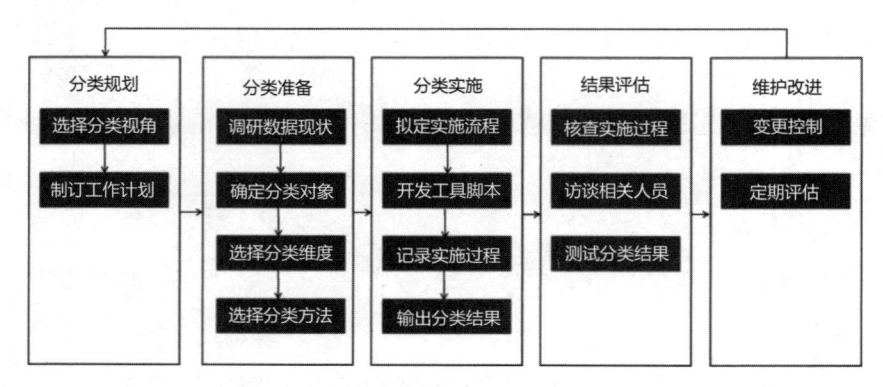

图 11-2-3　数据分类过程

其中，数据分类方案设计可参考以下流程，如图 11-2-4 所示。

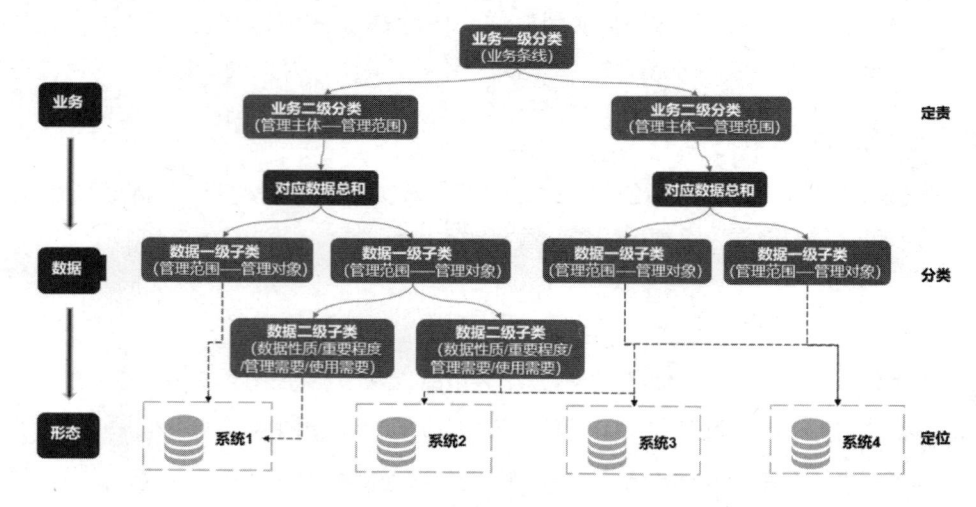

图 11-2-4　数据分类方案设计流程

11.2.5　数据分类参考样例

某石化化工集团公司从业务应用维度对企业数据进行了分类，按照 1+N+1 数据主题域划分方法，共划分为 13 个一级主题、49 个二级主题，并在后续盘点过程中适宜添加各级分类，如表 11-2-2 所示。

表 11-2-2　某集团公司数据分类目录

序号	一级主题	二级主题	序号	一级主题	二级主题	序号	一级主题	二级主题
1	主数据		18	运营	设备	35	物流租赁	市场发展
2	财务	财务核算	19		质量	36		生产运营
3		账务管控	20		节能	37	石油销售	经营计划
4		财务分析	21		工艺	38		油品销售
5	创新与战略	行业研究	22		调度	39		油品分销
6		科技创新	23	企管	风险	40		储运业务
7		对标管理	24		组织机构	41	石化销售	经营计划
8		工程管理	25	HSE	健康	42		商务执行
9	人力资源	人事	26		安全	43		风险管理
10		薪资	27		环保	44		科学发展创新
11		绩效考核	28	石油贸易	期货	45	化工生产	经营计划
12		考勤	29		原油贸易	46		生产管理
13		培训	30		成品油贸易	47		工程管理
14		员工关系	31		风险评价	48		物资装备
15	运营	商情分析	32		商务执行	49		质检
16		计划生产	33		船务	50		设备管理
17		采购	34	物流租赁	综合管理	51	外部数据	

11.3　数据分级实施

数据分级是根据数据的敏感程度和数据遭到篡改、破坏、泄露或非法利用后对受害者的影响程度，按照一定的原则和方法进行定义。企业数据分级首先从安全合规性、数据保护要求的角度出发，其次从数据价值和应用需求考虑，要兼顾企业数据管理的综合要求。同时，数据分级要遵循分级管理的原则和科学合理的方法。

11.3.1　数据分级原则

1. 依从性

数据级别划分应满足相关法律、法规及监管要求。

2. 执行性

避免数据分级过于浮在得分及规划上,保证数据分级使用和执行的可行性。

3. 时效性

数据的分级管理应具有一定的时效性。因时间变化参照已预订的安全策略数据的级别会发生改变。

4. 自主性

企业可根据自身的数据管理需要,参考数据分类原则进行分类后,参考数据分级方法自主确定更多的数据层级,并为数据定级,但不应将高敏感数据定级为低敏感数据。

5. 合理性

数据级别应具有合理性,不能将所有数据集划分在一两个级别中,而另外一些没有数据。级别划分过低可能导致数据不能得到有效保护;级别划分过高可能导致不必要的业务开支。

6. 客观性

数据的分级规则应是客观并可以被校验的,即通过数据自身的属性和分级规则可以判定其分级,已经分级的数据是可以复核和检查的。

11.3.2 数据分级方法

1. 数据分级要素

- 按影响对象,可划分为行业、企业、客户。
- 按影响范围,可划分为多个行业、行业内多企业、本企业。
- 按影响程度(一般指数据安全属性(完整性、保密性、可用性)遭到破坏后带来的影响大小),可划分为国家秘密、极高、高、中、低。

2. 数据分级方法

数据分级一般按照如下 4 个步骤执行。

(1)确定影响对象:即确定需定级的某类数据的安全属性(完整性、保密性、可用性)遭到破坏后可能影响的对象,包括行业、企业、客户。

（2）确定影响范围：即确定该类数据安全属性（完整性、保密性、可用性）遭到破坏后可能影响的范围，包括多个行业、行业内多个企业、本企业。

（3）确定影响程度：即确定该类数据安全属性（完整性、保密性、可用性）遭到破坏后可能影响的程度，包括严重、中等、轻微、无。

（4）综合上述三要素，对数据定级：即综合上述步骤确定的该类数据安全属性（完整性、保密性、可用性）遭到破坏后的影响对象、影响范围、影响程度，对数据进行定级。

影响对象为"行业"的，且影响范围是"多个行业"的，该类数据定为 4 级，其影响程度默认为"极高"。其他根据影响对象、影响范围、影响程度的组合确定数据级别，具体可按照表 11-3-1 所示定级。

表 11-3-1　数据分级参照表

数据级别标识	数据重要程度标识	数据安全级别定义
5	国家秘密	指关系国家安全和利益，依照法定程序确定，在一定时间内只限一定范围内的人员知悉的事项。数据的安全性遭到破坏后，可能影响国家安全，或对公众权益造成非常严重的影响
4	极高	指具有较高保密要求，需要进行严格保护的，不能被公众所知悉、能为企业带来经济利益、具有实用性，并经企业采取保密措施的经营信息和技术信息。 数据的安全性遭到破坏后，对公众权益造成中等或轻微影响，或对相关个人隐私及企业的合法权益造成严重的影响，但不影响国家安全
3	高	指不能被公众所知悉，具有较高保密要求，需要进行重点保护的，对企业生产经营和企业管理具有较高价值，只适合在企业特定部门或一定范围内公开的数据信息。 数据的安全性遭到破坏后，对相关个人隐私及企业合法权益造成严重的影响，但不影响国家安全
2	中	指不能被公众所知悉，具有一般保密要求，需要进行适当保护的，可在内部全体人员范围内公开的数据信息。 数据的安全性遭到破坏后，对相关个人隐私造成中等或轻微影响，或对企业业务造成中等或轻微影响，但不影响国家安全
1	低	指可以对企业外发布的数据或信息，外部单位或人员可以公开访问或申请获得。 数据的安全性遭到破坏后可能对企业合法权益造成一定影响，但不影响国家安全、公众权益及个人隐私

3. 数据分级管理

企业承担数据管理的主体责任，要建立、健全相关管理制度，实施数据分类、分级管理，并开展年度复查，在企业系统、业务等发生重大变更时应及时更新分类、分级结果。企业可结合实际设立数据管理机构，配备专职人员。

企业应按照国家标准 GB/T 21230—2020《信息安全技术 网络安全等级保护定级指南》等要求，结合数据分级情况，做好防护工作。当数据遭到篡改、破坏、泄露或非法利用时，企业应根据事先制定的应急预案立即进行应急处置。

11.4 主数据管理实施

在主数据管理实施过程中，建设实施是起始阶段，持续有效的运营管理才是重中之重。

首先，要建立有效的组织保障及制度支撑，形成数据标准化和规范化的管理模式。

其次，要不断进行推广及培训，让主数据标准扎根于每一个用户心中。

规范化的主数据是数字化转型的基础，是企业做好数据资产管理的必要条件，这样才能让数据真正成为企业管理中的高价值的数据资产。

11.4.1 实施方法及内容

主数据管理实施以主数据规划为切入点，通过了解企业主数据管理现状情况，制定符合企业实际业务发展的规划设计方案，结合规划方案指导各项工作有序推进。

主数据管理实施的具体内容主要包括成立主数据管理组织、开展主数据管理现状调研、识别主数据、编制主数据管理办法、制定各类主数据标准及维护细则、建立主数据代码库、搭建主数据管理工具、系统集成接口开发及上线、应用推广及培训、持续运维等。其中，制定主数据标准是基础；通过制定各项制度标准以规范主数据代码是过程；搭建主数据管理平台是技术手段；建立持续有效的运维体系是前提和保障，如图11-4-1所示。

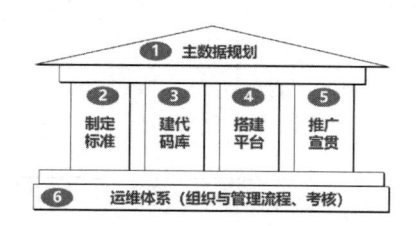

图 11-4-1 主数据实施方法论

1. 主数据规划

主数据规划内容包括主数据管理组织、标准制度、管理流程建设、管理工具、运维体系等，企业应结合实际业务情况，并运用方法论来制定主数据整体实施路线图。

主数据管理组织架构是主数据管理体系建设的基础，是保障企业主数据长效运行管理、各项制度规范落地实施、技术工具持续运行的基础，建立企业级的主数据管理组织体系是支撑企业实现主数据管理体系建设的根本途径。

主数据管理组织体系主要包括企业各类主数据管理的组织分工、岗位角色、职责规划和运营模式。由于主数据管理工作的重要性和复杂性，通常组织架构应该自上而下形成专业化且各司其职的团队，并在公司内部形成顺畅的沟通、协商、合作机制。只有建立、健全主数据管理组织体系，并充分配合主数据管理制度流程，才能有效地开展主数据管理的日常工作。

主数据制度流程是规定主数据管理工作的内容、程序、流程及方法，是进行主数据管理活动的行为规范和准则，是主数据治理工作常态化稳步推进的重要保障。通过制定主数据管理办法来明确主数据管理的规范和管理流程，明确各类主数据牵头部门及其工作职责，能够最大限度地约束岗位职责执行力度，使主数据工作有法可依、有据可循，持续提升公司的主数据管理水平。

2．主数据标准体系

主数据标准管理是确定数据范围，并与业务部门共同制定主数据标准，标准内容包括确定分类规范、编码结构、数据模型、属性描述等。制定主数据标准是保障主数据管理工具开发运维，实现系统之间数据共享的前提，也是主数据管理组织及流程顺利开展的关键阶段。

制定主数据标准一般遵循可扩充性、简明性、适用性、兼容性等相关原则，既要方便当前应用系统的需求，又要考虑未来信息系统发展的需求。此外，制定主数据标准还要根据业务需求的紧急程度分期建设。

主数据标准化的核心是管理，所以，主数据标准管理需要在公司建立数据标准管理组织，针对公司范围内的各类数据，制定符合公司业务需求及未来发展趋势的数据标准，并在各部门、各应用系统得到正确、及时的执行与应用。同时，根据业务的不断变化与发展，主数据标准管理组织需要同步维护数据标准并应用到各部门和应用系统，以适应最新的业务发展变化，保证与业务目标的一致性。

3．建立主数据代码库

主数据代码库的建立是基于发布的主数据标准，形成标准代码库的过程。一般来说，通过建立主数据代码库以收集企业库存和在途业务的数据，并梳理分析数据中存在的错误和不一致的情况，对零散、重复、缺失、错误、废弃等原始数据，分别从数据的完整性、规范性、一致性、准确性、唯一性及关联性等多个维度，通过系统校验、查重及人工比对、筛查、核实等多种手段对主数据代码的质量进行多轮检查，按照主数据标准规范对历史数据进行数据检查、数据排重、数据编码、数据加载等清洗处理，最后形成标准的主数据代码库。

4. 搭建主数据管理工具

主数据管理工具可以为主数据的管理提供技术支撑，全面保障系统内的主数据符合标准，提高主数据质量，提供主数据服务，保障主数据共享，实现主数据标准文本发布、主数据全生命周期管理等功能。

搭建主数据管理工具包括以下步骤。

首先，从了解需求开始，充分调研企业各类主数据管理现状，梳理关键业务流程，分析核心领域的主数据管理需求，并从企业业务管理和信息化系统层面进行主数据管理需求调研。

然后，将所掌握的需求进行汇总，在对比主数据管理工具标准功能的基础上进行客户化定制开发，编制系统需求规格说明书。

最后，结合需求规格说明书，在主数据管理工具标准功能的基础上进行客户化定制开发，并按照与其他信息系统的集成方案开发系统接口。

在系统功能和性能方面，进行系统的相关测试，确保满足使用需求。

5. 应用推广及培训、宣贯

主数据应用推广直接关系到各信息系统互联互通的实现，通过应用推广可以扩大主数据标准应用范围，实现主数据的统一编码、统一描述、统一维护、统一应用，建立起规范、可靠的主数据代码库，为信息系统之间的数据共享打下良好的基础。

主数据的培训、宣传及贯彻可以大大提高用户对主数据操作的熟练程度，进而提升主数据管理质量。

6. 建立主数据运维机制

主数据管理工具上线运行后，需要在业务和技术层面继续提供后续支持保障。

- 成立主数据标准化运维组织，明确各岗位职责；
- 通过建立统一的主数据运营机制，针对不同主数据类型配备了维护人员和审核人员；
- 按照数据维护和审核流程，对主数据创建、审核、启用、修改、停用、废止等全生命周期进行严格管理，确保主数据的质量和时效性，为公司各方面的应用提供准确、可靠的主数据；
- 结合企业实际情况制定主数据管理制度、主数据管理流程及主数据管理维护细则等，建立企业运维体系，为主数据的长效规范运行奠定坚实基础。

11.4.2 实施要点

1. 实施步骤

企业的主数据实施通常包括 7 个重要的阶段，分别包括主数据项目准备、现状调研与需求分析、构建标准体系、构建主数据平台、数据清洗、系统集成及上线、建立运维体系，如图 11-4-1 所示。

- 主数据标准体系构建阶段是主数据实施的基础，通过主数据标准制度有效规范主数据的维护和应用；
- 主数据平台是确保主数据统一管理的技术手段，对各类主数据管理方式应制定落地方案，充分考虑各类主数据管理特性及要求；
- 运维体系贯穿于主数据全生命周期管理，运维体系要保障主数据管理组织、管理流程的持续、有效运行，并制定考核机制，定期对主数据使用情况、主数据标准应用情况等进行监督考核。

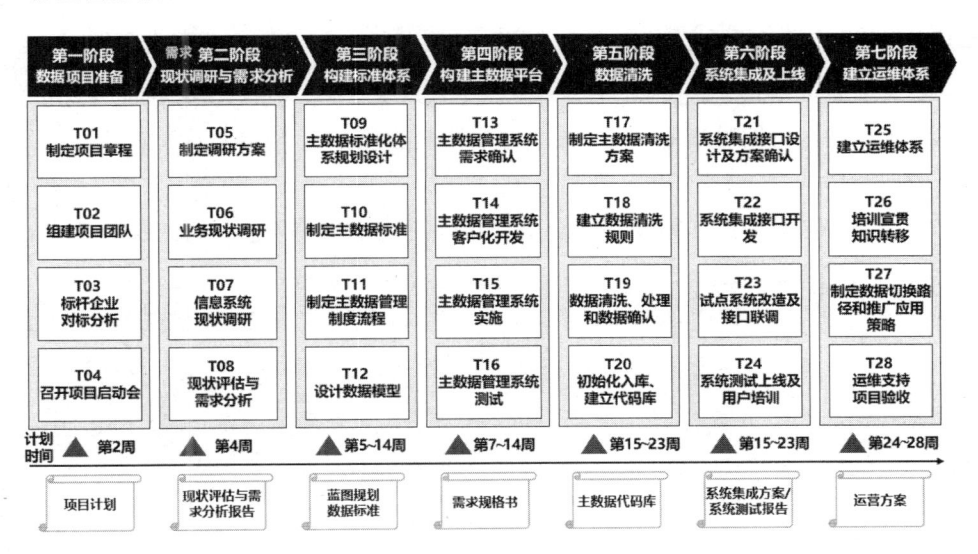

图 11-4-1 主数据实施阶段

2. 关键步骤

主数据实施的关键步骤主要为现状调研与需求分析、构建标准体系、数据清洗、系统集成及上线和建立运维体系，共5个阶段，具体工作内容如下。

（1）现状调研与需求分析阶段：是主数据建设的必要环节，要在理解企业信息化整体规划的基础上，通过制定落地和高效的调研方案（包括调研计划、访谈提纲及调研问卷等），对企业的关键业务、信息化系统和关键用户等进行充分调研，并收集主数据相关的资料。通过调研可以充分了解企业主数据管理组织、管理制度、管理流程、管理工具及主数据使用情况，并根据现状情况进行差异化分析，发现企业主数据管理需求，最终编写现状评估与需求分析报告。现状调研与需求分析阶段为主数据标准体系制定、主数据平台系统搭建、数据清洗、系统集成奠定基础。

（2）构建标准体系阶段：是保障主数据管理落地实施的基础，通过开展主数据标准管理现状调研，梳理相关管理流程，对标行业内标杆企业实践案例，收集归纳关键业务领域的主数据管理需求，开展主数据标准体系的规划设计和主数据标准的制定工作。主数据标准制定需确定标准制定范围，根据各类主数据的特点并结合企业实际情况，与相关业务部门共同讨论，制定满足企业应用需求的主数据标准。主数据标准包含业务标准（编码规则、分类规则、描述规则、提报指南）和主数据模型标准。

（3）数据清洗阶段：是主数据管理系统实施阶段的重中之重，数据清洗阶段的主要工作内容包括数据采集、数据清洗、数据导入3个方面。

- 数据采集是数据清洗的基础，在采集之前应说明关键字段的含义、系统使用原理，以及其与源系统数据的对应关系，再通过业务系统自动导出，或者通过数据采集工具获取所需要的数据。
- 数据清洗最主要的工作是制定数据清洗方案，建立数据清洗规则和标准，并根据主数据标准对历史主数据进行清洗、排重、合并、编码，以提高数据质量。
- 数据清洗完成后，可通过手工导入、工具导入、调用系统接口或系统专用的导入工具进行初始化入库，最终形成一套规范、可信任的主数据代码库，建立整体的标准代码库。

（4）系统集成及上线阶段：是主数据管理工具正式投入运营的关键阶段，通过制定系统集成方案、接口开发、接口联调等一系列工作，主数据管理系统与各个目标信息系统集成，实现主数据的采集、分发等交互操作，从而最终实现主数据服务于业务应用。根据系统集成的整体设计，企业要实现不同信息系统与主数据系统的集成应用，系统集成方案架构应具备灵活性和扩展性，以低成本、高效率的方式支持未来系统升级和业务流程变化，其中涉及接口策略配置、属性映射配置、分发/订阅条件设置、日志跟踪管理、数据同步管理、系统联调测试等。

（5）建立运维体系阶段：是保障主数据能够长效运营的基础，是主数据建设过程中最关键的步骤。通过制定完善的主数据运营方案、开展培训和知识转移，以及主数据切换方案和推广应用策略指导主数据长效运行，并且建立主数据管理的组织、制度、流程和知识库支撑主数据得到妥善的管理，最终构建企业完善的主数据运维体系，实现主数据的统一管理。

3. 主数据识别

主数据识别是主数据标准体系建设阶段的关键步骤，通过制定一定的规则识别出企业现有的主数据。从企业的关键业务角度，从不同的颗粒度和层次分析企业的业务流程，并结合业务流程梳理主数据类别、梳理数据实体、制定主数据梳理模板、建设主数据。主数据识别主要通过基础性、高共享、高价值、复杂性、相对稳定性、长期有效性等方面来判断。另外，主数据识别完成后需对数据权重进行分析，确定各指标的权重是主数据识别的关键步骤。

4. 难点分析

企业在主数据管理过程中通常面临各种困难，从而使主数据实施受到影响，最终导致所建立的主数据标准无法落实到实践中，通常总结为4种常见挑战，分别如下。

（1）企业内部对主数据认识不足，不重视主数据的总体规划，缺乏顶层设计。

（2）企业内部主数据标准管理缺失，通用标准主数据（国际标准、国家标准、行业标准中产生的主数据）管理分散，缺乏便捷可靠的数据标准获取渠道。

（3）企业内部主数据管理不集中，由于缺乏统一的标准和数据关联，导致单位内部存在大量管理分散的主数据。

（4）企业内部信息系统管理存在缺陷，系统众多且年代跨度久远，一些早期的信息化系统数据标准化程度不高，改造成本高、难度大，给主数据应用集成带来较大的困难。

5. 发展趋势

主数据是企业的数据之源，是数据资产管理的核心，是信息系统互联互通的基石，是信息化和数字化的重要基础。主数据建设是数据资产管理实践的重要切入点之一。大多数企业在进行主数据实施时，一般专注于管理物料主数据，但是在实施过程中会发现，物料主数据和企业的客户、供应商、财务、项目、合同和功能位置等其他领域的主数据有着较强的关联关系，现将未来主数据管理发展趋势总结为以下两点。

一是通过建立以人工智能技术为支撑的智能化主数据管理工具，以提高主数据管理能力和客户体验；

二是打造多个管理域、多个业务域的主数据管理间的知识图谱，形成业务的全局视图，以提升客户体验。

11.5 数据指标管理实施

指标是数据应用的重要方面，能够反映企业或组织运营的状况，辅助管理者有效决策，进而提升企业竞争力。在数据指标管理过程中，经常出现指标口径不一致、指标体系不完整、指标问题难追溯等问题。所以，为了满足数据管理需求，必须对基础类数据加工而产生的指标数据进行标准化管理。为此，需构建指标体系，进行科学的指标分类，并建立一系列的保障机制。

11.5.1 数据指标体系设计原则

企业级数据指标体系构建设计是一项系统工程，构建的数据指标体系应能满足后续落地应用支撑，其设计原则需要考虑 5 个方面的内容，分别是系统性、全面性、差异性、重要性及结构性，如图 11-5-1 所示。

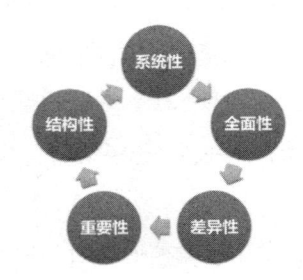

图 11-5-1　指标体系设计原则

- 系统性原则：充分承接企业的战略目标，形成以战略目标为核心的指标体系，指标间有清晰的关联逻辑，有效促进战略执行。
- 全面性原则：全面覆盖企业管理相关因素，含外部环境、核心资源、业务活动、产品服务与经营业绩等方面，推动整体优化运营。
- 差异性原则：区别于下属公司的指标体系，结合整个企业的实际业务特点，从全局的角度有针对性地建立落地的指标体系。

- 重要性原则：选取核心业务，明确与之相关的关联业务，关注管理瓶颈与重点，推动集团总部各部门之间的管理协同。
- 结构性原则：以数据和信息为基础，将指标划分为战略层、管理层相互支撑的结构。

11.5.2　数据指标体系构建方法

构建企业数据指标体系主要采用自上而下与自下而上两者相结合的梳理方式。其中，指标分类应从业务管理需求出发，自上而下逐层展开。而具体指标项则以底层业务系统和报表为导向，自下而上逐层筛选，如图 11-5-2 所示。

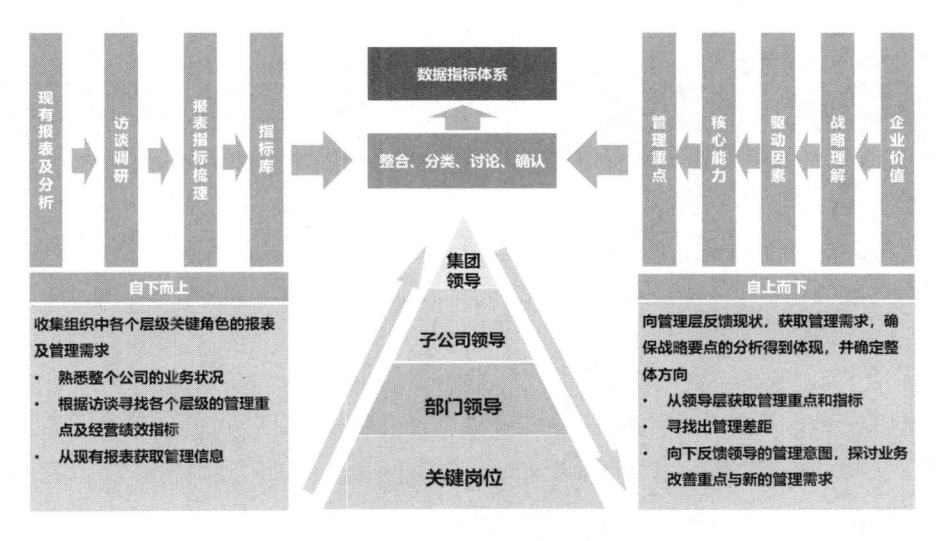

图 11-5-2　指标体系构建方法

1. 自上而下

自上而下聚焦于指标主题分类，面向企业管理需求，关注企业业务领域、战略目标、管理重点等方面，自上而下地进行演绎。

自上而下这种方式更多是通过理解企业战略提炼核心主题指标，为整体指标体系奠定框架和基调。建立清晰的指标分类框架，分类框架的编制应基于业务条线展开，从而使指标分类框架相对稳定、穷举、互相独立且不重不漏。该部分工作主要有以下几个步骤，分别是理解业务战略与举措、分解业务目标、提炼核心业务指标及核心业务指标分解，如图 11-5-3 所示。

从企业的顶层战略开始，通过调研分析、战略澄清、战略解码、战略执行、评估更新等环节，促进企业从战略规划到战略执行与评估的全过程，逐层明确业务目标，提炼业务目标衡量指标，通过因果逻辑分解，形成自上而下、与业务战略及目标对齐的指标管理体系，如图 11-5-4 所示。

图 11-5-3　自上而下构建方法

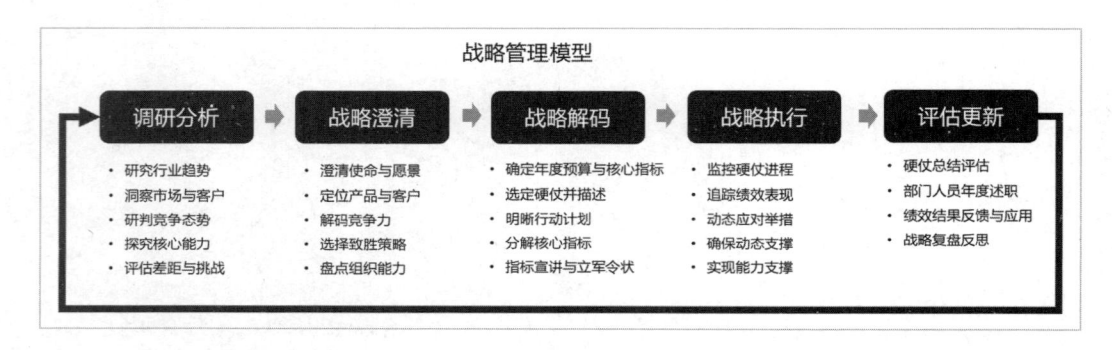

图 11-5-4　战略管理模型

基于对业务战略与举措的理解，明确企业战略定位与中长期业务目标、业务策略，梳理企业需要提升的业务能力，输出企业战略地图（见图 11-5-5）、平衡计分卡和作战行动计划表等。

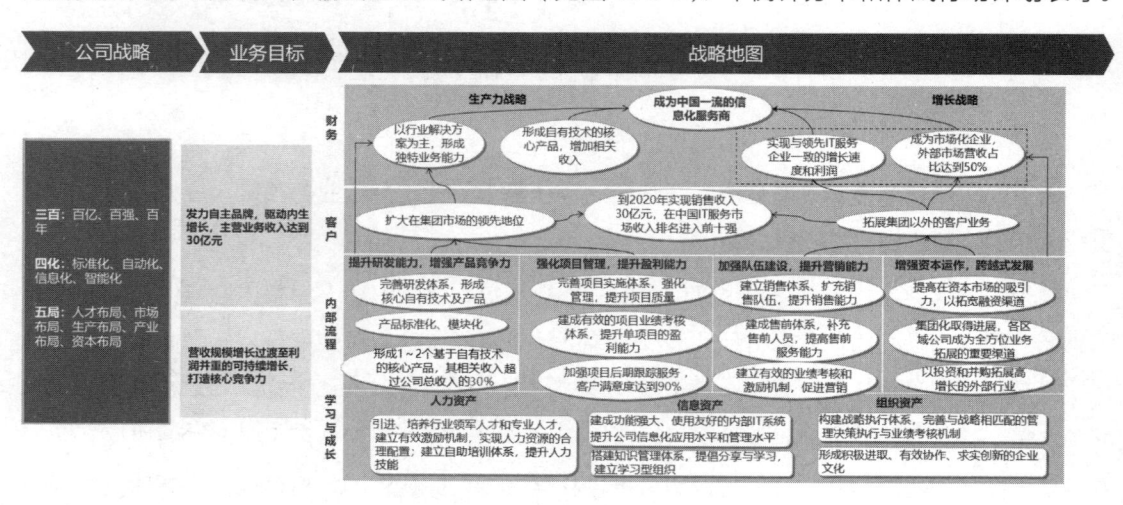

图 11-5-5　企业战略地图示例

基于上述战略地图分解核心业务目标，以收入和净利润为切入点，从财务层面、客户层面、内部运营层面、学习成长层面依次往下拆解，如图 11-5-6 所示。

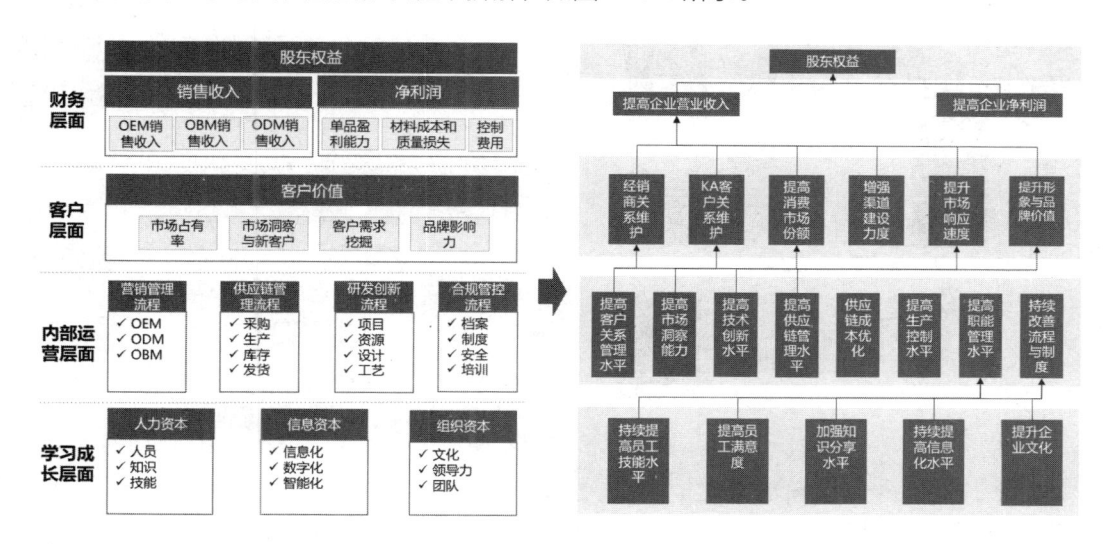

图 11-5-6　战略地图分解

通过理解业务战略与分解的目标主题，可以归纳得到核心衡量指标，以销售收入增长和净利润提高为例，提炼、归纳核心衡量指标，如表 11-5-1 所示。

表 11-5-1　提炼、归纳核心衡量指标

维　　度	战略目标与主题	分解目标与主题	核心衡量指标
财务	销售收入增长		总销售收入
		提高 OEM 销售收入	OEM 销售收入
		提高 OBM 销售收入	国内营销销售收入
		提高 ODM 销售收入	国际营销销售收入
	净利润提高	—	净利润
		控制销售费用率	销售费用率
		控制管理费用率	管理费用率
		控制管理费用率	研发费用率
		提高毛利率	毛利率

基于核心业务目标可以采用杜邦分解法提炼核心指标，形成核心指标体系，并基于核心指标体系，遵循 MECE 原则，按杜邦分解法将业务目标逐步分解到细分业务指标，明确细分业务指标，再按组织层级逐级分解到各部门及个人，如图 11-5-7 所示。

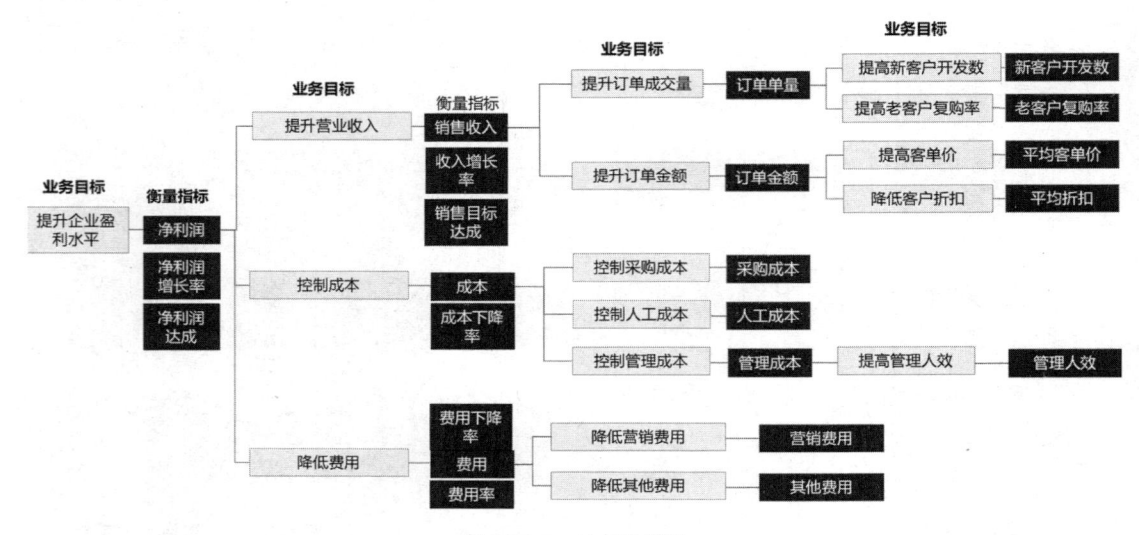

图 11-5-7 杜邦分解法

另外，基于核心业务目标还可以采用鱼骨头分解法提炼核心指标。鱼骨头分解法强调指标结果与过程之间的因果关系，让指标体系能够在监测业务结果的同时，可以以数字化的方式去跟踪业务过程，如图 11-5-8 所示。

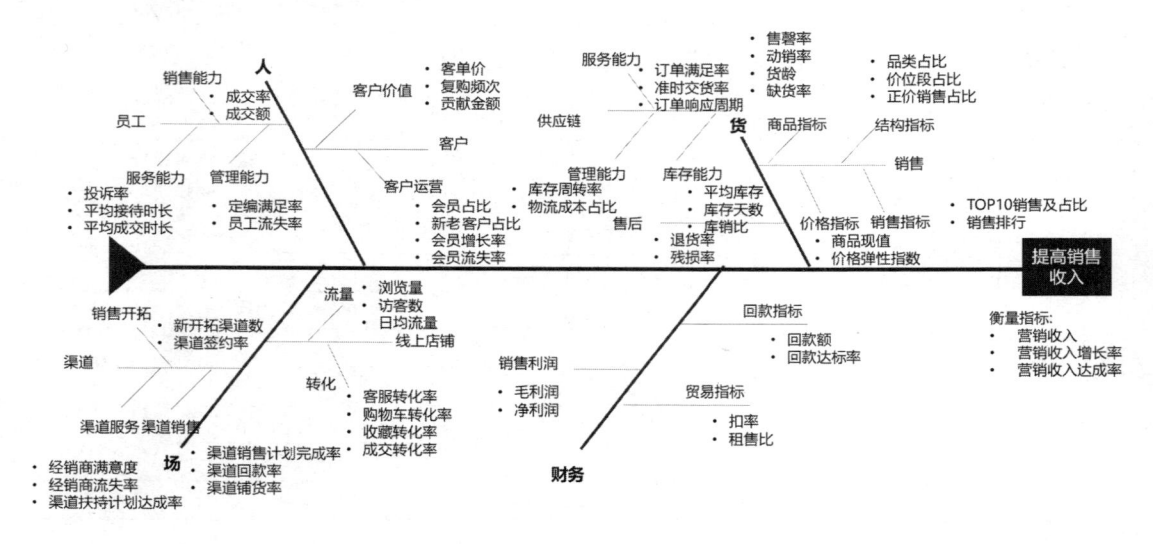

图 11-5-8 鱼骨头分解法

2. 自下而上

自下而上这种方式一般从以下两个方面入手。

- 从报表材料入手：梳理线下手工报表、报告材料，通过梳理收集上来的报表文档，提取涉及的相关指标项。
- 从业务系统入手：从业务系统出发，从系统中识别其功能模块，例如 ERP、CRM、SRM 等，CRM 系统中又有客户管理、订单管理等功能模块，可以从这些模块包含的业务单据中找到相应的数值字段，然后挑选出可以作为指标展示的。如果这些系统中有单独的统计报表功能，则只需要从报表中找到相应的指标即可。

1. 从报表材料入手

（1）将企业目前给各级领导与不同业务人员看的报表材料收集上来，然后对这些报表材料进行拆解形成指标。

（2）对这些指标进行全盘归纳，区分基础指标、复合指标及派生指标，包括维度也要进行统一整理、归纳。

（3）进行指标整合，这一步比较重要，需要将这些指标名称尽可能标准化，同义不同名、同名不同义的指标要区分整合，哪些指标出现次数比较多要打上标识，对于有逻辑运算关系的基础指标、复合指标及派生指标，也要单独梳理，便于后续与业务人员讨论确认。

（4）此时形成初步的指标清单。

（5）对这些指标项的业务属性、技术属性及管理属性进行梳理，这是指标梳理工作的核心。在梳理过程中需要与相应的业务部门人员不断沟通讨论并确认。

（6）属性信息全部确认完成后，需要再次进行归纳整合，对同业务域、同名不同属性信息、同一指标不同组织不同义等的指标还需要单独组织多部门进行协同讨论并确认，确保企业范围内一个指标一个含义，准确且唯一。

（7）结合两部分工作内容讨论制定企业指标体系框架，即指标主题和分类。

（8）进行企业内部评审并发布使用。

2. 从业务系统入手

这种方法是以业务系统为导向的，比如，企业已建的 ERP 系统、BI 报表系统、大屏展示系统等。该方法聚焦于现有业务指标，对其进行提取、归纳、整理，明确指标数据标准的业务逻辑。在梳理具体指标的过程中，需要遵循以下步骤。

（1）通过手工和系统工具相结合的方式全面盘点指标，包括经营分析、对外披露、监管报送、绩效考核等主要业务领域。

（2）根据企业对指标体系颗粒度的要求，明确指标抽象和具象程度的要求，并据此开展从复合指标到基础指标的拆解、从基础指标到复合指标和派生指标的组合等工作。

（3）梳理的重点工作是对相同指标有不同含义、计算逻辑、数据口径等类似问题进行讨论统一，打破不同业务不同理解的壁垒，达到指标数据标准化的目的。

（4）明确指标准入原则，建议将具有可量化、频率高、重要程度高等特点的指标纳入指标体系，以此提升指标体系的权威性和适用性，强化指标梳理成果，支撑管理、提升效益。

11.5.3 数据指标主题分类方法

指标梳理和分类是建设指标体系的基础工作。当前业界对指标的分类划分尚未形成统一的意见，不同企业的发展战略不同，对指标的分类需求不同。

为了提高指标管理效率，一般会按照业务线、主题域、业务过程三级目录的方式管理指标，如果业务线条之间交叉较多，也可以直接按照主题域进行划分，如图 11-5-9 所示。

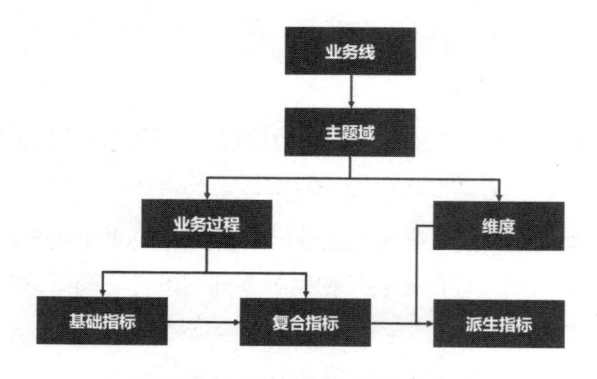

图 11-5-9 数据指标主题分类方法

例如，某企业将销售业务划分为销量、价格及收入 3 个主题域，而销量主题域下面又划分为合同签订、产品发货、产品结算、财务开票等业务过程。

把业务过程中的若干个指标分为基础指标和复合指标，目的是解决描述同一事实时口径定义不一致的问题。例如，在产品发货业务过程中，可以根据 ERP 系统销售订单提炼出基础指标"产品销量"，销售部门为了检测市场销售情况，会增加复合指标"日平均产品销量"，企业领导为了决策下个月某一产品的产量排产计划，会看不同维度统计的指标，如"河北分公司日平均煤炭销量"。

上述分类方式基于业务，还可以按照使用者、重要程度分类，两种分类方式可以结合使用，实现精细化管理。对重要指标（使用者比较重要、使用量较多）需要重点监控其数据流转情况。具体如何分类需要结合企业具体业务，比如，数据部门产出的核心指标、基础指标、多部门共同使用的指标可以标记为一级指标，基于基础指标由业务部门创建的复合/派生指标标记为二级指标、敏感/非敏感指标等，都可以作为分类依据。

以某制造企业为例，根据实际业务运营情况将指标划分为经营指标、销售指标、研发指标、生产交付指标、质量指标、设备及能源指标、商务指标、服务指标等不同类型；各主题域分类下列出企业关注的核心指标，比如，质量指标主要关注废品率、月度交检合格率、来料合格率等。其指标分类框架如图 11-5-10 所示。

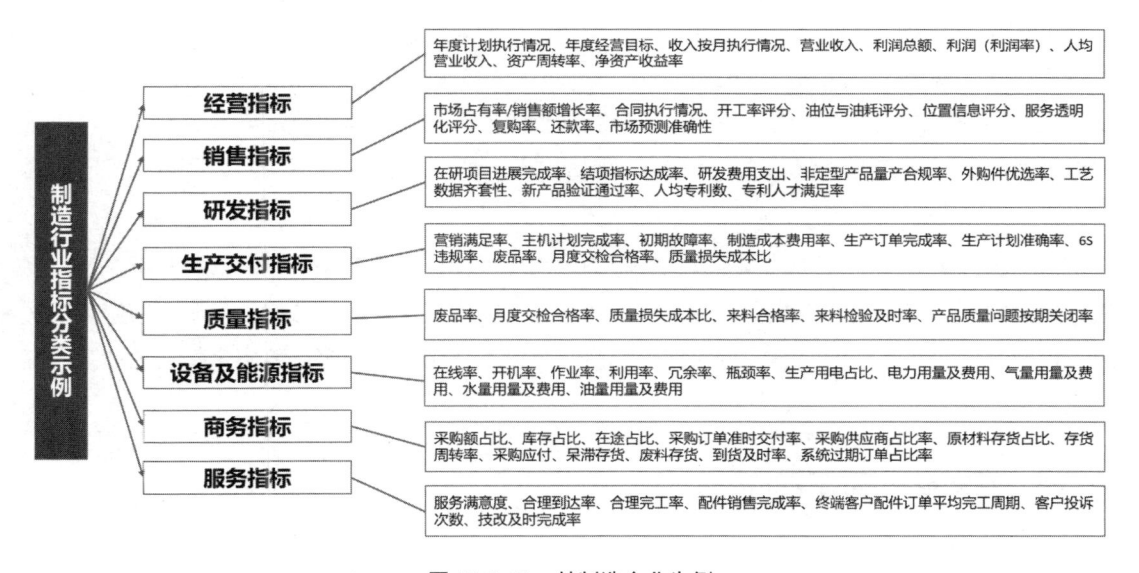

制造行业指标分类示例

- **经营指标**：年度计划执行情况、年度经营目标、收入按月执行情况、营业收入、利润总额、利润（利润率）、人均营业收入、资产周转率、净资产收益率
- **销售指标**：市场占有率/销售额增长率、合同执行情况、开工率评分、油位与油耗评分、位置信息评分、服务透明化评分、复购率、还款率、市场预测准确性
- **研发指标**：在研项目进展完成率、结项指标达成率、研发费用支出、非定型产品量产合格率、外购件优选率、工艺数据齐套性、新产品验证通过率、人均专利数、专利人才满足率
- **生产交付指标**：营销满足率、主机计划完成率、初期故障率、制造成本费用率、生产订单完成率、生产计划准确率、6S违规率、废品率、月度交检合格率、质量损失成本比
- **质量指标**：废品率、月度交检合格率、质量损失成本比、来料合格率、来料检验及时率、产品质量问题按期关闭率
- **设备及能源指标**：在线率、开机率、作业率、利用率、冗余率、瓶颈率、生产用电占比、电力用量及费用、气量用量及费用、水量用量及费用、油量用量及费用
- **商务指标**：采购额占比、库存占比、在途占比、采购订单准时交付率、采购供应商占比率、原材料存货占比、存货周转率、采购应付、呆滞存货、废料存货、到货及时率、系统过期订单占比率
- **服务指标**：服务满意度、合理到达率、合理完工率、配件销售完成率、终端客户配件订单平均完工周期、客户投诉次数、技改及时完成率

图 11-5-10　某制造企业为例

以某银行为例，其指标框架如表 11-5-2 所示。

表 11-5-2　指标框架（某银行）

一级分类	二级分类
业务规模	信贷业务规模
业务规模	存款业务规模
业务规模	金融市场业务规模
业务规模	中间业务规模

续表

一级分类	二级分类
业务规模	卡业务规模
运营管理	渠道管理
风险管理	信用风险
财务管理	损益分析
财务管理	财务分析
财务管理	金融市场业务规模
客户管理	客户规模
客户管理	客户流失
客户管理	客户行为分析

当一级分类为业务规模时，标准二级分类为存款业务规模、信贷业务规模、卡业务规模、金融市场业务规模、中间业务规模。存款业务规模包括的数据项有一般性存款总额等；信贷业务规模包括的数据项有信贷资产余额；卡业务规模包括的数据项有银行卡总数量等；金融市场业务规模包括的数据项有贴现资产余额；中间业务规模包括的数据项有法人透支账户中间业务收入等。

当一级分类为客户管理时，标准二级分类为客户规模、客户流失、客户行为分析。客户规模包括的数据项有个人客户数量、企业客户数量等；客户流失包括的数据项有个人客户流失数量、企业客户流失数量等；客户行为分析包括的数据项有个人客户资产流出金额、企业客户资产流出金额等。

11.5.4 数据指标体系保障机制

1. 指标管理组织

人员的参与是数据指标体系管理的基础。为实现指标的综合管理，需要建立与业务紧密相关的指标管理的组织架构，将指标的管理职责分解到与指标相关业务对应的岗位。

一般来说，数据指标通常分散在企业的各种业务环境中，为尽可能避免指标的分散管理，实现统一集中管理，应建立一个管理所有指标的综合管理部门，在综合管理部门之下建立和业务挂钩的职能管理部门。同时，通过职责分层管理机制，将指标管理的职责分配给各个业务部门，明确各岗位职责，从而实现指标的无缝管理，如图 11-5-11 所示。

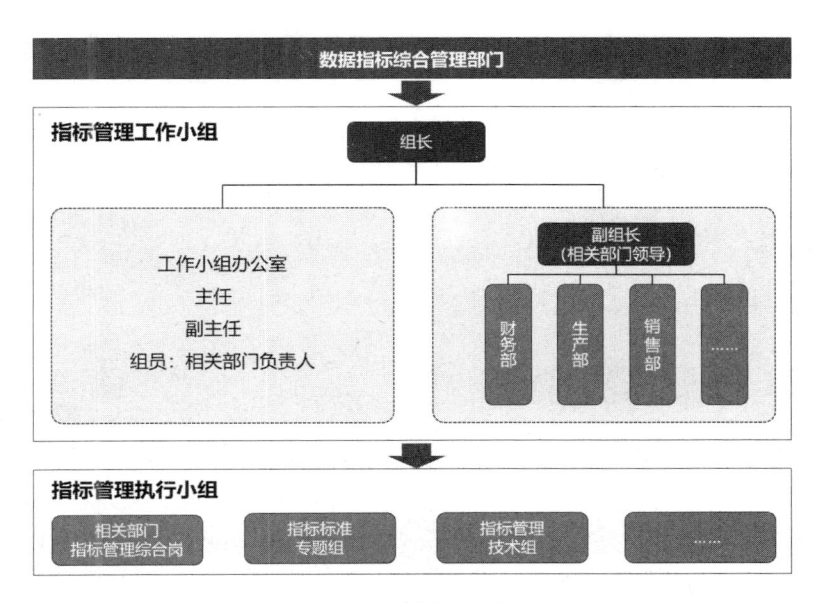

图 11-5-11　指标管理组织

- 指标管理工作小组：作为牵头者，将指标业务管理与技术管理的相关人员协同起来，完成指标数据采集、标准制定、指标应用等工作，并提供资源协调、统筹安排等便利。
- 指标管理执行小组：作为指标管理的落地执行者，负责落实执行指标的具体管理工作。比如，指标标准业务归口部门作为指标所属领域的业务主管部门，对指标数据标准进行归口管理；业务涉及多个板块的，由指标产生部门对数据标准进行归口管理；涉及多个部门同时计算的，由业务部门牵头主管部门进行归口管理；技术主管部门作为指标标准管理的技术支撑，对指标的取数方式、计算逻辑、数据来源等进行确认，并统筹指标数据标准在应用系统的落地实施工作。

2. 指标管理流程

指标管理流程是提升指标数据质量和促进指标有效应用的重要保障，通过梳理数据指标维护及业务管理流程，建立符合企业实际应用的指标管理流程，以保证指标标准规范得到有效执行，实现指标的持续性长效治理。指标管理流程可以以管理制度的方式存在，也可以直接嵌入指标管理工具中。

指标管理流程主要包含以下 3 个方面的内容。

（1）指标业务管理流程：对指标的申请、校验、审核、发布、变更、冻结等进行全生命周期管理，满足企业深入应用的不同管理需求。

（2）指标标准管理流程：通过对指标标准的分析、制定、审核、发布、应用与反馈等流程进行设计，保证指标标准的科学、有效、适用。

（3）指标质量管理流程：对指标的创建、变更、冻结、归档等业务过程进行质量管理，设计数据质量评价体系，实现对数据质量的量化考核，保障指标的安全、可靠。

图 11-5-12 是某企业指标管理流程示例，为实现对指标的全流程管控，主要包含 4 个阶段：需求统筹阶段、技术评估阶段、多方确认阶段、上线与发布阶段。

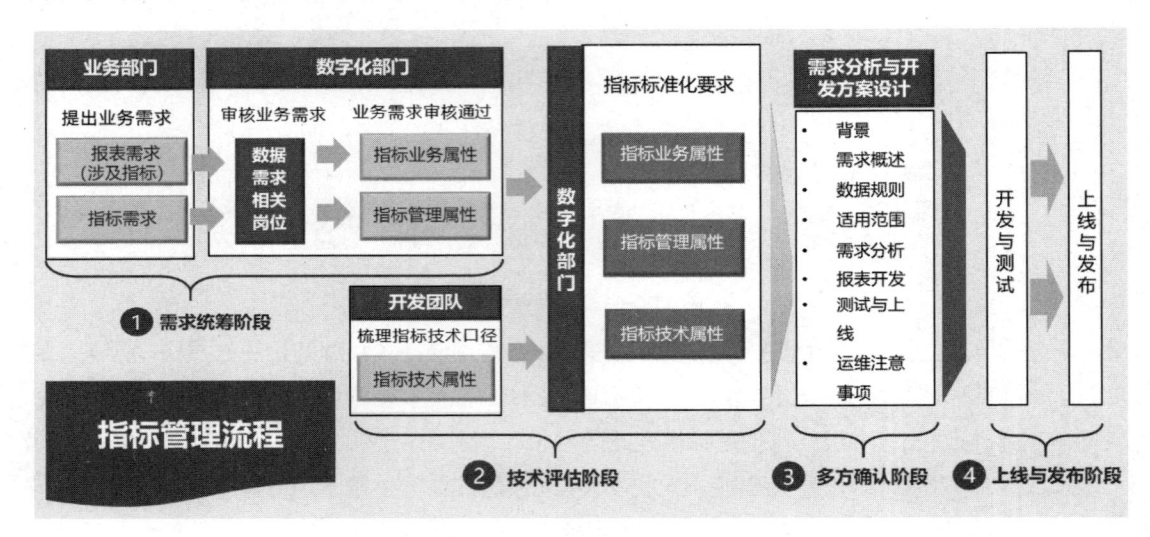

图 11-5-12 某企业指标管理流程示例

（1）需求统筹阶段：以模板的形式细化、明确业务部门的指标需求，确保业务属性信息完整；同时对提报的指标属性信息进行严格审核，对不符合管理规范要求的进行驳回，以便重新提报；完成报表、指标的业务认责，协调解决指标争议等相关问题。

（2）技术评估阶段：技术开发团队应仔细梳理指标技术属性信息，IT 部门汇总后按照标准化要求进行指标整合。

（3）多方确认阶段：业务部门讨论确认指标需求分析与开发方案设计，包括需求概述、数据规则、报表开发等内容。

（4）上线与发布阶段：根据开发方案完成指标开发与测试，通过指标逻辑计算校验，并最终上线发布。

2. 指标管理制度

指标管理制度是指标数据范围、人员、活动、流程等要素的保证，管理制度的制定需要明确指标标准的目的、使用范围、工作原则与规范、组织架构与职责，以及指标标准的各项活动和管理流程等。图 11-5-13 是指标管理制度示例。

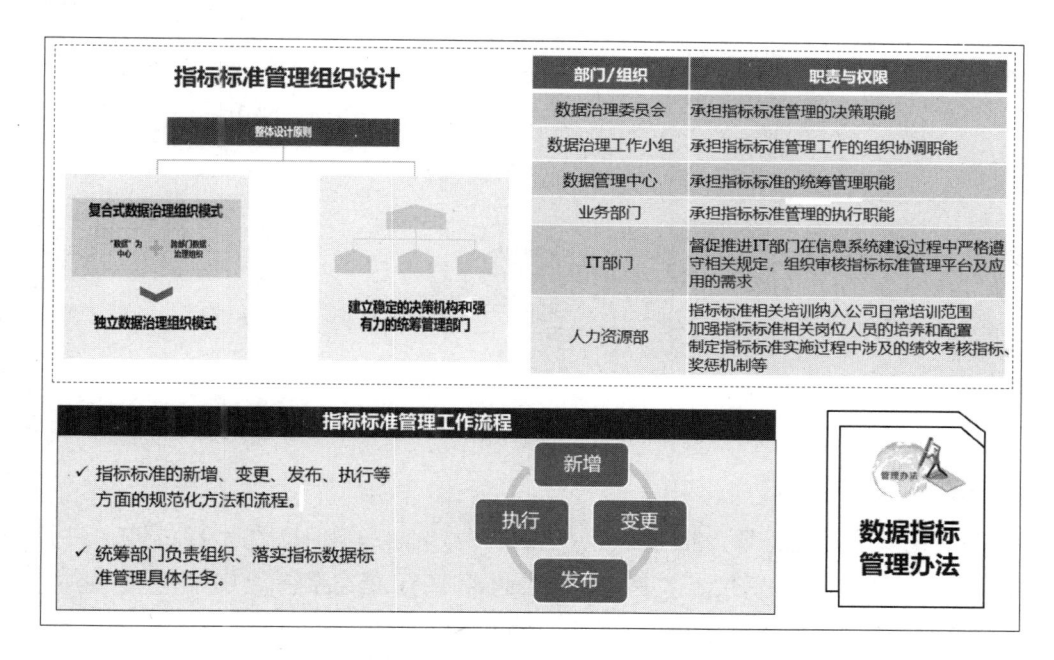

图 11-5-13 指标管理制度示例

指标标准管理组织设计包括企业内不同业务域指标的管理组织架构、运营模式、角色与职责规划。通过组织体系规划建立明确的指标管理机构和组织体系，落实各级部门的职责和可持续的指标管理组织与人员，实现指标数据的长效、规范管理。

通过制定数据指标管理办法制度文件，可以规定指标管理工作的内容、程序、章程及方法，它是指标管理人员的行为规范和准则，对落实企业指标数据管理要求，进一步提高指标数据赋能精细化管理具有重要意义。

11.6 元数据管理实施

数据管理的实施对企业具有非常重要的意义，可以帮助企业摸清数据家底，建立数据资产目录，通过统一的数据地图。企业各个业务部门可以方便地浏览及检索其他部门的数据，发挥企业数据的最大价值，解决企业的数据孤岛问题。元数据管理是企业数据治理工作的基础，对企业数字化转型具有重要意义。

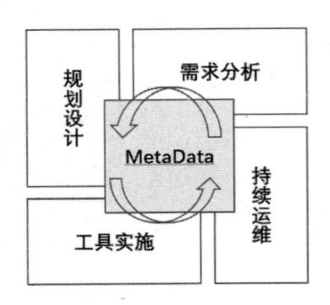

11.6.1 元数据实施流程

元数据实施流程与其他信息化项目基本类似，主要流程包括需求分析、规划设计、工具实施、持续运维 4 个阶段，如图 11-6-1 所示。

图 11-6-1 元数据实施流程

1．第一阶段：需求分析

需求分析阶段主要是理解企业的数据治理战略、数据治理组织及数据治理制度，进而分析企业在元数据管理上的战略和目标。首先，通过业务调研和信息系统调研获得企业的数据应用现状。业务调研采用自上而下的方法，获取业务所使用的数据，以及业务环节和业务部门之间的数据流动关系；信息系统调研采用自下而上的方法，获取目前企业信息系统中所具有的数据，二者相结合则能梳理清楚信息系统数据对业务环节的支持。然后，通过对高层领导的调研获得对项目的期望目标，进而形成完整的企业元数据管理需求。

2．第二阶段：规划设计

规划设计阶段需要从元数据管理需求出发，结合 DAMA（数据资产管理协会）国际体系和国内数据管理能力成熟度模型，依据企业自身的数据治理战略，对元数据管理进行顶层规划设计，明确元数据管理工作的总体目标、元数据制度和流程、元数据工具等，并制定可行的分阶段目标和实施路径。

在规划设计阶段，需要参照国际标准、国家标准、行业标准、共识标准等，形成企业自己的元数据标准，针对不同的数据对象，定义不同的元数据标准，一般来说，元数据标准包括完整描述一个具体数据对象所需的数据项集合、各数据项语义定义、质量规则及语法规定。在信息领域，通常的元数据管理工具都支持 CWM（公共仓库元模型）标准。

在规划设计阶段，还需要根据企业的业务流程和职责范围，制定元数据管理制度和流程。其中，明确此阶段应当遵循的流程、各个业务部门在流程中的角色权限等内容。

图 11-6-2 所示的是某企业的元数据采集流程示例。

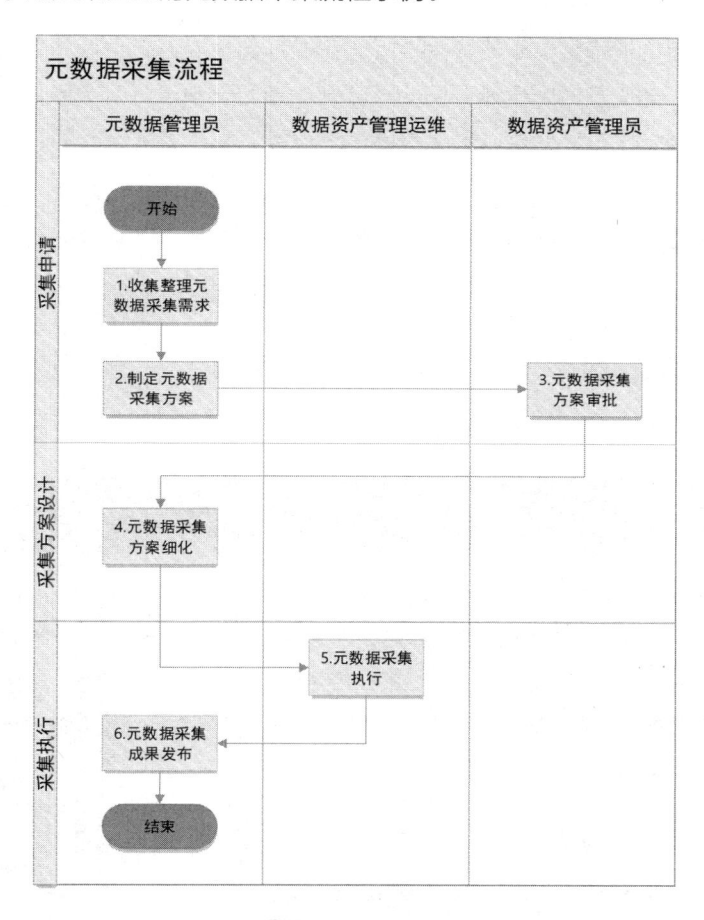

图 11-6-2　某企业的元数据采集流程示例

3．第三阶段：工具实施

规划设计完成后，进入元数据管理工具实施阶段。本阶段的主要任务包括：元数据的采集梳理，形成元数据清单并导入元数据存储库，计算元数据之间的关联关系，形成企业的全貌数据地图；在工具中实现元数据管理，创建组织、角色和用户，并分配不同权限；通过配置实现元数据管理的各种工作流程，包括采集、注册、发布、变更、删除、审核等流程。

用户通过元数据管理工具可以使用并分析元数据，包括元数据的浏览和搜索、全景数据地图、血缘分析、影响分析、全链分析、热度分析等。也可以根据业务部门的使用要求，开发专门的报表和视图，包括统计分析和移动端、大屏展示等内容。

4．第四阶段：持续运维

元数据的日常运维管理是保障元数据持续优化的基础，要将元数据管理战略融入元数据管理的全生命周期中，确保及时收集变更后的元数据。企业要制定符合企业管理模式的制度和流程，对元数据的注册、发布、变更、删除等操作进行管理，并保证元数据的数据质量。

本阶段要做好元数据管理的培训工作，保证企业元数据管理相关人员，包括元数据提供者、数据管理员、元数据使用者，能够自主使用元数据管理工具进行日常的元数据管理活动，以及工具运维。

11.6.2　元数据实施关键步骤

元数据实施关键步骤如图 11-6-3 所示。

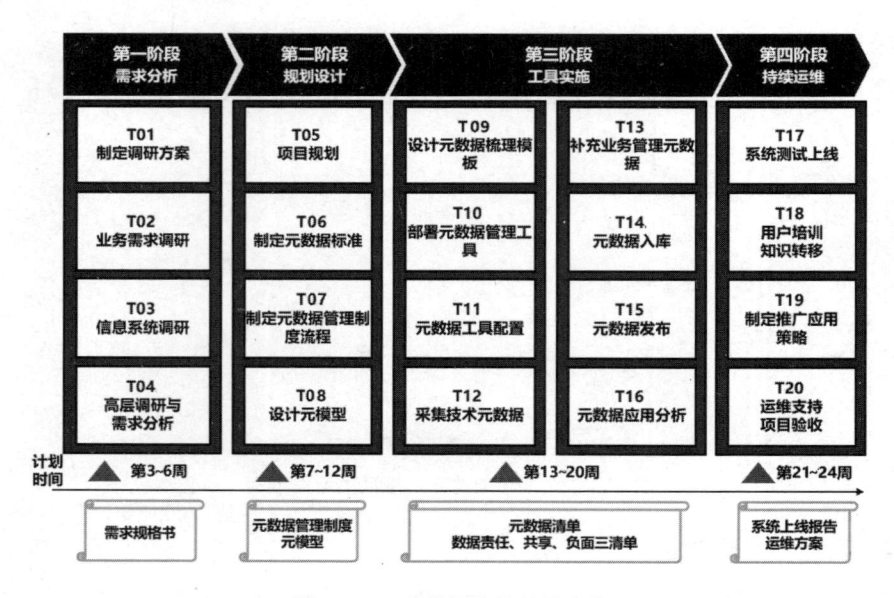

图 11-6-3　元数据实施关键步骤

将上述元数据管理实施的 4 个阶段按照通用项目实施方法进行细化，大约分为 20 个步骤，其中通用的步骤不再赘述，下面简要说明其中的关键步骤。

1.（T02）业务需求调研

业务需求调研非常重要，因为业务元数据的负责人通常是业务人员，也只有业务人员才能解释清楚数据的业务含义。主要调研业务部门目前的业务流程、业务环节、业务活动，以及业务活动中所涉及的数据信息（包括数据项、数据来源、数据去向、管理职责，以及期望获得的业务功能），并识别各个业务部门的元数据管理实施对接人。业务需求调研一般包括调研问卷和业务信息收集模板。

图 11-6-4 所示某企业业务信息调研的模板示例。

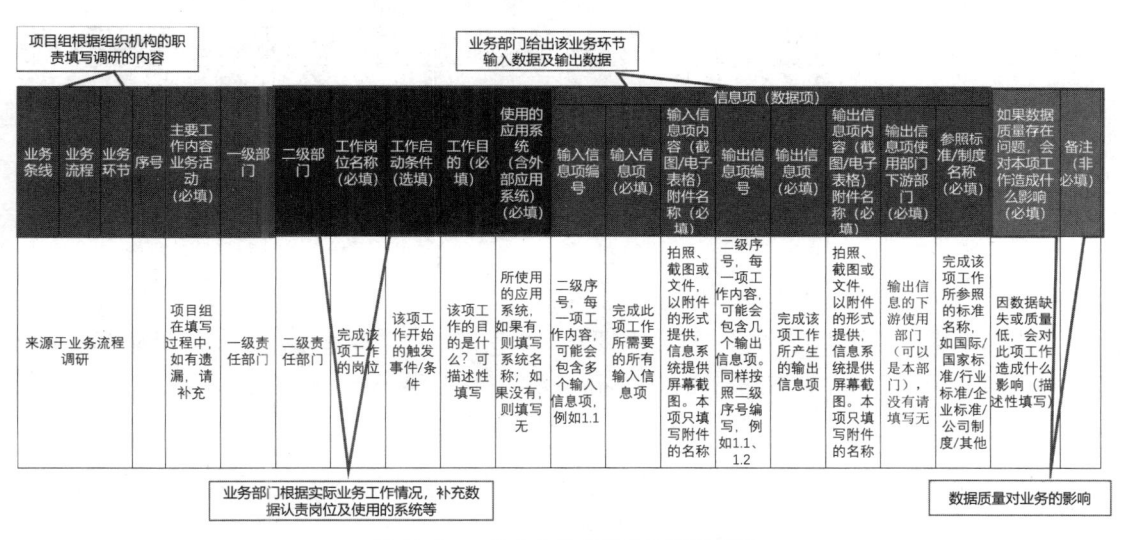

业务条线	业务流程	业务环节	序号	主要工作内容业务活动（必填）	一级部门	二级部门	工作岗位名称（必填）	工作启动事件/条件（选填）	工作目的（必填）	使用的应用系统（含外部应用系统）（必填）	信息项（数据项）						参照标准名称/制度（必填）	如果数据质量存在问题，会对本项工作造成什么影响（必填）	备注（非必填）
											输入信息项编号	输入信息项（必填）	输入信息项内容（截图/电子表格）附件名称（必填）	输出信息项编号	输出信息项（必填）	输出信息项内容（截图/电子表格）附件名称	输出信息使用的下游部门			
来源于业务流程调研				项目组在填写过程中，如有遗漏，请补充	一级责任部门	二级责任部门	完成该项工作的岗位	该项工作开始的触发事件/条件	该项工作的目的是什么？可描述性填写	所使用的应用系统，如果没有，则填写无	二级序号，每一项工作内容可能会包含多个输入信息项，例如1.1	完成此项工作所需要的所有输入信息	拍照、截图或文件，以附件的形式提供，信息系统提供屏幕截图。本项只填写附件的名称	二级序号，每一项工作内容可能会包含几个输出信息，同样按照二级序号填写，例如1.1、1.2	完成该项工作所产生的输出信息	拍照、截图或文件，以附件的形式提供，信息系统提供屏幕截图。本项只填写附件的名称	输出信息的下游使用部门（可以是本部门），没有请填写无	完成该项工作所参照的标准名称，如国际标准/国家标准/行业标准/企业标准/公司制度/其他	因数据缺失或质量低，会对此项工作造成什么影响（描述性填写）	

项目组根据组织机构的职责填写调研的内容 → （表头前几列）

业务部门给出该业务环节输入数据及输出数据 → （信息项相关列）

业务部门根据实际业务工作情况，补充数据认责岗位及使用的系统等

数据质量对业务的影响

图 11-6-4　某企业业务信息调研的模板

2.（T03）信息系统调研

信息系统调研是从企业 IT 管理部门的角度，调研目前企业的数据治理体系及执行情况，重点调研目前已有的业务信息系统、数据库、数据仓库、ETL 过程、报表和 BI 系统，以及这些信息系统之间的数据流向和交互方式，希望纳入元数据管理的数据对象种类及获取方式。确认各个业务信息系统、数据系统、数据管理部门的实施对接人及访问方式。

针对不同的信息系统对象，通常设计不同的调研问卷和信息收集模板。

图 11-6-5 所示为某企业信息系统调研的模板示例。

调研系统基础情况，建立各系统档案

序号	信息系统名称	系统简介	产品供应商/品牌	系统实施厂商	建设（计划）开始时间	建设（计划）完成时间	数据库及版本	开发技术、系统架构	与外部系统的集成接口	集成方式	已集成内容（数据）	系统主要功能	系统使用部门	系统的上游业务与系统	系统的下游业务与系统	系统应用评价	系统管理员联系方式	供应商维护人员及联系方式	填表人	填表日期

调研系统数据管理范围、存储情况、数据增长情况等

业务数据名称	数据来源	数据量	数据增长量	采集方式及地址	数据管理的功能概述	数据的主要用途	数据质量管理的评价

调研系统之间的数据交互情况等

数据交换点	数据交换系统	交换的业务说明	数据集成方式	数据交换频率	数据交换时点	数据交换包含的基础数据类型	数据交换的基础数据的识别方式	数据交换的问题综述
整理系统与外部系统的数据交换点（含已实现、规划中），如采购入库单数据交换	包括数据的来源系统、目的系统	简要说明数据交换双方系统的业务	数据交换的技术手段，如总线集成、中间库集成、手动数据导入等	估算数据的平均交换量，按一定时间段内的数据交换数量衡量，如×条/天、×条/月	对于统计类数据，可能按天、按月执行数据交换，描述数据交换的时间窗口	列出数据交换包含的所有基础数据类型，如果购入库单数据交换包含的基础数据类型	数据交换中，基础数据的交换方式，如编码识别、名称识别、对照表识别、特定的逻辑识别等	描述数据交换各方面的问题，包括稳定性、成功率、常见的交换错误等

图 11-6-5 某企业信息系统调研的模板

3.（T08）设计元模型

根据企业确定的元数据标准，针对各种类型的数据设计元模型，元模型要遵循标准化的 CWM 规范。一般来说，元数据管理工具中都会自带各种数据的元模型，但基于各个企业业务元数据和管理元数据需求的不同，需要设计针对企业的特定元模型，主要是扩展管理属性。

针对任何数据的元模型，均应包含用来描述业务元数据、技术元数据和管理元数据的属性，元模型实际上是企业管理某一类数据的元数据的模型定义。例如，对于数据库表的元数据管理，其模型通常包含表名、字段名、索引、分区、主键、外键、行数、行大小、总数据量等技术信息；也包含业务部门、业务定义、数据域等业务属性，以及是否共享、安全级别、采集频率等管理属性。

除针对每种类型数据的元模型外，还包括记录元数据之间关系的元模型，主要包括数据之间的组合关系、依赖关系和继承关系。

4.（T09）设计元数据梳理模板

针对上面设计的每一种类型的元模型，设计相应的元数据梳理模板。通常采用 Excel 文件的格式，将元数据的各个属性作为文件的表头。该模板用于元数据实施时的元数据收集梳理工作，模板文件要和用户达成一致，包含所有元数据信息。

以下为某企业的元数据梳理模板示例。

针对数据库表的元数据收集模板示例，如图 11-6-6 所示。

系统编号	系统名称	表中文名称	表英文名称	数据表验证状态	表描述	数据域	一级数据主题	二级数据主题	创建时间	创建者	管理员	现有记录数	存储周期	初始创建时间	最新记录时间	数据标准责任岗位	数据标准责任部门	数据网管责任部门	数据质量责任岗位
AA13	人力资源管理系统	干部出国（境）备案表变动表	TB_ABROAD_RECORDS_CHANGE	有效		人员与组织	干部		2022-4-12	张三	李四	258	永久			总部和分子公司干部监督责任人		备案登记和变动录入人员	

图 11-6-6　针对数据库表的元数据收集模板

针对数据项的元数据收集模板示例，如图 11-6-7 所示。

业务元数据			技术元数据						管理元数据				
数据域	一级数据主题	二级数据主题	字段描述	字段英文名	字段中文名	数据类型	长度	精度	非空	主键	创建者	管理员	责任部门	是否共享	是否开放	版本信息
经营管理	供应商管理	供应商	供应商公司的正式名称，来源于工商局注册信息	Company_name	公司名称	String	100		是	否	张三	李四	市场营销部	是	否	1.2
经营管理	供应商管理	供应商	公司编码	Company_id	公司编码	String	64		是	否	张三	李四	市场营销部	是	否	1.2
经营管理	供应商管理	供应商	统一社会信息代码	Unified_Social_Credit_code	统一社会信息代码	String	20		是	否	张三	李四	市场营销部	是	否	1.2
经营管理	供应商管理	供应商	公司法人	Corporate_person	公司法人	String	64		是	否	张三	李四	市场营销部	否	否	1.2
经营管理	供应商管理	供应商	公司账号	Bank_Account	公司账号	String	20		是	否	张三	李四	市场营销部	否	否	1.2
经营管理	供应商管理	供应商	注册地址	Address	注册地址	String	256		是	否	张三	李四	市场营销部	否	否	1.2

图 11-6-7　针对数据项的元数据收集模板

更多的管理元数据示例，如图 11-6-8 所示。

管理元数据															
位置属性		生产属性			版本属性				安全属性				利用属性			关系属性	价值属性
存储的物理环境	拥有者	管理者	来源（单位、系统）	产生/采集时间	来源类型（融合/原始）	版本	更新频度	更新日志	更新者描述	更新时间	安全级别/涉密等级	开放等级	是否加密	服务范围	利用用户	利用方式（推送、订阅、热点、场景、检索）	是否共享	应用场景描述	数据视图/数据图谱	数据价值/利用频度
云中心	集团	信息部	信息部	每月1日	原始	1月	无	无	无		开放	否	集团		订阅		是			

图 11-6-8　其他管理元数据示例

5.（T12）采集技术元数据

在业务信息系统方便时运行采集任务获取技术元数据，数据管理人员通过初步筛查，去掉明显的临时表、管理表等，形成初步的元数据清单，并将自动采集到的技术元数据导出到第（T09）步整理好的元数据梳理模板中。

对于不能通过工具自动采集的技术元数据，包括元数据之间的相互关联关系，则通过信息系统调研、文档梳理等方式将技术元数据整理到元数据梳理模板中。

6.（T13）补充业务和管理元数据

填充好技术元数据的元数据梳理模板文件后，可以请不同业务部门按照数据权属关系补充自身管理范围内的业务元数据和管理元数据，形成完整的元数据梳理清单。业务部门需要甄别关键的业务数据，进一步筛除与业务无关的技术元数据信息。

对于新建信息系统，不需要经过采集技术元数据的步骤，直接由信息系统的主管部门按照元数据梳理模板的内容提交完整的元数据清单文件。待信息系统上线后，元数据管理工具可以比较实际物理数据库中的数据模型与元数据的差异。

11.6.3 元数据实施难点分析

下面从技术和管理两个方面来分析元数据管理的难点。

1. 技术方面

（1）复杂套装软件的元数据采集。

针对复杂的套装软件（例如 ERP、CRM 等），尤其是外国厂商的应用软件，为了适应全球客户的灵活性、可配置性，其数据库结构极其复杂，并且厂商往往以商业秘密为借口，并不向最终客户开放数据库模型。即使通过元数据管理工具能够自动采集其数据库的元数据信息（表结构信息、属性信息），但由于数据库表通常有成千上万张，其中包含大量用于管理和配置的数据表，以致真正的业务数据表被淹没其中。如果没有数据库结构的文档描述信息，则很难分清哪些是企业需要关注的数据表。因此无法通过自动采集的方法识别关键的元数据信息。

（2）历史遗留业务应用的元数据采集。

即使是专门为用户定制的应用软件，有些也因为年代久远，早已过了质保期，开发厂商不再支持维护，并且软件由于多年的修补升级，其中的文档要么不全，要么与实际不符。而业务人员只是使用系统，也不了解系统后台支撑的数据库结构，因此梳理元数据变得十分困难。

（3）通过接口形式的数据交换。

元数据管理工具可以通过 ETL 中的 SQL 语句分析不同数据库中数据的上下游关系。当前出于信息安全的考虑，越来越多的应用系统采用接口形式进行数据交换，传统的元数据采集工具不能解析应用接口，无法解析应用系统之间的数据关联。即使有些元数据采集工具支持对 ESB 或者接口网关的采集，但由于接口参数和数据库中的表字段并没有强关联，因此也无法自动识别元数据之间的关联关系，只能通过人工确定。

（4）通过编程实现的数据处理。

元数据管理工具通过解析 SQL 语句来识别数据之间的关系，无论是 ETL 工具、报表工具、存储过程，还是 DDL 语句等，都是通过标准的 SQL 语句来处理数据的。对于在应用程序中通过编程语言来实现的数据处理和转换，元数据采集工具是无能为力的。

（5）非结构化数据的元数据采集。

对于非结构化数据（例如视频、图片、网页、日志等），每种类型的数据需要采集的元数据不同，在业界也没有相应标准，目前一般通过打标签的方式，将其元数据转化成结构化数据进行处理。当然也可以通过机器学习的方法从中解析元数据，但目前应用并不成熟。

2．管理方面

（1）无人维护的业务应用。

由于开发厂商、运维厂商的缺失，旧的应用已经无人维护，找不到熟悉系统的人员。

（2）业务人员配合度低。

很多企业的数据治理工作只是信息化部门在做，没有上升到企业战略的高度。而元数据管理工作很难直接给业务部门带来明显的收益，无法激发业务人员的积极性，在收集业务元数据和管理元数据时，都将困难重重。

（3）数据治理体系的不明确。

当企业数据治理体系没有建立时，其数据管理制度、共享原则、交换标准、认责要求都可能是模糊不清的，在梳理业务和管理元数据时，会造成不同部门对同一元数据属性的不同认识，例如责任人、是否共享、安全级别等，不能达成共识。

11.6.4　元数据实施风险规避

针对上述难点，我们认为可以从以下几个方面进行风险规避。

（1）针对企业全员宣传数据意识，提升对数据治理（元数据管理）工作的重视程度，建立、健全数据治理体系，企业建立数据治理领导委员会，各个业务部门明确数据责任人。

（2）深刻理解元数据管理的复杂程度，明确这是一项费时费力的人力服务工作，元数据管理工具的自动化采集只是辅助功能，大量的元数据梳理工作需要人工进行。不仅是业务元数据和管理元数据，即使是技术元数据，也需要进行大量的人工梳理。

（3）不忘初心，紧贴业务。元数据管理工作是为企业的数字化转型、为提升业务绩效服务的，因此从业务流程、业务数据出发，采用自上而下的元数据梳理方法，能够快速识别关键业务数据的元数据，不强求元数据和数据库模型的完全对应。

（4）从元数据为企业带来的业务价值出发，可以从某一业务域的某个应用开始。例如，为解决某个报表数据不准的问题，先分析该报表数据的血缘，通过元数据管理找到问题根源，使得业务人员能够直接看到元数据管理的价值，而不是首先实施全企业的元数据管理。

11.7 数据元及数据实体设计标准实施

数据元是数据的基本信息单元。数据具有原子性，数据标准信息项是由一个个数据元组成的。企业数据元应该是有限的，提取企业数据元之后，可以为企业定义数据标准奠定基础，为企业构建出统一的、集成的、稳定的数据模型奠定基础，同时它也可以为数据交换奠定基础。因此，数据元标准的定义是数据标准定义的基础和前提，数据标准定义应遵循数据元标准，这也是数据元贯标的目标。

11.7.1 提取数据元

为提取数据元提供一个方法论指南是确保提取的数据元具有科学性和互操作性的关键。数据元的提取方法有两种：自上而下提取法和自下而上提取法。

1. 自上而下提取法

对于数据元的提取，一般适用自上而下提取法。提取数据元的最基本目的是进行信息管理和信息传递，而信息离不开业务流程，因此数据元的提取离不开对业务流程的分析。在业务流程分析的基础上，利用流程建模获得业务的主导方和相关参与方，并确定业务的实施细则，进行数据元的提取。一般步骤为业务功能建模、业务流程建模、信息建模、数据元的提取、数据元的提交，如图 11-7-1 所示。

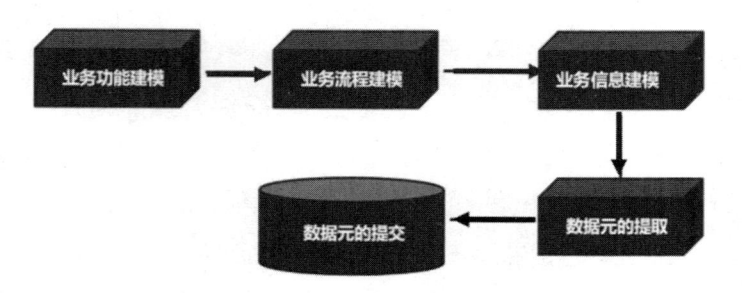

图 11-7-1 自上而下提取法

（1）业务功能建模。

以业务功能分析为出发点的建模过程是根据业务建模的实际需要，从一个单位的业务分工描述开始，完成对单位的业务描述。它主要有以下两种流程分支（见图 11-7-2）。

第一个分支是描述业务信息、描述业务流程；

第二个分支是描述业务流程、描述业务信息。

描述业务功能的建模图是分工组成树。

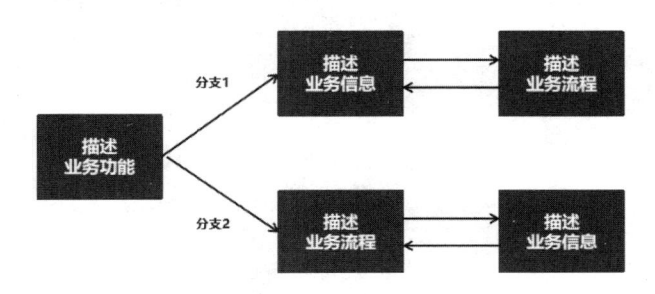

图 11-7-2　业务功能建模图

（2）业务流程建模。

以业务流程分析为出发点的建模过程是根据业务建模的实际需要，从业务流程的描述开始，完成业务建模工作。它主要有以下两种流程分支（见图 11-7-3）。

第一个分支是描述业务信息、描述业务分工；

第二个分支是描述业务分工、描述业务信息。

描述业务流程的建模图是业务协作流程图和职责执行/操作流程图。

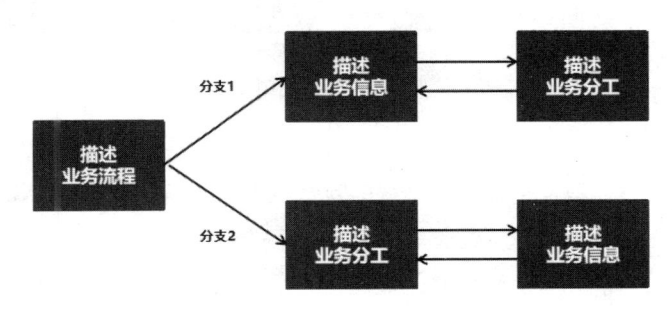

图 11-7-3　业务流程建模图

（3）业务信息建模。

以业务信息分析为出发点的建模过程是根据业务建模的实际需要，从业务信息的描述开始，完成业务建模工作。它主要有以下两种流程分支（见图 11-7-4）。

第一个分支是描述业务分工、描述业务流程；

第二个分支是描述业务流程、描述业务分工。

描述业务信息的建模图是业务信息关系图和描述业务信息与组织单元作用关系的建模图。

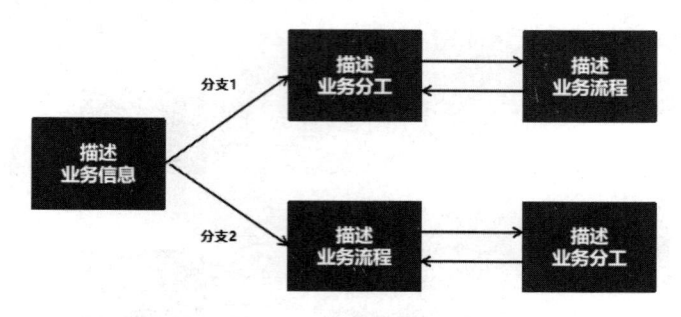

图 11-7-4　业务信息建模图

（4）数据元的提取。

采用自然语言的逻辑分析方法对业务信息模型进行进一步分析，即对参与方、地点、事物、事件、时间进行分析并提取数据元。提取的数据元可以看作对象类和特性的组合，再结合一定的业务需求，细化其表示，即构成了一个完整的数据元。

（5）数据元的提交。

经过上述步骤提取出的数据元有可能是数据元注册库中已有的数据元或注册库中有类似的数据元，因此提取和分析的结果应同注册库中的数据元进行比较，以决定是否创造一个新的数据元或对注册库中现有的数据元进行重用和扩展。然后将数据元的需求文档化，并进行数据元的提交。

2．自下而上提取法

对于已有系统，可根据其自身数据库系统的实体关系图进行数据元的提取与分析。具体步骤为结合数据业务和相关管理要求，逐部门对数据中可能存在的信息模型、数据模型、数据流程图、数据库设计、接口及计算机程序中的数据元进行系统收集、筛选并梳理，在协调的基础上重排，找出共性。进行定义，并分类、整理，以实现标准化，如图 11-7-5 所示。

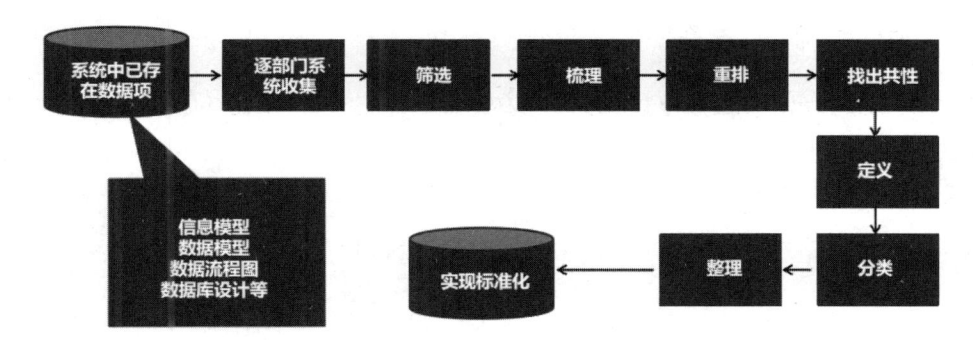

图 11-7-5　自下而上提取法

11.7.2　制定标准

在数据元提取完成后，结合不同业务数据的实际情况，选取合适的逻辑结构制定数据标准。以省级人口信息资源库为例，从人的生命周期、电子证照关联关系、全省常用人口相关业务、可扩展性、数据来源部门等维度考虑，制定了部分人口库标准，包括出生、户籍人口、流动人口、婚姻登记、养老保险、医疗保险、工伤保险、失业保险、生育保险和死亡等。

确定数据元标准逻辑结构后，结合已有数据情况和相关国际标准、行业标准和地区标准，梳理数据元的总则、定义、描述、分类、表示和注册等，整理并编制具体的数据元标准。

11.7.3　建设工具

随着数据元的数量持续、快速地增加，数据元管理和目录编制的复杂度越来越高，编制过程中难免会出现问题。同时，已经发布的数据标准都是以纸质文档或电子文档方式发布的，仅适合阅读或打印，不利于数据标准的利用和分析，而且这些文档难以对多个标准进行综合查询和横向对比。

通过建立数据元管理工具，能够更加有效地管理各类数据元，减少错误出现。对于数据标准的管理者来说，需要规范管理数据元的注册、发布和分析，使数据元管理成为一种常态化工作。对数据标准的使用者来说，能够通过简便、快捷的获取方式获得数据标准，并能便捷地运用到工具的设计和开发中，更加有效地促进数据标准的利用率和符合率。数据元管理工具的主要功能是对数据标准的数据元值域代码、数据元、数据集等进行管理和维护，并提供著录、查询、统计和分析功能。

11.7.4 贯标实施

贯彻实施数据元标准是提升数据质量的重要保障。有效的贯标措施可以不断推动数据元标准的推广应用，确保数据的准确性、完整性和一致性，具体内容主要包括培训和宣贯、标准符合性测试和第三方评估等。

1．培训和宣贯

在数据元标准发布后，应面向标准相关单位的领导、业务人员、技术人员等相关人员进行培训和宣贯，对标准适用范围、标准主要技术内容、标准应用场景、标准主要解决的问题等进行重点解读，让标准相关方了解标准、掌握标准，能将标准正确应用于实际工作中。

2．标准符合性测试

建立数据元标准符合性测试机制，提出高效、快捷的标准符合性测试方法，开发相应的数据元标准符合性检测工具，并建立具有可操作性的规范，有效促进标准的贯彻执行。与此同时，与标准验证、标准应用情况评价等工作深度融合，充分发挥数据元标准的作用。

3．第三方评估

通过第三方评估的方式，对数据元标准应用情况和数据管理能力进行评估、评价，帮助企业完善数据元等相关数据标准，提升数据管理能力，充分发挥数据元标准促进企业向信息化、数字化、智能化发展方面的价值。

11.8 通过数据模型落地数据标准

我们知道数据治理工作必须标准先行，但很多企业耗费大量精力制定了堆积如山的标准却被束之高阁，数据治理水平止步不前，最后只能望其兴叹：标准无用。出现这种状况实在令人惋惜。数据标准落地难，根本原因是没有找到数据标准落地的关键点，没有数据标准管理工具，没有将数据标准管理工具和数据模型管理工具紧密集成，没有实现自动化落标，没有做好数据标准保鲜。另外，针对增量数据和存量数据要制定不同的数据标准落地实施方案，这一点同样适用于数据管理的每个领域。

11.8.1 落标关键点剖析

标准定得好，不如落得好。不能为了做标准而做标准，关键是标准的落地执行，真正杜绝数据质量问题的出现。我们也看到很多企业的数据标准仅仅停留在 Excel 或者数据标准管理系统层面，数据标准的管理制度被挂在墙上，数据标准和数据生产"两张皮"，无法落实到每个数据生产者的头脑和每个系统的数据结构设计中。

为什么会出现这种现象呢？根据我们的经验，很重要的一个原因是企业不清楚什么数据需要制定什么样的标准。很多企业是按照系统或者数据主题域逐条制定数据标准的，这样做不仅数量太多，耗费大量的精力，而且给标准的落地执行带来非常大的困难。

那么，应该怎么做呢？应该以终为始，明确数据标准管理的目的。一般来讲，数据标准主要是解决数据在集成、共享、融合应用中的不一致问题。那么哪些数据会出现这样的问题呢？如图 11-8-1 所示，重点要对以下 3 类数据制定数据标准。

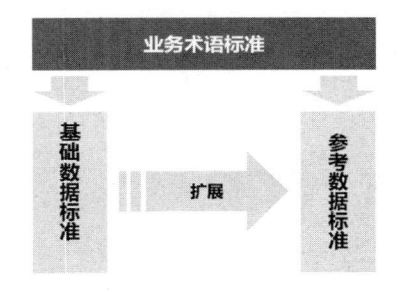

图 11-8-1　不同数据类型之间关系

（1）业务术语是从业务角度出发，对业务关键词汇和专有名词进行的专业化和规范化定义，为业务术语提供一套标准业务词汇和短语，有助于实现对业务信息的一致理解。

（2）基础数据标准是从业务术语中选取的最重要、共享度最高的术语，从业务属性、技术属性和管理属性，对其进行编码、命名、格式、来源、分类、取值等。数据项是用来描述数据的最基本单元，是数据建模的基本元素。统一和标准的数据项是数据模型设计、数据库设计、程序接口设计的基础。

（3）参考数据依托数据项标准进行管理，通过数据项标准代码相关属性（代码编码规则、代码取值、代码名称、代码含义）体现。

除此之外，有些特殊行业，或者重要数据，也需要特别关注，比如，金融银行业的监管报送类的数据。

清楚数据标准定义的关键点搞之后，接下来就是落标。落标的关键点是什么呢？关键是考虑落标强度、执行难度、影响范围、实施成本。应根据情况拟定标准执行的顺序、方式和内容，遵循先易后难、先新后旧、先小后大、先重点后次要的落地执行顺序。如表 11-8-1 所示为落标分析表。

表 11-8-1　落标分析表

系　　统	落标强度	剖　　析	负责人	时机选择建议
核心业务系统数据	强	核心业务系统存储了企业经营最核心的数据，数据标准可以从核心业务系统定义中梳理，核心业务系统数据的标准化会直接影响下游系统，数据流动链很长而系统改动难，因此需尽量促成源端的落标工作	开发团队或套装开发商	建设期强落标；维护期谨慎落标
重要业务系统数据	中	重要业务系统存储了核心业务系统的补充数据，重点是标准要与核心业务系统对齐	开发团队或套装开发商	建设期强落标；维护期谨慎落标
一般系统数据	弱	主要是对一些核心数据的引用	开发团队或套装开发商	建设期选择重点落标；维护期可以不落标
数据仓库	强	最容易落标执行，数据需要进行建模、汇集落标，并通过 ETL MAPPING 进行转换以符合标准化要求。基础整合层的标准化工作搭配数据模型设计的工作，确保两者概念主题域一致	数据仓库团队	尽早进行管控型强落标
数据集市和报表数据	强	主要参照落标指标体系和维度体系，汇集落标，需要通过 ETL MAPPING 进行转换以符合标准化要求	集市和报表建设团队	每一次开发时

从表 11-8-1 中可以看出：

- 如果从源业务系统落标，则会减少数据的处理成本，提高数据应用的效率；缺点是老系统和外购系统存在较大改动风险和成本。
- 如果从数据仓库层进行落标，则比较容易着手处理，但是数据仓库层的报表应用与业务系统的报表难免存在口径不一致的问题，仍然需要从源数据层进行必要调整。

所以，无论从哪一层入手，数据落标的关键点是数据模型的设计必须符合数据标准，否则整个落标过程会没有抓手，流程也不顺畅。

11.8.2　自动化落标方案

无论是源业务系统还是数据仓库，虽然是由不同的开发团队负责的，但是都遵循标准的开发流程，包括设计、开发、测试、上线、维护等环节，因此我们需要将数据标准贯穿于数据模型设计当中。同时，数据治理团队需要参与到开发过程的关键节点中。

鉴于广大企业和组织当前的数据管理水平和资源配置情况，急需一个自动化水平比较高的数据落标方案。因此，推荐在开发阶段由模型设计人员进行落标，数据标准管理专员和数据架构管理人员进行评审和核准。同时，通过自动检测能力来提高执行水平和奖惩制度的落地。

数据模型向上承接业务语义，向下实现物理数据，它不但包含数据字典，更重要的是包含业务主题、业务对象、数据关系及数据标准的映射。所以，基于数据标准的数据建模工具的运用不但是企业数据管理成熟的标志，也是数据标准落地的重要抓手。在数据模型设计环节错失落标良机，数据标准落地实施将事倍功半。

通过基于数据标准的数据模型设计工具，在数据开发阶段，可以实现下面 3 个落标操作。

（1）在模型设计过程中，设计师可以直接引用数据标准，也可以在进行数据实体和属性设计时，数据模型工具智能推荐相应的数据标准，不但有利于标准落地，还能提升模型设计效率。

数据实体和属性落标时，有些标准信息项必须强制落实（比如中文名、数据类型、标准代码等），有些标准信息项也可以参照执行。一般情况下，强制性一致的都是标准中的技术规范。建模工具需要支持自动化安排数据标准命名实体和属性名称。

对于一个标准落地的物理字段，如果语义本质是相同的，并且业务规则没有变化，只是为了满足系统环境而加上的特定短语（比如"电话"在供应商表里叫"供应商电话"），那么这种落地衍生情况，并不需要创建一个新的标准。

对字段中的数据类型的引用进行标准化，坚决杜绝在注释（Comment）中手工输入枚举代码的情况。

（2）在模型的开发基本完成后，在系统的测试阶段，应加入模型的评审环节，这个作为系统上线的前奏，避免上线前的修改造成时间紧张等情况。模型评审前需要创建模型基线，评审应包含以下 3 个方面。

- 一是标准的落标引用。模型工具应该自动提供报告，重点检查是否有重要的标准没有引用和落地，通过自动化工具，智能发现落标的潜在问题。
- 二是自定义标准与词典的评审和转化。模型工具应具备自定义数据标准和词典等能力，通过与开发团队评审，提高自定义标准的转化率，完善标准库。
- 三是元数据的充足率。模型工具应该自动提供报告，列出中文名称没有填写的字段。

（3）对于已经发布的模型，随着进入维护期，某些功能应升级时，可能会有手动修改库表结构的情况发生，为了保证模型与生产库中的一致，在自动检测阶段，主要负责定期发现不一致的情况，并发出预警邮件。

11.8.3 数据标准新增和变更流程

在实际落标过程中，需要新增或修改标准的情况是必然发生的。因此，在模型设计阶段或者模型评审阶段，根据企业或组织的实际情况，制定相应的管理流程，表 11-8-2 是某企业的数据标准需求审批表和审批流程。

表 11-8-2　数据标准需求审批表

数据标准需求申请	
申请部门	【提出数据标准需求的部门】
申请人	【提出数据标准需求的人员】
申请日期	【提出数据标准需求的时间】
需求类型	□新增　　　　　□更新　　　　　□废除
涉及业务部门	【该需求涉及的业务部门】
涉及业务系统	【该需求涉及的业务系统】
数据标准信息项代号与名称	【涉及的数据标准的具体数据标准信息项的中文名称、标准编码等。如果是新增需求，则只需填写数据标准信息项中文名称】
需求原因说明	【该需求的主要业务原因】
变更内容说明*	【说明具体数据标准项的变更建议，可附附件说明】
数据标准需求评审	
业务部门评审意见	【描述变更需求的审核意见】 签字：　　　　　日期：
数据部门评审意见	【描述变更需求的审核意见】 签字：　　　　　日期：

11.8.4 存量数据落标

存量数据的落标是绝大多数企业实施数据标准化的最大难题，那么如何解决存量数据的落标问题呢？

存量系统先管理好数据模型、字典和数据集的关系，这有利于定义数据标准。摸清模型存量系统不一致的情况，尤其是那些枚举值、编码规则、数据类型等严重影响数据指标和拉通汇集的情况。

通过标准差异分析，了解非标问题的影响程度，制订落标策略和计划，进行逐项的落标，并跟进和检查落标结果。

企业里存在多套标准是非常有可能的，因为历史原因会存在信息孤岛的问题。比如，一个货币类型代码，在核心系统中是一套标准，在网贷系统中是一套标准，在支付系统中是一套标准，在报送 EAST 模型中可能又是一套标准，甚至在核心系统内部都不统一，那怎么管理这么多套标准呢？

如果实在无法统一，也可以保留多套标准，但是需要明确每个标准的适用范围和标准与标准之间的映射关系。比如，将核心系统的标准作为部门标准，将数据仓库的标准作为企业级标准，将 EAST 模型的标准作为对外标准。管理标准之间的映射关系，并在数据集成和交换时进行相应的转换。

虽然这个做法给数据标准的映射管理带来了很大的挑战，但是因为事先限定了各个标准的源头和适用范围，所以如果涉及标准变更，则可以先确定应该变更哪个标准，然后更新一下其他标准如何与之映射关系。

本篇小结

数据标准化实施对企业来说是一个复杂的系统工程。要有效开展这项工作，首先要建立配套的组织体系和制度体系，为数据标准化工作提供强有力的基础保障。其次是抓好人才培养和文化宣贯工作，为数据标准化工作持续推进提供人才和文化氛围保障。在此基础上，开展数据标准化现状调研、分析和数据资源盘点工作，摸清家底、定好基线。同时，根据数据标准化的需求和管理诉求，确定好工作目标。

在具体实施层面，企业要根据自身的实际情况，围绕数据标准化工作目标确定好数据标准化工作实施的范围、内容，并制订切实可行的计划，要有步骤、有计划地开展各项实施工作。同时，要积极采用技术平台和技术工具，借助科学的方法论，聚焦关键领域，有效推进各专项目标的达成，才能取得好的实施效果。企业数据标准化关键领域包括标准管理、数据分类、数据分类分级、主数据管理、数据指标管理、元数据管理等。

第 4 篇　数据标准化评价

　　为确保企业数据标准建设实现落地可用，并保证标准在不同部门中的可获取性及一致性，进而保障数据质量的安全性和可靠性等，在企业开展数据标准化后，要对数据标准化工作进行客观审视和评价。评价工作要基于数据治理体系，应用数据管理能力成熟度评估模型，遵循一定的评价原则，覆盖整个数据标准工作的对象与内容，形成一套完整的评价体系。

第 12 章

数据标准化评价方法

为确保企业数据标准化建设的可用性、一致性、可获取性及与其相关的数据质量的安全性和可靠性等，企业需要对其数据标准化工作达到规定目标的程度进行评价。

数据标准化的评价工作是基于数据治理体系，遵循评价原则，应用数据管理能力成熟度评估模型，覆盖数据标准工作的对象与内容，根据评价流程方法，对数据标准工作进行评价的一套完整评价体系。

12.1 评价原则

数据标准化针对能反映一定普适特征、有代表性的数据标准化工作进行评价，应遵循以下评价原则。

12.1.1 客观公正原则

遵循客观公正原则，是数据标准化评价工作的基础。被评价方需要如实提供评价方要求的、能反映事物或数据的原始规律和现实特征的数据资源、各项文件，以确保提供信息的真实性和准确性；评价人员应客观、全面地进行评价，并真实、客观、准确地出具评价结果。

12.1.2 务求实效原则

数据标准化评价工作应坚持以问题为导向、以结果为导向和以价值为导向相结合的务求实效原则。参考业界数据管理能力成熟度评估模型，找准企业数据管理能力的薄弱点和关键提升方向（包括完整的评估过程文档记录、可追溯的评估结果等），以提高数据标准化工作的真实性、有效性和针对性。

12.1.3 确保安全原则

数据标准化评价工作应严格遵循保密、安全原则。对评价过程中涉及的相关资料和数据，要进行妥善保管，不得对外泄露，以确保评价资料和数据的安全。

12.2 评价参考模型

20 世纪 80 年代，美国卡内基·梅隆大学软件工程研究所为了评估软件开发过程的管理及能力，提出了软件能力成熟度模型（Capability Maturity Model，CMM）。其是软件组织在定义、实施、度量、控制和改善其软件过程的实践中对各个发展阶段的描述，是一种用于评估软件承包能力并帮助其改善软件质量的方法，侧重于软件开发过程的管理及工程能力的提高与评估。CMM 的作用是帮助软件企业对软件工程的过程进行管理和改进，增强开发与改进能力，从而能按时在预算内开发出高质量的软件。

目前，CMM 已被广泛用于其他一系列领域，经过不断的完善和扩充，软件能力成熟度模型在世界范围内得到了良好的应用，包括数据管理的规范化、标准化的应用。

CMM 通过描述各阶段的能力特点可定义出数据管理能力成熟度的级别、能力特征及其成熟等级，并制订一个提高能力的计划。

基于 CMM 的数据管理能力成熟度模型相当于标准体系量化成熟度评价方法的理论基础及评价指标。目前，活跃在业界的主要有 DMM、DCMM 和 DSMM 这 3 种模型，构成了数据标准管理能力成熟度评价模型。

12.2.1 DMM（数据管理成熟度模型）

1. 模型简介

DMM（Data Management Maturity Model，数据管理成熟度模型）由 CMMI 协会于 2014 年发布，是用来评估和提升组织数据管理水平的方法和工具，即 DMM 沿用了软件能力成熟度模型集成（CMMI）的一些基本原则、结构和证明方法。

DMM 定义了数据管理的基本业务过程、构成了成熟度渐进路线图的关键能力、建立了组织对其功能优势和差距评价的基准评估模型。其特点是跨越了业务与 IT 部门之间的鸿沟，反映了企业利用数据资产提高业务绩效的能力及企业管理的能力。展现为包含数据管理基本业务过程、促进组织构成自身数据管理成熟度渐进路径关键能力及数据管理实践的综合框架，如图 12-2-1 所示。

数据管理策略	数据治理	数据质量	数据操作	平台与架构	支持流程
● 数据管理战略 ● 沟通 ● 数据管理职责 ● 业务案例 ● 提供资金	● 治理管理 ● 业务术语表 ● 元数据管理	● 数据质量战略 ● 数据质量剖析 ● 数据质量评估 ● 数据清洗	● 数据需求定义 ● 数据生命周期管理 ● 数据供应管理	● 架构方法 ● 架构标准 ● 数据管理平台 ● 数据集成 ● 数据归档和存储	● 质量和分析 ● 流程管理 ● 过程质量保证 ● 风险管理 ● 配置管理

图 12-2-1　DMM 框架结构

2. 模型内容

根据 DMM 框架结构，模型内容由两个级域、5 大核心支持过程域、20 个数据管理过程域及 6 个类别构成，并通过与基础设施及支持流程的综合运用，形成包括模型主题、目标、实践和工作举措的完整数据管理能力成熟度模型。模型核心内容覆盖了数据管理策略、数据治理、数据质量、数据操作、平台与架构及支持流程，并构成 DMM 框架模型的评估工作流程，如图 12-2-2 所示。

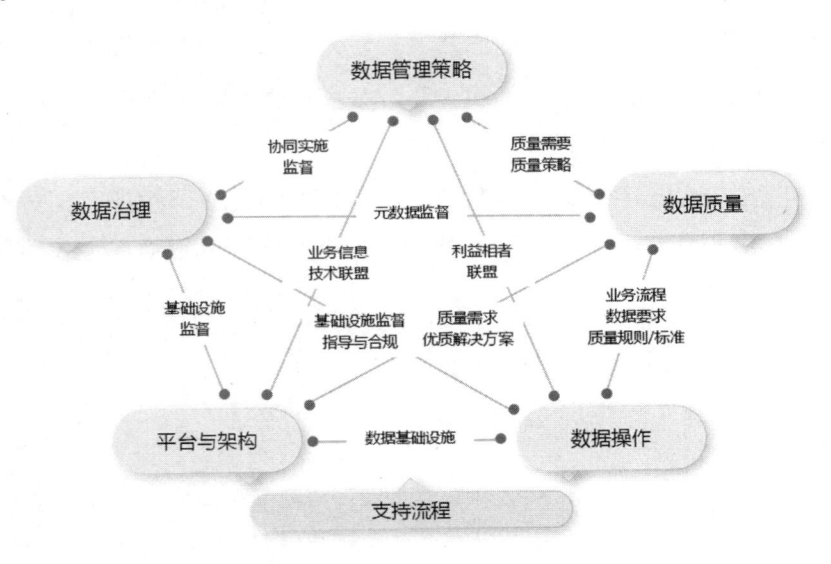

图 12-2-2　DMM 框架模型的评价工作流程

3. 数据管理成熟度等级设置

基于 CMMI 模式和 DMM 模型的过程域特点，DMM 数据管理成熟度模型有执行级、管理级、定义级、度量级和优化级 5 个等级。不同等级及过程改进取得的成果不同，具体介绍如表 12-2-1 所示。

表 12-2-1 数据管理成熟度等级设置

级别	描述	改进提升
级别 1：执行级	执行级是项目实施需求层面的成熟度评估。该级别通常不会考虑跨业务领域，主要是针对数据的反应性。例如，强调数据质量的修复能力而非预防能力。此级别是对可能存在的基础性改进进行评估，此改进并未涉及整个组织架构，并无法持续维持	该级别处于项目级层面，过程的执行具有临时性。即数据需求是以项目形式局部开展的级别
级别 2：管理级	管理级是指组织已经意识到将数据作为关键基础设施资产进行管理的成熟度评估。主要是组织针对管理策略规划及执行过程的管理，包括人员技能及辅以资源的状况等，以保证可控的输出结果，让涉及利益相关方参与、监控、控制和评估过程以符合相关的过程定义，以实现局部常态化的管理	该级别针对数据标准管理作为关键基础设施资产的评价。即处于已经意识到数据的重要性，并开展了局部常态化的级别
级别 3：定义级	定义级是组织制定标准机制的成熟度评估级别。该级别是从组织层面将数据视为实现目标绩效的关键要素，涉及采用和始终遵循的标准过程、组织架构构建原则及指导方针，并将其进行调整，以满足组织特别需求	该级别被视为在组织层面保证数据质量的执行关键。即数据被组织认为是关键生产要素进行管理的级别
级别 4：度量级	度量级是企业已经将数据视为组织重要竞争优势之一的成熟度评估级别。该级别定义了过程指标并用于数据管理，包括使用统计与其他量化技术对差异、预测和分析进行的管理，并将过程绩效管理贯穿于数据的全生命周期中	该级别被视为是数据标准管理最具竞争优势的资源处理级别。即数据形成组织竞争优势的来源而进行分析的级别
级别 5：优化级	优化级基于度量级，是针对组织在动态竞争性市场中生存关键要素的成熟度评估级别。是通过应用度导致分析改进机会的目标识别而进行的优化过程，并可在同行、业界内提供和分享最佳实践	该级别被视为评估企业数据生存和市场竞争性的关键级别。即数据成为竞争生存的关键，需要持续提升优化的级别

如表 12-2-1 所示，在 5 个数据管理成熟度等级中，每个级别均有若干个评估项，并随级别不同而比重有所不同，具体如下。

- 级别 1：执行级，涉及本地通信和管理评估项，不同的项目、组织中，要求的通信水平和频率各不相同，且具有其自身的特性。
- 级别 2：管理级，涉及可定义、文档化的数据管理评估项，并涉及利益相关者的认同。该级别的数据管理评估计划及沟通计划显得尤为重要，甚至需要制定特定的、涉及多个评估项的矩阵型沟通策略。该矩阵可以按主题（如数据质量）、类型（如潜在流程、数据质量原则）、受众（如数据管理员）、频率（如季度、事件驱动）、数据创建、修正或相应要素，以及需要进行细节沟通的数据管理策略进行参考。
- 级别 3：定义级，包含了更多的评估项，且将规范的数据管理标准、原则、处理流程等装订成册，并随着相应的反馈不断迭代更新与发展。

......

4．评估计算方法

DMM 评估计算方法由 5 个步骤组成，如图 12-2-3 所示。

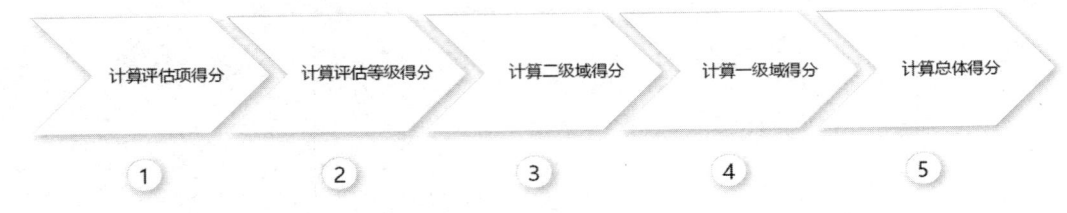

1. 计算评估项得分
2. 计算评估等级得分
3. 计算二级域得分
4. 计算一级域得分
5. 计算总体得分

图 12-2-3　DMM 评估计算方法步骤

DMM 所用到的计算方式包括判断、平均、求和、取最小值，如表 12-2-2 所示。

表 12-2-2　DMM 计算方式

得分	评估项得分	等级得分	二级域得分	一级域得分	总体得分
计算方式	判断	平均	求和	取最小值	无总分 <雷达图>

- 评估项得分：每个评估项分为完全满足（Full）100%、部分满足（Partial）50%、不满足 0。其中，根据评估标准内容，判断完全满足、部分满足还是不满足，从而得到该评估项得分。
- 等级（Level）得分：每个等级有 x 个评估项，则每个评估项的权重为 $1/x$。所有评估项加权平均后，可得到该等级得分。
- 二级域得分：是过程域得分，英文为 Process Area Score。
- 一级域得分：是类别域得分，英文为 Category Score。

例如，一个二级域的等级 1（Level 1）有 4 个评估项 a、b、c、d，每个评估项的权重为 25%。根据评估标准判定，a 是部分满足，b、c、d 是完全满足，则计算等级得分为：

25%×50%+25%×100%+25%×100%+25%×100%=0.875。

该二级域的等级 1（Level 1）得分为 0.875。

这里，一级域（Category Score）得分，取决于该一级域下所有二级域（Process Area Score）的最低分。如果某一个等级没有达到满分 1 分，则不能进行下一个等级的评估。所有等级得分求和后，可得到二级域得分。

- 总体得分：根据各一级域的得分，可得到总体得分，并用雷达图表示其评估及评价的结论，如图 12-2-4 所示。

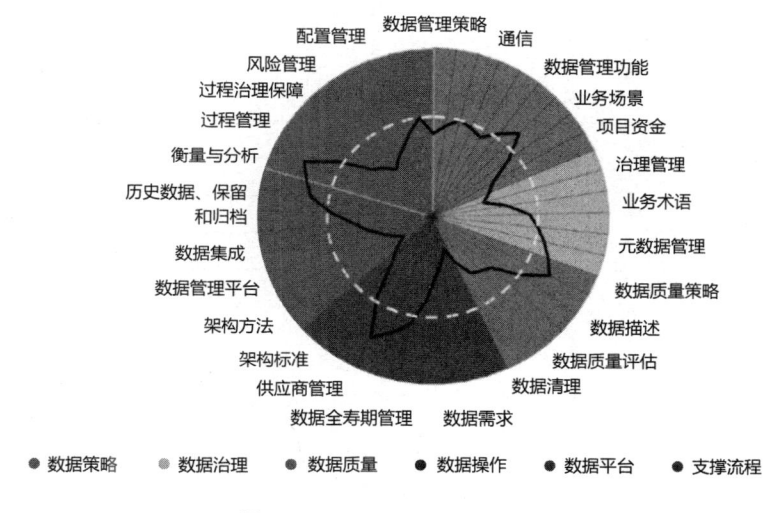

图 12-2-4　DMM 评估及评价结论

DMM 侧重于数据资产管理成熟度的评估，可以应用于整个组织、一个业务线条，或者一个多利益相关者的主要项目。

12.2.2　DCMM（数据管理能力成熟度评估模型）

1. 模型简介

DCMM（Data Management Capability Maturity Model，数据管理能力成熟度评估模型）是国家标准 GB/T36073—2018《数据管理能力成熟度评估模型》的英文简称。由中华人民共和国国家质量监督检验检疫总局和中国国家标准化管理委员会于 2018 年 3 月 15 日发布，于 2018 年 10 月 1 日起实施，是首个数据管理领域正式发布的一项国家标准，可以帮助企业利用先进的数据管理理念和方法，发现数据管理过程中存在的问题，建立和评估自身的数据管理能力，持续完善数据管理组织、程序和制度，充分发挥数据在促进企业向信息化、数字化、智能化发展等方面的价值。

2. 模型内容

DCMM 是涉及数据管理组织、应用能力的评估框架，是一个综合数据管理过程、活动及制度规范等多方面内容的模型，使组织可以清楚地定义数据当前所处的发展阶段和未来发展方向。DCMM 结合数据生命周期管理各个阶段的特征，对数据能力进行分析、总结，提炼出组织数据管理的 8 个能力域及 28 个能力项，共 445 个评估项。其中，8 个能力域具体为数据战略、数据治理、数据架构、数据标准、数据质量、数据安全、数据应用及数据生命周期；每个能力域包括若干个二级的数据管理能力项，共计 28 个，对每个数据管理能力域进行了过程域、建设目标、发展等级等方面的细分。具体介绍如表 12-2-3 所示。

表 12-2-3 DCMM 数据管理能力域

能 力 域	能 力 项
数据战略	数据战略规划
	数据战略实施
	数据战略评估
数据治理	数据治理组织
	数据制度建设
	数据治理沟通
数据架构	数据模型
	数据分布
	数据集成与共享
	元数据管理
数据应用	数据分析
	数据开放共享
	数据服务
数据安全	数据安全策略
	数据安全管理
	数据安全审计
数据质量	数据质量需求
	数据质量检查
	数据质量分析
	数据质量提升
数据标准	业务术语
	参考数据和主数据
	数据元
	指标数据

续表

能 力 域	能 力 项
数据生存周期	数据需求
	数据设计和开发
	数据运维
	数据退役

3. 数据管理能力成熟度等级设置

DCMM 将数据管理能力成熟度划分为 5 个等级，分别是初始级、受管理级、稳健级、量化管理级、优化级。不同等级代表企业数据管理和应用的不同成熟度水平，如图 12-2-5 所示。

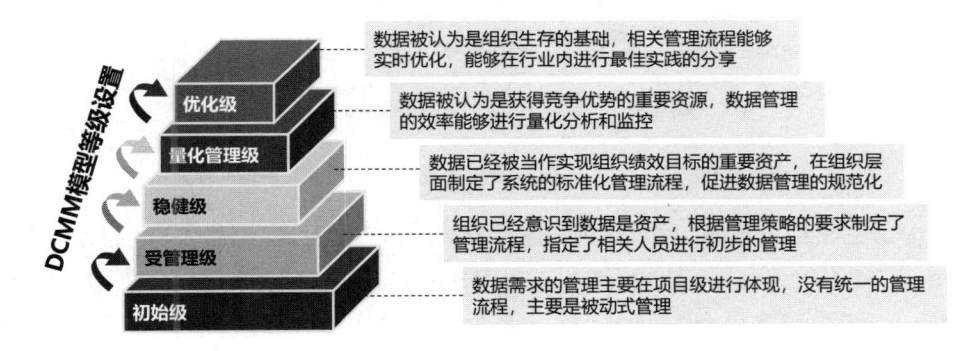

图 12-2-5　数据管理能力成熟度等级评估

DCMM 评估计算方法同样由 5 个步骤组成，如图 12-2-6 所示。

图 12-2-6　DCMM 评估计算方法步骤

DCMM 所用到的计算方式包括平均、加权平均，如表 12-2-4 所示。

表 12-2-4　DCMM 计算方式

得 分	445 项评估项得分	能力等级得分	能力项得分	能力域得分	总体得分
计算方式	符合度判断：完全满足（100%）、大部分满足（70%）、一般满足（50%）、不满足（0）	平均；所对应各条款要求符合度的平均值	加权平均；求和	平均；取其下各能力项得分的平均值	加权平均（雷达图）；求和

DCMM 评估及评价结论用雷达图表示，如图 12-2-7 所示。

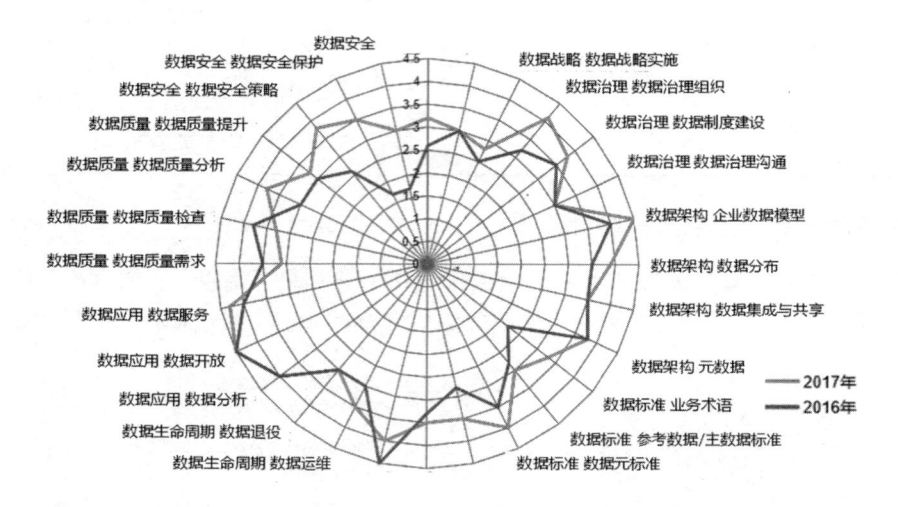

图 12-2-7　DCMM 模型评估及评价结论

DCMM 是企业数据管理能力建设的国家标准，可以作为企业数据管理能力建设的指导性工具。通过 DCMM 的评估，可以发现企业数据管理能力建设过程中存在的问题，有利于企业有针对性地改进数据管理和应用方面的不足，帮助企业实现数字化转型。

12.2.3　DSMM（数据安全能力成熟度模型）

1. 模型简介

DSMM（Data Security Capability Maturity Model，数据安全能力成熟度模型）是借鉴软件能力成熟度模型（CMM）的思想，根据国家标准 GB/T35274—2017《信息安全技术 大数据服务安全能力要求》中的数据安全相关内容，要求组织机构将数据按照其生命周期的不同阶段，进行数据安全能力成熟度的评估。国家市场监督管理总局和国家标准化管理委员会于 2019 年 8 月 30 日正式发布了《信息安全技术 数据安全能力成熟度模型》（GB/T 37988—2019），该标准旨在衡量一个组织的数据安全能力成熟度水平，定义了组织机构持续实现安全过程、满足安全要求的能力等级的评估方法，可以帮助、促进行业、企业和组织发现数据安全能力短板。相关安全的主管部门也可以用于数据安全管理。

数据安全能力水平的高低决定了企业拥有数据的类型和范围，从数据生命周期角度，结合各类数据业务发展体现数据安全保障工作，保障数据在组织机构之间安全地交换与共享，充分发挥数据价值，可有效提升全社会数据安全水平和行业竞争力，确保大数据产业及数字经济的发展。

2. 模型内容

DSMM 包括 4 个安全能力维度、5 个层级，以及数据安全过程维度对应的 30 个过程域。DSMM 是从组织建设、制度流程、技术工具、人员能力 4 个安全能力维度建设进行综合考量的；1~5 个层级，依次为非正式执行级、计划跟踪级、充分定义级、量化控制级、持续优化级；数据安全过程维度是从数据生命周期安全和通用安全两方面，包含 30 个过程域对数据安全进行的全方位的能力建设。

DSMM 的架构由 3 个维度构成，如图 12-2-8 所示。

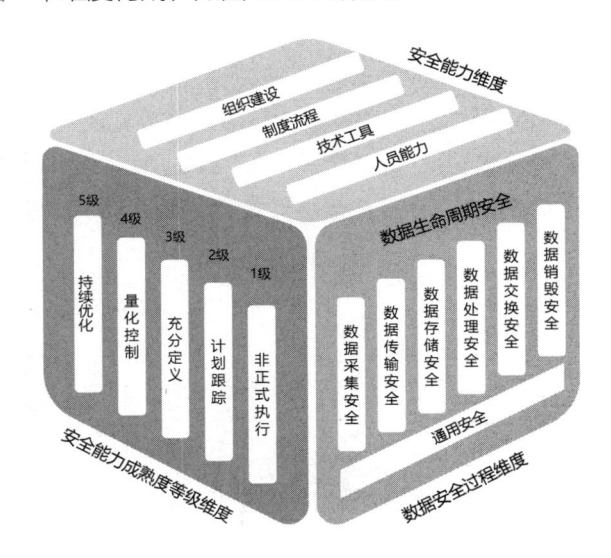

图 12-2-8　DSMM 三维架构图

（1）安全能力维度。

安全能力维度明确了组织机构在各数据安全领域应具备的能力，主要聚焦在 4 个关键能力，包括组织建设、制度流程、技术工具和人员能力，具体定义如下。

- 组织建设：数据安全组织机构的架构建立、职责分配和沟通协作。
- 制度流程：组织机构关键数据安全领域的制度规范和流程落地建设。
- 技术工具：通过技术手段和产品工具固化安全要求或自动化实现安全工作。
- 人员能力：执行数据安全工作的人员的意识及专业能力。

（2）安全能力成熟度等级维度。

安全能力成熟度等级是基于统一的分级标准，细化组织机构在各数据安全过程域的分级，定义为从高到低的 5 个级别，具体如下。

- 1 级是非正式执行级；
- 2 级是计划跟踪级；
- 3 级是充分定义级；
- 4 级是量化控制级；
- 5 级是持续优化级。

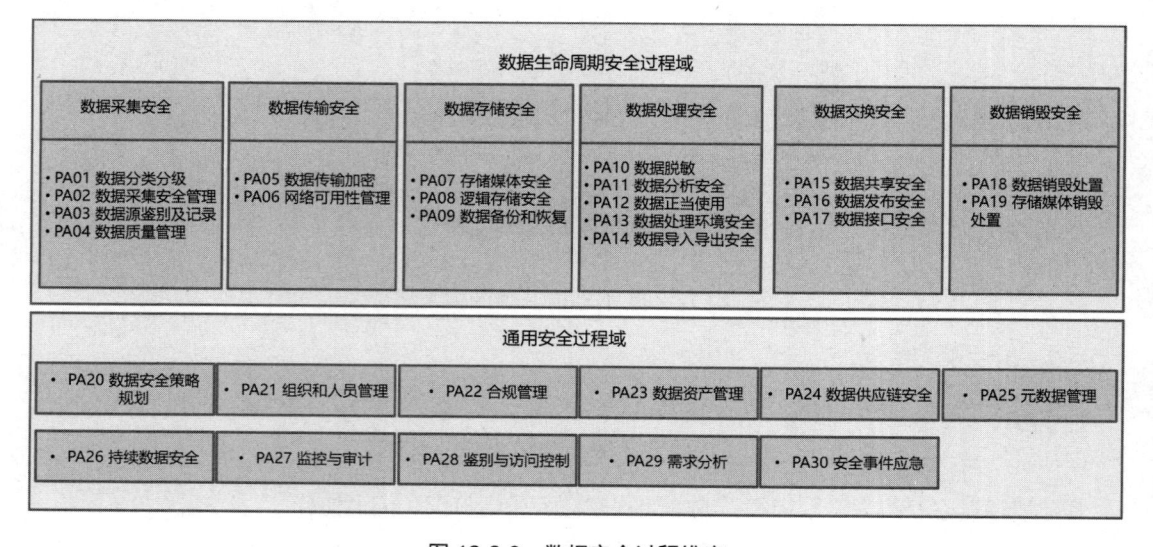

（3）数据安全过程维度。

数据安全过程维度包含数据生命周期安全过程和通用安全过程。其中，数据生命周期安全过程是以数据为中心，针对数据生命周期各阶段建立的相关数据安全过程域体系，包括数据采集安全、数据传输安全、数据存储安全、数据处理安全、数据交换安全、数据销毁安全 6 个阶段；通用安全过程则包含 11 个过程域，涉及数据安全策略规划、组织和人员管理、合规管理等内容，可独立于数据的生命周期外，也适用于任何数据生命周期。数据安全过程维度的具体内容如图 12-2-9 所示。

数据生命周期安全过程域					
数据采集安全	数据传输安全	数据存储安全	数据处理安全	数据交换安全	数据销毁安全
• PA01 数据分类分级 • PA02 数据采集安全管理 • PA03 数据源鉴别及记录 • PA04 数据质量管理	• PA05 数据传输加密 • PA06 网络可用性管理	• PA07 存储媒体安全 • PA08 逻辑存储安全 • PA09 数据备份和恢复	• PA10 数据脱敏 • PA11 数据分析安全 • PA12 数据正当使用 • PA13 数据处理环境安全 • PA14 数据导入导出安全	• PA15 数据共享安全 • PA16 数据发布安全 • PA17 数据接口安全	• PA18 数据销毁处置 • PA19 存储媒体销毁处置

通用安全过程域					
• PA20 数据安全策略规划	• PA21 组织和人员管理	• PA22 合规管理	• PA23 数据资产管理	• PA24 数据供应链安全	• PA25 元数据管理
• PA26 持续数据安全	• PA27 监控与审计	• PA28 鉴别与访问控制	• PA29 需求分析	• PA30 安全事件应急	

图 12-2-9 数据安全过程维度

数据生命周期安全过程域在不同的阶段，模型内容有所不同。

- 数据采集安全阶段：指在组织机构内部系统中新生成的数据，以及从外部收集数据的阶段。

在此阶段，需要明确采集数据的目的和用途，对数据元进行身份鉴别，做好质量管控，并依据法律法规和业务需求对数据进行分类分级。

- 数据传输安全阶段：指数据在组织机构内部从一个实体通过网络流动传输到另一个实体的阶段。在此阶段，根据数据传输要求，采用适当的加密措施和网络技术，保证传输通道、传输数据的安全，实现网络的高可用性，保证数据传输过程的稳定性。
- 数据存储安全阶段：指数据以任何数字格式进行物理存储或云存储的数据存储阶段。在此阶段，需要对数据存储媒体进行访问，对使用场景采取技术管控措施，防止因存储媒体的不当使用而引发数据泄露风险。同时，对数据逻辑存储、存储容器进行安全管理，执行定期的数据备份，以实现对存储数据的冗余管理。
- 数据处理安全阶段：指组织机构在内部针对数据进行计算、分析、可视化等操作的阶段。在此阶段，要依法、依规并结合实际需求，采用技术手段监测数据处理环境，防止重要数据在处理过程中泄漏，确保数据导入/导出过程中的可用性和完整性，同时对敏感数据采取脱敏处理及安全措施。
- 数据交换安全阶段：指数据由组织机构与外部组织机构及个人交互的阶段。在此阶段，需要执行共享数据的安全风险监督和控制，如对发布内容、范围、格式、发布者和使用者权利和义务执行的必要监督和控制。同时，要考虑建立组织对外数据接口的安全管控机制。
- 数据销毁安全阶段：指对数据及数据的存储介质通过相应的操作手段，使数据彻底消除且无法通过任何手段恢复的过程。在此阶段，不仅需要对数据及数据存储介质采取相应的操作手段，使数据彻底删除，无法恢复，而且需要针对易于因存储介质丢失、被窃或未授权访问而造成存储介质中数据泄露的安全风险进行相应的防止措施。

3. 数据安全能力成熟度等级设置

遵循 DSMM 三维架构，数据安全能力成熟度等级设置如表 12-2-5 所示。

表 12-2-5　数据安全能力成熟度等级

数据安全能力成熟度等级	共性特征	说　明
等级 1：非正式执行	等级 1：组织在数据安全过程中可被标识，但不能有效地执行相关工作，仅在部分业务执行过程中根据临时的需求执行，即相关的基本实践在需要时才被执行，未能形成成熟稳定的机制保证相关工作的持续有效进行。并且，该执行相关工作主要是基于个人的知识水平和经验的判定，未能达到相应计划和跟踪能力，其质量的波动性大，所以，基本实践执行的过程被称为"非正式过程"	随机、无序、被动地执行安全过程，依赖于个人经验，无法复制

续表

数据安全能力成熟度等级	共性特征	说　明
等级2：计划跟踪	等级2：组织在数据安全过程域管理中，能够满足标准规范的规定，是相关基本实践的执行，有计划和跟踪，并可对实践情况进行过程验证。其与等级1"非正式执行"的主要区别在于其基本实践执行过程被规范地计划和管理。具体过程域和基本实践的执行包含如下。 （1）规划执行：对安全过程域和基本实践的执行进行规划，涉及过程文档的编制、过程工具的提供、过程实践的计划、规划执行的培训、过程资源的分配及过程执行的责任指派。 （2）规范执行：对安全过程域和基本实践的执行进行规范化管理和控制，并使用过程执行计划、执行基于标准和程序的过程，对数据安全过程实施配置管理等。 （3）验证执行：确认过程域和基本实践的执行在验证过程中是否按预定计划执行，涉及执行过程域计划的一致性验证； （4）跟踪执行：控制数据安全过程执行的进展，通过可测量的计划跟踪过程的执行，当过程中实践与计划产生重大偏离时采取修正行动。	在业务系统级别主动地实现了安全过程的计划与执行，但没有形成体系化
等级3：充分定义	等级3：组织将根据已批准的过程、标准的剪裁版本和文档化过程执行基本实践，故称为充分定义的过程。与等级2"计划跟踪"的主要区别在于，使用组织的标准过程来策划和管理数据安全。具体过程域和基本实践的执行包含如下。 （1）定义标准过程：组织对标准过程进行制度化，为组织定义标准化的过程文档，为满足特定用途对标准过程进行裁剪。 （2）执行已定义的过程：充分定义的过程是可重复执行的，并使用过程执行的结果数据，对有缺陷的过程结果和安全实践进行核查。 （3）协调安全实践：确定业务系统内、各业务系统之间、组织外部活动的协调机制	在组织级别实现了安全过程的规范执行
等级4：量化控制	等级4：组织通过对基本实践执行情况的收集、分析和测量，获得过程执行能力和预测能力的量化表示，涉及数据安全管理和质量控制过程。与等级3"充分定义"的主要区别在于执行过程的量化表示和控制。具体过程域和基本实践的执行包含如下。 （1）建立可测量的安全目标：为组织的数据安全建立可测量目标。 （2）客观地管理执行：确定过程能力的量化测量，使用量化测量管理安全过程，并以量化测量作为修正行动的基础	建立了量化目标，安全过程可度量

续表

数据安全能力成熟度等级	共性特征	说　明
等级5：持续优化	等级5：组织的数据安全管理过程域是可持续的，包括通过执行定义过程、组织定期评估、运用新模式/技术等进行持续性的改进，在业务目标基础上定制出量化的有效性和效率指标，等等。与等级4"量化控制"的主要区别在于对已定义的标准过程变化效果进行量化表示，并进行连续调整和改进。具体过程域和基本实践的执行包含如下。 （1）改进组织能力：在整个组织范围内对规程的使用进行比较，寻找改进规程的机会，并进行改进。 （2）改进过程有效性：制定处于持续改进状态下的规程，对规程的缺陷进行消除，并对规程进行持续改进	根据组织的整体目标，不断改进和优化安全过程

4. 评估判定方法

数据安全能力成熟度等级评估判定方法，主要取决于数据安全过程域中的基本实践对目标等级的满足情况。采用的是评分制，包括对每个过程域（PA）的4个能力维度进行基本实践（BP）的判断打分，再通过计算平均分、修正分值的方式得到最终的综合等级判定分值，即计算总体得分。DSMM评估判定评分制步骤如图12-2-10所示。

图 12-2-10　DSMM 评估判定评分制步骤

DSMM过程域评估判定计算流程步骤如图12-2-11所示。

可以得出过程域评估表设计的内容，具体如下。

（1）基于组织业务场景和数据安全风险，可对数据全生命周期的各阶段安全，如对PA01~P23进行适用性判断；

（2）基于数据安全行业专家经验和组织机构对相应的过程域数据安全风险的接受程度，进行等级结果的修订，涉及修订因子在0.5~1.5区间，且修正后向下取整；

（3）组织综合数据安全等级判定，可以采用"木桶原理"，各过程域评级最低级别为最终级别。

具体评估说明总结如表 12-2-6 所示。

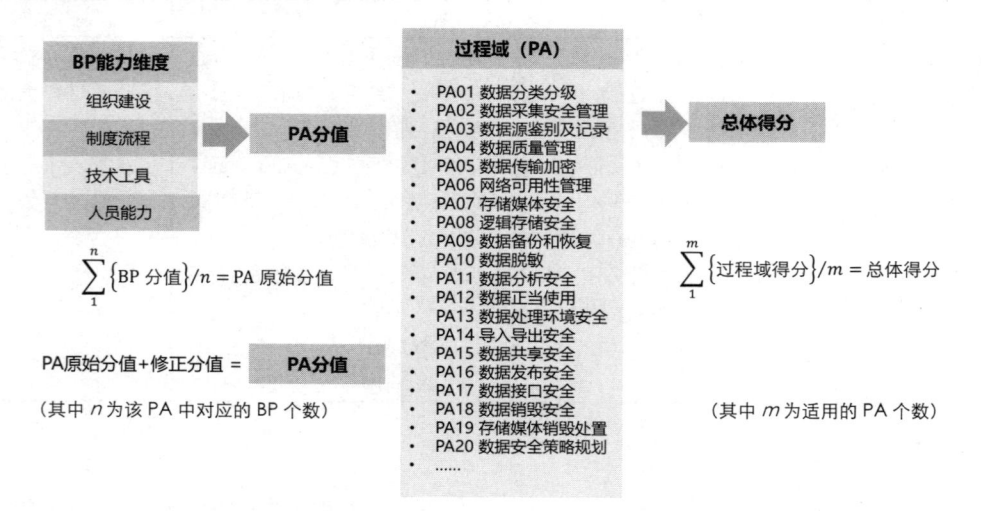

BP能力维度
- 组织建设
- 制度流程
- 技术工具
- 人员能力

→ **PA分值**

过程域（PA）
- PA01 数据分类分级
- PA02 数据采集安全管理
- PA03 数据源鉴别及记录
- PA04 数据质量管理
- PA05 数据传输加密
- PA06 网络可用性管理
- PA07 存储媒体安全
- PA08 逻辑存储安全
- PA09 数据备份和恢复
- PA10 数据脱敏
- PA11 数据分析安全
- PA12 数据正当使用
- PA13 数据处理环境安全
- PA14 导入导出安全
- PA15 数据共享安全
- PA16 数据发布安全
- PA17 数据接口安全
- PA18 数据销毁安全
- PA19 存储媒体销毁处置
- PA20 数据安全策略规划
- ……

→ **总体得分**

$$\sum_{1}^{n}\{BP 分值\}/n = PA 原始分值$$

PA原始分值 + 修正分值 = **PA分值**

（其中 n 为该 PA 中对应的 BP 个数）

$$\sum_{1}^{m}\{过程域得分\}/m = 总体得分$$

（其中 m 为适用的 PA 个数）

图 12-2-11　DSMM 过程域评估判定计算流程

表 12-2-6　综合等级判定说明

得　　分	BP 判断	PA 等级	过程域等级	总体得分
计算方式	是/否判断	1～5	修正因子	木桶原理，最多原则，加权平均

注：通过联系中国电子技术标准化研究院官方获知，评估计算逻辑等信息目前无法提供。在以往 DSMM 评估师培训中，曾涉及 DSMM 评估计算逻辑，现已停办。未来也许将评估方法公布。

在综合等级判定中，并没有对评级方法做具体的限定，仅是相应的综合判定参考方法，如表 12-2-7 所示。

表 12-2-7　综合判定参考方法

过程域	是否适用，如果不适用，给出说明	评估小结	评估等级	修正因子	修正后等级
PA(X)	是/否	—	1～5	0.5～1.5	1～5
……	……	……	……	……	……
综合等级评定					1～5

注：（1）基于组织机构业务场景和数据安全风险，可以对数据生命周期各阶段安全（PA01~PA19）进行适用性判断。

（2）基于数据安全行业专家经验和组织机构对某一过程域数据安全风险的接受程度，可以对等级结果进行修订，修订因子在 0.5～1.5 区间，修正后向下取整。

（3）组织机构综合数据安全等级判定，可以采用"木桶原理""最多原则""加权平均"等方式。

（4）在评估通用安全的过程域等级时，可以不评估在数据生命周期已覆盖的能力维度，如密钥管理、权限管理相关等。

第 13 章

数据标准成熟度评价

根据数据标准管理能力成熟度评价模型，数据标准成熟度评价聚焦在标准化保障机制、标准建设、标准化支撑工具及应用成效等维度，覆盖数据标准的建标、贯标及核标等工作。

- 标准化保障机制评价：涉及数据标准组织、标准制度、认责与绩效、人才培养及数据文化建设等评价。其中，数据标准组织及制度是标准化保障的基础。
- 标准建设评价：包含数据标准制定、数据标准发布及数据标准应用的评价。其中，标准覆盖应用类标准、架构类标准、对象类数据标准及基础数据类标准。
- 应用成交评价：数据标准应用状况、存量系统数据标准应用。
- 标准化支撑工具评价：主要指相对应的数据标准化管理工具，如数据模型、数据目录、数据标准、主数据、数据指标、元数据、数据交换、数据服务等。

具体如表 13-0-1 所示。

表 13-0-1　数据标准成熟度评价表

一级分类	二级分类	具体内容
标准化保障机制评价	数据标准组织	数据标准组织设置
		数据标准组织认责
		数据标准组织沟通
	数据标准制度	数据标准制度框架
		数据标准制度制定过程
		数据标准制度内容
		数据标准制度宣贯
		数据标准制度执行
标准建设评价	数据标准制定	

续表

标准建设评价	数据标准发布	
	数据标准应用	
应用成效评价	数据标准应用状况	
	存量系统数据标准应用	
标准化支撑工具评价	数据模型、数据标准、数据目录、主数据、数据指标、元数据、数据交换、数据服务等	

13.1 评价对象及内容

13.1.1 标准化保障机制评价

这里主要针对保障基础，即数据标准组织及标准制度的评价，覆盖数据标准化工作机构及机制设置。对数据标准组织和标准制度两个方面的评价，包含对数据标准的组织形态、应具备的能力及管理制度、流程、评价考核机制等方面的评价。

1. 数据标准组织

数据标准组织包括数据标准组织设置、数据标准管理认责、数据标准组织沟通 3 个评价指标，如表 13-1-1 所示。数据标准组织设置考察数据标准组织架构、岗位设置的完备性，要求设置数据标准组织，明确职责分工、岗位职责、任职要求等。数据标准组织认责考察数据标准管理责任认定情况，要求明确责任主体及责任要求。数据标准组织沟通考察数据标准沟通计划的执行情况，要求各单位定期对制度、标准等进行宣传、贯彻和培训，建立问题协商机制和数据文化。

表 13-1-1 数据标准组织

一级分类	二级分类	具体内容
数据标准组织	数据标准组织设置	1. 明确数据管理组织架构，设置专人制定数据相关标准； 2. 在单个部门或数据职能领域内指定具体人员承担数据标准相关职责； 3. 在组织范围内建立完善的数据治理组织架构，明确多层次数据标准管理组织架构； 4. 在组织范围内，针对数据标准管理组织制定了量化考核工作指标并进行定期考核； 5. 在行业内获国家范围内打造数据标准管理组织最佳实践
	数据标准管理认责	1. 设定专职人员； 2. 明确相应的分工； 3. 不同的分工其责任要求不同； 4. 设定不同时期进行相应的认责考核

续表

一级分类	二级分类	具体内容
	数据标准组织沟通	1. 按需不定期开展数据标准培训； 2. 有人员培训计划，但未制度化； 3. 培训工作常态化、制度化； 4. 建立评价标准和奖惩制度； 5. 形成最佳实践

2. 数据标准制度

数据标准制度包括数据标准制度框架、数据标准制度内容、数据标准制度宣传、贯彻 3 个评价指标，如表 13-1-2 所示。数据标准制度规范评价有以下作用。

- 主要考察数据标准制度体系框架建立的完备性，如应建立完善的数据制度体系（包括数据标准管理规范、细则）；
- 主要评价数据标准制度内容的制定过程，如应包括数据标准制定、发布、推广和修订等；
- 主要检查数据标准制度的培训情况等，如应对数据标准制度进行面向不同群体的多层次、多形式的宣贯和培训。

表 13-1-2　数据标准制度

一级分类	二级分类	具体内容
数据标准制度	数据标准制度框架	1. 在项目管理相关规范中体现部分数据标准的内容； 2. 在部分部门建立数据标准相关管理制度； 3. 在组织范围内建立全面的数据标准管理制度体系，并以文件形式发布； 4. 数据标准管理制度的制定参考行业最佳实践； 5. 打造最佳实践
	数据标准制度内容	1. 数据标准管理制度的落实和执行由各项目人员自行决定； 2. 明确相关管理角色，开展制度实施情况的跟踪和修订； 3. 统一数据标准制度管理的流程，符合规范、监管要求，能根据实施情况持续修订数据标准管理制度； 4. 量化评估数据标准管理制度执行情况，优化数据制度管理； 5. 形成最佳实践
	数据标准制度宣贯	1. 未开展数据标准相关宣贯和培训； 2. 有人员培训计划，但未制度化； 3. 培训工作常态化、制度化，建立评价标准和奖惩制度； 4. 复合型的数据治理队伍，以及适用于数据治理岗位的量化绩效评价体系； 5. 形成最佳实践

13.1.2 标准建设评价

数据标准建设评价主要针对标准建设的整体工作方法、实施策略和计划、数据标准建设内容的全面性和适用性、业务部门的参与情况和标准的定期维护情况等方面进行评价。数据标准建设评价具体包含数据标准制定、数据标准发布及数据标准执行，具体如表 13-1-3 所示。

表 13-1-3　数据标准建设评价具体内容

一级分类	二级分类	具体内容
数据标准建设评价	数据标准制定	1. 仅在项目层面，统一数据字典及相关术语； 2. 采用通用业务术语定义； 3. 建立组织级数据规范和数据管控手段，为所有数据元定义结构和格式标准； 4. 通过量化分析识别出主参考数据集和重点可信数据源； 5. 建立分类化的数据标准体系，形成最佳实践
	数据标准发布	1. 在项目层面统一术语定义，但未进行正式发布； 2. 建立并发布满足本业务部门需求的指标和数据标准； 3. 建立并发布统一的企业级数据标准库； 4. 量化分析数据标准有效性，持续更新优化并定期发布； 5. 主导行业或国家标准的制定，并正式发布； 6. 量化分析数据标准有效性，持续更新优化并定期发布
	数据标准执行	1. 执行标准状况，包含采用单位执行状况、系统应用标准状况、技术人员掌握标准状况； 2. 标准覆盖状况，包含应用类标准、架构类标准、对象类数据标准、基础类标准等

13.1.3 技术规范评价

技术规范评价主要针对作业类技术规范进行评价，以有或没有规范为评价指标。作业类技术规范主要有如下几类。

- 数据采集规范；
- ETL 作业规范；
- 数据建模规范；
- 元数据规范；
- 运营管理规范；
- 资源申请规范；
- 数据安全规范；

- 数据分类规范；
- 主数据规范；
- 数据服务规范；
- 数据共享规范；
- 源数据服务规范。

13.1.4 数据安全评价

应用数据安全能力成熟度模型，可以实现数据安全治理在组织架构、制度流程、技术工具及人员能力 4 个维度进行评价分析。具体评价等级参见数据安全能力成熟度等级。

在本评价中，也要侧重考虑内部治理及执行层面。

- 在治理层面，需要评价数据安全组织管理机构与机制的建立，将企业统筹制定相关数据安全决策、个人信息保护和数据安全管理工作与企业治理、企业文化和整体发展战略相融合；
- 在执行层面，同样需要评价执行层面的数据安全风险专项执行小组，实施数据安全、个人信息保护计划和安全事件应急预案，开展数据安全、个人信息风险监测，以及时处置相应的安全风险和事件。

13.1.5 标准化支撑工具评价

数据标准是为了规范在系统建设时对业务的统一理解，增强业务部门、技术部门对数据定义与使用的一致性。标准化支撑工具的应用，将直接影响数据标准建设的规范性及科学性。由于数据标准建设涉及数据资产的分类、编码、名称、定义、格式和数据模型标准，适用于各类数据在信息系统中的数据处理、数据共享和数据交换。因此，对数据标准管理工具的评价，将从检查数据标准工具对标准建设、标准应用和日常管理等方面的支撑情况进行评价，如表 13-1-4 所示。

表 13-1-4 标准化支撑工具具体内容

一级分类	二级分类	具体内容
标准化支撑工具	常用工具	主要覆盖数据模型、数据标准、数据目录、主数据、数据指标、元数据、数据标签、数据共享与服务等
	数据模型工具功能	数据模型设计、模型差异稽核、数据模型变更管控
	数据资产目录工具功能	目录分类管理、目录编制、目录管理、分类关联管理、目录查询、目录视图

续表

一级分类	二级分类	具体内容
	标准管理工具功能	包括标准分类管理、标准增/删/改/查、标准导入/导出、标准评审、标准发布、标准版本管理、标准落地映射、标准落地评价、标准监控等功能
	主数据管理工具功能	主数据提取整合管理、主数据查询管理、主数据模型管理、主数据质量管理、主数据全生命周期管理、主数据分发与共享、智能搜索、智能推荐、智能匹配与拆分、智能纠错、智能查重、智能清洗等
	元数据管理工具功能	元数据采集、元数据构建、元数据注册和验证、元数据管理、元数据应用、元数据分析、系统管理等
	数据指标管理工具功能	指标定义管理、指标模型管理、指标管理、维度管理和指标质量管理等
	数据标签管理工具功能	站内动态投放、站外投放广告、推送；个性化搜索/推荐/相关商品推荐
	数据共享与服务工具功能	数据资源配置器、API 管理网关、数据开放门户等
	工具应用成效	以数据质量和安全的评估、检核、整改及改进为主线，评价数据标准工具使用成效

13.1.6 应用成效评价

应用成效评价是对数据标准化应用落地与实施状况等进行评价，涉及实施策略制定、工作方法确定、业务主题域和数据资源梳理、数据标准制定、数据管控平台搭建、管理流程执行、管理制度落实及评价考核等内容，通常包含建立标准、贯彻标准及考核标准 3 个阶段，具体介绍如表 13-1-5 所示。

表 13-1-5 应用成效评价具体内容

一级分类	二级分类	具体内容
建立标准	实施策略制定	1. 明确数据资源的业务责任部门； 2. 按照职能域管理闭环及业务域价值链，梳理业务流程； 3. 根据业务流程及应用系统架构梳理各业务主题域信息对象； 4. 根据业务主题域信息项梳理数据资源，包含指标数据、交易数据及主数据
	工作方法确定	1. 明确数据管理组织； 2. 建立数据管理工作机制
	业务主题域和数据资源梳理	1. 依据业务需求及标准化难易程度明确各主题域的实施优先级； 2. 根据企业已有应用系统边界明确各主题域的实施主责方
	数据标准制定	1. 采用相应数据标准体系：对于基础类数据，建议应用行业参考模型实体标准和公共代码标准；对于实体数据，建议应用数据标准编码命名规则；对于公共代码的标准化，建议应用外部公共标准机构标准体系等； 2. 制定架构类数据标准； 3. 制定对象类数据标准；

续表

一级分类	二级分类	具体内容
贯彻标准	数据管控平台搭建	4. 制定基础类数据标准； 5. 制定作业类技术规范； 6. 架构类、对象类、基础类、作业类技术规范管理流程及制度 数据模型、数据标准、数据目录、主数据、数据指标、元数据、数据标签、数据共享与服务等工具建设情况
	管理流程执行	架构类数据标准、对象类数据标准、基础类数据标准、作业类技术规范相关标准及制度的执行、落实情况
	管理制度落实	
考核核准	评价考核	1. 执行数据质量管理流程和制度； 2. 依据数据质量监控结果对数据标准执行情况进行考核评价

13.2 执行成熟度等级评估

根据 DMM（数据管理成熟度模型）、DCMM（数据管理能力成熟度评估模型）及 DSMM（数据安全能力成熟度模型）进行数据标准化建设评估，并给出相应的能力级别评价。不同级别均有各自不同的特征及特性，能够有效地反映企业数据标准化建设的执行工作的水平。

第 14 章 数据标准化成熟度评价流程

为确保数据标准体系建设能力成熟度评价结果的科学性、严谨性、高效性、实用性及可追溯性，将根据评价准备、评价实施及评价总结三大流程进行，具体介绍如下。

14.1 评价准备

14.1.1 组建评价或评估工作组

根据数据标准体系、企业实际状况及评价工作需要，组建数据标准量化工作机构，如评价或评估工作组。评价工作组由一名评价组长和若干名评价组员组成。评价工作组成员应对数据标准评价指标体系有较深入的理解。同时，评价工作组成员应对评价工作的目标、内容、要求有一致的认识，包括管理制度流程、评价管理工作保障机制、考核体系及数据管理能力成熟度评估等，确保评价工作的高质量开展。

14.1.2 明确评价范围

评价工作组根据评价需求明确评价范围，主要是业务范围和组织范围。

业务范围是根据企业主营业务情况，由优选的业务部门或业务区域来代表企业典型的数据管理能力而确定出来的范围。

组织范围是根据业务范围匹配企业组织结构单元，明确数据管理组织、业务部门、IT 部门及数据支撑团队等参与评价的组织单元。

14.1.3 制订评价工作计划

评价工作组负责编制评价工作计划，包括评价目的、评价范围、评价成果、评价时间、评价人员及相关要求等内容。对于多次评价的情况，应将对前期评价结果的改进情况核验列入本次评价计划。

制订评价工作计划是定义、准备和协调数据标准管理能力成熟度评价工作任务，并整合形成一份综合项目管理计划的过程。

通过资料解读，可以获得企业基本数据标准管理情况的初步导入；通过确定实施范围，可以获得企业开展本次评价工作的业务范围、组织范围及数据管理能力范围。

14.1.4 预估评价工作执行的潜在风险

在开展评价执行工作之前，要对潜在的风险进行识别与预估。常见的潜在风险及应对措施如表 14-1-1 所示。

表 14-1-1 常见的潜在风险及应对措施

潜在风险	应对措施
缺乏组织认同	将与评价有关的内容业务化、社会化 在进行评价之前，明确收益共同体声明 分享大环境趋势、国家政策要求及成功案例 请高层领导作为评价组织机构的直接领导，并负责审查评价工作结果
缺乏数据标准专业知识	聘请业界专业机构或专业专家 将知识转移和培训作为评价工作流程的一部分
缺乏"认同"意识	将数据标准业务化、场景化 避免"数据标准技术化"或"高大上"化 选择积极的单位构建数据标准建设"试点"，并将试点经验及价值量化
沟通不够充分	提前发放调研问卷，并给予"前期培训" 提前制订沟通计划或工作标准 根据实际状况增加评价工作流程的灵活性

14.2 评价实施

14.2.1 召开评价启动会

评价工作组组织召开评价启动会，介绍评价目的、评价范围、评价资料目录准备情况，并明确其他需要提前沟通的事项，强调评价工作纪律要求，确保相关人员知晓和理解上述内容。

评价启动会一般围绕以下内容组织进行。

- 表达企业领导对评价的支持和决心，起到鼓舞士气的作用；
- 在项目涉及的部门及人员范围内，宣讲项目的目标、范围、实施策略、实施计划；宣布评价组织及职责，以及沟通配合的要求；
- 明确评价工作计划、里程碑节点；
- 强调评价工作的重要性，强调资源保障及部门协同；
- 宣布评价相关奖惩、考核和规则。

14.2.2 确定评价实施方法

评价实施方法是保障数据标准量化评价科学、精准的基础。评价实施方法将围绕数据管理的全生命周期各阶段，包含选择评价能力成熟度模型、制订数据管理计划、数据采集、数据描述与归档、数据处理与分析、数据存储及数据的再利用。这与软件开发过程具有相似性，被称为数据标准化体系量化能力成熟度模型，它针对数据标准应用情况和数据管理能力进行评估与评价，提升数据标准管理能力，促进企业向信息化、数字化、智能化发展。

14.2.3 开展评价调研

评价调研包括资料审查和评价、访谈调研等收集信息工作，以及对系统平台及工具的核验等。

1. 资料审查和评价

在评价工作实施过程中，评价工作组检查被评价方准备的评价资料，提出资料补充需求。对被评价方提供的评价资料进行审查分析，对其中存在的问题进行沟通确认，力求真实、客观地了解被评价方的真实情况。

2. 访谈调研

评价工作组就重点管理工作、关键评价事项及存在疑问的情况，与相关人员进行访谈，深入了解数据管理现状及相关诉求。考虑到人员访谈的范围、效率等实际情况，可采用线上方式开展人员访谈。

3. 系统平台及工具的核验

评价工作组对承载数据管理相关活动的系统/平台/工具进行现场核验，被评价方需要配合进行演示复现，包括但不限于如下内容：

- 源业务系统、企业平台及其组件；
- 数据模型、数据标准、数据目录、主数据、数据指标、元数据、数据标签、数据共享与服务等工具；
- 数据安全管理平台等。

4. 归纳评价关键事项

评价工作组应逐一对照数据标准评价指标，将采集的评价资料与评价指标要求进行比对，提炼对指标评价结果产生关键影响的事项，形成评价关键事项。评价关键事项应包括具有证据支持的事项和实践内容。评价工作组应对评价关键事项达成一致意见，必要时进行组内评审和复检。

14.3 评价总结

评价总结工作包括以下内容。

1. 编制评价报告

评价工作组针对如上评价实施工作，包括评价调研资料、评价检查表汇总生成的数据标准建设能力成熟度评价等级或综合等级分数，进行评价报告的编制，并对该评价报告内容进行反复核验。评价报告除总体结论和提升建议外，还应详细说明各能力项的当前状况、存在的问题、不足等。若评价工作组与被评价方对部分结论存在分歧，则应在评价报告中进行说明。评价报告应包括但不限于如下内容：

- 评价的驱动因素，包括大环境分析、国家政策要求、企业战略发展及业务驱动等；
- 评价的总体结论；
- 评价的目标、方法和指标；
- 评价的差距分析；
- 涉及的组织、单位的优势；
- 弥补差距的提升、优化建议；

- 评价过程中碰到的风险、资源及未来的发展前景。

2. 召开评价总结会议

评价工作组召开评价总结会议,应邀请被评价方分管领导及相关责任人参会。评价工作组就评价报告主体内容、结果进行阐述,包括评价驱动力、评价目标、评价方法、评价过程、发现问题、明确提升、改进和优化的建议及下一步行动计划等,并与被评价方交换意见,达成共识。

3. 制定针对性改进建议方案

除了数据标准化体系的量化评价报告中涉及的改进建议,基于评价总结报告、结合企业数据标准建设的实际状况,还应进一步制定有针对性的改进建议方案,让评价内容及实施过程更加丰富、翔实及落地,能够支撑企业未来多年的数据标准建设工作系列活动、实施改进工作时间计划表、预期改进衡量指标及成效等,并能定期进行组织汇报检查,形成企业数据标准建设最佳实践、能力成熟度级别提升标准及企业治理、创新发展的抓手。

本篇小结

数据标准管理能力成熟度评价模型既是一套能力成熟度评价模型，也为企业数据标准管理勾勒出一幅蓝图，明确了企业数据标准建设实现的路径。企业可以以数据标准体系量化评价为切入点，通过开展相应的评价工作，准确识别企业数据标准建设的现状、存在的主要问题，并以此为契机，参照数据标准能力成熟度模型不同的能力等级，指明企业未来数据标准管理能力发展路径，有针对性地开展数据标准管理能力的提升工作，为企业治理、业务协同及高质量发展奠定基础。

第 5 篇　数据标准化案例

数据标准化是数据治理体系中重要的组成部分，也是诸多央企和工业领域的头部企业开展数字化转型首先会面临的问题。

虽然已开展数据标准化的企业的基础、需求和目标不一，采用的模式和取得的效果也各不相同，但总体来讲，它们都摸索出来很多有益的经验和可行的方法。它们的案例也很好地印证了本书提出的框架体系和工作流程的科学性与实用性。

本篇汇集了 9 个不同行业央企或龙头企业开展数据标准化的案例，在这里借以为正在或即将开展数据标准化的企业提供参考和借鉴。

第 15 章

油气行业：中国石油基于连环数据湖的勘探开发数据治理体系建设实践

15.1 案例背景

15.1.1 建设背景

中国石油天然气股份有限公司（以下简称"中国石油"）是中国油气行业占主导地位的油气生产商和销售商，是世界 500 强能源企业。2021 年，其油气产量超 2.1 亿吨，占全国总产量的 59.5%，肩负"保障国家能源安全"的重任。

中国石油是最早应用计算机技术的大型国有企业之一。计算机技术的发展和进步引领了石油上游地震数据处理、油田开发规划、油藏数值模拟等业务的发展，推动了数据库建设与应用技术的不断发展和进步，有效地支撑了中国石油上游勘探开发业务的快速发展。

勘探开发是中国石油的核心业务，自"十一五"以来，中国石油以统建系统为核心，建成了从作业区、采油气厂到油田公司、股份公司的全业务链信息支撑体系，在增储上产、提高效率、优化用工、转变生产组织模式等方面取得显著成效。

但要全面推进数字化转型、智能化发展，数据库多、平台多、孤立应用多的"三多"问题日益突出，部分油田统建、自建系统多达上百个，接口有上千个，数据无法共享，业务难以协同；随着勘探开发的不断深入，新区勘探面临"低渗透、超深层、非常规"等问题，老区开发进入特高含水后期，效益开发难度大等困难，急需信息化与业务深度融合，以数字化技术推动集团公司"增储上产、提质增效、高质量发展"。

为践行集团公司"共享中国石油"战略部署，中国石油在"十二五"末提出以"两统一、一通用"为核心的上游业务信息化总体蓝图，设立重大研发专项，组建了勘探与生产板块、昆仑数智和油气田公司的多专业联合团队，打造勘探开发梦想云平台，支撑上游全业务链数据互联、技术互通、业务协同与智能化发展。

历时七年、四次迭代，目前，梦想云平台已成为全球油气行业规模最大、业务覆盖最全的分布式工业互联网平台之一。其中，统一连环数据湖架构、两级数据治理体系是梦想云平台的核心建设成果，也是梦想云平台的基础支撑。

15.1.2　存在的问题

中国石油自开展大规模信息化建设以来，组织开展了勘探与生产技术数据管理、油气水井生产数据管理、采油工程和地面工程管理、工程技术生产运行管理，以及油气生产物联网、钻完井物联网等统建信息化系统的建设，同时各油气田公司围绕各自的业务需求也建设了一大批系统。

但是由于建设时期不同，针对的业务领域有所差异，所采用的数据标准各异，随着集成应用和协同共享需求的日益迫切，这些分散建设的数据库系统已经不能满足上游业务"有质量、有效益发展"的需要，存在以下数据痛点：

（1）虽然各数据库所面向的业务实体对象相同，但是由于主数据管理的不一致，很难实现跨系统的数据集成。

（2）数据结构标准不统一，各系统数据之间的交换与共享存在障碍，存在大量重复录入的情况。

（3）系统间的逻辑不清晰，数据管理的流程往往与业务管理的流程脱节，数据质量得不到保障。

（4）油气田和研究单位都存在海量数据，包括勘探开发大块数据体，数据集中存储效率低，异地调用速度慢。

（5）大数据分析和人工智能技术的进步对数据提出了更高的要求，但目前的数据状态不能满足企业日益发展的应用需要。

为了解决这些痛点问题，通过深入了解业界的发展态势，在梦想云平台建设过程中，中国石油上游板块探索性提出勘探开发数据湖解决方案，并建设了勘探开发数据主湖。随后，根据油气田业务需要和实际情况，其最终确定了建设主湖和油气田区域湖，并提出数据共享和分级治理的"连环数据湖"方案。

15.2 建设方案

15.2.1 建设方案演进历程

1. 数据标准演进

在用计算机系统模拟或表述现实世界的过程中，需要按照一定的规则对现实世界中客观对象的静态特征、动态特征、完整性约束条件进行抽象和数字化、符号化表述，这个过程就是数据建模的过程。对客观对象本身特征及相互之间联系的表述即为数据模型。通常，数据模型包括概念模型、逻辑模型和物理模型。

在企业信息化建设过程中，统一业务标准的基础就是要统一数据模型标准。在石油上游业务领域中，有多个国际性的标准化组织，如 SLC（Standards Leadership Council）、Energistics/POSC、PPDM、SEG、SPE、API 等，致力于石油上游业务相关标准的统一。全球几乎所有的大型石油公司及油服公司除拥有自己的企业标准外，还通过加入或资助国际性的标准化组织，参与行业数据标准的研究与制定，共享其研究成果。统一数据标准的最大好处在于，提高企业内部及企业之间的信息与数据交换效率，减少企业业务运营与研发成本，提高企业在全球化背景下的核心竞争力。

中国石油作为大型国际化能源公司，在上游信息化建设过程中，高度重视信息与数据的标准化工作，一直致力于对标准的持续改进与提升。中国石油在 1997 年推出了《勘探开发数据库结构》；2000 年，在对 SY/T6184—1996《油田开发数据库文件格式》修订的基础上，发布了 SY/T6184—2000《油田开发数据库表结构》；2002 年，推出了《PCDM（2002）中国石油勘探开发数据字典》；基于 2010 年下发的《石油勘探开发数据模型（EPDM）1.0 版本》，2012 年发布了《Q/SY 1547.1/2/3—2012 油气勘探开发数据结构》企业标准；2012 年，根据油田业务需求，扩展并发布了《石油勘探开发数据模型（EPDM）1.5 版本》，并在部分油田得到应用。

在"十二五"信息化规划以集成建设为重点的总体要求下，中国石油勘探与生产分公司提出了"面向油气勘探管理业务、面向工程技术综合分析、面向地质综合研究应用、面向专业综合管理和决策支持"的系统建设原则，和"实现勘探与开发一体化、实现工程与地质一体化、实现科研与生产管理一体化、实现动态与静态一体化"的系统建设目标。以"四个面向"和"四个实现"为指导，勘探与生产分公司协同工程技术分公司，组织开展了勘探开发专项业务的全面梳理工作，并按照专业化、规范化、标准化的工作模式，持续开展石油勘探开发一体化数据模型的升级研究。经过两年多的时间，中国石油完成了《石油勘探开发数据模型（EPDM）2.0版本》的编制，并修订发布了《Q/SY 10547.1/2/3—2018 油气勘探开发数据结构》。

中国石油勘探与生产分公司围绕梦想云平台的建设，基于 EPDM，拓展了数据类型管理的范围，规定了油气勘探开发主数据、结构化数据、非结构化数据、时序数据入湖的原则和要求，增加了数据集结构的描述，同时立足指导各油气田企业及统建专业应用系统向勘探开发梦想云数据湖加载工作，编制并发布了《Q/SY 10845—2021 勘探开发数据入湖技术规范》标准。

2. 数据管理方案演进

在主湖建设过程中，中国石油首先借鉴了兰德马克 DecisionSpace 的数据联邦思路，通过油田和总部两级的标准化视图，实现石油上游企业级数据逻辑集成、数据应用互联互通。但数据查询展示效率没有达到预期，需要投入资源进行二次开发，整体方案不能完全满足业务应用要求。其次，因为斯伦贝谢数据湖采用了微软的方案，所以中国石油调研了微软 Azure 云数据湖的建设思路，并结合数据湖未来发展的需求，在原有基础上设计建设了数据湖控制台（UI），整合 Hadoop、Elasticsearch、主数据、元数据、数据联邦等技术，通过容器云平台统一管理，增强了数据湖的运维管控能力，从而建成了中国石油勘探开发数据主湖。

中国石油勘探开发数据业务覆盖面大，拥有结构化、非结构化等多种数据格式，长时间分散建立数据库系统导致数据标准不一致，大块数据异地存储和调用的效率不能满足工作需要。经过不断尝试，梦想云团队提出了"连环湖"的概念，也就是分别建立主湖和各地区公司区域湖，基于中国石油 EPDM 2.0 数据标准，采用软件定义存储、数据服务路由技术，研发连环湖管理、数据流转过程定义、专业数据分析等工具，实现总部与地区公司上游全业务链数据的逻辑统一、分布存储和互联互通。

连环湖（如图 15-2-1 所示）解决了跨地域的数据入湖、大块数据调用的效率问题，同时有效地调动了油田层面的主动性。通过连环湖建设，能够极大改变数据共享管理的生态，解决了跨专业业务协同与信息共享不足，数据准确性、一致性不强，数据过度存储、质量不高等问题，改善了数据多头输入的情况，提高了业务应用支撑能力，为智能化应用奠定了坚实的基础，推动了"共享中国石油"战略落地。

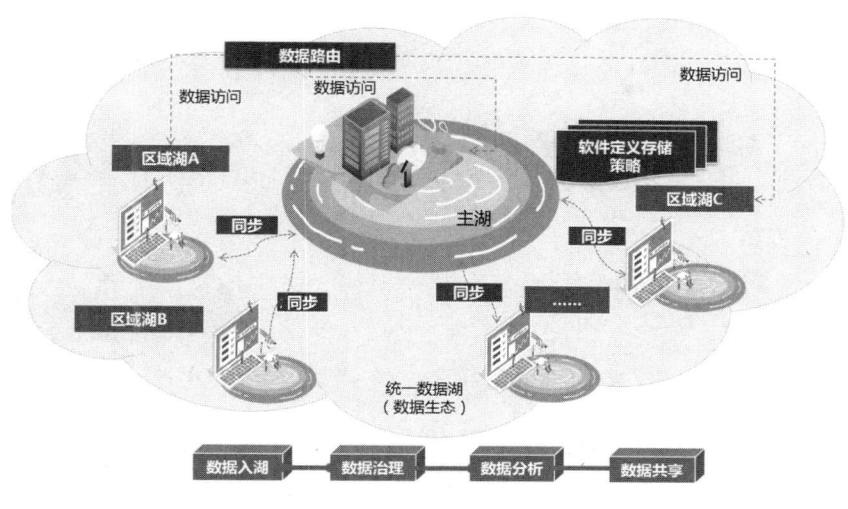

图 15-2-1　连环湖示意图

15.2.2　连环湖技术方案

中国石油基于 EPDM 2.0 数据标准，采用软件定义存储、数据服务路由等技术，研发了连环湖技术方案，实现了数据逻辑统一、分布存储、互联互通、就近访问。

连环湖技术方案适合央企的特色组织结构层级，其两级数据治理职责清晰，同时分布存储、就近访问等特点保障了数据应用效率，通过数据流转技术实现了不同地域、不同应用之间的互联互通。

在连环湖中，主湖与区域湖的数据关系如图 15-2-2 所示。

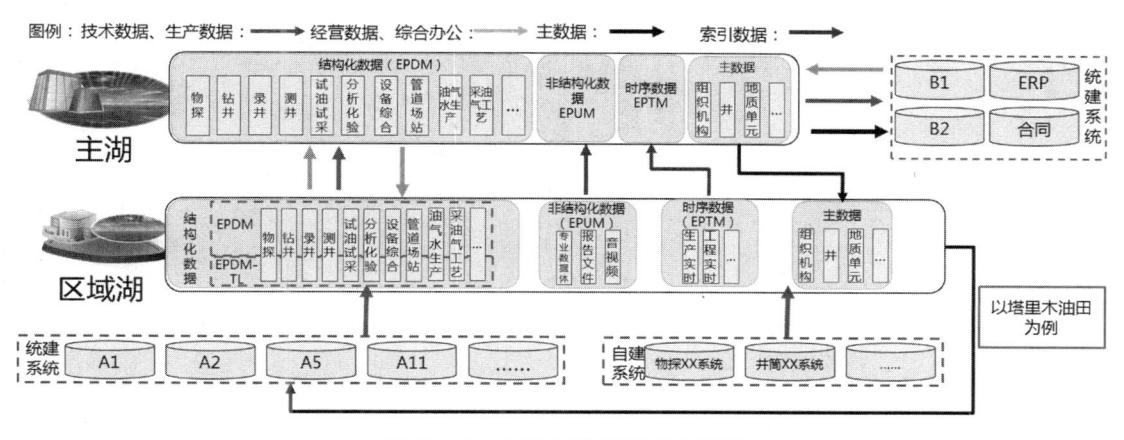

图 15-2-2　主湖与区域湖的数据关系

（1）主湖负责上游业务数据标准、主数据的统一管控，实现上游核心数据的集中管理与共享应用。

主湖中存储了勘探开发主数据、需要共享的技术数据、生产数据和经营管理等结构化数据（EPDM），负责统一进行勘探开发主数据的分发，同步区域湖中需要共享的结构化数据、非结构化数据和时序数据。

（2）区域湖作为主湖的分支，在主湖的统一管控下，管理油气田企业涉及的上游、中游、下游全业务链资产数据，负责本地结构化数据、大块数据体、实时数据的存储及就近服务，以及负责本单位数据治理，并支撑扩展业务数据管理与共享应用。区域湖存储主湖要求的数据及油气田扩展的数据。

主湖和区域湖之间互联互通，同时满足总部管理和油气田两级需要。主湖和区域湖都包括数据存储、数据治理、共享存储、数据分析和数据服务。主数据由主湖存储并统一分发，业务数据在区域湖全量存储，需要共享的数据在主湖同步存储。连环湖技术架构示意图如图 15-2-3 所示。

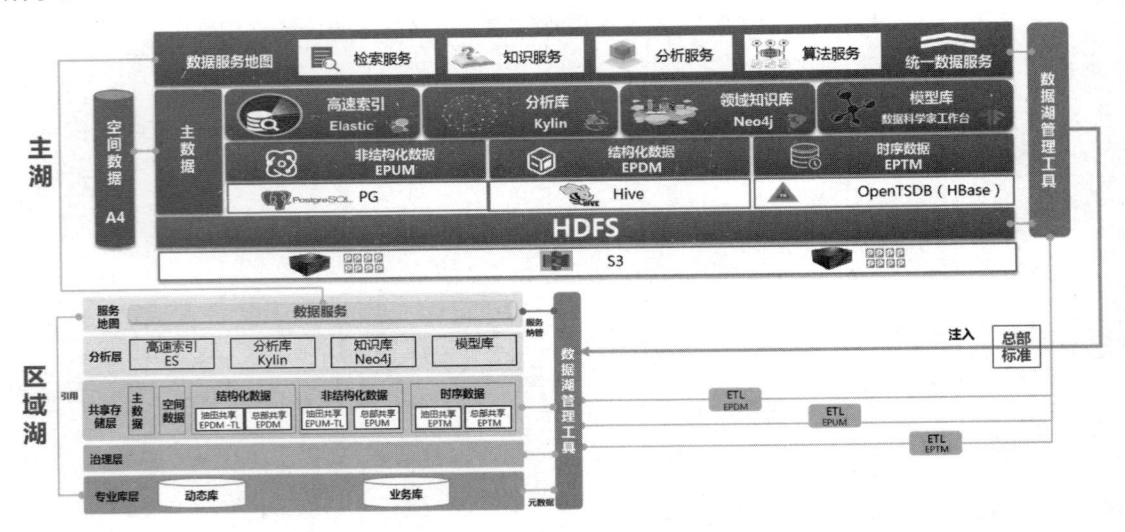

图 15-2-3　连环湖技术架构示意图

15.2.3　勘探开发数据治理框架

借鉴国家标准和中国石油集团数据治理体系，勘探与生产分公司综合考虑上游业务数据现状与问题，按照连环湖技术架构，制定了上游业务数据治理体系。上游业务数据治理是一项持续性工作，需要组织、制度、流程和工具来保障各项治理活动的持续开展，迭代提升。

上游业务数据治理体系架构包括技术支撑、治理能力、工作机制和价值体现，如图 15-2-4 所示。

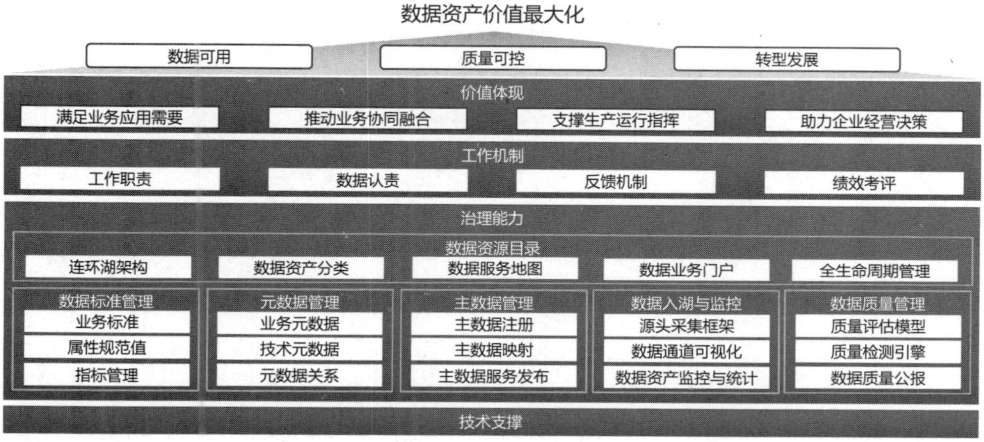

图 15-2-4　上游业务数据治理体系架构示意图

数据治理体系架构的主要内容是：基于梦想云平台基础底台和连环湖技术，建立数据资源目录、数据标准管理、元数据管理、主数据管理、数据入湖与监控、数据质量管理的数据治理能力，构建一整套包含工作职责、数据认责、反馈机制和绩效考评的数据治理工作机制，推动数据资产持续沉淀。通过满足业务应用需要，推动业务协同融合，支持生产运行指挥，助力企业经营决策，促进数据可用、质量可控，有效助力企业实现数字化转型发展，实现数据资产价值最大化。

数据治理体系的三项核心工作是数据管理制度、工作机制和数据治理能力的建立。

1. 数据管理制度

在数据治理体系中，首先要建立企业级数据管理制度，从建立统一数据标准、落实数据源头采集责任制、建立数据质量提升机制、明确数据应用原则四方面落实数据管理政策。

- 建立统一数据标准：包括建立企业数据资源目录，发布各专业数据规格说明书，制定统一的数据模型；制定统一的属性规范值、参考数据、指标等数据标准；使用统一的管理工具管理元数据、主数据。

- 落实数据源头采集责任制：包括明确各业务数据产生单位，确定单一数据源；落实数据谁产生、谁负责，谁管理、谁监督的责任要求；数据问题由数据责任单位负责组织解决。
- 建立数据质量提升机制：包括建立数据质量评估及检测模型，发布数据质控中台服务，提升数据采集、集成、评估及治理各环节的数据质量；建立数据问题回溯和奖惩机制，鼓励数据使用者报告数据问题，达到以用促建的目的。
- 明确数据应用原则：包括数据应在满足信息安全的前提下充分共享；数据使用者不可改变原始数据，发现数据问题需要通过问题反馈机制，报告至数据责任单位进行修改。

2. 工作机制

中国石油勘探与生产分公司成立了数据治理专业机构，建立总部和油田两级数据治理组织机构，通过明确组织机构及其职责，推动数据治理工作的开展。

- 总部组织机构包括数据治理指导委员会、数据治理办公室、业务指导组、技术支持组和标准组。
- 油田组织机构包括油田信息化领导小组、数据治理管理办公室、业务部门组成的业务组、信息技术中心或数据中心与技术服务团队组成的数据管理支撑组。

油气田企业是数据治理的主体，信息主管部门是数据治理的主管部门，主要负责以下内容：

- 组织与协调油田各业务的数据治理工作。
- 制定和发布油田总体数据治理规划与计划、工作制度、标准与规范。
- 对油田各业务部门的数据治理方案、工作计划、工具引进等相关工作进行审批。
- 对数据治理、系统建设、系统运维等信息化、数字化、智能化项目进行立项审批与验收。
- 配合油田组织部门对油田数据治理工作进行考核。

数据管理支持单位是油田数据治理的技术执行部门，主要负责以下内容：

- 组织油田业务数据治理项目的实施，包括数据治理及时性、准确性、完整性、标准性、唯一性规范的制定与审核，历史数据整体治理，新数据入库监管等。
- 执行油田数据治理的考核工作，并组织业务单位对问题数据进行核查与改正。

业务主管部门和业务单位是油田数据治理的技术监督与实施部门，主要负责以下内容：

- 参与业务数据完整性、准确性规范的制定。
- 在数据采集、历史核查等数据治理工作中，应用数据治理方法和流程实施数据治理。

- 核查、整改问题数据或文档。
- 通过数据资源目录将各类业务数据的管理责任落实到相关业务管理单位。

数据管理单位依托数据中台提供的数据治理能力，配合组织管理要求，全面监管并提升数据质量，支持跨业务领域的数据共享。

业务研究与生产单位应用调取数据服务，将存疑的数据问题反馈至数据管理单位，在确认问题后，将问题返回到责任源头进行数据修改和完善，如图 15-2-5 所示。

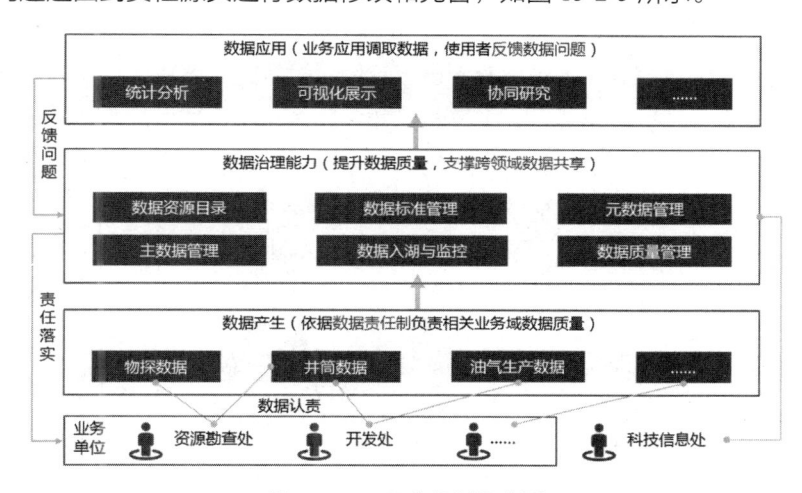

图 15-2-5　工作机制示意图

3. 数据治理能力

数据治理能力的核心包括数据资源目录建设、数据模型建设、数据标准统一和数据分布展现。

- 数据资源目录建设：提供统一的数据资产分类，建立数据资产架构，明确各类数据责任到相关业务单位，规范数据源头采集。涉及的功能有连环湖管理、数据资产门户、数据分类、数据标签和数据生命周期管理。
- 数据模型建设：遵循总部统一模型标准，包括业务数据字典和信息数据字典，建设流程为业务梳理、模型设计、模型完善、模型验证和模型发布。涉及的功能有模型检索、模型管理、模型采集、模型血缘关系管理。
- 数据标准统一：管理业务标准、数据规格、属性规范值、参考数据、指标等数据标准。数据标准规范体系包括通用标准、数据采集、数据管理、平台与应用、网络安全等多领域标准规范。涉及的功能有标准检索、标准管理、落地评估和配置管理。

- 数据分布展现：数据在业务层面和 IT 层面的全景视图，实现数据溯源和问题定位。涉及的功能有数据服务地图和数据全景图。

15.2.4 数据治理的核心要素

数据及其加工处理是对人类活动的忠实记录，不仅可以帮助我们认知人类行为的轨迹，而且可以让我们从中发现规律、预测未来，使国家、企业和个体的行为更有针对性、计划性，更有效率。

数据治理是专注于将数据作为企业资产进行应用和管理的一套管理机制，能够消除数据的不一致性，建立规范的数据应用标准，提高企业数据质量，实现数据广泛共享，并能够将数据作为企业的宝贵资产应用于业务、管理、战略决策中，发挥数据资产的商业价值，构建健康的数据生态。数据治理的核心要素包括以下三个方面。

（1）数据资源资产化：只有通过治理的数据，才能成为资产。数据资产具有无消耗性、增值性、依附性、价值易变性和战略性。

（2）数据确权：数据治理是对企业数据管理的决策权和相关职责的分配，是一个用于明确企业数据使用的决策权和职责分工的结构化框架，能够确保数据产生的内涵性、有效性、一致性、时效性和可用性。

（3）价值创造：只有清洁的数据，才能孕育蓬勃发展的生态。数据治理是数据创造价值的"滤网"，是企业数字化转型的基础和核心。

15.2.5 数据治理的关键环节

中国石油勘探开发数据治理包括以下关键环节。

1. 数据标准

为了健全和完善数据标准化工作机制，中国石油基于 EPDM 2.0，持续开展业务数据规格、共享存储层数据模型和数据集标准的建设，为连环湖中数据标准化和数据质量的提升提供技术保障。具体包括以下内容：

- 基于 EPDM 设计经验，按照统一的业务分类划分，设计非结构化数据（EPUM）以及时序数据（EPTM）标准模型。
- 油气田扩展业务数据模型按照统一的设计规范自行开展设计。

- 各专业库的模型参考共享存储层标准，遵循统一的设计规范进行设计。

2. 数据源头采集

数据源头采集是数据生产的重要环节，对于石油行业的数字化来说，数据采集工作是根本。中国石油基于统一的主数据，业务现场产生的数据按照以自动化、移动化采集为主的方式实现数据源头采集，保证数据的质量，避免数据的重复录入，业务管理产生的数据按照业务流与数据流一致的方式进行数据在线采集。最终，实现上游业务数据的互联互通，统一录入、统一管理、统一入湖，如图15-2-6所示。

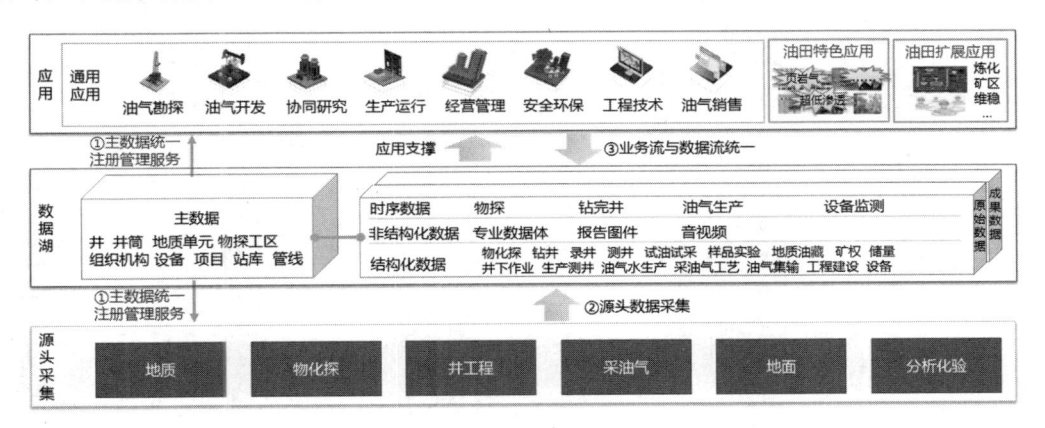

图 15-2-6 数据源头采集示意图

3. 主数据治理

中国石油通过统一管理井、井筒、地质单元、组织机构、项目、工区、站库、设备、管线等主数据，按照勘探开发业务质控规则，治理完善历史主数据，如图 15-2-7 所示。

- 对于新主数据，基于云平台技术、中台思路设计开发主数据管理中心，确定数据权威源，统一主数据的管理和发布，按照先试点、后推广的方式实施。
- 对于历史主数据，按照先评估、后治理，最终业务确认发布的方式开展。

下面以井、井筒、组织机构、地质单元这几类主数据的治理为例进行说明，如图 15-2-8 所示。

（1）新主数据治理。

- 井/井筒：通过井筒中心，以统一的业务流与数据流实现对井（井筒）的全生命周期管理；对井/井筒主数据进行采集和服务发布，实现对井（井筒）的统一管理，确保主数据的准确性和唯一性。井/井筒新主数据治理方案如图 15-2-9 所示。

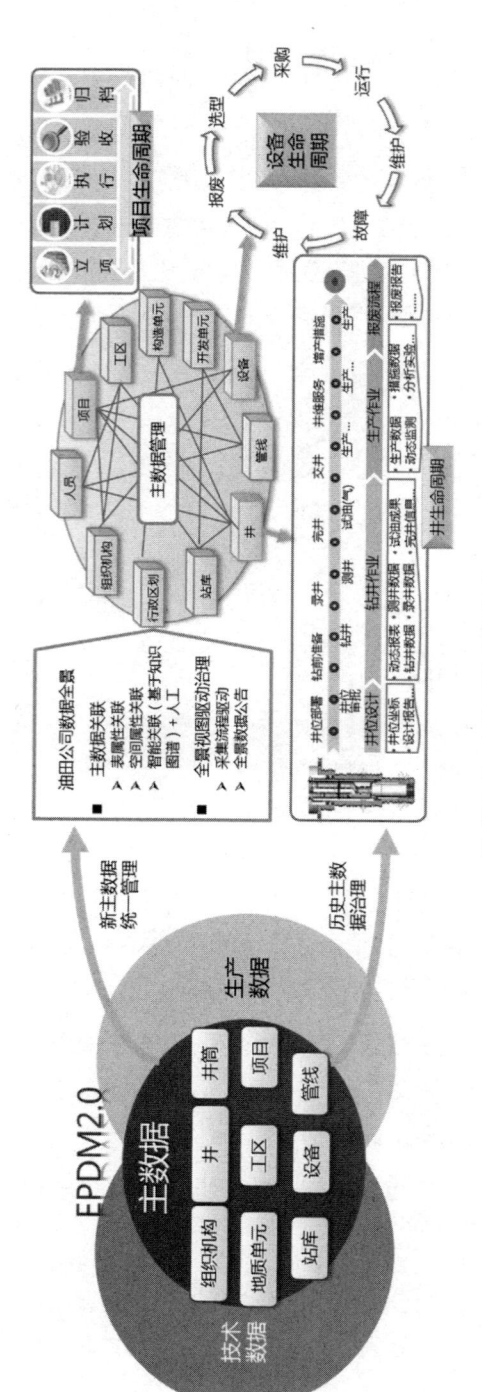

362　数据标准化：企业数据治理的基石

图 15-2-7　主数据治理示意图

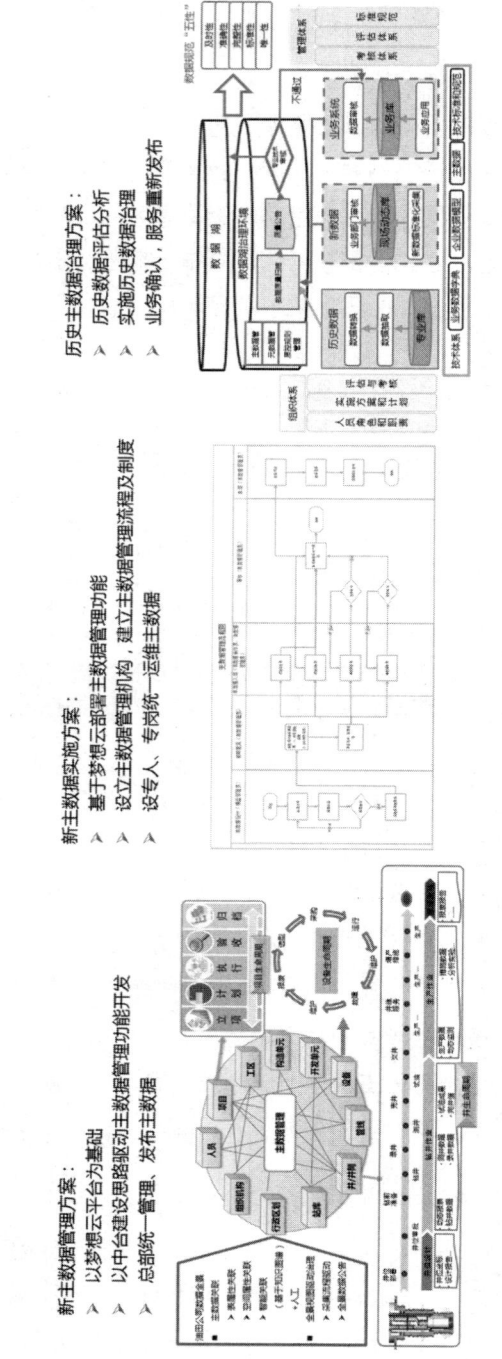

图 15-2-8　新主数据和历史主数据治理方案

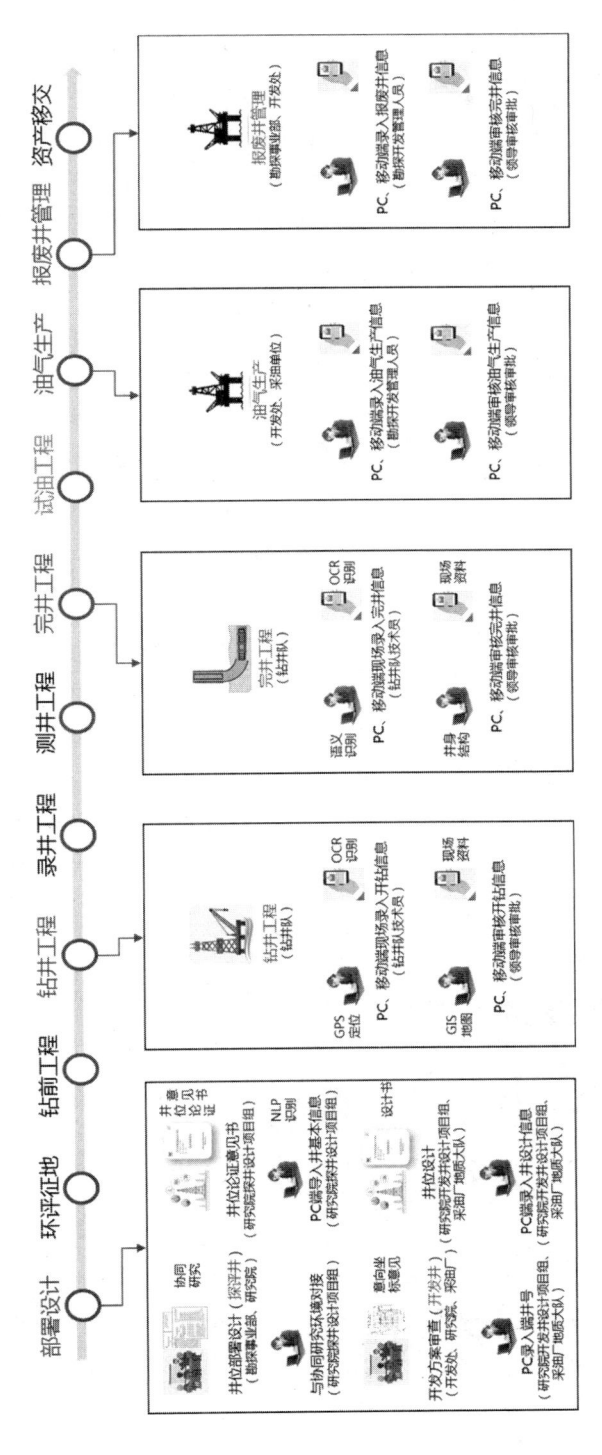

第 15 章 油气行业：中国石油基于连环数据湖的勘探开发数据治理体系建设实践 363

图 15-2-9 井/井筒新主数据治理方案

- 组织机构：油气田公司通过梦想云平台的组织机构管理工具对组织机构数据进行注册、变更、注销操作，实现对组织机构数据的统一管理和发布。
- 地质单元：油气田公司通过梦想云平台的地质单元管理工具对构造单元、油气田单元基础信息进行管理，包括信息采集、变更与维护，同时将地层分层方案与小层划分方案统一关联管理。地质单元中心作为地质单元数据权威源以确保数据的唯一性，通过规范的业务流程和管理办法保证数据的及时性、准确性，实现对地质单元数据的管理和发布。

（2）历史主数据治理。

- 井/井筒：收集档案清单，使用质控工具进行检查，再反馈到油田进行问题数据处理后，重新入湖。
- 组织机构：由总部统一协调各统建项目及油田，对历史组织机构数据进行治理，并基于连环湖保障主数据的唯一性、及时性。首先对现状数据进行梳理，然后反馈到油田进行处理，整理形成统一的上游生产组织机构数据。
- 地质单元：借助于梦想云平台的数据质控工具，研究院所业务人员对历史地质单元数据进行审核确认，最后将治理后的地质单元数据加载入湖并发布数据服务，同时基于总部数据公报，建立构造单元与油田单元的关联关系，实现勘探开发一体化。

4. 业务数据治理

中国石油的业务数据治理主要从入湖数据的完整性、准确性、及时性三个方面，对数据湖服务于勘探开发科研与生产的数据保障能力进行量化评估，分别生成评估与治理方案报告，如图 15-2-10 所示。

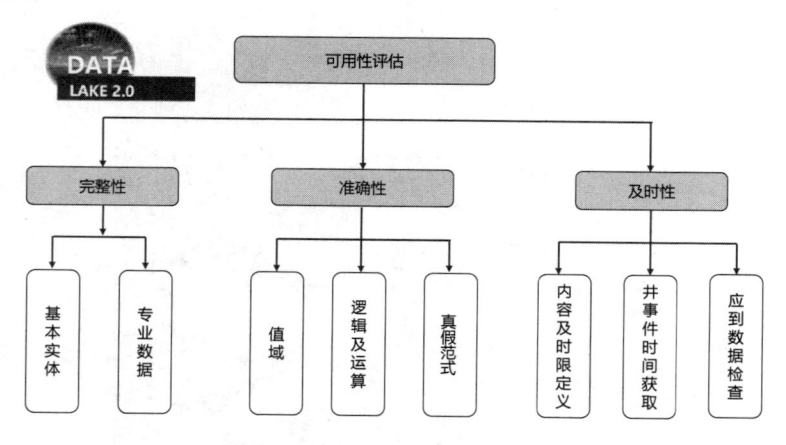

图 15-2-10 业务数据治理示意图

（1）完整性检查。

完整性检查包括制定油田数据可用性评估标准，对历史数据进行完整性、准确性量化打分（分为 4 个等级来评估数据的可用性）。根据基本实体核查的各类井数及井号，可以分别按照钻井、录井、取心、实验分析、测井、试油、作业、测试、采油、产量等不同专业流程，确认各类井产生的专业数据类型及时间，生成完整性评估报告，如图 15-2-11 所示。

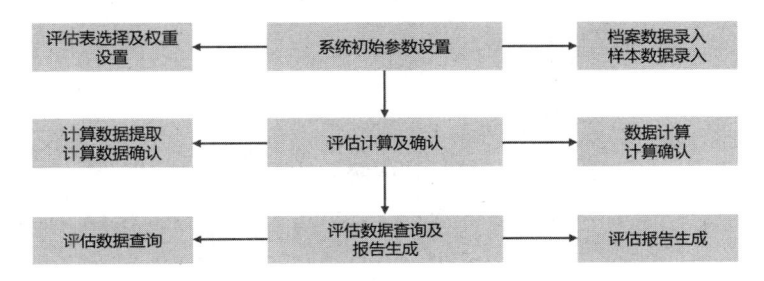

图 15-2-11　完整性检查

（2）准确性检查。

准确性检查包括检查业务数据值域的取值范围、记录之间与表之间的数据逻辑关系、数据相互间存在的真假范式、数据或字符出现规律的正则表达式、文档报告内容与文档名称匹配等方法。根据各专业数据表、数据项情况，可以编制数据检查字典，对入库数据进行扫描检查。基于检查结果，可以按照各专业核心业务数据优先治理的原则，逐步完成治理，如图 15-2-12 所示。

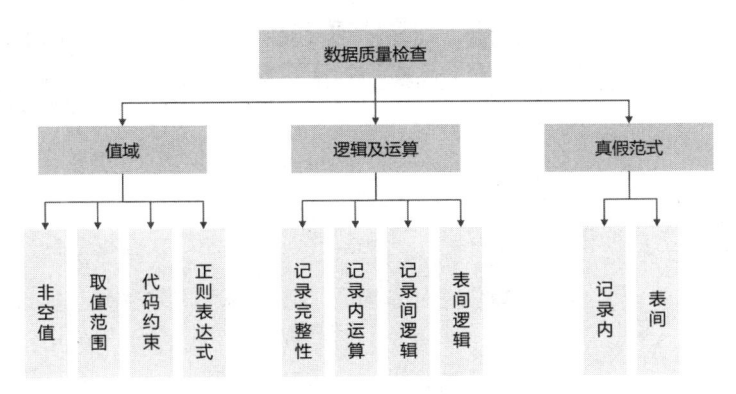

图 15-2-12　准确性检查

（3）及时性检查。

及时性检查是指根据新钻井的井号注册发起事件，建立各类井的施工事件发生感知、生产周期数据确认、分析数据产生确认响应模型。基于井的各类事件发生时间，为各专业数据配置相应的时效要求和权重，对各类数据的超时、缺失、未到时限等情况进行监控，实现数据入湖的及时性检查，并按阶段生成相应的数据及时性报告，为数据及时性管理提供依据。

（4）数据质量公报。

通过对勘探开发井相关数据的及时性、完整性和准确性核查，可以形成数据质量公报，为数据治理提供依据。

15.2.6　数据治理的支撑工具

中国石油通过连环湖实现了总部和地区公司两级数据治理的功能架构（包括基础层、集成与治理层、分析与应用层和统一服务层），实现了对数据互联互通各项配置的管理与监控，如图15-2-13 所示。

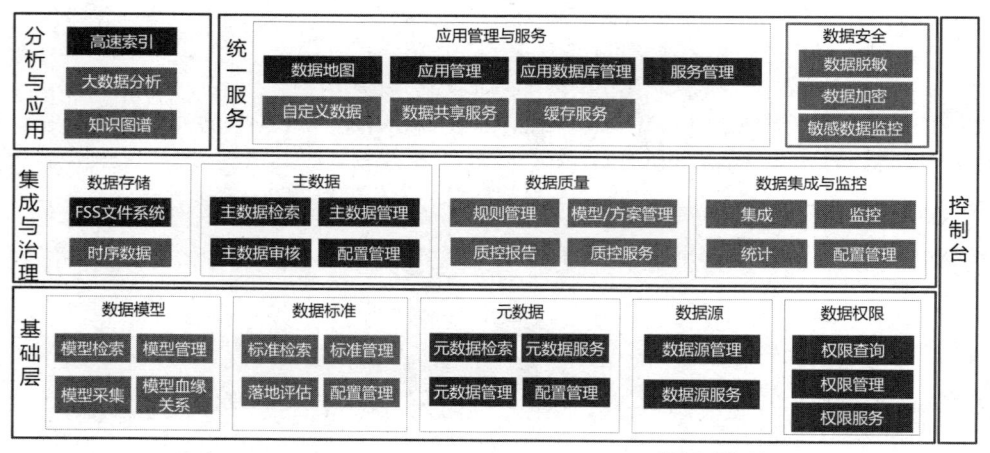

图 15-2-13　连环湖功能架构示意图

（1）基础层：包括数据模型、数据标准、元数据、数据源和数据权限各模块。

- 数据模型：提供模型检索、模型管理、模型采集、模型血缘关系，实现数据模型的统一管理和溯源。
- 数据标准：提供标准检索、标准管理、落地评估、配置管理，实现数据标准的统一规范管理和发布。
- 元数据：提供结构化数据的元数据检索、元数据服务、元数据管理、配置管理，支持在应用创建时直接调用结构化元数据。非结构化元数据采集对接文件中心。

- 数据源：提供各类数据源管理、权威数据源认证及数据源服务。
- 数据权限：对连环湖的整体权限进行管理，并提供权限查询和权限服务，以应用、用户等为对象，实现按级别、表、字段及数据进行访问权限控制。

（2）集成与治理层：包括数据存储、主数据、数据质量和数据集成与监控各模块。

- 数据存储：通过与对象存储对接，按照数据集标准，实现非结构数据和时序数据的存储管理与应用支持。
- 主数据：提供主数据定义配置，对核心对象实体进行统一管理，并实现系统间实体的映射，解决同一对象在不同数据源的匹配问题。
- 数据质量：提供业务规则管理、模型/方案管理、质控服务和质控报告等功能，建立数据治理核心能力，保障数据入湖质量。
- 数据集成与监控：通过集成、监控、统计和配置管理实现数据入湖，以及实现数据在各层间的流转与监控。数据集成与监控模块拥有数据全景图功能，为用户提供可视化数据资产统计和数据流监控页面，实现数据资产可视化。

（3）分析与应用层：包括高速索引、大数据分析和知识图谱。

分析与应用层使用治理后的清洁数据进行索引构建、分析建模与知识建模，基于统一的数据服务实现数据共享。

该部分的功能重点支持按照大数据分析应用、知识应用和人工智能应用的需求，提供面向业务主题的数据服务、数据分析服务、知识服务和算法服务。

（4）统一服务层：包括应用管理与服务、数据安全。

- 数据地图：数据开发人员的可视化页面，可快速查询、申请和调用数据。
- 应用管理：对基于梦想云平台开发的云原生应用进行管理，提供应用租户创建，实现与元数据相关联，一键式生成数据服务，通过审核后发布应用等功能。
- 应用数据库管理：为应用提供创建数据集、版本管理等功能，并可以进行数据库落地执行。
- 服务管理：包括服务线上申请与审核，支持字段级服务权限控制，支持跨表数据查询服务的创建与调用。
- 自定义数据：提供自定义数据开发功能，可以根据需要定制数据集并发布服务。
- 数据共享服务：按照数据标准提供数据资产共享服务。
- 缓存服务：提供大体量数据调用时的缓存功能，提高数据访问效率。

- 数据安全：包括数据脱敏、数据加密和敏感数据监控，全方位保障连环湖的数据安全应用。

15.2.7 数据智能治理探索

洞察，通俗的理解是，企业从自身的业务逻辑来解读数据现象的能力。数据洞察讲究的是如何从数据当中得到对业务有用的洞察能力，可以直接提升业务的效率。

中国石油在对历史数据的智能化治理上进行了相关探索和实践，引入了数据洞察技术，结合先进的自然语言处理（NLP）、图文识别（OCR）等人工智能技术，研发了数据智能治理工具。其对大量的非结构化 Word、PDF 等格式文档数据（例如，钻井地质设计、钻井井史、工程技术总结、完工总结报告等）进行处理，以这些数据为基础进行石油业务字段的抽取，将非结构化数据转换为结构化数据，并与勘探开发系统使用一套元数据，从而可以快速完成数据匹配和传输，将数据应用到业务场景中，对数据的完整性进行智能化补充，实现数据充实、知识搜索、大数据分析、数据校正、数据监控等。

基于数据洞察的数据智能治理工具包括元数据模型标准、智能数据标注工具、数据智能提取模块、采集智能预警模块、审核智能预警模块和数据充实模块，如图 15-2-14 所示。

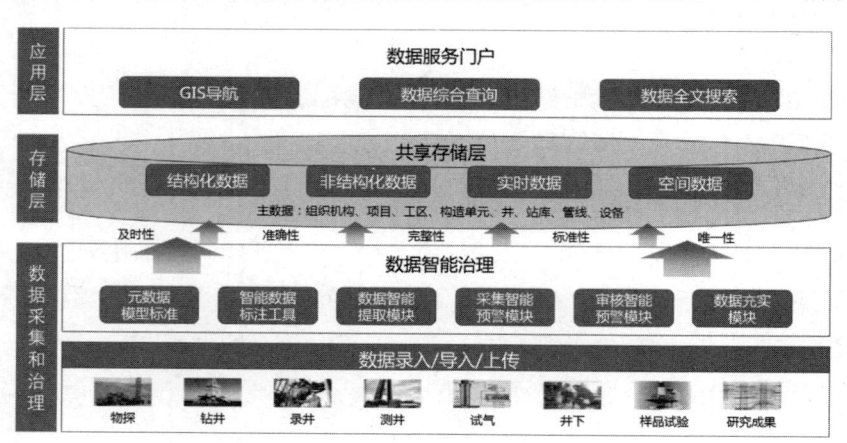

图 15-2-14 数据智能治理工具的功能架构示意图

在数据智能提取和数据充实方面，以地质报告为例，以前在地质报告生成后，用户需要手工输入数据，生成井信息，现在则完全不同：

（1）利用数据智能治理工具，可直接通过智能抽取，抽取地质报告中的井信息，自动生成井信息。

（2）地质报告在最后一道审批完成后，后台数据将自动生成井信息，不影响用户使用。井管理员可异步查看井生成信息。

（3）井管理员查看自动生成的井信息并确认无误后，点击提交数据，井信息正式生成。如果有错误数据，则可直接点击进行修改后再提交。

在数据采集和审核智能预警方面，以煤层气公司的建设实践为例，将数据智能治理工具与钻井、录井、测井、试气、井下作业等专业采集功能进行集成，当采集业务人员采集完成后，在点击提交数据时，直接调用预先设置好的相关模型和提交的非结构化文档进行抽取比对。比对后输出异常统计信息，采集业务人员可根据实际情况，继续提交数据或者返回采集列表修改数据，从而有效提高数据采集的准确性和完整性。基于勘探开发数据管理与应用平台的审核流程，在相关人员提交全部数据进行审核时，对跨专业、跨表进行预警，将问题清单匹配至审核及入库流程中，实现问题自动预警，辅助审核人员实现智能化审核。

目前基于煤层气公司的建设实践，数据智能治理工具内置模型涵盖了钻井、录井、测井、试气、井下5个专业共计52个模型，其中钻井19个、录井8个、测井10个、试气10个、井下5个。目前数据洞察已经被应用于煤层气勘探开发数据治理中。据统计，目前煤层气中包含钻井、录井、测井、试气、井下作业各类总结报告等接近1.8万份。按照目前标注的人工计算，每人每天可标注100份文档/模型。目前5个专业累计标注60个模型，平均每个专业标注12个模型，即每份文档需要标注12个模型。如果全部由人工统计入库，则需要1.8万×12个模型/100份=2160人天全部完成。使用数据洞察，目前标注2700份文档，需要耗时27人天。而添加元数据搭建和审核约耗时60人天，效益提升非常显著。

利用人工智能技术，洞察海量的非结构化文档报告，实现对石油上游各个专业的不完整数据进行智能充实和校正，能够快速提升数据质量，是一条实现数据治理智能化、数据资产高质量积累的有效路径。

15.3 创新点及效果

中国石油的连环湖整体设计，是具有中国石油特色、拥有专利技术、自主研发的数据湖技术。它是一种适配复杂组织结构的数据存储架构，可以满足大型企业集团的数据存储与管理的需要。

中国石油通过主湖的建设，有效地支持了中国石油跨专业、跨机构、跨地域的数据共享应用，在数据标准统一的前提下，数据入湖形成资产沉淀，开放的标准和机制有力地支撑了数据共享。

中国石油通过区域湖的建设，打造了开放的数据集成环境、统一的数据治理环境、便捷的数据应用环境、共享的大数据分析环境和智能的应用环境，满足了上游业务集成、治理、应用、分析和智能应用的需要。

15.3.1 统一数据标准，奠定数据基础

主湖和区域湖中的结构化数据存储与共享都是基于统一的数据标准的，包括中国石油勘探开发数据模型（EPDM 2.0）、勘探开发数据交换模型 EPDMX 规范、15 个专业数据集设计标准、数据入湖操作及管理规范等，为上游业务数据共享提供了开放的标准支撑。

主湖作为统一数据湖的上游数据管理层级，全面管理上游的业务数据，根据管理的需要对数据标准进行动态调整和持续迭代，大数据体及时序数据按需入湖。主湖按照应用主题数据集的形式，组织结构化和非结构化的数据集共计 600 余个，其中勘探开发研究院和机关科室常用的数据集近 300 个。主湖在数据标准方面达到了如下效果：

- 通过共享数据集规范及应用接口规范的建设，建立了以油田数据资产为基础的数据湖共享服务数据集及应用服务接口，为各类用户提供高效、快捷的数据服务，构建全面的数据服务地图。
- 通过建立统一的数据采集标准、存储模型标准、数据治理标准和数据服务标准，使各生产单位按照标准进行数据采集、数据入湖、数据治理，将油田业务数据资产统一进行存储管理，使入湖数据达到"五性"要求，即及时性、准确性、完整性、一致性、规范性。
- 基于统一的数据服务，为油田业务流程优化再造、生产指挥决策及信息化转型升级提供数据支持和保障。

在区域湖方面，以塔里木区域湖为例，其通过统一的数据标准达到了如下效果：

- 从数据采集、传输、存储、共享、应用等环节建立覆盖全油田统一的数据标准和规范，保证了数据入湖质量，提高了数据共享应用效率。
- 通过物联网数据采集标准建设，建立了钻完井、油田生产、水电供应、设备监测、维稳安保、生活小区等物联网场景信息标准化采集模式。
- 通过标准化数据采集规范建设，完成了油田勘探开发、油气运销、设备管理、水电供应、综合办公等业务数据标准化采集。
- 通过数据存储模型及数据治理规范标准建设，建立了油田勘探开发、油气运销、设备管

理、水电供应、业务办公等业务数据模型标准及数据质控规则，健全了"谁产生，谁负责"的数据质量责任机制。

15.3.2 两级数据治理，提升数据质量

中国石油的连环湖技术方案包含两级（或多级）数据治理体系，数据治理职责清晰。

在管理方面，中国石油按照"谁管理，谁负责"的原则，划分各业务领域数据管理职责，各业务主管部门组织编制各自负责领域的数据管理细则，组织开展数据源头采集及相关数据治理工程，避免了一部分数据重复录入工作。

在技术方面，中国石油通过元数据管理功能，统一数据模型标准，统一数据采集源头，按照业务流与数据流统一的方式，纵向解决数据重复录入和数据质量问题。同时，其通过数据质控功能，按照配置的业务规则，在数据采集、数据入湖、数据资产评估等多个环节检查数据质量，发现数据问题，促进数据质量的提升。此外，中国石油还建立了应用问题数据发现和反馈机制，按照数据"谁产生，谁负责"的原则进行数据治理，达到"以用促建"的数据更新迭代效果。

在数据治理体系中，主数据的治理是核心点。科学、有效地管理主数据是业务全连接的重要基石，是企业建立数字孪生的基础条件，能够贯通业务活动的核心价值链，为数字化转型夯实根基。

主数据通过统一采集方式和数据中台服务能力，保障了主数据的唯一权威源头采集和统一数据服务：

- 统一采集方式：从管理的角度实现了主数据的统一入口，适用于业务关联度较弱的主数据，比如组织机构、人员等。
- 数据中台服务能力：从技术上实现了主数据的统一采集，适用于业务关联度较强的主数据，比如井、井筒、设备、站库等。

在不同的业务场景中使用不同的主数据管理方式，保障了主数据的权威与准确。

梦想云平台的连环湖数据治理体系（如图 15-3-1 所示）通过了工信部组织的国家首批 DCMM3 级认证，数据管理成熟度达到"稳健级"。经评估确认，连环湖建设符合国家标准相关要求，在数据战略、数据治理、数据架构、数据应用、数据安全、数据质量、数据标准、数据生存周期等能力域均开展了相应的工作，在数据战略、数据架构、数据生存周期方面具备良好的管理能力，但在数据质量、数据治理、数据标准等方面仍有很大的提升空间。

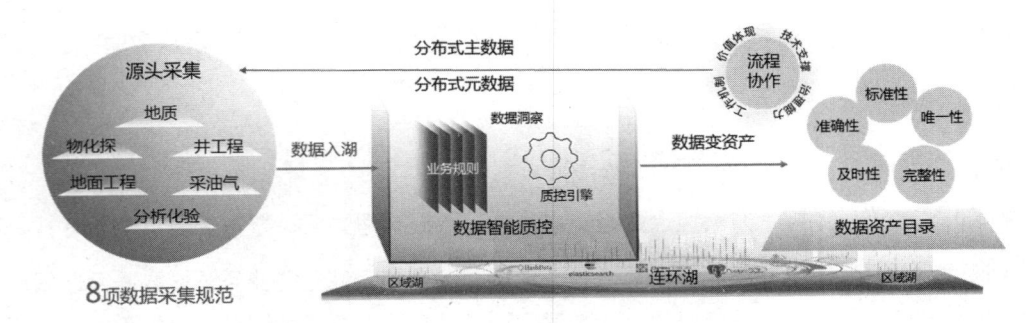

图 15-3-1　梦想云平台的连环湖数据治理体系示意图

15.3.3　沉淀数据资产，初显共享生态

截至 2020 年，连环湖统一管理 50 多万口油气水井、700 个油气藏、8000 个地震工区、4 万座站库，共计 5.0PB 数据资产，涵盖 6 个领域、15 个专业的结构化数据和非结构化数据，实现了上游业务核心数据的全面入湖共享，构建了国内最大的勘探开发数据连环湖，如图 15-3-2 所示。

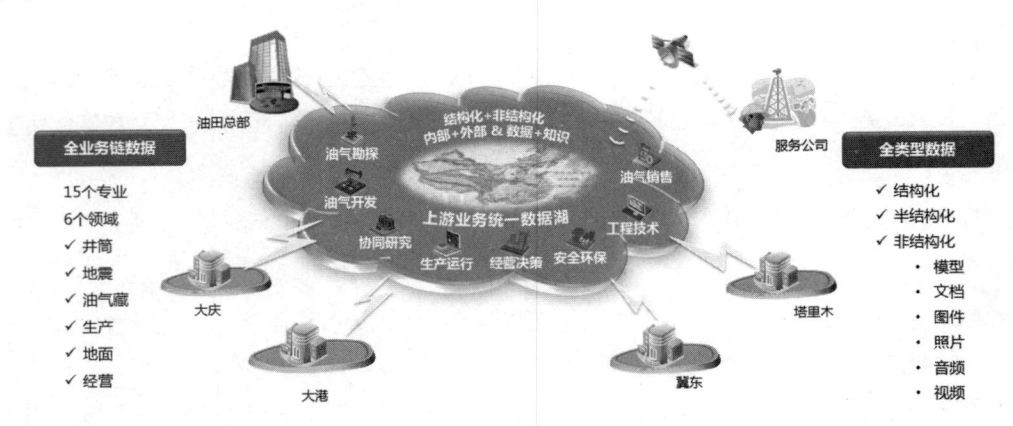

图 15-3-2　连环湖数据资产

通过让这些沉淀的数据资产互联互通，解决了数据库系统重复建设的问题，更好地支撑跨部门、跨专业的协同研究。多家油田的综合数据显示，应用数据湖的数据推送服务，数据准备效率提升 60~100 倍，研究工作效率提升 20% 以上。更重要的是，它实现了勘探业务研究工作由线下到线上、由单兵到协同、由手工到自动的重大转变。

在大港油田某油气预探评价研究与井位优选项目中，依托协同研究应用环境，数据准备工作由原来的 90 多天缩短到一两天。用户评价说："数据湖是研究人员的'宝藏'，让我们获取各类数据更加便捷，让研究成果真正实现了共享。"

15.3.4　改变调用模式，提高协同效率

中国石油通过连环湖的建设，应用结构化数据同步和非结构化数据对象存储跨数据中心互联、数据路由等技术，顺利解决了需要跨地区传输大块数据的问题，实现了协同研究环境快速就近调用模式，让研究人员可以直接在本地调用大数据体，极大地提高了协同研究的效率。

在塔里木实施区域湖后，使其在协同研究项目中调用本地地震大数据体、测井曲线及研究成果图件的效率提升百倍以上，在线研究工作效率提升 20% 以上，更好地为油田公司增储上产提供了方案赋能。

连环湖数据调用技术，从底层支持数据调用模式的改变。数据调用模式的多元化为多地部署应用的高效性提供了保障，很好地支持了跨数据中心的应用场景，满足了上游数字化转型的需要。未来，随着技术的不断进步，其将更好地支持复合数据智能分布计算和多地互联场景的应用。

15.3.5　强化权限管理，保障数据安全

中国石油基于数据权限组与主数据和数据集类型建立连接，实现了按照主数据维度和数据集维度的权限分配，同时按照"谁拥有，谁授权"的原则，基于主数据关联关系进行分级授权，满足了分级管控的需求（如图 15-3-3 所示）。另外，业务应用的数据访问权限管理，按照数据令牌模式，实现了数据令牌与应用 App 的绑定，进而明确业务应用能够访问的数据范围和时间周期。

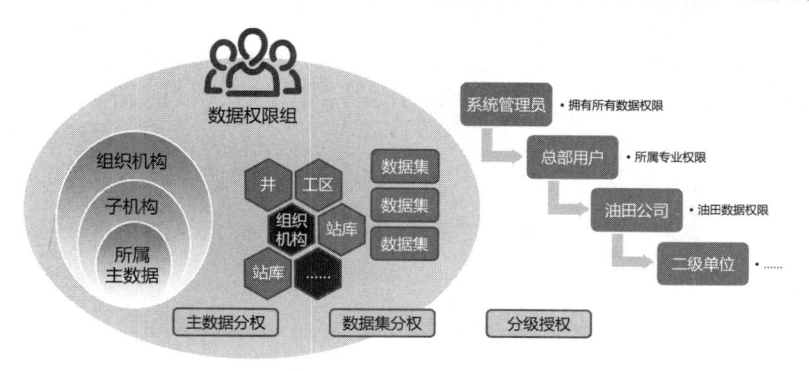

图 15-3-3　数据权限管控示意图

在结构化数据方面，同时加入了数据区域隔离，明确主数据的使用范围，保障了对各油田主数据的精准管控。通过数据湖管理工具，按照上述授权模式，对数据集和数据服务进行了分

级授权,实现了"谁有权限,谁调用",同时系统日志满足数据应用审计的需要,保障了数据使用安全。

在非结构化数据方面,在上述权限管理的基础上,强化了数据订单流程,对下载权限进行流程化管理,只有经过审批才能下载,提高了非结构化文档和数据体的规范性,满足了企业安全管理要求。

15.3.6 建设应用环境,踏上智能征途

中国石油基于数据湖,构建了数据科学家工作环境和勘探开发知识图谱;基于云平台,整合了智能搜索、语音识别、图像识别等智能化引擎,为上游业务的"智能化"应用建设提供基础支撑。

基于区域湖数据共享能力的建设,开发团队具备了高效获取数据、高速检索数据、大数据分析和知识应用等服务能力。通过为各应用开发团队提供数据服务和数据分析租户环境,开发人员可以通过数据服务地图,自助获取数据的元数据结构,敏捷调取各种类型的数据服务,实现应用与数据分离,将开发人员从底层复杂的数据逻辑获取和数据结构分析中解放出来,使其专注于业务功能的实现,大大提高了程序编码的效率和专业性(如图 15-3-4 所示)。

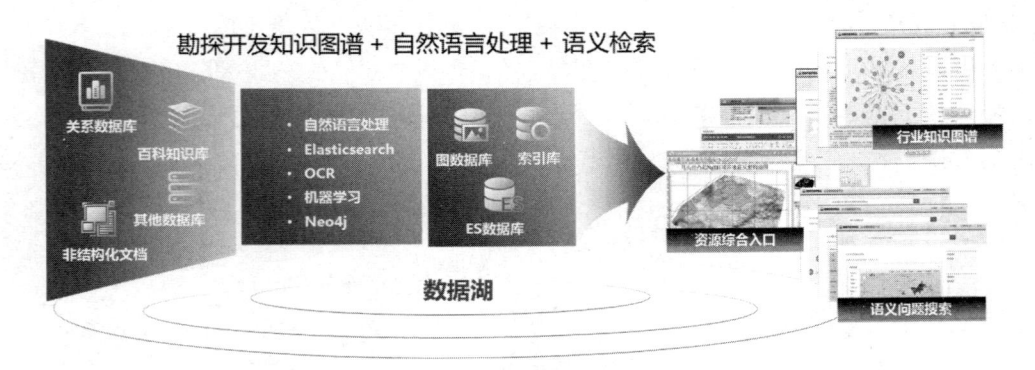

图 15-3-4　踏上智能征途

第 16 章

多元化集团：华润集团数据标准化实践案例

16.1 案例背景

华润集团创立于 1938 年，是一家与民生息息相关的央企产业集团。华润集团旗下产业覆盖大消费、大健康、城市建设与运营、能源服务、科技与金融五大行业板块，26 家一级利润中心。多元化业态的华润集团拥有 1 亿余位个人客户、近 7 万个企业客户、20 万余家供应商、1000 余家工厂、1000 万余台终端，因而积累了规模庞大、种类繁多的数据。在过去十多年间，华润集团在信息化领域持续大力建设，获得 2018 年度中央企业网络安全和信息化对标第一名、2018—2020 年国资监管信息化建设三年行动计划满分等成绩。

近年来，随着互联网、大数据、人工智能等新技术的快速发展，数据能力已成为推动创新和转型发展的重要驱动力。华润集团凭借自身优势，积累了规模庞大、种类繁多的数据，但使用建成时间久、分布独立的烟囱式结构的业务系统，导致集团内大量重要业务数据相互割裂、标准化程度不高、数据质量较差、数据可信度低等，严重影响了集团数据共享的效率和数据分析的准确性，极大地制约了数据应用能力的提升，难以适应新时代集团战略的发展需求。

为了解决特定业务领域的数据问题，华润集团在 2012 年启动了主数据平台建设项目，对组织主数据进行事后差异分析；2013—2014 年实现了组织主数据的线上申请，并接入员工主数据；2015 年开展了财务主数据建设工作，实现了税务系统线上申请流程；2016 年实施了自有银行账户主数据等多领域主数据建设工作。开展主数据建设工作，在一定程度上使得对财务、HR 类数据的管理有所改善。然而，从集团的视角来看，数据管理工作当前面临着缺乏全盘思维和顶层设计，缺少数据管理规范章程、责任落实机制及数据管理流程平台工具等深层问题，使得数据管理成熟度整体偏低、数据可用性总体较差。主数据建设现存的问题如图 16-1-1 所示。

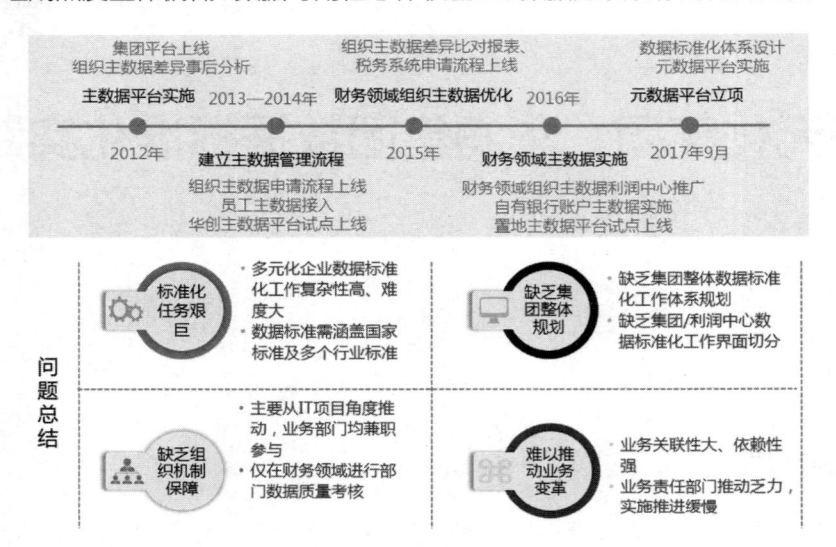

图 16-1-1　主数据建设现存的问题

16.2　建设方案

为了全面、系统地夯实数据基础，解决数据问题，华润集团在 2017 年正式启动了数据标准化（数据治理）体系规划和建设。下面将从数据标准化工作整体目标、数据标准化历程、解决方案及思路、组织架构、数据标准化内容、实施过程及步骤、支撑工具 7 个方面进行详细介绍。

16.2.1　数据标准化工作整体目标

华润集团的数据标准化工作整体目标包括以下几个方面：

- 规划并建立切实可行的数据管理体系蓝图，规划集团数据管理组织，制定集团统一的数据标准体系。
- 建立集团/专业公司级数据标准的制定、变更与发布全生命周期数据管理流程，实现数据标准的建标、落标、稽核与监控自动化，支撑统一数据平台及新建系统落标工作。
- 建立数据管理平台，保证数据治理制度和规范的有效落实，巩固数据管理成果，切实加强业务规范，提升信息化建设质量，支持集团数据平台建设，提升集团数据管理能力和效率。
- 盘点及发布集团数据资产目录，为后续数据资产共享交换和交易流通打下坚实的基础。
- 梳理指标、报表加工过程全链路及数据流向图，辅助开发人员解决溯源、定位的问题，完成下游系统影响的评估分析。建立数据质量管理的长效机制，规范集团数据质量管理工作，保障数据标准化工作有效落地实施，提升集团数据质量及数据资产价值，助力集团战略业务发展。

16.2.2 数据标准化历程

华润集团的数据标准化经历了以下过程：

2017 年年末—2018 年 4 月，通过邀请外部商业公司，体系化地调研、评估数据治理现状，分析问题，规划集团数据治理体系蓝图，启动数据治理工作。

2018 年年初—2018 年 12 月，集团总部试点全面推进数据标准化。其中，以总部财务部、人力资源部为主的管理职能部门梳理、编制、发布相关业务数据标准，并下发到各行业单位；各单位财务部门、人力部门结合自身业务需要，补充数据标准。同时，各个生产业务领域（如采购、制造、销售、物流等）分别盘点和发布自身业务的元数据。集团总部还搭建了数据标准和元数据管理系统，用于各领域、各业务的数据标准和元数据的申请、审批、发布。

2019 年—2021 年，各行业单位按需开展数据治理、持续完善工作。集团总部持续建设数据质量管理平台，并推进数据治理落地实施。同时，集团规划和建设数据银行、数据中台等平台，探索数据资产商业化，促进内外部数据交易流通。

16.2.3 解决方案及思路

数据治理工作主要以"建标、贯标、核标"的整体推进思路来开展。数据治理工作流程如图 16-2-1 所示。

其中，建标阶段主要指建立数据标准和元数据的过程。主要包括：确定工作方法、梳理业务主题域及数据资源、制定实施策略、制定数据标准 4 个环节。

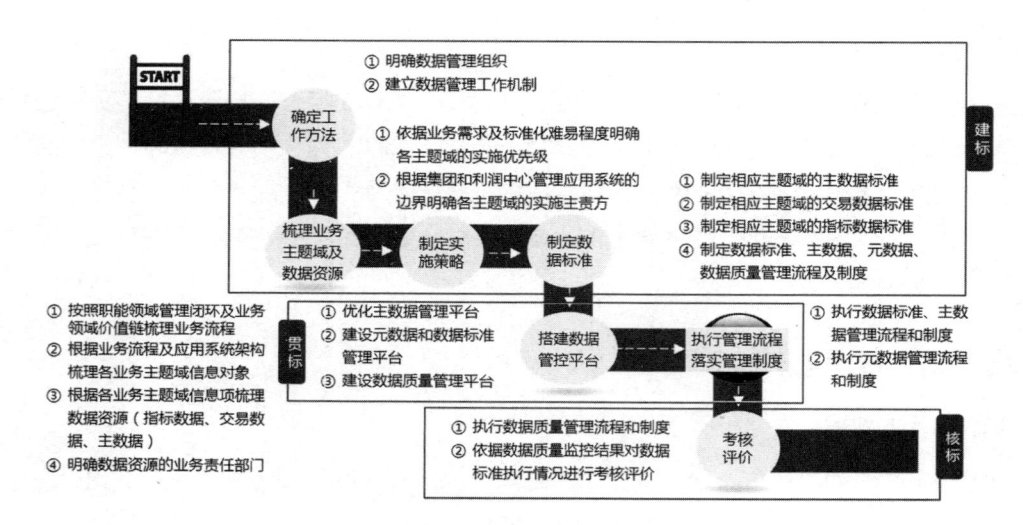

378　数据标准化：企业数据治理的基石

图 16-2-1　数据治理工作流程

（1）确定工作方法环节，包括：

- 明确数据管理组织。
- 建立数据管理工作机制。

（2）梳理业务主题域及数据资源环节，包括：

- 按照职能领域管理闭环及业务领域价值链梳理业务流程。
- 根据业务流程及应用系统架构梳理各业务主题域信息对象。
- 根据各业务主题域信息项梳理数据资源（指标数据、交易数据、主数据）。
- 明确数据资源的业务责任部门。

（3）制定实施策略环节，包括：

- 依据业务需求及标准化难易程度明确各主题域的实施优先级。
- 根据集团和利润中心管理应用系统的边界明确各主题域的实施主责方。

（4）制定数据标准环节，包括：

- 制定相应主题域的主数据标准。
- 制定相应主题域的交易数据标准。
- 制定相应主题域的指标数据标准。
- 制定数据标准、主数据、元数据、数据质量管理流程及制度。

贯标阶段主要指贯彻执行数据标准化管理制度、推进管理要求实践的过程。主要包括：搭建数据管控平台和执行管理流程、落实管理制度两个环节。

（1）搭建数据管控平台环节，包括：

- 优化主数据管理平台。
- 建设元数据和数据标准管理平台。
- 建设数据质量管理平台。

（2）执行管理流程、落实管理制度环节，包括：

- 执行数据标准、主数据管理流程和制度。
- 执行元数据管理流程和制度。

核标阶段主要指检验考核数据质量，从而验证数据标准化工作最终效果的过程。主要内容是考核评价。

考核评价环节包括：

- 执行数据质量管理流程和制度。
- 依据数据质量监控结果对数据标准执行情况进行考核评价。

最终，通过建标、贯标、核标三个阶段的工作，形成数据治理工作的完整闭环，使数据标准化的规划、设计、制定、执行、检验全流程得到管控。

16.2.4　组织架构

集团数据标准化工作的组织体系包括集团数据标准化领导小组、集团数据标准化工作组、集团信息管理部及其下设的科技研发公司、集团总部各管理职能部室、各单位数据标准管理工作主责部门和相关业务部门。

值得说明的是，该组织架构是从集团总部视角来设计和推行的，具体到每个行业中，则需要根据各自情况进行适应性调整。同时，对于每层组织的职责，仅以数据标准管理为例来介绍，元数据、数据质量、主数据等治理领域的组织职责与之相似，在此不赘述。

（1）顶层，集团高管挂帅——集团数据标准化领导小组是集团数据标准化管理工作的最高决策机构，负责对数据标准化管理工作的重大事项进行决策。

集团数据标准化领导小组设组长、副组长和组员，组长由集团总经理担任，副组长由集团数据标准化管理工作主责部门和数据标准业务责任部门的集团分管领导担任，组员由集团总部各相关职能部室总监及各单位负责人担任。

（2）中间管理层，集团 CIO 牵头、业务部室负责人和下属单位 CIO 参与——集团数据标准化工作组是由集团信息管理部牵头成立的数据标准管理工作协调、数据标准编制结果评审的联合组织。

集团数据标准化工作组设组长、副组长和组员，组长由集团 CIO 担任，副组长由集团总部数据标准业务责任部门的相关领导担任，组员包括集团总部各职能部室、各单位数据标准管理工作的负责人。

集团数据标准化工作组在评审数据标准时，以数据标准评审委员会（以下简称"评审委员会"）的形式开展，评审委员会成员由集团数据标准化工作组、数据标准业务责任部门、参与编制的其他集团总部职能部室和各单位相关人员组成，行使数据标准评审的职责。

（3）中间执行层，集团 IT 部门数据标准专家团队——集团信息管理部作为集团数据标准管理工作的主要责任部门，在数据标准管理中的具体职责包括：

①制定、维护、解释集团数据标准管理办法，协调并支持集团总部各职能部室及各单位制定数据标准相关细则及配套的业务管理流程。

②受理并分析集团总部各职能部室提交的数据标准需求，明确数据标准业务责任部门，协助数据标准业务责任部门制订数据标准编制工作计划。

③组织集团总部各数据标准的业务责任部门编制数据标准，并作为上级主管部门指导各单位开展数据标准编制工作。

④负责汇总集团总部及各单位的数据标准编制结果，统一提交至集团数据标准化工作组进行评审，并根据评审结果统一发布数据标准及修订数据标准的版本信息，同时对发布后的数据标准进行解释和使用指导。

⑤负责集团总部信息系统建设的业务需求分析、系统设计和上线阶段检查数据标准执行情况，并指导各单位制定数据标准落地执行方案，推动集团数据标准落地工作。

⑥负责对集团总部各职能部室及各单位数据标准管理工作的整体过程进行监督、指导及考核。

（4）基层，总部业务部室——集团总部各管理职能部室作为数据标准业务责任部门和数据标准使用部门，在数据标准管理中的具体职责包括：

①明确本部门的数据标准管理工作负责人及数据管理专员，并将负责人报备集团信息管理部成为集团数据标准化工作组组员。

②在集团信息管理部的指导下，根据业务需要制定所属职能领域的数据标准管理细则，将数据标准管理要求纳入业务管理制度中。

③作为数据标准业务责任方或使用方，在数据标准编制中负责配合集团信息管理部制定数据标准的业务标准、技术标准和管控标准。

④作为数据标准业务责任方，配合集团信息管理部对所属数据标准进行解释和使用指导。

⑤及时、准确地提出数据标准新增、变更、落地需求，配合集团信息管理部制定数据标准落地执行方案。

（5）基层，下属各单位数据标准主责部门（以 IT 部门为主）——各单位数据标准管理工作主责部门，在数据标准管理中的具体职责包括：

①明确本单位数据标准管理工作负责人，并报备集团信息管理部成为集团数据标准化工作组组员。

②在集团信息管理部的指导下，制定本单位数据标准相关细则，具体包括本单位数据标准管理的组织、机制及流程，并将数据标准管理要求纳入相应的业务管理流程中。

③制定本单位数据标准的编制、变更、执行流程。

④受理并分析本单位各业务部门提交的数据标准需求，明确数据标准编制的业务部门，并统筹相关业务部门制订数据标准编制工作计划。

⑤组织本单位各业务部门开展数据标准的编制工作。

⑥负责将数据标准编制结果汇报给集团信息管理部。

⑦若本单位数据标准管理工作主责部门不是本单位信息管理部，则需要协助本单位信息管理部制定及审批本单位数据标准落地执行方案，推动本单位数据标准落地工作。

⑧负责对本单位各业务部门数据标准管理工作的整体过程进行监督、指导及考核。

（6）基层，技术支撑部门——集团信息管理部下属的润联科技公司作为数据标准的技术支撑部门，其具体职责包括：在数据标准落地工作中，协助集团总部各职能部室及各单位制定数据标准落地技术方案，并负责相应的系统设计、开发、测试、上线等工作。技术支撑部门及其职能如图 16-2-2 所示。

集团数据标准化领导小组

组长：	集团总经理
副组长：	集团财务官、战略官和CIO
组员：	各单位业务负责人

集团数据标准化工作组 ←→ 华润汇（协调机制）

组长：	集团CIO
副组长：	集团总部其余部室负责人和信息部数据工作负责人各单位负责人（CIO）
组员：	

职能线指导

集团职能组

办公厅	标准化接口人
战略管理部	……
人力资源部	……
财务部	……
审计部	……
纪检监察部	……
法律事务部	……
信息管理部	……
环境健康和安全部	……
群众工作部	

业务单元组

华润创业	标准化接口人	华润医药	……	华润万家	……
华润雪花	……	华润医商	……	华润健康	……
华润五丰	……	华润三九	……	华润微电子	……
华润饮料	……	华润双鹤	……	华润纺织	……
华润电力	……	华润金融	……	华润化工	……
华润置地	……	华润银行	……	华润物业	……
华润水泥	……	华润信托	……	华润网络	……
华润燃气	……	华润资产	……	华润资本	……

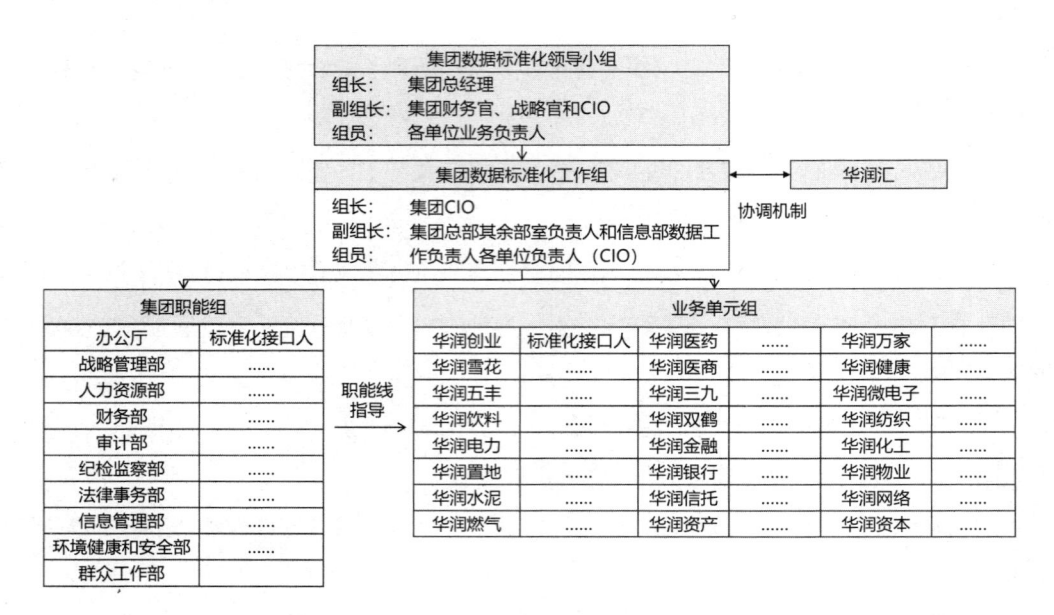

图 16-2-2　技术支撑部门及其职能

16.2.5　数据标准化内容

下面从数据标准化工作的组织范围、数据范围、业务范围、功能范围 4 个维度展开介绍华润集团数据标准化的内容。

1．数据标准化工作的组织范围

华润集团数据标准化工作的组织范围如表 16-2-1 所示。

表 16-2-1　数据标准化工作的组织范围

组织范围	所包含的机构
华润集团总部	办公厅、战略管理部、人力资源部、财务部、审计部、纪检监察部、法律事务部、信息管理部、环境健康和安全部、群众工作部
利润中心	华润创业、华润雪花、华润五丰、华润饮料、华润电力、华润置地、华润水泥、华润燃气、华润医药、华润医商、华润三九、华润双鹤、华润金融、华润银行、华润信托、华润资产、华润万家、华润健康、华润微电子、华润化工、华润物业、华润网络、华润资本

2．数据标准化工作的数据范围

数据标准化工作的数据范围如表 16-2-2 所示。

表 16-2-2　数据标准化工作的数据范围

数据范围	范围说明
元数据采集范围	集团财务相关系统、集团人力相关系统、各利润中心相关 BI 系统，总计 30 多个系统，10 多万个字段
数据标准范围	以集团财务和人力领域为主，梳理部分行业数据标准，数据标准有 2500 条左右
数据质量稽核范围	财务相关系统、智信部内部等 10 个系统

3. 数据标准化工作的业务范围

- 咨询规划阶段交付的数据标准编制结果的落地。
- 咨询规划阶段交付的数据标准编制过程模板及内容的落地。
- 集团总部及利润中心数据资产/元数据盘点结果的落地。
- 集团总部及利润中心数据质量检核规则的梳理与落地。
- 满足试点单位已收集的数据质量管控业务需求。

4. 数据标准化工作的功能范围

（1）构建数据管理统一门户。

数据管理统一门户集成了数据质量管理、元数据管理、数据标准管理、数据资产管理、数据运营管理和流程管理等，实现了一站式数据管理服务。

通过该门户可及时了解当前所有系统的数据结构及其变化状态、各类数据资产情况、数据资源统计信息、各系统数据质量情况和标准指标以及数据项等情况。

通过以集中式管理模式统一全公司的数据标准，建立健全的数据标准制度体系，形成数据标准在系统建设中的硬约束机制，保证数据标准的共同遵循和共享使用，保障集团数据治理平台的整体正常运转，实现"建标、贯标、核标"的数据标准化整体工作的落地。

（2）元数据管理。

- 设计可扩展的元数据模型，具备元数据采集入库管理、元数据实体关系维护等功能。
- 通过元数据采集功能，实现灵活多样的元数据采集适配器及任务管理配置的功能。
- 试点 SQL 解析组件，实现元数据的采集和内容管理功能，支持元数据的增、删、改、查等基本功能。
- 提供对元数据的分级浏览、版本控制等功能。
- 实现元数据核心分析功能，包括试点影响分析、血缘分析、全链路分析、差异分析、一致性分析等，支持集团元数据及数据标准的可视化管理功能。

（3）数据质量管理。

通过制定检核规则，实施数据质量检核，暴露数据质量问题。

通过持续监控业务系统数据质量的波动情况，以及进行数据质量规则占比分析，定期生成关键数据质量报告，掌握系统数据质量状况，并结合数据质量问题处理流程为各系统数据质量的提升提供有效支撑。

（4）数据标准管理。

- 对数据标准相关信息进行全生命周期管理，包括数据标准的定义、发布、停用、废止等功能，实现对数据标准的持续管理。
- 为待发布的数据标准提供收集建议和反馈，以及管理的功能。
- 提供开放的数据标准维护管理机制。
- 通过与数据质量监控管理子系统集成，可以监控数据标准落地的执行情况。
- 通过与元数据管理子系统集成，提供数据标准落地映射的配置功能，为统计分析数据标准的分布及覆盖情况打下基础。

（5）数据资产管理。

其提供数据资产注册与废止审批流程、数据资产管理、数据资产可视化展示、数据资产运营分析及数据资产安全定级等功能。

（6）流程管理。

实现对平台中所有申请流程的统一跟踪管理，查看待提交、已提交、正在审批、已发布的申请及其流程状态。

平台流程主要包括：数据标准建立流程、元数据和数据标准检核流程、质量规则新增维护流程、数据资产注册与废止审批流程、数据质量问题处理流程等。

（7）数据运营管理。

其主要包括业务元数据运营分析、技术元数据分析、数据质量总体分析等，对整个平台内的标准、元数据、数据质量稽核情况一目了然。

（8）系统管理。

其提供日志管理、用户管理、角色权限管理、表单管理、菜单管理、配置管理、流程配置等支撑数据标准化管理平台运行的功能。

16.2.6 实施过程及步骤

在前面的数据标准化历程、解决方案及思路中对实施过程进行过简要介绍，现对其进一步展开详述。集团数据治理工作大体上分为两个阶段。

第一阶段：规划数据治理体系蓝图，全业务领域推动数据治理的开展，搭建元数据和数据质量管理系统。

第二阶段：各业务领域按需、精益化开展数据标准化工作，搭建数据质量管理系统和数据银行平台，深化数据资产应用和价值的挖掘。

1. 第一阶段实施步骤

①内部立项：2017年年末，信息部门整理出数据标准化工作方案，向上级汇报并通过，推动内部立项，开启数据治理工作。

②规划数据治理体系蓝图：2017年年末—2018年4月，通过邀请外部商业公司，体系化地调研、评估数据治理现状，分析问题，规划集团数据治理体系蓝图；同时给出数据标准化落地方案、流程、模板工具，带领总部试点部门开展元数据盘点和数据标准编制工作。

③2018年4月，总部各部室及下属所有一级单位全面推进数据标准化工作，具体包括：

- 集团发布数据标准和元数据管理制度。
- 集团总部发布财务、人力领域的数据标准，并由各利润中心对口部门分别进行补充、落地。
- 各利润中心分别整理自身的数据资产目录大纲，并梳理出业务领域（如采购、制造、销售、物流等）元数据，分别制定自身行业数据标准并向集团总部申请，审批通过后发布。

④2018年3月—9月，搭建元数据和数据质量管理系统，提供平台门户、元数据管理、数据标准管理以及数据资产管理等模块功能。

2. 第二阶段实施步骤

①按需开展数据治理工作：2018年年末，集团总部和各利润中心积极沟通探讨，对前期数据标准化工作进行回顾和反思，调整后续数据治理工作的思路，从集团全面推动改变为各单位按需开展、结合业务和IT项目建设节奏来进行数据治理。

②搭建数据质量管理平台：2019年年中，集团搭建数据质量管理平台（一期），之后优化

升级；2019 年下半年，开展提升数据质量试点工作。

③规划及建设数据银行平台：2019 年年中，集团规划数据银行平台，并于 2019 年年末一期建成。

数据银行平台以实现集团内外部数据资产共享交换和交易为目标，前期以接入外部采购数据和内部分发的方式，开展数据流通共享，省去了各单位的外采流程，节约了部分采购成本；中期开始在集团内部促进单位间的数据商品交易，利用数据要素来促进跨领域的业务合作，助力集团多元化业务协同；未来计划在确保符合法律法规、政策的前提下，对集团外部提供数据商业化服务。

16.2.7 支撑工具

在数据标准化实施过程中，集团于 2018 年建设了元数据和数据质量管理系统，2019 年搭建了数据质量管理平台，并将标准、质量、元数据门户统一整合为数据治理平台。2019 年年底建设了数据银行平台，支持集团内外部数据共享交换和交易流通，助力实现数据资产商业化。

1. 构建数据管理统一门户

数据管理统一门户集成了数据质量、元数据、数据标准、数据资产展现、数据运营统计管理和流程审批管理，实现一站式数据管理服务。

2. 建立企业级元数据管理子系统

企业级元数据管理子系统通过提供元数据查询、元数据落标检核、链路关系分析、数据结构视图与数据结构异动监控等功能，帮助华润集团获得更多的数据洞察力，进而挖掘出隐藏在资源中的价值。

3. 建立数据质量监控管理子系统

数据质量监控管理子系统的具体作用如下：

- 通过制定检核规则，实施数据质量检核、监控，发现数据质量问题。
- 通过持续监控业务系统数据质量的波动情况，定期生成关键数据质量报告，掌握系统数据质量状况。
- 结合数据质量问题处理流程，为各系统数据质量的提升提供有效支撑。

数据质量监控管理页面如图 16-2-3 所示。

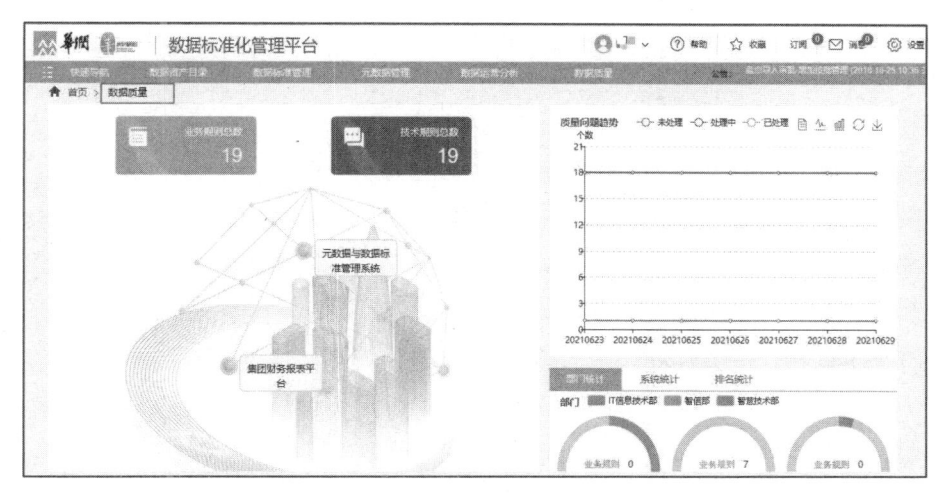

图 16-2-3　数据质量监控管理页面

4．建立数据标准管理子系统

数据标准管理子系统提供了对数据标准的起草、审批、发布、查询、展现、更新、废止等功能，并且数据标准和元数据可以集成，提供数据标准落地映射的功能。

数据标准管理页面如图 16-2-4 所示。

图 16-2-4　数据标准管理页面

5．建立数据资产管理子系统

通过提供数据资产注册与废止审批流程、数据资产管理、数据资产可视化展示、数据资产运营分析以及数据资产安全定级等功能，更好地支撑各种数据的应用、丰富的服务接口拓展，支撑数据资产的多渠道应用，如数据共享、决策支持等，最终实现数据资产价值最大化。

6．建设数据银行平台

建设集团数据银行平台，通过商业模式，以数据变现利润来驱动数据集中、共享、交换、交易，助推数据资产流通；通过数据集中、加工、挖掘、智能分析等技术，形成更具业务价值的报告、数据产品等来赋能业务；通过实现数据共享交换和交易功能，通过数据变现，让数据的定位从成本中心转变为利润中心，实现数据价值更大化。

数据银行业务模式示意图如图 16-2-5 所示。

图 16-2-5　数据银行业务模式示意图

16.3　建设效果

通过规划集团数据治理体系蓝图，给集团数据治理工作指明了整体方向，明确了治理领域、实施步骤，构建了数据治理组织体系和权责分工，为后续工作的开展打下坚实的基础。同时，华润集团还制定和发布了数据标准管理、元数据管理和数据质量管理集团级制度，指导和要求下属单位编制了本单位相应的数据管理制度细则，逐步建立和完善数据治理制度体系，规范了与数据标准化相关的组织权责和分领域落地流程。

数据管理门户平台上线至今，已向集团 10 个部室、24 个利润中心，共计 653 个用户提供数据管理服务，日均用户访问量达 620 次；配合华润集团制定和完善集团级数据标准约 2500 条，转化数据资产约 30 万条（其中，基础盘点约 22 万条，指标盘点约 8 万条），数据资产转化率由初始的 39%上升至 81%。

目前，通过统一管理数据标准、数据资产及技术元数据，系统标准符合率由初始的 32% 上升至 82%。此外，数据管理门户已完成对 30 多个系统、43 万张表、630 万个字段技术元数据的统一采集管理工作，实现了从接口层、数据加工层、汇总层到展现层共计约 3 万条全链路分析，并且分析准确率为 90%，达到国内领先水平。

16.4 创新点及亮点

华润集团采用"集团统筹，分域管理"的模式，通过总部统筹顶层设计，下级单位"一企一策"、精益化地结合场景按需开展数据治理工作，逐步完善数据治理体系内容，为多元化、非强管控型的集团企业提供了良好的案例示范。华润集团立足于企业数据特点，制定了一套符合集团可持续发展、具有创新性的数据治理体系。

- 实现了在多元化业务场景下，集团对各利润中心管理专业类数据标准的统筹管理，对各利润中心生产经营类数据标准的分域管理；总部以制定和发布通用的管理类数据标准为主，各利润中心制定自身企业生产经营类数据标准，并报总部审批通过后发布形成企业数据标准。
- 建立数据资产、技术元数据、数据标准、质量规则四者之间的关系，根据数据落标关系，自动生成数据质量稽核规则，以及建立稽核数据源，自动执行数据质量稽核规则，从而实现集团数据标准化"建标、贯标、核标"的闭环管理。
- 采用分布式 Neoj4 图形库作为元数据存储库，并为元数据存储库建立集群环境。元数据存储库支持 TB 级、PB 级大数据存储及关系快速查询，实现元数据存储库由传统关系型数据库向 Neoj4 图形库的转变，实现元数据存储库横向无限扩展。
- 以商业化思维，探索破解大型企业间部门壁垒高、数据孤岛等数据共享难的问题，通过数据银行平台来驱动数据资产发挥价值，在过程中带动数据资产目录的完善和数据资源的流通，让数据动起来、用起来，为多元业态、海量的数据资源找到更多的应用和价值出路。

第 17 章

装备制造行业：航天科工三院数据标准化实践案例

17.1 案例背景

中国航天科工集团有限公司（以下简称"集团公司"）紧抓时代发展脉搏，将数字航天战略提升到集团发展战略高度，提出"建设航天云新型基础设施、创新发展数字产业、面向数字孪生的数字化研发工程、深化智慧企业建设、强化数据治理"五大战略任务，积极构建和涵养以工业互联网为基础的云制造产业集群生态，为中国制造业转型升级提供新动能，为助力中国经济发展提供新力量。

中国航天科工三院（以下简称"三院"）处于转型升级的关键时期，管理模式和产业发展都将发生深刻变革。在集团公司建设"数字航天"的战略要求下，三院结合本院的实际情况，推动管理信息化提升，建设以 ERP 系统为核心的业财一体化管理平台，支撑业务协同与融合，强化精细化高绩效管理，为实现制造智能化、产品智能化、服务智能化、管理智慧化的目标提供信息化管理平台基础。

数据是业财一体化管理平台应用的基础和前提。对标国内外先进的防务企业发展水平和信息技术的发展趋势，三院没有充分认识到信息经济时代数据驱动创新发展、转型升级的作用，基于数据驱动的创新意识较薄弱，数字化管理模式转变较慢，具体体现在以下 4 个方面：

- 尚未建立完备的数据体系架构和数据全生命周期闭环服务平台，数据全面感知与获取能力不足，数据碎片化，缺乏有效的数据管控、共享标准及机制，数据处理技术支撑能力不足，和业务协同与融合发展、数据驱动创新发展的要求还有很大的差距。
- 科研生产、经营管理等核心业务全面数据化程度较低，获取准确、一致的业务数据难度大，人、财、物、产、供、销、服等信息的全生命周期管理与加工服务能力尚不能满足企业精益管理的要求，难以高效实现事前预测、风险预警等目标。
- 各业务看板可展现指标体系的数据颗粒度及维度有限，数据多来自手工报送平台，数据的及时性、准确性较差；同时基于算法和模型的预测性分析挖掘功能匮乏，所积累的数据不能为主要的经营、研制与生产服务等业务活动和决策提供精准有效的支撑。
- 尚未建立能够支撑有效的数据分析、利用和发现的数据资产库，数据集成共享程度较低，不能充分进行知识提炼，难以支撑数据驱动的技术创新、商业模式创新和管理创新。

针对以上问题，三院面向全部管理业务，充分借鉴行业最佳实践，深入、细致地梳理了全业务基础数据和流程，制定了数据标准和业务流程标准，并在军工科研生产领域开展了数据综合分析利用，为解决好业财一体化、两级业务衔接、数据融合等问题提供输入，为全院统筹推进 ERP 系统建设和数据驱动型综合创新研究院建设奠定良好的数据基础。

17.2 建设方案

纵观集团公司内外数据治理实践案例，分析集团公司内建设形势，借鉴集团公司外先进经验，寻求突破方向，三院在以下 4 个方面展开设计思路：
- 全面梳理三院主数据、事务型数据和分析数据，建立健全的数据体系。
- 完善各类数据管理职能，建立数据管控组织架构。
- 建立完善的数据管理应用平台，实现数据的互联互通、数据的统一和共享，为数据驱动提供动力。
- 开展数据应用，建立数据驱动的新业务运营模式。

17.2.1 总体建设思路

三院围绕数据驱动的综合创新、数据驱动的智能决策、数据驱动的业务应用、数据体系、支撑体系和信息化支撑平台六大建设要素，将数据作为一种新的生产要素深度融入，并驱动经营管控、产品研制、综合保证等业务活动与综合创新过程，建立数据驱动的新业务运营模式，如图 17-2-1 所示。

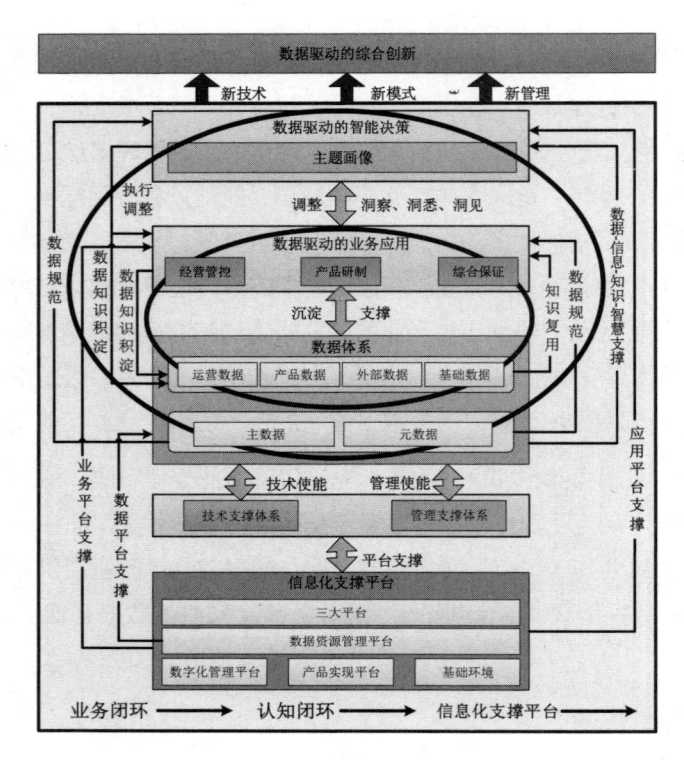

图 17-2-1 总体建设思路示意图

项目以数据"六性"为基本原则，以"四化"为建设纲领，实现数据驱动的"两闭环"。具体思路如下：

首先，围绕核心业务价值创造过程，以数据的完备性、规范性、唯一性、重用性、一致性、可追溯性"六性"作为规范企业数据体系化建设的基本原则，在主要业务领域加速建立数据驱动的业务应用运行规则和机制，全面推进企业"业务数据化"建设；逐步建立一套完备的数据体系及管控流程，持续开发企业主要业务的信息知识，积淀形成自主可控的数据资产，持续推进企业"数据资产化"建设。

其次，建设强大的 KPI 体系与模型库，通过主题画像洞察、洞悉并及时纠正调整业务问题，洞见捕捉业务机会和预测规避风险，深入推进企业"决策智能化"建设；建设实现一体化集成运行的三院信息化支撑平台，及时优化和改进业务自动化运行规则和机制，逐步实现企业"运行自动化"。

最后，将"数据—信息—知识—智慧"作为一种新的生产要素深度融入并驱动经营管控、产品研制、综合保证等业务活动过程，实现"业务靠数据闭环"的经营管控与综合保证、数据驱动的产品研制与创新设计，构建形成"事前预警纠偏、事中监督管控、事后执纪问责"的全链条智能运行模式，实现数据驱动的"认知闭环"。

17.2.2 建设方法

依据顶层设计理念，通过现状调研与分析、业务总体规划、详细规划、应用与技术规划 4 个步骤，采取相对成熟的方法论进行指导，展开业务流程分析、数据体系建设、业务运营分析体系设计，完成业务闭环管理、数据关联共享、工作协同融合的规划设计与 IT 架构优化，为下一步系统建设的蓝图设计提供输入，如图 17-2-2 所示。

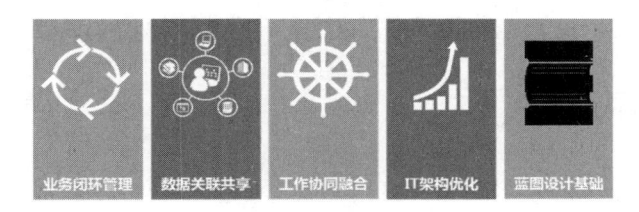

图 17-2-2　建设方法

17.2.3 最佳实践的启示

三院在项目建设初期开展标杆企业调研，主要调研了集团公司、壳牌、华为、商飞和国网江苏电力，综合各企业的建设经验，在企业数据治理方面得到如下启示。

（1）集中规范的数据管理。

集中规范的数据管理是一切应用的基础。业务部门能否在信息时代认识到数据的价值，并将其作为部门业务工作的重心，是数据工作取得实质进展的关键因素。

（2）管理的变革创新。

无论是全球统一的数据管控中心，还是市场需求导向的产品研发，都是为了改变现状而花巨大代价展开的管理创新，并努力获得成功和回报。

（3）业务驱动的应用集成。

IT 建设必须由业务驱动，业务部门不仅仅是参与方，更应该从全局出发亲自规划设计。所建立的系统也不应是一个个孤岛，而应从业务场景、业务融合全局集成的角度开展系统建设，实现系统能用、好用、易用。

（4）管理信息化基础的沉淀。

在大多数情况下，其他企业展露的是成功的一面，其成功经验可能并不太适合自己，但可以用来开阔视野，企业自身需要具有扎实的管理信息化基础，坚持问题导向，解决问题，沉淀升华，得到的才是自己的最佳实践。

大型集团型企业的类似项目带来的启示如图 17-2-3 所示。

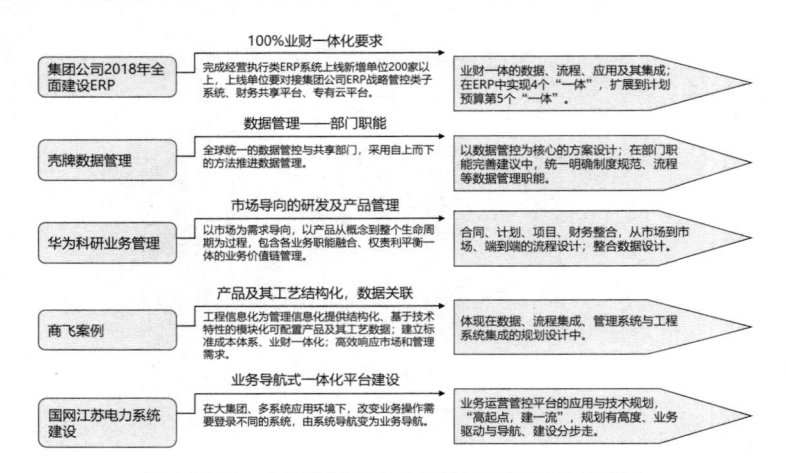

图 17-2-3　大型集团型企业的类似项目带来的启示

17.2.4　建设路径

三院按照统筹规划、建设实施、深化应用三个阶段开展项目建设，项目建设路径如图 17-2-4 所示。

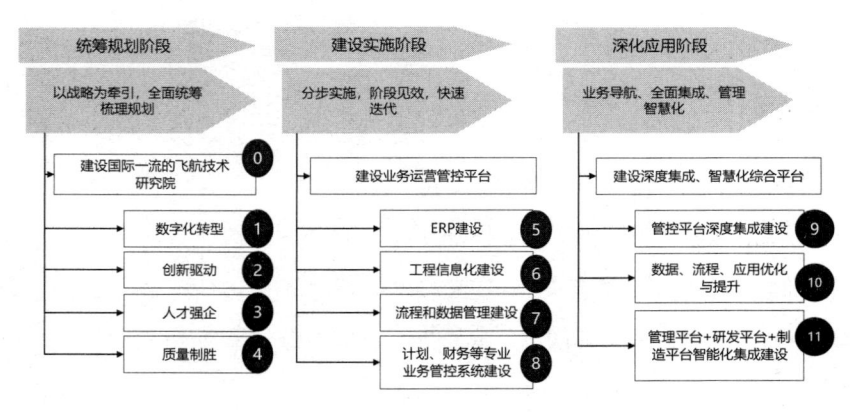

图 17-2-4　项目建设路径

17.2.5 建设周期

借鉴国内外数据治理方面的先进经验，结合三院现有业务和数据基础，遵循建设思路，按照"数据体系规划与业务流程梳理—数据标准规范的制定及发布—院级主数据清理—数据管理平台建设—数据综合分析利用"的基本建设路线，三院统筹推进全院数据标准化和治理工作。

第一阶段，数据体系规划与业务流程梳理。2017 年 10 月至 2018 年 5 月，建立由三院本部业务专员和网络信息中心（北京京航计算通讯研究所）内部顾问组成的专业化团队，开展业务流程、主数据、事务型数据和分析型数据的梳理工作，完成三院数据体系架构构建、数据管理体系规划、业务流程规划、平台与应用建设规划。

第二阶段，数据标准规范的制定及发布。2018 年 5 月至 2018 年 8 月，三院本部业务专员和网络信息中心组成的联合项目组完成 10 余类主数据标准规范的编制及下发。

第三阶段，院级主数据清理。2018 年 8 月至 2018 年 11 月，成立主数据清理联合团队，采用线上、线下相结合的方式，历时 3 个月，完成院级主数据清理工作。同时，成立三院主数据统一运维管理团队，负责系统稳定运行和运维保障工作。

第四阶段，数据管理平台建设。2018 年 9 月至 2018 年 10 月，完成三院主数据管理系统升级，实施数据仓库建设。

第五阶段，数据综合分析利用。2019 年 3 月，通过数据仓库中的数据模型抽取 SAP ERP 系统、合同管理系统、规划与计划管理系统中的数据，开展三院科研生产和经营发展管理看板建设，实现数据综合分析利用，支撑企业智能决策分析。

17.2.6 建设方法

三院以"以数据管控为核心，流程端到端闭环，推进横向业务融合，打通纵向管控点"为出发点，最终实现数据融合贯通和业务驱动应用。项目建设方法如图 17-2-5 所示。

按照 TOGAF 方法论，从顶层全局出发，在数据体系设计、业务流程梳理、数据驱动应用三个方面进行设计。

在数据体系设计方面，在 DAMA 数据管理知识体系指南的体系框架下，采用面向对象的数据梳理方法，从业务活动、数据对象、数据结构（视图）、数据属性、类型（元数据、引用数据、主数据、事务型数据、分析型数据）等维度，对三院数据进行全面梳理。同时以主数据治理为突破口，解决数据孤岛问题，建立全院统一的主数据管理体系及相关支撑工具，全面推进院本部及院属单位的主数据贯标应用。

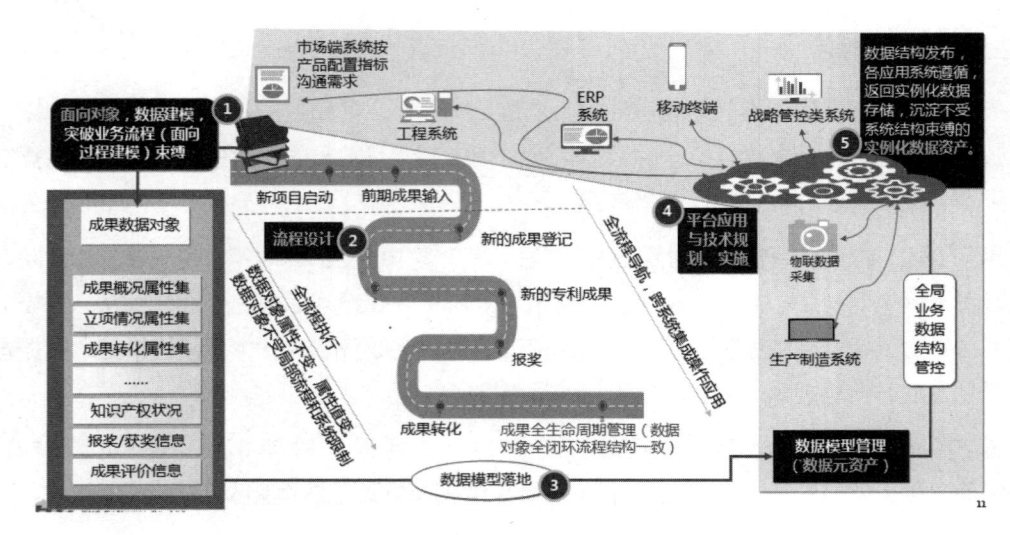

图 17-2-5　项目建设方法

在业务流程梳理方面，基于三院业务流程架构，遵循"全覆盖、全过程、突出重点"的思路和总体建设思路，按照三院管理业务 8 大域分类开展高阶业务流程的梳理。

在数据驱动应用方面，结合三院管控要求、数据体系和业务流程梳理情况，将数据作为一种新的生产要素深度融入并驱动经营管控、产品研制、综合保证等业务活动过程，提高核心业务间数据模型、知识的集成共享与沉淀程度，实现数据驱动的技术创新、商业模式创新和管理创新。

17.3　建设效果

本项目以战略和管理诉求为输入，完成全院业务流程、数据体系的梳理和基础数据标准化治理，推动以 ERP 系统和多项目管理系统为核心的业务运行协同平台建设，实现业务数据化；基于数据仓库进行业务数据资产沉淀，面向科研生产管理场景实现数据综合分析利用，支撑精细化管理的提升。

1. 完成全院业务流程梳理，为数据融合、业务协同奠定基础

基于三院业务流程架构，遵循"全覆盖、全过程、突出重点"的思路，从"以数据管控为核心，流程端到端闭环，推进横向业务融合，打通纵向管控点"的建设方向出发，按照高阶业务流程框架进行规划设计，梳理了三院管理业务 8 大域 43 个高阶业务流程，如图 17-3-1 所示。

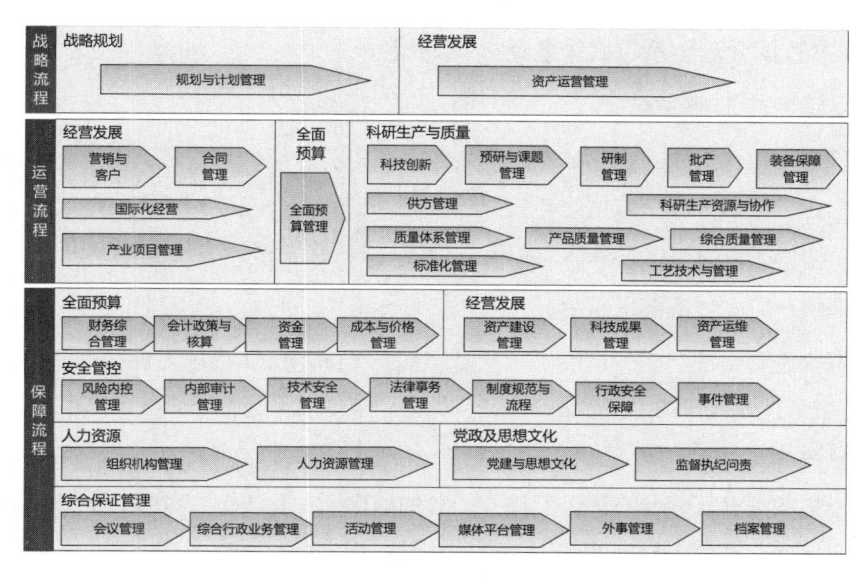

图 17-3-1　三院业务流程图

2. 梳理数据体系，形成数据整体框架

在 DAMA 数据管理知识体系指南的体系框架下，本项目采用面向对象的数据梳理设计，覆盖业务基础、业务运营和综合保障三个领域，梳理包括人力资源、财务、计划、合同等 14 个主题、735 个数据对象、14 183 项数据关联属性、705 项数据字典、130 个分析主题、390 个分析报表、827 个分析指标在内的数据体系，为业务数据化、数据沉淀、价值挖掘奠定数据基础。数据体系结构示意图如图 17-3-2 所示。

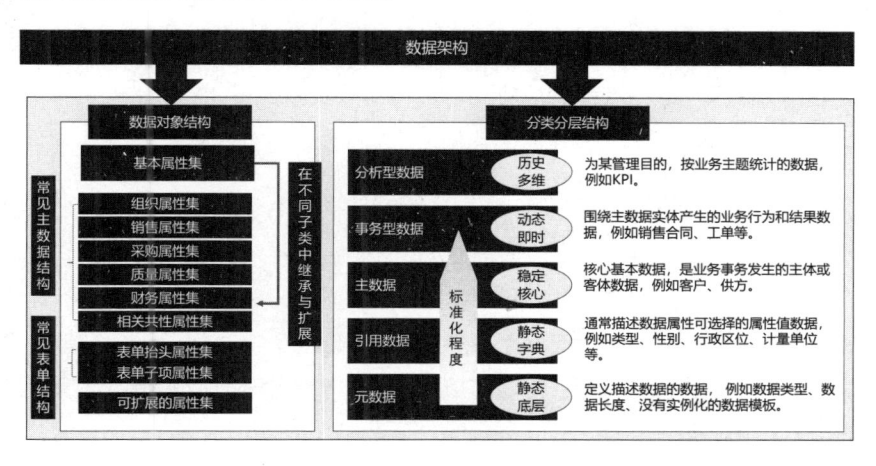

图 17-3-2　数据体系结构示意图

3. 建立主数据管理体系，实现基础数据的统一

（1）制定院级主数据标准规范。

结合三院整体管控需求，细化扩充项目主数据、财务专用供方主数据、财务专用客户主数据、个人客户主数据、人员主数据、半成品主数据、成本中心主数据、利润中心主数据、银行账户主数据、代码主数据 10 类院级主数据规范，并管理和各类数据接口集成的规范。

（2）搭建统一的主数据管理平台。

搭建由机构备案系统、编码系统、人力资源系统共同组成的统一主数据管理平台，从而实现对机构、供方、客户、项目、物品、会计科目等各类主数据的统一集中赋码和管理，并提供相应的主数据集成分发标准接口。

三院通过主数据管理平台管理企业核心的数据信息，实现核心主数据的申请、审批、查询、校验、配码、变更、冻结、分发等全生命周期管理。该平台具备主数据门户、主数据维护、模型管理、统计分析、系统管理、工作流管理、数据清洗等功能。

（3）建立院级主数据标准库。

项目组成立了专门的主数据清理组，组织完成全院共 40 余家单位的非法人机构、法人机构、供方、客户、项目、半成品主数据的清理和赋码工作，最终全院累计形成 7 大类 28 小类 57 余万条主数据编码库。

（4）实现与横向、纵向业务系统间的关联打通。

建立统一的数据分发接口，打通主数据与 ERP 系统、财务共享系统、多项目管理系统、合同管理系统等业务系统的横向集成通道，贯穿两级主数据纵向集成通道，实现全院主数据"数出一源"，保障全院数据共享和流程管控应用。数据集成关系如图 17-3-3 所示。

（5）建立完善的运维体系。

数据标准化治理是一项持续性的工作。为了更好地推进治理成果的落地，三院借鉴外部单位"三位一体"的成功管理模式，即一套基础数据编码管理系统、一套统一编码规范、一个高度集中且独立运行的专门管理机构，依托北京京航计算通讯研究所组建了包含标准体系优化、数据审批、技术支撑等多个岗位的专业化运维组织，实现业务常态化运行，并建立了配套的运维管理规章制度，明确主数据责任人体系，实现对企业内部复杂数据的有效管理。运维组织架构示意图如图 17-3-4 所示。

图 17-3-3　数据集成关系

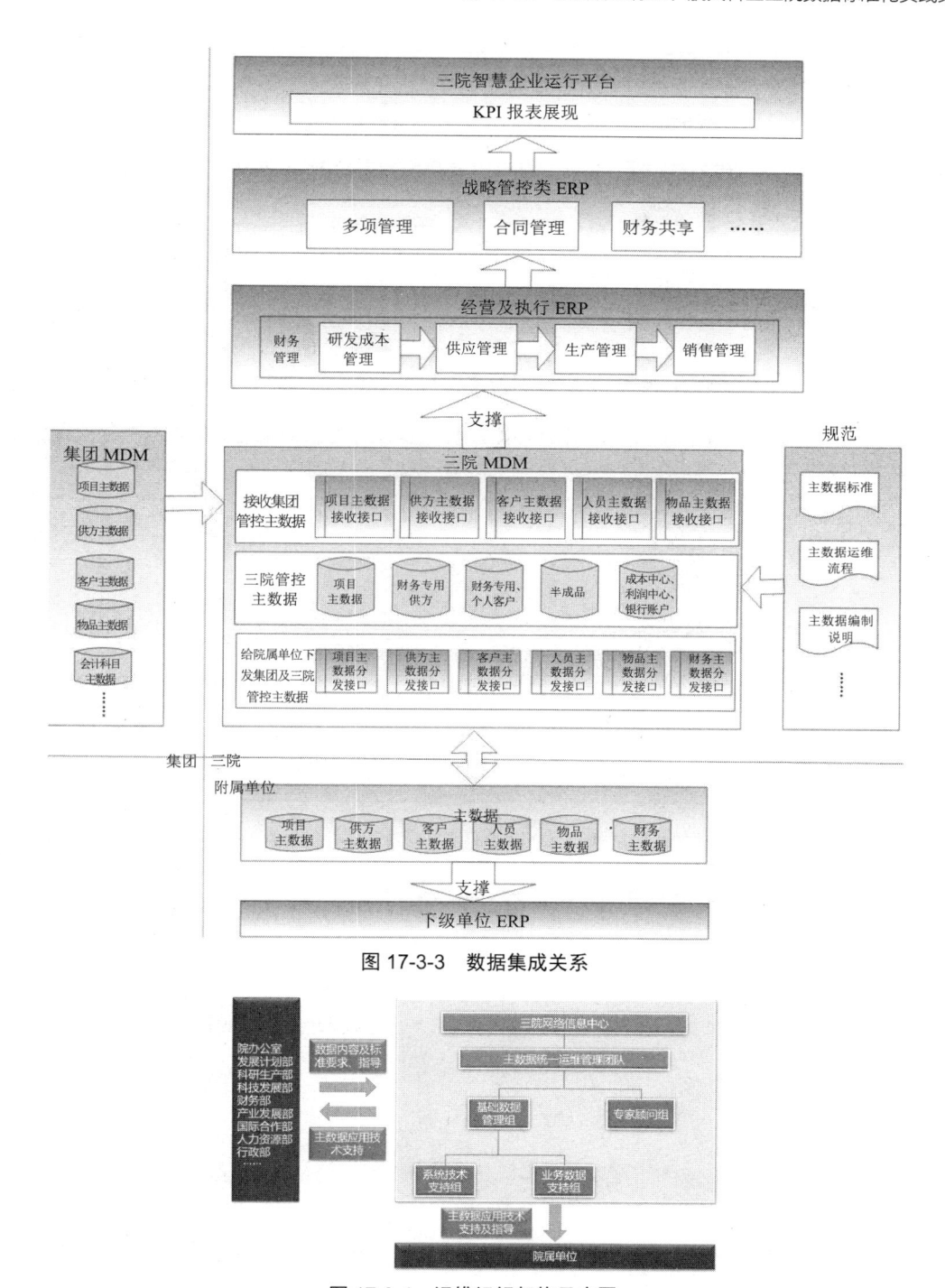

图 17-3-4　运维组织架构示意图

4. 统筹推进系统建设，促进业务数据标准化

统筹推进以 ERP 系统和多项目管理系统为核心的系统集成建设，实现项目全生命周期、全要素管理，实现"一本计划"管理、科研生产质量一体化管理、业财一体化，推进科研生产指挥调度数字化转型，实现科研生产业务过程数据化。

（1）建立基于 WBS 的多项目管理模式，提升三院整体科研生产管控能力。

- 以项目主数据的统一为抓手，基于 WBS 整合生产、质量、安全、计量、标准化等计划，形成项目"一本计划"，共创建 4 万余个 WBS 元素、2 万余个项目，实现了全口径项目管理，提升院所两级任务协同能力和项目过程管控能力，如图 17-3-5 所示。

图 17-3-5　全口径项目管理

- 打通院所两级计划下达、执行、调整、预警、考核的闭环管理，实现院所两级批产、研制、预研、课题等科研生产计划在线协同管控，提升三院科研生产精细化管控水平。

（2）以项目 WBS 为核心初步实现科研生产质量一体化，实现对生产过程信息的追踪、监控预警。

建立订单数据驱动的生产管理模式，提升生产管理的精细化水平。通过 1.5 级 BOM 监控实时掌握三级单位地面设备及其配套产品，以及部分关键零部件的批产采购、销售、生产进度、质量和配套情况，对各种短线情况进行追踪，提升批产任务的生产进程动态监控、质量问题管控、关键难点及短线问题的预警处理能力。

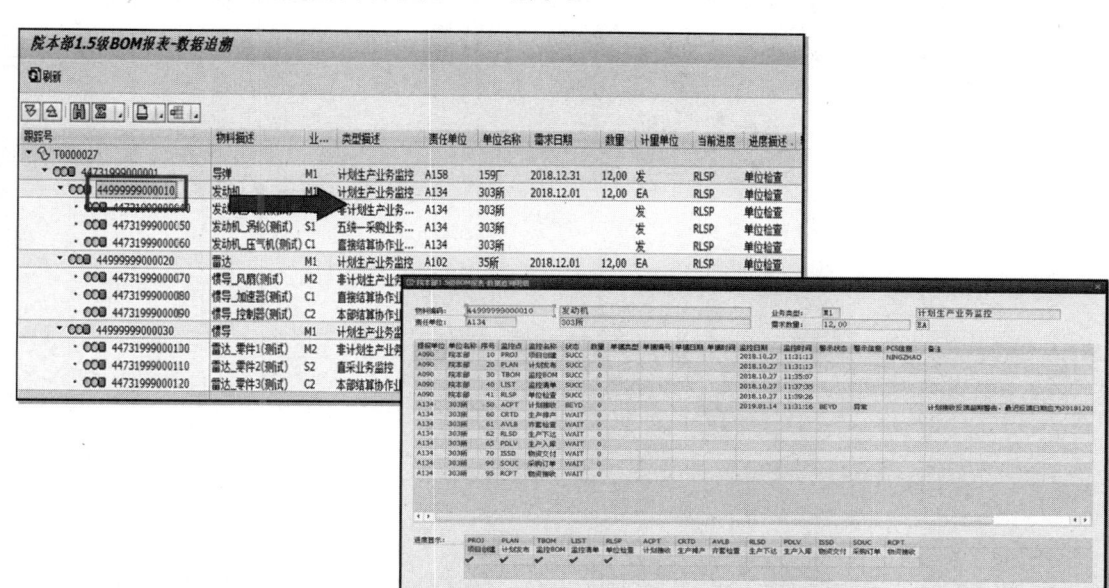

1.5 级 BOM 数据追溯结果如图 17-3-6 所示。

图 17-3-6　1.5 级 BOM 数据追溯结果

（3）业务数据驱动自动产生会计凭证，实现业务与财务的联动。

- 以项目为抓手，实时采集采购、生产和销售等业务过程的财务数据，实现业务数据驱动自动产生会计凭证，以项目 WBS 形式对项目的收入、支出情况进行核算、汇总。财务指标可以更好地反映业务的进展情况，实现业务驱动财务、财务追溯业务、业财融合。
- 全院累计产生近 200 万条单据，实现从采购到付款、从销售到收款、从项目到核算、从生产到成本的业财一体化融合。

业财一体化流程如图 17-3-7 所示。

（4）依托财务共享平台，支撑财务治理一体化实现。

- 全级次单位上线了财务共享平台，实现财务管理集中、规范、统一。
- 总账、费用、应付账款、应收账款、票据管理、往来款管理、质量管理、电子归档、影像管理、绩效管理等业务流程和 32 个表单应用，通过 SAP ERP 系统、合同管理系统、发票池、商旅平台等系统集成，打通从业务填单、影像扫描到自动支付的端到端流程，实现基于财务共享进行资金统一、集中收付。

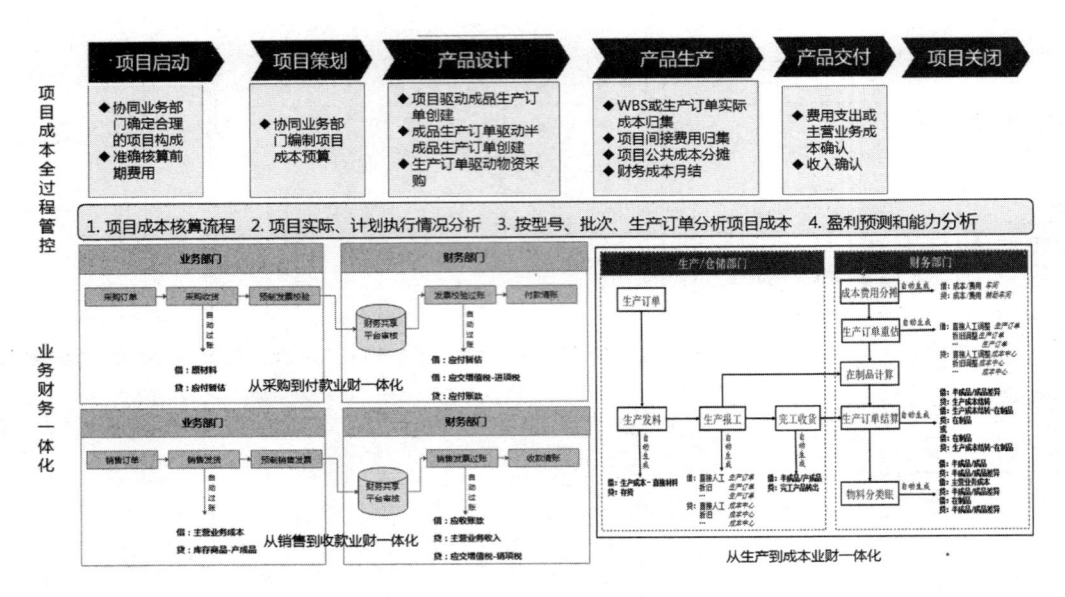

图 17-3-7　业财一体化流程图

- 构建基于三院财务共享平台的资金监管平台，加强五道风险管控，满足在填写单据时合同要素、合规预警、定向支付、付款账户等要求的预先校验控制，有效地进行资金监管控，规避资金风险事件的发生，资金支出监管得以加强，实现三院整体财务核算处理、数据存储、资金收付、规范建制、监管审计、管控治理的集中管控，完成 SAP ERP 系统与集团合并报表系统、审计信息系统的集成链路试点验证的打通。

财务共享平台架构示意图如图 17-3-8 所示。

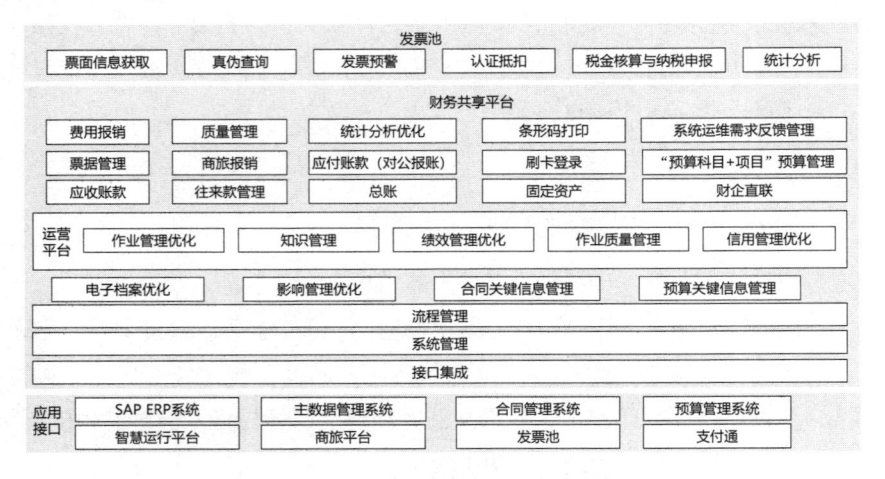

图 17-3-8　财务共享平台架构示意图

（5）开展合同管理系统与供方管理系统建设，推进数字化供应链建设。

- 院所两级合同管理系统全覆盖，实现合同全生命周期管理和监管控。
- 通过院所两级合同管理系统建设，实现收付款合同起草、合同审批、合同变更、合同解除、合同台账、合同统计分析等业务全过程在线管理，与财务共享平台、SAP ERP 系统、主数据管理系统进行横向打通，实现合同实际收付款执行系统间共享和基于合同的收支归集。
- 开展外协外购供方管理系统建设，实现全院 16 家单位军品外协外购、分包外包的供方准入、供方评价、供方等级变更、供方退出等业务流程线上管理，实现基于院级供方评价和合格供方等信息的综合报表展现分析，规范三院军品供方准入与退出，建立供方年度、季度、二次评价机制，提高合格供方管理水平，为推进供应链优化提升奠定基础。

（6）基于智慧企业运行平台，支撑综合办公一体化、流程化。

- 智企门户子系统作为整个平台的统一登录入口和信息整合展现的平台，构建统一任务/消息中心、统一集成认证中心、流程中心、数据中心等系统模块，完成 20 个主要业务应用系统的集成，形成面向多层级、多业务、多视角的门户视图，实现业务数据和决策分析数据的精准推送。
- 构建流程中心，实现流程与规则的融合管理。通过流程中心实现流程与规则的融合执行、统一管理和监控运行，已实现收文、发文、函件、请示、催办、项目库存转移、项目预算变更、项目标准 WBS 模板、里程碑计划调整、调度计划预警、采购计划、拨款计划审批，以及设备领用、变更、维修、退回、报废全周期等 30 多个业务流程上线，覆盖办公类、项目管理类、计划管理类、设备管理类等多个业务，支撑综合办公一体化运行。

5. 面向业务场景，开展数据综合分析利用

（1）业务数据沉淀。

三院通过 SAP ERP 系统、多项目管理系统、财务共享平台、合同管理系统等业务系统的全面上线及应用，不断推进业务数据化进程，基于数据仓库完成业务数据建模、抽取、存储、清洗等工作，累计完成覆盖项目、计划、合同、财务、物资、生产、质量 7 个主题近 400 万条业务数据的沉淀工作。

（2）综合分析利用。

三院依托科研生产指挥调度系统，开展科研生产过程数据综合分析利用，完成科研生产与质量和经营发展两个核心业务领域的科研生产等管理看板、科研生产调度会专区、合同主题和经营管理主题的建设，实现 238 项监控预警指标、68 张报表的建设上线，以及核心业务指标的

数据可视化分析与预警、明细数据指标的钻取与查看。

①构建多维度管理看板。

- 完成经营管理看板建设,实现包括业务板块营业收入、利润总额、经济增加值、成本费用总额占营业收入的比率、盈余现金保障倍数、应收账款净额、存货净额等监控指标的数据可视化分析与预警,满足经济运行分析会议在线查看经营数据的需求。
- 完成合同主题看板建设,覆盖院本部及院属单位军民品合同基础数据、预计收付款数据、实际收付款数据,实现全院合同 90 项指标、30 张报表的可视化分析,满足集团公司合同监管、三院合同数据分析利用的需求。
- 完成科研生产看板建设,覆盖集团公司/院责任令计划、飞行试验情况、演习战训情况、交装情况、质量问题归零情况、装备保障、日报/周报等信息,实现科研生产数据的实时查看,有效支撑业务数据统计分析与决策。

②构建网上调度会。

建设科研生产调度会专区,支撑三院年度任务目标、年度任务总体情况、当月计划完成总体情况、当月上次科研生产过程未完计划、重点任务及偏离度分析、下月重点工作安排的总体计划分析、后续工作措施保密要求等科研生产过程数据分析和穿透,实现三院科研生产调度会线上召开,保证数据的实时准确,改变使用纸质材料召开会议的局限性,节约大量材料统筹汇总时间,提高跨部门、跨单位的沟通效率和协同能力,提升科研生产集中指挥调度力度。

17.4 创新点及亮点

本项目具有以下创新点及亮点。

(1)提出数据驱动型业务管理模式,规划了数据驱动型思路;提出"六性""四化""两闭环"数据驱动总体思路,规划了"业务数据化、数据资产化、决策智能化、运行自动化"路线。

(2)借鉴 DAMA 数据管理思想,建立了适用于大型多业态军工央企的数据管理体系,实现了数据资产化和持续运营。梳理包含企业基础、业务运营和综合保障等方面较为完整的数据框架,建立了包含项目、供方、客户、物品、设备等数据标准规范,数据管理平台,数据共享服务,运维组织和流程的主数据管理体系。

(3)基于基础数据标准化治理成果,开展业务数据标准化建设和数据综合分析利用,实现了"一本计划"、科研生产质量一体化、业财一体化管理模式,为管理水平的提升提供支撑;同时,面向科研生产领域,开展数据综合分析利用,实现数据向知识的转化,推进企业决策智能化。

第 18 章

核电行业：秦山核电设备管理数据标准化实践案例

18.1 案例背景

18.1.1 企业介绍

秦山核电基地（以下简称"秦山核电"）以振兴民族工业为己任，从无到有，从小到大，全面建成 9 台机组，总装机容量为 662 万千瓦，年发电量约为 520 亿千瓦时，走出了一条中国特色的核电发展之路。

作为中国最大的核电基地，秦山核电生产设备管理信息化工作起步较早，特别是近十年以来，先后统一建设部署了面向不同管理领域的信息系统，主要有：企业资产管理系统（EAM、IFS、CMS）、企业资源计划系统（ERP）、工厂信息管理系统（PI）、核电设备可靠性管理系统（ERDB）、企业内容管理系统（ECM）等，在这些系统中对业务活动有不同的管理要求。在各个信息系统中，均积累了大量与设备管理相关的历史数据，但是这些数据并没有真正围绕设备产生整体价值，难以进一步提升设备管理水平。因此，实现设备数据的标准化显得尤为迫切和重要。

18.1.2 建设目标

通过项目实施，建立一套完整的数据治理组织制度、流程规范和方法体系；通过对设备管理部门的业务分析，建立核电设备管理业务数据标准，并基于设备管理业务数据标准，开展设备数据分析应用、数据建模、数据展现，搭建完整的设备管理指标分析体系。

18.1.3 发展历程

秦山核电设备管理数据标准化发展经历了三个阶段。

第一阶段：2015 年以前，当时设备管理业务进入信息化时代，但三家公司的设备数据分布在三套不同的企业资产管理系统中，管理要求不尽相同。

第二阶段：2015 年至 2018 年，秦山核电实现了设备基础数据管理、工作管理、预防性维修项目管理、变更管理等数据的统一存储、统一管理；通过 BPR（业务流程重组）使得各流程实现了标准化，建立了设备管理的共性制度，固化了秦山基地的管理经验，并初步形成以 EAM 系统为核心的设备全生命周期可靠性管理架构。

第三阶段：2019 年至 2022 年，通过开展基础数据梳理专项工作，发布了设备管理业务数据模型、数据标准，通过建设数据中台，打破各业务系统的壁垒，形成完整的设备管理数据资源。

18.2 建设方案

18.2.1 建设路线及思路

本项目通过对设备管理业务的全生命周期分析，建立设备管理的概念模型、逻辑模型，发布数据标准。根据设备管理业务的数据标准，搭建设备数据中台，实现设备数据的统一建模与统一服务。

1. 秦山核电设备管理业务分析

设备全生命周期管理是指对核电厂系统设计、供货安装、设备运行与维护、设备变更与退役等业务活动的管理。设备运行与维护是核电厂生产运行的重要业务活动，设备的可靠性管理又是设备运行与维护的核心业务。

设备作为核电企业的核心资源，在各业务系统中积累了大量的设备管理业务相关数据，如 ERP 系统集成了备品备件供应链信息、设备运维资金成本信息等，PI 系统集成了设备状态参数信息，运行值班管理系统（ESOMS）存储了隔离与设备状态等信息。设备作为唯一的实体对象，在不同的系统中存在不同的数据标准，亟须构建统一、完整的设备全生命周期可靠性管理体系。

秦山核电设备管理体系通过发布的业务数据标准，抽取各个业务子系统与设备相关的数据至数据中台，在数据中台基于数据标准进行清洗、建模，实现设备全生命周期信息聚合，并通过数据服务，统一在设备中台进行展示、管理，如图 18-2-1 所示。

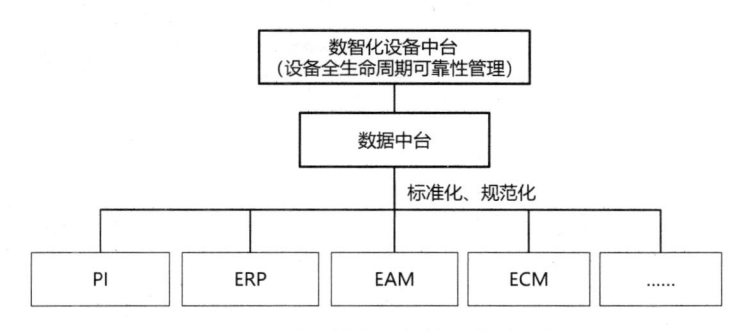

图 18-2-1　秦山核电设备管理体系示意图

2. 秦山核电设备管理数据标准化建设思路

秦山核电设备管理数据标准化建设以数智化设备中台为载体，实现数据驱动业务、统一应用系统，打通 ERP、EAM、ERDB、ECM 等系统，集中设备管理全生命周期数据，为秦山核电设备管理业务的高效运转、业务创新提供稳定的数据基础，构建一套集约化发展、精细化管理的目标体系。秦山核电设备管理数据标准化的建设总体基于设备中台的业务架构、应用架构和开发架构稳步推进。

（1）业务架构。

设备中台业务架构是基于设备管理各业务搭建的，总体分为业务管理层和分析决策层。业务管理层主要面向设备管理人员，如设备工程师、系统工程师、变更工程师等，实现设备管理业务活动的数字化流程；分析决策层主要面向技术决策主管及领导，对业务活动产生的数据信息进行集成、分析与消费。源数据来源于秦山核电数据平台以及工艺流程图数据库，数据平台通过对设备基础信息、在线运行信息、巡检信息、变更管理与预防性维修等业务数据的集中、贯通，实现设备可靠性管理与提升，如图 18-2-2 所示。

（2）应用架构。

基于设备中台业务架构，将关联性强的业务集成在一个页面上，便于不同的角色开展不同的应用集成。设备中台应用架构被划分为领导首页、工程师首页、设备管理、系统管理、备件管理、图纸管理、预防性维修管理等，如图 18-2-3 所示。

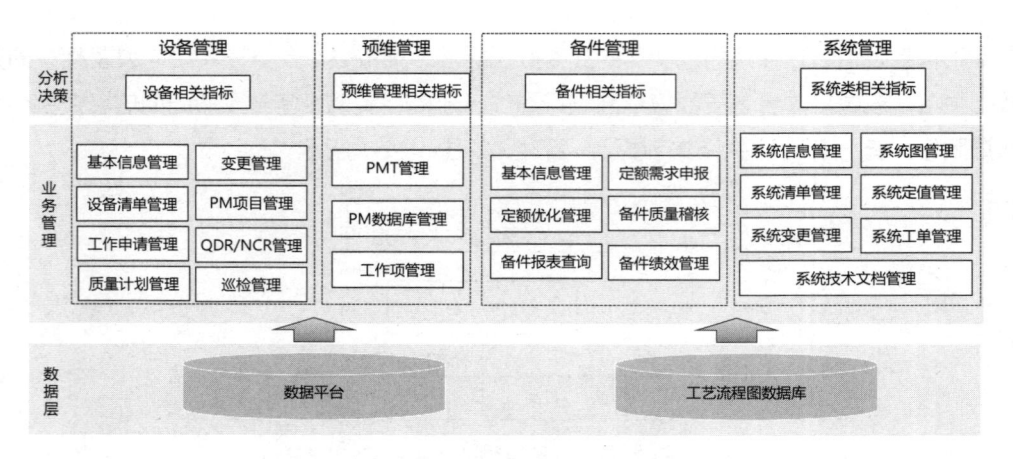

图 18-2-2　秦山核电数智化设备中台业务架构示意图

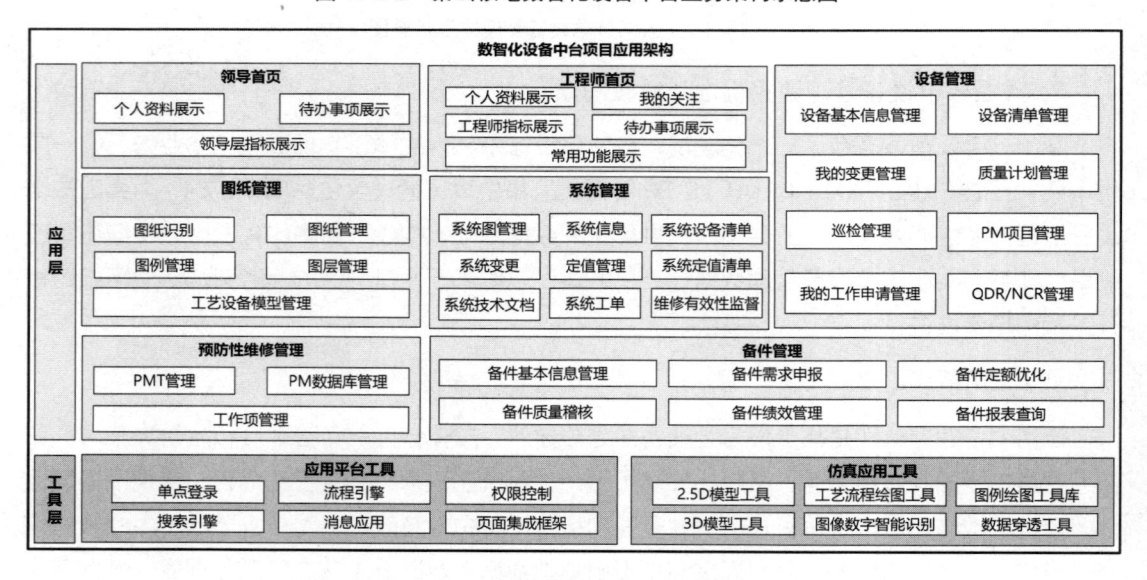

图 18-2-3　秦山核电数智化设备中台应用架构示意图

（3）开发架构。

设备中台采用 SOA（面向服务的架构）开发，通过企业服务总线串联各个独立应用。SOA 开发平台集成了统一门户、流程引擎、权限引擎等功能，通过企业服务总线将所有信息系统集成到一起。项目采用前后端分离的开发技术，前端使用 Vue 开发，后端使用 Java 开发，数据库主要使用 MySQL（RDS），如图 18-2-4 所示。

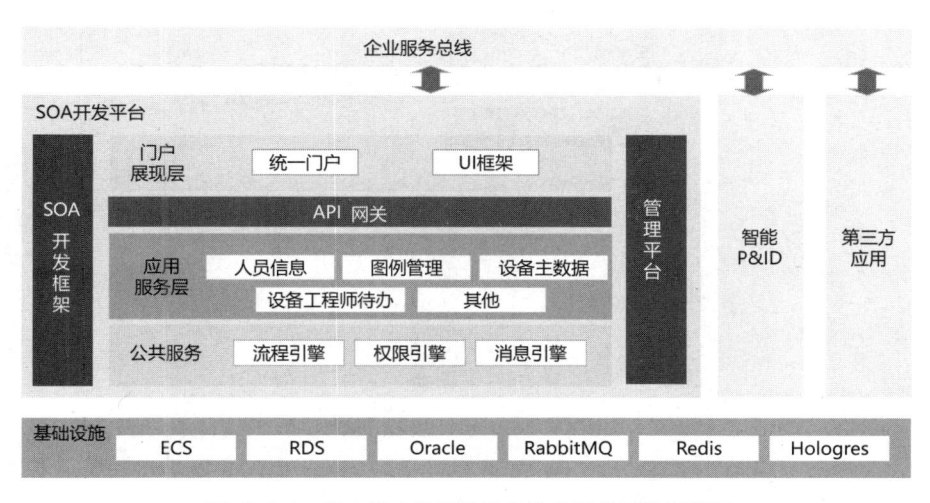

图 18-2-4　秦山核电数智化设备中台开发架构示意图

在数据服务开发过程中，稳态团队负责标准数据服务的开发，敏态团队负责非标准数据服务的开发。敏态开发会先于稳态开发，待稳态开发完成后，需要进行敏态和稳态的数据融合，将敏态开发的数据服务所需的数据资源最大化替换为稳态开发的数据服务，如图 18-2-5 所示。

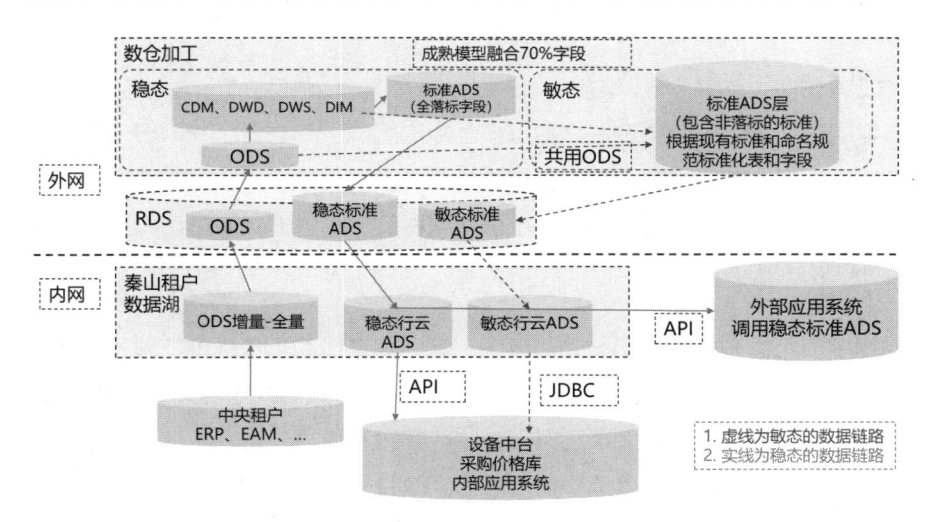

图 18-2-5　秦山核电数智化设备中台数据架构示意图

18.2.2　组织架构

组织架构示意图如图 18-2-6 所示。项目领导小组决策业务变革；项目领导小组下设指导专家组、项目经理、数据治理工作组、数据治理实施组，推进业务变革的实施。

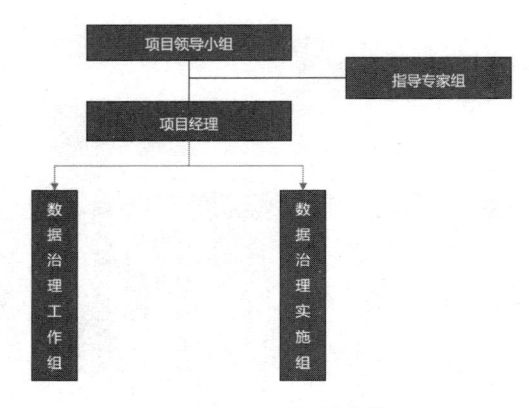

图 18-2-6　组织架构示意图

1. 项目领导小组

项目领导小组由公司领导（组长）和各业务领域的领导组成，组织与领导本项目的总体建设工作。其主要工作职责包括但不限于：对项目进行总体指导，确定项目实施方向，就关键问题提出指导意见；对重大事项做出决策；为项目提供必要的资源；审批项目策略、进度、预算、投资等；宏观上，对项目方向、实施策略、资源配置和风险控制等提供指导。

2. 指导专家组

指导专家组由数据治理业务专家、数据技术专家组成。其主要工作职责包括但不限于：引入相关行业方面的作业典范模式；与领导小组进行面谈及工作访谈；审阅关键业务分析和关键架构设计；建立交付文件的内容结构，参与审阅项目交付成果；开展培训和知识技能转移。

3. 项目经理

项目经理由项目领导小组指定的人员担任。其主要工作职责包括但不限于：负责项目日常组织、协调工作；负责审核《项目章程》《项目进度计划》《项目质量计划》；负责主持项目周例会、月度例会，及时组织、协调解决项目实施中的问题；负责开展项目的综合管理，主要包括项目范围、进度、质量和变更管理等；负责项目团队管理；负责项目交付成果的审核和确认；负责执行项目领导小组的各个决策事项。

4. 数据治理工作组

数据治理工作组由业务骨干成员组成，将全面参与本项目的建设过程。其主要工作职责包括但不限于：协助开展基础资料的收集；协助组织公司领导及业务部门调研访谈；协助开展针对信息系统的数据盘点；协助组织项目培训；参加项目的周例会、月度例会，整理对内的各类项目汇报材料。

5. 数据治理实施组

数据治理实施组由专业数据治理顾问组成，团队成员包括数据业务咨询顾问、数据平台工程师等。其主要工作职责包括但不限于：开展数据治理现状的调研与分析；开展数据盘点；开展数据治理规范体系设计；开展数据治理蓝图规划；开展数据治理程序的编制；开展设备相关数据标准的梳理与发布；开展设备中台的数据资源开发。

18.2.3 数据标准体系建设

秦山核电主要按照方法和规范、数据模型、数据标准和日常维护 4 个方面推进数据标准体系建设，如图 18-2-7 所示。

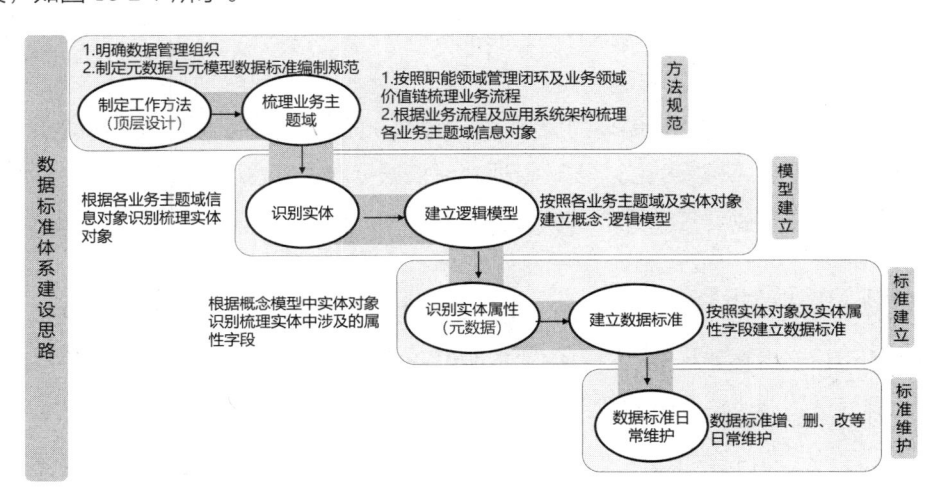

图 18-2-7 数据标准体系建设思路示意图

1. 方法和规范

方法和规范中明确了数据管理组织、元数据与元模型数据标准编制规范的制定、基于职能领域管理闭环及业务领域价值链的业务流程梳理、根据业务流程及应用系统架构对各业务主题域信息对象的梳理。其中前两项内容为模型和标准建立指导方法和基本规范，后两项内容为业务主题域的梳理提供方法和依据。

2. 数据模型

这个方面主要包括实体识别和模型建立两个环节。实体识别是指根据业务主题域信息对象识别实体对象；模型建立是指在工作方法和规范的指导下，构建以主题域为单位的可视化展现实体，以及实体之间关联关系的元模型 E-R 图，实体之间的关联关系分为一对一关系、一对多关系、多对多关系三种。

3. 数据标准

这个方面主要包括实体属性识别和数据标准建立两个步骤。实体属性识别即识别梳理实体对象中所涉及的属性字段；数据标准建立即建立实体与实体属性字段的各项元数据标准，包括业务元数据标准、技术元数据标准和管理元数据标准三大类。

4. 日常维护

数据标准的日常维护是指根据实际业务的变更或数据应用的需求，定期升版已发布的数据标准文件。

通过方法和规范的制定、元模型的建立、元数据标准的建立、标准的维护管理 4 个阶段的工作，形成数据标准体系建设的工作闭环管理，使数据标准体系建设的规划、设计、制定、执行、检验维护全流程得到管控。

18.2.4 实施过程及步骤

在秦山核电设备数据的标准化过程中，按照设备管理系统数据资产盘点、设备管理数据治理、设备数据资产目录形成和设备数据资产门户建设 4 个阶段进行。

1. 设备管理系统数据资产盘点

数据资产盘点步骤如图 18-2-8 所示。

数据资产盘点主要分为 5 个步骤。

（1）相关部门确定数据资产盘点的范围，包括盘点哪些部门的数据，以及分别在哪些信息系统中。

（2）根据《数据资产盘点系统清单》，整理出《业务系统数据库信息表》收集模板，收集盘点目标系统数据库的名称、类型、版本、地址、端口等。

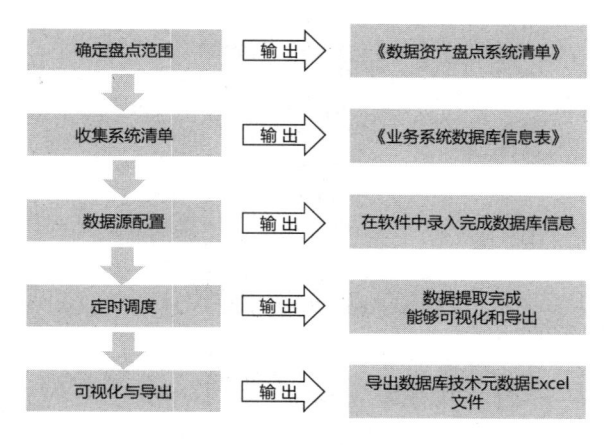

```
确定盘点范围  →输出→  《数据资产盘点系统清单》
     ↓
收集系统清单  →输出→  《业务系统数据库信息表》
     ↓
数据源配置   →输出→  在软件中录入完成数据库信息
     ↓
定时调度    →输出→  数据提取完成 能够可视化和导出
     ↓
可视化与导出  →输出→  导出数据库技术元数据Excel文件
```

图 18-2-8　数据资产盘点步骤

（3）进一步按照《业务系统数据库信息表》中的数据信息，逐条或者批量录入一体化数据治理及服务平台。

（4）同时读取目标数据库的技术元数据（表结构信息），读取频率为"一次性读取"，需要信息管理处提供数据库账号信息，账号的权限为"只读"，待项目阶段工作结束后，可以收回或关闭数据库账号。读取技术元数据的内容包括但不限于表名、字段名、主键字段、外键字段、记录数、字段名、类型、长度、精度、小数位、注释、是否必填等。

（5）经过上述步骤，整理出技术元数据清单。

2. 设备管理数据治理

根据数据资产盘点的数据分布情况，开展全域数据治理体系的建设，对主题域的划分按照公司的实际业务进行，至少需要划分为两级，多数情况划分为三级。与秦山核电设备管理相关的一级主题域分为技术、运行、维修等；二级主题域分为设备管理、变更管理、巡检管理、工单管理等，如图 18-2-9 所示。

通过概念模型、逻辑模型，结合数据标准，利用数仓一体化开发工具，开发出与设备主题域相关的物理模型，发布设备数据资产；在完成物理模型开发的同时，考虑设备数据的质量稽核。设备数据的质量稽核分为技术稽核和业务稽核两种：技术稽核主要指与设备的物理模型相对应的底表技术相关规则稽核，例如，设备主数据底表条目是否存在重复等；业务稽核主要指设备物理模型之间的业务规则稽核，例如设备的工单数据，在工单已经完工之后，工单完工日期应该不为空等。

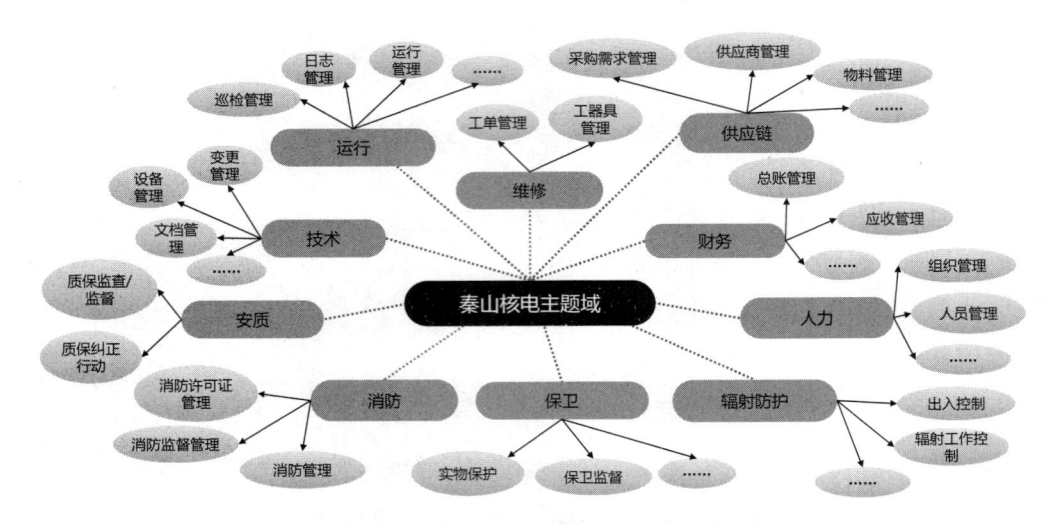

图 18-2-9　与秦山核电设备管理相关的一级主题域和二级主题域

3. 设备数据资产目录形成

通过设备中台的建设，逐步形成秦山核电设备数据资产目录。数据资产目录是按照主题域和专题域进行划分的，其中主题域主要为与设备相关的实体资产，专题域主要为与设备相关的指标资产。

4. 设备数据资产门户建设

设备数据资产门户是数据标准、数据资产目录、数据消费权限的集中管理平台，实现了数据资产的上架和下架、资产消费申请、资产查询等功能。

18.2.5　支撑工具

本项目主要由数仓平台、数据资产管理平台、数据可视化分析平台三个工具支撑。数仓平台面向数据开发人员，负责一站式数据研发治理；在数据资产管理平台，可以对研发治理好的数据资产进行运营管理；同时，可以通过数据可视化分析平台对数据进行直观展示。其产品集成架构示意图如图 18-2-10 所示。

1. 数仓平台

数仓平台是本项目的核心工具，是设备数据标准化过程中的支撑工具，承载着数据汇聚、存储、标准管控、分析、服务、模型开发、安全控制、质量监控等功能。秦山核电数仓平台采用湖仓一体化的建设思路，其业务架构示意图如图 18-2-11 所示。

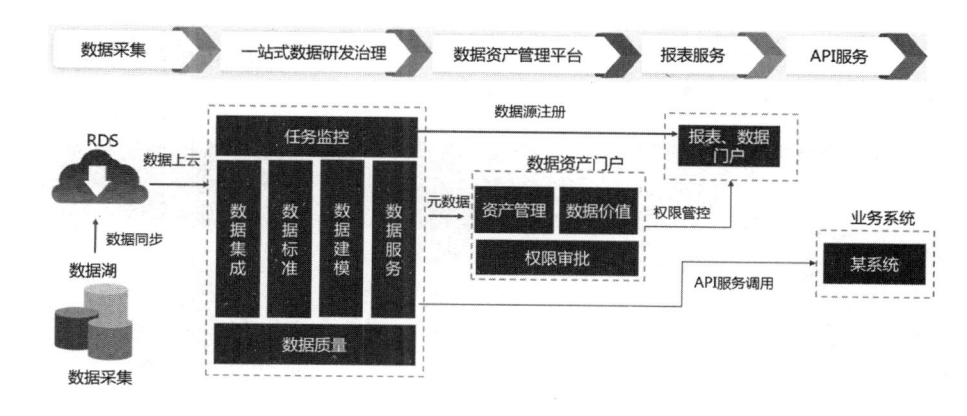

图 18-2-10　产品集成架构示意图

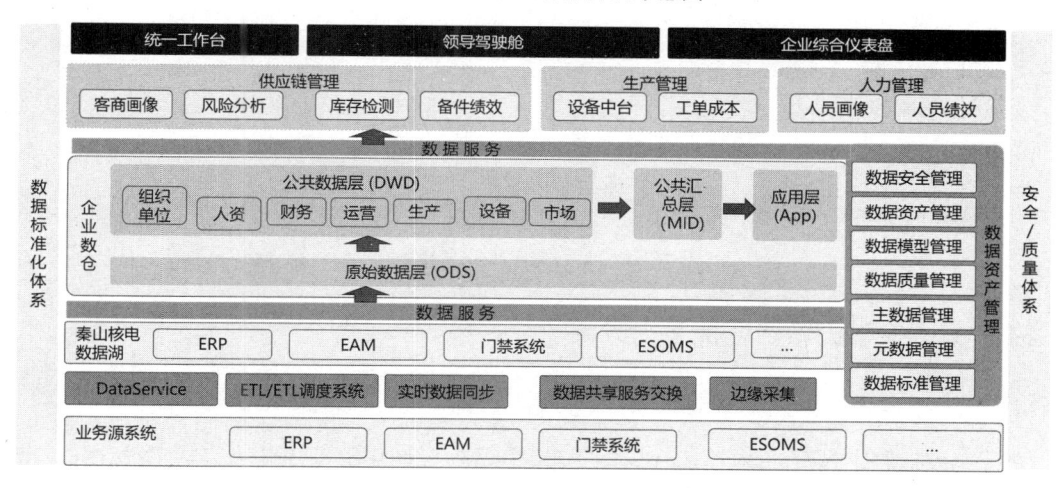

图 18-2-11　数仓平台业务架构示意图

2. 数据资产管理平台

数据资产管理平台是针对秦山核电数据资产的采、建、管、用进行提效的工具，它集数据资产的接入及管理、盘点及呈现、查找及消费于一体，旨在促进秦山核电数据的流通，产生价值。该平台采用数据资产运营模式，实现秦山核电数据资产的上架和下架、消费申请、资产应用、资产监控等功能。

3. 数据可视化分析平台

针对日常工作中领导层对各种即时维度报表的需求，秦山核电搭建了数据可视化分析平台，将通过数仓平台开发的各种基础的"大宽表"集成到数据可视化分析平台中，支持项目组关键用户按照"大宽表"的各种维度进行自由组合，得到各种即时维度的报表和指标，如图 18-2-12 所示。

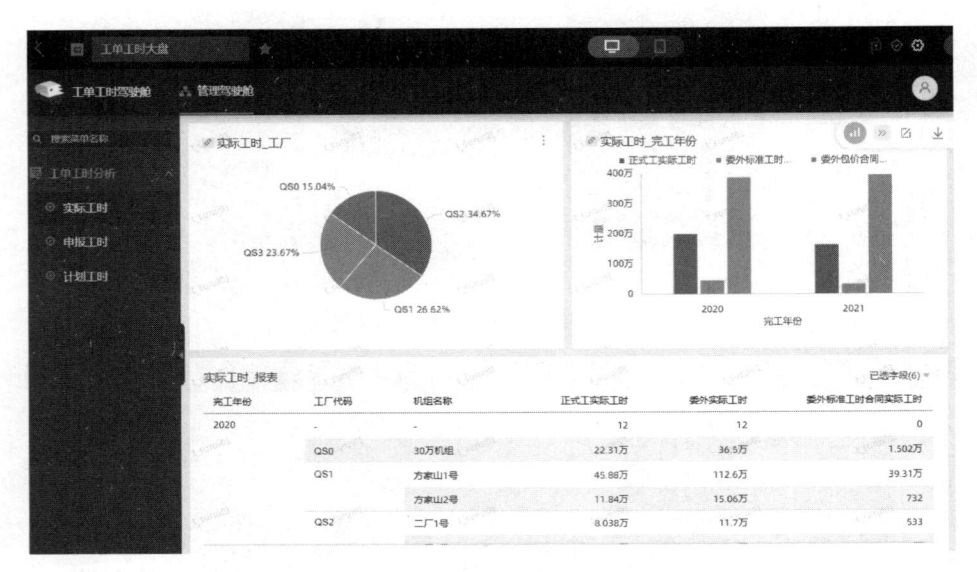

图 18-2-12　数据可视化分析平台

18.2.6　秦山核电设备数据标准化成果

1. 秦山核电设备数据编制规范

在标准规范制定方面，为了统一秦山核电业务数据模型和数据标准的编制，并规范信息系统建设时的数据模型和数据标准，形成了《核电厂设备数据模型编制规范》和《核电厂设备数据标准编制规范》两套规范。在这两套规范中又产生了《设备数据模型模板》、《设备数据标准模板》和《设备数据标准变更模板》三个模板文件。

2. 秦山核电设备数据实体清单

基于前面介绍的实施步骤和工作方法，利用设备数据模型编制规范和模板，秦山核电进一步完成了设备数据在业务流程上的分类，形成了便于业务理解、开发应用、存储和传输的设备数据实体清单，包括电厂、机组、系统、逻辑设备、物理设备、设备部件清单、设备的状态历史、设备的管理信息、设备的设计信息等 18 个业务实体。通过对秦山核电设备业务自上而下的整体划分与产生数据分析，可以保证对业务的全面覆盖，不交叉、不遗漏业务和数据，建立起设备管理全生命周期的数据资产体系。

秦山核电设备数据实体清单如表 18-2-1 所示。

表 18-2-1　秦山核电设备数据实体清单

实体编码	中文名称	英文名称	实体说明	数据所有者	数据类别	依赖主实体
TEQ0001	电厂	FACILITY	生产单元，至少包含一台机组	生产计划部门	主数据	N/A
TEQ0002	机组	UNIT	实体机组或虚拟机组	生产计划部门	主数据	电厂
TEQ0004	系统	SYSTEM	工艺系统	技术部门	主数据	机组
TEQ0007	逻辑设备	EQUIPMENT	逻辑设备	技术部门	主数据	系统
TEQ0008	设备的状态历史	EQUIP-STATUS-HIS	逻辑设备的状态变更历史	技术部门	事务型数据	逻辑设备
TEQ0010	设备的管理信息	EQUIP-MANAGE-INFO	逻辑设备的管理信息	技术部门	主数据	物理设备
TEQ0015	EAM 的备件包（临时）	EQUIP-BOM-EAM	EAM 中设备的备件包（BOM），临时过渡用	技术部门	主数据	逻辑设备
TEQ0016	EAM 的备件包行（临时）	EQUIP-BOM-LINE-EAM	EAM 中设备的备件包（BOM）的行，临时过渡用	技术部门	主数据	EAM 的备件包（临时）
TEQ0017	功能设备组	FUNC-EQUIP-GROUP	逻辑设备的功能设备组	生产计划部门	主数据	逻辑设备
TEQ0018	设备清单	EQUIP-GROUP	一组设备的清单，用于工作项	生产计划部门	主数据	逻辑设备
TEQ0019	工作项	WORK-ITEM	工作项	大修管理部门	主数据	设备清单
TEQ0029	物理设备	PHYSICAL-EQUIPMENT	物理设备	技术部门	主数据	N/A
TEQ0030	设备部件清单	EQUIP-PART-LIST	设备的部件清单，即设备的厂家图纸所包含的部件集合	技术部门	主数据	N/A
TEQ0031	设备部件	EQUIP-PART	设备的部件	技术部门	主数据	设备部件清单
TEQ0034	设备的设计信息	EQUIP-DESIGN-INFO	逻辑设备的设计信息	技术部门	主数据	物理设备
TEQ0128	设备清单的设备	EQUIP-GROUP-LIST	设备清单中的设备	技术部门	主数据	设备清单
TEQ0129	功能设备组的设备	FEG-EQUIP-LIST	功能设备组中的设备	生产计划部门	主数据	设备清单
TEQ0130	设备的备件包行	EQUIP-BOM-LINE	设备的备件包（BOM）的行	技术部门	主数据	设备部件清单

3. 秦山核电设备数据模型

秦山核电设备数据模型 TEQ 1.0 版包含 18 个业务实体、185 个属性。对业务数据的实体、实体的主要属性、实体之间的关系和完整性规则进行展示，以便于组织理解和沟通数据需求。TEQ 1.0 版模型按照业务对象与业务单元来组织，实体相对抽象，个数相对较少；属性相对具体，抽象度低，个数较多。模型整体抽象度适中，贴近业务，更容易理解，应用更方便。

秦山核电设备数据模型如图 18-2-13 所示。

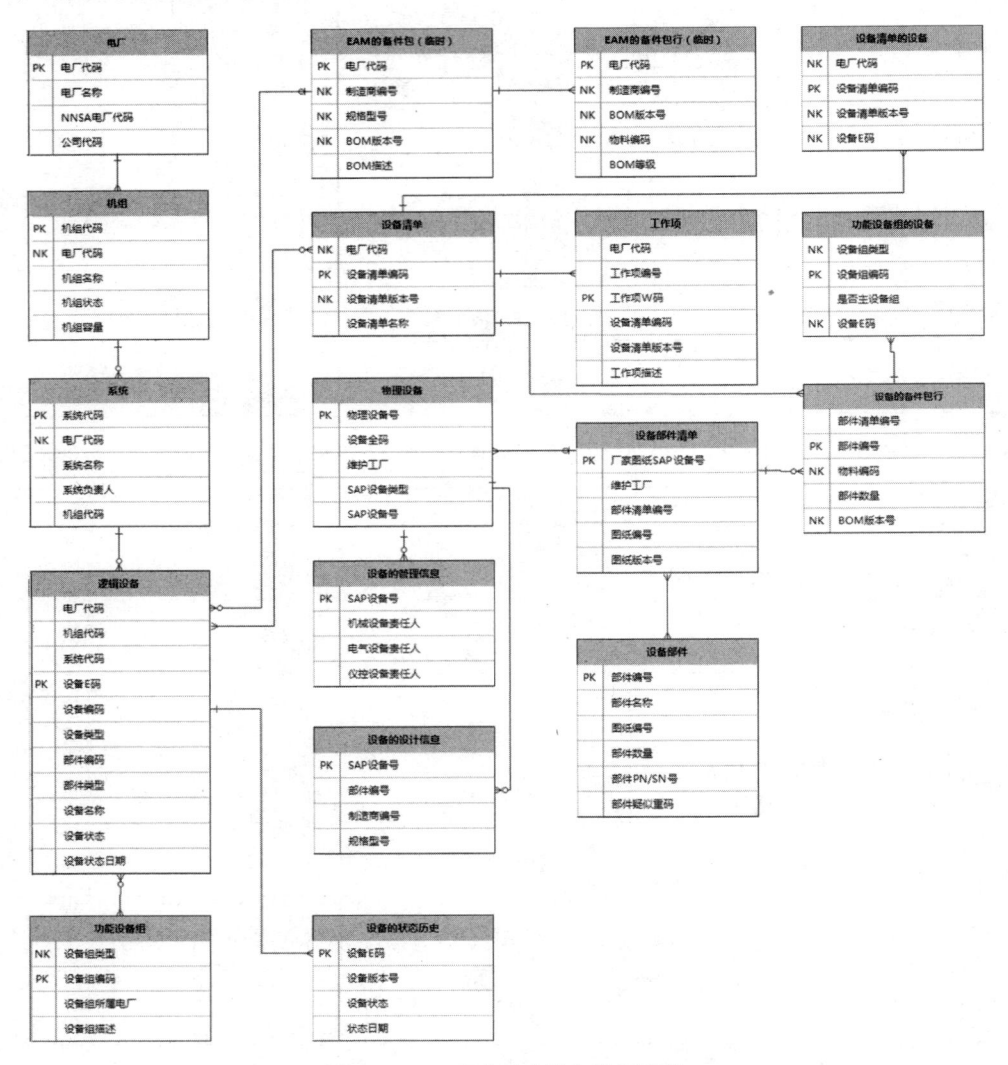

图 18-2-13　秦山核电设备数据模型

4. 秦山核电设备数据实体属性清单

通过对与业务活动对应的详细业务流程的分析，在设备数据实体清单的基础上，进一步对各业务实体进行梳理，形成完整的实体属性清单，用于描述数据特征。

实体属性标准由业务标准、技术标准和管理标准构成。

- 业务标准（业务层面）：数据应遵循的业务属性和业务规则的统一定义与解释，包括所属实体编码、属性编码、中文名称、英文名称、属性说明、完整性要求、唯一性要求等。
- 技术标准（技术层面）：业务应用对数据项技术属性的统一要求与定义，包括数据类型、数据长度、来源系统、来源数据表、来源数据字段等。
- 管理标准（管理层面）：明确数据标准管理中所涉及的信息，包括数据所有者、数据安全等级、数据敏感等级、来源数据字段是否为主键、来源数据字段等。

秦山核电设备数据实体属性数量清单如表 18-2-2 所示。

表 18-2-2　秦山核电设备数据实体属性数量清单

实体名称	实体属性数量	实体名称	实体属性数量
电厂	4	设备清单	4
机组	7	工作项	11
系统	5	物理设备	11
逻辑设备	24	设备部件清单	22
设备的状态历史	7	设备部件	16
设备的管理信息	18	设备的设计信息	25
EAM 的备件包（临时）	5	设备清单的设备	4
EAM 的备件包行（临时）	9	功能设备组的设备	4
功能设备组	4	设备的备件包行	5

5. 数智化设备中台

以业务驱动为前提，以统一应用为目的，打通 ERP、EAM、ERDB、ECM 等系统设备相关数据，构建设备数据的"统一中台"，集中管理设备主数据、设备状态数据、设备预防性维修数据、设备的备件采购数据、系统运行状态等全过程生命周期业务数据，有效推动核电业务的管理创新、服务创新等。数智化设备中台登录界面如图 18-2-14 所示。

图 18-2-14　数智化设备中台登录界面

数智化设备中台系统首页如图 18-2-15 所示。

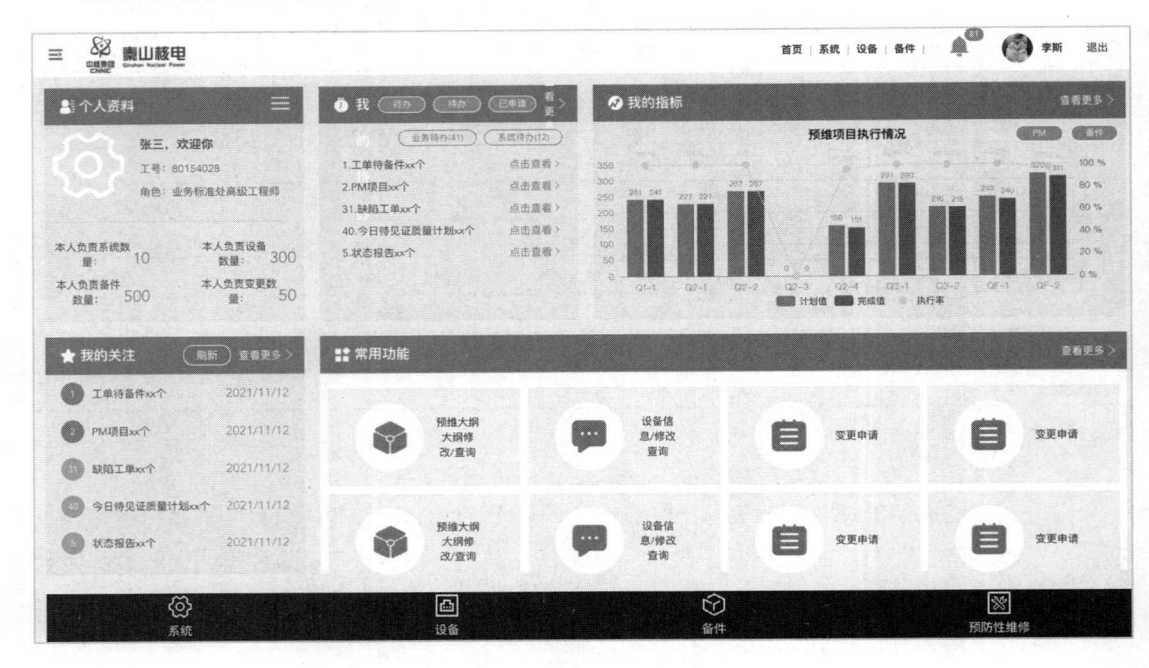

图 18-2-15　数智化设备中台系统首页

6. 秦山核电设备数据的集团标准、行业标准、国家标准申报

随着我国核电运营电厂的逐渐增多，由于缺乏统一的数据标准，各个电厂之间的数据资源

共享和利用存在壁垒，导致大量的数据资源利用效率较低，不利于核电厂进行大数据分析和数字化转型。为了保护作为核电厂第四生产要素的数据资产，提高数据资源的利用价值，结合我国核电行业丰富的生产运营经验，秦山核电取得的设备数据标准化成果已申报集团、行业、国家层面的标准，致力于通过统一国内核电设备领域的数据标准和规范，确保核电设备数据能够被有效地共享和利用，以提高不同堆型核电厂的设备数据使用价值，实现数据资源的保值增值。

秦山核电设备数据申报集团标准、行业标准、国家标准的情况如表 18-2-3 所示。

表 18-2-3　秦山核电设备数据申报标准情况

标准级别	标准名称
集团标准	设备管理数据模型标准制定技术要求
行业标准	核电厂设备元数据标准制定技术要求
国家标准	核电厂设备元数据

18.3　建设效果

秦山核电通过对设备管理的专项数据治理实践，统一了今后长期开展数据标准化工作的思路和方法，构建了数据标准化相关组织结构和权责分工，制定和发布了数据标准规范、数据质量稽核模型规范，为后续的设备智能应用建设打下坚实的数据基础。

（1）形成了一支强有力的数据标准化治理团队，持续有效地支撑数据标准化及数据运营工作。在标准化实践中，出具了 2 套标准规范、3 个标准模板，完成了人、财、物、生产 4 大领域数据标准的梳理，其中完成了设备管理在 18 个不同业务领域中的实体分类，建立起设备管理全生命周期的数据资产体系，并提供了 4 个数据标准服务。

（2）通过数据中台架构，实现了对 ERP、PI、EAM、ERDB、ECM 等不同信息系统的设备类数据整合，消除了各系统间的数据孤岛，使得数据能够得到统一有序的执行，最大限度地保障数据的及时性、准确性、完备性和可用性，并为未来进行数据集成智能应用提供足够的兼容性和扩展性。

（3）面向数据使用部门，提供了统一的数据管理门户进行数据资产管理和服务调用，便于后续有效推动核电业务的管理创新、服务创新等。

18.4 创新点及亮点

秦山核电立足于企业数据特点，制定了一套符合集团可持续发展的具有创新性的数据治理体系。

（1）建立数据资产、技术元数据、数据标准、质量规则四者之间的关系，根据数据落标关系，自动生成数据质量稽核规则，以及建立稽核数据源，自动执行数据质量稽核规则，从而实现集团数据标准化"建标、贯标、核标"的闭环管理。

（2）通过稳态开发和敏态开发融合的技术路线，搭建数据服务低代码平台，快速响应专项业务需求，减少服务重复开发，提高数据服务的可用率及稳定性。

（3）实现在多元化业务场景下，面向内部和外部的系统提供统一的标准服务，按不同主题域对数据标准进行分域管理，主要以制定和发布通用管理类数据标准为主。面向内部的个别专项应用系统可结合自身业务特性要求对通用数据标准进行扩展，并通过低代码平台快速完成数据服务开发，支撑专项系统快速调用。

（4）以商业化思维，探索破解大型企业间部门壁垒高、数据孤岛等数据共享难的问题，通过数据中台来驱动数据资产发挥价值，在过程中带动数据资产目录的完善和数据资源的流通，让数据动起来、用起来，为多元业态、海量的数据资源找到更多的应用和价值出路。

第 19 章

汽车行业：长安汽车数据标准解析与落标项目实践案例

长安汽车率先启动"数据标准解析与落标项目（一期）"建设，通过梳理已发布的国家标准、行业标准和企业内部相关标准，优先识别紧跟行业趋势、市场机会和业务发展的数据标准，通过信息化处理技术，建立统一的数据标准库，支撑新旧系统物理数据模型向与业务保持统一的数据规范进行靠拢。同时，结合企业数据管理整体框架，配套建设数据标准领域管理制度、流程和专业团队，持续迭代，初步实现了数据标准落地的集中管控，从源头规范企业数据定义的阶段性目标。

19.1 项目背景

19.1.1 公司介绍

重庆长安汽车股份有限公司（简称"长安汽车"）隶属于中国兵器装备集团公司，拥有全球 16 个生产基地、35 个整车及发动机工厂、41 个合作海外国家和地区。长安汽车是中国汽车行业首家"国家智能制造示范企业"，智能柔性焊接生产线、智能柔性高速冲压生产线入选国家智能制造示范专项。长安汽车以数字化、信息化、自动化为基础，以平台化、轻量化、精益化为抓手，集成大数据、云计算、人工智能、物联网技术，实现高质、柔性制造，快速满足客户个性化定制需求。

19.1.2 长安汽车数字化发展历程

汽车行业数字化历程分为信息化、数字化和智能化三个阶段，其中数字化阶段可细分为数字化转型和数字化重塑两个阶段。长安汽车从 2001 年开始信息化建设，通过数字化战略进行数字化转型的尝试，当前处于数字化转型期，正在向数字化重塑阶段迈进。如图 19-1-1 所示为长安汽车数字化发展阶段。

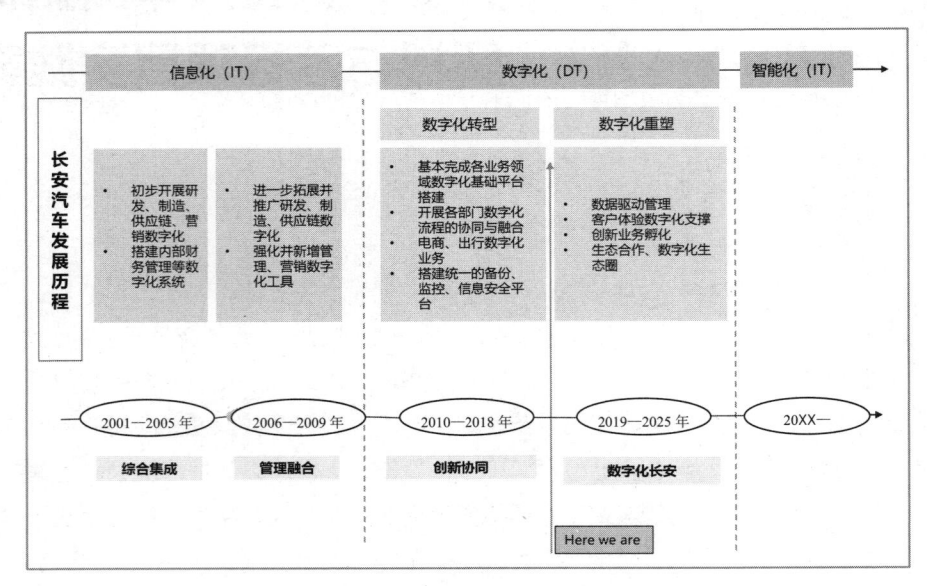

图 19-1-1　长安汽车数字化发展阶段

2010 年是长安汽车从信息化到数字化建设的一个分水岭。因为业务战略的转变，长安汽车开始开展各部门数字化流程的协同与整合，积极发展数字化业务，全面推进企业数字化建设。

19.1.3 背景介绍

数据治理，标准先行。

随着行业对数据资产管理的不断摸索，以及企业数字化转型的不断推进，数据标准已经成为企业数据资产管理工作的重要组成部分。无论是国家、地方还是企业内部，都发布了大量的标准，其中包含对数据标准规范的要求。长安汽车经过十余年的信息化建设与发展，依靠内部系统已经完成基础数据建设，但各系统中的数据如何保持与内外标准规范的统一，形成公司的数据资产，成为当务之急。

同时，已发布的外部标准还不同程度地存在标准体系分类定义有重叠、制定跟不上行业发展、比内部标准宽松等情况。因此，如何从大量外部和内部已发布的标准中识别出数据标准要求，并将其落实到各类数据生产和消费活动中，而不是让标准只"躺在"文档里，已成为在企业执行数据治理过程中亟待解决的重点问题。

19.2 建设方案

19.2.1 建立数据治理总体框架

为实现基于"互联网＋"时代的企业转型升级，2017年6月，长安汽车启动了数据治理项目，成立 CA-DDM（长安数据驱动管理）项目团队，确定长安汽车的数据治理框架，建立长安汽车数据治理目标，以保障公司数据的安全和质量，提升数据的使用价值，真正实现数据成为企业核心资产。长安汽车数据治理总体目标如下：

（1）满足并超越企业和所有利益相关者的信息需求，提升数据的使用价值。

（2）获取、存储、保护和确保数据资产的安全性。

（3）持续提高数据和信息的质量。

（4）促进对数据资产价值的更广泛和深入的理解，保持信息管理的一致性。

19.2.2 明确运营工作思路

长安汽车通过统一数据、统一平台、统一运营的数字化管理手段，将数据治理的成果应用于生产实践，着力推进长安汽车数据资产的建立，实现基础管理标准化、业务数据财务化、经营成果指标化。具体如下：

（1）通过统一数据，统一数据标准，建立指标体系，规范业务行为。

（2）通过统一平台，打通数据孤岛，实现数据的全面、真实、透明、共享。

（3）通过统一运营，强化数据应用，创新业务运营模式，支撑运营分析科学化、业务改善持续化。

19.2.3 建立数据管理体系

长安汽车通过建立数据管理体系框架，确定数据治理的范围，规划长安汽车数据治理的提升路径；通过与业务部门协同，以项目的方式推进标准贯彻工作，把数据治理工作落到实处。

1. 建立数据管理体系框架

建立数据管理体系框架，以数据治理为核心开展各项工作，将数据治理作为规划、控制和提高数据及信息资产的一个业务职能，是支撑有效利用数据开展运营的基础保障。长安汽车为推动业务平台化运营，建立了数据管理体系框架，明确了数据标准是从业务源头统一规范数据的定义和规则，强调了数据标准对整个数据治理工作的重要性。其中主要涵盖数据架构管理、数据安全管理、数据质量管理、主数据管理、元数据管理、数据生命周期管理等领域。

2. 保障机制建设

在明确的数据管理体系框架的指引下，以数据战略为导向，围绕业务数据的生命周期，从数据应用和服务能力的整体角度出发，明确管控保障机制、流程规范和技术支撑的重要性。

作为长安汽车第三次创业的重点举措之一，自大数据运营体系建设工作启动以来，一直受到高层领导的重视和关注。为有效推进与持续开展，长安汽车组建了由高层领导挂帅、业务一把手牵头、核心骨干参与的矩阵式团队，其中包括领导小组、总体推进组和 13 个业务领域的分析、运营等团队，有来自 30 多个业务部门、300 多名专兼职人员参与，其中管理层人员的占比接近 50%。

（1）领导小组：负责确定大数据运营体系建设的推进方向、总体规划，制定推进策略，评价项目，提出建议，并决策项目推进中的重大问题，保障项目各项资源配置。组长由长安汽车总裁亲自担任。

（2）总体推进组：负责大数据运营体系建设的统一管理、子项目推进目标的确定、问题的协调与升级，同时负责相关培训和辅导，对各子团队的推进情况进行评价与激励。

（3）各领域团队：负责各领域团队的搭建，推进目标的制定和分解，执行领域实施推进，暴露问题，并开展领域运营管理，持续改善。

19.2.4 建立数据标准管理框架

数据标准管理框架示意图如图 19-2-1 所示。

1. 数据标准管理角色

数据标准管理角色如图 19-2-2 所示。

第 19 章 汽车行业：长安汽车数据标准解析与落标项目实践案例

图 19-2-1 数据标准管理框架示意图

图 19-2-2 数据标准管理角色

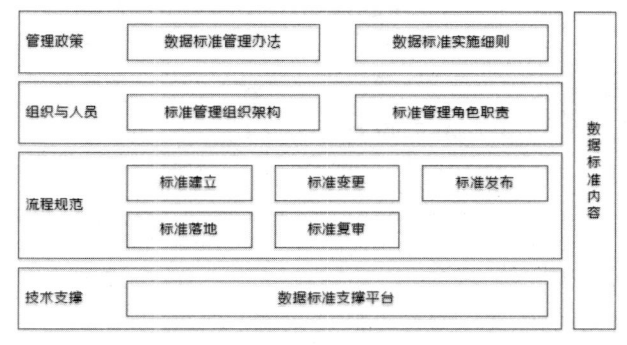

数据标准管理角色的职责说明如表 19-2-1 所示。

19-2-1 数据标准管理角色的职责说明

管理角色	职责说明
数据治理领导小组	• 主导数据标准管理工作的推进 • 主持数据标准工作，对相关数据标准专员提交的日常议题进行决策 • 主导数据标准相关管理办法和流程的制定与发布 • 监督控制数据标准推行进度，协调相关部门开展工作 • 管理和评价数据标准管理工作内容与工作成果 • 审批和发布全公司数据标准成果性文档 • 指明数据标准管理方向和目标
数据治理负责人	• 牵头制定数据标准相关管理办法、实施细则、流程，组织各部门讨论会签，并汇报给数据治理领导小组 • 制定数据标准建设的路线图，规划数据标准项目群，管理当前数据标准项目 • 承接分解到数据标准方面的数据管控年度目标，实施数据标准方面的日常管理工作 • 与相关部门讨论、签订数据标准服务水平协议 • 支持数据标准专员，协调数据标准涉及的相关业务部门、技术部门共同参与数据治理的调研与讨论 • 组织推动数据在经营管理流程中发挥作用，审核相关项目数据治理情况 • 指导、培养数据治理人才，组织数据治理方面的培训、交流
数据标准专员	• 制定数据标准内容 • 制定在数据标准方面使用的各种模板 • 参与在数据治理过程中跨部门的讨论与协作 • 指导相关业务部门执行数据治理 • 向数据治理主管汇报数据治理体系运营情况 • 参与数据治理方面的经验分享、交流
数据标准执行人	• 按数据标准要求进行系统开发设计 • 提出所属部门数据标准需求

2. 数据标准管理流程

数据标准管理流程主要包括数据标准建立流程、数据标准变更流程、数据标准发布流程、数据标准落地流程和数据标准复审流程 5 个部分，如图 19-2-3 所示。

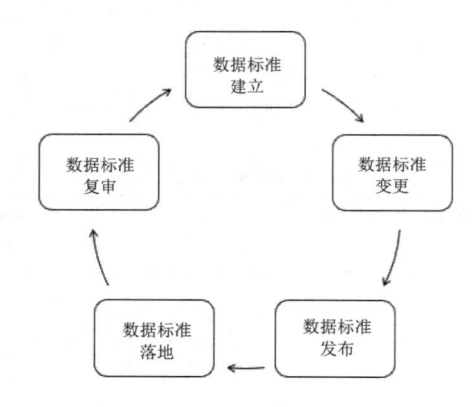

图 19-2-3　数据标准管理流程

（1）数据标准建立流程。

数据标准建立是指按照数据标准实施规划，定义各个主题数据标准的业务属性、技术属性和管理属性等信息，经相关部门评审，并通过发布程序在企业内部予以发布实施的过程。

数据标准建立流程包含 3 个阶段，分别为：计划制订阶段、定义阶段和评审阶段。本流程工作的参与者有数据治理领导小组、数据标准管理员（数据治理负责人）、数据标准责任人（数据标准执行人）和数据标准评审人（数据标准专员）。

（2）数据标准变更流程。

数据标准变更（新增、修改、停用）是指数据标准建立后，根据业务需求的发展变化，在数据标准日常管理工作中对具体的数据标准项进行变更，通过审核后成为新的数据标准在全公司实施。

（3）数据标准发布流程。

数据标准审查通过后，由数据标准管理办公室面向全公司进行数据标准的发布。在该过程中，数据标准管理执行组需要配合评估数据标准发布对现有的应用系统、数据模型的影响，并做好相应的应对策略。

（4）数据标准落地流程。

数据标准落地是指在应用系统中对已发布的数据标准进行规则映射工作。数据标准落地流程分为两个方面：

- 数据标准在已有的系统中落地。
- 数据标准在新建的系统（系统改造）中落地。

（5）数据标准复审流程。

数据标准复审是指对已发布的数据标准进行复核和重检，以确保数据标准适时反映业务需求的发展变化，满足监管要求。数据标准复审流程包含 3 个阶段，分别为：计划制订阶段、复审阶段和评审阶段。本流程工作的参与者有数据治理领导小组、数据标准管理员（数据治理负责人）、数据标准责任人（数据标准执行人）和数据标准评审人（数据标准专员）。

19.2.5　技术支撑与标准落地管控

通过项目迭代推进的方式，分阶段、有重点地筛选对业务影响大的各类内部和外部的数据标准，识别出能指导后续数据规范定义、分类和质量校验的数据标准，并将其进行文本拆解，形成统一集中的数据标准库。

同时，结合内部在建的技术平台实现标准的统一管理，以保证数据标准管理的政策切实落地，规范化数据标准管理流程，简化数据标准管理组织与人员的工作，以提高数据标准管理的效率，实现从源头数据标准定义、元数据采集管理，到数据质量跟踪的全流程管理。数据标准管理系统架构示意图如图 19-2-4 所示。

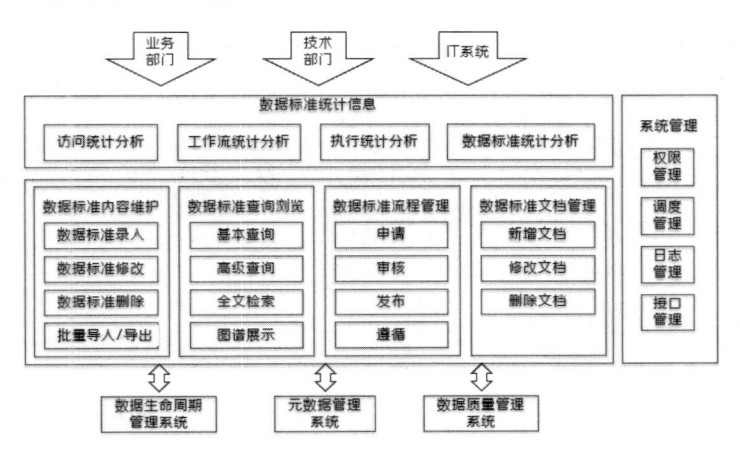

图 19-2-4　数据标准管理系统架构示意图

19.3 建设效果

长安汽车的数据治理工作经过持续不断的沉淀和积累,在数据驱动数字化转型升级方面取得了众多成果,主要表现在以下几个方面。

1. 初步完成数据标准管理体系和主数据管理体系的建设

(1)初步建成企业内部标准管理体系。

制定并发布数据治理企业标准及管理办法等共计 42 篇,完成共计 100 多项数据标准的落地摸底和确认工作;基于《指标评价管理程序》《指标编码规范》程序文件和规范进行指标体系建设,累计实现各业务板块中 200 多项一级指标建设。

(2)初步建成主数据管理体系。

制定并发布产品、客户等领域数据标准管理程序文件,并通过开展产品主数据质量运营,每周发布产品主数据质量周报,通报产品主数据质量(首批试点有产品主数据领域的 3 个事业部和 15 个业务单元被纳入数据质量通报范畴);实现产品主数据的系统化管理,产品主数据质量完整率从 93%提升到 99.7%。

2. 带动企业数据管理体系的全面建设

(1)明确数据标准的分类。

一般情况下,数据标准分为基础数据标准和指标数据标准。基础数据标准主要涵盖重要业务系统中常用于系统间、应用间信息交换的,由业务系统直接产生的原始数据,如客户信息、机构信息、产品信息等。指标数据标准主要涵盖以统计分析为目的的衍生数据,也可按照指标数据管理主题划分成资产负债类、风险管理类、盈利分析类等。

(2)统一数据标准的定义。

通过制定数据标准,可以在一定范围内获得数据的统一详细描述,协调企业上下对同一个数据项的理解和定义,规范企业信息系统的设计开发,实现业务与技术之间、系统之间、部门之间数据的高效流通。

(3)规范企业数据模型。

通过数据标准解析和落标项目的推进,长安汽车整合企业内部核心系统、融合互联网数据、统一客户数据、集成产品数据,构建集数据管理、分析、应用于一体的大数据平台,服务于公司经营,初步实现了企业数据管理的全面、真实、透明、共享。截至项目试点运行前,大数据平台总注册用户达 7200 多人，月均访问近 30 万人次，广泛应用于 12 大领域，推动 60 多项管理制度的改善，在一定程度上促进了业务持续创新。

（4）构建数据标准管理子领域的评估模型。

根据国家标准，完成了数据管理成熟度评估标准及细则细化，构建初始级、受管理级、稳健级评估模型，确保数据标准贯彻落到实地。遵循数据管理框架体系，制定并发布数据治理企业标准及管理办法 42 篇。

19.4　创新点及亮点

长安汽车通过开展本项目建设，产生了以下工作价值。

（1）填补了企业在数据标准管理领域的空白，可推广和复制，并产生了良好的综合效益。

通过开展此项目建设，从源头上规范了数据的定义和业务规则，实现了以"数据"为核心来开展企业生产经营，一改以往"以经验为导向解决问题""解决的问题重复发生""数据不统一导致混乱"等局面，对于企业来讲，从真正意义上实现了"数字化"运营"零"的突破，填补了企业在此领域的空白，同时通过内部和外部的推广应用，取得了直接和间接的效益。

结合数据运营体系的不断应用和优化，累计有 50 多个二级部门运用大数据开展业务运营，有效地推动了企业数据文化氛围的形成。同时，实现企业运营效率提升 30%以上，逐步降低企业运营成本的投入。

（2）提升了企业运营决策能力和水平，奠定了企业核心竞争力的基础。

数据标准管理作为企业数据管理领域的核心内容，是一场通过数据驱动管理的变革，最终形成一种分析、决策、行动和监控的共同语言与数据文化。通过项目建设，有效地促进了企业运营决策能力和水平的提升，奠定了企业在市场、行业中核心竞争力的基础。

（3）厘清了数据标准建设的方向。

初步完成了项目启动前的业务目标，对现有的数据标准执行情况以及其他数据资产现状进行了摸底，通过项目也检验和发现了目前数据标准管理流程中的不足和改善点，为开展数据落标下一步深化工作和专业团队培养建设积累了经验。促进了对更多的市场机会和商业价值的挖掘，在汽车行业率先垂范，有效地推进了传统企业的转型升级。

（4）构建了数据标准体系框架。

基于总体规划与体系框架，长安汽车累计制定并发布了 42 项数据管理标准，包括《产品主数据管理程序》《CA-DDM 指标通用技术规范》《CA-DDM 指标评价管理程序》《数据质量管理规范》《CA-DDM 指标建设流程规范》《数据展现标准管理程序》等，标准覆盖率从原有的 40% 提升至 58%，达到行业管理水平，有效地指导了体系建设、数据治理以及后续推广应用等工作的开展，如表 19-4-1 所示。

表 19-4-1　长安汽车数据管理标准一览表（按发布时间排序）

名　　称	类别	主要内容	发布日期
数据标准管理程序（试行）	程序文件	数据标准的规范与管理	20170721
CA-DDM 项目全领域维度 第 1 部分：结构	标准	规定了长安汽车 CA-DDM 全领域维度的结构	20171013
业务元数据管理程序（试行）	程序文件	规定了长安汽车大数据平台业务元数据的建立、评价、结果应用的要求	20171024
CA-DDM 项目全领域维度 第 2 部分：时间	标准	规定了长安汽车 CA-DDM 全领域维度中时间维度的属性结构、属性名称和定义、属性值	20171030
CA-DDM 项目全领域维度 第 3 部分：场景	标准	规定了长安汽车 CA-DDM 全领域维度中场景维度的属性结构、属性名称和定义、属性值	20171030
全国城市分级	标准	规定了全国地级、县域城市分级的对象、依据、方法、特征及分级结果	20171130
技术元数据管理程序（试行）	程序文件	规定了长安汽车数据技术元数据的管理要求	20171221
员工编号编码规则	标准	规定了长安汽车员工编号的编码原则与编码方法	20171228
组织机构代码编码规则	标准	规定了长安汽车常设和临时性组织机构代码的编制原则、编码方法	20171229
CA-DDM 项目全领域维度 第 4 部分：组织	标准	规定了长安汽车 CA-DDM 全领域维度中组织维度的属性结构、属性名称和定义、属性值	20171229
CA-DDM 项目全领域维度 第 5 部分：资源	标准	规定了长安汽车 CA-DDM 全领域维度中资源维度的属性结构、属性名称和定义、属性值	20171229
项目令号编码规则	标准	规定了长安汽车科研、固定资产投资、海外、IT 及咨询等项目令号的编制原则、编码方法	20180110
长安系统指标编码规则	标准	规定了长安汽车长安系统指标编码的编制原则、编码方法	20180117
CA-DDM 指标评价管理程序	程序文件	规定了长安汽车 CA-DDM 指标的治理评价活动全过程管理	20180123
CA-DDM 指标通用技术规范	规范	规定了长安汽车 CA-DDM 指标数据的基本要求及完整性、一致性、准确性、安全性要求	20180125

续表

名称	类别	主要内容	发布日期
数据展现标准管理程序	程序文件	适用于长安汽车CA-DDM大数据平台及其他PC端数据分析类产品的界面设计，用于规范平台内所有PC端产品的设计风格，形成体系	20180130
长安汽车PC端视觉设计规范模板	程序文件	规范长安汽车CA-DDM平台PC端产品界面设计要求	20180130
CA-DDM项目全领域维度第6部分：产品	标准	规定了长安汽车CA-DDM全领域维度中产品维度的属性结构、属性名称和定义、属性值	20180130
数据管理通用术语	标准	数据管理中常用术语的基本定义	20180208
数据质量管理规范	规范	规定了长安汽车数据质量评价过程中的组织职责、时间与数据、流程与工具	20180309
数据质量责任行为扣分标准	规范	规定了长安汽车数据质量责任行为标准，加强数据质量责任追究力度	20180327
产品主数据管理程序	程序文件	规定了长安汽车产品主数据属性项，产品属性值列表的新增、变更、删除维护，产品主数据需求的新增与问题申报	20180328
CA-DDM指标建设流程规范	规范	规定了长安汽车CA-DDM平台指标建设的全流程管理内容与方法等	20180809
经销商主数据	标准	规定了长安汽车经销商主数据的属性结构、属性名称和定义、属性值等	20180920
生产性供应商主数据	标准	规定了长安汽车生产性供应商主数据的属性结构、属性名称和定义、属性值等	20180925
经销商主数据管理程序	程序文件	规定了长安汽车经销商主数据属性项，产品属性值列表的新增、变更、删除维护	20190716
生产性供应商主数据管理程序	程序文件	规定了长安汽车生产性供应商主数据属性项，产品属性值列表的新增、变更、删除维护	20190716
数据管理能力成熟度提升指导规范	规范	推动数据管理成熟度模型的应用，提升数据管理能力及数据资产价值	20191205
数据管理能力成熟度评估管理程序	程序文件	加强公司数据管理，推动数据管理成熟度模型的应用，提升数据管理水平及数据资产价值，促进公司数字化转型	20191223
组织主数据	标准	规定了长安汽车组织主数据的属性结构、属性名称和定义、属性值等	20191229
员工主数据	标准	规定了长安汽车员工主数据的属性结构、属性名称和定义、属性值等	20200519
员工主数据管理程序	程序文件	规定了长安汽车员工主数据属性项，产品属性值列表的新增、变更、删除维护	20200519

续表

名　　称	类别	主要内容	发布日期
CA-DDM 数据需求管理程序（试行）	程序文件	规范公司 CA_DDM 建设及运营过程中数据需求的管理	20201211
车联网数据应用管理程序（试行）	程序文件	加强车联网数据资产的统筹管理，为各业务领域车联网数据应用提供完整、准确、规范的数据，提升车联网数据开发利用的价值	20201116
数据分析应用管理办法	管理办法	规范数据分析与应用，实现数据价值最大化	20210401
数据安全分类分级管理办法	管理办法	规范公司数据处理活动，加强数据安全管理，保障数据安全，促进数据开发利用，维护公司合法权益	20211227
主数据质量管理办法	管理办法	贯彻落实公司"绝情抓数据，诚信不妥协"的要求，严格数据质量管理，提升各业务领域主数据的质量及价值	20211215
数据 Owner 管理制度	管理办法	推动长安汽车数据管理，实现数据标准化、数据质量持续提升、数据快速传递和共享	20211220
数据资产编码规则	标准	规定了结构化数据的编制原则、编码方法	20211210
元数据管理规范	规范	规定了元数据分类及元数据管理目标、管理规范、管理原则、职责分工、模型等	20220331
数据仓库建设规范	规范	规定了数据仓库建设架构、原则、技术要求等	20220331
数据资产管理程序	程序文件	进一步加强公司数据资产的管理，明确数据资产新增、修改管理流程，以及机制的规范性	20220315

以其中的《主数据质量管理办法》为例，该规范旨在贯彻长安汽车"绝情抓数据，诚信不妥协"的要求，严格数据质量管理和提升数据价值，以此坚决推动第三次创业和数字化转型落地。其主要对数据管理的成熟度、数据质量维度、数据治理精度、数据质量评测和管理活动进行定义和规范，并建立"七维度评估表"和"指标及数据项检核评价表"，开展数据质量的评价和业务指标的治理评审等工作。通过该规范的执行，改变了原有系统数据标准不规范、数据质量低下的局面，解决了因数据质量导致的业务效率低下的问题，大幅提升了经营决策的有效性，同时使数据的有效价值得到进一步挖掘。

第 20 章

油气行业：中国海油数据标准化实践案例

20.1 案例背景

在当前油气行业竞争日趋激烈的情况下，质量决定着企业的竞争力。而数据标准化作为隐形的竞争力又决定着产品质量：先进的、健全的数据标准化造就高质量的产品，推动品牌形象的提升。从原材料采购到加工运输再到销售环保产品，全生命周期制定数据标准化，可以保障产品质量的稳定，有效提升品牌形象并巩固市场竞争力。

多年来，中国海洋石油集团有限公司（以下简称"中国海油"）积累了大量业务数据，但数据质量却存在着诸多问题，导致数据在应用过程中面临数据不连贯、数据难共享、数据不可信、智能化应用难支撑等一系列挑战，数据价值难以挖掘和呈现，不能满足企业数字化转型发展的更高要求。整体来看，中国海油现有的数据主要存在六大关键痛点：

第一，完整性。公司在 2019 年开展的数据清理工作过程中发现，现有 50%以上的数据未实现线上管理，实际入库资料存在大量关键信息缺失的问题。

第二，及时性。分析化验报告、目标研究成果等数据每年均通过资源补建入库，入库时间基本延迟一年左右。在数据标准化项目实施前，约有 60%的新数据未及时入库。

第三，准确性。在数据标准化项目实施前，约有 80%的成果数据存在责任人不明确的问题，同时应用系统数据采集审核制度不完善，导致数据错误率较高。

第四，一致性。公司开发了大量的专业库，但不同专业库之间的数据格式、量纲和精度各异，难以实现参与统计和计算。

第五，有效性。由于制度规范不完善等因素，各专业库中的数据项业务定义和业务规则等不完整、不规范，导致数据业务符合度较差。

第六，唯一性。对数据的定义描述欠缺，数据业务含义不清晰，数据版本混乱，有效数据不明确。

20.1.1 聚焦解决的问题

针对以上六大关键痛点，公司开展了数据标准化建设工作，有针对性地解决导致数据价值难以呈现的各种关键问题，主要聚焦于 4 项重点工作：

第一，解决数据标准不统一的问题，消除口径不一致、含义不明确等数据顽疾。

第二，推动模型一体化，针对数据不贯通、数据难共享、应用难支撑等问题采取应对措施。

第三，加快数据管理资产化，从根本上解决数据不完整、不准确、不及时等一系列问题。

第四，加强标准管控，遵循标准先行原则，实现快速响应业务需求。

20.1.2 建设目标

围绕以上重点工作，中国海油通过建立完善的管理组织、制定配套的工作流程、应用先进的数据管理技术，保证勘探开发数据的可用、完整、准确、安全，实现以下 4 个数据标准化目标：

第一，实现数据标准统一化，完成数据标准统一，促进全公司面对"同一数据"，统一"语言"，交流畅通。

第二，实现数据模型一体化，构建地质油藏、地面设施数字孪生，实现同一套数据，各取所需，满足不同专业人员的需求。

第三，实现数据管理资产化，开发高效建模管理工具，实现像管理实物资产一样管理数据，确保数据全、准、新，达到"有数据可用，有数据敢用"。

第四，实现标准管控常态化，建立统一的管控体系，遵循"标准先行"原则，为常态化标准管控提供保障。

20.1.3 数据标准化历程

中国海油开展数据建设工作已经有二十多年的时间，整体可分为 3 个阶段：

第一阶段，重点建设数据库，保存宝贵的数据资源。

第二阶段，对勘探、开发生产专业各自建立的 24 个专业库进行整合清洗，建立统一的勘探开发一体化数据中心。

第三阶段，全面开展数据治理，发布统一数据标准。

1995 年左右，数据积少成多，传统的数据管理方式逐渐无法满足需求，公司开始建立以勘探动态库和开发生产库为代表的一系列专业库。直至 2000 年，专业数据库建设集中爆发，对测井库、地震库、矿区管理库、目标库、分析化验库、圈闭库、岩心库、钻井库等专业数据库实现全面建设。

2005 年以后，陆续出现数据量暴增、数据库结构冗余、数据质量差、数据采集不及时等问题。2011 年，公司正式启动勘探开发一体化数据中心建设，探索新的数据整合技术思路，初步验证技术的先进性和可用性。

2020 年，中国海油全面启动勘探开发数据标准化工作，形成成熟的数据标准化技术方法，全面梳理业务数据和主数据，发布统一数据标准。

20.2 建设方案

中国海油通过明确数据标准体系建设路线及思路，不断完善数据标准化组织架构，完成了数据标准体系的设计，制定了数据标准化的具体实施过程及步骤，并且开发了数据管理工具，帮助企业更高效地管理数据。

20.2.1 建设路线及思路

中国海油数据标准体系主要从基础标准、业务模型和数据模型 3 个方面进行设计，并开展相关工作。

基础标准包含主数据标准、管理元数据标准、业务模型设计规范和数据模型设计规范 4 项内容，其中前两项内容作为后续业务模型和数据模型建设的基础框架，后两项内容为业务模型和数据模型的设计提供方法论与统一规范。

在基础标准的指导下，业务模型通过对专业域、业务、业务活动、数据集、数据项 5 层架构进行明确的定义，实现对勘探开发业务无交叉、无遗漏、全覆盖的描述与表达。

在业务模型的基础上，通过业务单元定义、数据实体抽取、实体属性定义，完成主数据模型、业务活动模型、属性实体模型的标准制定，形成勘探开发一体化的数据模型标准。

通过开发数据标准与数据模型管理工具，提供对相关数据标准和数据模型的在线管理与维护，实现版本变更与升级，为快速响应业务需求提供技术支撑。中国海油数据标准体系建设路线示意图如图 20-2-1 所示。

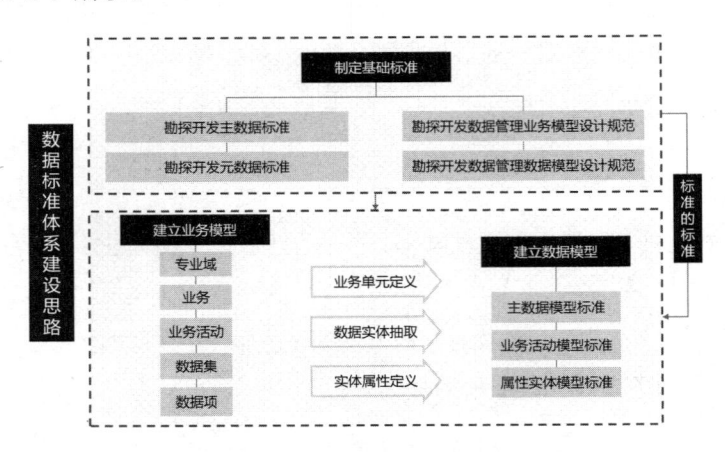

图 20-2-1 中国海油数据标准体系建设路线示意图

20.2.2 组织架构

中国海油成立勘探开发数据标准化专项工作组织，设立领导小组及工作组。领导小组由公司 CEO 亲自挂帅，各部门总经理参与负责。工作组下设 4 个业务组和 1 个 IT 技术组，业务组由总部业务部门牵头，各二级单位参与；IT 技术组由集团公司 IT 部门牵头，各二级单位参与。整体实现领导重视、全部门参与、协同推进的工作模式，如图 20-2-2 所示。

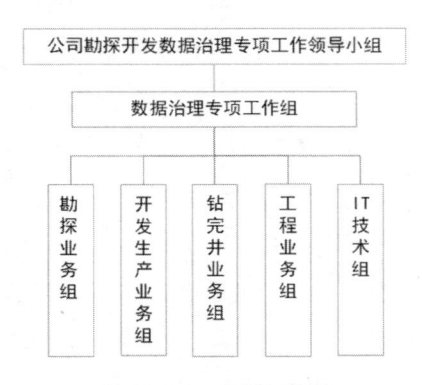

图 20-2-2 组织架构图

- 领导小组：贯彻落实公司网信工作的方针、政策、规划，确定勘探开发数据标准化的指导思想、目标和任务；领导和组织勘探开发数据标准化工作；负责重大决策和工作协调；审议勘探开发数据标准化工作规划、总体方案；督导勘探开发数据标准化工作推进情况。
- 工作组：由科技信息部牵头，总部各部门分管领导、处长、各二级单位网信部门负责人组成。贯彻落实领导小组工作部署；组织编制并实施勘探开发数据标准化工作规划、总体方案；统筹推进勘探开发数据标准化具体实施工作。
- 各业务组：负责梳理本专业业务流程，编制本专业相关数据标准；建立数据标准化相关管理及质量考核制度；参照数据标准贯彻执行数据采集和应用工作流程。
- IT 技术组：负责对各专业数据标准化工作进行技术指导和质量监督，全过程参与数据标准的制定，负责对项目蓝图设计、实施方案、交付成果的技术把关。

20.2.3　数据标准体系设计

按照数据标准体系建设路线，中国海油勘探开发数据标准体系由基础标准、业务模型和数据模型三部分组成。其中，业务模型整体被划分为物化探、井筒工程、分析化验、综合研究、油气田生产、海洋与地面工程六大专业域；数据模型则参照国际 POSC Epicentre 和 PPDM 模型，在六大专业域的基础上，采用面向对象的设计方法，建设具有中国海油业务特色的数据模型。中国海油数据标准体系架构示意图如图 20-2-3 所示。

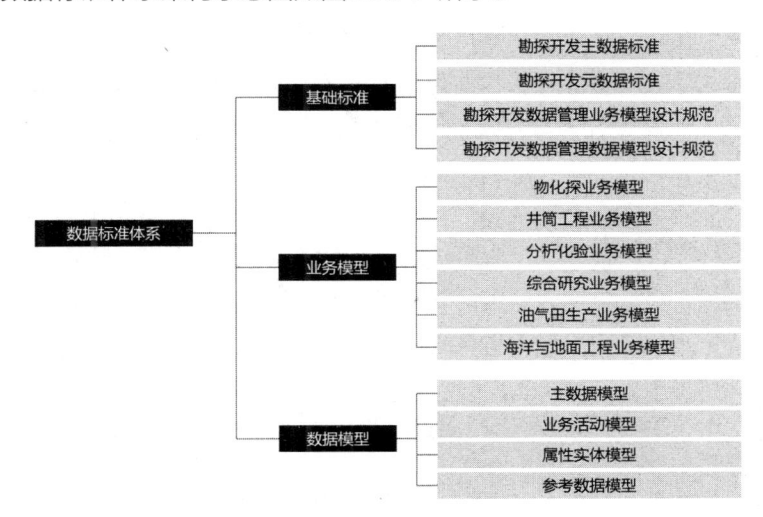

图 20-2-3　中国海油数据标准体系架构示意图

20.2.4 管理工具开发

1. 模型管理架构的设计

为了保障数据标准体系的持续发展，中国海油数据模型管理架构基于 MDA（模型驱动架构），分别建立了业务模型 OOBPM（CNOOC Business Process Model）、与平台无关的勘探开发一体化逻辑模型 OODM（CNOOC Data Model），并实现了向 Oracle、MySQL 等数据库的投影（与平台相关的物理模型 OOPDM），同时设计了元模型，用于管理 OOBPM、OODM、OOPDM 以及它们之间的转换关系。中国海油数据模型管理架构示意图如图 20-2-4 所示。

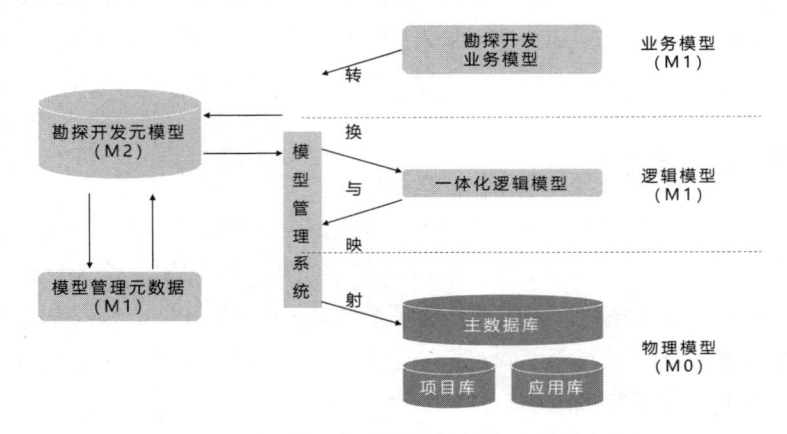

图 20-2-4　中国海油数据模型管理架构示意图

由图 20-2-4 可知，模型体系被分为业务模型、逻辑模型、物理模型、元模型、转换与映射工具 5 个部分。这种架构设计完全遵循了 OMG 的 MDA 架构，因此具有 MDA 架构的独特优点。

2. 模型管理工具的开发

为了实现数据模型驱动架构，项目组开发了一系列建模与管理工具，包括业务建模工具、映射工具、逻辑模型设计工具、投影工具等。建模工具的开发为模型的初始设计以及扩展升级提供了技术手段，是模型驱动架构实现的基础。

（1）业务建模工具。

业务建模工具主要用来建立业务模型，包括专业域的划分、业务层级的划分、业务流程的划分、业务活动的划分和业务活动的数据描述。数据描述包括使用什么数据、产生什么结果，以及业务活动发生的场景描述（活动时间、地点、操作者、原因、参与对象、作用对象、父活动等）。业务模型表达了油田企业的业务流和数据流，对应建立了信息模型。

（2）映射工具。

映射工具的功能是将业务模型表达的业务流和数据流映射到面向对象的逻辑模型上。任何业务活动都可以被概括地描述为活动时间、地点、操作者、原因、结果、参与对象、作用对象、父活动等要素。因为它是基于具有高度抽象性的逻辑模型的，因此能够描述任何业务活动。

（3）逻辑模型设计工具。

逻辑模型设计工具用来完成实体定义、属性定义等，与商用的面向对象建模工具的功能一致。设计此工具的目的是建立自己的逻辑模型元数据库，为后续模型驱动的实现提供元数据支持。

（4）投影工具。

投影工具用来实现面向对象的模型向关系型物理模型的转换，支持面向 Oracle、MySQL 等数据库的投影。

3. 模型驱动架构的实现

基于模型管理工具的元数据库，基于模型驱动架构完成了数据服务驱动引擎的开发，实现了数据操作接口、类库接口、业务单元等接口的自动生成，为应用系统的快速开发提供了技术基础。数据服务引擎实现机制示意图如图 20-2-5 所示。

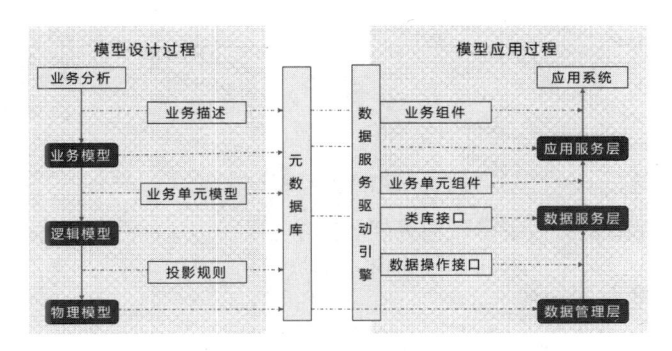

图 20-2-5 数据服务引擎实现机制示意图

20.2.5 实施过程及步骤

中国海油数据标准体系建设过程主要分为基础标准制定、业务模型标准制定、数据模型标准制定 3 个阶段。

1. 基础标准制定阶段

第一阶段主要开展主数据、管理元数据和模型设计规范标准的制定工作，中国海油投入 38 人，历时 1 个月，经过勘探开发数据治理专项业务组、技术组以及行业专家的不断探讨，最终形成完善的主数据标准、管理元数据标准，并形成业务模型和数据模型设计规范，为第二阶段和第三阶段的标准制定提供了依据。

通过业务模型的业务活动 6W 分析、数据集九要素分析，梳理勘探开发业务的关键对象。再基于主数据关键特征识别其管理范围及主要内容，并根据主数据的 9 个指标识别数据是否为主数据。在识别勘探开发业务的核心主数据后，建立主数据标准，包括主数据命名、主数据生命周期等。主数据辨识指标如表 20-2-1 所示。

表 20-2-1 主数据辨识指标

序号	评分指标	指标描述
1	独立性	主数据可以独立存在，不依赖于其他对象
2	共享性	主数据一般作为不同业务部门之间的共享数据
3	变动频率低	主数据的变化主要依赖于业务实体自身的属性变化，不依赖于业务操作，变动频率低
4	使用频率高	主数据会在各业务系统中被频繁使用
5	业务操作主要对象	主数据一般是业务操作的主要对象，不随业务操作变化
6	存在多个特征属性	主数据一般存在很多属性，用于区分不同的操作对象
7	生命周期长	通常主数据会在长时间内被使用，它的生命周期较长
8	唯一性	主数据能够唯一识别业务属性
9	基础性	主数据是基础数据的非衍生数据

对管理元数据整体按照结构化数据、文档数据、图形数据、体数据 4 种类型进行划分和梳理，并分别建立相应的管理元数据标准。

基于数据标准，制定《勘探开发数据管理业务模型设计规范》和《勘探开发数据管理数据模型设计规范》，以此建立业务建模和数据建模的标准。

2. 业务模型标准制定阶段

第二阶段主要开展业务模型标准的制定工作，中国海油投入 1748 人，历时 3 个月，经过勘探开发数据治理专项业务组、技术组以及行业专家的不断探讨，基于第一阶段制定的基础标准，对业务分析与建模的流程、设计内容与定义、编码规则等进行标准的制定，汇总各业务组的数据标准成果，统一业务、数据集、数据项规范，最终形成覆盖六大专业域的统一数据标准，编制完成各专业域的业务数据规范，为第三阶段的工作以及后期业务建模的工作奠定了标准基础。

在业务建模方面，首先明确业务分析与建模的流程，整体可分为如下 5 个步骤。

第一步：划分专业域。

第二步：业务划分。对业务领域中的业务进行细化和定义，不能漏掉业务。

第三步：业务活动分析。针对每一个业务，分析业务流程，找出业务活动。

第四步：业务活动描述。对业务流程中的每一个业务活动进行描述——采用 6W 描述，即谁（Who，业务角色）在什么时间（When，业务时间）、什么地点（Where，活动承担的单位或场所），针对什么业务对象（Which，作用对象）做了什么事，活动的原因或目的是什么（Why），（该业务活动）使用了哪些资料（Which，参与对象，包括必需的资料和可选的资料），产生了哪些结果（Which，结果对象），活动引起的（涉及对象的）变化是什么（What）。识别业务活动的操作和业务涉及的业务对象。同时收集业务活动相关资料，包括报表、数据、报告、数据库表结构等样例，以及业务活动采用的标准，并在这些资料的基础上分析业务活动的数据集。

第五步：数据描述。对业务活动产生的数据集进行描述，找出每个数据集中的数据项，每项业务活动都必须有明确的输入数据和输出数据，对业务活动产生的重要成果（文档、图表、数据体等）也需要详细描述。数据描述同时还包含对代码的描述。

上述业务分析与建模的流程示意图如图 20-2-6 所示。

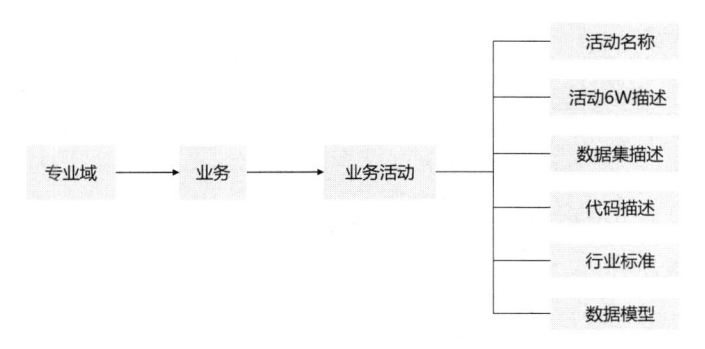

图 20-2-6　业务分析与建模的流程示意图

中国海油对专业域的划分以生命周期划分方法为主线，将专业划分方法与管理划分方法进行有机结合，以适应符合油气田勘探开发的约定俗成的管理习惯，以"业务范围全覆盖，业务内容不重叠"为原则，最终把油气田勘探开发业务划分为"物化探""井筒工程""分析化验""综合研究""油气田生产""海洋与地面工程"六大专业域。

目前，在大的专业域中包含更细的、小的子业务，因此可以将业务继续划分为若干子业务，直至将专业域中的业务全部划分出来。

中国海油规定从专业域到子业务的划分层次不超过五级，如果超过五级，则在不改变一级专业域的情况下，将子业务向上一级压缩，重新划分业务层次。一般来说，就是在四级业务中完成子业务的划分，将四级业务作为对未来业务扩展的预留，并且每个业务均包含该业务完整的流程。业务划分模板如表 20-2-2 所示。

表 20-2-2　业务划分模板

专业域	一级业务	二级业务	三级业务	四级业务	业务活动	备注	业务指向
…	…	…	…	…	…	…	…

- 专业域：对整体业务的专业划分。
- 一级业务：在专业域基础上对业务的进一步细分。
- 二级业务：在一级业务的基础上对业务的进一步细分。
- 三级业务：在二级业务的基础上对业务的进一步细分。
- 四级业务：在三级业务的基础上对业务的进一步细分。一般不用，将其作为对未来业务扩展的预留。
- 业务活动：在业务划分的基础上，对业务最小功能单元的划分，业务活动可以在业务划分的任意层级上存在。
- 备注：补充说明。
- 业务指向：相同业务的指向描述，如"VSP 采集作业"同"测井"的"地震测井"，用格式"一级业务"+"-（半角减号）"+"指向的业务活动"表达，那么"VSP 采集作业"的业务指向为"测井-地震测井"。

业务活动的划分与业务分析的视角和对业务功能的界定有关，即业务活动的定义是基于可标准化和信息化的最小业务管理单元来划分的。

对业务活动进行分析要从勘探开发核心业务的角度，注重关键性结果，不注重工程细节，按照产生与本次分析目标有明显关系的标志性成果来划分业务活动。

业务活动的划分是比较难的，所谓"最基本、不可再分解"是相对的，应根据对业务功能描述的详细程度的要求而进行灵活定义。对业务活动进行划分应掌握一定的原则，主要有以下 4 项原则：

- 活动的操作者在该活动中只承担单一的职能，称为业务角色（个人、组织等）。

- 必须有活动作用对象，并改变了对象的特性。
- 必须产生明确的活动结果。
- 具有与活动相关的特性。

业务活动分析示例如表 20-2-3 所示。

表 20-2-3 业务活动分析示例

业务活动	操作者	活动时间	活动地点	作用对象	参与对象	活动原因	必输入数据	可选输入数据	产生结果	业务相关标准规范	业务相关标准规范文件名	描述
采集工区海况调查	服务商（油服物探事业部等）	地震资料采集任务下达后	物探船	工区		为采集作业提供海况信息			海况调查报告	勘探监督手册-物探分册海上平台场和海底管道路由工程物探勘察	物探分册.doc	地震资料采集任务下达后，勘探开发部委托服务商（油服物探事业部等）进行工区海况调查，形成海况调查报告，为采集作业提供海况信息

对每个业务活动发生后所产生的关键性成果资料进行分析，不注重工程细节，对产生与本次分析目标有明显关系的标志性成果进行分析，同时分析该业务活动所需要的资料（由前置业务活动产生的成果资料）。

数据资料的命名遵循业务人员的习惯，同时参照实际数据资料的内容。对数据资料按照"报表、文档、图件、体数据"进行分类，分别对应数据模型设计中的"结构化数据、文档数据、图形数据、体数据"四类数据。成果资料分析示例如表 20-2-4 所示。

表 20-2-4 成果资料分析示例

活动名称	业务成果资料名称	数据资料名称	资料分类	数据操作	所属业务来源	应用范围	样例名称	样例文件名称	资料来源部门	资料来源岗位
地震采集项目立项	地震资料采集建议及相关材料	地震资料采集建议	文档	C		分公司	2010_9_15_XXX盆地2010年地震采集建议	2010_9_15_XXX盆地2010年地震采集建议.pdf	地球物理研究所	

业务分析划定了物化探、井筒工程、分析化验、综合研究、油气田生产、海洋与地面工程六大专业域的分析范围，一体化库数据集定义也被限定在这六大专业域中，对于在这些专业域以外但其需要应用的资料，一般作为公用数据集处理，只管理最终成果，不管理其历史版本；

这些专业域内部的数据资料通过增加活动主键管理历史版本。在上述专业域业务活动成果分析的基础上进行数据集的定义，保证这些专业域具有保存价值的数据资料全部被纳入一体化数据库的管理之中。

数据集定义要遵循统一标准。例如，要保证业务活动数据集的最小组织单元特性无引用关系（C/R 关系），不同业务活动产生的数据项不能在一个数据集中描述。如果现行勘探开发数据库中的数据表存在这种情况，则需要根据这一原则进行拆分。

对数据集应依照相关规范进行命名。例如，有相关标准和规范的，要参照相关标准与规范；无相关标准与规范的，要以反映数据资料的真实内容为原则，同时兼顾业务人员的习惯。数据集定义模板如表 20-2-5 所示。

表 20-2-5　数据集定义模板

业务活动	数据集名称	数据集代码	数据类型
…	…	…	…

- 业务活动：业务活动名称。
- 数据集名称：定义的数据集名称。
- 数据集代码：对数据集的编码，按照编码规则进行编码。
- 数据类型：数据集管理的数据类型，分为结构化数据、文档数据、图形数据、体数据，与数据资料的分类——报表、文档、图件、体数据相对应。

数据项提取是业务分析中最重要和烦琐的工作，为了尽可能完整地描述数据项，建议业务人员按如下思路梳理数据项：

首先分析成果资料的结构，根据活动的 6W 要素进行分类；然后在此基础上补充该活动过程中的角色（这里泛指人、系统、设备仪器等）；接下来抽取实体对象，梳理角色和实体对象的所有属性；最后凭借专业知识检查是否缺少重要信息，如果缺少，则考虑是否有疏漏的角色和实体。重复以上过程。

可以根据以下几个方面的数据源来提取数据项：

- 现行勘探开发数据库。
- 业务活动成果资料分析结果。
- 相关行业标准与规范。
- 业务经验。
- 活动 6W 要素分析，作用对象和活动必须齐全，相应地补充工具、方法等参与对象信息。

- 数据的 C/R 关系约束。

对数据项的提取与描述应遵循以下几项原则：

- 具有唯一性（本业务活动）。
- 描述是什么，而不描述不是什么。
- 使用名词或名词性短语。
- 使用普遍能理解的缩略词。
- 不要引用下层概念。

对数据项的命名可以遵循以下几项原则：

- 明确描述对象的属性特征。
- 通常是名词或动词的名词形式。
- 每个名称在本数据集中都必须是唯一的。
- 避免使用发音或拼写类似的词以及同义词作为名称。
- 可能需要用多个单词来组成一个明确的、无须额外说明的名称。
- 所有相同描述的数据项在全局必须统一。

数据集的数据项定义示例如表 20-2-6 所示。

表 20-2-6 数据集的数据项定义示例

活动名称	数据集名称	序号	要素类型	对象名称	属性类型	对象关系	数据项名称	拼音代码	英文代码	数据类型	精度	小数位	量纲	附录代码	唯一键	非空	数据项描述	数据操作	数据来源	示例	来源库	来源数据表	来源字段	备注
正常钻进作业	井筒基本数据表	1	关联	井	静态	井筒	井号	JH	Well_ID	char	50				Y	Y		R						
		2	作用对象	井筒	静态	井筒	井筒名称	JTMC	Wellbore_Name	char	50				Y	Y		R						
		3	结果对象	井筒	动态		起始深度	QSSD	Depth_Start	number	8	2	m					C						
		4	结果对象	井筒	动态		造斜深度	ZXSD	Kick_Off_Depth	number	8	2	m					C						

业务模型编码应符合唯一性、合理性、可扩充性、简明性、适应性、规范性等基本原则。

在业务建模过程中对业务划分需要进行编码的主要有三大类要素，即专业域、业务和业务活动，三者组成最多 11 位业务编码。编码规则约定如下：

1	2	3	4	5	6	7	8	9	10	11

第 1 位：专业域标识码（使用英文第一个字母，如果已经被占用，则顺延使用第二个字母）。

第 2~9 位：业务标识码，两位表示一级，每两位用 01~99 顺序编号，可以表示 4 个级别的业务。业务编码是非等长码，当缺少一个级别的业务时，空缺不填。

第 10、11 位：业务活动标识码，用 01~99 顺序编号。业务活动编码是等长码，当业务编码不够 9 位时，用 "0" 填充到 9 位，再加上业务活动标识码。

说明：除了第 1 位的专业域标识码，其他编码位是不固定的。一个业务编码可以至少 3 位（只有一级业务），最多 9 位（四级业务全有）。业务活动编码一定是 11 位的，后两位是业务活动标识码。

针对附录代码，建立统一的附录表结构对附录表数据进行管理，并根据所在业务按照统一的编码命名附录表。附录表结构如表 20-2-7 所示。

表 20-2-7 附录表结构

列 名	列代码	数据类型	主键	非空	精度	描 述
附录值代码	Appendix_Value_Code	NVARCHAR2	Y	Y	15	附录值代码
附录值名称	Appendix_Value_Name	NVARCHAR2		Y	80	附录值名称
父附录值代码	Parent_Code	NVARCHAR2			15	父附录值代码
类型	Appendix_Type	NVARCHAR2			50	类型
附录值 HTML	Appendix_Value_Html	NVARCHAR2			255	附录值 HTML
描述	Appendix_DESC	NVARCHAR2			255	对附录值的描述
备注	Remark	NVARCHAR2			255	备注

数据集编码在业务活动编码的基础上+3 位标识码，3 位标识码用 001~999 顺序编号，示例如表 20-2-8 所示。

表 20-2-8 数据集编码示例

专业域	一级业务	二级业务	业务活动	数据集	数据集编码
井筒工程 W					
	钻井 W03				
		随钻跟踪 W0303			

续表

专业域	一级业务	二级业务	业务活动	数据集	数据集编码
			钻井作业动态 W0303000001		
				钻井日报	W0303000001001
				钻井地质作业动态表	W0303000001002
				钻井参数	W0303000001003
				钻井液性能	W0303000001004
				钻井日志	W0303000001005
				钻头使用记录表	W0303000001006
				钻头使用记录表	W0303000001007
				钻头使用记录表	W0303000001008
				钻井液日报	W0303000001009

数据项编码采用拼音首字母和英文两种方式，示例如表 20-2-9 所示。

表 20-2-9　数据项编码示例

序　号	数据项名称	拼音代码	英文代码
1	井号	JH	Well_ID
2	井筒名称	JTMC	Wellbore_Name
3	起始深度	QSSD	Depth_Start
4	造斜深度	ZXSD	Kick_Off_Depth
5	造斜方式	ZXFS	Kick_Off_Method

3. 数据模型标准制定阶段

第三阶段主要开展数据模型标准的制定工作，中国海油投入 216 人，历时 2 个月，经过勘探开发数据治理专项业务组、技术组及行业专家的不断探讨，以第一阶段和第二阶段的产出成果作为依据，编制设计标准，进行主数据模型、业务活动模型、属性实体模型和参考数据模型的标准的制定，最终形成具有先进性的一体化数据模型，实现"一套数据，各取所需"，进而满足不同业务人员的需求。

油气勘探开发业务种类繁多，业务流程复杂，通过自上而下的分析过程对勘探开发业务进行整体划分，形成勘探开发一体化业务模型，进而为一体化数据模型的设计打下基础。

勘探开发数据模型是从业务流和数据流、数据内在的逻辑关系及数据物理存储结构三个层面对石油天然气勘探开发相关业务进行抽象，并通过一系列结构和规范进行表示的标准体系。

POSC Epicentre 是由石油开放软件协会（Petrotechnical Open Software Corporation）研究和

开发的勘探开发中心数据模型标准,标准规范包括基本的环境配置、数据和信息管理、应用程序数据访问、数据交换、用户接口等内容。目前 POSC Epicentre 已发展到 3.0,对勘探开发数据定义了 567 项,约 1260 个数据类。

POSC Epicentre 数据模型主要有以下几个技术特点:

①面向对象设计。通过活动、对象、属性以及三者之间的关系,能够清晰地表达勘探开发业务及其与现实世界的关系,还可以快速实现面向对象的接口,加快接口层的交付,从而实现不同投影间的互操作,使数据共享更便捷。

②业务适应性。Epicentre 专门定义了一套能够描述点、线、面、体等空间模型数据和网格化数据的类型,同时 DAEF 又定义了一套用于对这类数据进行操作的 API 函数,这样 Epicentre 就适合处理大容量数据、三维地质体数据和各类小型曲线数据,满足了油田企业生产和技术应用软件的需要。

③数据版本管理与历史追溯。通过不同的活动实例可以确定数据产生的场景,从而区分在不同业务过程中产生的同类数据,清晰地区分了数据版本。此外,通过活动实例的时间顺序,还可以追溯业务的发生过程。

④国际化适应性。可实现多种坐标系统之间的转换、不同量纲体系之间的转换,支持多语言,支持国际化。

⑤扩展性与稳定性。保持模型主体框架的相对稳定性,并适应业务管理模式的变化。

⑥一体化管理。Epicentre 覆盖了勘探开发所有领域的对象,实现勘探开发一体化管理。

⑦在可读性、效率等方面存在欠缺。由于大量采用元数据描述方式,导致模型的可读性较差。此外,数据粒度划分得太细,同时必须借助专用 DAE 接口进行存取,效率较低。

PPDM 石油数据模型标准是由公共石油数据模型协会(Public Petroleum Data Model Association)研究和开发的,用于描述、定义、支持以下有关方面内容:可视化环境、地震资料处理和解释、地质分析、油藏地球物理、地理信息系统、计算机制图和建模、地质统计学分析、油藏数值模拟、井位设计和井筒管理、钻井和生产工程、经济评价、生产数据管理。

PPDM 数据模型随着业务需求的变化而不断扩展与升级,目前其最新版本已发展到 3.9,包含 2 688 张数据表,数据项总数达到 71 171 个。

PPDM 数据模型主要有以下 4 个技术特点:

①业务需求驱动,来源于整合的数据业务需求而非 IT 需求,明确数据如何反映业务;不

面向特定应用设计，而是面向勘探开发一体化设计；支持业务个性化差异。

②关系型数据库表达方式，抽象度适中，比较好理解。

③数据以活动为维度组织，对勘探开发专业应用的存取效率高，但随着业务的不断细化和新业务的不断扩展，其需要不断升级，在升级时需要进行数据迁移；支持数据的业务生命周期管理。

④属于商业化系统，资料不全，核心技术保密；没有逆属性的描述，基于对象的数据组织需要另外梳理；没有统一的体数据描述方式，对体数据的存取需要开发特殊的接口。

中国海油参照 POSC Epicentre 和 PPDM 数据模型等产品的优点，采用面向对象的设计方法，建立了具有海油业务特色的 OODM 数据模型。它们从业务数据规范出发，以对象、活动、属性三者之间的关系进行组织，从而定义业务单元，对业务进行适度抽象，对数据集按照数据类型进行归类合并，进而实现业务场景清晰、满足业务规范要求、存取效率高、相对稳定、便于数据分类存储、便于后期对比、参照等应用的设计目标。具体的建模流程主要有以下 4 个步骤。

（1）建立主数据模型。

基于业务模型设计、业务单元定义，对业务数据规范中的数据集和数据项进行抽取，梳理各专业数据模型的逻辑关系，形成主数据模型，其包含主数据属性信息的标准化和业务对象关联关系的建立。主数据建模流程示意图如图 20-2-7 所示。

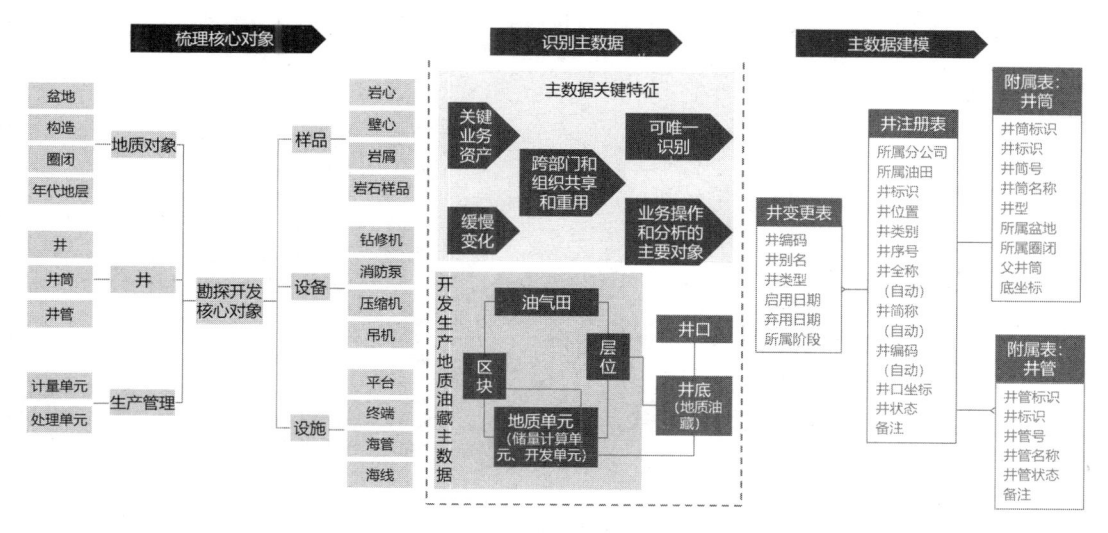

图 20-2-7　主数据建模流程示意图

（2）建立业务活动模型。

通过业务分析，采取从上到下、逐层分解的方式描述企业的功能，建立业务参照模型，获得业务定义的基本单元——最小业务活动，对最小业务活动及相关环境进行标准化描述，建立业务活动模型。

业务单元是指在实际勘探开发生产过程中可独立组织实施、不必再分的业务活动及相关环境的抽象。业务单元涉及的业务规则、活动与父活动、活动相关对象（活动执行者、活动作用对象、活动参与对象、活动结果对象）及其相关特性和相互间关系等被称为业务要素。业务单元九要素及其关系如图20-2-8所示。

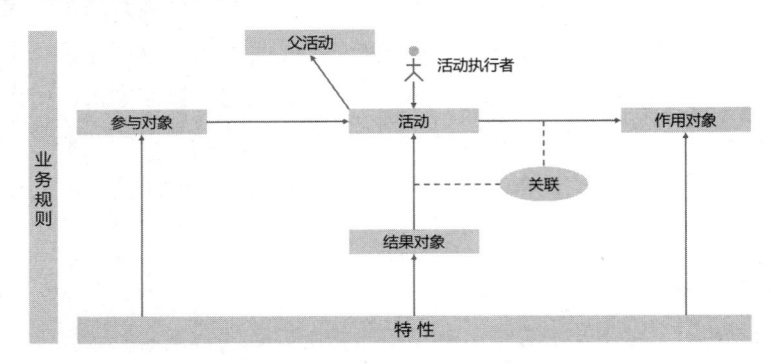

图 20-2-8　业务单元九要素及其关系

通过业务抽象，同类业务数据的逻辑和标准一致，便于后期进行对比分析与成果参照。通过对象与活动对不同业务活动实例的成果进行区分，能够清晰地表达业务场景。例如，钻井业务的业务单元抽取示例如图20-2-9所示。

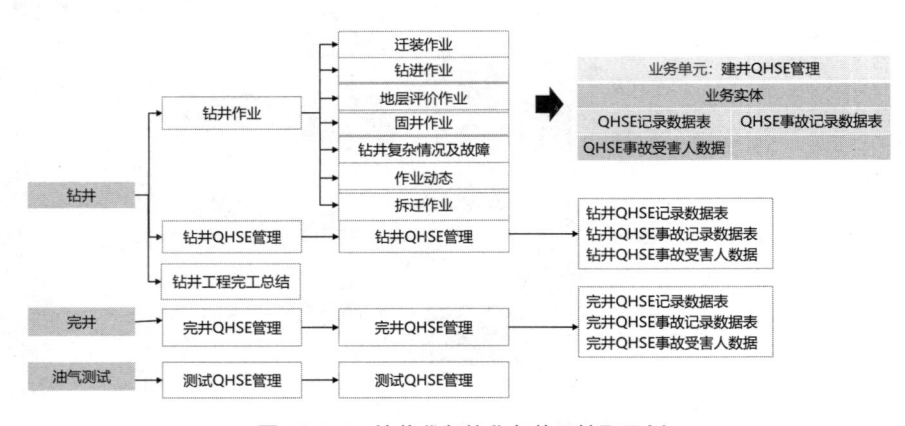

图 20-2-9　钻井业务的业务单元抽取示例

（3）建立属性实体模型。

对相同业务单元中不同业务活动产生的同类数据集进行数据实体合并设计，形成属性实体模型。数据实体抽取示例如表 20-2-10 所示。

表 20-2-10　数据实体抽取示例

业务活动	数据集	数据实体名	数据实体代码	数据类型
测井随钻跟踪解释	测井随钻跟踪解释成果表	测井解释成果表	WLG_LOG_INTERP_RESULT	结构化数据
测井完井解释	测井完井解释成果表			
测井精细解释	测井精细解释成果表			
测井复查解释	测井复查解释成果表			
地震采集工区调查	地震采集工区调查图	图形表	COM_GRAPHICS	图形数据
地震资料采集前绘	地震资料采集测线图			
地震资料现场质控	地震资料现场处理剖面图			
地震资料解释	地震资料解释成果图件			
储层预测	储层预测处理成果图件			
烃类检测	烃类检测处理成果图件			
井场调查	工程地质调查报告	文档表	COM_DOC	文档数据
井场调查	作业风险分析报告			
井场调查	工程物探调查报告			
钻井地质设计	钻井地质设计报告			
钻井工程设计	钻井工程设计报告			
测井资料预处理	单井曲线校正及拼接数据体	测井成果数据体表	COM_CURVE_TRACE	体数据
测井资料处理	测井资料处理成果数据体			
测井完井解释	测井完井解释成果数据体			
测井精细解释	测井精细解释成果数据体			
测井复查解释	测井复查解释成果数据体			
产出剖面测井资料解释	产出剖面测井解释数据体			
注入剖面测井资料解释	注入剖面测井解释数据体			
饱和度测井资料解释	饱和度测井解释数据体			

（4）建立参考数据模型。

依据业务模型中的标准值（代码）进行参考数据实体设计，形成参考数据模型。

20.2.6　各阶段产出物成果

1. 基础标准制定阶段的产出物

在基础标准方面，中国海油完成了勘探开发主数据标准和元数据标准的制定，形成《勘探开发数据管理业务模型设计规范》和《勘探开发数据管理数据模型设计规范》，作为业务模型和数据模型的基础标准与依据。具体的产出物成果如下：

形成 52 个主数据，包括井主数据 2 个、地质主数据 12 个、设施主数据 8 个、工区主数据 4 个、样品主数据 7 个、生产管理主数据 4 个、设备主数据 12 个、组织机构/矿权/项目主数据 3 个。52 个主数据涵盖 21 个一类主数据、31 个二类主数据。主数据及分类列表如表 20-2-11 所示。

表 20-2-11　主数据及分类列表

	52 个主数据			
	一类主数据（21 个）		二类主数据（31 个）	
井主数据（2 个）	2 个	井、井筒		
地质主数据（12 个）	9 个	盆地、构造单元、圈闭、含油气构造、油气田、油气藏、年代地层、盆地地层、油气层位	3 个	区块、储量计算单元、资源中计算单元
设施主数据（8 个）	8 个	固定平台、海底管道、海缆、浮式生产装置、陆岸终端、水下生产系统、钻修机、钻井平台		
工区主数据（4 个）			4 个	物探船、地震工区、测线、非地震工区
样品主数据（7 个）			7 个	岩心、壁心、岩屑、露头、岩石样品、流体、流体样品
生产管理主数据（4 个）			4 个	油气处理单元、油气计量单元、集气站、阀组
设备主数据（12 个）			12 个	注水泵、原油外输泵、消防泵、吊机、发电机组、压力容器、天然气压缩机、空气压缩机、热介质锅炉、惰气发生器、重要储罐、通用设备
其他主数据（3 个）	2 个	组织机构、矿权	1 个	项目

形成 89 个管理元数据，包括结构化数据元数据 19 个、文档数据元数据 24 个、图形数据元数据 24 个、体数据元数据 22 个，分别包含管理信息和标识信息。其中，管理信息即与数据采集相关的现场信息，包括录入、审核、更新的人，时间和单位信息，以及数据采集方式、发布单位、质量标志、密级等相关数据；标识信息包括与文档本身相关的信息和与生产该数据的活动相关的信息两种，前者主要包含关键词、摘要、格式、大小和语种等数据，后者主要包含作用对象、操作者、与活动相关的开始时间与结束时间、地点、原因，以及与绘制相关的单位、人、日期、地点、原因等数据。

《勘探开发数据管理业务模型设计规范》对业务模型的构成及设计流程、涉及的内容、业务模型编码进行了明确和定义，规定了勘探、开发、生产、钻完井、工程建设相关专业领域数据管理业务模型设计的内容和要求，主要作为勘探开发数据管理方面业务模型设计的依据和指导文件使用。

《勘探开发数据管理数据模型设计规范》明确了业务单元抽取、数据模型设计与优化、物理模型投影以及一体化模型投影等的相关方法、过程、原则和规范，为主数据模型标准、业务活动模型标准、属性实体模型标准的制定提供了依据。

数据标准和设计规范的制定，为业务模型和数据模型的建设提供了基础标准与建模依据。

2. 业务模型标准制定阶段的产出物

基于前面介绍的实施步骤和工作方法，最终建设完成数据标准体系，编制完成勘探、开发、生产、工程建设、钻完井业务数据规范共 22 个分册，规范了各专业数据管理范围、数据属性、参考数据等，包括 38 个一级业务、1 199 个业务活动、6 400 多个数据集、99 000 多个数据项。

依照模型驱动架构，中国海油数据中心建立了业务模型 OOBPM（相当于 CIM）。根据勘探开发业务过程中产生数据的情况，将 OOBPM 分为专业域、业务、业务流程、业务活动以及产生的数据集。

按照工程建设范围，将 OOBPM 分为物化探、井筒工程、分析化验、综合研究、油气田生产、海洋与地面工程六大专业域。以井筒工程中的测井业务为例，分为测井作业、测井评价、测井作业总结 3 个业务过程，分别产生测井原始数据、测井成果曲线数据、测井解释成果数据、测井作业完井总结报告等数据。

通过勘探开发业务自上而下的整体划分与产生数据分析，可以保证对业务的全面覆盖，不交叉、不遗漏业务和数据，建立起勘探开发全生命周期的数据资源编目体系。

3. 数据模型标准制定阶段的产出物

参照 POSC Epicentre 和 PPDM 数据模型，建立了包含主数据、业务活动、属性实体、参照数据实体的勘探开发一体化数据模型 OODM（相当于 PIM），它既继承了 Epicentre 因抽象度高而具有的强大业务和数据描述能力，又借鉴了 PPDM 对相对固化的勘探开发业务的描述方法，不但便于理解，而且提升了应用效率。

中国海油勘探开发一体化数据模型 OODM 1.0 版本包含 448 个对象实体、2 146 个属性实体、449 个参考数据实体、41 889 个属性。相比于 POSC Epicentre 3.0 版本包含的 703 个对象实体、538 个属性实体、161 个参考数据实体、20 544 个属性，OODM 按照业务对象与业务单元组织，对象实体相对具体，数量相对较少；属性实体、参考数据实体抽象度低，数量相对较多。OODM 模型整体抽象度适中，贴近业务，更容易理解，应用更方便。例如，钻井数据模型示例如图 20-2-10 所示。

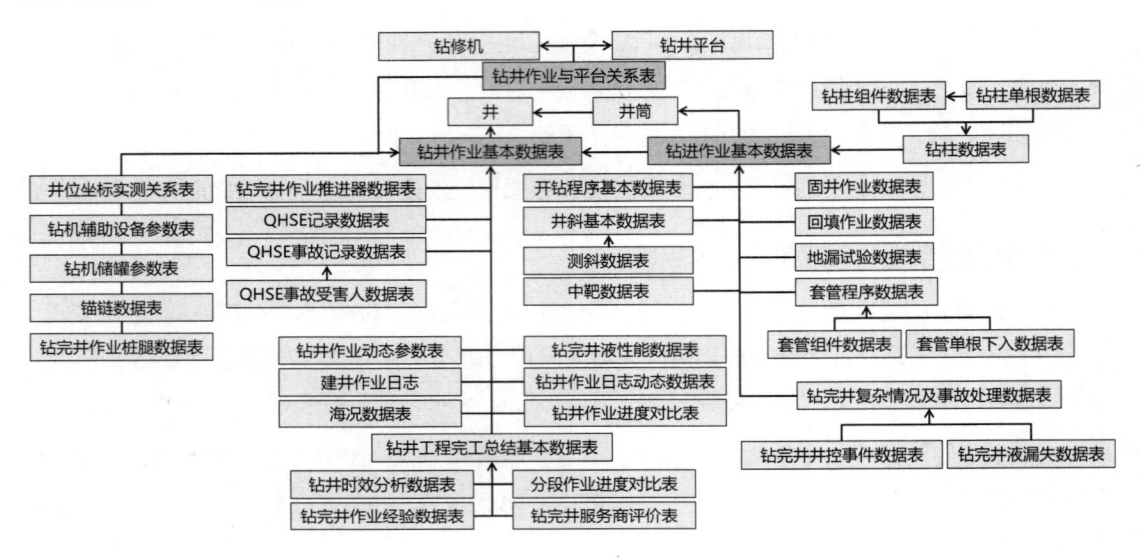

图 20-2-10 钻井数据模型示例

20.3 建设效果

1. 实现了数据标准的统一，为企业数字化转型打下了基础

通过对勘探开发业务和数据的全面分析，建立了覆盖物化探、井筒工程、分析化验、综合研究、油气田生产、海洋与地面工程六大专业域的数据标准，统一了全企业勘探开发数据标准，彻底改变了过去一个应用一套标准、多套标准共存的局面。数据标准覆盖面广，管理粒度适中，适应海油业务需求，为全面建设智能油气田提供了标准支持。

2. 建立了一体化数据模型，优化了企业信息化架构

在统一数据标准的基础上建立了勘探开发一体化数据模型，在此基础上实现了勘探开发数据的统一存储、统一管控、统一服务和统一分析，优化了企业信息化架构，有效支撑企业数字化转型。

- 在一体化数据模型的基础上，建立了地质油藏全生命周期数字孪生体，打开"油藏黑箱"。
- 采用分布式集群技术，支持数据就近分类分布存储，按需扩容与聚合，提高了存取效率，降低了存储成本。
- 采用云原生架构开发平台与数据服务，实现了与云平台的深度融合，具有自动扩缩容特性。
- 采用高可用集群架构，消除了单点故障，保证了业务的连续性。
- 彻底改变了烟囱式应用建设模式，实现了应用系统的集成、有序建设。

3. 数据标准体系的贯标应用助力智能油气田建设

数据标准体系建设全面支撑秦皇岛 32-6 智能油田建设、生产操控中心建设试点项目（含东方作业公司和白云作业公司两个试点）、中联生产操控中心建设三个智能油田试点项目的落地，通过以用促建、建用结合的方式保障了数据的高可用性，真正做到数据采集源头唯一、数据标准统一、数据质量可信、数据应用共享，全面支撑智能油气田建设。

秦皇岛 32-6 智能油田建设应用数据标准化成果，通过各类传感器对油藏动态数据、生产实时数据、设备设施运行数据、安全监控数据进行汇聚和标准化，完成了对生产管理、油藏研究、设备设施健康管理以及安全管理 4 个方向的 AI 赋能，取得了以下成果：

- 生产管理节点智能分析，包括油气产量、油井、水井、井组、区块单元、开发指标等分析。
- 油藏生产措施方案自动推荐，主动评价油藏的油气生产现状，及时发现地层储层存在的问题与生产潜力。
- 设备设施健康状态监控和预测性维护，实现了电气设备故障智能诊断模型、多维信息融合的电气设备综合状态评估模型、电力系统潮流短路分析计算模型、中控健康诊断模型、智能仪表诊断与报警分析模型等七大类设备管理类算法模型。
- 人和设施安全状态图像自动识别、风险预警等。
- AI 应用实践，实现了生产管理模式的变革，把过去靠人管理变成了靠机器管理，在减员增效的同时，使管理更精准、精细、高效且具有前瞻性。

生产操控中心建设试点项目应用数据标准化成果，取得了以下成果：

- 海上气田应急响应中关联信息联动（包括人员动态、船舶动态、车辆动态、应急物资分布、天气动态、视频监控等信息的实时发布，应急指令一键上传下达，应急预案、处置方案主动推送，处置过程信息及时共享等内容）、生产及安全远程监控（集成了视频图像识别、气体泄漏监测、机器人巡检、作业许可、实时工艺流程数据等监控关联数据，实现一体化监控）。
- 整合远程 DCS 系统操控数据，实现了系统主动关联报警（提高了对各级报警信息判断的准备率和处置的及时性）、岗位业务流程 E 化（通过各岗位信息流的标准化，支撑业务流程 E 化和闭环管理）。

中联生产操控中心建设应用数据标准化成果，围绕非常规煤层气、致密气从生产到销售全业务链的管理需求，整合现有的系统和数据，实现了非常规气田产销全过程的实时监测、远程操控、异常报警和诊断优化，打造非常规气田一体化生产经营模式，提高了生产效率。

- 在生产操作方面，由现场操控生产转变为远程调节控制，提高了操作安全性和操作效率。
- 在生产管控方面，由逐级汇集汇报转变为全面感知、自动汇集，提升了掌控生产动态的能力。
- 在生产安全方面，由人工发现问题、事后处置转变为事前控制，减少问题发现及信息传递的时间，提升了应急处置能力。
- 在生产组织方面，由多点分散值守转变为集中值守管控，优化人力资源，提高了员工的幸福指数。

4. 实现了企业数据的资产化管理，提升了管理与决策水平

建立了企业全局的数据视图，包括业务视图、存储视图、管控视图、流向视图，实现了企业数据的资产化管理。

通过数据标准体系建设，企业数据标准由多库多标准向全企业统一数据标准转变，企业数据管理由数据分散、多头管理向全企业统一存储、统一管理、统一服务转变，企业信息化技术由技术栈多样化向统一技术栈转变，企业应用建设由支持传统应用向全面支持智能油气田建设转变，聚焦无人化操作、可视化油藏、协同化运营、科学化决策四类智能油田典型应用，结合跨层级、跨专业、跨地域数据共享，以及 BI、AI 等技术手段，融合多专业知识，优化勘探开发管理模式和决策模式，提升了管理与决策的水平和质量。

5. 实现了标准管控的工具化，快速响应业务数据需求

数据标准化工作全程实现工具支撑，通过模型驱动架构实现数据标准的变更、维护与升级，从技术上保证了企业数据标准的统一。

全程零代码维护，实现数据标准与数据模型的变更，自动生成数据服务接口，自动投影数据库，无人值守实现数据推送，快速响应业务数据需求，满足可持续发展的需要。

20.4 创新点及亮点

模型驱动架构的设计与应用使数据模型能够适应业务的变化,实现数据模型的可持续发展。

1. 企业全业务分析与建模技术

自顶向下的业务划分与分析方法能够保证对勘探开发业务的整体覆盖,满足一体化的应用需求。

运用独有的业务活动描述方法(6W 方法论),按业务层级描述油气勘探开发业务,完成全业务流程的分析与建模。

企业全业务分析与建模技术在中国海油的应用,首创中国海油特色的勘探开发一体化数据标准,填补了一体化数据标准的空白。

2. 面向对象的勘探开发一体化数据模型的设计与投影技术

通过参照与借鉴国际先进的勘探开发一体化数据模型 POSC Epicentre 和 PPDM,中国海油运用面向对象的方法进行 OODM 的设计。

通过对象的继承、扩展属性保证了对数据差异性的描述,同时也保证了系统的兼容性、可扩充性。通过对象的可复用性降低了系统设计工作量。

通过面向对象的程序设计的稳定性降低了系统设计风险。

通过面向对象数据模型的抽象特性与对元数据的应用,保证了模型的可扩展性,使模型能够持续发展。

通过面向对象数据模型的投影技术,使关系型数据库能够完整表达面向对象数据模型的关联关系和继承关系,使面向对象的数据模型设计与应用技术走向了实用。

3. 模型驱动架构的设计与应用技术

石油天然气勘探开发技术是一项多学科综合应用的技术,也是一项不断发展的技术,新方法、新工艺不断涌现,其数据模型体系要能够满足这些业务特点。

- 模型驱动架构应用元数据管理技术对勘探开发数据模型标准体系框架进行了描述,形成了一套规范统一、易于扩展的标准体系,能够快速满足业务需求的变化。
- 通过模型驱动架构建立了完整的模型建设系列工具,为模型标准的快速变更、维护与发布提供支持,同时实现了零代码维护的数据服务接口自动生成,为基于数据标准体系的应用建设提供数据服务支撑。

第 21 章

金融行业：金融行业数据标准化实践案例

自 2004 年国内银行首次提出"数据标准化"概念以来，数据标准化工作在银行业得到了广泛认同与落地实施，有效解决了银行业在经营管理当中面临的数据一致性、共享性问题。

回顾金融行业数据标准的发展历史，在多年的信息化进程中，尤其是在开始建设数据仓库并进行数据整合，大量使用统计分析数据以后，银行业饱受数据缺失、数据冲突、数据不准确等问题的困扰。数据标准作为保证数据一致性、实现数据共享的关键措施，由国外的数据仓库实施厂商引入国内，正式登上了银行业的数据治理舞台。

2004 年，中国建设银行提出银行业"数据标准化"概念，开启了银行业数据标准化建设的进程。

2008 年，中国光大银行实施数据标准体系建设，运用"六位一体"应用体系方法，稳步推进标准落地执行。

2010 年，中国工商银行全面建设数据标准体系，其成果在全行范围内形成有效共识。

2013 年，中国农业银行、中国交通银行、招商银行、华夏银行、中信银行、浦发银行、广发银行、平安银行相继完成数据标准体系的建设与推广工作。

2014 年，中国民生银行正式启动数据标准体系建设工作，提出"数据标准工程是民生银行执行凤凰计划、二次腾飞的基础"。

数据标准作为数据治理体系的核心建设内容，大部分银行的数据治理体系都是从数据标准起步并一直贯穿于各项数据管理活动中的。

21.1　实践案例一：某大型国有银行企业级数据治理案例

21.1.1　案例背景

该行是我国大型国有银行之一，也是最早设立独立数据管理部门的金融机构之一。2010年前后，中国经济进入换档期，深化改革、践行新发展理念，需要传统商业银行主动调整经营管理方式。该行适时提出了"综合性、多功能、集约化、创新型、智慧型"业务转型战略，拉开了数字化经营实践的序幕，是其应对挑战、突破瓶颈、开启深刻变革、自觉主动推动整体转型的一次积极探索。该行的转型历经三个主要阶段：首先是通过核心系统的建设，对业务流程进行企业级再造，打造了该行数字化经营的坚实基座；继而开启金融生态建设，推进平台化、场景化建设，将金融能力和金融数据以服务方式向社会开放；2019年进一步开启全面数字化经营探索，按照"建生态、搭场景、扩用户"的数字化经营思路，构建业务、数据和技术三大中台，全面提升数据应用能力、场景运营能力以及管理决策能力。

21.1.2　建设方案

1. 管理策略与工作思路

（1）实施数据需求的集中、统一管理，业务和数据双向驱动。由数据管理部承担企业级数据需求的集中、统一管理。

在需求类型上，该行将数据需求分为三类，分别是简单需求、复杂需求和专业需求。对于简单需求，直接通过管理分析类的系统以界面方式实现；对于复杂需求，由专门的数据团队通过服务交付；对于专业需求，通过数据模型运行的结果进行交付。

同时，除了传统的管理分析类专业系统，该行还将其他数据需求实现方式分为三类：第一类如固定报表、自助查询和即席查询，这类数据应用由企业级数据平台支撑，支持业务人员自主用数，把用数的权利还给业务；第二类如数据模型实验室和数据挖掘，对应大数据智能平台，该平台承担着该行数据模型实验室、传统商业智能和大数据分析应用的职能；第三类是仪表盘，目前该行仪表盘有PC端和手机移动端，大部分核心业务指标的更新频度能达到日频次，少部分核心经营指标实现了准实时。

在数据需求驱动力上，一方面是传统业务需求的驱动，由业务部门或者分行将遇到的数据问题和困难衍生得到；另一方面是新型数据需求的驱动，数据分析人员以及数据专业人员基于长期对业务需求的分析与实施，积累对业务的数据洞察能力，主动提出数据需求。

（2）建立企业级数据规范体系，在系统中全面落地执行。

该行采用业务模型驱动的方法，先将银行业务模型化，再推动数据模型建设以及 IT 系统开发，从而实现了业务需求的统一规范化定义，消除了业务人员之间对业务理解的差异，也方便了技术人员准确理解业务，大大减少了开发的阻力。

建设企业级数据模型，对数据实体、数据项和数据之间的关联关系等进行清晰的定义，形成集业务术语、基础数据标准、衍生数据标准、数据字典等于一体的多层级的企业级数据规范体系，从而推动数据规范在核心业务系统等业务源系统中的全面实施，从源头上保证数据的规范性和一致性，并通过企业级数据仓库整合全行数据资源，形成全行完整、可信、可用的黄金数据源。在此基础上，该行进一步搭建了企业级数据应用体系，实现全行数据需求统筹管理、分类实施、快速响应，建设数据成果共享应用能力。

（3）深化数据治理，构建全域端到端数据资产管理，将数据作为该行的战略资产实施全生命周期管理。

随着数字化经营的探索实践和纵深推进，对该行数据能力的需求逐渐明晰和迫切，同时对数据治理工作也提出了新的要求。该行将数据资产管理理念融入数据治理中，将数据生产要素化和数据资产化作为新要求，按照"治理范围扩展至全域化、治理方式升级至智能化、治理理念转变至服务化"的整体思路，进一步优化演进数据治理体系，创建数据资产管理机制，贴近用户需求，盘点全域数据资产，建设数据资产目录，提供多视角数据资产分析，实现数据资源向数据资产转化过程中的"可见、可懂、可用"，解决用户"找数难"的问题。以面向用户服务为目标，实施数据资产的产品化管理和运营，评估数据资产价值，解决用户"用数难"的问题。

2. 数据标准化组织分工与数据文化

数据标准化程度在该行是被高度关注的问题，但是数据标准化工作无法由业务部门、技术部门或者数据部门独立完成，而是需要全员参与、全员维护，需要行内每一个成员严格履行自身对数据管控的责任。因此，为了建立良性的数据供给和应用循环，该行建立了全员参与的数据管理文化，构建由 6 个角色和 5 个管理领域组成的数据管理职责认责矩阵，并对数据标准化情况进行实时监测和控制。从基础的数据需求、数据标准的制定，到数据质量、数据安全和元数据的管理，都由各个部门共同参与，业务部门、数据部门和技术部门彼此分工合作、各司其职，执行部门和管理部门也要构成一个从制定、使用到监督、改进的完整闭环。

3. 实施路径

该行的数据治理体系建设分为以下三个主要阶段。

（1）打基础阶段。

在第一阶段，该行通过梳理全行主要的信息系统、报表、数据、数据流等要素，明确数据治理的重要对象和范围，建立全行统一的数据标准规范以及配套的组织保障和制度流程，保证数据治理的长效落地实施。

在具体抓手上，主要围绕核心系统和数据仓库的建设，通过全生命周期开发管控，从开发源头即实现数据标准规范在系统平台中的全面贯标，实现源头数据管控。

这一阶段的工作更多的是基础性工作，需要投入大量的资源和时间，包括各业务部门的人员投入，且工作周期较长，见效相对较慢。因此，该行管理层自上而下给予了高度重视和资源倾斜，牵头部门也充分发挥主观能动性并引入内外部专家资源提供大力支持，切实保障项目工作的顺利推进。

（2）见成效阶段。

在第二阶段，该行以见成效为目标，通过基础数据视图、指标数据多维统计分析、监管统计报送专项提升等有明确业务主题目标的专题工作事项，针对实际的数据问题和数据需求，开展专题工作进行整改或需求实现。

该阶段的重要主题和工作亮点是建立企业级指标库和维度库体系，通过指标、维度等统计元素的标准化和要素化设计与实施，打破传统的固定报表模式，支持灵活、实时、便捷、可视化的统计分析，实现对外部监管统计和信息披露、内部经营管理决策和业务部门绩效考核以及管理的有效支撑，产生了良好的用数效果，极大地提高了内外部统计分析的质量和效率。

（3）促应用阶段。

在第三阶段，围绕治理和应用的关系，形成全行数据治理和应用价值实现的良性循环与迭代提升优化，以用带治，以治促用，形成管理闭环。

这个阶段的重点和亮点是全面提升全行数据挖掘和价值实现能力，包括建成独立的数据卓越中心为业务部门提供数据服务和赋能，建设大数据平台、实验室、模型知识库等各类智能工具对业务应用进行支撑，形成全行数据应用智慧产品供业务用户订阅和使用，并统计业务用户对智慧数据产品的使用情况和反馈，不断打磨和优化数据产品，制定配套的数据服务管理和评价机制，促进业务应用。

21.1.3　建设效果

该行几十年来通过数据治理系列项目，实现了领先的数字化转型能力与业务场景创新能力。

确立数据管理在全行的重要地位，持续探索和建设适合自身特色的数据治理体系。该行建立了完善的数据管理和数据应用体系，夯实了覆盖所有业务的规范统一、集成互联的数据基础，实现了企业级、全流程数据管控，努力让使用者在正确的时间、正确的环境，以正确的方式获得正确的数据和服务，促进商业智能的提升。

建立完善的企业级数据规范体系，形成统一语言。该行建立了包括数据标准、业务术语、指标体系、业务数据模型等在内的完整的数据规范体系，准确定义了数据名称、业务含义、各类技术参数以及采集加工规则。同时，该行在项目开发过程中严格执行已经定义的各类数据规范，为从根本上消除数据孤岛、实现数据的互联整合奠定了基础。

推动数据要素与其他生产要素的深度融合，进一步释放数据资产潜在价值。该行将数据作为关键生产要素和资源，开发了企业级、可视化的数据资产管理工具平台，支持对全行数据实施全生命周期管理。在此基础上，扩展完善企业级数据仓库，集中整合全量数据，开发多维度数据统一视图。该行还建立了统一的企业级数据提供渠道，形成了以自助查询、固定报表、即席查询、数据实验室、数据模板、决策仪表盘等多种模式支持全行各层级、各业务条线灵活多样的用数需求。

21.2　实践案例二：某城市商业银行数据治理案例

21.2.1　案例背景

该行是一家在打造区域金融中心的大背景下，经改革重组 5 家城市商业银行设立的省级商业银行，也是一家极具区域竞争优势的现代化股份制商业银行。

近年来，随着银行精细化管理的不断深化和金融监管的日趋严苛，该行日益认识到数据对银行业务管理和应用的重要性。为贯彻落实监管要求，提高数据质量，加强数据应用，发挥数据价值，主动适应银行数字化转型发展趋势，助力银行错位经营差异化高质量发展，该行正式成立了数据管理中心，负责全行数据治理相关工作，并于 2020 年相继启动了数据治理咨询项目和数据管控平台项目，逐步推动企业级数据标准化建设。

21.2.2 建设方案

该行的数据标准化建设起于 2019 年新核心系统建设时期，当时梳理了客户、公共、组织、产品、渠道、账户六大主题的基础数据标准，并率先在新核心系统中部分落地。

鉴于数据标准化建设是一个持续迭代完善的过程，为了更好地将数据标准以体系化的方式在全行进行应用推广，2019 年数据管理中心成立后，随即认识到数据标准化是一切数据治理工作的基础，开始从业务和实施两个层面进行企业级数据标准化工作的谋篇布局。

第一步，通过业务咨询从全行级的视角建立健全数据标准体系，全面覆盖行内具有多部门共享性和业务重要性的关键数据项，以业务属性、技术属性和管理属性为框架进行具体标准内容的定义，并对梳理的标准数据项完成数据的业务主管部门认责，在认责过程中落实数据标准管理的组织职责和流程机制。

数据标准的制定遵循基线版本的迭代原则，即通过专项工作，选择对银行而言最重要、通用、共享或存在较大问题需要解决的数据范围作为第一优先级，组织各业务部门确定全行统一的标准规范作为基线版本，通过基线版本的日常管理和维护建立起长效的工作机制和流程，保障全行全员参与并有效推动机制运行。

在基线版本的基础上，通过数据需求统一收口，实现对新增或变化数据需求的统筹管控，以识别需要新增或维护的数据，通过日常机制不断丰富和完善数据标准的基线版本，不断更新、维护和发布，扩充数据标准的范围。

第二步，通过平台实施承接业务咨询成果，利用技术手段将数据管理流程固化，通过持续对标、落标、问题发现、跟踪、整改、评价的全流程闭环管理，促进数据标准在行内多个系统的贯彻执行，为从源头上解决数据问题、提升数据质量保驾护航。

在数据标准贯彻落地的过程中，针对不同的信息系统实际情况选择可行的贯标策略。对于新建或改造的系统，要严格遵循数据标准的要求进行系统开发和改造，结合系统开发生命周期管控实现源头落标；对于存量系统和平台，采取问题导向方式进行清理和整改，即发现并分析数据质量问题，针对严重影响数据质量的系统和数据范围，采取整改的方式进行系统改造落标。

2020 年，该行数据治理咨询项目正式启动，数据标准化作为八大核心工作任务之一，按照需求调研、标准制定、标准认责、意见征询、标准修订 5 个步骤开展企业级数据标准体系的建设。

在咨询项目的建设过程中，该行同步引入实施厂商进行数据标准落地方案的交流探讨，确定数据标准管理的系统功能需求，并于 2020 年年底正式启动数据管控平台的建设，实现业务咨询与系统实施的有效衔接。

21.2.3 建设效果

经过近一年多数据标准工作的持续推进，该行的数据标准化成效日益显现，并逐步进入常态化的运行轨道。

1. 夯实数据基础

截至目前，该行已建立基础数据标准库，数据标准范围扩充至客户、产品、协议、机构、事件、地址、营销、渠道、财务、资产、公共 11 大数据主题；同时建立指标数据标准库，涵盖业务拓展、客户管理、风险合规管理、财务绩效管理、运营管理、重点监管指标、数据质量评估 7 大核心业务领域，全面夯实了覆盖所有业务的数据规范，为从根本上解决数据问题、实现数据的互联整合奠定了基础。

2. 完善管控机制

为保障数据标准规范的落地管理和执行，更好地达成数据标准服务业务经营和管理的目的，该行遵循"业务相关性"原则，对已建立的各项基础数据标准和指标数据标准均认责到顶，确认了数据的业务属主部门，并自上而下建立了完整的组织管理和工作机制，强化业务部门作为属主部门的职能定位，与数据管理中心一体化协同运作。同时，为了在全行范围推广数据标准化理念，培养数据管理人才，该行在总行核心部室设置了数据专管员，以项目实践和专题培训双管齐下的形式，加强全行数据标准的体系化管理、业务动能培育和落地执行能力（如图 21-2-1 所示）。

值得一提的是，该行从数据治理工作的最开始，即明确了数据治理是对组织的治理，数字化转型是组织与人的能力转型。作为数据治理框架中的核心支撑点——数据管理组织架构与制度，根据工作阶段的不同优先级，有侧重点、有序地调整了组织架构，使得组织架构最有利于目前阶段的工作重点。例如，当组织处于数据能力成熟度初级时，工作内容处于图 21-2-1 所示的数据治理核心领域，重点是建立数据治理的基本工具集，包括制度、组织、权责、标准，以及对数据标准、质量、元数据管控的平台工具。此时建立的数据管理部，属于某后台业务部门下的二级部门，部门职能主要是作为数据标准、数据质量的定义与审核的归口部门。

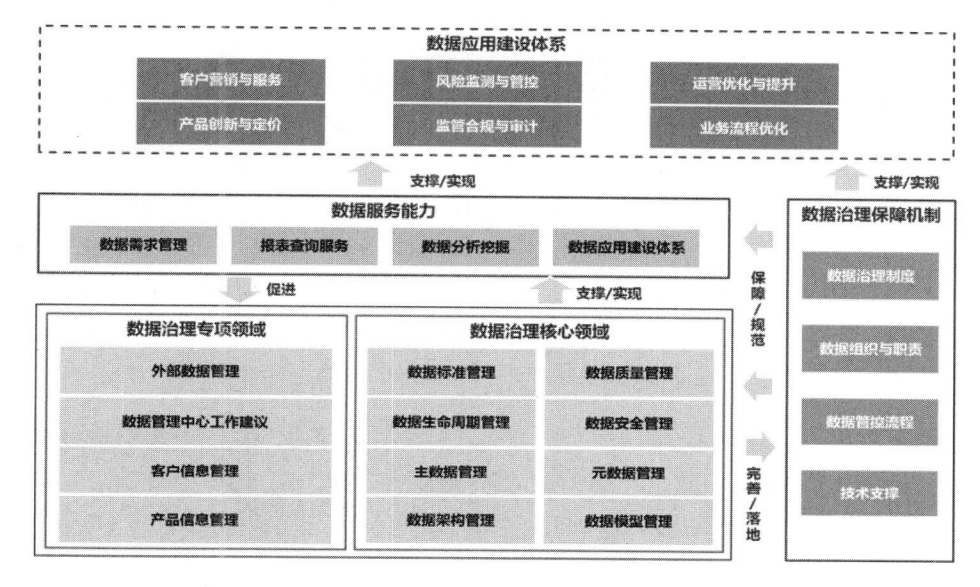

图 21-2-1　组织的数据能力与数据治理域

在数据质量得到初步把控、数据管控流程稳定之后，进一步通过发文明确了各个部门针对全行企业级数据质量的责任与具体工作内容（比 2018 年《银行业金融机构数据治理指引》的相关规定先行了数年）。以数据质量为数据治理的抓手，继续细化管理，发布了全行数据质量考核办法，以及数据质量提升的组织职责，由一把手负责并落实到个人。在此基础上，该行不断扩展数据质量的考核范围与考察要素，将数据治理领域从核心扩展到专项以及数据服务，并在建设数据服务时，加入对创新和工作效率提升的考核激励。

在数据服务运转初步成型时，将数据管理部由二级部门改为一级部门数字银行部，牵头数字化战略，提供 Aiken 金字塔阶段 4 的数据服务与应用，实质上完成了开展数据治理工作的目标：企业组织层面的数字化能力的转型（如图 21-2-2 所示）。

3. 盘活数据资产

通过搭建符合数据标准化管理要求的数据管控平台，逐步实现全行数据资产的统一、高效管理。目前，数据管控平台一期功能已上线，覆盖数据标准、数据质量、元数据三大领域的交互联动，并将核心、信贷、ECIF 等存量系统及新建系统的元数据信息均接入数据管控平台，通过常态化开展系统对标工作，强化数据标准落地成效，有效提升了数据资产的应用能力。

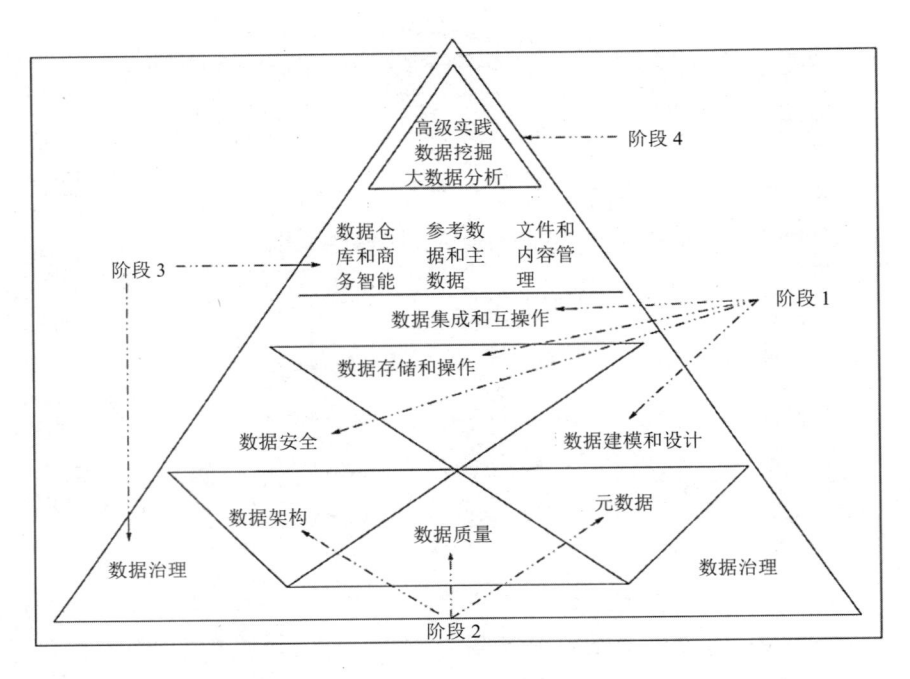

(引自《DAMA 数据管理知识体系 2.0》)

图 21-2-2　Aiken 金字塔

4. 通过数据治理主动形成数据合规

在《个人金融信息保护技术规范》(JR/T0171—2020)、《金融数据安全 数据安全分级指南》(JR/T 0917—2020)、《个人信息安全规范》(GB/T 35273—2020)、《个人信息安全影响评估指南》(GB/T39335—2020)、《多方安全计算金融应用技术规范》(JR/T 0916—2020)的基础上，2021年中国人民银行《金融业数据能力建设指引》(JR/T 0218—2021)的发文(银发 42 号)中，明确了金融业数据处理要秉承"用户授权、安全合规、分类施策、最小够用、可用不可见"的原则，并同时发布了《金融数据安全 数据生命周期安全规范》(JR/T 0223—2021)。结合相关国家法规、行业规范，该行拟定了加强统筹谋划、通过数据治理与技术支撑达到主动合规的策略。

在明确了数据合规中的数据权益主体、数据处理责任方的权责关系和数据处理的合规原则后，该行成立了数据安全治理委员会和专责工作小组，制定了个人信息保护、数据访问、用户授权与账号更新、第三方数据处理者委托处理、数据共享与跨境、组织安全合规管理等策略与制度，并逐步试水利用隐私计算、动态脱敏等技术手段来完善数据安全流程环节中的合规要素风险控制。

结合信息安全影响评估，该行在数据生命周期的采集、使用、加工（包括第三方委托处理）、删除环节，在基础数据和加工数据层面识别出合规要素，并将其包含在数据标准的管理维度中纳入管理。

根据合规要素涉及的安全策略要求、相关系统的处理功能流程以及数据处理相关方所遵循的安全策略，分析审计得出对个人信息的安全等级映射图表、风险严重等级、安全事件发生的概率，定期结合行业、监管动态形成评估报告，并以评估报告作为数据安全能力提升的基准。在重要数据处理场景下，达到了定期和主动评估、数据安全策略全生命周期覆盖的要求，为日后更丰富的数据要素的价值释放奠定了扎实的合规基础。

21.3 实践案例三：某证券公司数据治理项目

21.3.1 案例背景

该证券公司于 2007 年规划建设数据中心，并于 2010 年建设了数据仓库。随着应用系统的增加，该证券公司面临诸多挑战：一是烟囱式建设，缺少共享数据模型和规范，包括指标、口径等，数据重复存储，导致资源浪费；二是存在数据孤岛，数据分散在各个系统内，无法有效整合打通，数据割裂严重，很难做到统一的分析和统计，难以发挥全域数据的价值；三是需求响应慢，为满足业务场景需求，需要从多个系统中进行数据采集，再做复杂的转换加工，但是缺乏底层工具和平台方面的支持，疲于应付临时性提数分析需求，无暇顾及平台级建设和数据治理，导致恶性循环；四是缺乏沉淀积累，大数据开源组件众多，更新迭代快，安装、部署、维护、使用的技术门槛高，证券场景复杂，无法做到技术、业务、人才的积累。

在此背景下，该证券公司应用数据治理方法论，通过数据日常运营活动融入数据治理措施：结合公司监管和战略层面的一些重大任务来推动数据质量的提升和标准化；结合业务需求，逐步推进数据治理工作是数据分析挖掘、数据智能应用的"质"和"量"的保障；同时健全规章制度，建立长效的数据管理机制和流程，规范数据资产管理各项工作的开展，从而在保证数据安全的基础上促进数据开放共享；建立全公司统一的数据标准规范，并落实到具体的系统和平台中，有效解决指标数据口径不统一、数据不一致等质量问题，提高全公司数据的准确性、一致性、共享性，为业务用户的用数需求提供快捷、高效的技术支撑。

21.3.2 建设方案

1. 管理策略与工作思路

基于以上驱动因素和方法论，该证券公司建立数据资产标准化管理体系，建立过程如图 21-3-1 所示。

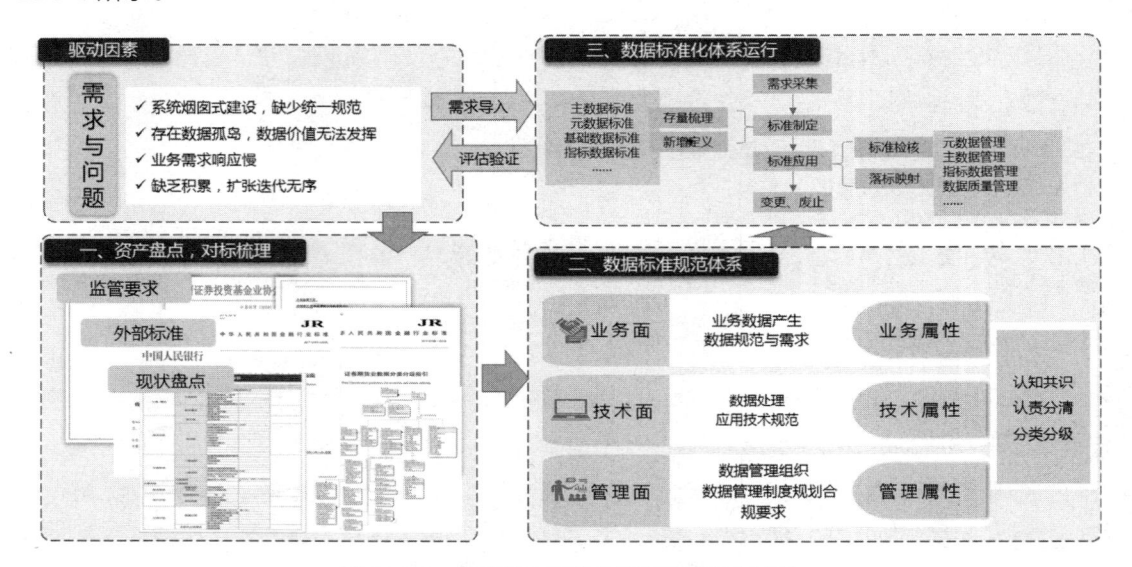

图 21-3-1 数据资产标准化管理体系建立过程

（1）数据资产盘点、认责及分类分级。

参考证券行业数据模型，按业务类别、主题域、系统分布等维度对公司数据资产进行高阶的盘点，形成企业级数据资产台账。在此基础上，具体对客户全生命周期数据资产和经营指标进行细化梳理，并对各数据项进行归口认责。

（2）建立企业级数据规范体系。

基于数据分类分级工作，同时发布数据标准和指标标准。在数据标准框架的指导下，遵循系统性、规范性、明确性、扩展性和稳定性原则，参照《证券期货业数据模型 第3部分：证券公司逻辑模型》建立公司内部数据标准，覆盖主体、账户、品种、事件、资产、合同、营销等八大数据主题域。对具体数据项逐一进行标准化的编号、命名、业务定义、统计规则等规范工作，落实不同数据项所对应的业务主管部门，实现数据的业务认责；明确数据产生的唯一可信信息系统来源，实现数据的系统认责，确保数据在全公司范围单点产生、多点调用。

遵循构建指标标准的工作方法论，向各关键部门收集指标并进行报表解构，材料形式包括但不限于管理层手工报表、系统加工报表、证券公司逻辑模型、已建立的指标清单、手工底稿等。在此基础上归纳指标子集，并进行整合去重，明确指标的自动化取数现状、管理属性信息、业务属性信息、技术属性信息等，形成企业级的指标标准规范，为日后业务部门的指标口径新增、变更提供了依据，保障了指标数据的一致性和准确性。

通过企业级数据平台的数据采集和整合，实现数据标准在该平台的统一贯标落地，减少对业务系统改造贯标的压力。特别地，对于指标数据，实现在数据平台的统一加工或管理，即单点加工、多点调用，支持口径一致的跨业务条线和场景的用户查询与统计。

（3）深化数据治理，构建数据资产管理体系。

建立元数据管理、数据质量管理、数据标准管理等相关实施细则，使各项数据治理工作真正做到"有章可循"。结合整理出来的数据资产目录及分类分级清单，设计后续将数据资产平台化管理的支撑系统界面与功能。

通过数据资产盘点成果，形成数据资产项与其源系统的映射关系；在数据资产清单表中，建立数据标准与数据资产项的映射关系，一个数据标准可能对应多个数据资产项；在建立数据资产项与数据标准对应关系的基础上，形成数据标准与系统的映射关系。这些使得业务部门用户能够实现"所见即所得"，即对于在数据资产平台中查询到的数据，都能便捷地获取相应的数据来源、口径等说明，并在安全访问合理控制的前提下支持实时查询生产数据，支撑业务应用。

2. 组织分工与数据文化

数据标准化程度在该证券公司是被高度关注的问题，需要全员参与、全员维护，需要公司每一个成员都履行自身对数据管控的责任。因此，在企业内部培养数据文化，强化公司、部门、员工的数据意识，提高数据的标准化程度，减少数据质量问题，利用数据做决策、运营，才能保证数据治理和运营达到预期效果。

2019 年，该证券公司成立了数据治理办公室，作为数据治理工作的管理组织，设立在信息技术中心。其核心职责包括：组织制定公司数据治理的战略与规划、组织与职责、制度与流程；制定公司数据治理的工作计划、执行方案和策略；定期向 IT 治理委员会做常规工作汇报；负责数据治理相关工作的组织、推进、开展和追踪。

21.3.3　建设效果

该证券公司完成了数据资产盘点、分类和标准化，形成企业级数据标准库——形成基础数据标准 2000 份以上，梳理 1 万个以上经营指标，构建规范、有序、结构化的数据模型，以及配套的日常管理组织、机制与流程。构建数据资产系统，实现了数据管理与应用的有机结合。

21.4　金融行业数据标准化建设的思路总结

数据标准化管理是一个螺旋式上升的过程，在实践运用中不断优化、细化，从而成为一个有"生命"的数据标准。

随着国家数字经济战略的提出，以及数据资产管理和数据中台理论与实践在各企业中的落地，该证券公司对数据标准实施方法有了新的理解与认识。

1. 有"生命"的数据标准

有"生命"的数据标准，通俗的解释就是，数据标准有用且可持续（如图 21-4-1 所示）。

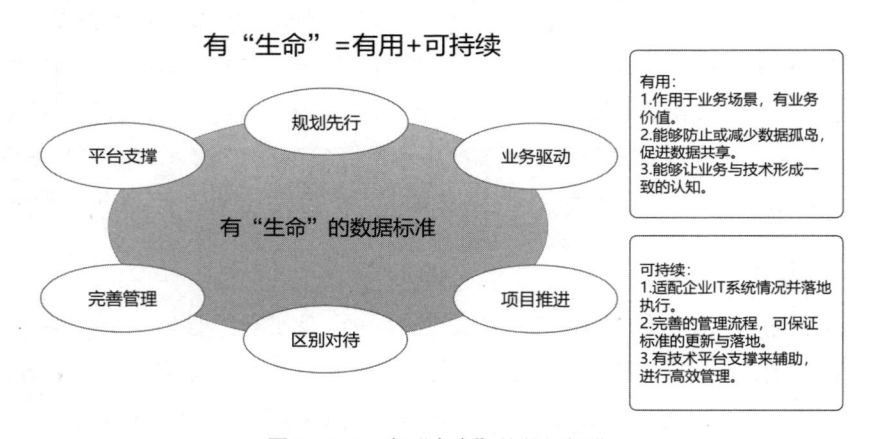

有"生命"=有用+可持续

有用：
1. 作用于业务场景，有业务价值。
2. 能够防止或减少数据孤岛，促进数据共享。
3. 能够让业务与技术形成一致的认知。

可持续：
1. 适配企业IT系统情况并落地执行。
2. 完善的管理流程，可保证标准的更新与落地。
3. 有技术平台支撑来辅助，进行高效管理。

图 21-4-1　有"生命"的数据标准

"有用"是指在现实世界中使用到数据标准，衡量数据标准有用主要有以下三点：

- 是否有明确的业务场景或业务价值。例如，制定渠道类型标准并在各渠道中执行，有助于统计各渠道的交易量，同时促进电子渠道转化等。
- 是否能够防止或减少数据孤岛，促进数据共享。例如，制定识别个人客户标准（姓名、证件类型、证件号码），能够帮助企业识别不同系统、不同场景下的同一个客户，实现客户信息的整合与共享。
- 是否能够让企业各类人员达成一致的认识。例如，业务术语经常会出现同名不同义、同义不同名的情况，以及指标数据的业务口径与技术口径不一致等情况。

"可持续"是指数据标准在应用系统中落地，并且可以根据业务的实际变化进行调整，从而形成一个闭环的管理流程。数据标准的可持续落地、更新与维护需要考虑以下几个因素：

- 适配企业 IT 系统现状，推动数据标准落地执行工作。多数企业的 IT 系统已有一定的规模，"一刀切"的标准执行往往会带来更大的阻力与成本投入。同时，数据标准的执行要被嵌入 IT 开发流程中。
- 数据标准管理需要有完善的工作机制与流程，这种工作机制的持续运转是数据标准可持续的保证。
- 数据标准管理也是一种业务，依赖手工对数据标准进行管理会产生易错、低效、人力投入高等问题，需要有技术工具来辅助。

最近几年，各企业纷纷提出"数据资产运营"的概念，有"生命"的数据标准的理念在本质上就是标准的数据资产运营。因此，数据标准管理在组织架构、决策机制、工具等方面与数据资产管理复用或整合。

2. "六位一体"数据标准实施方法

金融行业在实施数据标准化过程中结合丰富的经验，总结了"六位一体"实施方法，促进数据标准在系统中落地；在应用过程中又不断地完善数据标准，使之更有利于应用。

规划先行：引进 FS-LDM（金融行业逻辑数据模型）和"实施优先级评价体系"，从迫切性、难易度、业务关注度等多个层面进行考量，确定了各数据标准主题的实施路径。

业务驱动：始终贯彻以业务驱动这一核心原则，让业务部门从数据标准应用中获得益处，使得业务部门更主动地推动数据标准的不断应用。

项目推进：通过选取业务价值高、涉及面广的项目或专题进行专项改造，以及数据管理项目等，有计划、有组织地推进和解决涉及业务部门多、系统多、关联复杂、风险度高的难题。

区别对待：从业务影响、技术影响、系统改造难度等多个方面充分论证应用实施方案，明确系统实施范围、标准落地方式以及分步实施策略，有效控制改造影响面，降低系统改造风险。

完善管理：明确数据标准管理组织结构与工作职责，对制定、复审、变更、执行数据标准的工作流程与制度要求进行详细规定，发布相关管理办法。

平台支撑：建设数据标准管理工具，实现数据标准的维护、更新、发布等功能，向数据标准管理组织、各部门、各分支机构全面开放，提升管理效率。

以上 6 个方面，规划先行与业务驱动从业务视角明确数据标准有哪些、是否有用、是否急迫等问题；项目推进、区别对待、完善管理、平台支撑解决数据标准的执行、更新、持续运营等问题。

3. 大数据时代数据标准实施方法的新思考

当前，全球经济越来越呈现出数字化特征，人类社会正在进入以数字化生产力为主要标志的新阶段。在数字经济时代，数据是社会生产的关键要素与资产，也是科技创新的主要元素，开放、共享、生态是这一时代的核心发展理念。在这样一个以数据作为连接纽带、社会各领域互通互联的时代，数据标准作为数据共享以及数据资产管理与运营的基础，在"六位一体"数据标准实施方法上有了新的变化（如图21-4-2所示）。

	以前	现在
规划先行	参照FS-LDM，按照业务优先级与实施难易度进行规划。	参与社会业务活动的客观对象及其范围。
业务驱动	外部监管要求、业务规范化等。	多部门、企业间业务协同合作的内生驱动。
项目推进	依托IT项目制定并执行标准，如ECIF、统一额度等。	跨部门、跨企业项目是数据标准的发起方，标准定义者拥有较高的话语权。
区别对待	基于标准落地的业务影响、技术影响、改造难度来考虑。	基于数据标准的业务重要性与影响范围来考虑。
完善管理	完整的数据标准闭环管理机制。	与数据资产管理机制的融合，与业务、技术标准管理机制的协同。
平台支撑	支持闭环管理机制的线上平台。	利用人工智能与大数据技术来协助提升闭环管理效率。

图21-4-2 "六位一体"数据标准实施方法的新变化

思考一：传统FS-LDM作为数据标准规划的重要参照具有局限性。首先，在开放银行与开放API的时代，在FS-LDM中，无论是参与业务的客观实体还是实体的属性都在不断地变化。其次，从数据共享、互联的视角来看，对FS-LDM中所有的实体与信息项是否都要被定义成数据标准需要进一步考量。

思考二：从业务驱动向业务场景驱动转化。在传统方式下，对数据标准的定义、执行都是由业务部门提出的，监管要求是最重要的驱动力。随着各企业数字化转型、产业数字化的深入，数据标准需求从一个个业务场景中产生出来，并同步落在业务场景中，随着业务场景的消失而作废。

思考三：项目实施依然是数据标准定义与执行的最佳选择。由于各企业在生态中的互联与协同，制定并执行数据标准有可能成为这类项目实施中所必需的，制定数据标准的企业在此项业务中拥有更高的话语权，是企业和项目的内生动力。

思考四：在传统企业中，在执行数据标准时主要考虑对已有应用的影响程度而进行各种调整与妥协，让数据标准落地且可持续。当前，各企业通过开放 API 进行互联，如果这个数据标准是企业互联的核心数据，那么就必须执行，各相关企业就要无条件改造。因此，在数据标准落地时，需要根据其重要程度与影响范围来区别对待。

思考五：数据标准管理、数据资产管理，以及业务、技术标准管理的协同机制是未来机制完善的重点。一方面，数据标准是衡量数据资产质量的标尺，数据资产运营体系（数据中台）的构建和持续运转与数据标准管理融为一体。另一方面，数据是现实世界（业务）的抽象，从 IT 系统中产生。因此，数据标准管理与业务管理、IT 数据架构管理必然需要协同一致，才能够真正落地业务场景。

思考六：数据标准管理也是一种业务管理，当管理流程基本成形以后，就可以将人工智能、自然语言处理、数据分析挖掘等技术运用在管理的各个数据标准业务场景中，这在原理上与其他业务场景是一样的。例如，运用自然语言处理技术对各种标准文件中的指标进行解析，以提炼或规范指标的定义与口径；通过每个用户的查询行为，可以为使用者智能推荐其可能感兴趣的标准；爬取国际、国家、行业等相关网站，定期跟踪并更新引用的标准，等等。

思考七：实用先行、迭代提升的数据标准的制定和实施。数据标准落地的成效已经成为检验金融机构数据治理能力的重要评价因素之一，数据标准不仅仅要统一和规范，更要解决金融机构面临的实际痛点和问题。在此趋势下，需要从解决实际的数据质量问题（如监管数据报送出错、业务统计分析维度颗粒度不足等）或满足实际的数据分析应用需求（如客户营销数据分析、客户风控预警等）出发，结合实际应用场景明确重点数据对象，并通过标准化和贯标落地来解决相应的场景问题或需求，实现实用先行、快速见效。在此基础上，不断识别新的问题和需求，不断推广并迭代提升数据标准。

第 22 章

政务行业：政务数据标准化实践案例

数据作为关键生产要素，国家和地方相继出台政策与意见，提出对数据治理的相关要求。然而，当前规模大、种类多、潜力巨大的政务数据资源还没有得到充分、有效的利用。相对其他行业，政务行业覆盖面广，其数据既包含各级政府部门因履职过程产生的数据资源，又包含在服务过程中采集的外部数据资源。相较于部门级单个业务、单个行业、单个企业的数据治理工作，政务数据治理工作的难度急剧上升，且数据质量问题更为突出。

截至 2021 年年底，在我国 34 个省级行政区，已设立专门数据管理机构的省份有 27 个，数据应用已经贯穿于政府管理的各个领域、各个环节和各个过程，依数据决策、依数据管理、依数据监督已成为常态，政府管理和决策已离不开数据的支撑。目前，我国政务数据治理存在效益低、与业务脱节、数据质量问题突出等数据应用问题，同时还存在数据治理标准化体系缺失、数据标准应用实施效果差等标准方面的问题。

在数据应用方面，主要存在三方面问题。

（1）数据治理与业务脱节。各政务部门为治理而治理，未与业务紧密结合来理解数据的内涵，数据治理质量难以提升。

（2）数据治理不可见。数据治理看不见、摸不着，无法在治理过程中多角度、多维度地实时展现数据全貌来有效地检验和评判数据治理工作。

（3）数据治理质量差、效益低。数据治理与应用系统各自建设，数据治理成果为应用系统服务时存在滞后性，未能有效发挥数据的作用和价值。

在数据标准方面，主要存在四方面问题。

（1）政务数据标准缺乏顶层设计。其主要体现在以下两个方面：

- 政务数据与标准脱节，政务部门在开展各项业务时难以将标准化与政务数据有效融合。
- 数据标准间相互冲突，各级政务部门依据自身业务需求制定数据标准时，并未考虑与现行标准之间的关系，经常出现标准间不兼容、标准参差不齐等现象，需要标准体系来引导标准的制定。

（2）数据资源不规范。数据资源目录编制是数据资源共享开放建设的基础，当前数据资源目录存在范围不清晰、内容不规范等问题。其中，数据资源目录范围主要存在数据类重复、不全面、相关性小等问题；数据资源目录内容主要存在数据项涵盖不全、数据项无中文名称、数据项无格式类型等描述不全面和不规范等问题。此外，数据规范相关标准的缺失，如数据项名称、格式类型、值域代码、术语等不规范，导致各政务部门数据在应用过程中一致性较低、兼容性较差，制约了政务信息共享、开放及应用分析。

（3）数据管理相关标准缺失。政务数据基本处于各自为政的状态，数据分散在不同部门的业务系统中，还未实现数据资源的有效整合和管理。目前，在数据资源的有效整合方面面临的主要问题是：

- 政务数据汇聚的广度和深度不够，数据汇聚缺少统一标准。
- 各单位根据本业务领域制定的数据标准进行数据管理，使得各领域数据差别较大，不同部门、不同领域的数据标准不统一，数据聚合存在数据准确度低、数据完整性差、数据更新不及时等问题。
- 在各业务领域中，特别是面向跨行业、跨领域的关键数据标准及相关业务的处理规则滞后。

（4）数据标准应用实施效果差。目前，对数据标准没有进行有效的落地实施和应用推广，主要体现在以下两个方面：

- 在数据标准正式发布后，将其作为一种规范性文件进行存储或展示，但并未进行实际应用和落地实施，各项业务工作也未按照数据标准的要求开展，缺少有效的数据标准应用管理工具，无法发挥数据标准的有效指导作用。
- 在数据标准的实施应用过程中，由于存在数据标准落地经验少、对数据标准的理解不到位、对数据标准的重视程度不够、实施单位素质参差不齐、数据标准符合性测试机制缺失等问题，造成对数据标准的执行力度不够、执行程度不统一等现象，严重影响了数据标准的应用实施效果。

22.1 "数字山东"政务数据标准化实践案例

22.1.1 案例背景

山东省委、省政府把"数字山东"建设作为落实数字中国战略的生动实践，作为加快新旧动能转换的重大举措，以及推动高质量发展的重要路径，推动互联网、大数据、人工智能与实体经济深度融合，以数字基础设施、数据资源体系、网络安全保障为支撑，以数字产业化和产业数字化为核心，以政府治理和惠民服务数字化应用为重点，科学谋划、超前布局，全面提升数字经济时代山东发展的核心竞争力和综合实力。

根据《国家信息化发展战略纲要》《山东省新旧动能转换重大工程实施规划》，以及乡村振兴等重大战略关于信息化建设的部署要求，山东省人民政府制定了《数字山东发展规划》，规划基期为 2017 年，规划期限为 2018 年至 2022 年。

建设目标：到 2022 年，构建形成数字基础设施支撑有力、数据资源体系完善、数字经济实力领先、数字化治理和服务模式创新的发展新体系，数字山东建设跻身全国前列。《数字山东发展规划》中突出数据资源的基础和核心要素地位，加快完善数据资源从多元归集、整合共享、开放流通到社会应用的完整链条，构建统一高效、互联互通、安全可靠的全省数据资源体系，推动山东省由数据大省向数据强省转变。

22.1.2 建设方案

近年来，山东省持续推动一体化数据资源体系构建，逐步建设"数据治理服务目录+数据标准+工具"的数据治理模式，梳理政务数据治理服务目录，构建数据资源标准体系，制定基础数据规范、数据管理、数据共享开放等系列标准，建设标准制修订工具，推动各类数据标准落地实施。

1. 梳理数据治理服务目录

目前，国际和国内对于数据治理无明确的定义，山东省各政务部门对数据治理概念的理解不一致，数据治理的进度和程度存在较大差异。为明确全省政务数据治理目标，统一界定各政务部门数据治理的内容和要求，规范各政务部门治理成效的一致性，山东省亟须梳理数据治理服务目录，指导各政务部门规范开展数据治理工作。

（1）数据治理服务范围。

山东省数据治理服务范围是参考国际、国内数据治理模型和研究形成的。例如：

- 国际数据管理协会（DAMA International）出版了《DAMA 数据管理知识体系指南（第 2 版）》，其将数据治理作为数据管理知识体系的核心能力域，聚焦于组织需求，包括战略、制度、标准和质量、监督、合规、问题管理等。
- 卡耐基梅隆大学旗下机构 CMMI 研究所推出了数据管理成熟度模型（DMM），其认为数据治理包括治理管理、业务术语表和元数据管理。
- 美国企业数据管理协会（EDM Council）主导制定并正式发布了《数据管理能力评估模型》（DCAM），认为数据治理作为流程保障的基础，制定政策、标准、规则和实施监督，确保各项数据管理活动有效执行。
- IBM 联合业界多家公司和学术研究机构，通过计划、设计、实施、验证阶段开展数据治理业务、技术、方法研究和最佳实践，提出通过数据治理获得一致性和高质量数据的成熟度模型，其认为数据治理是针对数据管理的质量控制规范。

目前，对数据治理服务范围的界定主要有两种方式。

①广义的数据治理：数据治理是多主体行为，不是简单地针对一个单独的个体、组织或者某一个领域，包括对数据生命周期、元数据、主数据、数据标准、数据质量、数据安全等方面的管理，是一个全生态体系的运作。例如：

第十四届电子政务论坛对数据治理的定义是，对数据全生命周期进行管理，将数据作为组织资产而展开的一系列具体工作，确保信息利益相关者的需要达成一致目标，确保有效助力业务的决策机制和方向，确保对绩效和合规进行监督。

《大数据治理标准体系研究》中认为，大数据治理体系建设是一项系统工程，大到大数据技术平台的搭建、组织的变革、政策的制定、流程的重组，小到元数据的管理、主数据的整合、各种类型大数据的个性化治理和大数据的行业应用。

②狭义的数据治理：数据治理是对数据生命周期或生命周期中部分环节的管理。例如：

《DAMA 数据管理知识体系指南》中对数据治理的定义是，在管理数据资产的过程中行使权力和管控，确保根据数据管理制度和最佳实践正确地管理数据。

GB/T 35295—2017《信息技术 大数据 术语》、GB/T 36073—2018《数据管理能力成熟度评估模型》中对数据治理的定义是，对数据进行处置、格式化和规范化的过程。

（2）数据治理服务目录内容。

由于数据治理无明确的、达成共识的范围界定，因此本项目通过征集治理需求、征求意见、专家论证等方式，初步明确了数据治理服务目录的内容，并基于 GB/T 36073—2018《数据管理能力成熟度评估模型》等国家标准对数据治理的范围界定，结合数据管理知识体系（DAMA）等数据管理模型对数据管理的定义，从数据治理长远目标的角度形成了动态更新的广义数据治理服务目录，主要包括：数据战略、数据生命周期、元数据、主数据、数据质量、数据建模、数据架构、数据安全、数据标准 9 个维度。

- 数据战略：数据战略服务主要包括指导各政务部门制定数据治理战略，确保各政务部门的整体战略与总体数据治理目标一致。
- 数据生命周期：数据生命周期服务主要包括数据梳理、数据采集、数据处理、数据存储、数据服务发布管理、数据应用和数据销毁等部分。
- 元数据：元数据服务主要是元数据管理工具建设和元数据管理，包括元数据的采集、维护、整合、存储、查询等生命周期管理，元数据建模，血缘分析，数据地图等部分。
- 主数据：主数据服务主要包括主数据的采集、维护、整合、存储、查询等生命周期管理，主数据建模，主数据匹配等部分。
- 数据质量：数据质量服务主要包括数据质量控制、数据质量检查和分析、数据生命周期中影响数据质量各个环节的识别、数据质量控制措施的制定、数据校验、数据标记、数据更正、数据质量报告出具等部分。
- 数据建模：数据建模服务主要包括数据库建模，提供构建数据库的概念模型、逻辑模型和物理模型的服务。
- 数据架构：数据架构服务主要包括数据架构的分析与构建，满足组织当前和长期数据需求的结构与规划。
- 数据安全：数据安全服务主要包括安全策略和流程的制定、数据脱敏脱密、数据水印、数据防泄露、数据加密等部分。
- 数据标准：数据标准服务主要包括数据治理标准体系的建立、数据治理全生命周期系列标准的制定、数据标准管理系统的建设等部分。

（3）数据治理服务计量。

本项目明确了各项数据治理服务的计费要素、难度系数、服务费用计价等，以便提供统一的数据治理服务，规范各级政务部门的政务数据治理程度和工作成效。

- 计费单价：由于计费单价由服务商进行提报，难以避免计费单价过低或过高等情况，因此本项目组织财务、数据服务相关专家对计费模式、计费单价进行充分论证，给出计费单价参考区间，并选取典型案例进行计费试点，验证其操作的可行性。
- 计费难易度：数据治理服务存在计费难易度不易确定的问题，比如待采集数据模块的数据库权限丢失，系统将无法直接读取数据库，需要通过截屏、分析系统采集数据等过程进行数据采集难度系数的确定。事实上，该过程既烦琐，又难以准确地确定难度系数。为解决该问题，本项目通过专家论证、实际测算等方式，给出计费难度系数参考区间，具有一定的科学性。

2. 构建数据资源标准体系

山东省围绕政务大数据的数据归集、数据共享、数据应用、数据安全和数据管理，逐步构建出完善的数据管理制度体系，陆续发布了《山东省电子政务和政务数据管理办法》（省政府令第 329 号）等政策法规，以及基础库、数据共享、数据开放、数据服务等多项技术标准。在山东省数据管理制度体系的基础上，本项目设计了数据资源标准体系并动态完善。

数据资源标准体系从总体、数据归集、数据共享、数据应用、数据安全、数据管理 6 个维度给出标准化方向和工作建议。

（1）总体类标准。

总体类标准主要包括总则、术语、参考架构等方面的标准，为数据资源标准体系建设提供总体指导。

- 总则类：包括标准化指南、标准体系、总体要求等方面的标准，规范数据资源标准体系的标准化内容、方向或要求，指导数据资源类标准的制定。
- 术语类：包括数据资源术语方面的标准，统一规范术语概念。
- 参考架构类：包括总体架构、技术参考模型、总体框架等方面的标准，指导数据资源标准体系的总体规划和顶层设计。

（2）数据归集类标准。

数据归集类标准主要包括信息资源目录、信息资源库、归集处理等方面的标准，为信息资源归集提供标准化支撑。

- 信息资源目录类：包括数据元、代码集、元数据、分类分级、目录编制、目录维护等方面的标准，指导信息资源的规范化管理。

- 信息资源库类：包括基础信息资源库等在建设与管理、数据规范、数据集等方面的标准，指导各类信息资源库的规范化建设。
- 归集处理类：包括数据归集、数据处理等方面的标准，指导各类信息资源的规范化归集和处理。

（3）数据共享类标准。

数据共享类标准主要包括平台技术、数据服务等方面的标准，为信息传输和服务提供标准支撑。

- 平台技术类：包括政务信息资源共享交换平台、公共数据开放平台等方面的标准，指导各类平台技术的建设和管理。
- 数据服务类：包括信息资源服务产品、服务接口等方面的标准，指导信息资源的共享和服务。

（4）数据应用类标准。

数据应用类标准主要包括政务共享应用、社会开放应用等方面的标准，为数据资源应用提供标准支撑。

- 政务共享应用类：包括数据挖掘、数据分析、数据可视化等方面的标准，指导数据资源的管理和应用。
- 社会开放应用类：包括开放数据管理、开放数据应用、数据交易等方面的标准，指导开放数据的管理和应用。

（5）数据安全类标准。

数据安全类标准主要包括安全技术、安全管理方面的标准，为数据资源标准体系的发展提供标准支撑。本类标准以国家标准和行业标准为主。

- 安全技术类：包括安全技术方面的标准，比如数据分级保护、数据共享交换安全、数据归集安全等，指导数据资源的安全应用。
- 安全管理类：包括安全管理方面的标准，比如数据传输安全、数据存储安全、数据脱敏、个人信息安全等，指导数据资源的安全管理。

（6）数据管理类标准。

数据管理类标准主要包括数据治理、测试与评估方面的标准，为数据资源管理提供标准支撑。

- 数据治理类：包括数据质量管理、数据架构管理、数据标准管理、数据生命周期管理、主数据管理、元数据管理、数据资产管理等方面的标准，指导数据资源的规范化治理。
- 测试与评估类：包括数据质量评价、系统集成测试、标准符合性测试、风险检测等方面的标准，指导标准应用情况、数据质量情况等的规范化检测和评估。

3. 制定数据治理相关标准

在数据资源标准体系的指导下，本项目规划制定基础数据规范、数据管理、数据共享开放等数据治理相关标准。

（1）制定基础数据规范标准。

基础数据规范标准是实现各部门互联互通、数据资源有效整合的前提。针对数据规范相关标准缺失的问题，围绕信息资源库的建设需求，本项目制定信息资源库标准，包括人口、法人单位、宏观经济、电子证照等基础信息资源库的建立标准；人口、法人单位、交通出行、商务、住房建筑、医疗保障、司法、人力资源和社会保障、体育、卫生健康等信息资源库的数据集标准；梳理人口、法人单位基础信息资源库的数据资源，参考自然人生命周期、法人单位机构性质、电子证照关联关系、可扩展性等，制定人口和法人单位数据元、数据元值域代码、数据集标准，并依据数据汇聚情况不断完善扩充基础数据规范标准。

人口和法人单位基础信息资源库标准分类示意图如图22-1-1所示。

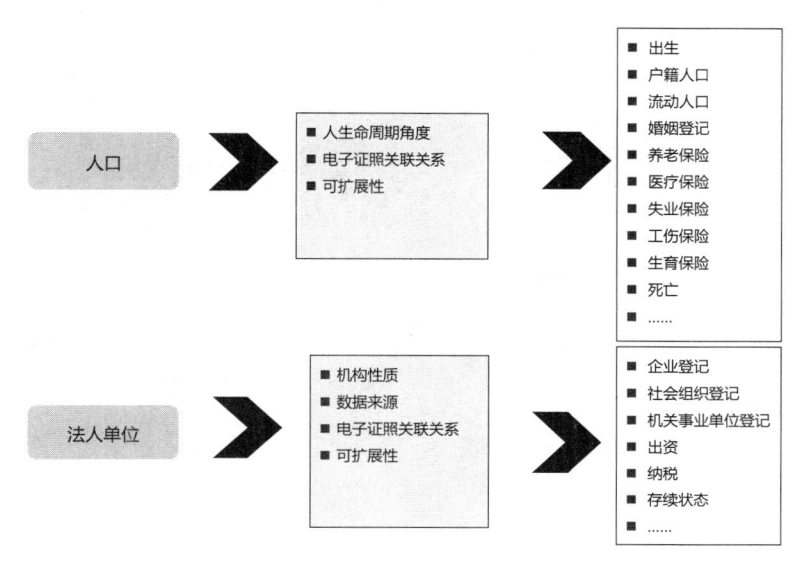

图 22-1-1　人口和法人单位基础信息资源库标准分类示意图

数据元标准可指导各级政务部门对内部数据进行规范，各级政务部门可依据具体业务需求，在基础数据元的基础上进行派生使用，比如"姓名"可以被派生为"新生儿姓名""父亲姓名""母亲姓名""参保人员姓名"等。数据元标准示意图如图 22-1-2 所示。

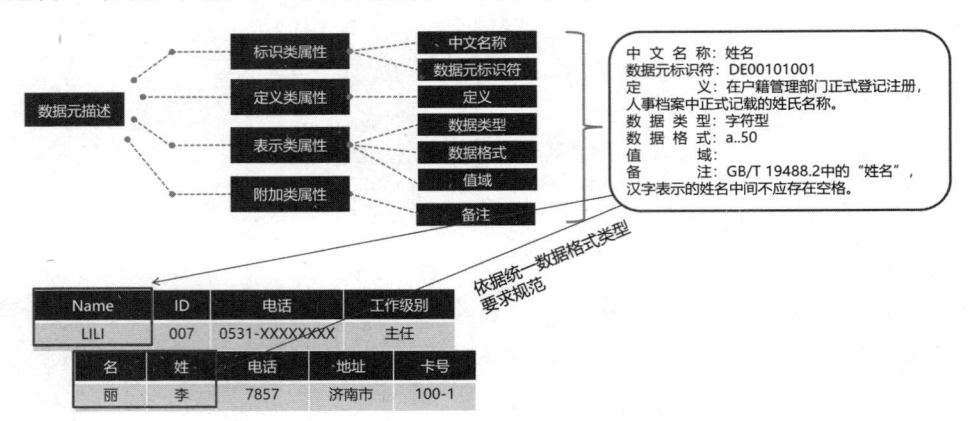

图 22-1-2　数据元标准示意图

数据元值域代码标准可指导各级政务部门开展信息资源库或数据交换格式的设计，方便各级政务部门之间的数据共享与互认，指导各级政务部门对内部数据进行规范：

- 在各部门数据采集中，通过选择规定的内容，避免因自行填写出现错误。
- 通过值域代码规定数据的枚举值，减少重复性工作，简化工作流程。

数据元值域代码标准示意图如图 22-1-3 所示。

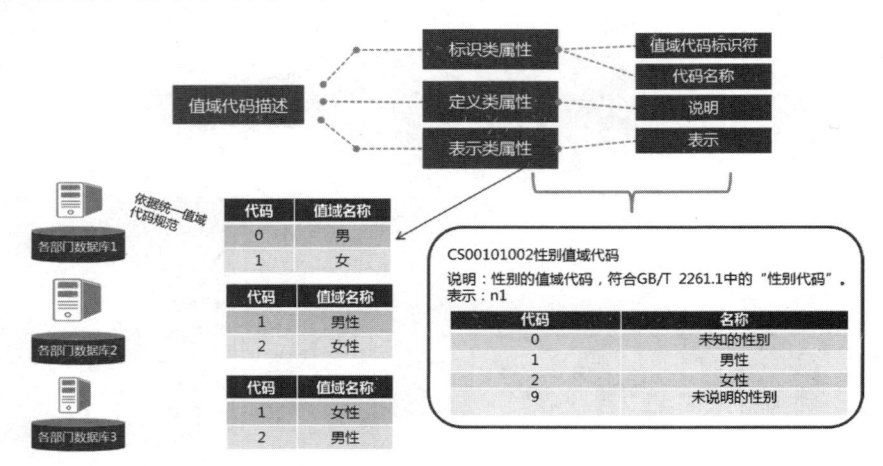

图 22-1-3　数据元值域代码标准示意图

数据集标准可指导各级政务部门的信息资源库设计，结合各业务实际，规范某一类数据集应归集的最小范围，统一该数据集的内涵和外延，指导数据归集。数据集标准示意图如图 22-1-4 所示。

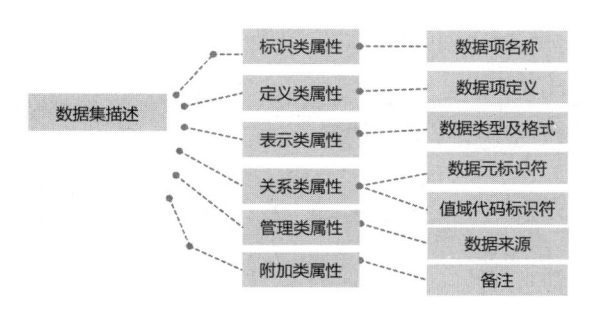

图 22-1-4 数据集标准示意图

数据元标准、数据元值域代码标准和数据集标准之间存在一定的逻辑关系，数据元标准和数据元值域代码标准配套使用，共同支撑数据集标准的制定，并根据数据集标准的扩展情况补充优化，如图 22-1-5 所示。这三类数据标准可有效指导各级政务部门开展信息资源库或数据交换格式的设计，并支持各级政务部门的数据共享、数据交换和应用分析。

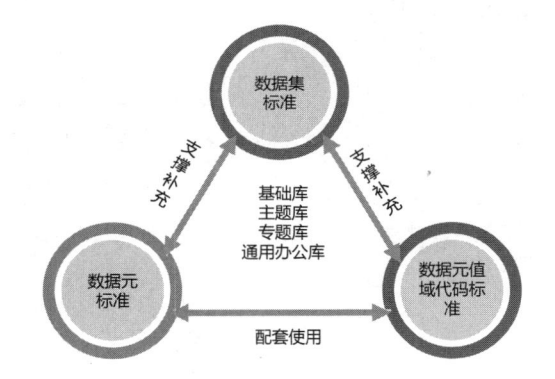

图 22-1-5 数据元标准、数据值域代码标准和数据集标准之间的逻辑关系

这三类数据标准的关联图如图 22-1-6 所示。

（2）制定数据管理标准。

在全省数据资源标准体系的建设中，针对信息资源库数据归集不规范、数据共享不顺畅、纸质历史数据利用率低、数据治理范围不明确、数据错误、数据重复、数据缺失等问题，本项目推进制定多项数据管理相关标准，包括数据归集、数据清洗比对、历史数据电子化、数据返还等标准。

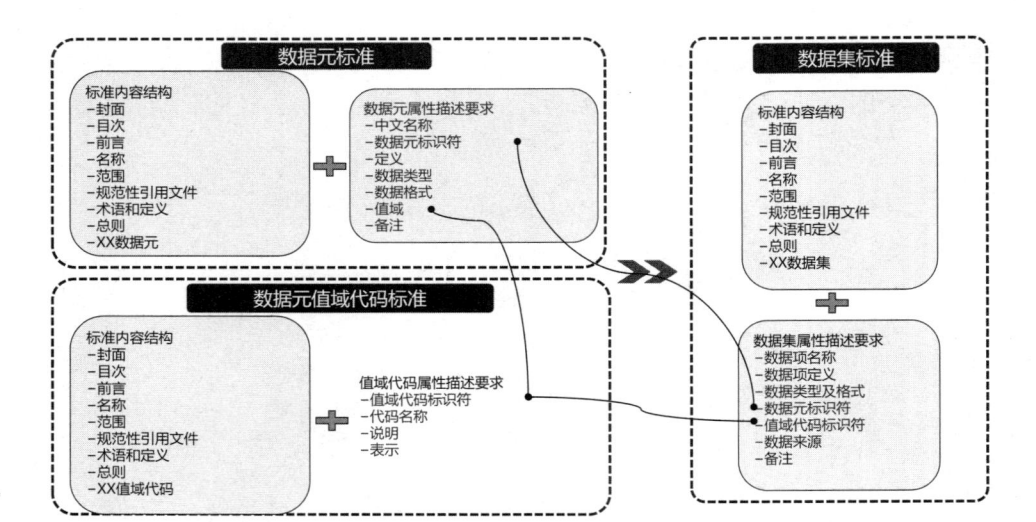

图 22-1-6　数据元标准、数据值域代码标准和数据集标准的关联图

数据规范管理需求如图 22-1-7 所示。

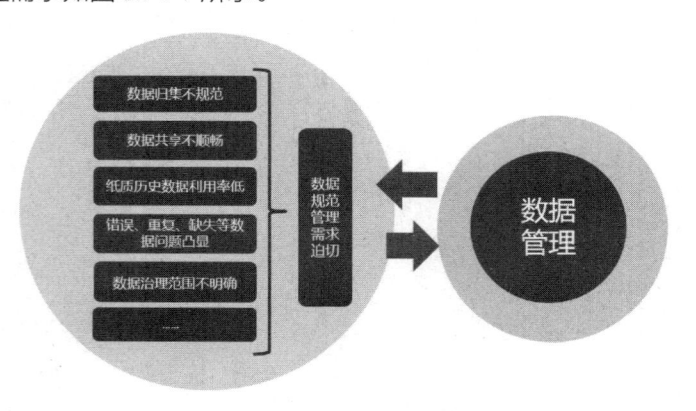

图 22-1-7　数据规范管理需求

以数据清洗比对标准为例，针对政务信息资源中存在的数据缺失、数据错误和数据无效等问题，计划给出数据清洗比对原则和方法。该标准的制定和发布可以有效提升政务信息资源的质量，并促进跨区域、跨部门、跨层级的政务数据共享交换。

同时，本项目推进制定符合山东省政务数据实际情况的业务处理规则和相关标准。例如：

①制定基础通用业务规则。

针对权威来源的数据，明确数据来源的主体和数据权威性，保障数据的完整性、准确性和一致性，减少资源浪费和数据冗余。比如自然人的"身份证件号码"数据项来源于公安、人社、税务等部门，明确公安部门"身份证件号码"数据的权威性。

②制定具体应用场景下的业务规则。

针对存在多个来源，且不能确定权威来源的数据，根据数据业务场景下的具体需求，结合数据来源各级机构的行政职能和业务属性，约定业务处理规则，可考虑从时间、空间、标准等维度进行对比。比如自然人的"死亡日期"数据来源于卫生健康、法院等部门，可从时间维度制定业务规则，"死亡日期"以最新更新时间的数据为准。

③制定标准规范，推行交叉核对。

制定数据业务处理规则相关标准规范，使用上下级机构或平行机构和数据来源单位的数据进行交叉核对，制定数据校核等规范，以提高政务数据的及时性、准确性。

（3）制定数据共享开放标准。

本项目制定并发布政务信息资源目录、政务信息资源共享交换、数据服务接口、数据脱敏指南、公共数据开放要求、公共数据开放管理、公共数据开放核心元数据、公共数据开放应用开发、公共数据开放使用、公共数据开放评价指标体系等标准。政务信息资源目录标准内容如图 22-1-8 所示。

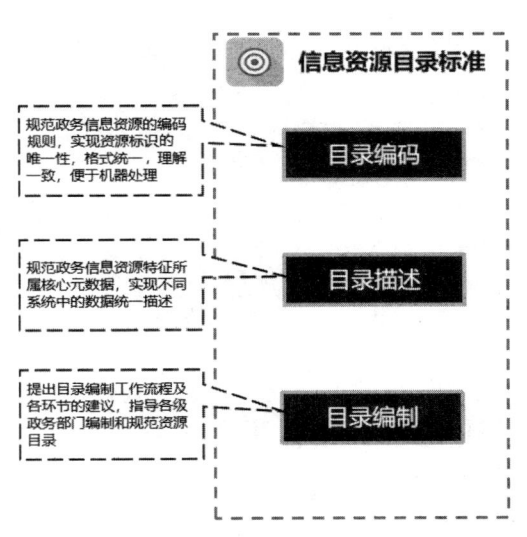

图 22-1-8　政务信息资源目录标准内容

数据开放标准内容如图 22-1-9 所示。

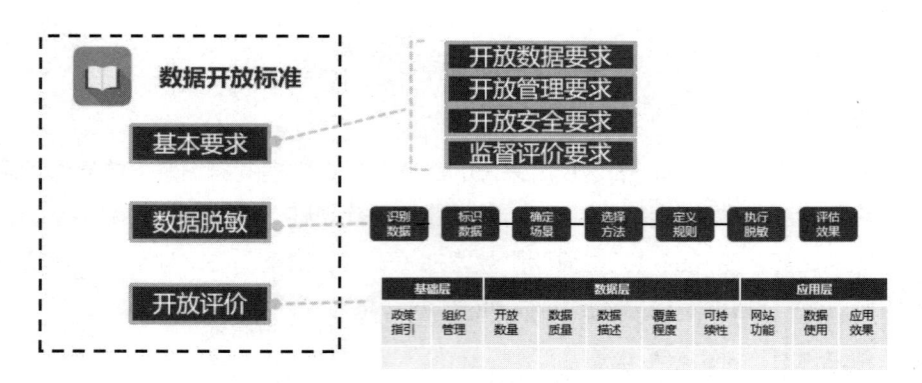

图 22-1-9 数据开放标准内容

（4）发布政务数据治理相关地方标准。

基于山东省政务数据治理工作的实际需求，已制定并发布了一系列政务数据治理相关地方标准，如表 22-1-1 所示。

表 22-1-1 山东省政务数据治理相关地方标准

标准号	标准名称	发布单位
DB37/T 3520—2019	政务数据资源体系 总体架构	山东省市场监督管理局
DB37/T 3521.1—2019	政务信息资源目录 第 1 部分：编码规则	山东省市场监督管理局
DB37/T 3521.2—2019	政务信息资源目录 第 2 部分：核心元数据	山东省市场监督管理局
DB37/T 3521.3—2019	政务信息资源目录 第 3 部分：编制指南	山东省市场监督管理局
DB37/T 3522—2019	政务信息资源 数据交换规范	山东省市场监督管理局
DB37/T 3523.1—2019	公共数据开放 第 1 部分：基本要求	山东省市场监督管理局
DB37/T 3523.2—2019	公共数据开放 第 2 部分：数据脱敏指南	山东省市场监督管理局
DB37/T 3523.3—2019	公共数据开放 第 3 部分：开放评价指标体系	山东省市场监督管理局
DB37/T 4220—2020	政务信息资源 数据标准 基本要求	山东省市场监督管理局
DB37/T 4221.1—2020	政务信息资源 数据集 人口 第 1 部分：出生信息	山东省市场监督管理局
DB37/T 4221.2—2020	政务信息资源 数据集 人口 第 2 部分：户籍人口信息	山东省市场监督管理局
DB37/T 4221.3—2020	政务信息资源 数据集 人口 第 3 部分：流动人口信息	山东省市场监督管理局
DB37/T 4221.4—2020	政务信息资源 数据集 人口 第 4 部分：婚姻登记信息	山东省市场监督管理局
DB37/T 4221.5—2020	政务信息资源 数据集 人口 第 5 部分：养老保险信息	山东省市场监督管理局
DB37/T 4221.6—2020	政务信息资源 数据集 人口 第 6 部分：医疗保险信息	山东省市场监督管理局
DB37/T 4221.7—2020	政务信息资源 数据集 人口 第 7 部分：失业保险信息	山东省市场监督管理局
DB37/T 4221.8—2020	政务信息资源 数据集 人口 第 8 部分：工伤保险信息	山东省市场监督管理局
DB37/T 4221.9—2020	政务信息资源 数据集 人口 第 9 部分：生育保险信息	山东省市场监督管理局
DB37/T 4221.10—2020	政务信息资源 数据集 人口 第 10 部分：死亡信息	山东省市场监督管理局
DB37/T 4222.1—2020	政务信息资源 数据集 法人单位 第 1 部分：企业登记信息	山东省市场监督管理局

续表

标准号	标准名称	发布单位
DB37/T 4222.2—2020	政务信息资源 数据集 法人单位 第2部分：社会组织登记信息	山东省市场监督管理局
DB37/T 4222.3—2020	政务信息资源 数据集 法人单位 第3部分：机关事业单位登记信息	山东省市场监督管理局
DB37/T 4223.1—2020	政务信息资源 数据元 第1部分：人口	山东省市场监督管理局
DB37/T 4223.2—2020	政务信息资源 数据元 第2部分：法人单位	山东省市场监督管理局
DB37/T 4224.1—2020	政务信息资源 数据元值域代码 第1部分：人口	山东省市场监督管理局
DB37/T 4224.2—2020	政务信息资源 数据元值域代码 第2部分：法人单位	山东省市场监督管理局
DB37/T 4225—2020	政务信息资源 数据服务接口规范	山东省市场监督管理局

4．加强政务数据标准的应用实施

（1）建设"数字山东标准信息平台"。

建设"数字山东标准信息平台"，主要基于以下目标：

- 创新山东省标准管理模式，提高标准制修订的效率和质量，更好地支撑数据资源标准的发展。
- 让标准制定相关方更系统、全面地掌握数据资源标准的现状、发展动态，通过对标准的有效应用，提升标准制定的质量。
- 依托平台制修订管理能力，进一步加强与山东省、各市标准制定部门的深度沟通和合作。

目前"数字山东标准信息平台"已汇聚包括国际标准、国家标准、行业标准、地方标准、工程标准的标准题录和标准文本等在内的标准资源，可提供标准制修订管理、标准条件检索、标准体系动态维护、标准信息服务、标准多条件查询、标准在线阅读、标准下载等多种服务，规范了标准制修订的全流程和相关要求，实现了山东省地方标准、工程标准的规范化管理，提升了全省数据标准化管理水平。

（2）建设标准制修订管理系统。

标准制修订管理系统主要包括以下功能：

①标准制修订管理：采用"1+N"的管理服务模式，不仅实现了统一管理、功能个性化配置、各组织独立呈现，还实现了标准项目立项、标准起草、征求意见、标准审查、批准发布、实施反馈、复审、修订各环节的全生命周期管理功能，全面提升标准制修订管理水平。标准制修订管理页面如图22-1-10示。

图 22-1-10　标准制修订管理页面

②标准条件检索：提供标准类别、标准号、标准年代号、标准中文名称、中标分类号、ICS分类号、标准状态等不同检索标签下的检索服务。对于检索到的标准，提供标准题录详细信息、标准在线阅读、标准全文下载等功能。标准条件检索页面如图 22-1-11 所示。

图 22-1-11　标准条件检索页面

③标准体系动态维护：提供建立并维护数据资源标准体系的功能，以树形目录结构的形式，分体系展示标准的详细分类信息，并支持动态调整标准体系的分类及各分类下的标准，即不限

于某一种分类维度的标准体系，可按不同的维度建立多类标准体系，实现多维度标准体系服务功能，满足对标准的不同管理与应用需求。

④标准信息服务：提供标准映射工具、标准在线阅读和标准下载功能。标准映射工具如图22-1-12 所示。

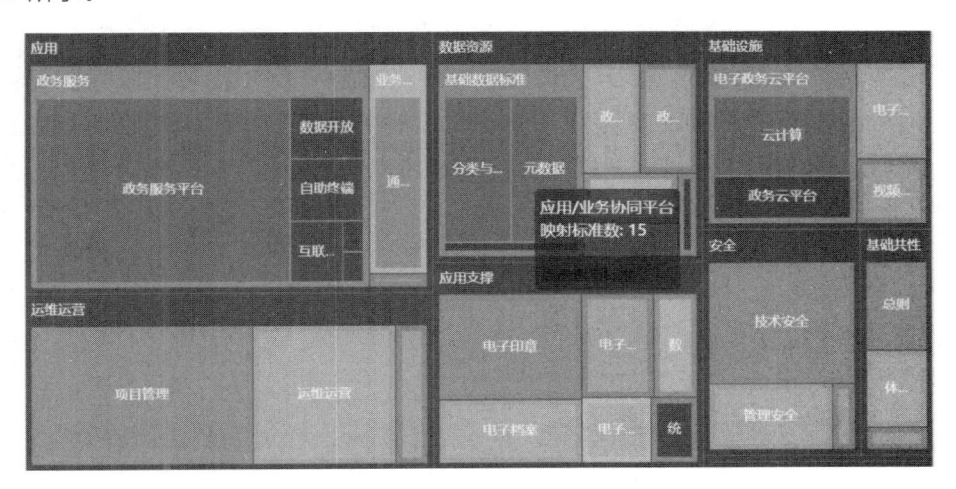

图 22-1-12　标准映射工具

5. 推动标准化试点项目建设

本项目推动数字山东标准孵化平台标准化试点项目建设，加强顶层设计，逐步构建数字山东标准孵化培育的工作机制，构建覆盖全架构、全周期、全业态的数字山东标准建设模式和数字山东标准孵化培育标准体系，以试验验证为引导，形成可复制、可推广的孵化培育机制和模式。

同时，通过构建数字山东标准孵化培育的工作机制和工作模式的试点，为全省数字山东标准化工作提供明确的建设路径和方向，助推数字政府高效协同发展，以标准化手段实现审批流程更简、政务服务更优、监管能力更强，创新数字社会治理模式，真正做到数字化、标准化的"优政、惠民、兴业、强基"。

22.1.3　建设效果

本项目通过推进"数据治理服务目录+数据标准+工具"数据治理模式，制定政务信息资源目录、数据共享开放、人口和法人单位等相关数据标准，促进了山东省政务数据汇聚、共享和开放的实施进程，山东省的数据治理获得一定的成效。

1. 数据共享开放

自 2021 年以来，山东省数据共享交换平台已累计提供数据共享 80 亿余次，政务部门之间通过政务数据共享，在全省落地应用不动产转移登记及抵押登记"零证照材料办理"、义务教育入学报名"零跑腿"、工程建设项目"一链办理、联合申报"等。在数据开放方面，坚持省市一体化推进，持续完善省公共数据开放平台。2021 年 7 月，复旦大学联合国家信息中心数字中国研究院发布了"2021 上半年中国开放数林指数——省域标杆"暨《中国地方政府数据开放报告：指标体系与省域标杆》，山东省省级综合排名位居第二位，平台层指数排名位列全国第一。在地级（含副省级）排名中，在全国排名前 10 位的城市中山东省占了 4 个。

2. 数据创新应用

随着政务数据治理工作的持续展开，山东省重点打造 150 余个创新应用场景，覆盖医疗、金融、教育、城市管理、文化旅游等各行各业。全省义务教育入学网上办、跨市就医结算等多个试点场景已落地实施，机关事业单位人员职业生涯"一件事"办理、财政金融"智能授信"、"静默认证"平台等创新应用场景顺利建成。

3. 电子证照"亮证即用"

山东省市电子证照库基本实现存量证照数据"应归尽归"。各级政务服务平台、各部门业务系统与省市电子证照系统对接，证照实现实体证照与电子证照同步制发，证照数据同步"落库"。山东省市电子证照系统实现与"爱山东"政务服务 App 的集成对接，通过"爱山东"App 亮证，实现电子证照亮证应用。

在政务服务领域，在公积金办理中，通过应用婚姻、户籍、不动产等电子证照，实现对公积金提取、应用资格的自动核验，实现相关业务快速办理。在行政执法领域，在食品安全执法中，企业出示食品生产、食品经营许可电子证照，执法人员扫码核验后即可开展检查。在社会应用领域，医保电子凭证实现"全省通用、一码通刷、异地支付"，已覆盖全省 70%以上的定点药店。

22.1.4 创新点及亮点

顶层设计先行、加强数据标准技术支撑和创新数据治理模式，是数字山东政务数据标准化的三个主要创新点及亮点。

1. 顶层设计先行

以顶层设计的方式，持续推进建设符合山东省实际情况的数据资源标准体系，制定系列工程标准和地方标准，实现政府内部全联通，对外数据服务开放，从根本上解决山东省政府数字化转型中存在的数据壁垒、信息孤岛等问题。

2. 加强数据标准技术支撑

通过对政务信息资源数据标准的探索与实践，制定并发布数据元、数据集、数据元值域代码、政务信息资源目录、信息资源库建设、数据共享交换、公共数据开放等系列标准，并持续推动制定数据归集、数据清洗比对等数据管理标准，建立以政务信息资源为核心的数据标准技术体系，形成政务数据资源的数据治理技术支撑，强力推动山东省政务数据标准化工作。

3. 创新数据治理模式

通过对"数据治理服务目录+数据标准+工具"数据治理模式的探索与建立，统一了数据治理的概念和范围，使山东省内政务数据治理的目标一致化，明确界定各政务部门数据治理的内容和要求，结合数据治理相关标准规范和标准化工具，指导各政务部门进行政务数据治理，使山东省各政务部门在进行数据治理时有规可循，逐步推动山东省政务数据治理的规范化管理，提升政务数据治理的水平。

22.2 深圳龙华区数据账户平台案例

22.2.1 案例背景

深圳龙华区率先提出"数据账户，精准便民"，打造出全国首创的数据账户平台，实现了跨层级、跨系统、跨部门、跨业务的数据应用创新突破。

数据账户平台建设使大数据在各项工作中发挥更大的作用，实现政府决策科学化、社会治理精准化、公共服务高效化，是深圳龙华区建设新型智慧城市的里程碑。

数据账户平台提供的数据接口服务，实现了跨系统、跨部门、跨业务的数据融合，打通了信息壁垒，统筹利用资源，采集最准确、最权威的个人与企业数据信息，形成了完整、全面的个人与企业数据账户。平台提供便捷的信息查询、认证与管理功能，实现"一个应用总览所有信息"，让市民与企业充分享受大数据共享开放的红利，真正做到"让信息多跑路，让百姓少跑腿"。

22.2.2 建设方案

数据账户是将具有一定的属性和关系、以个人和企业为对象（主体）的数据信息，按照主题分类方式归集形成的全生命周期范围内数据和信息的集合,为以个人和企业为主体的场景应用提供统一的、标准的、360度视角的数据服务。

深圳龙华区以便民惠企为核心理念,加强顶层设计和统筹协调,通过数据归集、账户创建、数据更新、管理应用等核心业务流程的搭建,为个人和企业提供全方位服务,推动信息资源整合互联、数据开放共享和业务协同联动,让大数据贯穿于业务工作中,实现政府决策科学化、社会治理精准化、公共服务高效化。数据账户示意图如图22-2-1所示。

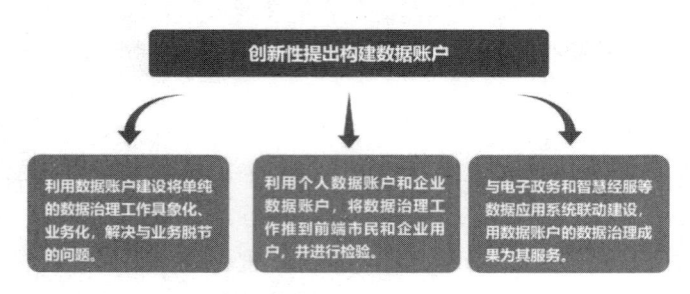

图 22-2-1　数据账户示意图

1. 总体架构

数据账户体系由数据来源、数据归集、数据账户和账户管理应用服务4个部分构成。其总体架构示意图如图22-2-2所示。

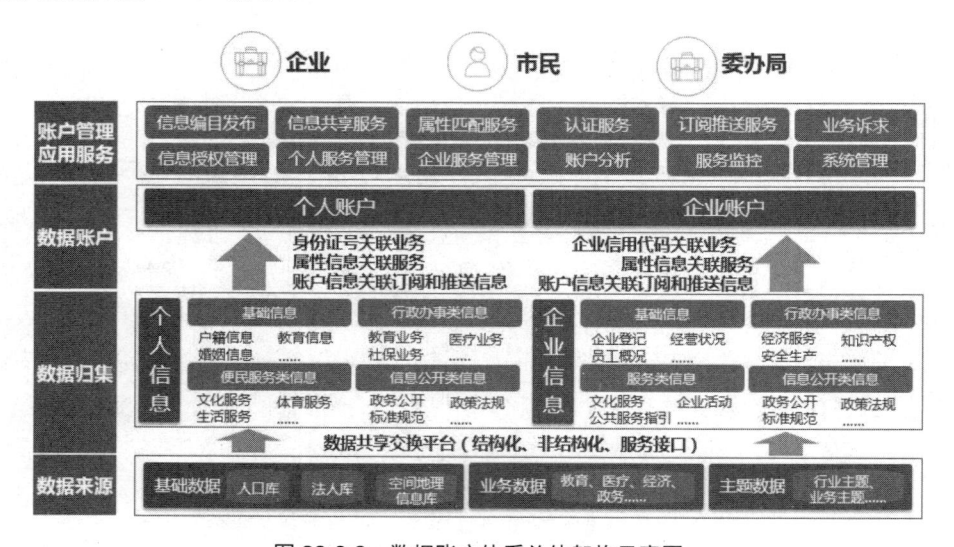

图 22-2-2　数据账户体系总体架构示意图

数据来源板块：涉及基础数据库、行业主题库、数据仓库、业务系统数据等不同渠道，统一约定和规范数据来源。数据格式则包括结构化数据、非结构化数据、服务接口等数据类型。

数据归集板块：涉及基础信息、行政办事类信息、便民服务类信息和信息公开类信息等不同领域，并按不同类别进行归类、转换与映射。

数据账户板块：对以身份证号为索引的个人数据账户和以企业信用代码为索引的企业数据账户实行统一管理，为各委办局业务应用提供完善的服务支撑。

账户管理应用服务板块：主要包含信息授权管理、个人服务管理、企业服务管理、账户分析、信息编目发布、信息共享服务、属性匹配服务、认证服务、订阅推送服务等内容。

2. 核心业务流程

（1）归集数据，全覆盖信息资源。

多角度、全景式展现事物整体面貌，数据账户平台建立资源目录，以逻辑互联方式聚合各领域中的结构化数据、非结构化数据和服务接口数据资源，形成主数据、元数据，明确各数据指标体系的数据唯一性来源等；归集类型包括个人和企业的办事数据信息、政府法规信息、办事公开信息和其他便民惠企信息。

（2）创建账户，全领域便民利企。

自然人库和法人库相关信息为静态基础信息，市民和企业的业务办理数据为动态过程信息，构建完整的个人数据账户和企业数据账户。依托静态基础信息自动完成首次后台账户创建，再通过匹配政务、医疗、教育等领域的业务办理信息进行更新完善，建立个人和企业全生命周期的信息档案台账。

（3）更新数据，全时段精准匹配。

数据账户旨在为市民和企业提供及时、精准的数据服务，因此数据账户的及时更新至关重要。数据账户的更新来源于三个方面：

一是人口、企业的增量数据，主要包括新迁入人口数据或新生儿人口数据、新注册企业信息或信息变更数据。

二是业务数据，个人聚焦于社保、医疗、教育等业务，企业聚焦于工商、税务、信用、安全生产等业务。

三是事项信息，业务部门提供各类办事指南、政策法规、便民服务信息等，用于账户更新匹配。

（4）管理账户，全方位支撑应用。

采用授权使用的方式，对个人和企业的数据账户内的信息进行查询、授权、认证、使用，通过全流程的闭环管理系统，实现可追溯的应用体系。除面向数据账户自建的基础应用外，数据账户平台提供精准化数据服务也是该平台的核心目标。

3. 建设内容

（1）数据账户核心平台。

数据账户核心平台是为满足市民和企业的全生命周期信息动态查询、管理、数据服务申请、数据服务分析等功能而设计开发的核心支撑体系。数据账户核心平台建设由 4 个核心组成。

①画像建模：融合个人、企业的全生命周期政务数据，通过自顶向下和自底向上的目录梳理及画像建模，构建开放域知识图谱和领域知识图谱的全生命周期数据信息账户，构建信息展现类、业务办理类的基础应用和智慧应用类、大数据分析类的高阶应用的数据模型。

②数据融合：按照系统整体建设思路，通过共享交换平台，打通自然人库、法人库、其他政务相关系统数据和互联网信息资源。数据融合是数据账户平台建设的一个核心环节。

③在线查询：支持用户通过访问数据账户门户获得统一信息资源展示、统计分析等服务，该模式的主要特点是"人机交互"。

④数据服务：以 API+云服务式对外提供标准化的接口服务。依托全生命周期模型，政府侧各业务系统可按需调用数据 API 服务，实现数据自动化填写、查询与认证等服务功能。

（2）数据账户管理门户。

数据账户管理门户是数据账户核心平台的管理交互界面，其包含 5 个功能模块。

- 信息授权管理模块：系统对个人、企业的归集数据进行授权管理，结合认证服务提供给各业务应用，信息可按组、部门、业务等不同类型快速批量授权。
- 个人、企业服务管理模块：包括账户分组、账户数据编目、信息共享、数据查询、信息筛选、信息匹配、服务调用等功能，生成服务列表、使用情况统计表、服务热力图等。
- 账户概况分析模块：包括概览性分析数据量、数据分类情况、数据统计情况，以及人群分析、企业组分析等功能。
- 服务运行监控模块：监控平台应用服务状态、使用情况，便于对平台进行统一运维与管理。

- 系统日常管理模块：用户管理功能包括用户管理列表显示、用户授权、用户信息编辑修改等内容；角色管理指按角色操作功能；日志管理指系统自动记录平台操作记录，包括时间、操作用户、操作名称、操作结果等。

（3）数据账户服务门户。

数据账户服务门户提供了场景案例引导式、基础服务快捷式、自定义服务特色式等多种方式，设置了精确查询、模糊匹配、综合查询等多种服务类型，实现在线业务诉求申请，并通过服务对接引导快速实现具体服务接口的对接工作。基于业务诉求申请功能，为政务业务办理优化办事流程，减轻办事负担，减少人力浪费，进而提升办事效率和服务质量。

数据账户服务门户是面向数据需求部门提供的交互式服务申请界面。在授权许可安全的环境下，全方位助力各委办局业务的开展，增强应用的实效性和便利性，提升对全区个人和企业的服务水平。目前，数据账户服务门户为用户业务办理提供数据服务和支撑，其主要建设内容如下：

- 数据匹配服务。系统根据服务对象属性，设定年龄段、企业规模、政策等限制条件，匹配、生成数据共享接口。
- 数据认证服务。与统一身份认证服务系统无缝对接，用户登录认证适用于一般业务，即用户名、密码登录认证；用户实名认证适用于行政办事类业务，即通过身份证、银行卡或活体检测方式认证。
- 订阅推送服务。订阅平台数据信息后，通过微信、公众号、短信等多渠道推送相关信息。
- 数据业务诉求。系统提供业务诉求征集入口，用户可以提出数据获取、数据服务、数据质量等具体诉求，由平台管理人员根据运行机制处理，形成使用、反馈、响应处理、应用升级的良性循环流程。

（4）数据账户应用门户。

数据账户应用门户统一集成、统一入口，面向市民和企业提供数据账户查询与管理的功能。

①统一身份认证服务。采用统一用户身份认证和授权管理，包括身份存储、身份验证、用户授权、用户身份维护等内容。身份认证指平台对用户登录认证后，用户再进行网上业务操作；单点登录又称一次认证，即用户首次登录平台后，可以使用此平台或相关平台的所有服务和应用。

②账户信息查询服务。基于应用访问入口和系统应用集成，实现对用户服务和信息发布的一体化呈现，以及对相关业务流程的综合集成；个人数据账户主要包括基本信息、资产信息等

10 个维度，企业数据账户主要包括财务税务、知识产权等 12 个维度。

③数据账户基础办事服务。通过编制服务应用图谱，聚集已有的服务资源，对数据、工具、模型等聚集的服务资源进行融合加工，形成具有独立功能的服务应用。一般情况下，按主题分类，包括生育收养、户籍等个人事项和年检年审、财务税务等企业事项；按人生事件分类，则包括升学、工作、买房等个人事项和开办企业、投资立项等企业事项。

④数据授权服务。个人数据账户与企业数据账户都具有自主设置数据授权的功能。大致地，数据账户板块生成具有时效控制的二维码，外部应用终端通过识别二维码实现访问授权数据的功能。该数据授权服务功能主要被应用于证照与数据使用授权场景中。

22.2.3 建设效果

目前，龙华区数据账户平台已开通数据账户约 602 万个，其中个人数据账户约 556 万个，企业数据账户约 46 万个。

个人数据账户拥有 12 大类，共计 3865 项指标，涵盖生活、医疗、教育、就业、住房、保障 6 大类近百项常用政务服务，包括就业补贴申请、人才补贴申请、专利资助申请、租房补贴申请、公积金提取、技能鉴定等。个人数据账户为市民带来"越用越便利"的生活。个人数据账户示意图如图 22-2-3 所示。

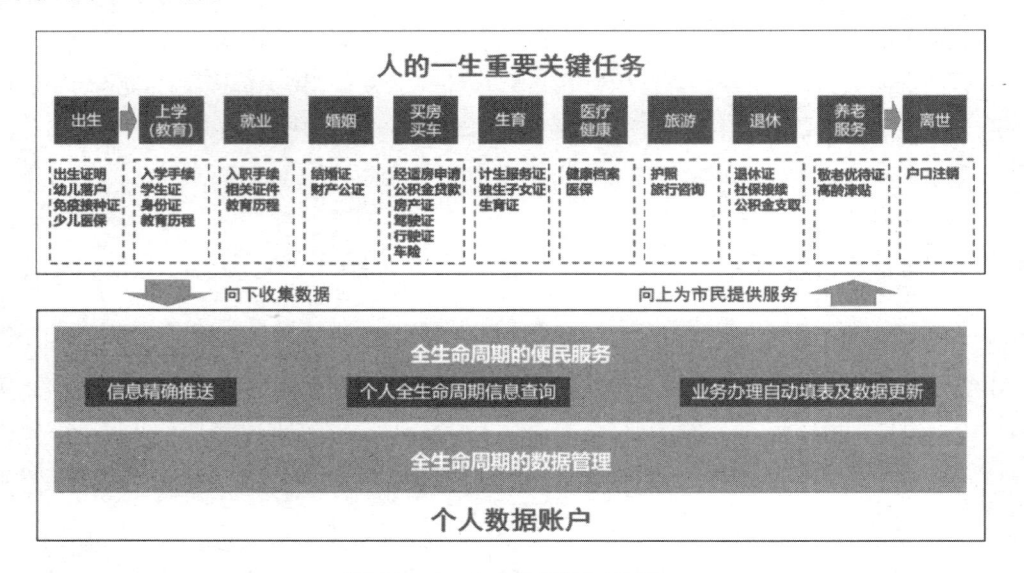

图 22-2-3　个人数据账户示意图

个人数据账户是市民管理个人全生命周期数据的"一站式"平台。数据账户门户积累了个人数据账户上千项数据整理信息，用户只要在政府侧系统中有办事记录，数据账户平台中就拥有该用户的个人数据账户，并且能够为市民"管好数据，服务终生"。比如，当孩子出生时，个人数据账户管理孩子的出生证明、预防针接种等数据，防止疏忽遗忘；当孩子入学时，个人数据账户准备身份证、户口簿和住所证明等数据，同时自动填充到申请表单中，简化资料收集、整理和填写的过程；当孩子毕业后，个人数据账户可以管理毕业证、学位证等各类证件数据，以便实现"随用随取"；当购置新车时，个人数据账户可以将违章信息、驾驶证记分等数据实时反馈给用户，便于及时处理；当家有老人时，个人数据账户还可以为老人申请高龄补贴。

企业数据账户拥有 12 大类，共计 4152 项指标，为企业对接了企业开办、员工关系、企业经营、科技创新等 5 大类近百项常用企业政务服务，包括证照办理、备案登记、纳税申报、发票查验、高新技术企业认证等。企业数据账户为企业创造"越用越便利"的营商环境。企业数据账户示意图如图 22-2-4 所示。

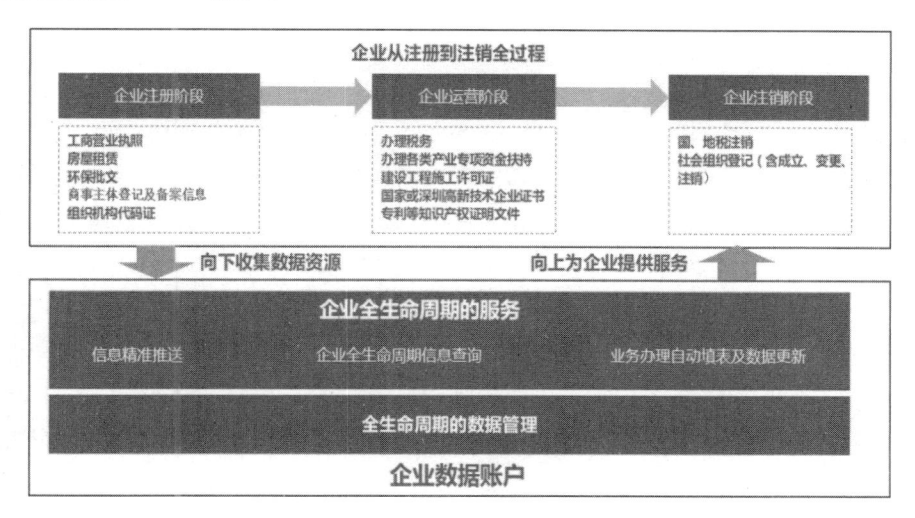

图 22-2-4　企业数据账户示意图

企业数据账户是企业管理全生命周期数据的"一站式"平台。企业数据账户可以帮助企业分析经营情况，对接人才需求，匹配合适的资源，为企业提供营销与精益经营服务。企业数据账户可以对接智慧安监、三小巡查等平台，为企业自动检查是否符合安全规范，保障企业安全，排除安全隐患。企业数据账户聚集了企业所有经营活动中的重要信息，并为企业"管好数据，护助经营"。比如，当企业需要资金支持时，企业数据账户对接智慧经服平台，在企业服务空间展示企业信息，协助企业办理资金申报，解决资金短缺问题；当企业需要申请退税时，企业数据账户能够快速收集资料信息，自动创建申请表单，实现一键申请；当企业需要申请高新认定时，企业数据账户能够快速分析条件信息，协助提交申报。

深圳龙华区数据账户平台，率先实现了数据共享交换平台在应用层上真正的"零突破"。

1. 精准的"智能提醒"服务应用

在龙华区政务 1 厅项目中，数据账户充分利用其数据服务能力与数据智能分析技术，实现个人和企业的全生命周期重要环节的便民业务推送信息功能，便于百姓及时快捷办理业务，将精准数据服务技术深度落实到政务服务精准化水平的提升上。

2. 近 200 项政务服务"智能秒批"

"智能秒批"审核平台对接数据账户服务。"秒批"是指"把权力交给计算机"，不人为主动地执行数据授权操作。龙华区"秒批"模式依靠数据账户平台的支持，实现了办事"以人为主"到"以计算机为主"的智能化转变。

3. 近 200 项政务服务"轻松秒填"

数据账户平台通过数据服务支撑近 200 项政府服务事项，智能分析个人或企业是否具备办理某些业务的条件。当该用户具备申请条件时，数据账户将自动为个人或企业生成申请表单，免去百姓到行政服务大厅咨询、申请、准备、查找、核对以及填写各种申请材料的过程，轻松"秒填"。其凸显场景化的优势，精准聚集、便捷使用，利用大数据实现"精准便民"服务。

4. 促进多项政务服务"刷脸秒办"

数据账户平台构建信息共享、属性匹配等服务，通过共享数据资源服务接口的方式，为各委办局业务应用提供服务支撑，供各类政务系统调用、核验，简化个人或企业办事过程，使政务申办系统在办理过程中进行自动填表、数据核对、数据融合等应用，进而少向个人或企业索要资料，甚至不需要个人或企业提交资料，只需要验证身份，就可以实现政务事项"秒办"。

5. 实现多项政务服务"无感申办"

"无感申办"和"秒批"的应用服务结合，实现了政务事项从申办到审批的全过程主动、精准、智能服务，实行无填报、无材料、无跑腿、无人干预、无中介"五无"模式，是"互联网+政务服务"发展的新阶段，也为深圳"放管服"改革提供了新思路。

6. 政务业务系统精准"数据对接"

数据对接服务是数据账户平台的核心功能。例如，龙华区建筑工务的五方协同系统对接数据账户服务，项目管理系统供工务署内部使用，五方协同系统供监理、施工等外部单位使用，只需输入组织机构代码，便可直接获取项目管理系统所需要的企业信息，自动生成五方协同系统账号，优化信息填写流程，减少信息错误率。

22.2.4 创新点及亮点

数据账户平台通过个人和企业信息自动采集与自主维护、系统智能识别技术相结合，为政务应用办理提供服务支撑，实现了让"数据多跑路，百姓少跑腿"，在数据授权许可安全的环境下为业务应用提供涉及个人和企业的数据信息，改善业务办理流程，提高业务应用的实效性和便利性，提升政务服务的水平。具体包括以下创新点及亮点。

1. 本体建模

数据账户平台基于本体，融合个人和企业的全生命周期政务数据，构建最权威、最准确、最全面、更安全的数据信息账户，实现了全生命周期大数据的快速查询能力。

2. 数据集约化

数据账户平台充分利用龙华区现有的数据资源，以数据梳理及画像建模为主，进一步构建信用数据体系，将个人和企业的数据转化为智能的、有序的目录画像，减少数据的重复梳理及订阅，提高个人和企业的数据需求响应速度。

3. 服务集约化

数据账户平台以数据集中和共享为途径，推动技术融合、业务融合、数据融合，打通信息壁垒，形成统筹利用、统一接入的个人和企业数据账户服务平台，构建全生命周期信息资源共享体系，实现跨层级、跨地域、跨系统、跨部门、跨业务的协同管理和服务。

4. 隐私安全保护

数据账户平台采取省统一身份认证最高安全等级登录。同时，建立了体系完备的脱敏、脱密机制和策略，采用安全等级保护数据存储、数据库防拖库技术等措施，实现系统的数据安全维护、数据安全操作和数据安全使用之间的完美平衡。

第 23 章

互联网行业：腾讯互娱数据治理实践案例

23.1 案例背景

标准化一般是针对统一、简便、优化这些特性而言的，但对于标准化的客体，又具备了多样性，比如产品标准化、数据标准化、流程标准化、方法标准化。数据标准化是互联网行业的基础，但在大数据时代，数据标准化需要持续保持一个不断优化的过程。

腾讯作为国内最大的互联网公司之一，其拥有的数据是海量的，如何治理这些海量数据是腾讯长期面对的问题。

腾讯游戏拥有 100 余款自研/代理的游戏（涵盖端游、手游、页游、H5 等多种形态），总存储量达 100PB，每日传输 20 000 余亿条数据，日增数据量约 400TB，实时计算速度为 2 000 万条/秒。因此，目前腾讯游戏的数据治理工作面临诸多挑战，大致如下：

- 数据接入标准不统一，种类繁多，数据集成难度大。
- 数据分散，数据量巨大，存储/计算成本逐年上升。
- 人员/部门组织架构变更，如何保障业务数据安全。
- 数据应用链路长，数据监控/核查难度大。
- 数据价值评估较为困难，无法度量 ROI。

在此背景之下，腾讯游戏结合多年的数据治理经验，从数据标准化、数据高效运营、数据增值应用等方面入手，构建游戏大数据资产管理平台，并形成一套较为科学的游戏大数据资产管理体系。腾讯游戏利用"数据治理+数据资产化"对传统数据管理方式进行扩展与升级，实施数据管控、保护、交付，提高数据资产价值。

腾讯游戏大数据资产管理体系建设实施范围如图 23-1-1 所示。

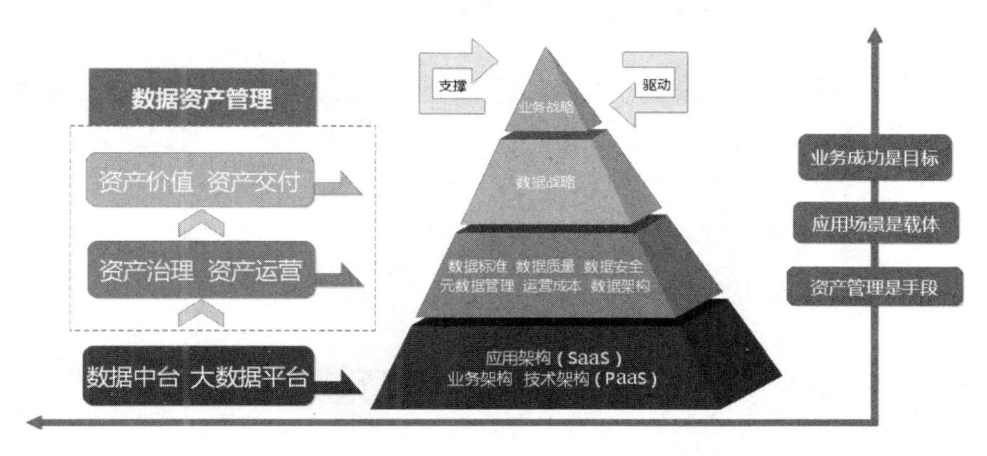

图 23-1-1　腾讯游戏大数据资产管理体系建设实施范围

在大数据资产管理体系中，数据资产管理位于数据应用和底层大数据平台的中间，其依托底层大数据平台，实现数据全生命周期管理并支持上层游戏数据的增值服务和应用。同时，数据资产管理覆盖数据全生命周期管理，分为四大能力项，包括资产治理、资产运营、资产价值、资产交付。在数据驱动的企业战略规划中，本项目连接数据中台（或大数据平台），服务于顶层业务战略，支撑并驱动业务战略的达成。

23.2　建设方案

腾讯游戏大数据资产管理体系建设通过标准、流程、技术等手段，贯穿数据全生命周期管理，集中化呈现数据全景，解决数据交付过程中质量、效率、成本、安全、体验与价值评估等问题，助力业务快速实现数据资产化。腾讯游戏大数据资产管理体系架构示意图如图 23-2-1 所示。

从图 23-2-1 中可以看出，大数据资产管理体系自下而上主要分为元数据管理、资产管理、资产管理平台和数据应用服务四个层次。其中底层是元数据管理，元数据在整个资产管理体系中是一个基础点，解决的是"数据从哪里来，要到哪里去"的问题。同时涵盖了元数据的标准化，其定义的数据类型包括业务元数据与技术元数据，并且提供元数据的检索、开放等能力。往上一层便是资产管理，其包括四大核心组成部分。

图 23-2-1　腾讯游戏大数据资产管理体系架构示意图

（1）资产价值：它被认为是资产管理中的核心点，用于评估整个数据价值的评估模型以及数据度量报告，协助决策者了解数据的价值在哪里、有多大，便于衡量 ROI。

（2）资产运营：通过数据开放、数据共享、数据合作等机制，使更多的组织联动起来，放大数据资产管理工作价值的立足点，真正做到"数据只有被使用才能定义它的价值"。此外，必须有一套数据共享、访问权限控制的规范与流程作为前提，避免出现权限滥用以及数据安全方面的风险。

（3）资产治理：聚焦数据标准化、制度、流程等定义，并且覆盖整个数据生命周期管理，包含数据的安全、质量、成本等，是数据资产管理中的核心工作，也是决定整个体系构建成败的关键。

（4）资产交付：从数据的采集、传输、整合到落地存储，通过标准化统一不同类型、不同格式的数据源，按照指定规范实施转换，并最终落地至统一的大数据仓库，且访问数据采用统一标准（这里采用 TDW 提供的方案）。同时支持消息队列、数据接口等方式，为上层业务做到持续数据交付。

本项目基于不同职能的视角，对评判大数据资产管理体系建设水平总结出"三好"能力模型，如图 23-2-2 所示。

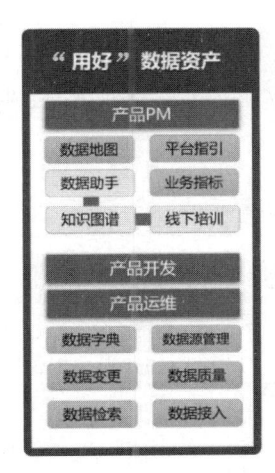

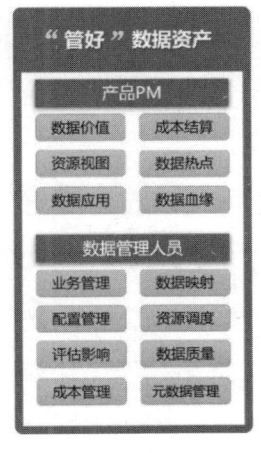

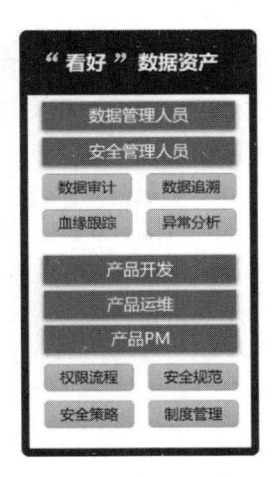

图 23-2-2 腾讯游戏大数据资产管理体系建设水平——"三好"能力模型

首先，通过"用好"数据资产，让数据使用者低成本、低门槛使用业务数据。

其次，通过"管好"数据资产，确保业务数据可信、可用，且用较小的数据成本获得较高的数据收益。

最后，通过"看好"数据资产，确保业务数据安全可控且合法合规。

历时 7 年，本项目在不同阶段分别解决了数据标准缺失、元数据管理不统一、数据血缘不完整、数据价值评估难等关键问题。腾讯游戏大数据资产管理体系建设过程如图 23-2-3 所示。

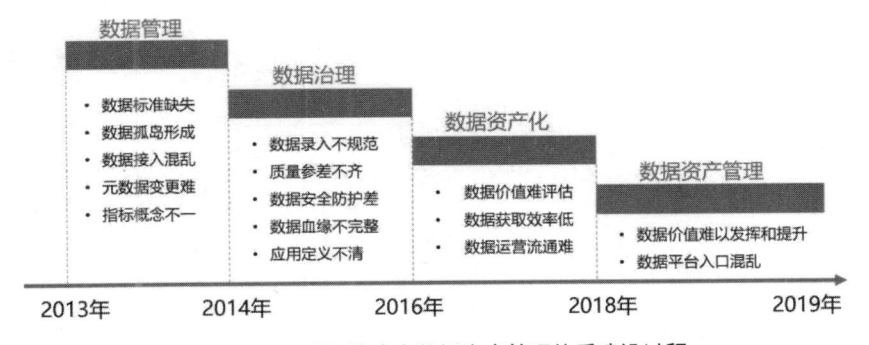

图 23-2-3 腾讯游戏大数据资产管理体系建设过程

本项目通过标准、流程、技术等手段，以先进技术、实用系统、主流引领、低成本、低维护量为基本建设原则，解决数据交付过程中质量、效率、成本、安全、体验与价值评估等问题，通过分步骤、分业务星级建设腾讯游戏大数据资产管理体系，管理全生命周期数据。项目实施大致分为以下 5 个步骤。

（1）制定项目规章制度和标准。

腾讯游戏数据资产管理组织结构角色职责如表 23-2-1 所示（参考《数据资产管理实践白皮书 3.0》组织模型）。

表 23-2-1　腾讯游戏数据资产管理组织结构角色职责

组织结构	角色	角色描述	角色主要职责	人员能力要求
数据资产管理委员会	数据决策者	由公司主管领导和各业务部门领导组成	负责领导数据资产管理工作；对数据资产管理重要工作内容和方向进行决策。当数据角色方出现问题时负责仲裁	熟悉组织行为学、产品、财务知识，具备团队管理、商业分析与判断、数据和战略规划能力
数据资产管理中心	数据管理者	数据管理中心机构平台运营人员	负责牵头制定数据资产管理的政策、标准、规则、流程，协调认责冲突；监督各项数据规则和规范的约束落实情况；负责大数据资产管理平台中整体数据管控流程的制定和平台功能系统支撑的实施；负责数据平台的整体运营、组织、协调	熟悉项目管理、关联管理、质量管理，具备项目规划、跟踪和控制、风险识别与管控、敏捷项目管理、沟通与执行、产品规划能力
各业务/技术部门	数据提供者	提供相关数据的所有人和权限管理人员	配合制定相关数据标准、数据制度和规则；遵守和执行数据标准管控相关流程，根据数据标准要求提供相关数据规范。数据提供者是数据出现质量问题时的主要责任者	熟悉 ITIL 理论、业务知识、操作系统技术、网络、应用架构，具备资源规划和成本控制、质量管理、数据库和过程/规范设计能力，同时具备一定的大数据平台运营能力
	数据开发者	数据开发人员	负责数据开发，有责任执行数据标准和数据质量内容；负责从技术角度解决数据质量问题。数据开发者是数据出现质量问题时的次要责任人	熟悉行业系统和工具、组件、数据传输、存储、计算和分析、运营支持系统、运维效率和监控相关知识，具备系统规划和设计、技术开发、数据分析和建模、测试设计能力，同时具备一定的 DevOps 与大数据平台开发能力
	数据消费者	使用数据的内/外部用户	作为大数据资产管理平台数据的使用者，负责反馈数据效果。数据消费者是大数据资产管理平台中数据闭环流程的发起人	熟悉数据处理、业务能力、技术知识（关联知识），具备数据规划、产品应用、数据分析、技术应用、模型与算法研发能力

建立游戏数据接入标准规范，统一日志规范，如图 23-2-4 所示。

图 23-2-4　腾讯游戏统一日志规范

（2）元数据生产、存储、应用的标准化及平台化。

元数据是整个资产管理体系中的核心部分，其以元对象框架（Meta Object Framework，MOF）标准规范和公共仓库元模型（Common Warehouse MetaModel，CWM）规范为理论基础，实现全域元数据的定义与集成，并结合元数据的采集、存储、检索、开放等能力，构建全域元数据管理能力体系。此项目完成了整个游戏大数据元数据的标准化工作，覆盖业务元数据和技术元数据，并提供元数据的检索、开放等能力。

（3）数据资产管理核心理念的实践及落地。

研究数据价值评估、全生命周期数据运营、多数据源数据治理、多维数据集成等方向，并参与制定业界标准。

（4）大数据资产管理平台的研发及业务适配。

遵循《数据资产管理实践白皮书 3.0》和《数据资产管理实践白皮书 4.0》，结合实际服务场景，提供多样化及个性化的数据资产管理服务。

（5）拓展大数据资产管理平台的增值应用。

提供数据可视化与分析、营销活动支持、消息推送、渠道管理等一系列服务。

23.3　建设效果

大数据资产管理平台建设是腾讯游戏大数据资产管理体系建设的核心实践之一。该平台致力于为业务负责人、开发人员、运维人员、数据管理人员提供有效、智能的数据资产管理一站式服务，提升数据资产管理能力、数据升值能力，有效助力产品。其核心功能模块的实施效果如下：

1. 元数据管理

元数据管理平台通过描述技术数据与业务数据的属性，帮助数据访问者更好地理解、使用数据，辅助业务运营。元数据管理平台页面如图 23-3-1 所示。

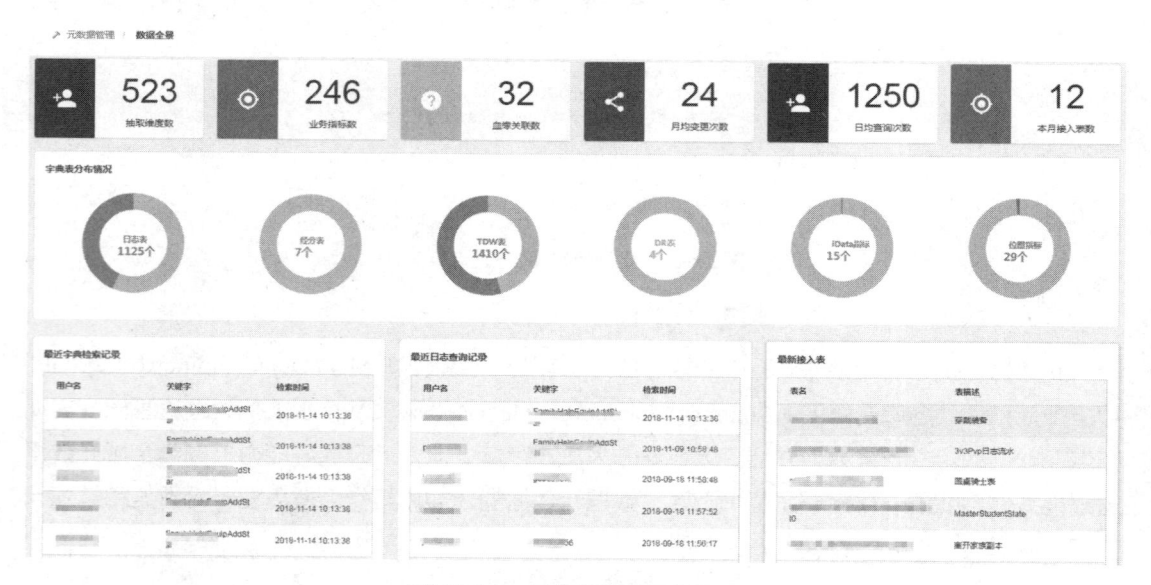

图 23-3-1 元数据管理平台页面

由图 23-3-1 可知，元数据管理平台具有以下功能：

- 包含多种维度的指标信息，覆盖多种类型的元数据信息，丰富、全面，方便平台用户全面了解数据。
- 通过全自动化变更流程，让元数据更新更及时、更准确，并且能提供更丰富的元数据服务接口，使数据开放满足更多的应用场景。

2. 数据价值

数据价值平台通过跟踪、挖掘业务数据的应用流向，评估数据不同维度的价值，为产品人员评估 ROI 时提供参考。

数据价值平台具有以下功能：

- 通过多维度指标，如评分模型和星级排名，对数据价值进行定量评估。
- 通过数据价值与成本评估，帮助业务人员评估 ROI，达到最大化利用资源的目的。

3. 数据成本

数据成本平台通过呈现数据成本结算的多个维度，辅助产品人员、运营人员实施成本优化，提供可靠的数据依据。

数据成本平台具有以下功能：

- 通过实现成本信息透明化，方便业务人员快速查阅成本详细信息。同时，对同星级业务成本进行分析，帮助业务人员了解自身业务处于同星级业务中的水位，合理配置成本。
- 结合数据价值分析等服务以及成本调优策略，评估成本 ROI，避免成本浪费，保证整体资源的最大化有效利用。

4. 数据质量

通过业务、流程、技术等手段，数据质量体系提供数据的采集、传输、接入、计算的全链路数据质量保障。具体来说，就是从完整性、一致性、准确性和及时性等多个维度进行质量监控，保证全链路数据质量，同时通过趋势分析、同比和环比分析、质量评分等全方面分析数据质量监控结果，定制质量报告。

腾讯游戏的数据质量体系建设分为以下 4 个部分。

- 定义数据标准：主要对格式、类型、上报模式等进行标准化。
- 定义质量规则：包括完整性、一致性、准确性、及时性等监控维度。
- 质量监控：包括对账、心跳检测、内容检查、延迟告警等。
- 输出质量报告：给产品侧输出整体数据质量报告，包括同比和环比分析数据，以及各个质量维度的达标率情况等。

5. 数据安全

数据安全平台通过敏感度分级、安全审计、数据脱敏等手段，做到"事前可管、事中可控、事后可查"，防止数据被非法使用。

数据安全平台具有以下功能：

- 通过数据敏感度分级、访问监控、异常访问及时告警，获取离职/转岗人员信息，并及时进行权限清理，避免业务数据泄露。
- 通过数据脱敏、鉴权手段和追溯数据访问记录，实现安全审计，防止数据被非法使用。

6. 数据血缘

数据血缘平台通过记录或上报数据访问流向生命周期，建立血缘关系链，便于快速进行问题定位和影响评估。

数据血缘平台通过贯穿数据血缘与业务血缘，建立数据服务完整的血缘关系链，存储于元数据血缘数据库中。此后，利用血缘关系链，可以快速实现异常回溯和影响评估，确保数据高质量交付。

7. 开放平台

本项目为 PaaS 层提供平台开放能力，涵盖数据实时检索、元数据接入与开放等接口，实现数据基础能力的共享。其具体实现的功能包括以下几个方面：

- 已服务于腾讯 500 余款端游、手游、页游等，打造了立体化、多层次的游戏大数据资产管理体系，覆盖所有正在运营的游戏业务，制定了游戏数据统一接入标准。
- 通过智能化的数据资产运营，有效遏制物理资源的快速增长，可做到分钟级的数据安全审计（项目上线之后，数据安全事故零发生）。
- 构建了基于元数据的多层级数据血缘，强有力地支撑了游戏数据的增值应用。

23.4　创新点及亮点

腾讯游戏创新性地提出大数据资产管理平台，构建出数据价值评估思路"三度"模型、生命周期管理模型、基于数据血缘建设的影响评估和快速定位数据质量保障方案等。目前，它们在大数据资产管理中成为行之有效的通用模型和方案。

23.4.1　数据价值评估思路"三度"模型

数据价值评估思路"三度"模型示意图如图 23-4-1 所示。

由图 23-4-1 可知，腾讯游戏针对数据价值评估提出了"热度""广度""收益度"三个维度，按照价值指标、评估模型、价值表现三大评估流程构建思路。

数据价值评估对价值指标进行采集，分为热度、广度和收益度。在热度中，采集数据访问热度，分析模型，计算出最终的评分和等级分布区间；在广度中，基于数据血缘关系计算任务依赖的关系度，评估广度的评分等级。

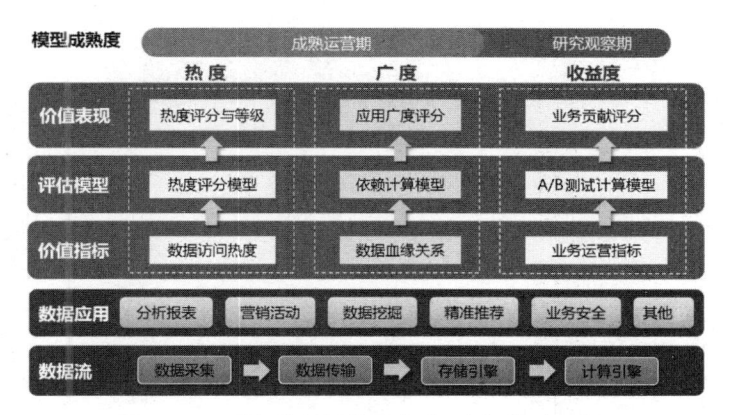

图 23-4-1 数据价值评估思路"三度"模型示意图

接下来，随着逐步推进数据服务平台，利用 A/B 测试计算模型计算出具体的收益值。其中，收益指标涵盖收入流水、拉新用户数、用户活跃数等，并且都是有价值、可衡量的。

最后根据评估的数据能力得到对应的业务收益度，进而给出综合的评分标准，通过大数据资产管理平台透明传给业务方。

1. 数据热度评估模型

数据热度评估模型示意图如图 23-4-2 所示。

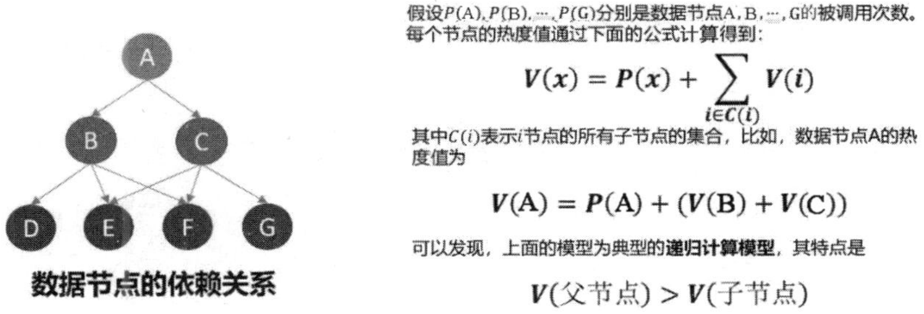

假设 $P(A)、P(B)、\cdots、P(G)$ 分别是数据节点 $A、B、\cdots、G$ 的被调用次数。每个节点的热度值通过下面的公式计算得到：

$$V(x) = P(x) + \sum_{i \in C(i)} V(i)$$

其中 $C(i)$ 表示 i 节点的所有子节点的集合，比如，数据节点 A 的热度值为

$$V(A) = P(A) + (V(B) + V(C))$$

可以发现，上面的模型为典型的**递归计算模型**，其特点是

$$V(父节点) > V(子节点)$$

图 23-4-2 数据热度评估模型示意图

由图 23-4-2 可知，通过数据节点的依赖关系，可以绘制出整个数据源访问的关系链。数据热度评估模型的计算思路大致是：数据节点的热度值等于自身被调用次数加上其所有叶子节点的热度值，最终计算出数据热度的等级分布区间。计算公式为

$$V(A) = P(A) + (V(B) + V(C))$$

由上式可知，数据热度评估采用了比较典型的递归计算模型。此外，针对热度等级做了冰、冷、温、热 4 个区间，即不同区间值呈现出不一样的"热"程度，如图 23-4-3 所示。

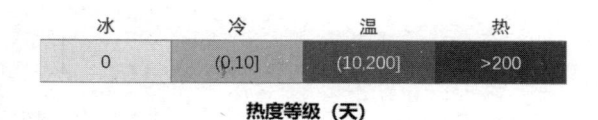

图 23-4-3 数据热度等级

这个区间标准来源是依据多年的运营经验，对不同业务在不同场景下数据源的依赖程度和访问热度的综合估算。

2. 数据广度依赖评估模型

数据广度依赖评估模型示意图如图 23-4-4 所示。

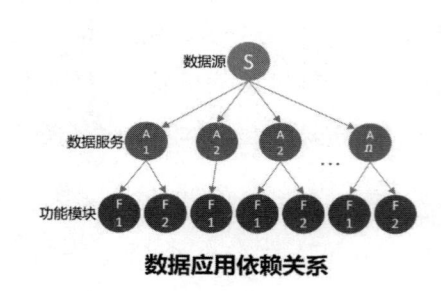

通过数据源S的应用依赖关系发现，数据服务的数量越多，应用广度就越大。应用广度模型可被表示为

$$W(S) = n * M$$

其中n为数据服务的数量，M为正相关系数，表示同一个数据服务有多个功能模块依赖数据源S，模块越多，正相关系数M越大。

$$M = \sum_{i=1}^{n} g(A_i)$$

其中$g(A_i)$为数据服务A_i的模块个数。
最终的应用广度模型可被表示为

$$W(S) = n * \sum_{i=1}^{n} g(A_i)$$

图 23-4-4 数据广度依赖评估模型示意图

数据广度依赖是指数据被多个应用访问或依赖的程度。其中，业务依赖度指的是使用血缘关系链模型调用生成关系链的数量。数据广度依赖评估模型的计算思路大致是：由于节点的广度等价于数据服务的数量乘以关联节点的模块数，并且它是一个正相关系数，因此关联数据节点的功能模块数的变化直接影响到此数据源所具有的广度，即"广度"依赖的是数据应用和功能模块——与数据的耦合程度越高，广度就越大。因此，可以定义出广度的大、中、小、微 4 个等级，如图 23-4-5 所示。

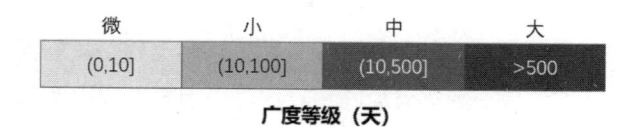

图 23-4-5 数据广度等级

3. 数据收益度评估模型

数据收益度评估模型示意图如图 23-4-6 所示。

$$F(A/B) = F(A_t) - F(B_t) - M$$

$$M = \frac{\sum_{i=1}^{t-1}(F(A_i)-F(B_i))}{t-1}$$

其中 t 为数据干预时间周期，M 为 A、B 两个用户子群的历史平均差值。

图 23-4-6　数据收益度评估模型示意图

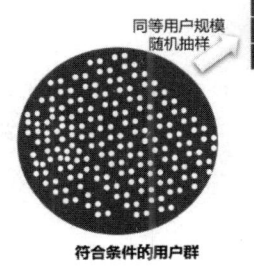

数据收益度评估模型首先采集、获取业务端产生的收益指标，然后利用评估模型计算数据的价值。其实现思路大致是：通过采用 A/B 测试计算模型，筛选出一些符合条件的用户群，并将其随机抽样为两个用户相等的子群（分别设为 A、B），同时指定应用干预的时间周期，通过计算时间差动态调整时间周期。

数据价值评估需要经过三个阶段：第一阶段是采集指标，第二阶段是定制评估模型，第三阶段是表现价值。数据价值评估是衡量投入产出比的重要依据。通过为腾讯游戏内部用户服务，定制合适的数据服务结算"成本法"，助力产品成功，能够更好地减少业务成本与支出，最终达到提升产品竞争力的目的。

23.4.2　生命周期管理模型

在开展数据生命周期管理工作时，通过长期的理论沉淀和实践积累，本项目得到与数据生命周期管理策略和数据在线度相关的结论。数据分类和重要等级如表 23-4-1 所示。

表23-4-1　数据分类和重要等级

数据分类	说　　明	重要等级
收入类	充值、消费类，与资金财产有关的数据	五星级
在线类	用户注册、登录、登出等数据	四星级
状态类	游戏用户属性、等级等数据	三星级
行为类	用户在游戏内的体验操作等行为日志	两星级
性能类	服务器性能、资源容量等数据	一星级

数据在线度与数据生命周期的关系如图 23-4-7 所示。

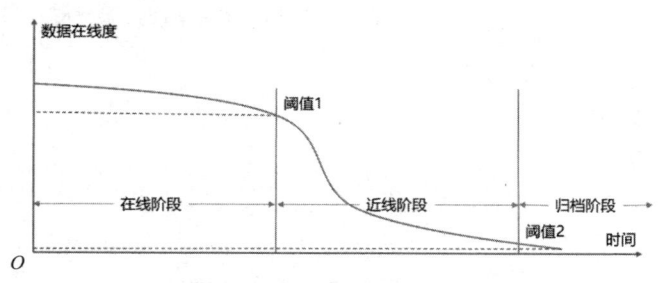

图 23-4-7　数据在线度与数据生命周期的关系

数据在线度指的是数据的活跃程度。一般地，随着时间的推移，数据使用价值在不断衰减。目前，数据在线度受如下两个主要因素的影响。

（1）数据的重要程度：参考多种数据分类的定义。例如，运营人员根据运营经验定义"收入类"和"在线类"数据的重要等级比较高，因此打上了四星级或者五星级的标签。

（2）数据的价值：主要参考数据热度和数据广度的定义。根据数据在线度关联函数的定义：

$$y(t) = f(V(t), W(t), I)$$

其中，$V(t)$ 为数据访问热度，$W(t)$ 为数据应用广度，I 为数据重要等级。

23.4.3　基于数据血缘建设的影响评估和快速定位数据质量保障方案

数据实时微服务架构示意图如图 23-4-8 所示。

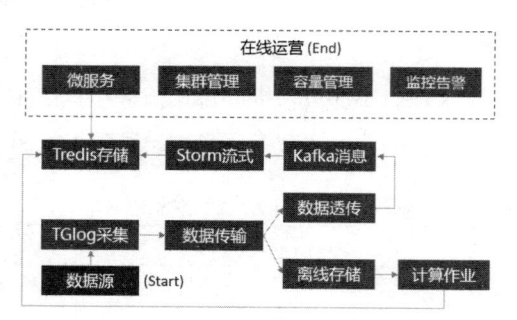

图 23-4-8　数据实时微服务架构示意图

采用数据实时微服务架构，在应用过程中通常会遇到以下三个问题：

（1）整个数据服务涉及的环节众多，如果其中一个环节出现问题，那么故障定位就非常困难。

（2）业务层的数据异常回溯，难度更大。

（3）如果底层数据平台出现故障，则难以快速评估影响面。

接下来介绍血缘数据库结构，如图 23-4-9 所示。

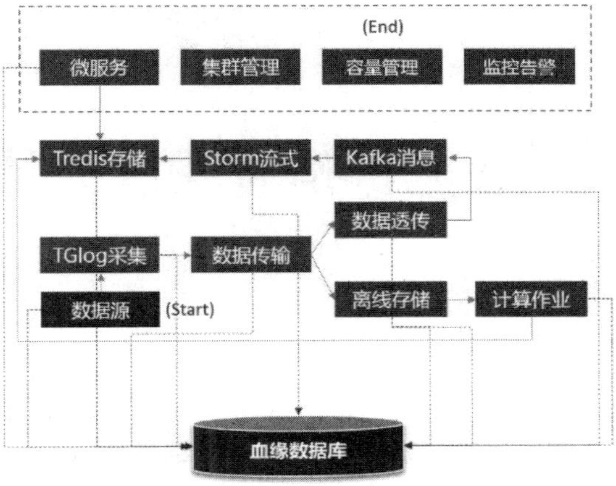

图 23-4-9　血缘数据库结构示意图

从图 23-4-9 中可以看出，血缘数据库贯穿于数据采集和数据服务整条链路。因此，解决问题的整个思路清晰可见，无论从上往下还是从下至上，均可快速地定位问题点以及评估问题影响面。

本项目以腾讯游戏数据资产管理为业务切入点，主要亮点体现在如下几个方面。

（1）建立数据资产意识：通过数据资产化管理协助更好地将业务数据转化为价值，带来经济利益。具体来说，通过构建立体化、多层次的游戏大数据资产管理体系，打造游戏行业数据资产管理的标杆案例。

（2）守好数据安全底线：不仅要管控好权限，保护好数据隐私，还要适配和规避当地法律法规风险；同时编写并发布企业标准《腾讯数据治理标准规范体系》，涵盖数据资产管理领域内的数据标准管理、数据模型管理、元数据管理、数据质量管理、数据安全管理、数据价值管理、数据共享管理、数据运营管理等方面，并结合大数据资产管理平台，为公司打造通用的数据治理方案。

（3）数据驱动开发（DDD）和数据驱动运营（DDO）：使用大数据资产管理平台，业务人员可以更准确、更便捷、更高效地获取数据，从而实现数据驱动开发与运营。目前，本项目实践出的平台产品已通过中国信息通信研究院大数据产品能力评测——数据管理工具（基础能力评测）、平台技术架构与模型标准已被写入《数据资产管理实践白皮书 3.0》和《数据资产管理实践白皮书 4.0》。

附录 A

数据标准化 80 个重要名词术语

序号	名词术语	定 义
1	数据	是指任何以电子或者其他方式对信息的记录。 在计算机科学技术中,"数据"是客观事物的符号表示,指所有可被输入到计算机中并可被计算机程序处理的符号的总称;在管理科学技术中,"数据"是描述事件或事物的属性、过程及其关系的符号序列,比如自然语言符号、科学符号、数字及图形图像等
2	数据管理	是为了交付、控制、保护并提升数据和信息资产的价值,在其整个生命周期中制定计划、制度、规程和实践活动,并执行和监督的过程。其目的在于充分有效地发挥数据的作用
3	数据治理	是保证数据的可信、可靠、可用,满足业务对数据质量和数据安全的期待的系列举措,是围绕将数据作为企业资产而展开的一系列的具体化工作,是对整个企业的业务、数据、信息化建设、组织架构等信息的认知、理解、梳理、重定义的过程。数据治理主要包含组织为实现数据资产价值最大化所开展的一系列持续工作过程,诸如明确数据相关方的责权、协调数据相关方达成数据利益一致、促进数据相关方采取联合数据行动。即通过有效的数据资源控制手段,进行数据的管理和控制,以提升数据质量进而提升数据变现的能力
4	数据资源	广义上是指对一个企业而言所有可能产生价值的数据,包括自动化数据与非自动化数据。数据资源也是企业生产及管理过程中涉及的一切文件、资料、图表等数据的总称。它是对数据进行加工处理,使数据之间建立联系,并具有某些意义,贯穿于企业管理的全过程
5	数据资源管理	致力于发展处理企业数据生命周期的适当的建构、策略、实践和程序。关注数据资源的目的就是去寻找手段,以有效地控制数据资源,并提升数据资源的利用率
6	数据资产	是指由组织(政府机构、企事业单位等)合法拥有或控制的数据资源,以电子或其他方式记录,例如文本、图像、语音、视频、网页、数据库、传感信号等结构化或非结构化数据,可进行计量或交易,能直接或间接带来经济效益和社会效益。在组织中,并非所有的数据都能构成数据资产,数据资产是能够为组织产生价值的数据资源,数据资产的形成需要对数据资源进行主动管理并形成有效控制

序号	名词术语	定义
7	数据资产管理	指对数据资产进行规划、控制和供给的一组活动职能,包括开发、执行和监督有关数据的计划、政策、方案、项目、流程、方法和程序,从而控制、保护、交付和提高数据资产的价值。数据资产管理须充分融合政策、管理、业务、技术和服务,确保数据资产保值、增值。其核心思路是把数据对象作为一种全新的资产形态,并且以资产管理的标准和要求来加强相关体制和手段。从经济角度,数据资产管理满足对资产运营的各类管理要求
8	数据要素	一个经济学术语。根据特定生产需求汇聚、整理、加工而成的计算机数据及衍生的形态,指生产和服务过程中作为生产性资源投入,创造经济价值的数据、数字化信息和知识的集合。数据要素包括对原始的数据集、标准化数据集、各类数据产品及以数据为基础产生的系统、信息和知识等
9	数据要素化	指数据资源通过与生产经营嵌入融合,并叠加智慧、创意与人工劳动转化为数据要素的过程。例如企业发电量数据,将其加工成企业用电状态标签,用于企业用电风险分析或者催收,对内产生价值
10	标准	通过标准化活动,按照规定的程序经协商一致制定,为各种活动或其结果提供规则、指南或特性,供共同使用和重复使用的文件
11	标准化	为了在既定范围内获得最佳秩序,促进共同效益,对现实问题或潜在问题确立共同使用和重复使用的条款,以及编制、发布和应用文件的活动
12	标准体系	一定范围内的标准按其内在联系形成的科学的有机整体。标准体系表是一种标准体系模型,通常包括标准体系结构图、标准明细表,还包括标准统计表和编制说明
13	数据标准	指保障数据定义和使用的一致性、准确性和完整性的规范性约束。对企业而言,通俗地讲,数据标准就是对数据的命名、数据类型、长度、业务含义、计算口径、归属部门等,定义一套统一的规范,保证各业务系统对数据的统一理解、对数据定义和使用的一致性
14	数据标准化	指企业或组织对数据的定义、组织、监督和保护,以及借助技术工具来促成数据标准得以在IT系统和业务领域实施的整体过程。通过数据标准化,企业的各种重要信息,包括产品、客户、机构、账户、单据、统计指标等,在企业内外的使用和交换都是一致的、准确的。数据标准化是一项带有系统性、复杂性、困难性、长期性特征的动态管理工作,是对标准在某种程度上的落地
15	数据目录	可以分为数据资源目录、数据共享和开放目录、数据资产目录和数据服务目录。它是数字化转型、构建数字孪生的基础,也是数据共享、服务的基础,还是数据资产化、数据资产运营的基础
16	数据资源目录	是依据规范的元数据描述数据资源,站在全局视角对所拥有的全部数据资源进行编目,以便对数据资源进行管理、识别、定位、发现、共享的一种分类组织方法,从而达到对数据的浏览、查询、获取等目的
17	数据资产目录	指对数据中有价值、可用于分析和应用的数据进行提炼形成的目录体系。数据资产目录构建的角度应该是管理的角度,根据不同数据资产管理范围的划分,由不同的角色进行管理。编制数据资产目录可以给出业务场景和数据资源的关联关系,降低用户理解系统数据的门槛

序号	名词术语	定　　义
18	数据服务目录	是对数据服务依据规范的元数据描述，按照特定的业务场景进行排序和编码的一组信息，用于描述各个数据服务的特征，以便于对数据服务的使用和管理。数据服务目录的建设是基于组织内已梳理的数据资产目录，以业务场景、应用场景为切入，以业务需求、应用需求为导向进行编制的。数据服务目录主要分为两类，其中一类是数据应用服务，包括指标报表、分析报告等可以直接使用的数据应用；另一类是数据接口服务，提供鉴权、加密、计量、标签化等
19	数据共享开放目录	可以明确数据资源共享和开放的范围与条件，方便数据跨部门、跨单位、跨组织产生价值
20	数据分类	指按照选定的属性（或特征）区分分类对象，将具有某种共同属性（或特征）的分类对象集合在一起的过程
21	源数据	指直接来源文件（业务系统数据库、线下文件、IoT等）的数据，或者直接复制源文件的"副本数据"。其本质是讲"数据"本身，强调数据状态是"创建"之后的"原始状态"，也就是没有被加工处理的数据
22	数据源	指数据的来源，也是数据产生和生成的源头。数据源包括内部数据源和外部数据源两大部分。内部数据源根据产生来源的不同又可以分成两类，其中一类是业务操作中采集的原始数据，也称基础数据（是指企业运营活动中产生的原始数据，或者进行过简单的清洗处理，但不通过计算得到的数据）；另一类是基于业务规则对原始数据加工后生成的结果数据，也称衍生数据。 外部数据源指由于企业业务发展的需要，从企业外部政府部门、企事业单位、商业机构等获得数据的来源，如气象数据、经济数据等
23	元数据	指描述数据的数据，主要是描述数据属性的信息，用来支持如指示存储位置、历史数据、资源查找、文件记录等功能；包括业务元数据、技术元数据和管理元数据。元数据管理是关于元数据的创建、存储、整合与控制等一整套流程的集合。 元数据贯穿数据资产管理的全流程，是支撑数据资源化和数据资产化的核心。首先，元数据从业务视角和管理视角出发，通过定义业务元数据和管理元数据，增强了业务人员和管理人员对数据的理解与认识。其次，技术元数据通过自动从数据仓库、大数据平台、ETL中解析存储和流转过程，追踪和记录数据血缘关系，及时发现数据模型变更的影响，有效识别变更的潜在风险。最后，元数据可作为自动化维护数据资产目录、数据服务目录的有效工具
24	数据元	也被称为数据元素，是组成实体数据的最小单元，或称原子数据，用一组属性描述定义、标识、表示和允许值的数据单元。数据元由三部分组成：对象、特性、表示
25	参考数据	指可用于描述或分类其他数据，或者将数据与组织外部的信息联系起来的任何数据。最基本的参考数据由代码和描述组成，但是有些参考数据可能更复杂，还包含映射和层次结构。在很多企业中，常常把参考数据称为配置性主数据，或者公共代码

序号	名词术语	定 义
26	主数据	指满足跨部门业务协同需要的核心业务实体数据。其长期存在且被应用于多个系统，描述整体业务数据的对象；例如客户、商品、供应商主数据，相对于交易数据而言，其属性相对稳定，对准确度要求更高，可唯一识别。主数据管理是一系列规则、应用和技术，用于协调和管理与企业的核心业务实体相关的系统记录数据。通过对主数据值进行控制，使得企业可以跨系统使用一致和共享的主数据，提供来自权威数据源的协调一致的高质量主数据，降低成本和复杂度，从而支撑跨部门、跨系统数据融合应用
27	交易数据	又称事务数据，也称业务数据。指在日常业务开展过程中实时产生或交互的业务行为和结果型数据。交易数据对实时性要求较高，主要作用是支撑业务的办理流程。相对于主数据，交易数据具有短期或瞬间的特点，例如采购订单、销售订单
28	指标数据	指组织在战略发展、业务运营和管理支持各领域业务分析过程中衡量某一个目标或事物的数据。一般由指标名称、时间、指标数值等组成。指标数据管理指组织对内部经营分析所需要的指标数据进行统一规范化定义、采集和应用，用于提升统计分析的数据质量
29	主题数据	是根据数据分析的需要，按照业务主题对数据所进行的一种组织和管理方式，其本质是为了进行面向主题的分析或加速主题应用的数据
30	基础数据	指在 IT 系统中实现的与企业执行和管理业务过程的业务明细数据相关的代码数据，是企业业务活动在 IT 系统中的具体体现。基础数据可分为主数据和交易数据
31	基础数据标准	是为了统一企业所有业务活动相关数据的一致性和准确性，解决业务之间的数据一致性和数据整合，按照数据标准管理过程制定的数据标准。在各行业实践中，基础数据标准一般包括数据维度标准、主数据标准、主题数据模型标准、逻辑数据模型标准、物理数据模型标准、公共代码标准等多种形式
32	衍生数据	由基础数据通过转化和计算产生。通俗的叫法是：指标数据、分析数据或者统计数据
33	数据指标	数据指标，也称指标数据标准，是衡量目标的方法，即预期中打算达到的指数、规格、标准，一般用数据表示。例如：销售收入、活期存款金额、委托贷款余额等。一般分为基础指标标准和计算指标（又称组合指标）标准。基础指标一般不含维度信息，且具有特定业务和经济含义；计算指标通常由两个以上的基础指标计算得出。 数据指标管理是指通过对企业若干个核心和关键业务环节相互联系的统计数据指标的全面化、结构化和层次化的系统化构建，满足企业找指标、理指标、管指标、用指标的需要
34	标签	是一种用来描述业务实体特征的数据形式。通过标签对业务实体进行刻画，从多个角度反映业务实体的特征。比如对用户进行刻画时，包括性别、年龄、地区、兴趣爱好、产品偏好等角度。在日常工作中，经常碰到的业务实体包括用户、商品、商户等，相应的标签分别称为用户标签、商品标签和商户标签
35	维度	是报表分割显示统计数值的角度，主要用来描述在业务活动中会从哪些角度对标准项进行使用和分析，体现为报表的一行或者表头中的一列。一般来说，维度具有离散化取值的特性，即取值可以枚举。常用的维度包括时间、空间、组织、业务板块、业务阶段等
36	公共代码	是用于将其他数据进行分类或目录整编的数据，是参考数据的一种形式。其主要指国标和行业标准的代码，如国别代码、邮政编码、行政区域、港口

序号	名词术语	定　　义
37	数据战略	是组织开展数据工作的愿景、目的、目标和原则，包括数据战略规划、数据战略实施和数据战略评估。数据战略是一个用数据驱动业务，为了实现企业业务目标而制定的一系列高层次数据管理战略的组合，指导企业开展数据治理工作，指明企业数据应用的方向
38	数据质量	既指与数据有关的特征，也指用于衡量或改进数据质量的过程。数据质量不但依赖于数据本身的特征，而且还依赖于使用数据时所处的业务环境，包含数据业务流程和业务用户。衡量数据质量的维度一般有一致性、唯一性、准确性、及时性、完整性、有效性等
39	数据安全	指通过采取必要措施，确保数据处于有效保护和合法利用的状态，以及具备保障持续安全状态的能力
40	数据架构	是一套规则、政策、标准和模型，用于管理和定义收集的数据类型，以及如何在组织及其数据库系统中使用、存储、管理和集成数据。它提供了创建和管理数据流，以及如何处理整个组织IT系统和应用程序的方法。数据架构是实现数据规划的载体，是揭示业务本质、描述公司数据关系的全景视图，是统一数据语言、理顺数据关系、消除信息孤岛、建立数据互联的基础
41	主题域	提供模型的高阶视图，是类的逻辑分组。根据业务要求将类组织成一些独立、完整的领域，每个主题域对应某一领域所涉及的类对象，并在较高层次上对该领域内的数据进行完整、一致的描述。主题域扩展可以根据客观对象、业务关注点定义新的数据对象范围
42	数据模型	指现实世界数据特征的抽象，用于描述一组数据的概念和定义。是使用结构化的语言将收集到的组织业务经营、管理和决策中使用的数据需求进行综合分析，按照模型设计规范将需求重新组织在一起。从模型覆盖的内容粒度看，数据模型一般分为主题域模型、概念模型、逻辑模型和物理模型。 （1）主题域模型是最高层级、以主题概念及其间关系为基本构成单元的模型，主题是对数据表达事物本质概念的高度抽象； （2）概念模型是以数据实体（类）及其间关系为基本构成单元的模型，实体名称一般采用标准的业务术语命名； （3）逻辑数据模型是对数据需求的详细描述，通常用于支持特定用法的语境中（如应用需求）。数据模型是在概念模型的基础上细化，以数据属性（元素）为基本构成单元； （4）物理数据模型描述了一种详细的技术解决方案，通常以逻辑数据模型为基础，与某一类系统硬件、软件和网络工具相匹配。物理数据模型与特定技术相关
43	数据分布	是针对组织级数据模型中数据的定义，明确数据在系统、组织和流程等方面的分布关系，定义数据类型，明确权威数据源，为数据相关工作提供参考和规范。通过对数据分布关系的梳理，可以定义数据相关工作的优先级，方便指定数据的认责管理人，并进一步优化数据的集成关系
44	数据流向	是建立企业内各应用系统、各部门之间的数据集成机制，通过企业内部数据集成相关制度、标准、技术等方面的管理，促进企业内部数据的互联互通。其体现系统各环节输入和输出的信息项，数据通过系统交互及存储的路径，从数据传递和加工的角度，体现控制流和数据流的方向

序号	名词术语	定 义
45	实体	指现实世界中客观存在的并可以相互区分的对象或事物。就数据库而言，实体往往指某类事物的集合。其可以是具体的人或事物，也可以是抽象的概念、联系。数据实体对象往往包含指标数据、交易数据、主数据及参考数据等
46	属性	指某个对象或实体的特征
47	数据类型	它指定变量具有哪种类型的值及哪种类型的数学、关系或者逻辑运算。数据类型是一种分类，它规定了变量或对象在计算机编程中可以包含什么。数据类型具体可被细分为原始类型和构造类型。原始类型包括整型、浮点型、布尔型、字符串型等。构造类型包括枚举、结构体、集合等。数据类型定义参照 CIM 标准执行
48	数据项	是数据的不可分割的最小单位。数据项的名称有编号、别名、简述、数据项的长度、类型、数据项的取值范围。数据项是数据记录中最基本的、不可分的有名数据单位，是具有独立含义的最小标识单位
49	编码	给事物和概念赋予代码的过程
50	代码	表示特定事物或概念的一个或一组字符。这些字符可以是阿拉伯数字、拉丁字母或便于人和机器识别与处理的其他符号
51	数据字典	指对数据的数据项、数据结构、数据流、数据存储、处理逻辑等进行定义和描述，其目的是对数据流程图中的各个元素做出详细的说明。数据字典是描述数据的信息集合，是对系统中使用的所有数据元素的定义的集合
52	数据应用	指对数据的使用，使其发挥价值。其涉及三个领域：数据分析、数据开放共享和数据服务
53	数据分析	是对企业各项经营管理活动提供数据决策支持而进行的企业内外部数据分析或挖掘建模，以及对应成果的交付运营、评价推广等活动。数据分析能力会影响到企业制定决策、创造价值、向用户提供价值的方式
54	数据开放共享	指按照统一的管理策略对组织内部的数据有选择地对外开放，同时按照相关的管理策略引入外部数据供组织内部应用。数据开放共享是实现数据跨组织、跨行业流转的重要前提，也是数据价值最大化的基础
55	数据服务	指通过对企业内外部数据的统一加工和分析，结合不同需求方的需要，以数据分析结果的形式对外提供跨领域、跨行业的数据服务。提供数据服务的形式可能有多种，包括数据分析结果、数据服务调用接口、数据产品或数据服务平台等，具体服务的形式取决于企业数据的战略和发展方向
56	数据生命周期	指数据的获取、存储、整合、分析、应用、呈现、归档和销毁等各种生存形态演变的过程
57	数据处理	指对数据（包括数值和非数值）进行分析和加工的技术过程，包括对各种原始数据的分析、整理、计算、编辑等的加工和处理
58	数据需求	指企业对业务运营、经营分析和战略决策过程中产生和使用的数据的分类、含义、分布和流转的描述。数据需求管理过程用于识别所需的数据，确定数据需求优先级并以文档的方式对数据需求进行记录和管理

序号	名词术语	定义
59	数据开发	数据开发是指将原始数据加工为数据资产的各类处理过程。数据开发管理是指通过建立开发管理规范与管理机制，面向数据、程序、任务等处理对象，对开发过程和质量进行监控与管控，使数据资产管理的开发逻辑清晰化、开发过程标准化，增强开发任务的复用性，提升开发的效率
60	数据运维	指数据平台及相关数据服务建设完成上线投入运营后，对数据采集、数据处理、数据存储等过程的日常运行及维护过程，保证数据平台及数据服务的正常运行，为数据应用提供持续可用的数据内容
61	数据退役	指对历史数据的管理，根据法律法规、业务、技术等各方面需求设计历史数据的保留和清除策略，执行历史数据的归档、迁移和清除工作，确保企业对历史数据的管理满足外部监管机构和内部业务用户的需求，而非仅满足信息技术需求
62	业务术语	业务术语是组织中业务概念的描述，是组织内部理解数据、应用数据的基础，是业务部门和数据部门沟通的桥梁，是统一数据业务含义的关键，业务术语管理是数据标准管理的基础性工作。定义良好的业务术语标准和业务术语字典可以实现对业务术语、元数据的追踪，方便数据治理人员查询使用。业务术语管理指在组织内制定统一的管理制度和流程，并对业务术语的创建、维护和发布进行统一的管理，进而推动业务术语的共享和在组织内部的应用。通过对业务术语的管理能保证组织内部对具体技术名词理解的一致性
63	业务规则	业务规则是指导企业开展业务的一组指令、指南和法规。指描述业务应该如何在内部运行，以便成功地与外部世界保持一致。业务规则通常在软件中实现，或者使用文档模板输入数据，如主数据，通常规定了主数据格式和允许的取值范围
64	命名规范	指能够完整、准确地表述业务含义。名称应符合行业内通用命名习惯
65	代码标准	主要指国内或国际公认的标准化组织发布的代码标准或规范
66	技术规范	指对标准化的对象提出技术要求，也就是用于规定标准化对象的能力。当这些技术规范在法律上被确认后，就成为技术法规。技术规范是标准文件的一种形式，是规定产品、过程或服务应满足技术要求的文件。它可以是一项标准（即技术标准）、一项标准的一部分或一项标准的独立部分。其强制性弱于标准
67	数据仓库	是一个面向主题的、集成的、相对稳定的、反映历史变化的数据集合，用于支持管理决策。数据仓库是数据库的一种概念上的升级，可以说是为满足新需求而设计的一种新数据库，需要容纳更加庞大的数据集
68	数据湖	数据湖是将来自不同数据源、不同数据类型（结构化、半结构化、非结构化）的数据，以原始格式进行存储的系统，并按原样存储数据，而无须事先对数据进行结构化处理
69	结构化数据	以关系型或单一数据属性作为数据对象，如银行卡号、日期、财务金额、电话号码、地址、产品名称等。它是一种数据表示形式，按此种形式，由数据元素汇集而成的每条记录的结构都是一致的，并且可以使用关系模型予以有效描述
70	非结构化数据	指不具有预定义模型或未以预定义方式组织的数据，包括所有格式的办公文档、文本、图片、XML 文档、HTML 文档、各类报表、图像和音频/视频信息等。其用来描述具有高度可变数据类型和格式的任何数据（尚未标记或记录于行和列的数据），如文件、图形、图像、文字、报表、表格、视频或录音，具有数据格式多样、数据冗余度高、数据规模大等特点

序号	名词术语	定　义
71	半结构化数据	指介于完全结构化数据（如关系型数据库、面向对象数据库中的数据）和完全非结构化数据（如声音、图像文件等）之间的数据
72	业务术语表	通过信息系统、数据集成工具，或者元数据管理中的业务术语管理功能发布企业通用的业务术语定义，经技术人员人认可将其与数据进行关联、管理和使用，疏通业务和技术的认知障碍
73	数据制度	为了保障组织架构正常运转和数据治理各项工作的有序实施，需要建立一套涵盖不同管理力度、不同适用对象、覆盖数据治理过程的管理制度体系，从"法理"层面保障数据治理工作有据、可行和可控。数据治理制度框架分为数据政策（管理规定）、管理办法、管理细则和操作规范共四个层次
74	数据政策	是企业数据治理的纲领性文件，是最高层次的数据管理制度决策，是落实数据资产管理各项活动必须遵循的最根本原则，描绘了企业实施数据战略的未来蓝图
75	管理办法	是从数据治理管理层视角出发，规定数据治理管理各活动职能的管理目标、管理原则、管理流程、监督考核和评估优化等
76	实施细则	是从数据治理管理层和数据治理管理执行层的视角出发，围绕管理办法相关要求，明确各项活动职能执行落实的标准、规范和流程等
77	操作规范	是从数据治理管理执行层的视角出发，依据实施细则，进一步明确各项工作需遵循的工作规程、操作手册、管理规范、技术规范或模板类文件等
78	数据二十条	2022年，我国发布了《中共中央 国务院关于构建数据基础制度更好发挥数据要素作用的意见》，又称"数据二十条"。"数据二十条"提出构建数据产权、流通交易、收益分配、安全治理等制度，初步形成我国数据基础制度的"四梁八柱"
79	数据流通	是指通过数据共享、数据开放或数据交易等流通模式，推动数据资产在组织内外部的价值实现
80	数据价值	狭义的数据价值是指数据的经济效益，广义的数据价值是在经济效益之外，考虑数据的业务效益、成本计量等因素。数据价值评估是指通过构建价值评估体系，计量数据的经济效益、业务效益、投入成本等活动。数据价值评估是数据资产管理的关键环节，是数据资产化的价值基线

附录 B

名词术语英文缩写表

DAMA：Data Management Association International，国际数据管理协会
CMM：Capability Maturity Model，能力成熟度模型
DCMM：Data Management Capability Maturity Model，数据管理能力成熟度评估模型
DMM：Data Management Maturity Model，数据管理成熟度模型
DSMM：Data Security Capability Maturity Model，数据安全能力成熟度模型
BG：Business Group，业务集团
BU：Business Unit，经营单元
OD：Operating Department，业务部门
FD：Functional Department，职能部门
EAST：Examination and Analysis System Technology，检查分析系统技术
OA：Office Automation，办公自动化
IT：Information Technology，信息技术
OT：Operation Technology，操作技术
SQL：Structured Query Language，结构化查询语言
SPSS：Statistical Product and Service Solutions，统计产品与服务解决方案
SAS：Statistical Analysis System，统计分析系统
BI：Business Intelligence，商务智能
ETL：Extraction-Transformation-Loading，抽取、转换和加载
XML：Extensible Markup Language，可扩展标记语言
HTML：Hyper Text Markup Language，超文本标记语言
PDM：Product Data Management，产品数据管理
MDR：Meta Data Registration，元数据注册
SDMX：Statistics Data and Metadata Exchange，统计数据与元数据交换

UML：Unified Modeling Language，统一建模语言

SOA：Service-Oriented Architecture，面向服务的体系结构

CL：Common Logic，通用逻辑

EDIFACT：Electronic Data Interchange for Administration, Commerce and Transport，行政、商业和运输的电子数据交换

MFI：Metamodel Framework Interoperability，互操作性元模型框架

KV：Key-Value，键值

PKI：Public Key Infrastructure，公开密钥基础设施

B2B：Business-to-Business，企业到企业（的电子商务模式）

B2C：Business to Consumer，企业到消费者（的电子商务模式）

CWM：CommonWarehouseMetamodel，公共仓库元模型

MOF：Meta Object Facility，元对象设施

XMI：XML Metadata Interchange，XML 元数据交换

CTO：Chief Technical Officer，首席技术官

CIO：Chief Information Officer，首席信息官

CDO：Chief Data Officer 首席数据官

Business users，业务用户

Data Stewards，数据管理专员

Technical users，技术用户

Data Stewardship，数据管理专员制度

BOM：Bill of Material，物料清单

EBOM：Engineering BOM，工程 BOM

DLP：Data Leakage Prevention，数据泄密（泄露）防护

MQ：Message Queue，消息队列

MQTT：Message Queuing Telemetry Transport，消息队列遥测传输协议

ESB：Enterprise Service Bus，企业服务总线

SaaS：Software-as-a-Service，软件即服务

PaaS：Platform-as-a-Service，平台即服务

DaaS：Data-as-a-Service，数据即服务

OLAP：On-Line Analytic Processing，联机分析处理

OLTP：On-Line Transaction Processing，联机事务处理

SDM：Static Data Masking，静态数据脱敏

DDM：Dynamic Data Masking，动态数据脱敏

ODS：Operational Data Store，操作数据存储

ADS：Application Data Service，数据应用层
DWS：Data Warehouse Service，数据服务层
DWD：Data Warehouse Details，数据细节层
DWM：Data Warehouse Middle，数据集市层
DIM：Dimension，维表层
EDW：Enterprise Data Warehouse，企业级数据仓库
CRUD：增加（Create）、读取（Retrieve）、更新（Update）和删除（Delete）
HSE：健康（Health）、安全（Safety）和环境（Environment）三位一体的管理体系
ERD：Entity-Relationship Diagram，实体关系图
DDL：Data Definition Language，数据定义语言
ADM：Architecture Development Method，架构开发方法
PMS：Production Management System，生产管理系统
PLM：Product Life-cycle Management，产品生命周期管理
PDM：Product Data Management，产品数据管理
PLC：Programmable Logic Controller，可编程逻辑控制器
SFC：Shop Floor Control，车间控制系统
ERP：Enterprise Resource Planning，企业资源计划
MES：Manufacturing Execution System，制造执行系统
CAPP：Computer-Aided Process Planning，计算机辅助生产计划
MDM：Master Data Management，主数据管理
CRM：Customer Relationship Management，客户关系管理
SRM：Supplier Relationship Management，供应商关系管理
WMS：Warehouse Management System，仓库管理系统
SCM：Supply Chain Management，供应链管理
DMS：Database Management System，数据库管理系统
SCADA：Supervisory Control And Data Acquisition，数据采集与监视控制系统
DCS：Distributed Control System，集散控制系统/分布式控制系统
EAM: Enterprise Asset Management，企业资产管理
BPR：Business Process Reengineering，业务流程重组
ECM：Enterprise Content Management，企业内容管理系统
ERDB：核电设备可靠性管理系统
PI：Plant Information，工厂信息管理
EDI：Electronic Data Interchange，电子数据交换

附录 C
国家标准名称

已颁布的与数据标准化相关的国家标准列表

序号	标准分类	标准名称	标准编号/标准计划号	标准简介
1	总体框架	信息技术服务治理 第5部分：数据治理规范	GB/T 34960.5—2018	本标准适用于数据治理现状自我评估，数据治理体系的建立；数据治理域和过程的明确，数据治理实施落地的指导；与数据治理相关的软件或解决方案的研发、选择和评价；数据治理能力和绩效的内部、外部和第三方评价
2	总体框架	基于云计算的电子政务公共平台服务规范 第3部分：数据管理	GB/T 34079.3—2017	本标准规定了基于云计算的电子政务公共平台和受电子政务公共平台管理的所有政务数据的采集技术、存储技术、集成技术、处理技术和服务技术五个环节的技术要求，以及数据管理目录技术、数据交换共享技术和数据质量管理技术三个通用支撑技术的要求。 本标准适用于基于云计算的电子政务公共平台的数据管理技术要求
3	总体框架	数据管理能力成熟度评估模型	GB/T 36073—2018	本标准给出了数据管理能力成熟度评估模型及相应的成熟度等级，定义了数据战略、数据治理、数据架构、数据应用、数据安全、数据质量、数据标准和数据生存周期8个能力域。 本标准适用于组织和机构对数据管理能力成熟度进行评估
4	总体框架	工业自动化系统与集成 工业制造管理数据 第43部分：制造流程管理数据：流程监控与制造数据交换	GB/T 19114.43—2010	本标准为流程管理提供了一种数据模型和一个相关的构造块集，物流和信息流的计划、调度、控制和监控的标准的数据模型和表达都是通过数据模型和构造块集来描述的。 因此，本标准通过建立一种概念流程模型来提供在制造过程中关于流程控制和管理的数据表达

序号	标准分类	标准名称	标准编号/标准计划号	标准简介
		的数据模型		
5	总体框架	智能制造 对象标识要求	GB/T 37695—2019	本标准提出了工业领域智能制造对象的标识解析体系结构，规定了智能制造对象的标识要求和解析要求。 本标准适用于工业领域智能制造对象的标识解析体系建设
6	总体框架	信息技术 大数据 工业应用参考架构	GB/T 38666—2020	本标准给出了大数据在工业领域的参考架构，规定了各组成部分（构件）的基本功能。 本标准适用于工业大数据开发、管理和应用
7	总体框架	信息技术 数据管理参考模型	GB/Z 18219—2008	本指导性技术文件定义了数据管理参考模型。它建立了一个框架，用于协调信息系统中为管理持久数据而制定的现有和未来的标准
8	总体框架	产品生命周期数据管理规范	GB/T 35119—2017	本标准规定了产品生命周期阶段和产品生命周期数据模型，规范了产品生命周期数据管理的内容及实现方式。 本标准适用于产品生命周期数据管理的实现
9	总体框架	企业应用产品数据管理（PDM）实施规范	GB/Z 18727—2002	本指导性技术文件为企业应用 PDM 技术时提供了实施规范。本指导性技术文件适用于企业，PDM 系统开发单位、PDM 技术咨询服务单位、以及提供 PDM 技术支持的单位
10	元数据标准	科技平台 元数据标准化基本原则与方法	GB/T 30522—2014	本标准规定了科技资源元数据的框架、标准化原则与流程、扩展原则与方法、编写要求与描述方法。 本标准适用于科技资源元数据的标准化
11	元数据标准	信息技术 元数据注册系统（MDR）第 3 部分：注册系统元模型与基本属性	GB/T 18391.3—2009	本标准首要目的是规定元数据注册系统的结构，同时规定了描述元数据项所需的基本属性，这些属性可被用于完整元数据注册系统不适用的场合（例如：在其他标准的规范当中）
12	元数据标准	信息资源核心元数据	GB/T 26816—2011	本标准规定了信息资源元数据的属性、核心元数据的构成、元数据扩展原则和方法。 本标准适用于信息资源的编目、归档、建库、发布、共享、交换和查询等
13	元数据标准	重要产品追溯核心元数据	GB/T 38154—2019	本标准规定了重要产品追溯核心元数据的描述方法、元数据模型、重要产品追溯核心元数据描述及核心元数据扩展原则和方法
14	元数据标准	政务信息资源目录体系 第 3 部分：核心元数据	GB/T 21063.3—2007	本标准规定了描述政务信息资源特征所需的核心元数据及其表示方式，给出了各核心元数据的定义和著录规则。同时规定了 6 个必选的核心元数据和 6 个可选的核心元数据，用于描述政务信息资源的标识、内容、管理等信息，并给出了核心元数据的扩展原则和方法

附录 C 国家标准名称 529

序号	标准分类	标准名称	标准编号/标准计划号	标准简介
				本标准适用于政务信息资源目录的编目、建库、发布和查询
15	元数据标准	电子政务数据元 第2部分：公共数据元目录	GB/T 19488.2—2008	本标准规定了电子政务中的通用数据元，主要包括人员、机构、位置、时间、公文、金融和其他等各类公共数据元。本标准适用于政务部门之间的信息交换与共享，也适用于政务部门用来编制各种专用的数据元目录。
16	元数据标准	政务信息资源目录体系 第1部分：总体框架	GB/T 21063.1—2007	本标准提出了政务信息资源目录体系的技术总体架构，规定了目录服务形成与提供流程、共享信息资源定位与发现流程，描述了 GB/T 21063 各部分之间的关系。本标准适用于政务信息资源目录体系的规划和设计
17	元数据标准	政务信息资源目录体系 第2部分：技术要求	GB/T 21063.2—2007	本标准规定了政务信息资源目录体系的基本技术要求和目录服务接口要求。本标准适用于规划和建立政务信息资源目录内容服务系统
18	元数据标准	政务信息资源目录体系 第4部分：政务信息资源分类	GB/T 21063.4—2007	本标准规定了政务信息资源目录体系中政务信息资源的分类原则和方法，以及主题分类类目表。本标准适用于在建立政务信息资源目录时提供分类依据
19	元数据标准	信息技术 大数据 工业产品核心元数据	GB/T 38555—2020	本标准规定了工业产品的核心元数据及其表示方法。本标准适用于工业生产活动中对产品基本信息的分类、编目、发布和查询
20	元数据标准	统计数据与元数据交换（SDMX）第2部分：信息模型 统一建模语言（UML）概念设计	GB/Z 34052.2—2017	本标准给出了 SDMX 信息模型的概念元模型的详细视图，主要包括信息模型的结构、参与者和用例、SDMX 基础包、具体项方案、数据结构定义和数据集、数据立方体、元数据结构定义和元数据集、层级代码表、结构集和映射、约束、数据供应、过程、转换和表达式等。本标准适用于统计数据与元数据的交换和共享
21	数据标准	法人和其他组织统一社会信用代码基础数据元	GB/T 36104—2018	本标准规定了法人和其他组织统一社会信用代码数据元的术语和定义、内部标识符的编码规则、基础数据元。本标准适用于各级登记管理部门信息采集，组织机构代码管理部门建立法人和其他组织统一社会信用代码数据库，统一社会信用代码的信息回传、信息处理、信息交换、信息共享和应用
22	数据标准	信息技术 大数据 术语	GB/T 35295—2017	本标准界定了信息技术大数据领域中的常用术语和定义。本标准适用于大数据领域的科研、教学和应用
23	数据标准	信息技术 大数据 技术参考模型	GB/T 35589—2017	本标准描述了大数据的参考架构，包括角色、活动和功能组件，以及它们之间的关系。本标准适用于对大数据复杂操作的理解，可为大数据系列标

序号	标准分类	标准名称	标准编号/标准计划号	标准简介
24	数据标准	机构编制统计及实名制管理系统数据规范 第3部分：数据字典	GB/T 34981.3—2017	准的制定提供基础 本标准规定了机构编制统计及实名制管理中所应规范使用的数据元及其对应的属性描述。 本标准适用于规划和建立机构编制统计及实名制管理系统各种通用的或专用的数据元，支持数据库、应用系统的建设实施与升级改造
25	数据标准	企业信用数据项规范	GB/T 22120—2008	本标准规定了基本的企业信用信息数据项，包括基本信息、经营管理信息、财务信息、银行往来信息、提示信息和其他信息。 本标准适用于企业信用信息系统的建立、企业信用信息的共享与交换，其他相关活动可参照使用
26	数据标准	法人和其他组织统一社会信用代码数据管理规范	GB/T 36106—2018	本标准规定了法人和其他组织统一社会信用代码（简称"统一代码"）的术语和定义、数据管理流程，包括数据采集、信息回传、数据校核、数据加工、数据集中、质量控制、数据安全、质量评价。 本标准适用于国家、省级（含副省级市、计划单列市）和军队等组织机构代码管理机构、登记管理部门、统一代码应用部门和统一社会信用代码数据库（简称"统一代码数据库"）建设部门、相关人员
27	数据操作标准	信息技术 大数据 数据分类指南	GB/T 38667—2020	本标准提供了大数据分类过程及其分类视角、分类维度和分类方法等方面的建议和指导。本标准适用于指导大数据分类
28	数据操作标准	企业信用信息采集、处理和提供规范	GB/T 22118—2008	本标准规定了企业信用信息采集、处理和提供的基本原则和要求。 本标准适用于从事企业信用信息采集、处理和提供的机构
29	数据操作标准	统一社会信用代码地理信息采集规范	GB/T 37149—2018	本标准规定了统一社会信用代码地理信息采集的技术指标、采集内容和方法、质量控制等要求，同时也规定了采集统一社会信用代码地理信息的作业流程。 本标准适用于建立统一社会信用代码地理信息数据库及相关地理信息系统时，对组织机构地理信息的采集、处理与更新
30	数据交换共享标准	统计数据与元数据交换（SDMX）第1部分：框架	GB/T 34052.1—2017	本标准规定了统计数据和元数据交换的过程和业务范围、SDMX 信息模型建模方法、SDMX 的交换格式（SDM1-EDI、SDM1-ML）、SDMX 符合性及与 SDMX 面向内容指南之间的依赖关系。 本标准适用于统计数据与元数据的交换和共享

附录C 国家标准名称 531

序号	标准分类	标准名称	标准编号/标准计划号	标准简介
31	数据安全标准	信息安全技术 大数据安全管理指南	GB/T 37973—2019	本标准提出了大数据安全管理基本原则，规定了大数据安全需求、数据分类分级、大数据活动的安全要求、评估大数据安全风险。 本标准适用于各类组织进行数据安全管理，也可供第三方评估机构参考
32	数据安全标准	信息安全技术 数据安全能力成熟度模型	GB/T 37988—2019	本标准给出了组织数据安全能力的成熟度模型架构，规定了数据采集安全、数据传输安全、数据存储安全、数据处理安全、数据交换安全、数据销毁安全、通用安全的成熟度等级要求。 本标准适用于对组织数据安全能力进行评估，也可作为组织开展数据安全能力建设时的依据
33	数据安全标准	信息安全技术 大数据服务安全能力要求	GB/T 35274—2017	本标准规定了大数据服务提供者应具有的组织相关基础安全能力和数据生命周期相关数据服务安全能力。 本标准适用于对政府部门和企事业单位建设大数据服务安全能力，也适用于第三方机构对大数据服务提供者的大数据服务安全能力进行审查和评估
34	数据安全标准	信息安全技术 政务信息共享数据安全技术要求	GB/T 39477—2020	本标准是为解决政务信息共享交换环节数据泄露、数据滥用等问题而专门制定的，指导政务信息共享交换数据安全体系建设，增强政务信息共享交换的数据安全保障能力
35	数据安全标准	信息安全技术 个人信息安全规范	GB/T 35273—2020	本标准规定了开展收集、保存、使用、共享、转让、公开披露等个人信息处理活动应遵循的原则和安全要求。 本标准适用于规范各类组织个人信息处理活动，也适用于主管监管部门、第三方评估机构等组织对个人信息处理活动进行监督、管理和评估
36	数据安全标准	信息安全技术 政府部门信息安全管理基本要求	GB/T 29245—2012	本标准规定了政府部门信息安全管理基本要求，用于指导各级政府部门的信息安全管理工作。本标准中涉及保密工作的，按照保密法规和标准执行；涉及密码工作的，按照国家密码管理规定执行。 本标准适用于各级政府部门，其他单位可以参考使用
37	数据安全标准	信息安全技术 信息安全风险管理指南	GB/Z 24364—2009	本指导性技术文件规定了信息安全风险管理的内容和过程，为信息系统生命周期不同阶段的信息安全风险管理提供指导。 本指导性技术文件适用于指导组织进行信息安全风险管理工作

序号	标准分类	标准名称	标准编号/标准计划号	标准简介
38	数据安全标准	信息安全技术 信息系统安全保障通用评估指南	GB/T 30273—2013	本标准描述了评估者在使用GB/T 20274系列标准所定义的准则进行评估时需要完成的评估活动，为评估者在具体评估活动中的评估行为和活动提供指南。 本标准适用于采用GB/T 20274系列标准对信息系统进行安全性的评估和对ISPP/ISST的评估
39	数据安全标准	信息技术 安全技术 信息技术安全性评估方法	GB/T 30270—2013	本标准描述了在采用ISO/IEC 15408《信息技术 安全技术 信息技术安全性评估准则》所定义的准则和评估证据进行评估时，评估者应执行的最小行为集，是ISO/IEC 15408的配套标准
40	数据安全标准	信息安全技术 数据交易服务安全要求	GB/T 37932—2019	本标准规定了通过数据交易服务机构进行数据交易服务的安全要求，包括数据交易参与方、交易对象和交易过程的安全要求。 本标准适用于数据交易服务机构进行安全自评估，也可供第三方测评机构对数据交易服务机构进行安全评估时参考
41	数据安全标准	信息安全技术 数据库管理系统安全技术要求	GB/T 20273—2019	本标准依据GB/T 17859—1999的五个安全保护等级的划分，根据数据库管理系统在信息系统中的作用，规定了各个安全等级的数据库管理系统所需要的安全技术要求。 本标准适用于按等级化要求进行的安全数据库管理系统的设计和实现，对按等级化要求进行的数据库管理系统安全的测试和管理可参照使用
42	数据安全标准	信息安全技术 信息系统安全管理平台技术要求和测试评价方法	GB/T 34990—2017	本标准规定了安全管理平台的基于信息安全策略和管理责任的系统管理、安全管理、审计管理等功能，以及对象识别、策略设置、安全监控、事件处置等过程的平台功能要求，平台自身的安全要求、保障要求，以及测试评价方法。 本标准适用于安全管理平台的规划、设计、开发和检测评估，以及在信息系统安全管理中心的应用
43	数据安全标准	信息安全技术 信息安全服务提供方管理要求	GB/T 32914—2016	本标准规定了信息安全服务提供的术语和定义、信息安全服务原则、信息安全服务组织级管理和信息安全服务项目级管理的要求。 本标准适用于信息安全服务提供方对其服务要素和服务风险进行管控，对信息安全服务需求方、评价机构和监管部门具有参考意义

序号	标准分类	标准名称	标准编号/标准计划号	标准简介
44	数据安全标准	信息安全技术 信息系统安全等级保护测评要求	GB/T 28448—2019	本标准规定了对实现的信息系统是否符合 GB/T 22239—2008 所进行的测试评估活动的要求，包括对第一级信息系统、第二级信息系统、第三级信息系统和第四级信息系统进行测试评估的要求。本标准略去对第五级信息系统进行测评的要求。 本标准适用于信息安全测评服务机构、信息系统的主管部门及运营使用单位对信息系统安全等级保护状况进行的安全测试评估。信息安全监管职能部门依法进行的信息安全等级保护监督检查可以参考使用
45	数据安全标准	信息技术 安全技术 信息安全管理体系 要求	GB/T 22080—2016	本标准规定了在组织环境下建立、实现、维护和持续改进信息安全管理体系的要求。本标准还包括了根据组织需求所剪裁的信息安全风险评估和处置的要求。 本标准规定的要求是通用的，适用于各种类型、规模或性质的组织
46	数据安全标准	信息技术 大数据 存储与处理系统功能测试要求	GB/T 38676—2020	本标准规定了大数据存储与处理系统的基本功能、分布式文件存储、分布式结构化数据存储、分布式列式数据存储、分布式图数据存储、批处理框架、流处理框架、图计算框架、内存计算框架和批流融合计算框架的测试要求。 本标准适用于大数据存储与处理系统的测试
47	数据安全标准	信息安全技术 工业控制网络安全隔离与信息交换系统安全技术要求	GB/T 37934—2019	本标准规定了工业控制网络安全隔离与信息交换系统的安全功能要求、自身安全要求和安全保障要求。 本标准适用于工业控制网络安全隔离与信息交换系统的设计、开发及测试
48	数据质量标准	信息技术 数据质量评价指标	GB/T 36344—2018	本标准规定了数据质量评价指标的框架和说明。 本标准适用于数据生存周期各个阶段的数据质量评价
49	数据管理平台/工具标准	信息技术 元数据注册系统（MDR）第 1 部分：框架	GB/T 18391.1—2009	本标准规定了描述数据所需元数据的种类和质量，以及一个元数据注册系统（MDR）中元数据的管理和使用。本标准用于对数据的表示、概念、含义以及它们之间的关系进行形式化表述，以使人和机器都能理解，而与产生数据的机构无关。本标准不适用于在机器层上以比特和字节对数据进行的物理表示。GB/T 18391 中的元数据是指对数据的描述，而并非其广义概念。GB/T 18391 的本标准提供了理解各个部分并使之建立联系的途径，它是从概念上理解元数据和元数据注册系统的基础

序号	标准分类	标准名称	标准编号/标准计划号	标准简介
50	数据管理平台/工具标准	信息技术 元数据注册系统（MDR）第 2 部分：分类	GB/T 18391.2—2009	本标准重申并详细阐述了 GB/T 18391.3—2009 所给出的在 MDR 中对分类方案进行注册以及对管理项进行分类的程序和技术。所有类型的管理项，包括对象类、特性、表示、值域、数据元概念以及数据元自身，都可以被分类
51	数据管理平台/工具标准	信息技术 元数据注册系统（MDR）第 4 部分：数据定义的形成	GB/T 18391.4—2009	本标准规定了构建数据和元数据定义的要求与建议。本标准仅描述了定义的语义方面，而不考虑定义的格式。尤其当用于 GB/T 18391 第 3 部分所规定的元数据注册系统的内容时，可广泛用于确定数据和元数据的定义。这些要求与建议适合形成数据元和其他数据构件类型的定义，这里的数据构件类型可以是实体类型、实体、关系、属性、对象类型（或类）、对象、复合物、代码条目、元数据项，以及由 XML 标记引用的数据
52	数据管理平台/工具标准	信息技术 元数据注册系统（MDR）第 5 部分：命名和标识原则	GB/T 18391.5—2009	本标准给出了对下列管理项的命名和标识的说明：数据元概念、概念域、数据元和值域。本标准描述了标识的组成部分和结构。准确地定义这些标识的目的，是为了唯一标识这些注册系统内的管理项。本标准还描述了 MDR 中的命名，给出了形成命名约定的原则和规则，并给出了命名约定的示例。在这里所描述的命名原则主要适用于数据元概念、概念域、数据元和值域的名称。本标准所使用的"管理项"，就是指这四项。本标准应与建立管理项的属性、分类、定义及注册的规则和过程的那些部分共同使用
53	数据管理平台/工具标准	信息技术 元数据注册系统（MDR）第 6 部分：注册	GB/T 18391.6—2009	本标准规定了对不同应用领域的管理项进行注册和赋予国际唯一标识符的规程。对于要注册的管理项，本标准定义了需规定的信息类型、应满足的条件以及应遵循的规程。本标准中的要求和规程适用于 GB/T 18391.3 所规定的所有管理项。此外，本标准还适用于对管理记录的管理，管理记录是管理项的特有细节及其所要求和所关联的管理项通用的管理、标识、命名、定义的细节。本标准只满足 GB/T 18391.3 中规定的管理项所有类型共用的元数据。但可尝试用本标准来注册和管理 GB/T 18391.3 中未定义其类型的本地管理项。本标准并不满足用来规定特定管理项类型，如数据元和值域的元数据。本标准并不规定注册系统实施层面的系统设计、文件组织技术、存储介质、编程语言等

序号	标准分类	标准名称	标准编号/标准计划号	标准简介
54	数据管理平台/工具标准	信息技术 元数据注册系统（MDR）模块	GB/T 30881—2014	本标准描述了GB/T 18391系列标准中元数据模块的技术互操作性的细节
55	数据管理平台/工具标准	信息技术 实现元数据注册系统（MDR）内容一致性的规程 第1部分：数据元	GB/T 23824.1—2009	本标准的范围限定于与一个数据元相关的项：数据元标识符、特定相关环境中的名称和定义以及示例；数据元概念；概念域及其值的含义；值域及其允许值
56	数据管理平台/工具标准	信息技术 实现元数据注册系统（MDR）内容一致性的规程 第3部分：值域	GB/T 23824.3—2009	本标准的范围限定于值域、概念域以及它们的相关属性和关系。整个部分用示例说明所描述的概念
57	数据管理平台/工具标准	信息技术 大数据存储与处理系统功能要求	GB/T 37722—2019	本标准规定了大数据存储与处理系统的分布式文件存储、分布式结构化数据存储、分布式列式数据存储、分布式图数据存储、批处理框架、流处理框架、图计算框架、内存计算框架和批流融合计算框架等的功能要求。本标准适用于大数据存储与处理系统的设计、开发和应用部署
58	数据管理平台/工具标准	智慧城市时空基础设施 评价指标体系	GB/T 35775—2017	本标准规定了智慧城市时空基础设施的评价体系框架、评价指标及评价方法。本标准适用于智慧城市时空基础设施建设与服务效果的评价
59	数据管理平台/工具标准	智慧城市时空基础设施 基本规定	GB/T 35776—2017	本标准规定了智慧城市时空基础设施的术语及定义、在智慧城市总体框架中的地位以及组成，并对时空基准、时空大数据、时空信息云平台及支撑环境提出了基本要求。本标准适用于智慧城市时空基础设施的规划、设计、建设、运行和服务
60	数据管理平台/工具标准	智慧城市评价模型及基础评价指标体系 第2部分：信息基础设施	GB/T 34680.2—2021	本标准规定了智慧城市信息基础设施的评价指标。本标准适用于智慧城市信息基础设施的评价
61	数据管理平台/工具标准	信息技术 大数据 分析系统功能测试要求	GB/T 38643—2020	本标准规定了大数据分析系统的数据准备模块、分析支撑模块、数据分析模块、流程编排模块的功能测试要求。本标准适用于指导大数据分析系统的设计、开发和交付

序号	标准分类	标准名称	标准编号/标准计划号	标准简介
62	数据管理平台/工具标准	信息技术 大数据计算系统通用要求	GB/T 38675—2020	本标准规定了大数据计算系统的硬件、软件、网络及安全要求。本标准适用于大数据计算系统的开发、设计和运维
63	数据管理平台/工具标准	非结构化数据管理系统技术要求	GB/T 32630—2016	本标准规定了非结构化数据管理系统的功能性要求和质量要求。本标准适用于非结构化数据管理系统产品的研制、开发和测试
64	数据管理平台/工具标准	信息技术服务治理 第1部分：通用要求	GB/T 34960.1—2017	本标准规定了信息技术治理的模型和框架，规定了实施IT治理的原则，以及开展信息技术顶层设计、管理体系和资源的治理要求
65	数据管理平台/工具标准	信息技术服务治理 第2部分：实施指南	GB/T 34960.2—2017	本标准提出了信息技术治理通用要求的实施指南，分析了实施IT治理的环境因素，规定了IT治理的实施框架、实施环境和实施过程，并明确顶层设计治理、管理体系治理和资源治理的实施要求
66	数据管理平台/工具标准	信息技术服务治理 第3部分：绩效评价	GB/T 34960.3—2017	本标准提出了信息技术治理的绩效评价模型、评价要素模型和评价方法，规定了IT绩效指标体系的建立程序
67	数据管理平台/工具标准	信息技术服务治理 第4部分：审计导则	GB/T 34960.4—2017	本标准规定了信息技术审计总则、审计组织管理、审计人员、审计流程、审计报告、审计适用对象和范围等内容
68	数据管理平台/工具标准	信息技术 大数据分析系统功能要求	GB/T 37721—2019	本标准规定了大数据分析系统的数据准备模块、分析支撑模块、数据分析模块和流程编排模块的功能要求。本标准适用于大数据分析系统的设计、开发和应用部署
69	数据管理平台/工具标准	信息技术 大数据 大数据系统基本要求	GB/T 38673—2020	本标准规定了大数据系统的功能要求和非功能要求。本标准适用于各类大数据系统要求的设计、选型、验收和检测
70	总体框架	信息安全技术 信息系统安全运维管理指南	GB/T 36626—2018	本标准提供了信息系统安全运维管理体系的指导和建议，给出了安全运维策略、安全运维组织的管理、安全运维规程和安全运维支撑系统等方面相关活动的目的、要求和实施指南。本标准可用于指导各组织信息系统安全运维管理体系的建立和运行